someter = exponer = mostrar

entos
structura
conómica

za Universidad

Ramón
Tamames

Fundamentos de Estructura Económica

Alianza
Editorial

Primera edición: 1975
Décima edición (revisada y ampliada): 1989
Undécima edición (revisada): 1992

Otros libros de Ramón Tamames en Alianza Editorial:

LB 90 *Introducción a la Economía Española* (20.ª edición)
LB 785 *Introducción a la Constitución Española* (6.ª edición)
AU 51 *La República. La Era de Franco* (12.ª edición)
AU 198 *Ecología y desarrollo* (5.ª edición)
AUT 100 *Estructura Económica de España* (22.ª edición)
AUT 116 *La Comunidad Europea* (4.ª edición)
Diccionario de Ecomomía (5.ª edición)

Calle Milán, 38; 28043 Madrid; tefef. 300 00 45
I.S.B.N.: 84-206-2137-4
Depósito legal: M. 29.786-1992
Fotocomposición: EFCA, S. A.
Impreso en Lavel. Los Llanos, nave 6. Humanes (Madrid)
Printed in Spain

Al Profesor Juan Velarde, maestro en Estructura Económica —y de tantas otras cosas—, con admiración, respeto, y larga amistad.

A Victoriano Aldonza Díez de Nájera, y al Dr. López Urbano —y a todo su equipo médico de la Seguridad Social de Logroño— que en 1974 se esforzaron hasta salvar la vida del autor de este libro.

INDICE GENERAL

NOTA DEL AUTOR A LA UNDECIMA EDICION (1992)

Agotada la anterior edición, en esta undécima hemos introducido toda una serie de revisiones, a fin de actualizar determinados pasajes, y al objeto de tener en cuenta nuevos acontecimientos, así como los aportes más recientes de la bibliografía.

En los apéndices, hemos aprovechado para incluir la contabilidad nacional con datos hasta 1990. Y no tanto por actualizar —ya que interesa más el aspecto metodológico que no el de la última información disponible—, sino por los cambios que se han producido en toda una serie de cuentas, al retocarse determinadas rúbricas en el sistema contable normalizado de la Comunidad Europea (SEC).

* * *

Me alegra mucho poder mencionar ahora la circunstancia de que el crecimiento experimentado por esta obra en su anterior edición, la décima, se ha revelado, si se me permite el comentario, como una incorporación afortunada. Algunos podrían haber pensado que en un libro sobre *Fundamentos de Estructura Económica* no tenía sentido introducir cuestiones sobre teoría de la ciencia, la revolución microelectrónica, o en los bordes de la Economía ocuparnos de lo antropológico y de cuestiones de Ecología; sin olvidar las relaciones de la estructura económica con la figura del Estado, y con su máximo poder expresable en el monopolio legal de la violencia.

Todas esas facetas de la realidad, que se han ubicado en estos *Fundamentos,* creo que contribuyen a una mejor percepción del mundo en que vivimos, que no es sólo de conexiones estrictamente económicas. Por ello mismo, el economista no puede ser un frío notario simplemente de los hechos más estrictamente económicos, y menos áun el *abogado defensor* de intereses minoritarios o el valedor de un mundo aséptico que no existe.

A veces se olvida que el más comúnmente considerado padre de la ciencia económica, Adam Smith, antes de escribir *La Riqueza de las Naciones,* había dado a luz su importante tratado sobre la *Teoría de los Sentimientos Morales,* que a modo de *substratum* contribuyó a todo el ulterior análisis económico del gran escocés. Hoy, más de dos siglos después, sucede lo mismo: el economista que solamente quiere fijarse en lo *económico,* virtualmente acaba por no enterarse de nada.

* * *

Como siempre, quiero agradecer a los lectores, y a los colegas de la docencia, la atención que prestan a este libro; así como las sugerencias que vienen haciéndome para mejorar sus contenidos.

También mi reconocimiento a las personas que más directamente me han ayudado a preparar la presente edición: el futuro economista José Ignacio Jiménez Urueña, y mis secretarias María Dolores García Camacho y Begoña González Huerta.

Se publica esta nueva versión de *Fundamentos de Estructura Económica* en 1992, y lo fecho en el día deslumbrante del 12 de octubre. Por ello, y sin perjuicio de la dedicatoria que figura en la página vii, querría ofrecer la presente edición a todos los colegas hispanohablantes de América, de quiénes tanto aprendemos continuamente.

Universidad Autónoma de Madrid
Doce de octubre de 1992

Ramón Tamames

DEL PROLOGO A LA DECIMA EDICION DE «FUNDAMENTOS DE ESTRUCTURA ECONOMICA» (1989)

En la nota preliminar a la primera edición de este libro (1975) —que sigue figurando en esta nueva versión— expliqué de forma pormenorizada la génesis de mi obra a partir de la *Memoria sobre concepto y métodos de la Estructura Económica* que presenté a las oposiciones a cátedra que realicé en 1968. Texto que luego fue objeto de varias reelaboraciones a través de mi tarea como docente; primero en la Universidad de Granada (Facultad de Ciencias Económicas de Málaga), y después en la Universidad Autónoma de Madrid.

En los muchos años transcurridos desde la primera edición de 1975, han ido surgiendo concepciones adicionales sobre el entramado social, basadas tanto en hechos nuevos como en nuevos conocimientos; así como apreciaciones que exigen la actualización de ideas en relación con hechos preexistentes y ya conocidos. Y en la aspiración de tomar en cuenta todo ese cúmulo de cuestiones a incorporar al acervo de esta obra, me pareció indispensable darle un giro de cierta amplitud, con la finalidad de ensanchar el espacio dedicado a fundamentos no convencionales de nuestra materia. A tales efectos, llegué a la conclusión de que era insoslayable una completa reordenación del libro, dividiéndolo en tres partes: Fundamentaciones, Noción de Estructura e Instituciones, y Metodología Estructural.

* * *

En la *primera parte* se incluyen siete capítulos nuevos, o lo que es lo mismo, lo más extenso de la renovación de este volumen. Primero de todo, figura una introducción general sobre *Ciencia y método científico* (Capítulo 1), donde se esbozan las principales corrientes analíticas que, desde mucho tiempo atrás, han sido y son objeto de la más amplia controversia. Ciertamente, podrá pensarse que en un trabajo como éste sobran las referencias a la historia general de la ciencia, o a los problemas igualmente globales del método. Pero entiendo que en un libro nacido en la Universidad —por mucho que pueda difundirse fuera de su ámbito más estricto— resultaba imprescindible ofrecer una apreciación genérica; y no sólo por el interés que *per se* pueda tener, sino además para servir de pista a ulteriores incursiones en temas que, por encima de todo, son formativos de la mente, al permitir reflexionar colateralmente y así enriquecer nuestra capacidad de percepción.

Por otro lado, en el primer bloque del libro, me pareció interesante subrayar la importancia que para la labor docente tienen lo que me atrevo a llamar *conocimientos, potencias y revolución microelectrónica* (Capítulo 2); esto es, todo lo que se refiere a la forma de aprender y a cómo convertir el conocimiento en acción. Se trata de un pasaje para el cual arranco de la muy antigua y hermosa tricotomía de las *potencias del alma* —entendimiento, memoria y voluntad— que continúa teniendo una virtualidad difícilmente exagerable, y que admite su inserción con las grandes mutaciones informáticas.

Después de los capítulos ya reseñados, de intención claramente introductoria, en los dos siguientes mi propósito fue insertar aquellos elementos que son básicos para fundamentar más sólida y actualizadamente el concepto de Estructura Económica. Me refiero a sendas áreas de la Ciencia que aquí se traen a colación por sus muchas imbricaciones con la Estructura Económica: la *Antropología* (Capítulo 3) y la *Ecología* (Capítulo 4).

Durante mucho tiempo a nadie extrañó que en el análisis estructural —como parte descriptiva, interpretativa y aplicada de lo económico— no se hicieran grandes lucubraciones sobre su protagonista básico: el *homo sapiens* (algo más que el mero *homo oeconomicus*) y su contexto de vida (el *medio ambiente*). Pero hoy las cosas han cambiado de manera sustancial, y será difícil caracterizar como verdadero economista a quien no sepa apreciar el *factor humano* y su *trasfondo ecológico*.

Por ello mismo, pensé —en cuanto al primer contexto— en las *manifestaciones antropológicas de carácter cultural y social*; sin olvidar, desde luego, la importancia adquirida por todo lo relacionado con la Etología y la Sociobiología, que ahondan, en toda una vasta complejidad, en la dimensión animal (individual y organizativa) de la naturaleza humana. Cuestiones que, como en su momento veremos, son altamente controvertibles, sin que ello sea razón para soslayarlas; *a sensu contrario*, deben servirnos de base para tratar de calibrar su efectiva trascendencia en todo lo que representa el comportamiento humano.

Y en lo relativo a la *Ecología*, cuando menos sucede otro tanto. El comportamiento del hombre no puede entenderse ya como algo separado de la biosfera. Por la sencilla razón de que no es posible el crecimiento infinito si los recursos son finitos. Lo cual conduce a pensar, ineluctablemente, en la naturaleza como *variable independiente del modelo de desarrollo* que podemos considerar como un nuevo *paradigma de racionalidad*, de asociación, y no de destrucción, con el medio natural.

También dentro de la primera parte del libro, en su espacio sobre Fundamentaciones, hay un último bloque, de otros dos capítulos, que igualmente pueden contribuir a reforzar la intención cimentadora. Me refiero a las relaciones entre dos ideas básicas a la hora de contemplar el entorno económico y social: *Capitalismo, Estado, y Democracia* (Capítulo 5), y *militarismo y sociedad* (Capítulo 6). Difícilmente podría entenderse el modo en que se produce y se reproduce nuestra vida actual —y en el plano personal cuál es la filogenia en que se entremezcla nuestro *filum* particular— sin considerar las cuestiones que en esos capítulos abordamos; no para descubrir ningún Mediterráneo, sino para constatar la importancia que en los bordes de la percepción pueden tener las implicaciones de todo lo que llamamos política; así como la relación estructural concreta entre el Estado y el poder militar que se configura en torno a la idea de *complejo industrial-militar*.

* * *

La segunda parte del libro, sobre la *Noción de Estructura e Instituciones,* conserva lo principal de las ediciones anteriores de la obra, con toda una serie de elementos que ya fueron objeto de comentario expreso en la *nota preliminar* a la primera edición. No voy, pues, a extenderme aquí en reseñar el concepto de *estructura económica* (Capítulo 7), lo que son las *instituciones* (Capítulo 8), cómo se configuran los *sistemas* (Capítulo 9), y de qué modo se sitúa cada comunidad humana en términos de *niveles de desarrollo* (Capítulo 10).

Pero en relación con lo anterior, sí pienso que puede ser pertinente agregar ya desde ahora —y como complemento de lo dicho en la nota preliminar— que la estructura viene dada por el *conjunto de relaciones de producción y de cambio* que se sitúan dentro de una *envolvente* de instituciones; todo lo cual se articula, a su vez, en un *sistema económico* que ubicamos dentro de un *nivel de desarrollo* determinado. Por tanto, y ello era lógico, los cuatro capítulos de esta segunda parte se hallan íntimamente interconectados.

* * *

Por último queda la tercera parte del libro sobre *metodología estructural.* Integrada por una serie de cinco capítulos, que comienza con unas *observaciones metodológicas generales* (Capítulo 11), a modo de espacio introductorio para apreciar la relación que guardan entre sí las diversas especificidades de la contabilidad social; de lo cual nos ocupamos sucesivamente al estudiar la contabilidad nacional (incluyendo la tabla input-output y los flujos de fondos) y sus ramificaciones, en cuyos detalles nos internamos con minuciosidad al abordar sucesivamente el nuevo sistema europeo de *cuentas nacionales o SEC* (Capítulo 12), la *Contabilidad Regional* (Capítulo 13), los *medidores y ratios estructurales* (Capítulo 14), y los *indicadores de coyuntura y previsionales* (Capítulo 15). En definitiva, en esos cuatro capítulos, lo que pretendemos es ofrecer la trama general de la realidad económica cuantificable, así como una «caja de herramientas», algunas de cierta precisión, y otras más sencillas y manuales. Sin por ello olvidar que las *fuentes del análisis estructural* (Capítulo 16) nos proveen de una suerte de mapa para el mejor conocimiento de las informaciones referentes a nuestro entorno.

* * *

La primera edición de este libro la dediqué a dos amigos que me ayudaron con generosidad en los momentos tal vez más difíciles de mi vida. Esa dedicatoria, que apareció entonces en la nota preliminar, pasa ahora a las primeras páginas del libro. Si bien con la incorporación de una tercera persona: el Profesor Juan Velarde, maestro en Estructura Económica —y de tantas otras cosas— y a quien desde mis primeros tiempos en la Facultad de Económicas de la entonces Universidad de Madrid (y ahora Complutense) profeso admiración y respeto. Tanto por su vasto y rico saber, como porque en él se personifica, además, el espíritu de convivencia solidaria —al tiempo que no exento de sana crítica— entre todos los que en España, y en los demás países hispanohablantes, nos dedicamos al ejercicio de esta rama de la Economía que llamamos Estructura.

Ramón TAMAMES

Madrid (UAM), 1 de noviembre de 1989

NOTA PRELIMINAR DEL AUTOR A LA PRIMERA EDICION (1975)

Estos *Fundamentos de Estructura Económica* tienen sus antecedentes en dos elementos: mi Memoria de oposiciones a cátedra y una larga secuencia de explicaciones de clase.

Como es sabido, el reglamento de la Universidad española exige al candidato al más alto nivel de profesorado un trabajo expositivo sobre «concepto, método y fuentes de la asignatura». Y a pesar de que en el vigente sistema de selección para la docencia existen tantos aspectos criticables, es cierto que la preparación de tal Memoria permite recapitular y sistematizar los puntos de vista ajenos y propios sobre toda una serie de temas fundamentales. Esto es lo que intenté durante los años 1966 y 1967, cuando preparé mis oposiciones a Estructura e Instituciones Económicas. Resultado de ello fueron dos gruesos volúmenes, mecanografiados a dos espacios, de 700 folios el primero (Concepto y Método) y de 270 el segundo (Fuentes Bibliográficas).

Naturalmente, en la Memoria a que me refiero había un buen número de páginas dedicadas a cuestiones de carácter general de la Ciencia Económica, y muchas otras sobre las relaciones entre Estructura Económica y las demás ramas de la Economía y del resto de las Ciencias Sociales. En el mejor de los casos, esos pasajes tenían un interés simplemente académico o autoformativo; y por ello, en el curso de la preparación de este libro los hemos dejado al margen.

A la señalada labor de selección, depuración y también complementación y actualización de un texto bastante más amplio, contribuyó de modo decisivo lo que antes hemos llamado el segundo elemento básico; es decir, mis explicaciones de clase, durante los cursos 1968-1971 en la Facultad de Ciencias Económicas de Málaga, y desde 1971 en la Universidad Autónoma de Madrid. Tales explicaciones —que fueron seguidas de la publicación de apuntes multicopiados— permitieron ir desarrollando las cuestiones fundamentales ya tratadas, incorporar otras nuevas y relegar a un espacio menor las que nos fueron pareciendo secundarias.

El resultado final de todo el proceso es este libro, que esperamos pueda ser un texto introductorio de carácter general sobre Estructura Económica, a la cual en manera alguna consideramos como una ciencia aparte; a nuestro juicio, se trata de una de las vertientes de la Ciencia Económica, eso sí, con énfasis muy marcado en el análisis de la realidad.

Una realidad que interesa a todos, ya que prácticamente nadie escapa al conjunto de relaciones de producción y de cambio que forman el tejido de la estructura económica en que nos hallamos inmersos. A su vez, ese tejido es el soporte último del quehacer social, de las manifestaciones culturales, de las ideologías y de las actitudes políticas. De ahí que entre las diferentes ramas de la Economía (Teoría Económica, Econometría, Economía de la Empresa, Historia Económica, etc.), tal vez podamos considerar a la Estructura como la que se encuentra más próxima a la generalidad de las gentes. Y desde luego, la que de forma directa nos ayuda a comprender el escenario macrosocial en el que se mueven individuos, clases, grupos sociales e instituciones.

A la postre fueron esas últimas reflexiones las que me decidieron a dar a la luz las presentes páginas; aun teniendo en cuenta la dificultad de diferenciar los fundamentos de lo que pueda ser menos fundamental, y reconociendo también de antemano la imposibilidad de registrar todas las opiniones y apreciaciones bibliográficas sobre cada uno de los temas objeto de tratamiento. En este sentido, más que el prurito de recoger hasta la última novedad bibliográfica, nos guió el anhelo de exponer las ideas básicas sobre cada cuestión, con el máximo de claridad posible; para lo cual siempre procuramos ir directamente al núcleo de las cosas, evitando la sutileza innecesaria, la erudición por la erudición, o el bizantinismo pseudocientífico del que tantas muestras pueden verse hoy por doquier.

Otra de las razones que me llevaron a entregar estas líneas a la imprenta fue el comentario de un viejo amigo, de que con una obra de este tipo se completaría mi trilogía económica en Alianza Editorial, que finalmente quedaría compuesta por estos *Fundamentos* y por otros dos libros más: *Estructura económica internacional* [1] e *Introducción a la economía española* [2], que desde hace años vienen contribuyendo a difundir una cierta cultura económica en España y en los países hermanos hispanohablantes.

* * *

La presente obra consta de once capítulos, que pueden considerarse divididos en dos partes. Brevemente destacaremos su significado en el contexto global a que ya nos hemos referido.

Primeramente nos ocupamos del *concepto de Estructura Económica* (capítulo 1). Para su configuración tuvimos en cuenta las distintas corrientes del pensamiento económico, desde los aritméticos políticos de los siglos XVII y XVIII hasta los estructuralistas, pasando por el Marxismo, por la Economía Descriptiva de los neoclásicos, y por las concepciones más recientes.

Al final de esa excursión conceptual también exponemos nuestro punto de vista sobre la realidad estructural y su análisis, refiriéndonos a las cinco dimensiones que a nuestro entender presenta tal realidad: material, temporal, espacial, social y tecnológica. Después, en el capítulo 5, se aborda *in extenso* esa multidimensionalidad, ya en el área más concreta de la metodología estructural en sentido estricto.

El capítulo 2 está dedicado al tema de las *Instituciones Económicas,* como formalización de normas y hábitos de comportamiento, y también en cuanto modos de organización para la observancia de aquéllas. Pero aparte de las piezas separadas hay que fijarse en el hecho de que, como conjunto, las instituciones constituyen un auténtico marco, dentro del cual se producen las relaciones de producción y de cambio. Por ello podemos afirmar que las mutaciones del

---

[1] Publicado en la colección «El Libro de Bolsillo», núm. 281, 1.ª edición en 1970, 13.ª edición revisada y ampliada en 1989.

[2] Publicado en la colección «El Libro de Bolsillo», núm. 90, 1.ª edición de 1967, 18.ª edición revisada y ampliada en 1989.

marco institucional afectan a la estructura encuadrada en él; y recíprocamente, los cambios en el carácter de las relaciones de producción acaban por influir en las instituciones más directamente implicadas y, a la postre, en el marco institucional como conjunto.

El capítulo 3 se refiere a los *sistemas económicos* o formas de organización de una Economía nacional. Lógicamente, el tema guarda estrecha relación con el de las instituciones, pues en última instancia un sistema viene definido por la caracterización de su derecho de propiedad, por la forma en que se adoptan las decisiones económicas, por sus ordenaciones fiscal y monetaria, etc.

Dentro del amplio espacio que dedicamos a los sistemas económicos —tras una revisión de las principales clasificaciones— nos centramos en los dos que hoy son absolutamente predominantes (capitalismo y socialismo), si bien es preciso reconocer en toda su trascendencia la diversidad de ambos, tanto en el espacio como en el tiempo.

Ulteriormente, es en el capítulo 4 donde nos ocupamos de otro eje de coordenadas, que también resulta preciso si se quiere saber en qué punto concreto del escenario mundial se sitúa cada Economía nacional: los *niveles de desarrollo.*

Lo anterior nos plantea una serie de nuevas cuestiones, una de las cuales también es objeto de tratamiento en el capítulo 4. Nos referimos a las *etapas del crecimiento económico*, es decir, al largo y penoso camino que desde la sociedad tradicional lleva a una sociedad industrial. En relación con este tema puede aceptarse el modelo escalonado de Rostow o, por el contrario, la dialéctica marxista, según la cual el orden capitalista está abocado a ser sustituido por el socialismo. En cualquier caso, lo evidente es que nada se está quieto, que todo cambia con el proceso de crecimiento.

Pero además del tema de *cómo* crecer, está el problema —ya planteado con gravedad en los países más desarrollados— de si existen o no unos *límites al crecimiento.* Este es en realidad el gran interrogante al que se llega tras la senda que antes se creía de indefectible progreso y perfección, y que ahora ya no lo parece tanto, pues en muchas áreas del mundo la opulencia coincide con el crecimiento canceroso de las ciudades, la difusión del vicio y del crimen, la contaminación generalizada, la deficiencia de los servicios públicos, la corrupción administrativa y un largo etcétera de solución más que difícil.

La salida para algunos consiste en romper el mito del crecimiento indefinido y buscar un nuevo equilibrio: crecimiento cero, crecimiento orgánico, etc. Pero el debate al respecto dista mucho de acabarse; bien al contrario, arrecia por doquier, siendo todavía más numerosos los desarrollistas tanto en el área capitalista como en el socialismo, y por igual en los países industriales como en los menos desarrollados. No podemos pretender que la cuestión vaya a ser resuelta aquí, pero sí pensamos que por lo menos queda esbozada en la última sección del capítulo 4, puesto que a esta cuestión hemos dedicado un nuevo libro al que remitimos a quien esté interesado en el tema[3].

* * *

Y pasamos ahora a la que aludíamos como *segunda parte del libro*. Así como los cuatro primeros capítulos se refieren a los fundamentos «de fondo» de la Estructura Económica, los tres siguientes presentan los fundamentos «de carácter instrumental». En este sentido, el capítulo 5 incluye un planteamiento de los que a mi juicio son los principales *aspectos metodológicos* propios de la Estructura Económica, agrupándose en las cinco categorías de nuestra anterior distinción sobre las dimensiones de la realidad: material, espacial, temporal, social y tecnológica.

Claro es que los métodos correspondientes a algunas de esas dimensiones han alcanzado entidad propia, al estar ligados a otras ciencias como la Sociología (dimensión *social*), la Estadística (dimensión *temporal*), y la Historia de la ciencia (dimensión *tecnológica*). Por ello, en el capítulo 5 no nos adentramos en esos métodos más allá de lo meramente imprescindible para poder apreciar lo que es fundamental de cada uno de ellos.

En cuanto a otra de las categorías, la *espacial*, es evidente que ha adquirido su propia personalidad dentro de la Ciencia Económica; hasta el punto de que los más acérrimos partidarios de su autonomía hablan de Ciencia Urbana y Regional. Tampoco avanzaremos, pues, por este nuevo y ya muy extenso territorio.

En definitiva, en nuestro capítulo 5 dedicaremos la mayor extensión a los métodos relacionados con la medición de lo material, esto es, la *Contabilidad Social*. Con la advertencia —innecesaria para mu-

---

[3] Ecología y Desarrollo. La polémica sobre los límites al crecimiento, Alianza Editorial (AU 198), 1.ª edición de 1977, 5.ª edición en 1985.

chos— de que en los últimos tiempos tales procedimientos de medición han sido objeto de gran refinamiento, siendo susceptibles de un elevado número de aplicaciones; por lo cual no cabe que nos extendamos más allá de una mera iniciación.

El capítulo 6, sobre *medidores y ratios estructurales*, es en buena parte una continuación del anterior, pues su finalidad es esencialmente la misma: medir. Si bien en este caso relacionando siempre dos o más fenómenos entre sí, lo que comporta toda una serie de posibilidades de comparación intertemporal o interespacial que nos permiten caracterizar cualquier Economía en un momento dado.

Naturalmente, con el progreso de las estadísticas hoy resulta posible construir un número prácticamente ilimitado de *ratios*. Así, el estudioso de la realidad económica, además de utilizar los más frecuentes, puede contribuir él mismo a hacer más numerosos los útiles de su «caja de herramientas». De ahí que el capítulo 6 se circunscriba a los *ratios* y coeficientes más usuales en demografía y para el análisis de cuatro grandes sectores de la actividad económica: agricultura, industria, sector exterior y sector público.

Después, en el capítulo 7 tratamos del tema de las *fuentes*. Hacemos unas consideraciones sobre los distintos tipos de fuentes para el análisis de la realidad, que completamos con algunas reflexiones sobre la forma de utilizarlas y previamente apreciar su fiabilidad y acuracidad [4].

* * *

Ni qué decir tiene que, como en tantas otras ocasiones, sabré tener muy en cuenta las observaciones de la crítica y los lectores sobre posibles errores, omisiones, etc.

Y ahora, para terminar, querría dedicar este libro a un cierto número de personas que en momentos difíciles, graves para mí, supieron prestarme su ayuda generosa y el fruto de su larga experiencia profesional. Por representarlas, mencionaré a Victoriano Aldonza

[4] Este es el término propuesto por E. Cansado en su «Vocabulario estadístico Inglés-Español» (INE, Madrid, 1949), para traducir el vocablo inglés *accuracity*, procedente del latín *accuratio*, que significa «acción de tratar con cuidado, exactitud». El término tal vez no era indispensable, pero no cabe duda de que da una mayor precisión al lenguaje; por ello, por no chocar con nuestra resistencia a introducir neologismos inútiles y procedentes de fuera del latín o del griego, hemos decidido emplear esta voz.

Díez, que vive en la riojana ciudad de Nájera; y al doctor López Urbano, de la Residencia Sanitaria de la Seguridad Social en Logroño. A ellos y a tantos otros verdaderos amigos de aquella circunstancia de grave peligro para mi vida, les expreso desde aquí mi reconocimiento más profundo y sincero, pues, además de contribuir a que este libro pueda haber sido dado a luz, me confirmaron aún más en el sentido y en el calor de la fraternidad humana.

Capítulo 1
CIENCIA Y METODO CIENTIFICO

1. El conocimiento científico

El estudio de la ciencia puede realizarse por dos diferentes vías. La primera, ocupándonos directamente de una de sus ramas concretas; ya sea la psicología, la sociología, la economía, etc. Al operar de esa forma, lo que estamos haciendo es *ciencia externa*, y, normalmente, el método seguido y los resultados de la propia investigación se aceptan sin necesidad de más justificaciones. En cambio, si el objetivo de estudio es el esquema general por el cual se desarrolla la propia ciencia, esto es, si lo que estudiamos es el método para apreciar la verosimilitud de los resultados, entonces estaremos haciendo un *estudio interno de la ciencia*; precisamente lo que Mario Bunge denomina «un discurso sobre un discurso», o también «metaciencia» [1].

La metaciencia la divide Bunge en tres partes: *la lógica* —la sintaxis y la semántica científica— que se ocupa, entre otras cuestiones, de la estructura y de la coherencia de las teorías empíricas; *la me-*

[1] M. Bunge, «La investigación científica, su estructura y su filosofía», Ariel, Barcelona, 1979, pág. 49.

todología, que se refiere al sendero que sigue la ciencia, es decir, al método (como análisis, síntesis y obtención de resultados), y a las técnicas que lo complementan; y la *filosofía de la ciencia*, que estudia los presupuestos y resultados lógicos y epistemológicos de la investigación científica [2].

La *metaciencia* a que alude Bunge constituye una elaboración superior. A nadie puede extrañar, por tanto, que en los trabajos sobre ciencia y método se comience por caracterizar el conocimiento científico, al objeto de diferenciarlo del adquirido simplemente a través del sentido común. Y es que, como afirma Bertrand Russell, «las ciencias comienzan a un nivel de sentido común, y construyen hacia arriba su estructura de leyes y relaciones, y hacia abajo sus fundamentos. Esto último, mediante la crítica y el análisis; para contrastar y hacer precisas las nociones del sentido común, y asegurar así unas bases lógicamente firmes de la superestructura» [3].

El resultado del proceso, que tan escueta pero cabalmente expone Russell es el conocimiento; revestido ya de características que lo elevan a la categoría de científico. El *conocimiento científico* se configura, por consiguiente, como producto del método científico. En esa línea de razonamiento se sitúa Mario Bunge al considerar que es ciencia la disciplina que utiliza el método científico para hallar estructuras generales —formulables como leyes—, y que al propio tiempo permitan identificar los pasos principales de la aplicación del propio método por *los científicos* [4], quienes trabajando en un marco

---

[2] M. Bunge, «La investigación científica...», ob. cit., pág. 50. Para todas las cuestiones que se tratan en el presente capítulo, también es recomendable el libro de Mario Bunge «Epistemología», Ariel, Barcelona, 1980.

[3] Citado por M. Bunge, en «Economía y Filosofía», Tecnos, Madrid, 1982, pág. 25.

[4] Como señala Barry Barnes, en su libro «Sobre ciencia» (versión española, Labor, Madrid, 1987, pág. 8), «el término *científico* parece que fue utilizado por primera vez en 1833 cuando William Whewell lo aplicó en una reunión de la Asociación Británica para el Avance de la Ciencia para referirse a los allí reunidos. El término se impuso rápidamente, designando a los individuos dedicados profesionalmente a una rama de la ciencia; y por esa razón, algunos de los *científicos* ingleses más destacados de la época rechazaron el término y prefirieron seguir siendo conocidos como «filósofos». Pero el término *científico* hizo fortuna cuando un número creciente de hombres de ciencia aceptaron la imagen de sí mismos como profesionales. Ahora bien, es interesante tener en cuenta que, incluso en la actualidad, el término inglés *scientist* tiene un significado y unas implicaciones más limitadas que los términos análogos de otras lenguas europeas; lo que refleja, tal vez, una concepción especialmente restringida del conocimiento y de la actividad científica en el mundo de habla inglesa. En comparación con las sociedades del continente, los ingleses sitúan al cien-

institucional y social determinado, configuran el modo de proceder, el contenido y los límites de cada rama del saber en un momento dado; proporcionando, de ese modo, el impulso necesario para el avance del conocimiento científico.

2. La provisionalidad del conocimiento

En el sentido apuntado, la ciencia se entiende como una parte del sistema social, cuyos actores principales son los *investigadores*. En cada rama concreta de la ciencia —viene a decirnos Thomas S. Kuhn— los investigadores participan de un cierto consenso durante un tiempo más o menos dilatado, a lo largo del cual se mantiene la vigencia indiscutida del *paradigma* que ilumina todo el desarrollo del periodo. Y es el cuestionamiento de ese paradigma —al que luego nos referimos *in extenso*— lo que abre el paso a la «revolución científica» que culminará con el desplazamiento de principios, hasta entonces tenidos por fundamentales, por un *paradigma alternativo*. A la postre será la sucesión de paradigmas lo que explicará, según Kuhn [5], el progreso del conocimiento científico.

En última instancia, la modificación permanente de los postulados científicos básicos, responde a la insoslayable exigencia —y así lo pone de relieve E. Nagel— de que las proposiciones elaboradas por los investigadores se encuentran siempre «sujetas a la *posibilidad de rechazo*» [6]. En otras palabras, el conocimiento científico además de originarse a raíz del *método científico*, se distingue por el *espíritu crítico* que le lleva a aceptar la eventual demostración de falsedad de sus proposiciones; para acto seguido plantear su sustitución por otras nuevas, más rigurosas. Como afirma L. A. Rojo, el conocimiento de las proposiciones científicas es siempre provisional, siendo la propia *provisionalidad* lo que impulsa el progreso científico [7].

---

tífico lejos de la sabiduría, la cultura y la intuición; y más próximo a la simple técnica; y realizan una distinción más clara entre *científicos* e *intelectuales*».

[5] Th. S. Kuhn, «La estructura de las revoluciones científicas», versión española, FCE, México, 1971.

[6] E. Nagel, «El capitalismo como sistema económico», 1961, citado por S. Ruesga en «Proyecto docente e investigador», mimeografiado, UAM, Madrid, 1988, pág. 26.

[7] L. A. Rojo, «El método empírico y el conocimiento económico», en *Ensayos de Filosofía de la Ciencia*, Tecnos, Madrid, 1970, pág. 26.

La provisionalidad que comentamos, confiere al conocimiento científico, y a la propia ciencia en general, un *carácter dinámico*. Se trata de algo que debe reconstruirse continuamente, en todo un devenir, en un proceso culturalmente enmarcado. Sin embargo, los teóricos de la ciencia no logran ponerse de acuerdo sobre las caracterísicas de tal proceso, lo que origina una amplia *gama de posturas*.

En cualquier caso, el desarrollo científico debe entenderse como un proceso dirigido a la *comprensión del fenómeno* a estudiar; pero sin ninguna meta preestablecida. Hasta el punto de que en tal proceso —como nos recuerda Kuhn— es necesario sustituir la idea de una *evolución hacia lo que deseamos conocer*, por la de una *evolución a partir de lo que conocemos*.

No existe, pues, una verdad científica que pueda considerarse fija y permanente: y esa es la gran diferencia respecto de las pretendidas verdades inmutables (dogmas) a que se refiere la teología tradicional. La ciencia, únicamente puede aspirar a una aproximación en la senda de la comprensión y resolución de los problemas del comportamiento de la Naturaleza. Y a tal efecto, debemos entender por naturaleza todo lo existente, incluyendo la realidad tangible así como las relaciones que surgen a partir de ella. En cierto modo, la ciencia cabe considerarla como la aproximación gradual a la comprensión de cómo funciona la Naturaleza [8]; para decirlo en expresión muy de hoy, se trata de saber cuál es *la tecnología de la Naturaleza*. Ciencia es, pues, la pretensión de explicar la fotosíntesis, o los cambios climáticos, o las cuatro —o cinco— fuerzas que actuan en el Universo. Como también es ciencia el estudio de los conflictos de intereses que mueven a la economía, o las relaciones entre grupos que estudia la sociología, etc.

3. **Las reglas del conocimiento**

Pero una cosa es que el proceso científico sea indeterminado, y otra bien distinta que no haya de someterse a un conjunto de reglas dirigidas a discernir lo falso de lo verdadero, a fin de evitar, en lo posible, las líneas de investigación improductivas. Con la salvedad, casi obvia, de que esas reglas no impliquen que el conocimiento

---

[8] Una idea semejante a ésta puede verse expuesta por R. P. Feymann, en «¿Está usted de broma, Sr. Feymann?», versión española, Alianza, Madrid, 1987.

científico vaya a adquirirse utilizando una metodología rígida, hierática, e inmutable; un contexto así, sería clara muestra de *monismo metodológico*, a todas luces inadmisible . Por el contrario, con el enfoque científico lo que se busca es contrastar las ideas. Para lo cual la *epistemología de la ciencia*, nos conduce a aplicar una serie de comprobaciones, de *tests* a todo lo que en principio se nos presenta como verdadero [9]. Esos tests a los efectos que de inmediato nos interesan aquí, podemos identificarlos como los de congruencia, correspondencia, comprehensividad, y parsimonia. Veamos, aunque sea someramente, en qué consiste cada uno de ellos.

— *El test de la congruencia*, permite determinar si las conclusiones se siguen lógicamente de los supuestos admitidos. Con ello se garantiza la *cohesión interna* del argumento. Sin embargo, como dice Hume —escéptico siempre y adalid tenaz del empirismo— el test de congruencia es únicamente una condición necesaria, pero no suficiente. Se requieren, además, tres tests empíricos para poder dar por válida una proposición cualquiera y considerarla por ello mismo científica: correspondencia, comprehensividad, y parsimonia.

— *El test de correspondencia* consiste en determinar si las conclusiones que se obtienen de una teoría vienen confirmadas por lo que se observa empíricamente en el mundo real. Cuanto mayor sea la capacidad de una teoría de predecir lo que es observable empíricamente, mayor será su base para confirmarnos *que se corresponde* con lo que sucede en el mundo real. Los experimentos clásicos de laboratorio, son formas concretas de aplicar este test. Las encuestas o los análisis *ex post* son tests en el caso de la economía o de la sociología.

— *El test de comprehensividad* nos permite averiguar si la teoría puede abarcar y explicar todos los hechos conocidos pertenecientes a la clase de fenómeno que nos interesa. Cuantos más hechos puedan ser explicados por la teoría, *más comprehensiva* será ésta. Y por tanto, mayor validez podrá asignársele. Por ejemplo, la teoría de la gravitación, aplicada a la mecánica celeste, no lo explica todo. Y es que una teoría puede ser incapaz de superar el test de comprehensividad por dos razones: a) Porque no explica ciertos fenómenos observables empíricamente, quedando los mismos indeterminados en

[9] A. S. Eichner, «¿Puede llegar la economía a ser una ciencia?», en *Boletín Semanal de ICE*, núm. 2111, 13 de diciembre de 1987, págs. 4291 a 4297.

cuanto a su razón de ser. b) Porque lo observado empíricamente es, en determinadas circunstancias, diferente de lo que preveía la teoría. Es decir, los resultados se apartan de la previsión teórica.

— *El test de parsimonia* hace posible precisar si un elemento particular de una teoría, incluyendo sus supuestos subyacentes, es necesario para explicar lo que se observa empíricamente. A *sensu contrario*, en la medida en que tal elemento pudiera eliminarse sin disminuir el poder explicativo de la teoría, debería prescindirse de él, por resultar claramente superfluo. Así, el test de parsimonia permite excluir los elementos metafísicos de una teoría, al objeto de que todo en ella tenga su propio fundamento; de ese modo, los investigadores no se pierden en líneas improductivas de investigación.

Las reglas epistemológicas que hasta aquí hemos sintetizado, siguiendo a Eichner serían de gran utilidad para determinar la *cientificidad de una teoría*; siempre que todos estuviéramos de acuerdo en el carácter eminentemente empírico de todas las ciencias. Pero no ocurre así, porque al menos en el campo de las ciencias sociales, abundan los científicos que ante la dificultad de reducir los hechos [10] sociales a experimentos de laboratorio —o a simulaciones informáticas como sustitución de los mismos— y a diferencia de lo que sucede en los análisis concernientes a las ciencias naturales, o ante la dificultad de obtener resultados concluyentes del análisis estadístico, enfocan su orientación metodológica por otros derroteros.

Veamos, por ello, de forma sintética, las distintas corrientes metodológicas que, en este sentido, han tenido vigencia en el transcurso de la historia de la Ciencia.

4. Los enfoques acerca de la metodología científica. Empirismo y racionalismo

Podemos situar en el Renacimiento el punto de arranque del pensamiento científico; al menos en la forma en que hoy lo carac-

---

[10] ¿Y qué son los hechos? Según S. J. Gould «lo confirmado hasta el punto de que sería perverso no dar un asentimiento provisional. Supongo que las manzanas podrían empezar a subir mañana —en contra de lo que apreció Newton— pero es una posibilidad que no merece la mínima atención en las aulas de física». Citado por Martín Gardner en «La Ciencia. Lo bueno, lo malo y lo falso». Versión española, Alianza Editorial, Madrid, 1981, pág. 8.

terizamos, desde el punto y hora en que se reaccionó contra la concepción escolástica, en la que no se identificaban las fronteras entre metafísica y ciencia de carácter empírico. Y fue a partir de la confrontación entre ambas cuando el debate metodológico puso en primer plano la búsqueda de un conocimiento verdaderamente explicativo del funcionamiento del *mundo circundante*. El arranque de tal práctica metodológica suele situarse a principios del siglo XVII, al surgir las dos grandes corrientes de pensamiento moderno: empirismo y racionalismo.

El *empirismo*, cuyo inicial exponente fue el británico Francis Bacon, sólo admite la *experiencia* como fuente de conocimiento, siendo éste la única forma de alcanzar una comprensión científica de la realidad. Y es el *método inductivo*, al pasar de los hechos individualizados a lo general, lo que permite establecer *leyes universales*, como base de las teorías científicas cuyos postulados han de ser refrendados por la propia experiencia empírica: de lo particular a lo general, y de ésto a lo particular. Ese sería el recorrido a realizar por el científico empirista[11].

Por tanto, para un inductivista, la ciencia únicamente admite como enunciados científicos los que describan los *hechos empíricamente fundados* o que se derivan de enunciados previamente establecidos bajo la misma premisa.

Fue David Hume quien impulsó el principio empirista hasta sus límites, al afirmar que *la experiencia es el único conocimiento válido* y que, por tanto, todo conocimiento para considerarse verdadero ha de fundarse en ella.

Por su parte, el *racionalismo* se abrió camino en la filosofía de la ciencia con el pensamiento de Descartes, Espinoza y Leibniz. Para Descartes, el método científico se articula en cuatro preceptos. «El primero, no admitir como verdadera cosa alguna, como no supiese con evidencia lo que es; ...no comprender en mis juicios nada más que lo que se presentase tan clara y distintamente a mi espíritu, que no hubiese ninguna ocasión de ponerlo en duda. El segundo, dividir cada una de las dificultades que examinare, en cuantas partes fuere posible y en cuantas requiriese su mejor solución. El tercero,

[11] Sin olvidar, como nos lo recuerda St. Toulmin —en «El puesto de la razón en la ética», versión española, Alianza Editorial, Madrid, 1979, pág. 13— que el componente ético que el filósofo inglés asignó a todo el pensamiento, constituyó una faceta de enorme interés, si bien rápidamente quedó relegado hasta tiempos muy recientes.

conducir ordenadamente mis pensamientos, empezando por los objetos más simples y más fáciles de conocer, para ir ascendiendo poco a poco, gradualmente, hasta el conocimiento de los más complejos, e incluso suponiendo un orden entre los que se preceden naturalmente. Y el último, hacer en todo unos recuentos tan integrales y unas revisiones tan generales, que llegase a estar seguro de no omitir nada» [12]. De modo tan explícito, Descartes transformaba la duda metódica en una senda de conocimiento sistemático

En definitiva, la razón se convirtió en la única fuente de conocimiento para la escuela filosófica racionalista, cuyo *método deductivo* pasó a explicar los casos particulares partiendo de las construcciones generales establecidas por un proceso de deducción lógica. Conforme a tales principios, el conocimiento pretendía caracterizarse por su inteligibilidad, su objetividad y su universalidad.

5. La síntesis kantiana y la crisis del empiriorracionalismo

Puede decirse que fue en Kant en quien convergieron las dos grandes corrientes que acabamos de examinar, la empirista y la racionalista. Para el gran filósofo de Königsberg, la Ciencia se elabora con base en la *lógica* (conocimiento racional) y en la *experiencia* (conocimiento sensible). Esquemáticamente, venía a considerar que el conocimiento puede ser *a priori*, puro, universal, basado en la lógica y no en la experiencia; y *a posteriori*, no universal, y fundamentado en la experiencia.

Según Kant, el conocimiento se manifiesta mediante *juicios analíticos*, que explican el fenómeno y que no incrementan el acervo de conocimientos; y *sintéticos*, que sí lo recrecen. Concluía Kant que los juicios que más interesan a la ciencia son los sintéticos y a priori, por ser universales y por ser los únicos que añaden conocimiento [13].

Pero las dos grandes corrientes metodológicas iniciales —empirismo y racionalismo—, y la propia síntesis kantiana, entraron en crisis al romperse la idea base de la validez absoluta del conocimiento científico; esto es, al surgir teorías alternativas incompatibles con

---

[12] R. Descartes, «Discurso del Método», versión española, Espasa Calpe, Madrid, 1968, pág. 40.

[13] Citado por S. Ruesga en «Proyecto...», ob. cit., nota 6 de este capítulo.

el principio de la seguridad de los resultados del razonamiento y de la experiencia. La crisis apareció, pues, al generalizarse la presunción del *carácter hipotético de los conocimientos científicos*. Y de la crisis así generada, surgieron, a su vez, tres ideas importantes, que luego se ampliaron a cinco [14]. Veamos.

La *primera*, consistente en que al ser la *validez* algo que no viene dado sin dificultades, esta misma se transforma en un problema, que se convierte en el tema central de la metodología.

La *segunda*: se convierte en aceptación generalizada la consideración de que no existe un procedimiento científico que necesariamente lleve a la consecución de un conocimiento válido. El procedimiento no es mecánico, sino *azaroso*, no siendo posible establecer previamente métodos concretos que conduzcan al conocimiento válido.

La *tercera* idea: al haber una incompatibilidad lógica entre los nuevos planteamientos y la física clásica, se considera que el desarrollo científico no es gradualmente acumulativo, como se creía, sino que *procede a saltos*.

La *cuarta* idea consiste en el *condicionamiento* al que está sometido el conocer científico en función de la estructura social dentro de la cual se genera. A este respecto, en la sociología del conocimiento se distinguen la *rama tradicional* —en el sentido de Kuhn— que entiende el desarrollo científico como algo dependiente de la aceptación de criterios; y por otro lado, está la *visión marxista*, que se centra en los problemas que para el conocimiento surgen del condicionamiento fundamentalmente económico.

La *quinta* y última idea estriba en el progresivo desarrollo de una *conciencia ética* de los científicos respecto de la estructura de poder y los valores de su época. Las decisiones morales y éticas influyen en el desarrollo de la ciencia, y como dice Feyerabend, pueden generar una alternativa de conocimiento científico frente a la situación anteriormente aceptada.

6. Las nuevas corrientes: el cuadro general

El cuasi-monismo metodológico compartido por empiristas y racionalistas, entró en crisis a lo largo del XIX, en el contexto propi-

---

[14] J. M. Revuelta, «Pruebas de idoneidad para el acceso a la categoría de profesor titular de universidad», UAM (mimeografiado), Madrid, 1984, pág. 5.

ciado por las cinco ideas antes expuestas. A partir de entonces se marcaron diversas nuevas corrientes, que siguiendo a Javier Muguerza [15] cabe clasificar en *dos enfoques básicos*, el del *positivismo*, y el *histórico-institucional*.

Por un lado, el *positivismo* defiende la existencia de un solo método científico de carácter universal y que abarca por igual a inductivistas y deductivistas. Cabe subdividirlo en:

1. Corriente *analítica*, que engloba a:
a) Los *positivistas* del siglo XIX (Augusto Comte y John Stuart Mill como autores más relevantes).
b) Los *neo-positivistas* (Círculo de Viena y Círculo de Berlín).
c) Los *falsacionistas*, con Popper como figura más destacada.
2. Corriente *socio-histórica*, representada por Kuhn, Feyerabend y, en cierto modo Lakatos.

Dentro del segundo de los enfoques, el *histórico-institucional*, se defiende el *pluralismo metodológico*, pudiendo distinguirse, a su vez, dos grandes corrientes:

a) La primera aglutina componentes sociales, económicos e históricos y estaría representada por el *marxismo*; y en alguna medida por su revisión en la *Escuela de Francfort*.

b) La segunda comprende aspectos *historicistas, tomados del* idealismo alemán y de la escuela neokantiana de Baden; y estaría representada por Dilthey y la escuela histórica alemana (Knies, Schmoller, Sombart, Weber, e incluso Schumpeter).

A continuación, analizaremos el primero de los dos enfoques metodológicos —positivismo y neopositivismo— y al segundo nos referiremos más adelante, al entrar ya en el concepto de estructura económica (capítulo 7).

7. El positivismo: Comte y Mill

Si quisiéramos sintetizar sus planteamientos, podríamos decir que el positivismo parte de la idea de que sólo los hechos y sus relaciones interactivas son relevantes para la ciencia. Por ello, todo aquello

---

[15] J. Muguerza, «La teoría de las revoluciones científicas», en I. Lakatos y A. Musgrave, *La crítica al desarrollo del conocimiento*, versión española, Grijalbo, Barcelona, 1975, págs. 18 y 19.

que trascienda a la experiencia del hombre, debe quedar fuera del campo de preocupación de los científicos. Como iniciadores de esta corriente, hay que citar a Augusto Comte y a John Stuart Mill, dos de los gigantes del pensamiento social del siglo XIX.

Para Comte, el conocimiento cabría configurarlo ordenándolo según una *relación jerárquica*; en cuya base estarían las matemáticas, y en la cúspide la sociología. Entre las matemáticas y la sociología, se desarrollaría el campo de las ciencias naturales: astronomía, física, química, y biología. Y el conocimiento se apoyaría en la relación existente entre los distintos fenómenos observables. Así, el método de las ciencias naturales, que alcanzó éxitos tan significativos a lo largo de los siglos XVIII y XIX, habría de aplicarse igualmente a los fenómenos sociales. Se trataba de elaborar una *física social*, tal como inicialmente Comte denominó a la sociología.

El otro gran representante histórico del primer positivismo, en versión inglesa, fue John Stuart Mill, quien abordó su teoría del conocimiento fundamentándola en la experiencia, y no en la intuición o en la conciencia. Por ello mismo, Mill distinguió entre *métodos «a priori»* y *métodos «a posteriori»*. El primero, como base para establecer hipótesis generales, a fin de llegar a conclusiones particulares; no estando tales hipótesis basadas en la experiencia, al situarse en un plano ideal. Por el contrario, el segundo método, «a posteriori», se apoyaría en la evidencia empírica, obteniéndose con él proposiciones generales a partir de los hechos particulares observados [16].

El positivismo a lo Comte y a lo Mill, fue el criterio global dominante a lo largo del siglo XIX, que impregnó el método científico y filosófico. Posteriormente, los principios del positivismo se recogieron, en los inicios del siglo XX, por el denominado *Círculo de Viena*, que agrupó a un conjunto de filósofos y científicos fundamentalmente centroeuropeos encuadrables dentro del *neopositivismo* [17].

---

[16] John Stuart Mill «De los cuatro métodos de indagación experimental», versión española, *Revista Teorema*, Valencia, 1980. Los métodos a que se refiere el gran economista británico en el título de su obra son los de: concordancias, diferencias, residuos, y variaciones concomitantes.

[17] Sobre el círculo de Viena existe una abundantísima bibliografía. Como trabajo de síntesis puede verse el opúsculo de Herbert Feigel «Origen y espíritu del positivismo lógico», en Herbert Feigel y St. Toulmin, *El Legado del positivismo lógico*, en el que también figura el trabajo de St. Toulmin sobre Wittgenstein (que no fue un

8. El neopositivismo

El neopositivismo (o empirismo lógico, como también se le ha denominado), puso el énfasis en el carácter empírico de la ciencia, hundiendo sus raíces en el empirismo inglés, desde Bacon a Hume, y en el positivismo del siglo XIX.

Los neopositivistas no dejaron nunca de subrayar que la fuente fundamental del conocimiento científico es la *experiencia*, la percepción de la realidad. Pero además, introdujeron la utilización sistemática de la *lógica matemática*, en un intento de ofrecer una mayor formalización del proceso de desarrollo interno de las teorías.

Para los neopositivistas, la *contrastación de hipótesis* debe hacerse en un sentido definitivamente afirmativo o negativo; de modo que el proceso de avance de la ciencia se relacione con la aceptación o descalificación de teorías que se someten al contraste de los hechos. Por tanto, las proposiciones que la ciencia pueda admitir, son solamente aquéllas verificables a través de la experiencia sensible, siendo la física el prototipo de la ciencia para el resto de las disciplinas [18].

Pero a pesar del esfuerzo de los neopositivistas por deslindar el campo de la ciencia del de la metafísica —sobre la base de lograr la contrastabilidad de las teorías como apoyo para su cientificismo— el recurso a la lógica matemática no permite verificar las propuestas científicas. A juicio del neopositivismo, la lógica deductiva, si se apoya en leyes generales previamente admitidas, y si el proceso de deducción es correcto, corrobora la veracidad de las teorías. Pero la práctica científica se encuentra muchas veces sin criterios para contrastar las predicciones teóricas con la realidad de forma inmediata, *ex ante*; en contra de lo que sucede con los experimentos de laboratorio.

Por otra parte, debido al carácter absoluto que el positivismo y el neopositivismo atribuyen a la contrastación empírica —tanto para refutar como para corroborar una teoría— se les ha acusado de un

---

«socio» permanente, ni asiduo del círculo) que lleva por título «Del análisis lógico a la historia conceptual», versión española, *Revista Teorema*, Valencia, 1980. También A. Kenny, «Wittgenstein», versión española, Alianza Editorial, Madrid, 1982, y Wilhem Baum, «Wittgenstein», versión española, Alianza Editorial, Madrid, 1988. A la figura de Wittgenstein se dedicó el *Congreso de Filosofía de Cáceres,* de diciembre de 1989. Pueden verse algunas de sus apreciaciones en los artículos de Javier Sádaba e Isidoro Reguera que publicó *El Mundo* (6 de diciembre de 1989, págs. 42 y 43).

[18] V. Kraft, «El círculo de Viena», versión española, Taurus, Madrid, 1966.

cierto *dogmatismo*. En cierto modo como réplica a esa objeción, y a fin de salvaguardar el espíritu científico y no dogmático del positivismo —flexibilizando su aproximación a la realidad— surgió lo que se dió en llamar la *filosofía justificacionista*. Esta variante admite la indemostrabilidad absoluta de todas las teorías, según el criterio de la experiencia; pero sí que acepta la idea de que unas teorías cuentan con mayor grado de probabilidad de ser ciertas que otras. En este sentido, el objetivo del quehacer científico pasa a ser la determinación de *qué teorías son más probables* a la hora de explicar una determinada realidad. Corriente dentro de la cual cabe situar como uno de los máximos exponentes a Bertrand Russell.

9. Popper y el falsacionismo ingenuo

Del lado de la filosofía neopositivista, y ante las objeciones que fueron surgiendo, se produjo la *reacción popperiana*, que si bien puede considerarse heredera de la tradición positivista en algunos aspectos fundamentales, también se distancia notablemente de ella.

Según Lakatos [19], la reacción de Karl Popper frente al positivismo se apoya en dos postulados de partida. Primeramente, sostiene que bajo ciertas condiciones muy generales todas las teorías tienen *probabilidad cero*, siendo, por tanto, tan improbables como indemostrables. Y, en segundo término, afirma que la honestidad científica del intelectual obliga a fijar con claridad en qué condiciones se está dispuesto a abandonar el *mantenimiento de los propios postulados*.

La preocupación de Popper se centra en establecer lo que denomina un *criterio de demarcación* entre la ciencia y la no ciencia,

---

[19] I. Lakatos, «La falsación y la metodología de los programas de investigación», en *La crítica del desarrollo del conocimiento*, ob. cit., en nota número 15, págs. 208-216. No debemos dejar de mencionar aquí a Ludwik Fleck, que para muchos fue un predecesor de Kuhn. Como han destacado Lothar Schäfer y Thomas Schnelle, «puso incluso en tela de juicio un concepto considerado como evidente: el concepto de hecho. Para Fleck, la ciencia no es un constructor formal, sino esencialmente, una actividad llevada a cabo por comunidades de investigadores». Vid. L. Fleck, «La génesis y el desarrollo de un hecho científico», versión española, Alianza Editorial, Madrid, 1986 (el libro de Fleck, se publicó por primera vez, en alemán, en Basilea, en 1934, pero por el origen judío de su autor, no tuvo difusión en el mundo germano-parlante).

superando así lo que él considera como punto débil de la corriente positivista. Trata, por tanto, de identificar un criterio no dogmático para determinar el carácter científico de las proposiciones de los investigadores. Y encuentra su solución en el *falsacionismo*, como un intento de evaluar las teorías cambiando de forma radical la óptica del positivismo lógico. De manera sintética, lo que el falsacionismo sostiene es que si bien no es posible demostrar que algo es materialmente cierto, *siempre es posible demostrar que algo es materialmente falso*.

De ahí deriva el núcleo central de la metodología de Popper, para quien la ciencia es el *cuerpo de proposiciones sintéticas* acerca del mundo real que son susceptibles de falsación por medio de la observación empírica. Así pues, la ciencia se caracteriza no tanto por su contenido, sino por el método de elaboración de proposiciones falsables.

Lakatos distingue tres tipos de falsacionismo: *dogmático, ingenuo*, y *sofisticado*. A Popper le califica, como falsacionista ingenuo, aunque le atribuye cierta impregnación de los otros dos tipos.

La línea de demarcación entre el falsacionismo ingenuo y el sofisticado, estriba en si se atribuye o no a la falsación de una teoría un carácter concluyente. En su versión ingenua, el falsacionismo propone que una teoría queda refutada por *una sola y decisiva contrastación*. En cambio, en su versión sofisticada, defendida por Lakatos, la falsación de una teoría nunca es concluyente. Lo único a que cabe aspirar, «basándonos en cantidades finitas de un conocimiento imperfecto, es a descubrir el *balance de probabilidades* entre las hipótesis alternativas» [20].

Al criterio de demarcación para determinar la frontera de la ciencia, Popper añade una condición adicional: una teoría debe *predecir hechos nuevos*, inesperados para el conocimiento anterior. En consecuencia, para el código popperiano del honor científico, es negativo proponer teorías infalsables o hipótesis *ad hoc* que no impliquen predicciones nuevas empíricamente contrastables; del mismo modo, va contra ese código impulsar teorías no probadas. La condición de predecir hechos nuevos exige, en definitiva, que el contenido empírico de una teoría sea superior al de las teorías anteriores.

[20] R. Lipsey, «Introducción a la Economía positiva», versión española, Vicens Vives, Barcelona, 1966, pág. 52.

10. Kuhn: paradigmas y revoluciones científicas

La reacción fundamental contra la rigidez del popperiano principio de falsabilidad, la constituye el discurso de Thomas S. Kuhn; sin duda, uno de los autores con mayor influencia metodológica en el presente siglo. De hecho, una gran parte del debate del método gira en torno a la aceptación, rechazo o elaboración de los *esquemas alternativos de la teoría kuhniana.*

El propósito de Kuhn, visto desde la perspectiva de hoy, es bastante claro: tratar de desarrollar un esquema interpretativo y explicatorio del *desarrollo evolutivo de la ciencia.* Y no tanto para ofrecer un cuerpo doctrinal que permita discernir —o demarcar según Popper— el campo de lo científico, como para contar con una *explicación de las sucesivas etapas* por las que ha atravesado la ciencia en general.

El esquema explicativo de Kuhn se apoya en la idea de un *proceso acumulativo con saltos cualitativos* fundamentales —de paso de una situación a otra— en determinados momentos históricos. Construcción teórica que se apoya en la articulación de varios conceptos: paradigma, matriz disciplinar, comunidad científica, ciencia normal, y revoluciones científicas.

El *paradigma* es el concepto básico del que arranca todo el discurso de Kuhn, si bien a lo largo de su obra no ofrece un significado único del término, habiéndose llegado a identificar veintiuna acepciones diferentes. Sin embargo, el propio Kuhn fue matizando el concepto a lo largo de sus diversas obras, desde una primera concepción («lo que los miembros de una comunidad científica comparten» [21], definición ambigua y poco operativa en la práctica metodológica). En su elaboración culminante, Kuhn pasó a entender el *paradigma como el elemento central de una matriz disciplinar*, sien-

[21] Th. S. Kuhn, «La estructura de las revoluciones científicas», ob. cit., en nota 5, pág. 271. Del mismo autor (con Robert Merton y otros) «Estudios sobre sociología de la ciencia», versión española, Alianza Editorial, Madrid, 1980, pág. 271; puede verse también: «La crítica y el método de programas científicos de investigación», versión española, *Revista Teorema,* Valencia, 1981; «La función del dogma en la investigación científica», versión española, *Revista Teorema,* Valencia, 1976; A. García-Reche, «Algunas notas en torno a la utilización de los conceptos de paradigma y programa de investigación en economía», en *Cuadernos de Economía,* vol. 5, núm. 12, enero-abril, 1979, págs. 58 y ss. Kuhn reconoció expresamente que el libro de Fleck —citado en la nota 19— le sugirió muchas de sus ideas.

do ésta un conjunto de creencias, valores, y técnicas, expresivas de una *red consistente de teorías* compartidas por una *comunidad científica* en un momento dado, o por un cierto período de tiempo.

¿Y qué es la *comunidad científica*?: los científicos que investigan dentro de una misma rama o especialidad, y que al mismo tiempo comparten un determinado paradigma, es decir, que se cohesionan en torno a un núcleo esencial que guía su proceso de pesquisas. Para Kuhn, la comunidad científica —el agregado que profesionalmente trabaja en lo mismo— es el elemento fundamental para la determinación del carácter científico o no de determinadas hipótesis o teorías.

En su visión dinámica del proceso de desarrollo de la ciencia, Kuhn entiende que existen *períodos de estabilidad*, durante los cuales los paradigmas no experimentan alteraciones significativas, de tal modo que durante ese lapso la comunidad científica apoya sus desarrollos teóricos en una matriz disciplinar común. En ese período estable, se da la vigencia de lo que Kuhn denomina *ciencia normal*, que en sus propias palabras significa «investigación basada firmemente en una o más realizaciones científicas pasadas, y que alguna comunidad científica en particular reconoce durante cierto tiempo como fundamento para su práctica posterior».

Claro que en un momento determinado pueden presentarse *anomalías*, a las que la ciencia normal no ofrece respuesta, y frente a las cuales el paradigma no da una interpretación. Y si la acumulación de anomalías es importante, y además se refiere a los problemas más trascendentes del campo específico de una determinada ciencia, entonces surge la posibilidad de que un grupo de científicos promuevan el desarrollo de un *nuevo paradigma*. Se abre así la crisis del antiguo paradigma, y se inicia la senda de implantación del nuevo.

El camino hacia la crisis y la sustitución de paradigmas, no siempre lo provocan las anomalías. A menudo, tal sustitución es debida a la aparición de *nuevas teorías*. Cuando ésto ocurre, dentro de la comunidad científica se suscita una insoslayable *sensación de inseguridad y duda*, aunque el proceso de sustitución de las viejas teorías por las nuevas puede prolongarse, coexistiendo un largo período de crisis del antiguo paradigma en solapamiento con el afloramiento del nuevo. En suma, como pone de relieve Feyerabend, la ciencia normal trata de perpetuarse inercialmente, se resiste al cambio; pero éste es ineluctable a la postre.

Para Kuhn está claro que no habrá nunca un vacío de paradigmas: «cuando una teoría ha alcanzado el status de paradigma, sólo puede ser declarada inválida si la comunidad científica dispone de una candidatura alternativa para que ocupe su lugar». Desde su perspectiva, Kuhn ve el desarrollo de la ciencia, por tanto, como una *sucesión de períodos de ciencia normal y de crisis*; de modo que estas últimas abren el camino a una revolución científica, y en fin de cuentas a la alternancia de paradigmas.

A diferencia de lo que sucede con Popper [22], en Kuhn no se propone un criterio explícito que deslinde el carácter científico de las proposiciones; aunque implícitamente se supera el criterio de falsabilidad por el más evidenciable de la *aceptación por la comunidad científica*. Es el paradigma, pues, el que orienta cuál debe ser el campo de actividad de la ciencia, y el que plantea cómo debe desarrollarse para resolver los problemas concretos. En definitiva, sólo cuando el paradigma no es capaz de resolver las anomalías que se le presentan se abre el período de crisis, origen a su vez de una revolución científica.

El concepto, de *revolución científica* es, pues, el elemento central de la construcción kuhniana, para explicar el proceso de desarrollo de la ciencia; frente al atemporalismo de Popper, incorpora la perspectiva histórica. Sin embargo, en sus aspectos concretos, tal posición no está exenta de críticas, desde el lado menos gradualista, que opta por un conocimiento científico inserto en lo que Marc Blaug denomina el *proceso de revolución permanente* [23].

11. Los programas de investigación de Lakatos

En un intento de síntesis entre el ahistoricismo de Popper y el relativismo de Kuhn, Lakatos desarrolla el concepto de *programas de investigación*. En esa línea de pensamiento, señala que «la historia de la ciencia es la historia de los programas de investigación, más

[22] En cuanto a la posición de Popper en relación con Kuhn, quedó bien clara en su obra «Post-scriptum a la lógica de la investigación científica» (versión española, Tecnos, Madrid, 1985) en cuyo volumen I le hace rotundos reproches ignorando incluso el concepto de paradigma.

[23] M. Blaug, «Kuhn versus Lakatos», en *Revista Española de Economía*, núm. 1, 1976, pág. 15. También sobre Kuhn, es interesante la monografía de Barry Barnes en «El retorno de la gran teoría en las ciencias humanas», compilación de Quentín Skinner, versión española. Alianza Editorial, Madrid, 1988.

que la historia de las teorías» [24]. E incorporando la visión historicista de Kuhn, Lakatos se pronuncia por un proceso de evolución que no avanza a saltos kuhnianos, sino en un proceso de continuidad.

Recogiendo enseñanzas de Popper, Lakatos desarrolla lo que él mismo llama el *falsacionismo sofisticado* al que ya antes hemos aludido en este mismo capítulo (sección 9). Veamos en que consiste.

Para Lakatos, la metodología de la ciencia de Popper es *agresiva*, en el sentido de que una parte de lo que normalmente denominamos ciencia se desecha como metodológicamente incorrecta. La metodología de Kuhn, por el contrario, es *defensiva*, ya que trata de reivindicar —en vez de censurar— la práctica real de la ciencia.

Para Lakatos «la metodología en sí no proporciona a los científicos un formulario de reglas para resolver los problemas científicos; su campo es el del enfoque lógico, y su contenido un conjunto de reglas no mecánicas referentes a teorías ya plenamente articuladas» [25]. De este modo, Lakatos entiende que las teorías científicas no pueden evaluarse de forma aislada, tal como plantea Popper, sino que es necesario enfrentarse a un conjunto de ellas íntimamente interrelacionadas. A lo cual denomina, precisamente, *programas de investigación científica* (PIC). Con base en lo anterior, Lakatos define el proceso de desarrollo de la ciencia como la interacción entre los *PICs regresivos* y los *PICs progresivos*.

Un programa de investigación cuando su aplicación supone un aumento de contenido empírico, está en fase de *deslizamiento progresivo*; es capaz de predecir, con un cierto éxito, algún acontecimiento nuevo hasta entonces inesperado.

Por el contrario, los PICs son regresivos o degenerativos cuando necesitan de continuos ajustes *ad hoc*, a fin de salvaguardar su valor predictivo ante nuevos hechos observados y que no estaban planteados en el programa. De este modo, en un período de tiempo, que no en un momento concreto, el programa de investigación progresivo va reemplazando, por su mayor poder explicativo, al *programa degenerativo* que va siendo eliminado.

Con esta perspectiva, no es necesario esperar a una crisis —tipo revolución científica, en la terminología de Kuhn— para que puedan

---

[24] I. Lakatos, «La falsación y la metodología de los programas de investigación», ob. cit. en nota núm. 19, pág. 291; y del mismo autor, «Historia de la ciencia y sus reconstrucciones racionales», versión española, Tecnos, Madrid, 1982.

[25] M. Blaug, «La metodología en la economía», Alianza, Madrid, 1980, pág. 54.

desarrollarse programas de investigación alternativos. Lakatos considera que un *PIC no será científico de una vez por todas y para siempre*, sino que «puede dejar de serlo con el transcurso del tiempo, al ir gradualmente pasando del status de programa progresivo al degenerativo; pero igualmente puede ocurrir lo contrario» [26].

Lakatos se distancia así de la ingenuidad del falsacionismo de Popper, al entender que las teorías no se rechazan con una y exclusiva prueba falsacionista en contra. En realidad, nos dice, estamos ante todo un proceso de acumulación de pruebas contrarias a las previsiones de un programa de investigación, o ante la incapacidad misma del programa para interpretar nuevos hechos.

12. El anarquismo metodológico

Frente a la rigidez de Popper, las críticas de Kuhn, y la revisión de Lakatos, lo cierto es que actualmente, una de las cuestiones más debatidas en los nuevos enfoques sobre teorías científicas subraya que *todas las observaciones empíricas están cargadas de teoría*, y que incluso cualquier acto de percepción se ve condicionado por conceptualizaciones previas. Por ello «si consideramos la idea de que los hechos están cargados de teoría, junto con la idea kuhniana de la pérdida de contenido de las teorías, paradigmas, PCIs, etc., llegaremos a una situación en la que parece cerrarse ante nosotros cualquier posibilidad de elegir racionalmente entre teorías científicas cuando entran en conflicto entre sí» [27].

Este es el punto de partida de lo que se ha venido en denominar *anarquismo metodológico*, propuesto por Feyerabend en su obra *Contra el Método*, en cuya introducción declara que una postura anarquista puede ofrecer una explicación válida de carácter epistemológico y filosófico sobre la ciencia y su evolución, para acto seguido subrayar que resulta imposible que el investigador en su labor se someta a normas fijas y pretendidamente infalibles a fin de de-

---

[26] Ibidem, págs. 55-56.

[27] M. Blaug, «Educación y empleo», Instituto de Estudios Económicos, Madrid, 1981, pág. 62. Por lo demás, como señala Larry Laudan, «La coexistencia de teorías rivales es la regla, y no la excepción, de modo que la evaluación de teorías es, primordialmente, una actividad *comparativa*». En «El progreso y sus problemas», versión española, *Encuentros*, Madrid, 1986, pág. 10.

terminar la cientificidad de sus desarrollos. De hecho, el proceso científico ha ido produciéndose históricamente, porque los propios investigadores no se han limitado a normas o reglas rígidas; *en el terreno metodológico todo vale*, se admite todo [28].

Por otro lado, Feyerabend afirma que aunque existan reglas metodológicas, el análisis histórico de las mismas demuestra que han sido sistemáticamente violadas. E incluso, señala que algunos de los investigadores más notables llegaron al éxito en sus trabajos por el *incumplimiento deliberado de cualquier norma* o regla convencional de comportamiento en el proceso investigador.

En consecuencia con ello, Feyerabend no admite que la ciencia avance por medio de la yuxtaposición de teorías, incorporando las más nuevas a los dictados de las más antiguas como casos particulares de aquéllas. De aplicar este principio, la ciencia se paralizaría, ya que no sería posible el desarrollo de teorías alternativas hasta tanto no se hubiera producido la *refutación de las vigentes.* En ese sentido, Feyerabend cuestiona el que la ciencia discurra por caminos sujetos a las reglas metodológicas del tipo de las de Popper, ya que de seguir estrictamente el principio de falsación, como exigencia para la contrastabilidad de las teorías, jamás se hubiera arribado a la situación actual del conocimiento científico. Todo estaría pendiente de una especie de *juicio final crónico.*

Para Feyerabend, la ciencia se desarrolla siguiendo lo que él denomina el *principio de tenacidad*, que consiste en que las teorías nunca se abandonan por muchas evidencias empíricas o anomalías que se les presenten. Las teorías pueden verse reformadas del estado degenerativo al estado progresivo, siguiendo la terminología de Lakatos.

Por otra parte, Feyerabend expresa su convencimiento de que «el mejor camino para aumentar el conocimiento de los hechos y del contenido empírico del conocimiento científico, es *aumentar el nú-*

---

[28] P. Feyerabend, «Contra el método», versión española, en Ariel, Barcelona, 1974, pág. 15. Véase también P. Feyerabend, «El mito de la ciencia y su papel en la sociedad. ¿Por qué no ciencia también para anarquistas?», versión española, *Revista Teorema,* Valencia, 1979, obra en la que figura el trabajo de Arne Maess «¿Por qué no ciencia para anarquistas? Una respuesta a Feyerabend». Asimismo, las consideraciones del discípulo de Feyerabend, Wolfgang Stegmüller, en «The Structuralist View of Theories», Springer Verlag, Nueva York, 1979, versión española de Alianza Editorial, Madrid, 1979, que le aproximan a la postre al método estructuralista.

mero de teorías alternativas, ya que ni una sola teoría concuerda con todos los hechos conocidos en su dominio»[29].

A la idea de la multiplicidad de teorías alternativas en un mismo dominio científico y coincidentes en un mismo espacio temporal, Feyerabend la denomina *principio de proliferación*: el científico no ha de someterse a los conceptos vigentes en un momento determinado, sino que su propio impulso como investigador le ha de llevar a elaborar teorías alternativas e inconsistentes con el punto de vista generalmente aceptado dentro de la comunidad científica.

De todo ello derivaría la práctica inexistencia de una metodología científica de común aplicación. O dicho de otro modo, se «plantea una extraña metodología: las teorías establecidas deben ser barajadas y analizadas a la luz de *un número creciente de teorías alternativas*, las cuales no precisan de un buen soporte ni teórico ni empírico» [30].

De admitirse esta propuesta de Feyerabend, no tendría sentido buscar una metodología científica, ya que no habría forma de elegir entre teorías alternativas, en la medida en que ninguna de ellas sería rechazada, aunque la evidencia las contradijese en multitud de ocasiones. Por éso, Feyerabend sostiene que el mejor procedimiento es el *anarquismo metodológico*, apoyándose en la idea de que la ciencia ha avanzado gracias al sistemático infringimiento de las normas metodológicas previamente establecidas.

Con algunas variantes, la interpretación anarquista de Feyerabend está siendo recogida por pensadores cuyos puntos de vista están fuertemente condicionados por consideraciones históricas y sociológicas. Con base en la reconstrucción de la historia del pensamiento científico, los planteamientos de Hanson y Toulmin, entre otros, revelan la existencia de grandes diferencias entre el *comportamiento efectivo de los científicos* y las propuestas formuladas por el empirismo lógico y el falsacionismo. Este planteamiento, en opinión de J. L. Garcia y J. A. Alonso, afecta a *tres aspectos básicos de la concepción positivista* anteriormente dominante [31]:

1. En primer lugar, la revisión de la historia sugiere que *no existe una relación simple y directa entre los resultados de la obser-*

[29] Ibidem, pág. 41.

[30] Citado por B. J. Caldwell, «Beyond Positivism Methodology in the Twentieth Century», Allen and Unwin, Londres, 1982, pág. 81.

[31] J. L. García Delgado y J. A. Alonso, «Sobre la identidad de las ciencias sociales», Fundación Banco Exterior, Madrid, 1987.

vación y la validez de las teorías científicas. Teorías que hoy son consideradas como ejemplos sobresalientes del avance científico, fueron sostenidas a pesar de haber sido contradichas por la evidencia empírica del momento (entre ellas la idea de Einstein sobre el espacio tiempo curvo). No parece posible, por tanto, admitir la eficacia de criterios formales que ilusoriamente dispensen a los científicos de la decisión acerca de la validez de sus propias creaciones.

2. En segundo lugar, *la nueva filosofía de la ciencia se opone tanto a la visión lineal de la historia, como a la concepción acumulativa del progreso científico.* La revisión histórica demuestra que la ciencia no se ha desarrollado a través de un proceso sencillo, sino a través de toda una sucesión de rupturas, de cambios excepcionales, de sucesivas ordenaciones del campo de conocimiento; cierto que con intervalos largos de marcada estabilidad. Los cambios o rupturas, como bien apuntó Kuhn, rara vez suponen el descubrimiento de una verdad nueva a añadir a las ya conocidas, sino que cuando son importantes, suelen provocar una reordenación del campo de conocimiento, generando nuevos modos de enfocar, reconocer y reconstruir la ciencia.

3. En tercer lugar, *la nueva filosofía de la ciencia, defiende el carácter falible del conocimiento.* La observación empírica —sea para contrastar o refutar una teoría, no constituye —en contra de lo que sugiere la tradición positivista— una prueba objetiva ajena a la propia teoría, capaz de verificar y garantizar su fiabilidad. Muy por el contrario, la realidad se manifiesta, para todo sujeto, filtrándose a través de un sistema de *preconcepciones cognoscitivas* que influyen sobre el mismo proceso de percepción. En este sentido, cabe afirmar que *toda realidad se manifiesta a través de la teoría, esté formulada ésta al nivel de complejidad que sea.* Un mismo hecho puede que sea interpretado de modo distinto por dos teorías diferentes —es casi lo usual en las ciencias sociales— lo que implica que ya no es posible apelar a la realidad supuestamente inmutable para dirimir la veracidad de una teoría.

No se trata, por tanto, de desposeer a la prueba empírica de su eficacia como mecanismo para el control de los sistemas generados por las teorías. Muy al contrario, *la contrastación empírica juega un papel básico* en la construcción científica, porque como señala Brown [32], «siempre que la estructura de la teoría y la estructura del

[32] I. H. Brown, «La nueva filosofía de la Ciencia», versión española, Tecnos, Madrid, 1983, pág. 144.

mundo físico no logren engranarse, aparecerán anomalías y, aunque muchos sucesos anómalos pueden con el tiempo ser interpretados en función de la teoría adoptada, son las anomalías recalcitrantes las que llevan finalmente al derrocamiento de una teoría y a su sustitución por otra; es decir, a las revoluciones científicas».

En otras palabras, la observación desempeña un papel fundamental en la validación científica, pero no como un criterio exterior a la propia teoría, objetivo e infalible —como creen los positivistas—; sino como un criterio creado desde la propia teoría, y, por tanto, falible como ella misma, para comprobar su nivel de acomodación a esa realidad que se trata de explicar.

Es más, cabría decir que la *contrastación empírica* es el mecanismo más eficaz para lograr el consenso de la comunidad científica en torno a una hipótesis, siendo una de las pruebas a que ha de someterse la empresa racional que toda teoría presupone. De esta forma, se despoja a la ciencia de su pretensión de establecer verdades definitivas.

Tras las últimas observaciones, solo cabe afirmar que el *debate metodológico sigue* dando quizá razón a quienes mantienen la esterilidad del mismo ante la ausencia de resultados concluyentes. El materialismo sigue enfrentado al idealismo, el positivismo se situa contra el historicismo, el inductivismo frente al deductivismo, el anarquismo contra la sistematización super-lógica.

Sin embargo, practicamos alguna suerte de metodología en nuestro quehacer cotidiano, quizá bastante ecléctica, o si se quiere, en el sentido de Feyerabend, *ejercitamos el anti-método*. Así, el seguimiento a distancia de ese debate no es un mero ejercicio de relax intelectual, sino que nos introduce en la *reflexión de la validez científica*, y por extensión de la utilidad social —en el más amplio sentido del término— de nuestra labor de investigación, alejándonos de la autocomplacencia intelectual, y manteniendo vivo el propio espíritu crítico que debe caracterizar a la ciencia en su permanente búsqueda de la verdad [33].

[33] Aparte de que como subraya Juan R. Quintás, «el creciente interés de los economistas por las aportaciones de la Filosofía de la Ciencia... es un hecho que confiamos ha de contribuir decisivamente a superar nuestro subdesarrollo metodológico»; en «La Economía como disciplina en etapa de transición hacia su constitución como ciencia empírica», en *Revista Española de Economía*, enero-abril, 1973, pág. 29.

Capítulo 2

CONOCIMIENTO, POTENCIAS Y REVOLUCION MICROELECTRONICA

1. Introducción

En la época presente, cada vez son más numerosos los estudios dedicados al conocimiento, y a las distintas formas de acceder al mismo [1]. De hecho se ha desarrollado toda una rama de investigación sobre la forma en que funciona el entendimiento y el modo de aprender, sobre la base de los mecanismos complejos del cerebro humano en su funcionamiento cognoscitivo.

En ese área de preocupaciones, son frecuentes los símiles que se establecen entre cibernética, informática, y mente humana. Y hay unanimidad en cuanto a que los avances en la microelectrónica tienden a facilitar el saber cómo funciona el cerebro humano; hasta el punto de que hoy los procesos mentales del más avanzado de los primates se explican en términos de *hardware* o máquinas procesadoras (equivalentes al cerebro virgen), y de *software*, o programas para distintos usos que van integrándose en el sistema cerebral [2].

[1] Pero la cuestión no es ni mucho menos reciente; como Adorno puso de relieve «la forma científica de la filosofía primera la constituía la teoría del conocimiento». Véase T. W. Adorno, «Sobre la metacrítica de la teoría del conocimiento», versión española, Planeta-Agostini, Barcelona, 1986, pág. 34.

[2] John Lenihan, «Ingeniería humana», versión española, Alianza Editorial, Ma-

Y aparte de esas analogías con la informática, se piensa que un día serán posibles las máquinas pensantes, capaces de crear sus propios programas, y de generar sus propias ideas. Se trata de las «máquinas de Von Neumann»; o la tan traída y llevada «Quinta Generación», como plenitud de la inteligencia artificial [3]. Aunque esa inteligencia artificial difícilmente podrá llegar a la capacidad que para el cerebro se intuyó desde los tiempos de Hipócrates [4]; pues como ha sabido poner de relieve Joseph Weizenbaum [5] lo esencialmente humano es irreproducible: las miradas que intercambian sin palabras los padres junto a la cuna de su hijo no pueden codificarse. Si bien,

---

drid, 1984. Y también C. U. M. Smith de quien procede el siguiente texto: «El científico de hoy, como Descartes en el siglo XVII, basa su trabajo en la hipótesis de que el cerebro es una máquina, sin duda extremadamente sutil, pero máquina, al fin. Por ello, el progreso hacia la comprensión del cerebro vivo, significa progreso hacia el conocimiento de cómo desarrolla su actividad a partir de las leyes de la física y de la química. El científico, en resumen, se comporta ante el cerebro como el ingeniero electrónico hace ante un computador» («El cerebro», versión española, Alianza Editorial, Madrid, 1977, pág. 23). Véase también A. Newell, «La inteligencia artificial y el concepto de mente», versión española, *Revista Teorema,* Valencia 1980. Asimismo, Bertram Raphael, «El computador pensante», versión española, Cátedra, Madrid, 1984.

[3] Adrian Berry «La máquina superinteligente», versión española, Alianza Editorial, Madrid, 1982. Igualmente, Margaret A. Boden, «Inteligencia artificial y hombre natural», versión española, Tecnos, Madrid, 1984. Con todo, fue Norbert Wiener, el padre de la cibernética, quien antes que nadie supo predecir el efecto de las nuevas máquinas en la sociedad, en su libro «The Human Use of Human Beings», Houghton Mifflin, Nueva York, 1950.

[4] Hace dos mil quinientos años, mientras el oráculo de Delfos todavía vaticinaba el destino del hombre, se escribieron los primeros tratados de medicina científica, al otro lado del mar Egeo. En uno de los más influyentes de estos tratados, todavía hoy podemos leer estas palabras, tan sorprendentemente actuales: «El hombre debería saber que del cerebro, y no de otro lugar, vienen las alegrías, los placeres, la risa y la broma, y también las tristezas, la aflicción, el abatimiento y los lamentos. Y con el mismo órgano, de una manera especial, adquirimos el juicio y el saber, la vista y el oído; y sabemos lo que está bien y lo que está mal, lo que es trampa y lo que es justo, lo que es dulce y lo que es insípido. Algunas de estas cosas las percibimos por costumbre, y otras por su utilidad... Y a través del mismo órgano nos volvemos locos y deliramos, y el miedo y los terrores nos asaltan, algunos de noche y otros de día; así como los sueños y los delirios indeseables, las preocupaciones que no tienen razón de ser, la ignorancia de las circunstancias presentes, el desasosiego, y la torpeza. Todas estas cosas las sufrimos desde el cerebro». Hipócrates, «Sobre la enfermedad sagrada», traducido por Francis Adams, Encyclopaedia Britannica Inc.; citado por C. U. M. Smith en «El cerebro» ob. cit. en nota 2, pág. 23.

[5] En «Computer Power and Human Reason», citado por Sherry Urkle en «Las computadoras y el espíritu humano», en *Facetas*, marzo 1985, pág. 26.

nadie duda ya que sí hay una informatización creciente de la sociedad [6].

La investigación del conocimiento tiende a apreciar, con una nitidez que llega a hacer inquietantes tales averiguaciones, que las capacidades del hombre como ser pensante están subutilizadas en muy alto grado. Y ahora, cuando la informática se extiende a todos los campos de actividad, sería lamentable que coincidiendo con un mejor conocimiento del cerebro, este ordenador personal que a todos se nos da al nacer, y que continuamente vamos aprovisionando de toda clase de programas —hasta convertirlo en una mente capaz— [7], y que cuenta con el más sencillo y al propio tiempó más refinado de los lenguajes (el habla humana), sería lamentable —subrayo— que el ordenador que posee cada uno de los 5.200 millones de seres humanos (1989), y el lenguaje de que dispone cada uno de ellos para su vida cotidiana, quedaran subutilizados, limitados en el uso de sus capacidades como consecuencia de una invasión informática que pudiera acabar por convertirnos a la inmensa mayoría en seres fácilmente manipulables desde todos los puntos de vista [8].

2. El conocimiento y el aprendizaje

La vida de la mayoría de los seres humanos transcurre sin que lleguen a tener una idea aproximada de cómo funciona su propio dispositivo de conocimiento; ni los sistemas educativos han resuelto todavía el problema global del aprendizaje. Así, cuando se plantea la modificación en profundidad de tales sistemas, generalmente no se hace con el propósito de ir a una profunda renovación pedagógica. Lejos de ello, los sistemas educativos convencionales se interesan, sobre todo, por preparar a varones y mujeres para la disciplina

---

[6] Así supo apreciarse en el informe Nora-Minc «La informatización de la sociedad», versión española, FCE, México, 1980. Más terminante aún, si cabe, es Jean-François Lyotard en su libro «La condición postmoderna», versión española, Cátedra, Madrid, 1984, págs. 14 y sigs.

[7] Al respecto puede verse la obra de José Luis Pinillos «La mente humana», Libros RTV, Madrid. Así como «Principios de Psicología», Alianza Editorial, Madrid, 1975.

[8] Maya Pines, «Los manipuladores del cerebro», versión española, Alianza Editorial, Madrid, 1978.

del mundo del trabajo, en general en términos de inercia y mecanismo.

La educación, en una visión más profunda, se nos presenta como un método que debe ir más allá. Como dijo Bertrand Russell, «La educación tiene dos fines: por un lado, formar la inteligencia; del otro, preparar al ciudadano. Los atenienses se fijaron más en lo primero; los espartanos, en lo segundo. Los espartanos ganaron. Pero los atenienses perviven en la memoria de los hombres» [9].

En la perspectiva de hoy —sin olvidar a Atenas— el aprendizaje podría ser objeto de un impulso formidable, si por similitud con la informática fuéramos percatándonos de los métodos más adecuados para calar profundamente en nuestro entorno real. Algunas proposiciones —en concreto, seis— pueden ser útiles al respecto:

1. *La realidad es demasiado compleja* para aprehenderla de una vez. Es imposible comprenderlo todo de un solo golpe. La clave de la educación como proceso, está en la aproximación sucesiva, en la concatenación de conocimientos, en la idea de que el aprendizaje es como una mancha de aceite que va extendiéndose por un área de posibles conocimientos prácticamente indefinida, sin contornos en principio demarcables [10]. Aparte de lo que de instintivo hay

[9] No me resisto a seguir citando a Russell: «Creo que la educación —decía en 1949—, en una sociedad científica, puede concebirse por analogía con la educación que dan los jesuitas. Los jesuitas proporcionan una clase de educación a los niños que han de ser hombres corrientes en el mundo, y otra distinta a aquellos que han de llegar a ser miembros de la Compañía de Jesús. De análoga manera, los gobernantes científicos proporcionarán un género de educación a los hombres y mujeres corrientes, y otro a aquellos que hayan de ser mantenedores del poder científico. Los hombres y mujeres corrientes es de esperar que sean dóciles, diligentes, puntuales, de poco pensar y que se sientan satisfechos... Por otro lado, aquellos niños que estén destinados a ser miembros de la clase gobernante, recibirán una educación muy diferente. Serán seleccionados, algunos antes de nacer, otros durante los primeros tres años de vida, y unos pocos entre los tres y seis años. Toda la ciencia conocida se aplicará al desarrollo simultáneo de su inteligencia y de su voluntad...». Y adentrándose aún más en un futuro —al modo de «Un mundo feliz» de Aldous Huxley— prosigue Russell: «La eugenesia, el tratamiento químico y térmico del embrión, y el régimen de comidas en los primeros años, se emplearán con vistas a la producción de individuos de máxima eficiencia. La perspectiva científica se imprimirá en el individuo desde el momento en que el niño sepa hablar; y durante los primeros años, en que al niño le impresiona todo, éste será preservado cuidadosamente del contacto con el ignorante y el no científico». B. Russell, «La perspectiva científica», versión española, Planeta-Agostini, Barcelona, 1985, págs. 199 a 201.

[10] Esta cuestión aparece claramente esbozada por R. Descartes en su «Discurso del Método». Véase la cita núm. 12 que figura en el capítulo 1 del presente libro.

en todo conocimiento como se ha señalado desde David Hume [11].

2. *Para aprender es necesario esquematizar.* Frente a una realidad compleja, con multitud de agentes funcionando, y con diversidad de variables presentes, se hace indispensable la construcción de modelos, o maquetas reducidas de la propia realidad si queremos comprender. Ello significa que para abrir una senda de entendimiento a través de la maleza de hechos que nos rodean, hemos de construir esquemas, explicativos; lo que Chomsky denomina un «modelo perceptivo» [12]; sin entrar ahora en los problemas complejos de la educación [13], y aún menos en los de la represión del sistema [14].

3. *Pero no sólo hacen falta los modelos: previo a ello es transformar.* Como dice Piaget «nuestros conocimientos no provienen únicamente ni de la sensación ni de la percepción, sino de la totalidad de la acción con respecto de la cual la percepción sólo constituye la función de señalización. En efecto, lo propio de la inteligencia no es contemplar, sino *transformar* y su mecanismo es esencialmente operatorio. Ahora bien, como las operaciones consisten en acciones interiorizadas y coordinadas en estructuras del conjunto (reversibles, etc.), si se quiere dar cuenta de este aspecto operatorio de la inteligencia humana, es conveniente partir de la acción misma y no de la percepción sin más» [15].

Análogamente, en Francis Bacon ya se da un verdadero programa para el desarrollo de la ciencia, sobre la base de un trabajo cooperativo e institucional capaz de producir un avance seguro y por pequeños pasos, merced a las contribuciones de investigadores honestos, más bien que de espíritus ingeniosos; vid, F. Bacon, «El avance del saber», versión española, Alianza Editorial, Madrid, 1988.

[11] David Hume, «An Enquiry on Human Understanding», en David Hume, *Enquiries concerning the human understanding, and concerning the principles of morals*, ed. L. A. Selfy-Bigge, 2.ª ed., Clarendon Press. Oxford, 1902, pág. 108.

[12] Noam Chomsky, «El lenguaje y el entendimiento», versión española, Planeta-Agostini, Barcelona, 1986, pág. 278. También sobre modelos en este área, Robert G. Growder, «Psicología de la lectura», versión española, Alianza Editorial, Madrid, 1985, págs. 60 y sigs.

[13] Sobre estas cuestiones es de indudable interés la obra —que supone un gran esfuerzo de síntesis— de Alberto Moncada «Más allá de la educación», Tecnos, Madrid, 1983 (con un prólogo de Amando de Miguel). Asimismo, Joseph D. Novak, «Teoría y práctica de la educación», versión española Alianza Editorial, Madrid, 1988.

[14] Y si la educación —para enseñar y aprender— tiene tantos elementos de represión, ¿qué decir de los métodos directamente represivos? A este respecto es indispensable el libro de E. Kurzweil «Michel Foucault. Acabar la era del hombre», versión española, *Revista Teorema*, Valencia, 1975.

[15] Jean Piaget, «Psicología y Epistemología», versión española, Planeta-Agostini, Barcelona, 1985, pág. 89.

4. *Hay que valorar el hecho de que el conocimiento también se apoya en juicios de valor*, frente a cualquier pretensión de absoluta objetividad científica. Max Weber, en un celebrado artículo [16], rechazaba que la misión de una ciencia empírica pudiera ser «establecer normas e ideales obligatorios para derivar luego de ellos fórmulas para la práctica». Lo cual no implica, desde luego, que los juicios de valor —«precisamente por fundamentarse en ideales determinados y ser, por ende, de origen *subjetivo*»— se hayan de sustraer a la discusión científica. Y siendo la ciencia una relación continua de fines a medios y viceversa [17], hemos de juzgar si el establecimiento mismo del fin es inteligente o no, y en este último caso censurarlo como desatinado conforme a las condiciones de las circunstancias; «y de cuánto cuesta la realización del fin pretendido en la forma de un quebrantamiento probablemente *eventual* de otros valores» [18]. Y Max Weber agrega de forma muy significativa: «Pero convertir en decisión esa misma ponderación ya no es, por cierto, una tarea posible para la ciencia, sino misión de la voluntad del hombre: éste es quien pondera y elige, conforme a su propia conciencia y a su personal concepción del mundo entre los valores de que se trate. La ciencia puede procurarle la *convicción* de que todo *obrar* y, naturalmente, según las circunstancias, el *no obrar*, significa para sus consecuencias *ponerse de parte* de determinados valores y, de consiguiente —cosa que hoy se reconoce con singular agrado— por lo regular *contra otros.* La elección que haya de hacerse es de su incumbencia» [19].

En definitiva, lo que Max Weber plantea es la necesidad «de distinguir entre conocer y enjuiciar», así como precisar que el *deber científico* es percibir la verdad de los hechos positivos, y que el *deber práctico* consiste en luchar por los propios ideales.

El tema de los juicios de valor seguirá siendo altamente controvertido, e incluso con fuertes contradicciones —o yo diría revisiones— dentro de un mismo autor. Esto es lo que le sucedió a Myrdal que en su primera época formaba en las filas de los economistas

[16] «La objetividad del conocimiento propio de las ciencias sociales y de la política social»; traducción española en *Revista de Economía Política*, junio-diciembre de 1956, pág. 425.

[17] En esto Max Weber se adelanta notoriamente a Robbins (véase capítulo 7.4 de este mismo libro.)

[18] Max Weber, «La objetividad...», ob. cit., nota 16, pág. 426.

[19] Ibídem, pág. 426.

apolíticos («los escritores que han insistido en normativizar la Economía han hecho a nuestra ciencia un flaco servicio», decía), para convertirse al cabo de muy poco tiempo, en el principal defensor de la opinión contraria («es falsa la separación fines-medios y el ansia de neutralidad científica de la Economía»). Ese cambio hacia un enfoque completamente heterodoxo se manifestó en el tratamiento que en los años 40 hizo Myrdal del problema racial norteamericano, y en sus opiniones sobre el despegue de los países subdesarrollados o sobre el futuro del mundo; si bien su denuncia explícita de la presencia de los juicios de valor (la no neutralidad) la realizó antes, en 1933, al filo de la aparición del famoso y ortodoxo ensayo metodológico de Robbins [20].

5. *A los efectos de valorar el conocimiento de la realidad hay que distinguir entre estructura, función y significación.* La referencia de Jean Piaget a esta tricotomía sigue siendo fundamental [21]. La *estructura* constituye un sistema de relaciones abierto por sus conexiones con el exterior; pero que al propio tiempo comporta un ciclo interno por las interacciones de sus propios elementos; y que permanece —es estática aun con su propio dinamismo— en cuanto que constituye la forma más o menos estable de las transformaciones continuas. Por su parte, la *función* es el papel que desempeña una subestructura en relación con el funcionamiento de la estructura total. Y en cuanto al concepto de *significación*, procede del hecho de que «un elemento dado puede no ser integrable en una estructura ya producida, ni presentar un valor funcional directo o inmediato; pero puede constituir el representante o el anuncio de estructuraciones o funcionamientos ulteriores» [22]. Las tres grandes categorías de nociones que hemos comentado —estructuras, funciones y significaciones— plantean problemas *diacrónicos* o de evolución, *sincrónicos* o de equilibrio, y de regulación y de *intercambio con el medio.*

5. *Los esquemas constitutivos del modelo, en su progresiva esquematización permiten una miniaturización* que, análogamente a lo que sucede en la microelectrónica, hace factible una acumulación de

---

[20] José Jané Solá: «Por una estructura operativa de la política económica», *Revista Española de Economía*, enero-abril, 1974, pág. 16.

[21] Jean Piaget, «El problema de los mecanismos comunes en las ciencias del hombre» —estudio realizado para la UNESCO— traducción de la *Revista de Occidente*, núm. 65, agosto, 1968, págs. 147 y sigs.

[22] Ibídem, pág. 151.

memoria mucho mayor de lo que sería posible con largas narraciones de lenguaje ordinario. Porque en contra de lo que se dice, *el saber también ocupa lugar*, y por ello mismo, la información y la sabiduría exigen miniaturización. La memoria, más allá de lo meramente orgánico del cerebro, empieza con bibliotecas sencillas, continúa con ficheros y archivos propios, se extiende a través de los bancos de datos, etc. En este sentido, lo esencial es tener idea clara de las pistas que pueden llevarnos a las *fuentes del conocimiento de lo concreto*, porque saberlo todo es algo a lo que racionalmente no podemos aspirar. Educar, en definitiva es difícil, y la escuela no lo da todo [23]. Debe dar el punto de partida, para formar más que para informar.

Claro es que cuando estudiamos el conocimiento, no vamos a reducir todo nuestro análisis a símiles microlectrónicos y proposiciones más o menos axiomáticas. Porque si bien es cierto que la idea de las máquinas de Von Neumann nos daría ocasión de avanzar en una cierta prospectiva de la nueva fase de la evolución humana hacia la inteligencia artificial, a modo de emulación de las características de la propia inteligencia humana por medios electrónicos (visión, movimientos, comprensión del lenguaje natural, aprendizaje, memorización, etc.) que se manifiestan en diversidad de áreas: biótica, conocimiento, robótica, etc.; sin embargo, por ese camino —insistimos— no llegaríamos muy lejos, hoy por hoy. Intentaremos otra senda más practicable, considerando el pensamiento como una capacidad humana que tiene su impulso en el esfuerzo del individuo, y también en las capacidades acumulativas de los colectivos, en términos de potencias del alma, como antes se decía.

3. Alma, mente y entendimiento

Así pues, vamos a abordar el viejo concepto del alma, todavía repleto de misterio [24]. Lo traducimos hoy de forma menos solemne

---

[23] Sobre las enseñanzas primarias y secundarias actuales, Alberto Moncada, «El aburrimiento de la escuela», Plaza & Janés, Barcelona, 1985. Sobre la universidad, G. W. Rama, compilador, «Universidad, clases sociales y poder», Ateneo, Caracas, 1982.

[24] La idea del alma, en el sentido de soporte para la mente, ya era objeto de discusión en las postrimerías del siglo XVIII. «Se trata de saber —decía Leibniz— si

en el término *mente*. La diferencia fundamental como concepto, consiste en que la mente, —en línea con lo ya visto antes sobre símiles informáticos —viene dada por la naturaleza, a través de factores heredados y con un código genético que es el cerebro, el *hardware*. Pero como ya dijimos antes, también hay que considerar el conjunto del *software*, es decir, los factores adquiridos a lo largo de un proceso biológico de aprendizaje, que permite el crecimiento de los repertorios de información y memoria. Se trata, pues, de una combinación de genotipos (heredados), y fenotipos (adquiridos).

Es el crecimiento biológico y la educación lo que permiten el aprendizaje. Y éste se realiza por la imbricación de lo que desde mucho tiempo atrás se conocía con la sugestiva expresión de «las tres potencias del alma», es decir: entendimiento, memoria y voluntad.

Para empezar, el entendimiento, que también denominamos inteligencia es la capacidad para aprehender la realidad y saber enfrentarse a ella. El aprendizaje ha sido definido como un cambio relativamente permanente en una tendencia de la conducta, que se da como efecto de una práctica reforzada con dureza, que —se dijo en el pasado— requiere el empleo adecuado del premio y el castigo. Hoy la posición general está más por la pedagogía y la persuasión.

Aunque muchas de las ideas fundamentales en la moderna psicología del aprendizaje existen desde mucho tiempo atrás, los antecedentes inmediatos de su estudio científico radican en la obra de tres autores de la última parte del siglo XIX y primera del XX: el alemán Ebbinghaus, el ruso Pavlov y el norteamericano Thorndike; Ebbinghaus como padre del estudio del aprendizaje verbal por repetición, Pavlov empleando animales como sujetos de experimentación del condicionamiento, y Thorndike estudiando lo que actualmente llamamos aprendizaje instrumental [25].

---

el alma en sí misma está enteramente vacía, como en las tablillas en las que todavía no se ha escrito nada *(tabula rasa)*, tal y como piensa Aristóteles y el autor del *Ensayo* (Locke) y si todo lo que en ella está trazado proviene únicamente de los sentidos y de la experiencia, o si por el contrario el alma ya contiene originariamente los principios de varias nociones y doctrinas... como yo sostengo con Platon...» en Leibniz, «Nuevos ensayos, sobre el entendimiento humano», versión española, Editora Nacional, 1977, págs. 40 y 41.

[25] «Aprendizaje», en «Enciclopedia Internacional de las Ciencias Sociales», versión española, Aguilar, Madrid, 1974, vol. I, pág. 445 y sigs. También puede verse el muy interesante conjunto de lecturas recogidas en el libro de N. Chomsky y J. Piaget

Más tarde, el que se denomina «aprendizaje programado» representó un avance técnico educativo, al salir al paso de la complejidad cada vez mayor de los campos del interés humano. Complejidad que se debe al número creciente de personas a educar, a la expansión del cuerpo de doctrina que se pretende enseñar, y a casos especiales que se presentan dentro de una población, como sucede con los superdotados, los retrasados, los delincuentes, los analfabetos, etc. [26].

Ulteriormente, se observó un fuerte movimiento hacia el estudio en laboratorio de la forma en que se modifican los modelos de desarrollo de la inteligencia con la edad. Trabajos que se centraron no tanto en la influencia del cambio de edad, como en las relaciones funcionales entre experiencia y conducta [27], que van apareciendo en los niños y que no se observan en las otras especies animales. En esa línea, cabe incluir los esfuerzos realizados por Jean Piaget [28] y su escuela por conocer el desarrollo cognoscitivo, especialmente respecto del niño. Su obra, al igual que la de Heinz Werner [29] presenta unas características orgánicas y una complejidad que las distingue claramente de la tradición empírica de los meros creadores de los tests de inteligencia.

En efecto, la escuela de los tests- —y sobre todo con el coeficiente de inteligencia IC, o IQ— se ocupa principalmente de la medición objetiva de las facultades intelectuales en términos cuantitativos, recurriendo a la estadística y a la teoría de la medición. En tanto que los epistemólogos genéticos, seguidores de la orientación de Piaget, se esfuerzan por describir cada paso y cada fase del desarrollo de la comprensión que el niño va teniendo del mundo, a medida que avanza hacia una comprensión abstracta, formal y lógica de las operaciones y relaciones.

Por su parte, el enfoque funcional del problema, se fija preferen-

«Teorías del lenguaje y teorías del aprendizaje», versión española, Crítica, Barcelona, 1986.

[26] Ibídem, págs. 501 y sigs.

[27] Sobre ese tema, R. D. Laing, siempre estimulante, «La voz de la experiencia», versión española, Crítica, Barcelona, 1983.

[28] Jean Piaget, «Psicología y Epistemología», versión española, Planeta-Agostini, Barcelona, 1985. Y también J. Piaget, «La psicología de la inteligencia», versión española, Crítica, Barcelona, 1983; con toda una serie de interesantes consideraciones acerca de la inteligencia y la percepción, y muy especialmente en relación con la incidencia de la intuición en el desarrollo del pensamiento.

[29] Heinz Werner, «Comparative Psicology of Mental Development», versión inglesa, International Universities Press, Nueva York, 1957.

temente en la dinámica, en los procesos y en las interrelaciones. Tal enfoque es característico, sobre todo, de los behavioristas y analistas norteamericanos, y de los pedagogos soviéticos, que se preocupan más de los procesos del aprendizaje que de la estructura de la comprensión [30].

En definitiva, la aprehensión de la realidad y su ulterior utilización pueden realizarse a través del aprendizaje complejo. En ese sentido, me atrevo a proponer lo que voy a denominar *método DIP*. Esa sigla —que fonéticamente recuerda la palabra inglesa equivalente a profundo— nos expresa de lo que es capaz la mente a lo largo de tres operaciones:

— *Descripción relevante (D)*, como conjunto seleccionado de elementos importantes para contar con la visión de un cuadro global de la realidad. Esa selección constituye a veces una verdadera obra de arte; y procede básicamente de la intuición, que nos permite apreciar de forma rápida dónde radican las relaciones fundamentales del modelo.

— *Interpretación (I)*. Una vez obtenido el conocimiento básico a través de la descripción relevante, debemos saber interpretarlo, es decir, averiguar cuáles son los flujos que regulan su dinamismo. La interpretación equivale a revelar el sentido oculto de los conflictos, de las situaciones aparentemente anárquicas y que pareciéndonos en principio inexplicables, tienen una lógica subyacente. Descripción relevante e interpretación se relacionan recíprocamente, en un proceso de retroalimentación en el cual la situación a analizar se asemeja al plasma (como cuarto estado, aparte del sólido, líquido y gaseoso) y sobre el cual en principio no tenemos una explicación lógica. Por ello mismo, es preciso recomponer y valorar lo que vemos, a fin de apreciar su estructura y no sólo la directamente perceptible, sino también las subyacentes, los conflictos larvados, las relaciones colaterales, las actitudes confrontadas en controversias, etc. Todo cabe sintetizarlo en un modelo de interpretación.

— *Prospectiva (P)*. Construido el esquema interpretativo, ya podemos apreciar sus elementos motores, los que le dan su propia dinámica. Este es el tercer paso del método DIP, que permite extraer conclusiones sobre qué puede depararnos el futuro. Es decir, se trata

---

[30] Entre otros, George A. Miller, E. Galanter, y K. H. Pribram, «Plans and the Structure of Behavior», Pergamon, Nueva York, 1961.

de hacer una prospectiva. El conocimiento por el conocimiento, no puede ser rechazado sin más; pero en cualquier conocimiento siempre está latente el deseo de encontrar la verdad para difundirla, así como la motivación eterna en el ser humano de predecir el futuro más verosímil para de alguna manera contribuir a construirlo.

Pero la mente no es sólo entendimiento. Es también memoria y voluntad. Vayamos, pues, a esas otras dos piezas del ensamble.

4. Memoria

No es la memoria un mero almacén de conocimientos. Evidentemente, es una potencia retentiva de los conocimientos adquiridos. Y en manera alguna se trata de un cuarto oscuro, o de un trastero desordenado. Aquí puede suscitarse nuevamente la similitud con la microelectrónica, en la cual la memoria tiene una doble faceta: recibir las instrucciones de un programa, y almacenar los resultados para cuando éstos hayan de ser utilizados de nuevo.

La memoria, para recibir tal nombre, implica una ordenación de los conocimientos registrados, siguiendo la concepción adoptada a lo largo de la fase del entendimiento; esto es, según la forma en que fueron aprehendidos.

Y la memoria se activa a través del recuerdo, que permite la reproducción de cuestiones aprendidas previamente, o la narración de sucesos pasados y conocidos por experiencias propias o por una narrativa anteriormente percibida [31].

La memoria es, en definitiva, la base de la ciencia y de la cultura, por cuanto que es acumulación de métodos de razonar, de algoritmos de cálculo, y archivo ordenado de conocimientos; es decir, la base misma de la aceleración del progreso, que permite el interés compuesto del conocimiento.

Por lo demás, la memoria no es el principio maravilloso con el que cuentan algunos «sabelotodos», o ciertos «comenúmeros». Se trata de un sistema de doble acción: asimilación inteligente, por un

[31] Sobre el tema de la memoria hay abundante bibliografía. Destaquemos aquí dos libros solamente: A. Rickel «La memoria sensorial y su investigación», Eudeba, Buenos Aires, 1950; y J. C. Filloux. «La Memoria», versión española, Porrua, México, 1967.

lado; y por el otro, recuerdo lógico de lo que nos interesa en cada momento.

La memoria humana, no puede ser infinita, y por ello mismo necesita de ficheros y archivos, y del apoyo electrónico: cintas magnéticas, discos de ferrita, discos de ordenador de todas clases [32]. De ahí también la importancia en la investigación —para no «descubrir Mediterráneos»— de los archivos, las bibliotecas, las hemerotecas; y hoy, de los bancos de datos electrónicamente organizados, que son la base misma de la civilización técnica.

Sin memoria no hay ciencia ni capacidad de expresión. Y es posible mejorar la propia memoria, empleando métodos nemotécnicos, esquemas, con sistemas de referencia que nos permitan hallar las pistas necesarias en cada eventualidad. Por ello, en cualquier método científico que se escoja, o en cualquier trabajo que se aborde, la potenciación de la memoria resulta fundamental.

5. Voluntad

Básicamente es una potencia mental consistente en *querer hacer las cosas*. No es una fuerza separada de las otras dos potencias, sino que surge del entendimiento y se apoya en la memoria. No hay verdadera voluntad desde la ignorancia y el olvido. Y por ello mismo, la mejor forma de inhibir a las gentes, de quitarles aspiraciones, o de que no lleguen ni siquiera a suscitárselas —para así poder explotarlas más a fondo— consiste en dejarlas sumidas en la ignorancia y obstaculizar toda cultura creadora; y en vez de política participativa, mantener métodos de opresión y represión, a veces simulados subliminarmente a través de la manipulación de los medios de comunicación de masas.

La voluntad es una fuerza pasional, creadora, optimista, que tiende a romper inhibiciones y a forzar las puertas de la acción, sin detenerse por el pesimismo. Gramsci lo supo expresar de forma magistral: «frente al pesimismo de la inteligencia, está el optimismo de la voluntad».

Efectivamente, un conocimiento amplio desde la inteligencia, puede llevarnos al pesimismo más profundo. Al apreciar la complejidad

---

[32] G. Friedrichs, A. Schaff, et alia, «Microelectrónica y sociedad, para bien o para mal», versión española del Informe del Club de Roma, Alhambra, Madrid, 1982.

de las cosas, la inercia de los poderes, la ignorancia generalizada, todo ello puede cohibirnos, amedrantarnos, llevarnos a un estado psíquico negativo difícilmente reversible, que a su vez sería origen de situaciones de verdadera depresión. Precisamente la voluntad es fuente de entusiasmo; un concepto que está en su propia etimología, subrayada por René Dubos: *entusiasmo* viene del griego *entheos*, un dios dentro, el impulso creador de un «dios interior» [33].

Es el optimismo de la voluntad lo que nos permite hacer inteligible lo complejo, trastocar las inercias inhibidoras en oportunidades nuevas, en fuerzas emergentes; sustituir la apatía de la ignorancia por el afán de aprender, y transformar la cultura en fuerza de liberación.

Es interesante destacar —por lo que viene después sobre la acción— que psicológicamente los actos del proceso volitivo tienen una doble secuencia: decisión y ejecución. La decisión es el momento en que se desencadena una elección, a partir de la previa deliberación, en la que mental o explícitamente comparamos críticamente diversas opciones. Por ello, la decisión implica un proceso de gran complejidad, puesto que en él intervienen las más diversas facetas del individuo, o del colectivo de que se trate, incluyendo los factores irracionales e inconscientes que, por mucho que no se adviertan o no se quieran reconocer, participan en la decisión. Hasta el punto de que, como tantas veces se ha dicho, las decisiones ya pueden estar tomadas incluso antes de deliberar y ello con base en la *intuición*. Figura psicológica esta última, todavía indescifrable, pero que nos pone de relieve la importancia del aún poco conocido cerebro interno [34], en el cual se producen procesos difícilmente explicitables por el sujeto pensante, pero de gran importancia para sus decisiones. Es como un laboratorio que no gobernamos, pero del que extraemos continuamente resultados aplicables.

No cabe hablar, en línea con lo apuntado, de una fuerza medible de decisión, pues frente a una misma situación, cada individuo reacciona de modo distinto, pudiendo apreciarse una gran diversidad de respuestas posibles: desde la decisión súbita o precipitada, hasta la

---

[33] René Dubos, «Un dios interior», versión española, Salvat, Barcelona, 1986.

[34] Al respecto me pareció de gran importancia la obra de Juan Rof Carballo «Cerebro interno y mundo emocional», leída en mi juventud y que ahora no tengo a la vista para citar con mayor precisión.

incapacidad de resolver —la indecisión [35]— pasando por la rectificación continua, o por la inhibición más absoluta (abulia).

Como ya hemos indicado, la voluntad implica decisión y ejecución. Por ello mismo, si no habiendo obstáculos insuperables la ejecución no se produce, entonces más que de voluntad estaremos ante una falsedad absoluta: el *simulacro intelectual*, frecuente, por lo demás, en momentos históricamente registrados; cuando, por ejemplo, desde instancias políticas concretas, se prometen cambios que luego no se llevan a la práctica [36].

La voluntad es por entero inseparable de la libertad, por muchas limitaciones que puedan existir en la complejidad del entorno. Claro que frente a la idea de la voluntad libre, nos encontramos con el *determinismo* que puede ser de raíz psicológica o naturalista (la conducta es necesariamente resultado de las influencias del medio sobre el organismo). O bien de carácter historicista cuando se plantea que la conducta se genera en concreto, independientemente de la voluntad personal, por la adscripción del sujeto a una situación social también concreta.

Frente al determinismo, que se da con mayor frecuencia de lo que se piensa en las ciencias sociales (desde el de carácter behaviorista hasta el economicismo del marxismo vulgar), cabe oponer muchas argumentaciones. Pero quizá la más válida siga siéndolo la más antigua: sin aceptar la libertad de la persona, resulta imposible comprender el sentido de la existencia [37]. Los seres humanos o la asociación de ellos, no pueden renunciar a la dignidad para disolverse simplemente en la historia o en su entorno físico.

En fin de cuentas, la voluntad es el elemento que proporciona a la naturaleza humana su doble componente de exigencia y misterio. La primera, para transformar los designios en realidad; y la segunda,

---

[35] Es célebre —y aquí viene a cuento— la frase generalmente atribuida a Benjamín Franklin, de que «la peor decisión es la indecisión».

[36] Otra frase que viene a cuento, y esta de Fourier: «Se dice que la utopía es imposible para que no se intente, y como se renuncia a ella, acaba haciéndose imposible».

[37] Incluso habría que hablar de la *frustración* como situación resultante de la voluntad no consumada. La frustración deriva a reacciones de angustia o agresividad, y en el caso de la persona puede generar ciertos tipos de neurosis. A nivel colectivo cabría hablar de secuelas de depresión históricamente reversibles con dificultad; como ejemplos: Alemania después de la Guerra de los treinta años, EE. UU. tras la Guerra de Secesión, la España del 98, etc.

como indeterminación de aquéllo a lo que precisamente se aspira [38].

Todas las anteriores consideraciones creo que serán de cierta utilidad para nuestro siguiente paso al concepto de *conciencia* que está ligado al problema del conocimiento (es el conocimiento internalizado), y porque precisamente es el fundamento de la acción que tiene su motor en la voluntad.

6. ¿Qué es la conciencia? ¿Qué es la sensibilidad?

En términos generales, la conciencia combina lo que es el saber sobre uno mismo con la idea que se tiene del mundo en que estamos inmersos [39]. Conciencia y pensamiento tienen mucho en común, y en definitiva, el «cogito ergo sum» (pienso, luego existo) de Descartes refleja lo que es un primer acto de conciencia.

Pero la conciencia es algo más que pensamiento; presupone lo subconsciente, es decir, el conjunto de los estados psíquicos cuya actividad se mantiene por debajo de lo consciente —según la visión freudiana del término [40]— y que aflora al nivel de la conciencia vía sueños, lapsus, actos fallidos, errores, etc. El descubrimiento de las estructuras subconscientes es precisamente el objetivo del psicoanálisis y de otros métodos psicológicos [41].

En cuanto al inconsciente, es el área de las funciones del organismo que se rigen a nivel cerebral subcortical, sin que el sujeto se percate. Y sin que aquí vayamos a entrar en la polémica idea de C. G. Jung sobre el inconsciente colectivo [42], es bien verdad que lo

---

[38] Sobre el tema de la voluntad cabría ofrecer abundante bibliografía. Recordemos, someramente, dos obras ya clásicas. La primera, de Santiago Ramón y Cajal, «Los tónicos de la voluntad. Reglas y consejos sobre la investigación científica» —que nadie debería dejar de leer— Espasa Calpe, Madrid, 1956; y L. Lindoworski, «El poder de la voluntad», versión española, El Mensajero, Bilbao, 1943.

[39] M. S. Gillet, «La educación de la conciencia», CSIC, Madrid, 1943.

[40] Puede verse a este respecto la excelente síntesis de Bruno Bettelheim, «Freud y el alma humana», versión española, Crítica, Barcelona, 1983; así como la obra de Herbert Marcuse, «Psicoanálisis de la política», versión española, Ediciones de Bolsillo, Barcelona, 1969.

[41] S. Freud, «Psicopatología de la vida cotidiana», versión española, Alianza Editorial, Madrid, 1965.

[42] Charles Baurin «La obra de Jung y la psicología de los complejos», versión española, Gredos, Madrid, 1967; y C. G. Jung «Lo inconsciente», versión española, Miracle, Barcelona, 1965.

inconsciente influye en lo subconsciente, y en la propia conciencia; las relaciones entre el estado de ánimo y las funciones vegetativas están fuera de toda duda.

La conciencia tal como aquí la entendemos —como base de la acción— es el conocimiento ya articulado, en un modelo asumido, que se consolida como algo perdurable en la profundidad de la mente, y que generalmente va asociado a un cierto esquema de valores configurables como repertorio. Es la idea de Aristóteles —la conciencia como precedente del sentido moral— y que en la filosofía kantiana se identifica con la razón práctica.

La conciencia nos permite valorar el entorno críticamente, y por ello mismo es plausible la idea de que no hay conciencia que no sea crítica. Incluso la expresión popular de «tiene mala conciencia» manifiesta la autocrítica presumible de la propia conducta.

Claro es que una cosa es la conciencia individual, y otra bien distinta la conciencia colectiva. Tema muy arduo, desde luego, el de saber si existen valores éticos que puedan hacer que un modelo concreto, asumido por un cierto número de personas como referencia común colectiva, se transforme en una visión crítica común, con el propósito final de cambiar las cosas. En ese sentido, la conciencia colectiva no surge nunca terminada y acabada milagrosamente en un momento dado, como por generación espontánea, sino que es el resultado de un progreso acumulativo; y de carácter social, ya sea como conciencia de clase al modo marxiano, o como síntesis de las conciencias individuales a lo Durkheim. Y aparte de que la conciencia colectiva implique ya de por sí un cierto nivel de conocimientos entre quienes se da, no cabe duda de que está influenciada por la forma de vida del colectivo de que se trate, aunque no predetermina de modo rígido e inalterable [43].

Por su parte, la *sensibilidad* es un estado previo a la conciencia. Se adquiere con el conocimiento que nos llega a través de los sentidos, y nos proporciona la intuición sobre algo. La sensibilidad produce la inquietud interna de quien la tiene, le da la idea de que existen problemas y oportunidades a la vez.

En materia ecológica y de política, la sensibilidad se halla muy extendida en nuestro tiempo. Son muy pocas las gentes que se ma-

[43] Hacemos referencia aquí a las observaciones de K. Marx al respecto, en su prólogo a la «Contribución a la crítica de la Economía Política», que luego citamos, en el capítulo 7.

nifiestan como antiecologistas o antidemócratas. De una u otra forma, todos tienen que «demostrar» su sensibilidad ecológica y participativa; aunque a veces sea con contradicciones brutales (como la de Mitterrand, que atrajo el voto ecologista hacia su candidatura de presidente en 1981, y cuyo ministro de defensa no vaciló, en 1985, en hundir un barco ecologista en la Polinesia).

La sensibilidad, con el valor añadido del razonamiento, se transforma en conciencia, ganando así en profundidad, al hacerse crítica y por ello mismo científica [44]. Como crítica, lucha contra la resignación, y permite esbozar escenarios alternativos a las posiciones y actitudes más inerciales; y como científico, se basa en el conocimiento articulado de leyes empíricamente contrastadas y de teorías basadas en hipótesis que pretenden explicar lo todavía no demostrado.

7. La acción

La acción, obviamente, consiste en convertir los propósitos en realidad. Y si la conciencia es fundamentalmente entendimiento con memoria, y sensibilidad con conocimiento crítico, la *decisión* nace, en lo esencial, de todo eso más la voluntad. La decisión política significa —al hilo de la tesis 11 sobre Feuerbach— que no nos conformamos con contemplar el mundo, sino que aspiramos a contribuir a transformarlo [45]. En ese sentido, la decisión política a nivel colectivo, implica, pues, la existencia de todo un contenido de ideas, de una masa crítica, y de un conjunto de medios.

El *contenido de ideas*, viene dado por la trama de conocimientos y de valores éticos, con proposiciones concretas para su aplicación a la realidad; se trata de desarrollar una determinada estrategia po-

---

[44] Como decía Gramsci, es esa conciencia política —que en su juventud identificó con la disciplina del PSI— «la que convierte al súbdito en ciudadano, ciudadano rebelde ahora, precisamente porque habiendo cobrado conciencia de su personalidad, siente que ésta se encuentra llena de ataduras y no puede afirmarse libremente en el mundo». De «Scritti Giovanili», cita del prólogo de Mario Spinella a la *Pequeña antología política de Antonio Gramsci*, versión española, Barcelona, 1977, pág. 29.

[45] Karl Marx, «Tesis sobre Feuerbach». La tesis 11 aquí traída a colación dice textualmente: «Hasta ahora los filósofos se han limitado a interpretar el mundo. De lo que se trata es de transformarlo». Pueden verse las imaginativas apreciaciones que sobre esta proposición hace Eugenio Trias en su libro «La aventura filosófica», Mondadori, Barcelona, 1988, pág. 269.

lítica en la que se combinen ideología y propuestas concretas para resolver problemas.

La masa crítica humana (crítica en el sentido físico, de que es precisa una cierta dimensión para desbloquear inercias y desencadenar determinados procesos), significa que con base en una estrategia, se va más allá de los movimientos espontáneos expresivos de una mera sensibilidad. La acción mínimamente duradera, fundada en una conciencia que se expresa en el espíritu resuelto de actuar, implica organizaciones permanentes, relacionadas con los poderes públicos y, con todo un esquema participativo.

Por último, están los *medios*, es decir, los recursos para hacer posible la acción formulada en los contenidos y apoyada por la masa crítica humana. La necesidad de medios, en términos de recursos económicos efectivamente disponibles, exige la preparación de presupuestos con un desglose de las distintas partidas, con una consolidación de las actividades de los diferentes protagonistas, y con un seguimiento para hacer posible que los recursos asignados potencien las capacidades de acción, a fin de obtener de ellos la máxima rentabilidad política y social.

Claro que la decisión para actuar no se basa siempre en un proceso riguroso y explícito. Es ya clásico el pasaje en que J. M. Keynes nos dice que «estamos simplemente recordando que las decisiones humanas que afectan al futuro, ya sea personal, político o económico, no pueden depender de una expectativa matemáticamente estricta, ya que no existe base para realizar tales cálculos; y que es nuestro impulso innato por la acción, lo que hace girar las ruedas, eligiendo nuestras mentes racionales entre las alternativas lo mejor que podemos, calculando cuando es posible, pero recurriendo a menudo como motivo al capricho, al sentimiento o a la suerte» [46].

Un enfoque como el expuesto, destaca Tomy Lawson [47] presume nociones tales como «intención» y «deliberación», y admite el supuesto de que los individuos tienen el poder de elegir, en fin de cuentas *ex post*, el poder haber hecho algo distinto de lo que en efecto hicieron. Este punto de vista, sin embargo, no presupone que

---

[46] J. M. Keynes, «The General Theory of Employment Interest and Money», Macmillan, Londres, 1936, pág. 162 y 163.

[47] En «Incertidumbre y análisis económico», *The Economic Journal*, diciembre 1985, traducido por *Boletín Semanal de ICE*,, núm. 2.041, 23 de junio de 1986, pág. 2177.

la relación individual sea autónoma, en el sentido de que cualquier conducta pueda ser racionalmente elegida; bajo cualquier acción particular subyace, por el conocimiento adquirido a través de la participación de los individuos, la sociedad con sus prácticas sociales. Por tanto, las nociones de sujeto activo y las prácticas sociales se implican entre sí. Como Marx lo expresó, «el ser humano es en el sentido más literal un animal político, no simplemente un animal gregario, sino un animal que sólo puede individualizarse en el seno de la sociedad» [48]. En definitiva, los motivos, perspectivas, conocimiento e interpretaciones del individuo no son independientes de la sociedad en la que vive. Sin caer en determinismos, parece claro, sin embargo, que acciones individuales y prácticas sociales se implican mutuamente.

8. La revolución microelectrónica [49]

Difícilmente podríamos terminar este capítulo sin una referencia, aunque sea somera, a lo que para el conocimiento humano significa la revolución microelectrónica; a lo que de hecho ya hicimos alusión desde el comienzo, cuando establecemos los símiles entre el cerebro y *hardware*, y mente y *software*.

En los días que vivimos son muy pocos los que no han oído hablar de ordenadores, computadoras personales, robots y misiles; así como del efecto de esos ingenios en las más intrincadas cuestiones de cálculo, de las cadenas de montaje, y del mundo de las tensiones internacionales. Pero la verdad es que, a partir de ahí, la inmensa mayoría cuenta con información insuficiente, o cuando menos confusa, sobre el gran proceso revolucionario en marcha.

Es algo que siempre sucede con lo relativamente nuevo. Y así, en el variado y apasionante mundo de la microelectrónica, no es extraño que toda una serie de conceptos se empleen de forma poco precisa cuando se habla de transistores, microprocesadores, computadoras, ordenadores. Tal situación es atribuible a las inercias de nuestros esquemas educativos, pues seguimos estudiando los Godos,

---

[48] Karl Marx, «Theses on Feuerbach», en *The German Ideology*, Lawrence and Wishart, Londres, 1938.

[49] En lo esencial, la sección 8 del presente capítulo procede de mi libro «Utopía y Contrautopía», Plaza y Janés, Barcelona, 1984, págs. 64 a 73.

el Concilio de Trento, la Guerra de los Treinta Años —y otros episodios no menos importantes, a la par que lejanos en el tiempo—, dedicando muy corto espacio a esta segunda Revolución industrial, de aún mayores consecuencias que las de la primera.

Además, los conocimientos sobre microelectrónica, a menudo se ven nublados por las inquietudes reinantes sobre sus consecuencias en la intimidad personal, en el nivel de empleo, en la relación social o en la misma eventualidad de una conflagración a nivel planetario como residuo aún de la guerra fría que tanto traumatizó a la humanidad entre 1947 y 1988. Pero, en realidad, ni hay tanto misterio, ni todo son tan negros augurios. Veamos.

8.1. *La miniaturización invasora*

La base misma de la microelectrónica se halla en el microprocesador, es decir, en el diminuto dispositivo contenido en una pastilla de silicio (chip) en la que se ensamblan, con técnicas industriales de microscopía, una cierta cantidad de transistores relacionados entre sí por medio de circuitos impresos, en los que se insertan condensadores y residencias. Los *microprocesadores* son los elementos básicos de los ordenadores, y en éstos, las informaciones y las instrucciones entran formuladas a través de un programa para, al final, obtener resultados, en forma de *outputs* o salidas para los más diversos propósitos.

A su vez, el elemento básico del microprocesador es el transistor, la *puerta lógica* que, actuando como conmutador, se abre y cierra continuamente, dejando pasar u obstruyendo los flujos que transmiten los impulsos del lenguaje electrónico binario (así llamado por emplear sólo dos dígitos, el cero y el uno) para representar las letras y los guarismos (los *caracteres*) de los programas.

Los componentes del microprocesador, de un chip normal de pocas micras de lado, pueden llegar al fantástico número de 100.000 (1984). Una idea del casi increíble avance experimentado desde que en 1971 la compañía norteamericana Intel construyó el primer microprocesador en una pastilla de silicio de cinco centímetros cuadrados nos la da el hecho de que apenas contenía una veintena de componentes. Desde entonces, la microelectrónica no ha dejado de progresar en la senda de la miniaturización, hasta el punto de que, en promedio, la potencia de los ordenadores se ha multiplicado por

10.000 (1984), su precio ha disminuido a una cienmilésima parte, y en tamaños y pesos las reducciones han sido aún más formidables. En este proceso de necesidades decrecientes de espacio, de materias primas y de consumo de energía, se halla la clave de la imparable invasión miniaturizante que virtualmente no conoce barreras.

La revolución microelectrónica, ha irrumpido de forma espectacular en la aventura espacial, en las telecomunicaciones, en la burocracia, en la empresa a todos los niveles —desde una modesta oficina al mercado global bursátil que funciona las veinticuatro horas alrededor del mundo—, habiendo alcanzado su plenitud en el área de lo militar.

También se ha adentrado en la vida cotidiana: se enseñorea del hogar por medio de los electrodomésticos programados para lavar, conservar alimentos, limpiar, etcétera; ha trastocado todo lo relativo a imagen y sonido; está por doquier en los calculadores de bolsillo, en los relojes digitales y en los juegos infantiles; los procesadores de textos sustituyen a la mecanografía eléctrica, como anticipo de las máquinas de dictar que traducirán casi en tiempo real el lenguaje oral en escrito. Y en el campo de los microordenadores personales, la marcha es casi alucinante. Desde el ENIAC de 1940 con miles de válvulas a un PC *(personal computer)* ha habido una aceleración tecnológica casi increíble en menos de cincuenta años, comparable sólo al salto desde el trirreme romano al *Challenger* que necesitó de dos mil años.

En la industria se acelera la automatización de toda clase de procesos productivos a base de robots. Se empezó aplicándolos a las operaciones más repetitivas de las cadenas de montaje. Se pasó luego a las labores más peligrosas para la salud. Pero, superado el impulso inicial, estos nuevos trabajadores de cuello de acero están haciéndose presentes en actividades mucho más sofisticadas.

8.2. *Una tecnología imparable*

La competencia exterior y la dinámica interna son los factores que impulsan la nueva tecnología, por la necesidad de dar respuestas contundentes a problemas que de otro modo acabarían por ser origen de toda clase de cuellos de botella, atascos y rigideces en un mundo cada vez más denso y más móvil. Así, por ejemplo, la difusión del *videotext* en muchos centros de trabajo —como los grandes rotativos— la promovieron las alzas de precios de los *inputs* de la industria periodística, desde el papel prensa hasta el trabajo sindicalizado. Los satélites proliferan para resolver complejos problemas de telecomunicación que ya no serían solubles simplemente por cable. Y en cuanto a la conducción alámbrica de electrones, la generalización de las fibras ópticas de vidrio —en las que es posible emplear el lenguaje binario microelectrónico por rayo láser— ha permitido dar un gran salto cualitativo; sin ellas, algunas conducciones coaxiales habrían llegado a hacerse más gruesas que los oleoductos de mayor sección. Por no hablar de telefax, o simplemente fax, como superador del télex, y definitivo triunfador frente a un sistema de correos que en muchas partes del mundo se tambalea entre la obsolescencia, la decrepitud y la presión invasora de los *couriers* transnacionales.

Toda una serie de desarrollos adicionales serían imposibles sin la informática, principalmente derivados de la microelectrónica. Los millones de trabajos científicos de todo tipo que se acumulan, hora a hora, resultaría inviable seguirlos sin los métodos más avanzados de localización. La biblioteca del Congreso de Estados Unidos tiene un gigantesco fichero de autores y de materias totalmente informatizado desde el comienzo de la década de 1980. Y en esa misma línea, los bancos de datos proliferan por doquier, al tiempo que las actividades de las instituciones financieras, las compañías de seguros, las oficinas estadísticas, o los trabajos de recaudación fiscal —por no citar, sino unas pocas manifestaciones— serían ya de todo punto inimaginables sin métodos microelectrónicos cada vez más interconectados. Y otro tanto sucede con el tráfico aéreo o ferroviario, y con la regulación de los flujos automovilísticos de las grandes ciudades... a pesar de lo cual estamos como estamos.

8.3. *Riesgos para la intimidad, el desarrollo, el empleo y la vida global*

De la reflexión sobre el impresionante mundo en que vivimos, se infiere fácilmente que del desarrollo de la microelectrónica se derivarán no pocas ventajas. Pero también hay riesgos. «Para bien o para mal», dijo el Club de Roma al referirse a este tema. Porque entre los riesgos está el manejo potencial de la informática para controlar el comportamiento social. Orwell, en su libro *1984* incluyó la eventualidad de un permanente *big brother is watching you* (el eterno vigilante), posibilidad que ya ha desbordado los escenarios de la ficción científica [50]. Lo que empezó con propósitos racionales y razonables (en los centros de procesos de datos, para perseguir el fraude fiscal, o a fin de contar con información conveniente a base de censos de población, agrarios o industriales), ha evolucionado hasta los inmensos ficheros informatizados de las grandes policías de Estado y centros de espionaje, con objetivos a veces siniestros. En muchos países —entre ellos España— se han promulgado ya normas específicas para proteger la intimidad de la informática.

Otra amenaza latente de la microelectrónica se vislumbra en la ampliación de la distancia que separa a los países industriales de los menos desarrollados. De hecho, el dominio de la nueva tecnología está marcando la propia frontera de desarrollo. Si bien es preciso subrayar que el avance de los países de reciente industrialización (PRIs o NICs, según se recurra a la sigla en español o en inglés) se debe en buena parte —sobre todo en Asia— a la forma veloz en que han asimilado la revolución microelectrónica en lo relativo a informática, telemática, robótica, etc. [51].

Pero, con todo, la preocupación más hondamente extendida proviene de la amenaza de que la microelectrónica nos lleve a una civilización de desempleo generalizado. Como promedio (1984), la introducción de un robot (cuya construcción cuesta menos que educar a un trabajador, y que, además, como tantas veces se dice, no está afiliado a ningún sindicato) genera la creación de un puesto de trabajo: pero, al mismo tiempo, sustituye por lo menos a cuatro, con la desaparición, en definitiva, de tres empleos. Y los robots ya se fabrican por miles cada año. Cabe hablar de una verdadera explosión neodemográfica, de entes que trabajan más que los hombres, pero que no viven como ellos.

Por otra parte, la microelectrónica provoca una gran inestabilidad tecnológica. El ciclo de vida de los productos se acorta vertigi-

---

[50] **Sobre la obra «1984», de Orwell, el libro de B. F. Skinner, «Más allá de la libertad y de la dignidad», versión española, Fontanella, Barcelona, 1972. Y de gran interés, las réplicas de Noam Chomsky, «Proceso contra Skinner», versión española, Anagrama, Barcelona, 1974.**

[51] Sobre los límites últimos de la revolución electrónica, Roger Penrose, «La nueva mente del emperador», versión española, Mondadori, Madrid, 1991. También el modelo *Tierra* de Thomas S. Ray (*International Herald Tribune*, 29 de agosto de 1991, pág. 5).

nosamente, lo cual conlleva necesidades reiteradas de financiación para introducir los inevitables reajustes en el equipo capital, esfuerzo que no todas las empresas se hallan en condiciones de soportar. Además, está la mayor segmentación del mercado de trabajo, con nuevos colectivos dedicados a crear *sotfware* o *firmware*. Surge así una aristocracia tecnotrónica, con grandes *poderes terrenales* de dominación. No es extraño, pues, que el sindicalismo se sienta impotente al ir comprobando cómo en los centros más automatizados disminuye la densidad laboral, con la consiguiente caída en vertical del contacto social, limitándose la comunicación; lo cual a su vez, hace decaer la acción sindical, por lo menos en el sentido tradicional. Aunque pueden surgir nuevas formas de protesta, como el sabotaje de borrar las memorias, o la introducción de virus informáticos...

Lamentablemente, los más rápidos avances de la microelectrónica se deben a la presión militar, al infernal helicoide por conseguir armas cada vez más destructoras y precisas. Por no citar sino un ejemplo, el célebre misil *Cruise*, difundido en Europa Occidental —durante el despliegue de los euromisiles entre 1983 y 1988— se basa en sensores gobernados microelectrónicamente, que permiten al pequeño monstruo (sus antecedentes se remontan a las «V-1» y «V-2» alemanas) seguir un trayecto detallado, con vuelo a baja altura, y adaptado al relieve del terreno; todo ello, en función de las instrucciones que el misil recibe de su propio *cerebro*, y con el propósito final de alcanzar certeramente su objetivo.

En el mundo del armamento, y especialmente en el de sus vectores más infernales (proyectiles, aviones, navíos y blindados), todo depende ahora de la microelectrónica. Ahí está el peligro máximo y totalizador. Un mundo así, cada vez más dependiente de máquinas autogobernadas —por mucho que las instrucciones primarias emanen de la mente humana—, se hace crecientemente vulnerable por las incidencias y posibles deficiencias en los sistemas de alerta precoz que funcionan día y noche de cara a posibles ataques nucleares. En un momento dado, por una simple avería, por un mero azar, pueden desencadenrase decisiones microelectrónicas irreversibles. Afortunadamente, en este caso, desde 1987 con los acuerdos Reagan/Gorbachov, empezó a tomarse nota del grave nivel que se había alcanzado, de lo infernal de tales perspectivas, y de la esclavización ecónomica que suponía la carrera armamentística para todos los países. Después, los acuerdos Yeltsin/Bush de 1991 y 1992 confirmaron la senda de la distensión. La revista británica *The Economist*, daba cuenta muy significativamente del cambio de los tiempos, cuando ya en junio de 1989 se refería a las «víctimas de la paz», al aludir a los grandes fabricantes y traficantes de armas.

8.4. *Microelectrónica y progreso*

Claro es que, junto a todos los riesgos mencionados de la microelectrónica, también son de esperar importantes ventajas: «será factible la disminución de las más largas y fatigosas jornadas de trabajo». Ciertamente, es una proposición que ha pasado a ser tópica, y con frecuencia criticada. Y frente a la cual se argumenta que la disminución de la semana laboral a treinta y cinco horas, sin una cierta planificación y sin un mayor civismo, podría comportar aumentos incontenibles de la economía sumergida, o traducirse en manifestaciones de inquietud social a consecuencia del *ocio excesivo*. La contrarréplica consiste en la formulación, menos ostensiblemente escuchada, de una nueva ética de trabajo, con una idea más amplia de lo que sea estar ocupado. Incluyendo en ello la educación permanente, las más diversas manifestaciones culturales, la relación con la Naturaleza a la que tendremos ocasión de referirnos *in extenso* en el capítulo 4 de este mismo libro.

En cualquier caso, el progreso humano es imparable. Forma parte de una filogenia cósmica, de la que sólo desde hace poco estamos empezando a tomar conciencia.

En el fondo, el gran problema consiste en que todavía no hay respuesta. Existe mediocridad en la Administración pública, y en la dirección de las empresas a la hora de apreciar las necesidades de renovación. Como también hay desconcierto en los sindicatos, algunos de cuyos líderes y bases podrían volver el viejo grito de «abajo las máquinas», escuchado en anteriores fases de la historia industrial.

Pero esos y otros gritos serán vanos. La verdadera necesidad estriba en dar una respuesta moderna al nuevo reto: con planes e innovaciones de carácter general, en los que se prevean no sólo los efectos sectoriales y sobre las empresas, sino también la incidencia multifacética, en términos de empleo, educación, forma de vida, solidaridad humana. El *cambio acordado*, discutido, negociado, a nivel de empresa, de país, en el ámbito regional y en el escenario mundial, es, indudablemente, la única actitud racional de inmediato. Y aún más a medio y largo plazo.

Capítulo 3
ANTROPOLOGIA Y ECONOMIA

1. Introducción

La Antropología, todo el mundo lo sabe, por su propia etimología del griego, es el *estudio del hombre*. Y por ello mismo abarca un ámbito científico sumamente amplio.

En su sentido más estricto, la Antropología aspira a analizar las similitudes y diferencias entre los distintos grupos humanos, y a este respecto, cabe afirmar que la atención de los antropólogos se centró inicial y fundamentalmente en los pueblos ágrafos, sin escritura, en las poblaciones generalmente denominadas *primitivas*. Algunas de las cuales han llegado en esas condiciones a nuestros propios días, encontrándose ahora en rápida regresión por doquier, como vestigios prehistóricos; confirmándose por ello mismo como verdaderas reliquias para la Antropología moderna en su búsqueda de profundizar en el pasado.

En esa tónica de interés por la historia del hombre, lo que cada vez está más claro es el abandono de la idea del salvajismo: no hay sociedades humanas sin una cultura y una civilización propias; todas tienen su idioma, sus costumbres, sus formas de relación, su código moral, sus modos de ocio y sus manifestaciones lúdicas. Los únicos *salvajes* son los que no reconociendo todo eso, se consideran tan superiores, que llegan a pensar que están legitimados para destruir las culturas que *ad hoc* se denominan *inferiores*.

Cuatro son los grandes enfoques antropológicos posibles:

— *físico*, que se refiere a las mediciones antropomórficas y a la individualización de las características étnicas;

— *cultural*, que se ocupa de las instituciones más comunes, como el matrimonionio, la familia, la propiedad, etc.;

— *arqueológico*, que estudia el asentamiento y la cultura de los pueblos antiguos ya desaparecidos, a través de los restos humanos (huesos, y momias de los enterramientos), manifestaciones artísticas, monumentos, útiles, y otros rastros;

— *lingüístico*, a modo de subdivisión de la antropología cultural, que se centra en el estudio de cada lengua, de sus emparentamientos, y de su evolución comparativa.

Podríamos referirnos, también, a la *antropología económica* —y así lo vamos a hacer aquí— como explicación de las funciones y actividades de producción e intercambio en las sociedades primitivas; y asimismo como intento de calar en los fundamentos últimos del comportamiento económico y social del hombre en la trama de vida actual, como partícipe que es de una sociedad técnica aparentemente en total desconexión con la naturaleza.

La Antropología, que hoy es una ciencia totalmente consolidada, nació formalmente en el siglo XIX. Pero como sucede casi siempre, sus antecedentes se remontan a tiempos muy distantes. Cabe decir que Lucrecio (Siglo I a. de J.C.) con su célebre obra «De rerum natura» («La naturaleza de las cosas»), planteó en el comienzo de nuestra era los primeros atisbos de lo que hoy llamamos *evolución cultural* [1]. Lucrecio se comportó como un auténtico hombre de ciencia al establecer dos proposiciones bien nítidas: el universo está regido por leyes, y por ello mismo el temor a lo sobrenatural es superfluo; el hombre es un compuesto de átomos, y cuando muere retorna a la nada de la que salió al nacer.

Muchos siglos después, el *Renacimiento* representó una secuencia

[1] Puede verse la obra de Lucrecio en la edición bilingüe, latín/italiano «La Natura», en Garzanti Editore, Milán, 6.ª ed., 1986 (con introducción, traducción y notas de Olimpio Cescatti, y con una lectura crítica de Alessandro Ronconi).

importante para la emergencia de la Antropología. Fue por entonces cuando empezó a adquirir plenitud la idea de que la vida humana es interesante por sí misma, y no meramente como tránsito hacia una discutible y discutida vida eterna. Por lo demás, la segunda parte del Renacimiento coincidió con el inicio de la era de los grandes descubrimientos geográficos, que pusieron de relieve la existencia de culturas muy diversas. Lo cual contribuyó a que el hombre empezara a inquietarse por la búsqueda de sus orígenes y de su evolución [2].

Una tercera secuencia en la senda de la formación de la Antropología, cabe verla en Isaac Newton, quien lapidariamente recordó al mundo la máxima lucreciana de que *el universo está gobernado por leyes*, sin que el hombre pueda quedar al margen de ellas.

Más tarde, ya muy avanzado el siglo XVIII, surgieron las primeras *ideas claramente evolutivas*, con su incidencia en un nuevo concepto del hombre. Así, Turgot —más conocido por su papel destacado entre los fisiócratas— expuso en su «Plan de la Historia Universal», en 1744, lo que él consideró como las *tres fases de la evolución de la especie* en función de sus formas de actividad humana: caza, pastoreo, y agricultura [3]. Se planteó de esa forma una primera idea sobre el modo de producción inserto en la filogenia de la especie, sin duda una de las ideas más fructíferas en el campo de las ciencias sociales.

Un nuevo paso en la senda antropológica se dió, ya en el siglo XIX, con la naciente Sociología, cuando Augusto Comte propuso las célebres etapas de la evolución del hombre en su explicación del universo: la teológica, como exégesis sobrenatural; la metafísica, como búsqueda de una coherencia formal; y la ciencia, como método de superación de criterios míticos y de autoridad [4].

En 1859, Marx, llegaba aún más allá, cuando en su prólogo de la «Contribución a la crítica de la economía política» acuñaba la proposición de que *es la forma de vida la que determina la conciencia*; que serviría de base a todo el materialismo histórico y al propio

[2] La cuestión suscitó inicialmente todo un debate teológico, histórico y político, subyacente en las justificaciones de la evangelización y en las fórmulas de sumisión y dominio de las poblaciones autóctonas por los europeos; y antes que nadie por parte de los españoles y los portugueses.

[3] Anne Robert Jacques Turgot, «Plan de deux discours sur l'histoire universelle», en *Oeuvres de Turgot*, Guillaumin, París, 1844.

[4] Auguste Comte, «Cours de philosophie positive», Baillière, París, 1877, 6 vols.

concepto de estructura económica, según podremos apreciar en la sección del Capítulo 7 de esta misma obra.

En el siglo XIX, la Antropología pasó a convertirse en *disciplina académica*, formada por los antecedentes referenciados, además de otras aportaciones; entre ellas, la fundamental de Linneo, de una primera clasificación racional de las especies. Asimismo, hemos de recordar a Pieter Camper con sus taxonomías y antropometrías; a Grimm, que estudió la evolución de los idiomas con la hipótesis de un origen común; y a Thomsen, a quien debemos la primera periodificación de las edades prehistóricas, con base en los materiales entonces predominantes para hacer instrumentos duraderos (piedra y metal).

La Antropología, ya consolidada tuvo en el siglo XX, todo un elenco de nombres bien conocidos, como Malinowski [5] y Radcliffe-Brown [6], que interrelacionaron *funciones de distintos rasgos culturales;* y como Durkheim, que estudió el funcionamiento de la *superestructura de las sociedades* [7]. En línea con lo que Claude Lévi Strauss ha significado (según veremos en el capítulo 7 de este mismo libro) con sus estudios antropológicos para el progreso del *estructuralismo.*

Por otra parte, la Antropología moderna dejó de preocuparse solamente de los pueblos primitivos, de sus organizaciones tribales, y de sus intercambios nacidos del trueque, para entrar, desde el tercer decenio del siglo XX en el análisis de la estructura de la vida social actual. Lynd, en 1929, con su importante obra «Middletown» (que se refiere en realidad a la localidad de Murcie, en Indiana, (EE.UU.), describió por primera vez la vida cotidiana de una comunidad urbana contemporánea, enfocándola como un fenómeno de tribalismo de clase media. Esta obra, llevada después al cine, marcó el comienzo de trabajos muy importantes para el conocimiento más íntimo de las motivaciones de la vida social [8].

---

[5] Bronislaw Malinowski, sobre todo en su ensayo «Etnology and the Study of Society», en *Economica*, 1922, págs. 2208/2219.

[6] Muy señaladamente por su ensayo «The Methods of Ethnology and Social Antropology», en *South African Journal of Science*, 1923, n.º 20, págs. 124-147.

[7] Emile Durkheim, especialmente su obra «De quelques formes primitives de classification», en *L'année sociologique*, versión inglesa («Primitive Classification»), University of Chicago Press, 1963.

[8] Robert S. y Helen M. Lynd, «Middletown: A Study in Contemporary American Culture», Hartcourt, Nueva York, 1930; y de los mismos autores «Middletown in Transition: A Study in Cultural Conflicts», Hartcourt, Nueva York, 1937.

En concreto y en lo fundamental, lo que en el área socio-económica nos plantea, aquí y ahora, la Antropología, es una serie de cuestiones sobre el comportamiento del hombre como protagonista último del escenario económico, o si se quiere decirlo de otra manera, como personificación individualizada de lo que llamamos *agentes económicos*, que son, a su vez, los elementos que integran los grandes agregados económicos (empresas, unidades de consumo, inversores, etc.). Por todo ello, el conocimiento de la Antropología no puede ser algo superfluo o extraño para el economista. Y quien la desdeña ignora que todos vivimos —querámoslo o no— en sociedad [9].

2. Los límites de la Antropología Económica convencional

Todas las observaciones hechas hasta aquí sobre el desarrollo de la Antropología, tuvieron su lógico impacto en la ciencia económica, y con el tiempo, en 1971, se creó, con especial difusión en el mundo anglosajón, la «Sociedad de Antropología Económica». En buena medida, esta institución puede considerarse también como resultado de los movimientos teóricos sobre desarrollo económico, derivados a su vez de la atención que entre los científicos de la Economía se prestó a la cuestión tras el final de la Segunda Guerra Mundial.

Más concretamente fue M. J. Herskovits, quien en 1952 acuñó definitivamente la expresión en su libro «La Antropología económica. Un estudio de economía comparativa» [10]. En realidad, esa obra era más bien la segunda edición de un libro anterior del propio Herskovits, quien en la nueva versión recogió muchas de las observaciones que el economista de la Escuela de Chicago Frank Knight le había hecho en un artículo publicado bajo el bien expresivo título de «Antropología y Economía» [11].

[9] Una buena muestra del concepto más moderno de antropología aplicada a la realidad social es la obra de E. R. Wolf, J. Clyde, Mitchell *et alia*, «Antropología social de la sociedad compleja», versión española, Alianza Editorial, Madrid, 1980. Asimismo, Julian Pitt-Rivers, «Tres ensayos de antropología estructural», versión española, Anagrama, Barcelona, 1973. Y la obra de gran interés de Marvin Harris, «Caníbales y reyes», versión española, Salvat, Barcelona, 1986.

[10] «Economic Anthropology. A Study of Comparative Economy», Alfred A. Knof, Nueva York, 1952.

[11] «Anthropology and Economy», en el *Journal of Political Economy*, 1941, abril, págs. 547-568.

Posteriormente, la publicación por Polanyi, Arensberg y Pearson, del libro «Comercio y mercado en los imperios primitivos» [12], abrió todo un debate entre las posiciones neoclásicas o formalistas sostenidas por Herskovits, y las actitudes sustantivistas o institucionalistas que pasaron a defender los tres autores antes citados. Polémica que se triangulizó poco después, en los años 60, al terciar en ella los marxistas franceses y fundamentalmente Godelier [13].

La polémica, por lo demás bastante árida, contribuyó a circunscribir la Antropología Económica convencional a las sociedades precapitalistas, o a lo sumo a las áreas tradicionales del capitalismo, y más concretamente al campesinado.

En esta visión convencional limitada a la Antropología Económica, se ha incurrido incluso en algunas prevenciones un tanto arriesgadas, al formularse proposiciones del tipo de que los sistemas propios de las sociedades tradicionales constituyen —casi indiscriminadamente— una traba importante para el desarrollo económico. Cuando la realidad es que la actitud cada vez más generalizada consiste en que muchos de los valores de las sociedades tradicionales, y en especial de sus aspectos conservacionistas del ambiente, etc., etc., no deben desaparecer, sino que por el contrario deben transmitirse y difundirse.

3. **Etología y Sociobiología**

En secuencia con las cuestiones hasta aquí planteadas, tampoco será inútil que nos preguntemos cuánto cabe atribuir de nuestra conducta a los factores genéticos y al trasfondo animal del hombre; y cuánto a los factores acumulados de la evolución humana propiamente dicha y a nuestro propio acervo de capacidades personales. A esas interrogantes es posible dar una primera respuesta desde dos enfoques antropológicos recientes: Etología y Sociobiología.

Yendo directamente al tema, cabe considerar la *Etología* como el estudio del comportamiento (de *etos*, costumbre, y *logos*, tratado). El término lo introdujo Geoffrey Saint-Hilaire (1772-1844), quien

---

[12] «Trade & Market in the Early Empires», Free Press, Glencoe, 1957.

[13] La referida polémica fue objeto de análisis *in extenso* por S. Ortiz, compilador del libro de lecturas «Economic Anthropology. Topics and Theories», University Press of America, Nueva York, 1983.

supo calibrar la importacia del conocimiento de las costumbres de los animales y de sus condiciones de vida en un entorno dado [14]. Posteriormente, en 1868, Ernst Haeckel desgajó del tronco de la Etología la rama que se conoce como *Ecología* (de *oicos*, casa y logos, estudio: el estudio de la casa de la naturaleza), para referirse con este neologismo a las relaciones de las poblaciones animales con su medio ambiente, con su entorno [15].

La Ecología, por su desarrollo en sus implicaciones con las Ciencias Sociales desde la década de 1960, ha ganado entidad propia en el área de nuestras preocupaciones; y por eso, en el capítulo 4 de este mismo libro, hacemos amplia referencia a ella. Recordemos aquí, simplemente, que en su faceta humana la Ecología se ocupa del comportamiento del hombre en la naturaleza, de sus relaciones con lo que hoy llamamos la biosfera, sin que tal término excluya al de *naturaleza* o incluso —como antes se decía— al de *creación*. Y en esa relación entre la especie humana y su medio natural, es harto evidente que ha habido cambios dramáticos, al pasarse de una época en que las fuerzas naturales podrían haber acabado con el género humano —como sucedió con otras muchas especies [16]— hasta llegar a la situación actual, cuando los seres humanos tienen capacidades más que sobradas como para poner fin a la misma naturaleza tal como hoy la conocemos.

Pero volviendo ahora al tronco general de la Etología, nadie puede negar la permanencia de nuestra *condición animal* [17]. Según la

---

[14] El que se tiene por primer manual contemporáneo sobre Etología fue publicado en 1951 por Nikolaas Tinbergen, con el título «The Study of Instinct», Clarendon Press, Oxford.

[15] En su «Historia de la creación de los seres organizados según las leyes naturales» (1868). De Haeckel es la frase bien gráfica de que «la ontogenia es una corta recapitulación de la filogenia», es decir, que en la evolución del individuo desde su concepción —pasando por su gestación, alumbramiento, infancia, etc.— puede apreciarse una especie de síntesis de la propia evolución *in genere*, desde el origen de la vida unicelular hasta su maduración como individuo dentro de una formación social.

[16] De gran interés al respecto es el libro de P.R. Ehrlich y A.H. Ehrlich, «Extinción», versión española (2 vols.), Salvat, Barcelona, 1987.

[17] W.H. Thorpe, «Naturaleza animal y naturaleza humana», versión española, Alianza Editorial, Madrid, 1980. También del mismo autor «Breve historia de la etología», versión española, Alianza Editorial, 1982. Puede verse también Irenäus Eibesfeldt, «El hombre preprogramado», versión española, Alianza Editorial, 2.ª ed., Madrid, 1980.

Etología, continuamos en una relación inevitable de convivencia y de confrontación con la naturaleza.

Los etólogos —y entre ellos señaladamente Konrad Lorenz [18]— sostienen que una gran parte del comportamiento del hombre es una *herencia de su condición de animal.* Se ha dicho, y parece que con total fundamento, que en la medición cronológica de la evolución, existe una identidad del 99,5% entre el hombre y el chimpacé [19]. Y los estudios sobre los primates actuales como parientes vivos del hombre más próximos en la escala zoológica, están llevando a conclusiones bastante reveladoras sobre ese parentesco. Si bien está claro que solo un 0,5% de diferencia en el acervo genético, origina diferencias abismales en cuanto a capacidades.

N. Tinbergen ha caracterizado el sentido profundo de la Etología, cuando nos dice que «hemos de alertar a otros y ayudarles a compartir nuestra sensación de maravilla, de belleza, incluso de reverencia ante *las riquezas de la creación*, ante lo que ha producido la evolución por medio de la selección natural. La palabra *reverencia* expresa, hasta donde se me alcanza, lo que siente el naturalista curioso. La cacareada *fría, incisiva mirada* que el científico dirige a sus animales, no tiene por qué, como tan a menudo se sostiene, cegar sus sentimientos estéticos e incluso religiosos; al contrario, puede intensificarlos. Cada vez es mayor el número de personas que empiezan a reconocer que las investigaciones sobre el comportamiento de los animales tienen que ver con el conocimiento de nosotros mismos. En este sentido, los estudios de adaptación ocupan un lugar destacado. Enfrentados con la precariedad de la supervivencia, nos damos cuenta de que vivir es como estar en *una cuerda floja multidimensional,* que es una tarea difícil en que el ser vivo ha de encontrar el equilibrio adecuado entre las muchas cosas distintas que

---

[18] Konrad Lorenz, «Evolutión and Modification of Behavior», University of Chicago Press, 1965. Gran parte de la producción de Lorenz (muerto en febrero de 1989) está vertida al español. Como síntesis puede verse la recopilación hecha por Irenäus Eibesfeldt, «La acción de la Naturaleza y el destino del hombre», versión española, Alianza Editorial, Madrid, 1988; y asimismo Konrad Lorenz, «La etología; entrevista con Alain de Benoist», versión española, Laberinto-5, Barcelona, 1983. De sumo interés, por sus advertencias ecologistas sobre los peligros de la actual civilización para la biosfera, es la última entrevista que conozco de K. Lorenz, publicada en *Integral,* en 1989.

[19] Jane Goodall, «En la senda del hombre. Vida y costumbres de los chimpancés», versión española, Salvat, Barcelona, 1986.

las presiones ambientales le obligan a hacer. Y merced a este tipo de investigaciones, aprendemos a ver con mayor claridad que el hombre está todavía en esa cuerda floja, por mucho que haya avanzado en la *conquista* de su medio ambiente.» [20]

Por su parte, la *Sociobiología* se presenta como la entraña profunda de la Etología, en cuanto que busca la base biológica del comportamiento social. Fue O. Wilson, en 1975, quien se planteó formalmente el tema, con un impacto considerable en el mundo de las ciencias sociales [21].

La Sociobiología tiene una *clara raíz darvinista*, ya que en ella la lucha por la vida aparece como la máxima fuerza impulsora de las transformaciones del colectivo humano; una base de acción que Darwin tomó de la célebre «ley de la población» de Robert T. Malthus [22].

En cuanto a los fundamentos tanto de la propia Sociobiología como de la Etología en general, pueden buscarse en toda una serie de elementos, de los cuales reseñaremos los que aparecen de forma más destacada:

a) *Los genes*, que configuran la herencia, y que marcan una mayor aptitud inicial para que unos individuos prosperen a lo largo de su vida y otros en cambio tengan más dificultades. Hoy es difícil negar que haya unos individuos en principio mejor dotados que otros por la naturaleza. Lo cual no hace aceptable la idea de un determinismo biológico [23], pues existen correctivos *fenotípicos* frente a los genotípicos; como tampoco va en contra el desarrollo de la tesis roussoniana —base del constitucionalismo moderno— de que los hombres nacen iguales (ante la Ley, para el Derecho).

b) *La agresión*, como instinto expresivo de que la fuerza es la ley. *La lucha por la vida* se traduce en un esfuerzo permanente para sobrevivir —para encontrar el propio *nicho ecológico* que sea respe-

---

[20] Niko (sic) Tinbergen, «Naturalistas curiosos», versión española, Salvat, Barcelona, 1986, págs. 257 y 258.

[21] Edward O. Wilson, «On Human Nature» (Harvard University Press, 1978) edición de Bantam Book, Nueva York, 1979.

[22] Entre otras referencias a este tema, puede verse las que hago en mi libro «Ecología y Desarrollo», Alianza Editorial, 5.ª ed., Madrid, 1985.

[23] A este respecto, pueden verse como trabajos de gran interés M. Hoagland, «Las raíces de la vida. Genes, células y evolución», versión española, Salvat, Barcelona, 1985; y sobre todo, Richard Dawkins, «El gen egoísta», versión española, Salvat, Barcelona, 1985.

tado por los demás— y asegurar la producción. Este principio traduce todo lo que subyace en el darvinismo social, a lo Herbert Spencer o más sofisticado, y sirve de apoyo para las teorías de la competitividad. Lo cual no excluye las motivaciones contrarias a la agresión, que se plasman en *la solidaridad y la cooperación.* Aparte de que como subraya Ashley Montagu, en el hombre *no hay una maldad innata,* o por lo menos tal cosa no ha sido científicamente demostrada.

c) *El sexo,* por lo que representa de diferenciación de macho y hembra, de mujer y hombre, y que en los estadios menos avanzados tuvo su origen en la protección de la hembra embarazada por el macho libre. Lo cual todavía hoy crea condiciones que algunos estiman expresivas de una inferioridad objetiva de la mujer. Frente a lo cual se presentan las posturas alternativas, de buscar una equiparación convergente por la senda de la definitiva igualdad de oportunidades de ambos sexos, en una lucha todavía actual de *feminismo contra machismo* que tiene sus manifestaciones en el derecho político, las relaciones laborales, etc.

d) *La paternidad,* como base de la perpetuación de la especie, que se manifiesta a nivel de especie en la sucesión de los *filum* que forman la *filogenia humana.* Y también como fuente de no pocos e inevitables conflictos entre padres e hijos. Los hijos —se dice— tienden a maximizar sus demandas, originadas por lo que se ha llamado *el egoismo infantil*; y los padres, por su parte, tienden a minimizarlas, desde lo que normalmente se denomina *paternalismo.* Surge así la *confrontación intergeneracional,* que por lo demás tiende a hacerse más intensa a medida que la familia se reduce. En el estadio actual de la *familia nuclear,* (apenas *el núcleo de la pareja* y uno o dos descendientes), las tensiones ganan en intensidad; muy lejos ya de los escenarios pretéritos de las familias numerosas, y más distantes aún de los clanes de gran amplitud, que se regían por inexorables reglas tradicionales de severa jerarquía disciplinada.

e) *La familia,* tiene gran importancia en las que antes hemos llamado sociedades ágrafas. En los pueblos primitivos de hoy, la estructura de parentesco, como tantas veces puso de relieve Claude Lévi Strauss, significa una especie de verdadera *historia presente.* En cambio, en las sociedades urbanas contemporáneas, la familia y sus consecuencias de todo tipo —influencia cultural, educación, herencia, etc.— van cambiando, y al propio tiempo van perdiendo importancia los vínculos familiares tradicionales. Hay mayor movilidad en muchos aspectos. El individuo gana en libertad personal, y sus áreas de compromiso en torno a la familia, ceden proporciones importantes a la profesión, al marco político, a las cuestiones laborales, los proyectos artísticos, y otras relaciones del entorno social.

f) *El altruismo recíproco*, como fenómeno contrario al espíritu de agresión. También es, ciertamente, un factor sociobiológico. El cual gana en importancia a lo largo de la evolución de la sociedad humana, para convertirse, más allá de un mero sentimiento de origen animal, en la expresión de auténtica conciencia de *solidaridad*, en un *principio antrópico*, consustancial con la calidad del ser humano.

Todo lo anterior pone de relieve que la Etología y la Sociobiología tienen un sentido, una indudable razón de ser. Desde el punto y hora en que en el hombre existe, tiene un comportamiento de base animal, aunque sea modificado por la inteligencia humana, y sobre todo por la progresiva acumulación cultural y artística a la que hacemos amplia referencia en este mismo libro en el capítulo 2 al ocuparnos de las potencias de la mente [24].

Pero frente a los que han sido intentos pretendidamente deterministas de la Etología y la Sociobiología en cuanto al comportamiento humano, algunos han considerado que ambas corrientes antropológicas emergentes son disciplinas reaccionarias. Así lo han subrayado de manera reiterada los componentes del llamado «Grupo de Estudio para la Sociobiología», del colectivo más amplio «Ciencia por el pueblo», más conocido como «Los Críticos de Boston» [25]. Según estos antisociobiólogos, nos hallamos ante un determinismo biológico que incluso podría llegar a justificar el nuevo capitalismo del *laissez faire*. Pero todo es, desde luego, muy relativo. Y creo que en vez de exacerbar los términos de la controversia, y sin pretender

[24] No están exentas de interés las, por otra parte, muy controvertidas opiniones de Robert Ardrey, quien sostiene que desde la publicación de «El contrato social» de Rousseau, el hombre ha derrochado los recursos sociales, ha convertido gran parte de la educación en un proceso de lavado de cerebro, y se ha entregado a sucesivas formas de locura política. Como síntesis, el autor nos dice que «la parte social del hombre es la que más lo acerca al animal; y la parte individual, la más perfecta, la que más lo aproxima a Dios. La evolución ha partido del grupo, de la sociedad, y su última y más perfecta creación es el individuo». Robert Ardrey, «El contrato social», versión española, Plaza & Janés, Barcelona, 1970.

[25] En relación con las críticas a los sociobiólogos puede verse la obra de Stephen L. Chorover «Del Génesis al genocidio. La sociobiología en cuestión», versión española, H. Blume, Madrid, 1982.

encontrar la solución en un falso eclecticismo, de lo que se trata es de situar el análisis de la realidad de forma tal que la Antropología, y sus materias afines —Etología, Ecología, y Sociobiología— asuman papeles que de otra manera quedarían relegados por una ignorancia inadmisible.

4. Sobre el hombre nuevo y la nueva sociedad

Tras las anteriores consideraciones de carácter general, en este breve intento de aproximación de *antropología económica y social*, creo que debemos plantearnos *si puede hablarse de hombre nuevo y de nueva sociedad*, como tantas veces se pretende. Es decir, debemos inquirir si la evolución humana ha creado o puede crear un ser superior, por encima de sus «miserias» de origen animal y de sus penurias propiamente humanas no exentas de grandeza; por encima de lo económico, lo político, y lo social.

Sinceramente, *creo que no hay hombre nuevo*. Por mucho que ello se exprese en algunos escritos filosóficos del siglo XIX, o aunque se persiguiera en la revolución de 1917, o a pesar de que lo buscara Ernesto Che Guevara, el hombre es constitutivamente el mismo ser desde la aparición del «Homo Sapiens». Desde la revolución neolítica de hace unos 12.000 años, antropométricamente la especie humana no ha evolucionado sino en aspectos secundarios. A pesar de la acumulación hecha posible por la escritura, etc., el hombre es hoy el mismo *homo sapiens*. Sus afanes son ahora básicamente los mismos recogidos en las inscripciones en escritura cuneiforme, en los jeroglíficos egipcios, en los ideogramas chinos, o en los caracteres griegos que utilizó Platón para sus diálogos socráticos, o los romanos que empleó Lucrecio [26].

El hombre de hoy sigue siendo el mismo hombre de Esquilo o de Goethe, de Shakespeare, de Cervantes o de Moliére. Es el mismo hombre de Arthur Miller, Ionesco, o Buero; con su grandeza, amor,

---

[26] Sobre el tema puede verse Erich Fromm, «Psicoanálisis de la sociedad contemporánea» (versión española, FCE, Madrid, 1985), y asimismo «The Art of Loving», Harper and Row, Nueva York, 1974. Y en cuanto a la autorrealización en *experiencias-cumbre,* una vez suprimidos los mecanismos de autodefensa tras la satisfacción de las necesidades básicas, Abraham H. Manslow, «El hombre autorrealizado», versión española, Kairós, Barcelona, 3.ª ed. 1979.

altruismo, sentido del arte, odio, egoísmo, sentido de la destrucción, y sobre todo *con su fuerza interna animadora*. Creo que pocas veces se ha puesto tan de relieve lo que ésto último significa como lo hizo David Hume en uno de sus más incisivos ensayos [27], en antecedente claro a lo que después dijo —según vimos en el capítulo 2— René Dubos [28]. Todos llevamos dentro de nosotros un algo, que nos posibilita el entusiasmo por la vida. Y si el hombre biológica y mentalmente no ha evolucionado desde el Neolítico, podríamos decir, es porque *su dios interior* sigue siendo el mismo.

En realidad, a este tema se refirió hace ya varios decenios un hombre avanzado en diversidad de cuestiones, Pierre Teilhard de Chardin, cuando sustentó la tesis de que la evolución biológica del hombre terminó hace ya tiempo, para pasar desde entonces a la fase de su evolución social [29], de grandes transformaciones tecnológicas que hoy están a punto de alumbrar una *inteligencia artificial* a modo de verdadera mutación [30]. Pero ni eso sería el hombre nuevo; sería otra situación, antrópica por su origen, pero no humana.

Es la sociedad la que ha evolucionado. Sí que hay una nueva sociedad en cada tiempo, y en cierto modo los componentes de esas sociedades participan de su propia novedad, de un nuevo entorno respecto del de los humanos anteriores; pero al nacer son lo mismo que antes. Su diferenciación es resultado de la acumulación conseguida en el medio en el que uno nace y en el que uno se educa. El *entheos* sigue siendo el mismo originario.

En realidad es el desarrollo acumulativo el que crea las condiciones de una sociedad en progresiva evolución. Y en este sentido, también hay una *antropología del desarrollo*, que nos permite expresar —como lo hizo Arthur Lewis— que el desarrollo significa contar

---

[27] «Hay un Dios entre nosotros —dice Ovidio— que alienta el fuego divino que nos anima. Los poetas de todos los tiempos han reconocido que existe la fuerza de la inspiración», en David Hume, «Sobre el suicidio y otros ensayos», versión española, Alianza, Madrid, 1988, pág. 74.

[28] Véase la nota 33 del capítulo 2.

[29] Pierre Teilhard de Chardin, «El fenómeno humano», versión española, Taurus, Madrid. Y análogamente, «Las direcciones del porvenir», versión española, Taurus, Madrid, 1974, especialmente las págs. 146 y sigs.

[30] Recuérdese lo visto al comienzo del Capítulo 2. Véase, además, S.M. Gergeley, «Microelectrónica. Las computadoras y las nuevas tecnologías», versión española, Biblioteca Científica, Salvat, Barcelona, 1985. También Penrose, ya citado en la página 48.

con más medios, y por tanto con más posibilidades de elección entre distintos bienes, o entre distintas dedicaciones de ocio y negocio, de tiempo libre y tiempo de trabajo [31]. Y esas posibilidades de elección, son las que efectivamente permiten que podamos hablar de progreso en el disfrute de la libertad. Es el *desarrollo lo que hace al hombre más libre* (no el mero crecimiento), a menos que —como a continuación veremos— ese desarrollo se vea envilecido por determinados propósitos de *manipulación y dirigismo*.

Hay que ser precavidos. Si contamos con grandes medios para ser más libres, también cuentan con ellos quienes pueden utilizarlos en su exclusivo beneficio. Hemos de percatarnos, además, de las tendencias que en gran medida aún nos hacen esclavos de ideologías nacidas en el siglo XIX, y que todavía generan en nuestro tiempo entornos muy distintos según se nazca y se viva en una sociedad capitalista o socialista, o en un país desarrollado o atrasado.

En la *sociedad capitalista*, en su planteamiento manchesteriano y en la «renovada» concepción del monetarismo, se piensa que es la «mano invisible» la que todo lo gobierna, posibilitando así el máximo de bienestar general.

En la *sociedad igualitaria del socialismo realmente existente*, se desconfía de la «mano invisible» como originaria de concentraciones de poder; y se busca el bienestar vía planificación central, para a la postre llegar no al tantas veces prometido *reino indefinido de la libertad*, sino a la situación aberrante de la *nomenklatura* [32], que hoy está sometida a crítica desde la perestroika, a la que nos referimos en el capítulo 9, apartado 4.2.

4.1. *Fuerzas dominantes*

Sin perjuicio del análisis *in extenso* que de los sistemas sociales hacemos en el capítulo 9 de este mismo libro, debemos intentar aquí una *caracterización de las fuerzas actualmente dominantes* en ambos sistemas genéricos, que pueden indentificarse por cuatro manifesta-

---

[31] W. Arthur Lewis, «Teoría del desarrollo económico», versión española, FCE, México, 1958, pág. 459 y sigs.

[32] La expresión es de Michael Volensky, autor de la obra «La Nomenklatura» (Belfond, París, 1980), con un prefacio de Jean Ellenstein.

ciones básicas: productivismo, consumismo, control tecnológico, y dirigismo.

El productivismo, podríamos considerarlo como la búsqueda de excedentes empresariales sin vacilaciones en cuanto a lo que ello pueda representar en términos de alienación de los trabajadores y de desprecio de la pretendida soberanía del consumidor. Sin olvidar las consecuencias tantas veces nefastas que para el entorno implica un sistema que no prevé las secuelas del crecimentismo a largo plazo, y que infravalora la destrucción de la naturaleza en las distintas formas de costes sociales, de impactos ambientales y culturales.

El consumismo, se caracteriza por ser una aberración del consumo necesario. Con él, la anhelada soberanía del consumidor se ve suplantada por las presiones del marketing, de la promoción de ventas, y de la publicidad; todo ello a través de los diversos medios de comunicación social y, especialmente, de la televisión. La economía del lado de la oferta [33], tan en boga a principios de los años 80, se tradujo precisamente en un intento, conseguido muchas veces a nivel de grandes empresas, de imponer la ley de Say («toda oferta crea su propia demanda»), aunque se trate de una demanda forzada mediante los mecanismos antes referidos. En el capítulo 9, apartado 4.1.5. volveremos con mayor detenimiento a esta cuestión.

El control tecnológico, la tercera de las fuerzas dominantes a que estamos refiriéndonos, tiene su origen en el hecho de que la tecnología es, por así decirlo, *el más moderno de los factores de producción*. Las grandes corporaciones consiguen su poder en muy alta medida merced a los recursos que dedican a investigación y desarrollo (I + D). Se trata de mercados cerrados a través de sistemas de patentes, con frecuentes casos de espionaje industrial. Y con una fuerte *explotación de los países menos desarrollados*, que pagan por las llamadas transferencias de tecnología cifras que a veces superan la pretendida inversión de capital procedente del exterior.

---

[33] Posicionamiento en política económica marcadamente antikeynesiano, que en vez de centrar el impulso de la economía en la demanda agregada se fija en la oferta, a la que apoya por medio de reducción de impuestos, desregulación, etc., en la idea de que así se crea empleo y se evita la estanflación. Ideada como expresión por Heber Stein en 1976, uno de sus mentores más notables es A.B. Laffer. Con fuerte énfasis en las medidas de desregulación, tuvo gran incidencia en la política del presidente Reagan, especialmente en la primera parte de su mandato, cuando David Stockman era el secretario de Presupuestos; tal como él mismo lo relató en su libro «El triunfo de la política», versión española, Grijalbo, Barcelona, 1985.

El control tecnológico se convierte, además, en un objetivo estratégico, como lo demuestra el proyecto de la «Guerra de las Galaxias», concebido para asegurar la hegemonía tecnológica de los Estados Unidos; o de otra forma, el Programa Eureka en Europa; o el de la Quinta Generación de Inteligencia Artificial del MITI en Japón; o el de la aventura espacial en la antigua URSS.

Queda, por último, la cuarta de las fuerzas dominantes objeto de estudio, la cuestión del *dirigismo*, que está íntimamente relacionada con los tres aspectos anteriormente comentados, y que en la política se manifiesta tanto a nivel interno como internacional, para utilizar, a fondo, todos los medios de información disponibles, especialmente los audiovisuales y, sobre todo, la televisión; a fin de poder conducir el comportamiento político sin ninguna clase de reparos, con un auténtico arrasamiento de la conciencia individualizada de las gentes. El libro «1984», de Orwell [34] fue una premonición en lo que concierne a esta cuarta dimensión del sistema dominante.

4.2. *Fuerzas alternativas*

Debemos preguntarnos ahora, tras el esquemático repaso de las fuerzas dominantes que acabamos de hacer, cuáles son las posibilidades de *alternativa frente al* sistema de dominación; si es que seguimos aspirando a tratar de intuir una *sociedad alternativa*.

También a modo de esquema, frente al productivismo y al consumismo, cabe plantear un nuevo horizonte de *política de bienestar y de comportamiento ecológico*. De cara al control tecnológico, es posible defender la *difusión de la ciencia* y de un *acervo común de tecnología*. Y para sustituir al dirigismo, no cabe sino que nos planteemos seriamente las posibilidades de la *sociedad democrática avanzada y abierta*. Vayamos por partes.

La búsqueda de *una nueva teoría del bienestar social*, suscita cuestiones del tipo de las sugeridas por Schumacher cuando se refiere al *nuevo y al mismo tiempo viejo concepto del trabajo*; no simplemente como factor de producción, sino considerándolo en toda su profundidad en lo que supone de *realización del ser humano* y

---

[34] Sobre una interpretación actual de Orwell puede verse mi libro «Utopía y contrautopía. Diez claves sobre 1984», Plaza y Janés, Barcelona, 2.ª ed., 1984.

como *modo de relación social*[35]. Al igual que emerge la idea de sustituir medidas como el PIB per cápita para el cálculo del bienestar. Philippe Saint Marc, sociólogo y ecólogo francés, y James Tobin, Premio Nobel de Economía, han insistido reiteradamente en la exigencia de estimadores del tipo de *bienestar económico neto* (Tobin) o de la *ecuación de felicidad* (Saint Marc)[36]. En definitiva, se trata de reconciliar al hombre en un doble frente: en sus relaciones sociales y con la naturaleza, en la aceptación de una ética de solidaridad sincrónica *Norte-Sur*, y de una ética ecológica de solidaridad diacrónica, entre quienes hoy habitamos en el *Navío Espacial Tierra*, y las *generaciones venideras* (un tema que también tratamos desde otro enfoque en el capítulo 4 de este mismo libro, al referirnos a las relaciones Ecología/Economía).

Como alternativa al control tecnológico, debemos plantearnos la *difusión de la Ciencia*, con todo lo que ello representa previamente en el campo de la educación y de la cultura. En la educación, hay que recordar las proposiciones transformadoras de un Ivan Illich o de un Paulo Freire[37], de descolonizar la enseñanza y de enseñar a aprender. Sin olvidar el notable antecedente de la crítica de Marx a los socialdemócratas alemanes del «Programa de Gotha»[38], en el que pretendían la prohibición del trabajo de los niños. Marx supo plantear como alternativa la posibilidad de un trabajo regulado, a fin de hacer posible la progresiva desaparición, desde la infancia, de la frontera entre el trabajo intelectual y el manual, evitando así la discriminación entre los futuros ciudadanos. Propósito que todavía hoy —a pesar de su frecuente menosprecio— no ha perdido su virtualidad cuando vemos las insuficiencias de la formación profesional, y los déficit de las enseñanzas primaria y secundaria.

La difusión de la ciencia y de la investigación puede ser el propósito de una *visión solidaria del desarrollo* a escala internacional. No cabe aceptar que se exporten los medios para destruir las sociedades tradicionales y para generar explosiones demográficas en el

---

[35] Ernst Friedrich Schumacher, «Lo pequeño es hermoso», versión española, H. Blume, Madrid, 1978, especialmente págs. 45 y sigs.

[36] A la medición de Saint Marc he dedicado algunas páginas en mi libro «Ecología y desarrollo» (75-78), ob. cit. en nota n.º 22.

[37] Paulo Freire, «La educación como práctica de la libertad», Siglo XXI editores, 28.ª ed., Madrid, 1981. De Ivan Illich, «Deschooling Society», Penguin, Londres, 1973.

[38] Carlos Marx, «Crítica del Programa de Gotha», versión española, editorial Anteo, Buenos Aires, 3.ª ed., 1973.

Tercer Mundo y que, en cambio, se demore la exportación de nuevas tecnologías para compensar sus efectos alarmantes en la demografía, y sus perniciosas incidencias en la degradación de la sociedad, que ahora se mueve entre desarraigos y marginaciones sin un modelo propio. Tales propósitos son instrumentalmente traducibles en los *mecanismos estudiados por la UNCTAD* para las empresas multinacionales, patentes, problemas de países sin litoral, comercio marítimo, financiación de desarrollo, etc. Lo que falta, pues, no son más estudios sino intencionalidad política de cambiar el opresivo estado de cosas de hoy.

Queda, por último, lo que podríamos llamar la lucha contra el dirigismo que no cabe abordar sino a través del estímulo creciente de *una sociedad democrática avanzada.* La necesidad estriba en estimular la participación política, con leyes electorales que aseguren la proporcionalidad, que permitan que elijan los ciudadanos (en vez de que sean los partidos quienes impongan sus listas), y que hagan posible que en vez de democracia delegada (donde apenas queda otro derecho que el de ir a las urnas cada tres o cuatro años), haya un seguimiento y una *participación continuada* en la política; sin el influjo determinante de políticos profesionalizados que han originado una nueva especie de mamíferos —como diría J. Schumpeter— diferenciada a los ojos de la gente, como integrantes de lo que se ha dado en llamar la *clase política*, anhelante, ante todo, de la permanencia en el poder y del ensanchamiento de sus privilegios [39]. A todo ello volveremos en el capítulo 5 al ocuparnos del tema «Capitalismo, Estado y Democracia».

Por último para evitar el dirigismo, en la sociedad democrática avanzada, han de plantearse *métodos de transparencia* en los medios de comunicación social, y *procesos de decisión colectiva* en los niveles electorales, tanto en lo estrictamente político como en lo sindical; y *desarrollar el espíritu crítico*; participativo en los campos de la educación, cultura, justicia, sanidad, urbanismo, etc. También en el capítulo 5 de este mismo libro, nos ocupamos del tema con cierta extensión.

---

[39] Como los que por centenares aborda Edgar Morin en su libro «Pour sortir du vingtième siècle», Fernand Nathan, Paris, 1981. También como renovador de ideas estereotipadas —y por cierto a veces ambiguamente expuestas— sobre la sociedad futura, puede verse la obra de André Glucksman «La force du vertige», Grasset, París, 1983.

Capítulo 4
ECOLOGIA Y ECONOMIA

1. Introducción

En este libro tratamos de encontrar toda una serie de fundamentos —y de ahí su título genérico— para la rama de la ciencia económica que denominamos estructura. Parte de las fundamentaciones presentadas, proceden directamente de la región de lo económico. Pero habría que ser muy necios para no percatarnos de que lo económico tiene toda clase de relaciones, con fronteras cada vez más amplias y en las cuales la franja de separación —o la zona de unión como también podría decirse— es considerablemente ancha.

Por otra parte, es evidente que el economista que pretende saber economía, acaba por no tener los conocimienos interdisciplinarios suficientes para poder avanzar en sus aspiraciones. Generalmente se considera que la economía es una ciencia social, íntimamente relacionada, como veremos en el Capítulo 7 de este mismo libro, con la sociología, la estadística, etc., etc. [1]. Pero al mismo tiempo, y

[1] Incluso nos quedamos cortos, podríamos decir, puesto que como propuso Gunnar Myrdal, también es necesario que los economistas adquieran mayores conocimientos de sociología y psicología. A este respecto puede verse su interesante ensayo

como ya señalábamos en el Capítulo 3, la economía no puede perder de vista que debe contar con elementos propios de las ciencias humanas, y especialmente en relación con la ecología y la antropología; primero, para conocer las relaciones con el entorno; y segundo, para profundizar en los atavismos que proceden de nuestra condición animal. En el propio Capítulo 3 anunciábamos que al tema de la ecología y del medio ambiente le dedicaríamos un amplio espacio en este Capítulo 4.

Y es que, análogamente a lo que sucedió con otras áreas colaterales a la ciencia económica —por ejemplo el espacio y el transporte—, los temas que hoy conocemos con la amplia denominación de medioambientales o ecológicos, no eran tenidos en cuenta en las elaboraciones teóricas y en las aplicaciones prácticas, porque se consideraba que el entorno a que se referían venía dado por la naturaleza. De ahí la tradicional clasificación de bienes en libres y económicos, considerando como libres, entre otros, el agua y el aire. Y la alusión a esos dos inputs de cualquier proceso biológico o industrial, ya basta para evidenciar que habiendo desaparecido literalmente los bienes libres en un planeta cada vez más hominizado, la naturaleza o la biosfera —como prefiera decirse— se ha convertido en una parte integrante de la trama económica mundial, con todas sus manifestaciones en la propia economía cotidiana.

La inserción de la ecología en la economía, o si se prefiere, a la recíproca, es fenómeno reciente. Tiene incluso fecha oficial a escala mundial: 1972, cuando se celebró la conferencia mundial sobre medio ambiente, organizada por las Naciones Unidas en Estocolmo. Allí y entonces se planteó de forma ya generalmente ostensible el axioma, tantas veces olvidado, de que es imposible el crecimiento infinito en un mundo de recursos finitos.

Pero el hecho de que fuera en 1972 cuando apreciaciones así se hicieron con carácter ya general, y empezaran a ser admitidas incluso en las áreas bien recelosas hasta entonces, no significa que no hubiera habido con anterioridad toda una larga y ardua discusión, iluminada ahora desde una nueva óptica, sobre la cuestión de los límites al crecimiento. De hecho, puede decirse que desde los propios

---

«The Need for a Sociology and Psycology of Social Science and Scientists», en Gunnar Myrdal, *Against the Stream. Critical Esays on Economics,* Vintage Books, Nueva York, 1975.

albores de la ciencia económica, desde el mismo Adam Smith, la polémica ocupó un lugar central en el debate teórico, aunque fuera solamente para los más interesados por las cuestiones no inmediatas. En las páginas que siguen, a lo largo del presente capítulo, tratamos de esquematizar el sentido de la polémica en sus distintas fases, desde los economistas clásicos, hasta lo que podríamos llamar los principios de la nueva racionalidad.

2. La polémica sobre el crecimiento desde Adam Smith

Desde sus mismos orígenes, el futuro del hombre está ligado a su modo de producción y de reproducción, al crecimiento económico. Durante muchos siglos de historia, ese proceso fue muy lento, y no es extraño que no se planteara como motivo de controversia. Pero desde el último tercio del siglo XVIII, en los albores de la revolución industrial, empezaron a formularse multitud de interrogantes, de tal modo que la cuestión sobre si el crecimiento sería o no indefinido y sobre sus consecuencias, se convirtió en uno de los temas fundamentales de la incipiente ciencia económica.

El propio Adam Smith en su «Riqueza de las naciones», se preguntó sobre la forma en que el dividendo nacional podría expandirse con mayor rapidez, es decir, en lenguaje de hoy, sobre el modo de lograr un crecimiento acelerado. Y con ese objetivo *in-mente*, preconizó la división del trabajo, la libertad de comercio, y el máximo posible de población ocupándose de trabajos productivos [2].

Smith sistematizó y racionalizó las tendencias que en el mundo de su tiempo ya podían apreciarse. Pero también es verdad que desde su perspectiva supo prever un cambio verdaderamente revolucionario: el paso desde el más rígido mercantilismo a un orden económico flexible, de librecambio internacional, de libre contratación, de rápida acumulación. Una operación que después, en la práctica, no fue precisamente ni fácil ni corta, pues solo logró su triunfo definitivo, en Inglaterra y en 1846, a impulsos de la tenacidad de un Robert Peel que redujo drásticamente la protección aduanera del

---

[2] Adam Smith, «La Riqueza de las Naciones», versión española de Amando Lázaro Ros, Aguilar, Madrid, 1956, especialmente págs. 3 y 4. La edición príncipe data de marzo de 1776. La versión española es traducción de la quinta edición inglesa —de 1789—, la última que revisó el propio Smith.

cereal, a fin de llevar a cabo una política de pan barato para las nuevas masas industriales [3].

En definitiva, el rango de primera potencia mundial en que se erigió el Reino Unido, sólo pudo conseguirlo porque «ejemplificadoramente» fue suprimiendo los vestigios feudales y las enojosas y paralizantes intervenciones mercantilistas en la economía. De esa forma, se eliminaron los obstáculos que frenaban una más rápida expansión ya perfectamente posible con base en la nueva tecnología postnewtoniana. Se abrió así una era de optimismo, de confianza en la capacidad creadora del hombre, de crecimiento teóricamente sin límites; una expectativa, en suma, que no era ilógica en un mundo, como el de entonces, escasamente poblado y con amplios espacios vírgenes.

3. Malthus, Marx, Mill

Pero una concepción tan optimista sobre el futuro como la de Adam Smith, no tardó en ser perturbada por mentes menos eufóricas. El primer toque de atención lo dio Robert Thomas Malthus, quien en 1798, en su obra más conocida, «Un ensayo sobre el principio de población», vino a decir que mientras los efectivos demográficos se desarrollaban en progresión geométrica, la producción de alimentos tendía a hacerlo en progresión aritmética. La consecuencia era nítidamente previsible: en un momento dado, los recursos alimenticios resultarían insuficientes y los salarios llegarían a situarse incluso por debajo del nivel de subsistencia. La única manera de evitar una situación así no podía ser, pues, sino reducir la natalidad. [4]

Entre los semicoetáneos de Malthus, Marx fue su más encendido crítico; por entender que el antinatalismo maltusiano equivalía a dis-

[3] Las Leyes del Cereal, las *Corn Laws,* prohibían en el Reino Unido la importación de grano como medida de protección en favor de los agricultores británicos. Tras larga polémica, en la que participaron librecambistas (entre ellos, Richard Cobden) y proteccionistas (además de los *chartistas*), fueron abolidas en 1846 durante el gobierno presidido por Robert Peel por las llamadas *Leyes de Peel* (o *Anti-corn Laws*).

[4] «Primer ensayo sobre la población», versión española, Alianza Editorial, Madrid, 1966. Sobre la penetración de las ideas de Malthus en España (muy anterior —1808— a la traducción de su libro completo en 1846) puede verse la aportación de Vicente Llombart, «Anotaciones a la introducción del Ensayo sobre la población, de Malthus en España», en *Moneda y Crédito*, número 126, septiembre 1973, págs. 79-86.

culpar a los propietarios, e implicaba por tanto acusar a sus víctimas, los pretendidos «obreros prolíficos». La realidad, según Marx, era bien distinta: la miseria no provenía de un número excesivo de habitantes, sino de la persistencia del modo de producción capitalista, del régimen de propiedad privada con todas sus secuelas [5].

Lo cierto es que el debate para dar la razón a uno u otro, podría ser inacabable. A medio plazo, o incuso largo —lo que durase el sistema capitalista con sus características más opresoras—, Marx podía estar en lo cierto. Pero en el muy largo plazo, la erosión humana de la Naturaleza implícita en los razonamientos de Malthus contaba también —y cuenta hoy— con indudable validez [6].

Pero la circunstancia de que Marx, y también Engels, atacaran a fondo las tesis de Malthus, no debe llevar a la fácil conclusión —bastante extendida a pesar de todo— de que en ellos no hubiera preocupación por lo que hoy llamamos problemas del medio ambiente. La verdad es que incidieron en una serie de cuestiones concretas con observaciones en verdad incisivas. Engels, por ejemplo, puso de relieve en toda su crudeza las consecuencias del maquinismo y del hacinamiento en el deterioro de las condiciones de vida en los barrios obreros de Manchester [7]. Y también fueron expresivas las alusiones de Marx —londinense de forzada adopción— a los vertidos de la gran ciudad: «en Londres —subrayaba— la economía capitalista no ha sabido encontrar mejor destino al abono procedente de cuatro millones y medio de hombres que emplearlos con gastos gigantescos, en convertir el Támesis en un foco pestilente» [8].

Años después, también en Inglaterra, John Stuart Mill recogió en parte las tesis de Malthus, si bien modernizándolas de forma indudable. Anticipándose a la llegada del *estado estacionario* (que se con-

[5] «Marx and Engels on Malthus», editado por Ronald L. Meek, International Publishers (1954), citado por William J. Barber en *History of Economic Thought*, Penguin, Londres, 1968, pág. 151.

[6] Especialmente en lo que concierne a la disponibilidad de los desechos, es decir, en términos de contaminación y de alteración de los desequilibrios básicos de la biosfera.

[7] F. Engels, «El problema de la vivienda y las grandes ciudades» (1845), versión española, Gustavo Gili, Barcelona, 1974, pág. 20. Y para otras observaciones de Engels que hoy no dudaríamos en calificar de ecológicas, «Dialectique de la Nature», Editions Sociales, París, 1971, pág. 183.

[8] K. Marx, «El Capital», vol. I (1865), versión española del FCE, México, 1958, pág. 112. Sobre este tema, Raúl Gabás, «J. Habermas: dominio técnico y comunidad lingüística», Ariel, Barcelona, 1980, pág. 146.

cebía como la fase de estancamiento que se produciría al final de un estadio progresivo previo caracterizado por el rápido crecimiento), Mill subrayaba que ya sólo en los países más atrasados del mundo seguía siendo un objetivo importante [9]. En tanto que, en los más avanzados —donde de hecho a su juicio se estaba entrando en un estado preestacionario—, lo económicamente necesario era una mejor distribución. Para ello, uno de los medios indispensables había de ser un freno más estricto a la expansión demográfica, de modo que realmente hubiera para todos [10].

Pero John Stuart Mill no era ningún iluso o despistado absorto por un mero ideal, o incapaz de darse cuenta de que el techo al crecimiento podía elevarse con la técnica. En realidad, lo que venía a plantear era un argumento que hoy —más de cien años después— no puede por menos de calificarse de máxima *razón ecológica*. Veamos sus argumentos: «sin duda, hay espacio en el mundo, incluso en los países viejos, para un gran aumento de población. Pero veo muy pocas razones para desearlo... Si la Tierra tiene que perder la gran porción de lo que en ella es agradable, y que se debe a cosas que el crecimiento ilimitado de la riqueza y de la población habrían de extirpar para poder soportar una población más amplia pero no más feliz, sinceramente espero, para bien de la prosperidad, que los partidarios del estado progresivo se conformarán con ser estacionarios mucho antes de que la necesidad les obligue a ello» [11].

Sería difícil encontrar otra premonición tan acertada sobre la manera de cómo se llegaría a la era de la destrucción que nos ha tocado vivir en el umbral del siglo XXI,

Podríamos seguir analizando las tesis favorables o contrarias a la idea de que hay unos límites al crecimiento. Pero puede bastar la constatación de que el crecimiento indefinido ha dejado de aceptarse unánimamente —y panglossianamente— como el mejor de los mundos posibles. Por el contrario, se ha adquirido conciencia de que el mundo se enfrenta con una realidad muy distinta.

---

[9] La primera edición de los «Principles» data de 1848. Hemos utilizado la versión editada por Donald Winch (para Pelican Classic, Penguin, Londres, 1970 y que se basa en la última edición de Mill, de 1871), pág. 111 y sigs. Es interesante subrayar que todavía al final del siglo XX, son mayoría los que siguen pensando aumentar la producción, en vez de plantearse seriamente como distribuirla mejor.

[10] Ibidem, pág. 113.

[11] Ibidem, pág. 116.

4. El navío espacial Tierra

En esa dirección, apuntan dos conocidos economistas norteamericanos —Boulding y Heilbroner— que supieron plantear el fondo del problema con bastante claridad.

Boulding parte en su razonamiento de una premisa: en el futuro, la economía del planeta se concebirá como un sistema cerrado, con principios económicos diferentes de los que prevalecieron durante la era de las más irracional explotación de la Tierra. A los explotadores sin freno, Boulding los encuadra —caricaturizándolos— en la «economía del *cow-boy*» que se basaba en una abundancia en apariencia inacabable de toda suerte de recursos.

Lejos de esa visión quimérica de la cornucopia indefinida, Boulding propone reconocer el hecho de que vivimos en un auténtico *Navío Espacial Tierra,* de recursos limitados y de espacios también finitos en cuanto a su capacidad de absorción de la contaminación que producimos. La conclusión es clara: «el hombre debe encontrar su lugar en el sistema ecológico cíclico, de forma que éste sea capaz de una reproducción material continua» [12].

Por su parte, Heilbroner, siguiendo en la lógica de Boulding, entiende que ya hemos sobrepasado el punto límite de capacidad del Navío Espacial Tierra. Y se atreve a constatar que la nivelación de los promedios entre desarrollados y subdesarrollados a la altura de los primeros, será imposible con los recursos conocidos o esperables a nivel mundial y con las tolerancias admisibles de la ecosfera. Por tan simple razón, la mayoría de los pasajeros del Navío Espacial Tierra serán siempre de segunda clase; a menos que se produjeran grandes cambios y todos los viajeros pasaran a ser «de clase única» [13].

En el fondo, Boulding y Heilbroner proclamaron la concepción de que la cuestión de los límites al crecimiento desborda ampliamente la contraposición capitalismo-socialismo. Ambos sistemas, desde el punto y hora en que se encuentran insertos en un medio mundial común, se ven afectados por la inexorable finitud de los recursos y

---

[12] K.E. Boulding, «The Economics for the Coming Spaceship Earth», en *Environmental Quality in a Growing Economy*, 1966 y reproducido en *The environmental Handbook*, Ballantine, Nueva York, segunda reimpresión, febrero de 1970, págs. 96 a 101.

[13] Robert L. Heilbroner, «Entre capitalismo y socialismo», versión española, Alianza Editorial, Madrid, 1972 (1.ª edición en inglés en 1970), pág. 250.

de los espacios. Y, a consecuencia de ello, en un cierto plazo histórico será preciso algún tipo de transacción sobre cómo disminuir la presión sobre el amenazado capital de la Tierra; y también sobre la forma de redistribuir sus frutos entre los tres desiguales bloques humanos de hoy: capitalismo desarrollado y en pleno consumismo; socialismo con todavía aspiraciones a comprensibles consumos; y tercermundistas subdesarrollados que se sitúan muchas veces a niveles de vida infrahumanos.

Esa transacción intersistema, esa racionalidad planetaria en cuyos detalles no entran ni Boulding ni Heilbroner, ¿es una utopía? Creo que también a esa interrogante puede dársele contestación.

5. La utopía global

No se trata simplemente de responder si es o no utópico pensar en un acuerdo global para preservar la Tierra. Lo necesario es convertir en realidad ese propósito. Precisamente tal es la tesis del agrónomo y economista francés René Dumont, que se sitúa en la perspectiva de la insoslayable construcción de una *utopía razonable* [14]. Razonable, claro está, para quienes saben ver lo que es crecer por crecer. Razonable para quienes entienden que la razón está en asociarse con la naturaleza, en moderar el explosivo ritmo de crecimiento de la población, en abandonar la religión del lucro, y en aceptar unos *límites al crecimiento* verdaderamente compartidos. Propósitos todos ellos, que no cabe juzgar a la ligera como si de un nuevo arbitrismo se tratara. Bastará con recordar que son muchos los proyectos sociales que ayer parecieron utópicos y que hoy son realidad.

¿Quién, en los comienzos del siglo XVIII, podría haber profetizado que un día las «naciones civilizadas» se pondrían de acuerdo para acabar con el esclavismo? ¿Quién, todavía a principios del siglo XX, creía en la posibilidad de una descolonización generalizada del Africa? ¿Quién, en la era Kruchev, para no remontarnos más atrás— habría sido capaz de pronosticar que soviéticos y norteamericanos emprenderían juntos proyectos de exploración espacial? ¿Quién habría predicho en 1980 que sería Reagan el que —con Gorbachov— iniciaría el desarme?

Todos esos logros, que hoy nos parecen perfectamente naturales, se conceptuaron una y mil veces como utopías irrealizables. E in-

---

[14] «L'Utopie ou la Mort!», Seuil, París, 1973. Hay traducción española: «La utopía o la muerte», Villalar, Madrid, 1977.

cluso no se vaciló en anunciar grandes cataclismos en caso de que llegaran a trastocarse en realidad. Por eso, aun reconociendo que estamos ante una *utopía global* —y no frente a utopías parciales como las señaladas— habrá de aceptarse que también es global la amenaza que en la hora presente se cierne sobre la Tierra. Así lo han puesto de relieve numerosos autores, entre ellos, Paul y Ana Ehrlich [15], Barry Commoner [16], René Dubos, Barbara Ward [17] y Jay Forrester [18] y hasta R. Brown [19]. Y así se ha corroborado también en gran número de informes, de manera especial en los estudios para el Club de Roma.

Son bien ilustrativos los párrafos finales del hasta ahora más célebre estudio sobre el tema. Estoy aludiendo al informe que elaboraron George y Donnella Meadows, en el Massachussets Institute of Technology siguiendo la metodología de Jay Forrester. En este trabajo, el primero de los hechos por encargo del Club de Roma, se llegaba a tres conclusiones principales:

1. Si continúan sin cambios las tendencias actuales de crecimiento de la población mundial, de la industrialización, contaminación, producción de alimentos y agotamiento de recursos, los límites al crecimiento del planeta se alcanzarán dentro de los próximo cien años. El resultado más probable será un declive súbito e incontrolable tanto de la población como de la capacidad industrial.

2. Es posible modificar estas tendencias de crecimiento y establecer unas normas de estabilidad ecológica y económica que puedan ser mantenidas por mucho tiempo de cara al futuro. El equilibrio global podría diseñarse de modo que las necesidades básicas materiales de cada habitante de la Tierra pudieran ser satisfechas, y de forma que cada persona tuviera iguales oportunidades de realizar su potencial humano individual.

3. Si los pueblos de la Tierra se deciden por esta segunda alternativa y no por la primera, cuanto antes empiecen a trabajar en favor de ella, mayores serán sus posiblidades de éxito [20].

---

[15] «The Population Bomb», Pan, Londres, 1971.

[16] Barry Commoner «El Círculo que se cierra» Plaza y Janés, Barcelona, 1980.

[17] «Una sola Tierra. El cuidado y conservación de un pequeño planeta», versión española, FCE, México, 1972.

[18] «Industrial Dynamics», The MIT Press, Cambridge, Massachusetts, 1961; y también «Principles of Systems», Allen Press, Cambridge, Massachusetts, 1968.

[19] «El vigésimo noveno día», versión española, FCE, México, 1982.

[20] G. y D. Meadows, «Los límites al crecimiento», versión española, FCE, Mé-

6. Recursos naturales y erosión humana

En el mar de problemas en que hoy se debate la humanidad por la presión desmesurada que el hombre ejerce con sus abusos productivistas sobre el medio, la ecología emerge como una tabla de salvación. La nueva ciencia estudia las consecuencias de que por su propia multiplicación, el hombre vaya ocupando progresivamente el medio en que vive, cambiando la faz de la Tierra, transformando la composición de la biosfera con los más variados desechos de su civilización. Y propone medidas de protección y conservación.

Se trata, en definitiva, de reconciliar al hombre con la Naturaleza, con la biosfera. Porque la *biosfera es el ecosistema general* del planeta [21]. Su fundamento es la energía solar, que actuando sobre las plantas transforma los minerales y el agua en clorofila (fotosíntesis), generando simultáneamente oxígeno. En fin de cuentas, materia vegetal y oxígeno son los fundamentos de todo el curso de la vida, de la larga cadena de transformaciones que conducen desde el material legado por las estrellas a la mente humana.

El filósofo Eric Hoffer dijo en una ocasión que «una de las características más extrañas de la guerra del hombre con la naturaleza es su cualidad de no declarada. Como regla general, los hombres que están en el frente de batalla no se dan cuenta de que están sosteniendo una guerra. Sin embargo, los administradores de los recursos naturales empiezan a entender los ecosistemas —las relaciones entre los seres vivos y su ambiente físico— y a aplicar su conoci-

---

xico, 1972. Las críticas al informe de 1972 han sido muy numerosas (pueden verse las primeras de ellas con cierto detalle, en mi libro «Ecología y Desarrollo», 5.ª ed., Alianza Editorial, Madrid, 1985). Pero tales críticas —como le sucede a Henry C. Wallich en «Los límites al crecimiento en perspectiva», en *Perspectivas Económicas*, n.º 1, 1983, págs. 58-65— no tienen en cuenta que lo más notable del informe fue lo referente al envenenamiento de la biosfera. Y en ese área de problemas, la realidad ha superado a la previsión. En ese sentido son bien ilustrativos el Informe «Global 2000» encargado por el entonces Presidente de EE.UU. Jimmy Carter (versión española de Tecnos, Madrid, 1982), y «Nuestro futuro común», de la Comisión Mundial del Medio Ambiente y del Desarrollo, versión española de Alianza Editorial, Madrid, 1988. Este documento es generalmente conocido, por el nombre de la Presidente de la Comisión (Gro Harlem Brundtland), por *Informe Brundtland*.

[21] Incluso, posiblemente con su propia autorregulación, tal como J. E. Lovelock se atrevió a exponer en su obra, ampliamente discutida, «Gaia. Una nueva visión de la vida sobre la Tierra», versión española, H. Blume, Madrid, 1983. En sentido similar, Peter S. Stevens, «Patrones y pautas de la naturaleza», versión española, Salvat, Barcelona, 1986.

miento a la planificación del futuro. Ello es particularmente significativo en países como Estados Unidos, donde los terrenos de propiedad federal suman 300 millones de hectáreas —gran parte de ellas ricas en minerales, fauna silvestre, bosques, oportunidades recreativas, y recursos acuáticos y de tierra— y donde deben tomarse muchas decisiones difíciles, teniendo en cuenta la interacción de la ciencia y la política en la determinación del uso del suelo» [22].

Dentro del ecosistema general existe una vasta serie de ecosistemas parciales, terrestres y acuáticos, que se ven profundamente transformados por la acción del hombre, que se propaga en tres principales frentes (cultivo de la tierra previa su deforestación, arranque de minerales para la industria, y proceso de urbanización), y que en términos de deterioro y contaminación tienen multitud de efectos en los espacios naturales, el agua, el aire, el suelo y los mares y océanos. Veamos, aunque sea esquemáticamente esos cuatro tipos de efectos.

Los *espacios naturales* están en rápida contracción en el mundo. De ahí el enorme interés de los todavía menguados parques nacionales en los cinco continentes, como muestra del propósito de mantener reservas de vida natural frente al proceso de ocupación agrícola, urbana e industrial que se está acometiendo en amplios territorios que hasta hace bien poco eran vírgenes (Brasil, Colombia, Perú, Bolivia, Paraguay, sudeste de Asia, Siberia, etc.). Y en los países densamente urbanizados, la ocupación amenaza con acabar con las formas autóctonas de vida vegetal y animal en las áreas montañosas, con las zonas húmedas, con los ríos y lagos limpios. El mecanismo *privatización-explotación-destrucción* es implacable en el plazo medio y largo [23].

En cuanto al *agua dulce* la cantidad utilizada por el hombre crece

---

[22] Stanfield L. Rochelle, «Para entender los ecosistemas», en *National Journal*, reproducido por *Facetas*, marzo, 1987.

[23] Y todo ello sin olvidar la gran importancia que para el desarrollo económico de la sociedad futura tienen las cuestiones del medio ambiente, y sobre todo las relativas a los espacios naturales. En este sentido, debe destacarse asimismo la importancia del paisaje, tema del que en España se ha ocupado de manera muy destacada Fernando González Bernáldez en su libro «Ecología y paisaje», H. Blume, Madrid, 1981. También debemos citar aquí la Tesis Doctoral de David Rivas «Aproximación a la economía ecológica y ambiental. Planteamientos teóricos, instrumentos y políticas», dirigida por José Manuel Revuelta y presentada en la Universidad Autónoma de Madrid en 1988 (edición mimeografiada). Mencionemos asimismo «El Libro de la Naturaleza», que editado por *El País*, dirigí —junto con Santos Ruesga— en 1984.

sin cesar, sin medida; al igual que sucede con la energía.Hasta tal punto es así, que para las áreas de mayor déficit se han generalizado los trasvases entre cuencas hidrográficas (con todo género de distorsiones ecológicas) e incluso se hacen pre-proyectos a nivel continental como el NAWAPA (North American Water and power Alliance) y el del «Mar de Siberia», que únicamente se han venido aplazando por su posible — e imprevisible— incidencia en cambios climáticos. Pero en la búsqueda de soluciones reales ha de reconocerse que no se trata sólo del problema de un mayor consumo de agua, sino también de su inapropiada utilización, que coadyuva a una contaminación creciente. Las experiencias de lo contrario, de regeneración de ríos que literalmente habían quedado muertos (Támesis, cuenca del Ruhr) son meras excepciones que no hacen sino confirmar la, todavía, regla predominante [24].

En lo relativo a *recursos forestales* , su destrucción avanza sin piedad en grandes extensiones, especialmente en los países menos desarrollados. Y aparte de por otras muchas razones, la deforestación es preocupante a nivel mundial, por la circunstancia de que en los bosques se genera el 50 por 100 de toda la fotosíntesis (con absorción de CO_2 y generación de O_2). Sin bosques —y sin fitoplacton— el mundo no podría respirar, la gran fábrica de oxígeno quedaría arruinada, y con ella la propia naturaleza como hoy la conocemos. Y la amenaza de ruina está ahí: EE.UU. consume ya más oxígeno del que produce, la selva amazónica está siendo sistemáticamente arrasada, desde los años sesenta, el mundo pierde anualmente una extensión de bosques que se aproxima a los 100.000 km^2 [25].

Otro de los grandes efectos de la acción destructiva del hombre en la Naturaleza es la *contaminación atmosférica* a partir de una serie de focos emisores. Entre los más importantes figuran los motores de los vehículos automóviles, las calderas de la calefacción y agua caliente en las ciudades, los hornos y otros ingenios de consumo intensivo de energía en las industrias. Pero también son importantes la evacuación aérea de residuos de procesos químicos. Y lo más

---

[24] Sobre los problemas del agua, y sobre todo de la irrigación, puede verse Bernard Campbell, «Ecología humana», versión española, Salvat, Barcelona, 1985.

[25] Los problemas de la Amazonia saltaron a las primeras páginas de la prensa en 1989, hasta el punto de que el Gobierno de Brasil hubo de proponer un primer plan para su preservación.

grave podrán ser los efectos ocasionados por los vuelos de los reactores supersónicos en la alta atmósfera, que junto con la generalización de los *sprays* que contienen cloro fluor carbonos (CFC), amenazan con destruir el ozono de la capa superior de la exosfera, deteriorando así, progresivamente, el filtro que impide la entrada masiva de rayos ultravioleta; una destrucción de esa envergadura generaría una catástrofe de proporciones difícilmente imaginables. Como la acumulación de CO_2 también en la alta atmósfera podría ser origen del llamado *efecto invernadero*, de un aumento de temperatura suficiente como para producir el deshielo de los casquetes polares con la consiguiente elevación de las aguas marinas [26].

Otro fenómeno inquietante en nuestra biosfera es la *desertificación*, que no tiene nada de nuevo en la historia del mundo. Se ha calculado que en tiempos históricos las áreas perdidas para la agricultura (Mesopotamia, Valle del Indo, Asia central, Norte de Africa, etc.) totalizaron no menos de 14 millones de kilómetros cuadrados, lo que equivale a una superficie análoga a la cultivada actualmente en el planeta [27].

Pero con venir de tan antiguo, el proceso desertificador se ha visto radicalmente acelerado en los últimos tiempos. Desde 1945 a 1985, el Sahara ha invadido unos 650.000 km^2 de tierras de cultivo y de pasto, y sigue avanzando hacia el norte (Mogreb) y el sur (Sahel) . Pero no sólo es el Sahara. El desierto también progresa con rapidez en el Rajastan (India) amenazando la forma de vida de unos 50 millones de seres humanos; avanza en Chile, y tampoco se detiene en su penetración ante regiones enteras de Australia, sur de Argentina, Sudáfrica e incluso en EE.UU. (Arizona, Colorado, etc.).

Por lo que respecta a los mares y océanos, la polución y la demanda creciente de proteínas significan una amenaza para la capacidad marítima de autorregeneración, que en manera alguna es ilimitada como a veces hace pensar la inmensidad oceánica. Se ha calculado que la producción biológica de todos los mares —de los cuales sólo un 10 por ciento de su superficie se estima como áreas de pesca— es de unos 240 millones de tm/año, de modo que el máximo

[26] Sobre el efecto invernadero y otros posibles cambios climáticos, puede verse John Gribbin, «El clima futuro», versión española, Salvat, Barcelona, 1986.

[27] Y la desertificación se convierte en un grave problema incluso en Europa, como se puso en relieve en el Simposium sobre climatología de lal CEE en Mitilene (15-18 abril 1984), cuyos informes se publicaron por MOPU con el título de «Desertificación en Europa» (Madrid, 1988).

de capturas debidamente racionalizadas podría situarse entre 90 y 100 millones de tm/año. Cifra que ya se está bordeando, con el agravante de que los numerosos episodios de contaminación están reduciendo seriamente ese potencial biológico [28].

En síntesis, la erosión humana del medio es importante, y se halla en su fase de máxima intensidad por los poderosos medios de destrucción que proporciona la tecnología moderna (pesticidas, elementos no biodegradables, motores de combustión interna, etc.), así como a consecuencia de las decisiones poco meditadas (deforestación salvaje, overfishing, sobrefertilización del suelo, etc).

Sin embargo, es cierto que va existiendo un mejor conocimiento del problema. Y esa es, sin duda, la primera y más firme base para abordarlo. Lo cual se está haciendo ya en cierta medida, si bien uno de los motores principales —el crecimiento de la población— sigue a plena marcha.

Pero no hay que engañarse: no es sólo un problema de población. Tan importante como contener la expansión demográfica es frenar el crecimiento de los consumos deteriorantes del medio en los países ricos. El progreso indefinido, no racionalizado, desequilibrado, puede conducir al desastre.

7. El necesario armazón teórico

En la senda de las formulaciones precisas que relacionen el campo de la Economía con el de la Ecología, ya es posible presentar un campo unificado de ambas ciencias, dando así nueva fundamentación a los estudios que se refieren *a las relaciones entre los hombres, a las relaciones entre la humanidad y la Naturaleza, y a las relaciones no humanas dentro de la naturaleza.* Me atrevería a proponer algunos enunciados de carácter preliminar:

1.° En los modos de producción actualmente prevalecientes —y en la carrera entre capitalismo y socialismo— *el capital consumido (recursos no renovables) erróneamente se valora muchas veces como*

---

[28] Informaciones de la FAO. Sobre este mismo tema puede verse mi ponencia en el ciclo «El Planeta amenazado», que dirigí en agosto de 1989 en El Escorial, dentro de los cursos de verano de la Universidad Complutense. Allí me referí *in extenso* a las «siete amenazas capitales»: ozono, bosque húmedo tropical, bosque de la zona templada, desechos y vertidos, desertificación, explosión demográfica, y educación ambiental.

mero consumo de renta, lo que hace que todas las mediciones del producto social sean criticables; e incierto el futuro de tales sistemas productivistas, y del propio medio global.

2.° Igualmente, en ambos sistemas, a la hora de las mediciones macroeconómicas, *se considera equivocadamente que todo lo producido engrosa el bienestar*. Cuando, en realidad, muchas producciones —de forma creciente— tienden a crear condiciones negativas para la calidad de vida, y toda suerte de amenazas para el entorno y para el propio futuro del planeta. A la hora de valorar el verdadero bienestar económico, será necesario anotar tales elementos negativos como detracciones y no como adiciones (armamentismo, industrias contaminantes, infraestructuras destructoras del medio, urbanizaciones aniquiladoras de espacios naturales, etc.).

3.° *Hay que internalizar los costes de conservación y considerar a la Naturaleza como la variable independiente en todo modelo de desarrollo*, midiendo y evitando lo que potencialmente afecte al stock de capital de recursos no renovables, incluyendo como tales las incidencias de la contaminación en el conjunto de la bioesfera [29]. A esta cuestión me refiero más extensamente en la siguiente sección 8.

4.° *La cooperación internacional*, disponiendo de autoridades a nivel mundial con poderes efectivos, resulta indispensable para asegurar el mantenimiento de los ecosistemas amenazados. En los proyectos de cualquier tipo, deben preverse los impactos medioambientales concretos a nivel internacional y las interacciones posibles de los mismos, pues la contaminación no sabe de fronteras, como así lo ponen de relieve la lluvia ácida, la sobrepesca, la desertificación, etc.

5.° *La solidaridad diacrónica*, a través del tiempo, con las generaciones venideras, es un principio fundamental del campo unificado Economía/Ecología. Lo que hemos recibido del pasado no nos pertenece sino en usufructo, pues hemos de legarlo a las generaciones venideras. Nacen así, en la evolución política de la sociedad humana, los *derechos ecológicos*, como derechos de la sociedad en su conjunto, al lado de los derechos humanos de los individuos, y de los derechos sociales de las distintas formaciones sociales. Y surge, en defintiva, una auténtica ética ecológica [30].

---

[29] Además de los libros de E. F. Schumacher (esencialmente «Lo pequeño es hermoso», versión española, Blume, Madrid, 1977), Erich Fromm, «La revolución de la esperanza. Hacia una tecnología humanizada», versión española, FCE, Madrid, 1977.

[30] Al tema me he referido más extensamente en mi libro «Utopía y Contrauto-

6.° La conclusión inmediata y global de los cinco enunciados anteriores es la prioridad absoluta del movimiento de la paz como única forma de detener la más grave amenaza, por igual para el capitalismo y el socialismo, en caso de guerra global (véase después el capítulo 6), para el bienestar de toda la humanidad, que volvería a la prehistoria; para la biosfera, que sufriría daños irreversibles; para la cooperación mundial, que quedaría sustituida por un escenario dantesco; para la solidaridad con las generaciones venideras, que dejaría de tener sentido. La paz es el bien más preciado, y día a día hay que luchar por ella si no queremos el exterminio [31].

8. Economía Ecológica: una alternativa global

La Economía Ecológica, tal como ha destacado José Manuel Naredo, es algo distinto de lo que en los últimos años venía denominándose «Economía Ambiental» [32]. La novedad esencial de la primera, trata de establecer «nuevas conexiones teóricas entre los sis-

---

pía», Plaza y Janés, Barcelona, 1984, págs. 50-59. Sobre la cuestión de los derechos ecológicos, volveremos en el capítulo 5.

[31] A este respecto son bien expresivas las palabras de Richard Laing: «Somos la única especie conocida que constituye un peligro para sí misma. Somos la única especie conocida que tiene capacidad de autoexterminación. Si seguimos por el camino que vamos, se conseguirá. Quizá no, pero ¿cómo cambiar? No parece que lo estemos haciendo. Mucha gente no ve una «necesidad» inmediata de hacerlo. Se nos dice que no existe un peligro inmediato. Si mucha gente patentizara estar tan asustada como yo, me sentiría mucho menos preocupado. Hasta que esa angustia de la especie, esa ansiedad, no llegue a una masa crítica en nuestra sociedad, no tengo ninguna esperanza para nosotros o para nuestra biosfera.», en «Brújula para el año 2000» (Instituto Europeo de Análisis de Sistemas, versión española, Madrid, 1988). Sobre la necesidad de ecologizar la política, Charlene Spretnak y Fritjof Capra, «Green Politics», Paladin, Londres, 1986; y Sandy Irvine y Alex Ponton, «A Green Manifesto» Londres, 1988.

[32] José Manuel Naredo, «Fundamentos ecológicos de la ciencia ecológica», ponencia presentada al curso de verano en El Escorial (de la Universidad Complutense) «El Planeta amenazado», dirigido por Ramón Tamames, agosto de 1989 (mimeografiado, pág. 1). En esta ponencia de Naredo se recoge lo esencial de la bibliografía sobre esta nueva rama científica, de la que podemos mencionar aquí los trabajos de P. P. Christensen «Historical Roots for Ecological Economics», en *Ecological Economics*, n.° 1, febrero 1989, págs. 17 a 36, y P. R. Ehrlich, «The Limits to Substitution: Meta Resource Depletion and a New Economic-Ecological Paradigma», en *Ecological Economics*, n.° 1, febrero 1989, págs. 9 a 16.

temas ecológicos y económicos» [33]; en tanto que la segunda se conformaba con ampliar la economía convencional al análisis de los problemas que plantea la mera gestión del entorno físico.

La Economía Ecológica, que cuenta desde 1989 con un órgano de expresión propia [34], tiende a superar el divorcio existente entre economía y medio natural, que se daba desde los tiempos en que los fisiócratas, en la segunda mitad del siglo XVIII, sí supieron advertir esas conexiones [35]. Se trata de adoptar un enfoque ecointegrador, con una óptica multidimensional, que asuma el medio ambiente en su totalidad, integrado tanto por los recursos naturales materiales y la energía, como por los residuos; con la sociedad humana como productora, consumidora y recicladora en un proyecto de conservación integral.

En línea con lo expuesto en las líneas anteriores, parece evidente que la conservación de los grandes ecosistemas mundiales requiere un nuevo planteamiento. Me refiero a la necesidad de formular de manera constructiva *una alternativa global para preservar el planeta amenazado,* y para hacer posible que el *Navio Espacial Tierra* pueda proseguir su viaje indefinido con unos pasajeros que no solamente sepan conservarlo, sino que miren al Universo como un espacio a explorar desde «el planeta de montaje por excelencia» que es la Tierra [36].

Y en esa alternativa global, yo diría que hay tres *cuestiones básicas;* el *reciclado de los gastos militares* en ayuda solidaria al desarrollo; la *internalización de los costes* de conservación medioambiental en un modelo de desarrollo en el que *la Naturaleza sea la variable independiente;* y la constitución del *Consejo de Seguridad Medioambiental* de las Naciones Unidas, sin derecho de ningún país a ejercitar ninguna clase de veto. Sucesivamente, veremos esas tres cuestiones.

---

[33] R. Constanza, «What is Ecological Economics?», en *Ecological Economics,* n.º 1, febrero 1989, págs. 1 a 7.

[34] Me refiero a *Ecological Economics,* que empezó a publicarse por la Universidad de Maryland, EE.UU., en enero de 1989.

[35] José Manuel Naredo, «La economía en evolución», Siglo XXI, Madrid, 1987.

[36] Lo que sigue, hasta el final, en esta sección 8, procede de mi ponencia en el curso «El Planeta amenazado», ya citado en la nota n.º 32.

8.1. *Solidaridad Norte-Sur versus tensión Este-Oeste*

Sobre el *reciclado de los gastos militares,* no será preciso extenderse en demasía para constatar que con la distensión y el desarme hay que plantearse el reconvertir los gastos de la confrontación *Este-Oeste* en solidaridad *Norte-Sur.* Simplemente recordemos una vez más que los presupuestos militares a escala de todo el mundo, se aproximan a un billón de dólares, bastante más que toda la deuda externa acumulada por los países del Tercer Mundo en los últimos quince años. Al tema dedicaremos una atención especial en el Capítulo 6.

El reciclado que aquí planteamos no puede tener como foro de discusión sino las Naciones Unidas. Y se trataría de dos tipos nuevos de gasto: los compromisos para frenar primero, y reacondicionar después a mejor, *situaciones globales* que van camino de lo irreversible; y ayudar a los países menos desarrollados a detener su holocausto ecológico, dotándoles de medios para hacer posible su propio desarrollo autosostenido, no dependiente, no más occidentalizado de lo inevitable —por así decirlo— y con capacidades crecientes para tomar conciencia de que con la ayuda solidaria el futuro es fundamentalmente una cuestión de ellos mismos; y no de un asistencialismo crónico.

8.2. *Un modelo de desarrollo conservacionista: la internalización de costes y la Naturaleza como variable independiente*

La cuestión del *modelo económico de desarrollo* me parece también importante. Si en el *debe* de una cuenta de resultados de una empresa cualquiera, o en la remuneración de los factores de la cuenta del PIB en la Contabilidad Nacional, hoy se especifican gastos imputables al trabajo, a la reposición de capital, al consumo de materias primas y energía, a la seguridad social, al pago de los impuestos, etc., no se ve la razón para que progresivamente en cualquier cuenta de resultados no se compute —y esto es internalizar— todo lo que se refiere a la *conservación del capital natural,* a la mejora del entorno, o a la compensación de deterioros realizados de una forma u otra.

Y si a nivel micro (empresas) y a nivel macro (PIB) nos hemos ocupado de señalar la necesidad de internalizar los costes de conservación, está claro que en cualquier modelo de desarrollo —y no simplemente de crecimiento— debe considerarse a la Naturaleza como la *variable independiente* por excelencia. ¿Y qué quiere decir ésto? Pues, sencillamente, que el crecimiento de la población, de la Renta Nacional, del consumo, y de todas las demás variables, deben de estar condicionados a que la Naturaleza —como patrimonio colectivo, de todos para hoy y para mañana— no disminuya; y a que si ha sufrido, se le vaya ayudando a restaurarse progresivamente.

En otras palabras, haya o no planificación a medio o largo plazo, lo que planteamos es que *en todos los presupuestos de los poderes públicos* debe existir un programa específico que podríamos denominar *Presupuesto de la Naturaleza,* para computar en él el consumo del capital natural, la reposición del mismo; y con diversidad de programas, la regeneración de todo lo que sea posible.

Por tanto, el carácter de variable independiente de la Naturaleza en el modelo de desarrollo, significa que somos nosotros los que fijamos directamente, en principio con independencia de las demás variables, lo que queremos que suceda con la Naturaleza; que es algo tan sencillo como decir que debemos *dejarla en paz,* o *ayudarla a que se recomponga* de tantos males anteriores como los que le ocasionamos con nuestra ceguera productivista.

8.3. *La «Cumbre de la Tierra» de Río de Janeiro (junio de 1992)*

En la anterior edición de estos *Fundamentos,* publicada en 1989, mencionábamos en esta misma página la propuesta del Club de Roma (presidido por R. Díaz Hochleitner), de creación de un «Consejo de Seguridad Medioambiental» (CESMA) de las Naciones Unidas como embrión de un *Gobierno de la Biosfera.*

En sólo tres años, y sin que el planteamiento del CESMA se haya convertido en realidad, han sucedido muchas cosas; y fundamentalmente, la celebración de la *Cumbre de la Tierra,* es decir, la *segunda* Conferencia de las Naciones Unidas sobre Medio Ambiente y Desarrollo (*UNCED* por sus siglas en inglés), que se reunió en Río de Janeiro del 3 al 14 de junio de 1992.

El citado encuentro fue objeto de una larga preparación, a partir del *Informe Brundtland* de 1987 (citado en la nota 20 de este capítulo), en el que se planteó como una necesidad acuciante el *desarro-*

llo sostenible (asociación sistema productivo/naturaleza) en línea con lo que ya he expuesto en la sección 8 sobre *Economía Ecológica.*

En la UNCED de Río-92 se avanzó considerablemente en la senda de la conciencia ecológica mundial. En el *ecocónclave* se aprobó una *Declaración* de 27 puntos de conducta de los países, la *Agenda-21* o programa para llegar al 2000 y al siglo XXI, el convenio sobre *biodiversidad* (no firmado *aún* por EE.UU.), y el de *cambio climático.* Y finalmente, se puso en marcha la *Comisión* de *Desarrollo Sostenible* de la ONU, como embrión de la futura agencia mundial para el entorno [37]. Todo ello, sin olvidar las importantes relaciones que surgieron entre las organizaciones no gubernamentales de todo el mundo, que estuvieron presentes en la *cumbre paralela* del *Foro Global.*

---

[37] Para más detalles, mi libro «Un nuevo Orden Mundial», Espasa-Calpe, Madrid, 3.ª edición, 1992; así como mis artículos en el diario *El Mundo,* del 31 de mayo al 14 de junio de 1992, escritos en parte en Río de Janeiro durante mi asistencia a la *Cumbre,* como observador del Club de Roma especialmente invitado por la UNCED.

Capítulo 5
CAPITALISMO, ESTADO Y DEMOCRACIA

1. Concentración económica y Estado

Es evidente que en la economía capitalista de mercado, una de las tendencias —cierto que más acentuada en unas fases que en otras— ha venido siendo la creciente concentración de una gran parte de actividad económica en un número relativamente limitado de empresas, debido a la progresiva ampliación del mercado y a los continuos avances tecnológicos. Ello significa que en vez de la libre competencia, lo preponderante en muchas ocasiones son las formas monopolísticas de mercado, o cuando menos oligopolísticas. Incluso Adam Smith, gran defensor de lo que hoy llamamos la economía liberal, ponía de relieve lo difícil de que en una reunión de dos o más empresarios no se intentara llegar a acuerdos de fijación de precios comunes para con ellos evitar la competencia.

El monopolio representa la total supresión de la competencia; en tanto que el oligopolio supone una situación de concurrencia oligopolística, entre unos pocos, que crea un ambiente proclive a pactos, acuerdos, o situaciones de entendimiento tácito; siendo posible llegar virtualmente a la desaparición de la competencia incluso por el liderazgo de precios de la mayor empresa, a pesar de las más o menos vivas apariencias que se mantienen por la publicidad de las diferentes marcas.

¿Cómo caracterizar entonces el capitalismo en su estadio más avanzado? Puede afirmarse que precisamente por el número relativamente reducido de empresas financieras e industriales que dominan el mercado, determinando con base en ello la dinámica del conjunto del sistema. Pero además, y esto es lo que da una caracterización global al proceso, a partir de un cierto momento, la fuerte concentración económica, además de su propia fuerza, para dominar el mercado necesita de un cierto control sobre el Estado.

Es así como surgen las configuraciones de un capitalismo actual que se caracterizan como de *nuevo estado industrial* por John Kenneth Galbraith [1] o como de *economía mixta* de Paul Samuelson [2]. Sin olvidar las grandes concomitancias de ambas modelizaciones con la idea del capitalismo monopolista de Estado, formulada primero por Engels [3], desarrollada después por Lenin [4], y que más adelante fue objeto de nuevos y amplios tratamientos [5].

Galbraith se ocupa del tema, con reiteración. Después de «El nuevo Estado industrial», en su libro «Economics, Peace & Laughter» planteó con toda contundencia la forma en que los grandes grupos de poder influyen en las decisiones oficiales: «El Pentágono —nos dice— interviene en guerras y construye sistemas armamentísticos de acuerdo con su propia dinámica. Algo similar hace la NASA. Y lo mismo sucede con el Departamento de Transportes en relación con el superavión supersónico. Otro tanto acaece con la General Motors como productor de automóviles: amenaza con so-

---

[1] Versión española en Ariel, Barcelona, 1968.

[2] Véase el capítulo 3 de su libro «Economics» (McGraw-Hill, Tokio, 8.ª ed., págs. 37 y sigs), donde bajo el título de «El funcionamiento de los precios en una economía mixta» pone de relieve cómo las instituciones económicas públicas y privadas ejercen su control económico.

[3] F. Engels, «L'origine de la famille, de la propieté et de L'Etat», ed. Editions Sociales, París, 1954, pág. 157.

[4] V.I. Lenin, «La catástrophe inminente et les moyens de la conjure», en *Oeuvres*, ed. Editions Sociales, París, 1960, t. XXXV, págs. 390 y sigs., y «L'Etat et la revolution», Oeuvres, t. XXV, págs. 444 y sigs.

[5] Entre ellos destaca sobre todo el de Paul Boccara, «Capitalisme monopoliste d'Etat, accumulation du capital et financement public de la production», en *Economie et Politique,* junio-julio de 1966, págs. 23 y sigs. Hay que citar también el libro colectivo, dirigido por el propio Boccara, «Le capitalisme monopoliste d'Etat», Editions Sociales, París, 1976, 2 tomos.

focar las ciudades, patrocinando las autopistas que ya han ido demasiado lejos en su voracidad» [6].

Esquemáticamente hablando, cabe decir que en un país prevalecen las tendencias a la concentración cuando su economía se ve progresivamente dominada por un número reducido de grupos, que junto a su poderío económico propio pasan a desempeñar un papel político fundamental, al utilizar el amplio arsenal de instrumentos del Estado gracias al dominio político que sobre él ejercen. A esos instrumentos —concesiones, empresa pública, instituciones del sector exterior, sistema de precios, fiscalidad, crédito, inflación— nos referimos después con cierta extensión. Pero convendrá profundizar en los rasgos principales de este esquema de capitalismo, y será conveniente demarcar lo más nítidamente su núcleo protagonista.

2. Los principales rasgos del capitalismo avanzado

En una primera aproximación al tema, lo que apreciamos son fenómenos como la intensificación del grado de monopolio, el desarrollo del capital financiero, la imbricación personal y funcional de los grandes grupos empresariales con el Estado, la transnacionalización del capital y, por último, la institucionalización de los grupos de presión. Brevemente examinaré todos y cada uno de los mencionados rasgos.

1. *El desarrollo acelerado de las características monopolísticas* del sistema, no significa una concentración creciente en grandes grupos (compañías holding, grupos financieros conglomerados) que controlen hasta el 100 por 100 del mercado. En ese contexto, también cabe llamar monopolios a las empresas que, sin llegar todavía a un grado decisivo de control, disponen de posibilidades financieras de carácter privilegiado para capitalizarse a un ritmo muy superior al normal. Cabría pensar que el monetarismo de la *Reaganomics* —a la que aludimos en el capítulo 9, sección 4.4.— supone una reacción frente a lo anterior. Pero, muy al contrario, en la era de Reagan (1981-1988), el proceso de superconcentración de riqueza y renta se aceleró en EE.UU. y en otros «países de economía de mercado». Y a pesar de la desregulación y de otras facetas reagonómicas, los con-

---

[6] J. K. Galbraith, «Economics, Peace & Laughter», Penguin books, Londres 1971, pág. 64.

glomerados —vía *mergermanía* y *titularización*— no dejaron de aumentar [7].

2. *El desarrollo del capital financiero*, el segundo rasgo que vamos a considerar, se caracteriza por una intensa interpenetración industrial-bancaria; con presencia incluso en la economía agraria, no sólo para drenar ahorro de ella, sino, además, para abrir nuevas áreas de actividad que sean fuentes adicionales de acumulación. En los últimos tiempos esa presencia del capitalismo industrial y financiero en el sector agrario se ha hecho más que patente; como lo demuestran los términos en boga de *agroindustria* o *agribusiness* [8].

3. La movilización de todas las fuerzas productivas en una *estrecha imbricación con el Estado* es la tercera característica que aportamos. Expresión de ello fue, en las décadas de 1960 y 1970, la planificación indicativa, como marco macroeconómico de la economía concertada. Ello se tradujo, en la práctica, en poner al servicio de los grandes grupos monopolistas ingentes recursos financieros (públicos o privados) en forma de subvenciones, crédito oficial a largo plazo, avales para empréstitos exteriores, etc. Y a pesar de lo que algunos puedan pensar, con «la vuelta al mercado» del monetarismo de los años 80, tales beneficios a las grandes empresas no sólo no cesaron, sino que incluso se vienen recrecidos, cierto que casi siempre de modo más sutil [9].

4. La *transnacionalización* del capital. La penetración del sistema económico por las empresas multinacionales, es una faceta de importancia difícilmente exagerable. Desde fuera del sistema económico nacional se presiona sobre el Estado, para que éste atienda privilegiadamente a los intereses de los grandes conglomerados internacionales. Así sucede con las corporaciones norteamericanas (petroleras, General Motors, Ford, Chrysler, ATT, IBM), los grandes grupos franceses (Michelín, Saint Gobain, Rhone-Poulenc, etc.), suizos (Nestlé), angloholandeses (Shell, Unilever) y japoneses (Mitsui, Mitsubishi, Nissan, etc.). De hecho, la transnacionalización se ha generalizado en todo el ámbito trilateral de la Comunidad Europea. EE.UU. y Japón.

---

[7] Para una mayor referencia a esos términos, puede verse mi «Diccionario de Economía», 4.ª ed., Alianza Editorial, Madrid, 1989.

[8] Ibídem.

[9] Como el complejo industrial-militar, las subvenciones a la exportación, los apoyos a la reconversión, las ayudas al desarrollo regional, el incentivo al I + D, etc.

5. *La institucionalización de los grupos de presión (lobbies).* En ellos se toman acuerdos para restringir la competencia, minimizar la presión fiscal, definir actitudes y posiciones comunes de negociación frente a los sindicatos de trabajadores, etc. Pero, fundamentalmente, los grupos ejercen sus presión sobre el Estado con el propósito de influir en la política económica; se organizan en asociaciones, sociedades de empresas, institutos, sindicatos patronales, etc. Entidades, todas ellas, de las que hay numerosos ejemplos en multitud de países, y que en el caso de EE.UU., a los efectos de presión sobre el Congreso, constituyen *lobbies* debidamente registrados.

6. *El protagonismo de los grupos financieros* en torno a una empresa núcleo, llega a ser de tal envergadura que puede influir marcadamente en las decisiones de gobierno. Así sucede con los grandes bancos y las mayores empresas multinacionales, que incluso pueden forzar reprivatizaciones previamente reflotadas con inyecciones financieras públicas —de recapitalización— y con sistemas de reducción garantizada de plantillas laborales, a fin de conseguir de inmediato fuertes aumentos de productividad, subvencionados desde el sector público. De hecho, los grupos financieros —generalmente configurados en torno a una sociedad de cartera o *holdings*— se constituyen en verdaderos *agujeros negros financieros,* en el sentido de que lo atraen todo y no dejan escapar ni la luz con mecanismos como las ofertas públicas de adquisición (OPAs) en bolsa, compras apalancadas de otras empresas (leveraged buy-outs), fusiones, etc.

En definitiva, el capitalismo actual, en contra de las posiciones más o menos ilusorias que quieran exponerse sobre el mercado, encuentra su origen en la idea de que el Estado no es un agente neutral cuya función consiste simplemente en servir a la sociedad en general, con idéntica solicitud para todas las clases y todos los grupos sociales, etc. Por ejemplo, en EE.UU. el sistema de gobierno federal ha venido siendo dominado tradicionalmente —y aun lo es en buena medida— por el grupo social de los WASP (sigla inglesa para blancos-anglosajones -protestantes) que disponen de una situación indudablemente privilegiada de hecho [10] y que se comportan en no pocos aspectos como una verdadera oligarquía.

Todo lo cual nos obliga a plantearnos con un cierto rigor la

[10] En la práctica así volvió a apreciarse, según todos los indicios, en la elección de Bush (WASP) versus Dukakis («griego») en noviembre de 1988.

cuestión del Estado, para seguir después con el Estado capitalista, y con la oligarquía financiera dentro de este último.

3. El concepto de Estado

Al iniciar esta nueva sección del presente capítulo, no serán pocos los que se inquieten por lo que pueden entender que de incierto tiene el camino que emprende el economista al adentrarse en un terreno más estrictamente político [11]. Pero aparte de recordarles a quienes así piensan que nuestra ciencia tiene su origen en la *Economía Política* —que no establecía murallas chinas entre economía y política— lo cierto es que con anterioridad la cuestión de la relación de los economistas con la política ha recibido un tratamiento tan frecuente como ambiguo.

Por ejemplo, en 1934, el profesor Pigou se refirió, en una conferencia dada en la *London School of Economics* a la seria tentación a que está expuesto el economista «de hacer ligeros ajustes en sus puntos de vista económicos, con objeto de adaptarse a la línea política de un partido». Y añadió: «para un estudiante, caer en esa tentación es un crimen intelectual, pues sería vender su derecho de primogenitura en el umbral de la verdad por un plato de lentejas». Nadie puede dudar de la sinceridad de Pigou al hacer tal declaración; aunque en muchas ocasiones, esa es la verdad, sus propias actitudes políticas estuvieron fuertemente influenciadas por las implicaciones tácitas del proceso electoral.

Más tarde, en 1953, el profesor Milton Friedman formuló lo que él pensaba era un importante principio, cuando dijo que «la misión de un economista al tratar de asuntos públicos entiendo que debe ser recomendar lo que debiera hacerse, teniendo en cuenta lo que puede hacerse, dejando a un lado la política; y no prever lo que es políticamente realizable para a continuación recomendarlo». Pero lo cierto es que a Friedman no siempre le fue posible ajustarse a su propio principio. Por ejemplo, en dos de las principales propuestas a las que está asociado su nombre (el «impuesto negativo sobre la

[11] Sobre las intrincadas y estrechas relaciones en nuestro tiempo entre lo teórico y la política, puede verse la obra «Teoría y política», donde se transcribe un extenso diálogo entre Herbert Marcuse y Jürgen Habermas (*Revista Teorema*, Valencia, 1980); especialmente el diálogo V, págs. 61 y siguientes.

renta» y «los tipos de cambio flotantes») su argumento fundamental fue que otras alternativas políticas posibles serían peores, y que sólo los *soñadores* y *visionarios* podrían proponer soluciones imposibles [12].

3.1. *El Estado de Maquiavelo*

Hechas las anteriores advertencias, recordemos que el primer autor en emplear el término *Estado* en su sentido moderno fue Nicolás de Maquiavelo (1469-1527) en su obra «El Príncipe», a principios del siglo XVI. Con la palabra *Stato*, Maquiavelo se refirió de forma global al cuerpo político de un país, de cualquiera de las repúblicas o de los principados de la Italia del Renacimiento y sobre todo a las coronas de Francia, España, o Inglaterra, los tres grandes Estados nacionales ya por entonces formalizados en Europa occidental.

La «razón de Estado», como bien oportunamente destacó M. Watkins [13], fue el principio básico del pensamiento de Maquiavelo, para quien la política venía a ser la lucha total con vistas a aumentar al máximo el poder del príncipe. En ese contexto, el Estado era una «obra de arte», creada por la habilidad y la genialidad de los políticos. Y «El Príncipe» se convirtió, para mucho tiempo —y aun hoy— en un manual de las reglas básicas de la *política concebida como el arte de lo posible*.

La teoría maquiavélica representó una actitud de quietismo, de dejar las cosas más o menos como estaban, sin entrar en «aventuras», a menos que lo impusieran la «razón de Estado», que de este modo se convertía en una especie de absoluto con el único propósito de mantener el *status quo* (y perpetuarse en el poder) sin necesidad de más explicaciones.

---

[12] William H. Hutt en su libro «El economista y la política», versión española, Editorial Mirasierra, Madrid, 1975, págs. 47 y 48.

[13] «The State as a Concept of Political Science», Harper, Nueva York, 1934, págs. 117 y sigs. Pueden verse también las «Notas sobre la Política de Maquiavelo», en Antonio Gramsci, en el libro «La política y el Estado moderno», versión española, Península, Barcelona 1971, págs. 63 y sigs.

3.2. *El Estado absoluto*

La concepción del Estado de Maquiavelo fue superada por la de Bodino (1530-1596), más apropiada para dinamizar los grandes Estados nacionales que no para las pequeñas repúblicas del centro y norte de Italia. Mentalmente, Bodino estaba fuertemente influido por los efectos de las largas luchas de religión en Francia, que amenazaban incluso con el resquebrajamiento de un reino que tanto esfuerzo y tanto tiempo había costado formar. Con ese trasfondo de preocupación, Bodino resaltó los *principios del derecho y del orden* como base justificativa del Estado, y en consecuencia —en contra de la realidad de la Francia de entonces en la que subsistían los parlamentos provinciales de Provenza, Borgoña, Guyena, etc.— puso de relieve que en cada Estado debía existir un solo legislador, y un solo soberano, al cual quedase atribuída en exclusiva la autoridad suprema; contra la cual no debía prevalecer ninguna otra autoridad, ni religiosa (Papa), ni secular (Provincias).

En suma, la concepción de Bodino del Estado se cimentaba sobre la base firme de *un solo derecho y un solo orden*. La consecuencia de todo ello fue el centralismo, la erosión más o menos lenta de las viejas instituciones territoriales, preparándose así el terreno para una ulterior homogeneización total.

Desde luego, el fortalecimiento del Estado estuvo asociado en buena medida a las guerras de religión. En contra de lo que a veces se da a entender en los textos escolares, estas pugnas sangrientas no fueron simples contiendas por creencias religiosas, sino que estuvieron profundamente relacionadas con el antagonismo de los Estados nacionales respecto del Imperio y de la Iglesia; todo ello combinado con aspiraciones más o menos claras en busca del enriquecimiento con los bienes de la Iglesia y de las Ordenes Religiosas y de la hegemonía en Europa.

Precisamente con el final de las guerras de religión, en la Paz de Westfalia (1648), se eliminó la última traba al poder de los soberanos, al consagrarse su derecho a fijar la religión de los súbditos. «Servir al rey» se convirtió en la más alta forma de obligación. A cambio de ello, la *monarquía absoluta* garantizaba un orden, un derecho; y para la burguesía un naciente mercado nacional, incluso con unos primeros atisbos de política de fomento de la actividad económica (mercantilismo).

3.3. *El Estado burgués*

Más adelante, desde los principios del siglo XVIII, al disolverse las inquietudes suscitadas por las pasadas *guerras de religión*, se dió el factor decisivo para la transformación de la idea del Estado. Ya no sería sólo un garante del orden y del derecho, pues con ello no se favorecía sino a la Iglesia y a la Nobleza, tanto en los aspectos sociológico y económico —Corte y prebendas— como fiscal (inmunidades. Ahora el Estado debía pronunciarse sobre intereses económicos. De hecho, por doquier, la burguesía pasó a aspirar a más y más en los países continentales de Europa, al observar cómo en Inglaterra los burgueses disponían en el Parlamento de un sistema comparativamente democrático —para sus intereses— a fin de garantizar un orden económico.

Fue por entonces cuando el *enciclopedismo* vino a dar un paso más, al confirmar la germinación de nuevas ideas sobre la felicidad individual y la justicia social, como premisas de un orden y de un futuro mejor; y como raíz de las primeras exigencias al soberano tras el dilatado período de monarquía absolutista. En ese sentido, el *despotismo ilustrado* constituyó una primera respuesta a las demandas de mejora. Pero esos primeros conatos de *demofilia* —«para el pueblo, pero sin el pueblo»— todavía quedaban muy lejos de la *democracia*.

Los hombres de *la Ilustración*, el vasto movimiento que encontró su mejor formulación en el Enciclopedismo francés y que tanto contribuyó a las independencias americanas —primero en la América sajona y después en la española— buscaron una vía pacífica para llevar a cabo sus ideales de igualdad ante la ley, de economía de *laissez faire*, y de libertad intelectual. Pero la operación se reveló imposible. El *Ancien Règime* se resistía a darse por vencido, a transferir a la burguesía el poder político tras haber perdido en buena parte el poder económico. El desenlace final es bien conocido: la Revolución se inició en Francia en 1789, marcando así el arranque de todo un largo período de inestabilildad, que con diversas fluctuaciones e hitos —algunos tan importantes como los movimientos revolucionarios de 1830 y 1848 y la Comuna de 1871— duró hasta el final del XIX. Este proceso de casi un siglo no pudo por menos de afectar grandemente a la configuración del Estado.

Por un lado, la *corriente de liberalismo*, representativa del ideario de las fuerzas burguesas, entendía que el mejor gobierno era el que menos interviniese, aquel que apenas se percibiese en la actividad social; de hecho, la sociedad entera quedaba en manos de la clase dominante. Del otro lado, *el anarquismo y el socialismo* veían en el Estado un órgano de represión política y económica, totalmente contrario a su concepción de la libertad del hombre en una perspectiva de supresión de toda suerte de explotaciones; lo cual implicaba la lucha por la total desaparición del Estado.

Pero ni el liberalismo pretendió reducir el Estado a la mínima expresión, ni el anarquismo ni el socialismo llegaron a destruirlo. La verdad es que el Estado persistió, creció y se burocratizó. Frente a Adam Smith, Bakunin y Marx —cada uno a su manera— prevalecieron las premoniciones de Max Weber sobre Estado y burocracia [14]. Y por muy inteligentemente que se expongan las tesis sobre el *Estado mínimo* —tal como lo hace Robert Nozick [15], reduciendo sus funciones a la protección frente a la fuerza, el robo y para el cumplimiento de los contratos— la verdad es que viendo EE.UU., Japón, la R. F. de Alemania, etc., ahí está el Estado [16].

4. El Estado capitalista

A lo largo de toda la primera mitad del siglo XIX, la tesis fundamental para justificar el Estado, fue básicamente de origen rousoniano, es decir, en línea con lo expuesto por Juan Jacobo Rousseau en «El contrato social», sobre el principio de la soberanía como derecho inalienable del pueblo; doctrina que alcanzó tan amplio predicamento que incluso hoy la inmensa mayoría de los gobiernos, por muy fuerte que pueda ser su opresión, en la práctica buscan su legitimidad —la justificación última del Estado que controlan— en la pretendida representación popular a la que dicen servir.

---

[14] Véase Max Weber, «Essays in Sociology», Oxford University Press, Nueva York, 1958, págs. 214 y 215. Puede verse también Isaac Deutscher, «Las raíces de la burocracia», versión española, Anagrama, Barcelona, 1978.

[15] En «Anarchy, State and Utopia», Basic Books, Nueva York, 1974.

[16] Por último, en relación con la burocracia, creo que merece la pena citar las leyes de Parkinson y el principio de Peter; sobre estos planteamientos, C. Northcote Parkinson «The Law and the Profits», Murray, Londres, 1960; y L.J. Peter y R. Hull, «Le Principe de Peter. Pourquoi tout va toujours mal», Stock, París 1970.

4.1. *La visión marxiana*

En la segunda mitad del XIX, frente a las ideas roussonianas, tantas veces criticadas como ingenuas, se levantó la construcción teórica marxiana del Estado. Si bien debemos comenzar subrayando que las propias ideas de Marx sobre el Estado no fueron absolutamente invariables en el tiempo. De hecho, el término Estado lo empleó en contextos diferentes. Así lo señala Heilbroner cuando pone de relieve cómo en algunos casos Marx habla del Estado como existiendo «por encima» de la estructura de clases (en «El 18 de Brumario»), en tanto que en otras ocasiones se refiere al Estado como al órgano representante de las clases dominantes [17].

Por su parte, Engels [18] mantuvo la tesis, fundamentada en amplios estudios históricos, de que el Estado no ha existido siempre. Claro es que nunca faltó algún tipo de organización; pero la familia, el clan, o la tribu, propias de las sociedades primitivas, eran estructuras bien diferentes, porque distintas eran también las circunstancias de sus sociedades, en las que prevalecía la comunidad de bienes, con la práctica de un comunismo natural. Para Engels, el Estado surgió con el fenómeno social de la división de clases. Más concretamente, Engels sostenía que el Estado «no es... un poder impuesto desde fuera de la sociedad; no es tampoco *la realidad de la idea moral, la imagen y la realidad de la razón* , como lo pretendía Hegel. Por el contrario, es un producto de la sociedad en un estadio determinado de su desarrollo; es la aceptación de que tal sociedad se complica en una contradicción insoluble consigo misma, escindiéndose en enfrentamientos inconciliables... Para que los antagonistas, las clases y la misma sociedad, con intereses contrapuestos, no se consuman en una lucha estéril, se impone la necesidad de un poder que en apariencia por encima de la sociedad, debe hacer esfumarse el conflicto, mantenerlo en los límites del "orden"; y este poder, nacido de la sociedad, pero que se sitúa por encima de ella y que cada vez se le hace más ajeno, es el Estado... Y como el Estado nace de la necesidad de frenar la oposición de clases, pero como al

[17] Robert L. Heilbroner, «Entre capitalismo y socialismo», ob. cit. en nota 13 del capítulo 14, pág. 15. Citado por Heilbroner, puede verse el trabajo de Ralph Milliband «Marx and the State», en *The Socialist Register*, Nueva York, 1965, págs. 283 y sigs.

[18] F. Engels, «L'origine de la famille, de la propieté et de l'Etat», versión francesa Edition Sociales, París, 1958.

propio tiempo nace en medio del conflicto de esas clases, es, por lo general, el Estado de la clase más poderosa; de la que domina desde el punto de vista económico, y que gracias al Estado, se convierte también en la clase políticamente dominante, con lo cual adquiere nuevos medios para someter y explotar a la clase oprimida» [19].

Pero entre los autores más influidos por Marx y Engels se ha puesto de relieve que además del poder por el interés, está el poder por el deseo de tenerlo; entre ellos Michel Foucault, quien afirma que «las relaciones entre deseo, poder e interés son más complejas de lo que por lo general se cree y no son forzosamente los que ejercen el poder quienes tienen interés en ejercerlo; quienes tienen interés en ejercerlo no lo ejercen, y el deseo del poder juega entre el poder y el interés un juego que todavía es singular. Ocurre que las masas, en el momento del fascismo, desean que algunos ejerzan el poder, algunos que no se confunden sin embargo con ellas, puesto que el poder se ejercerá sobre ellas y a su expensas, hasta su muerte, su sacrificio, su *masacre;* y sin embargo, ellas desean ese poder, desean que ese poder sea ejercido» [20].

Pero superando por el momento a Foucault, cabría poner de relieve otro punto de vista, en línea con los planteamientos de Marx y Engels, si bien ya a un nivel superior de desarrollo de las fuerzas productivas. Es el que expuso Nicos Poulantzas en el prefacio de la obra, por él editada, «La crisis del Estado»: «El estado capitalista —afirmó— tanto hoy como en el pasado, debe representar el interés político a largo plazo del conjunto de la burguesía bajo la hegemonía de una de sus fracciones, actualmente el capital monopolista... Para comprender bien esta cuestión, es preciso ver que el Estado capitalista no debe ser considerado como una entidad intrínseca, sino,... como una relación, más exactamente una condensación material (el Estado-aparato), de una relación de fuerzas entre las clases y fracciones de clase» [21].

Pero el concepto marxiano de Estado presenta muchos aspectos criticables, pues muchas de sus previsiones no se cumplieron: en la mayor parte del mundo, la polarización burguesía-proletariado no

---

[19] Ibídem.

[20] M. Foucault, «Un diálogo sobre el poder», versión española, Alianza Editorial, Madrid, 1981, pág. 17

[21] Nicos Poulantzas. «La crisis del Estado», versión española, Fontanella, Barcelona, 1977.

llegó a culminar en la revolución; y en las sociedades industriales más avanzadas, las clases trabajadoras participan hoy con porcentajes mucho más elevados en la distribución personal de la renta de lo que pudo esperarse en el pasado. Negar todo eso sería una necedad. En realidad, en gran parte del mundo ha habido una transacción burguesía/clases trabajadoras de efectos duraderos. O si se quiere decirlo de otra forma, en extensas áreas del planeta las masas populares han renunciado a la revolución, sin olvidar —como destaca Adam Schaff— que el propio concepto de clase se ha visto desdibujado, desde sus pretendidos antiguos contornos de nitidez, debido a la fuerte segmentación de los mercados de trabajo, a la educación, el consumismo, etc. [22].

En definitiva, en la perspectiva marxiana actual, el Estado aparece como un órgano de transacción. Paul Sweezy supo poner de relive esa característica, cuando se fijó en que el Estado no sirve automáticamente, y en todas partes, a los intereses de las clases dominantes [23]. Ello se debe a una serie de razones:

— Existen conflictos entre los intereses a largo plazo de la clase dominante y ciertos intereses a más corto plazo de algunos de sus segmentos.

— Por otra parte, y debido a toda una serie de fenómenos ideológicos que distorsionan su visión, la clase dominante puede no apreciar con claridad cuáles son sus intereses a largo plazo. Y precisamente por ello está dentro de lo posible que actúe —e influya en el Estado— con cálculos erróneos, que pueden no contribuir a defender sus intereses del mejor modo.

— En determinadas circunstancias, otras clases o fracciones de clases pueden obtener del Estado ventajas en su favor. Ya antes hemos puesto de relieve que cualquier Estado, por opresor que sea, necesita una imagen de legitimidad democrática y, por tanto, no puede enajenarse por completo al pueblo. Esa es la razón de fondo

[22] Dos aportaciones de cara a los años 80 sobre el Estado capitalista y la economía, que creo de interés, son los libros de Ferrán Brunet («Economía política del Estado capitalista», Edunsa, Barcelona, 1987 y «Estructura y dinámica de la economía capitalista», Teide, Barcelona, 1988); y un volumen de lecturas editado por Colin Crouch: «Estado en el capitalismo contemporáneo», versión española, Ministerio de Trabajo y Seguridad Social, Madrid, 1988.

[23] Paul Sweezy, en «Has Capitalism Changed?», editado por Shigeto Tsuru, Tokio, 1961, págs. 87-88. Existe versión española editada por Oikos Tau, Barcelona.

de que la dictadura de la burguesía —el fascismo— lleve a cabo grandes obras públicas, o incluso desarrolle amplios programas de sanidad, enseñanza y bienestar social. Evidentemente, todos esos programas generan plusvalías, pero al propio tiempo, y junto con el control de los medios de información, permite unos ciertos efectos amortiguadores de la hostilidad a la dictadura. Este fue el caso de Hitler en Alemania [24]; o de Mussolini en Italia, donde el PCI reconoce hoy que en una determianda fase histórica el fascismo llegó a tener arraigo popular en términos nada desdeñables.

4.2. *Nuevas visiones del Estado. La doctrina del Public Choice*

Pasamos ahora a examinar nuevas visiones sobre el sentido y el funcionamiento del Estado, desde una concepción no marxiana. Sucesivamente veremos las apreciaciones de Sampson y Buchanan.

La visión del Estado adquiere para el economista y sociólogo, Anthony Sampson, una configuración orgánicamente rica, al hacer depender su funcionamiento de toda una serie de instituciones interactuantes que representan a un gran número de cuerpos de la *política* (desde la Monarquía hasta el mundo del trabajo, pasando por el Parlamento y los partidos), al *gobierno* (con todas sus subestructuras de universidades, funcionarios, diplomáticos, fuerzas armadas, etc.), a las *finanzas* (los poderes de la City, los banqueros y los sistemas de seguridad social), y a la *industria* (incluyendo a los empresarios, al capital del Estado, las multinacionales, la prensa y la televisión). En este sentido, su libro renovado «The changing Anatomy of Britain» [25], es una aportación difícilmente exagerable en cuanto a su utilidad para conocer el funcionamiento del Estado y la

---

[24] Nicos Poulantzas en su libro «Fascismo y dictadura» (versión española, Siglo XXI Editores, Madrid, 1981, pág. 403), refiriéndose al caso nazi pone de relieve cómo «el aparato represivo del Estado, bajo control del Führer, se suponía que en adelante formaba cuerpo con el partido. Hitler declaró: el partido se ha convertido ahora en el Estado. Todo el poder reside en adelante en el gobierno».

[25] Coronet books, Hodder and Stoughton, Londres, 1986. En cierto modo, Sampson viene a participar de la idea de Pierre Clastres de que «cada uno de nosotros lleva, interiorizada como la fe del creyente, esa creencia de que la sociedad es para el Estado... No se puede concebir sociedad sin Estado» Citado por René Louran en «El Estado y el inconsciente» versión española, Kairos, Barcelona 1980, pág, 7.

sociedad —y de la economía— en la Gran Bretaña; y como modelo para el análisis de otras comunidades concretas [26].

En cuanto a la tesis de la elección u opción pública preconizadas por James Buchanan (premio Nobel de Economía de 1986) con su teoría del *Public Choice*, cabe ante todo afirmar que suponen una crítica acerva a la intervención del Estado en la economía. La opción pública impugna las más benignas suposiciones acerca de la neutralidad del gobierno, y sostiene que en la democracia muchas decisiones gubernamentales no reflejan verdaderamente los deseos de los ciudadanos.

En un discurso pronunciado en 1986, poco después de recibir el Premio Nobel, Buchanan comentó que los «Estados Unidos han avanzado mucho desde los románticos días de la administración del Presidente John F. Kennedy y la *vaporosa ilusión* de que todo podría ser embellecido gracias a la beneficencia del gobierno federal». Desde la inflación de la década de los setenta hasta los «perversos resultados de los programas de asistencia social», las pruebas indicaron que la realidad no se apegó al sueño» [27].

Los teóricos de la elección pública ven a los responsables del gobierno para la toma de decisiones como personas racionales y egoístas, que consideran los asuntos desde su propia perspectiva y que actúan a la luz de sus incentivos personales. Aunque los electores, los políticos y los burócratas pueden querer reflejar el «interés público», ese deseo es sólo un incentivo entre muchos, y tiende a ser rebasado en importancia por otros más poderosos. Según este criterio, los gobernantes se asimilan a las demás personas en el mercado. Pero con la diferencia de que esas personas asumen la responsabilidad de sus decisiones como un riesgo, y los políticos no. Cuan-

[26] Sobre el capitalismo en los años 80, puede verse P. Dockes y B. Rosier, «Crisis y transformación del capitalismo», así como M. Anglietta «Sobre algunos aspectos de la crisis en el capitalismo contemporáneo», en la obra de M. Anglieta *et alia*, «Rupturas de un sistema económico», versión española, H. Blume, Madrid, 1981. Igualmente encuentro recomendable como lectura altamente revulsiva, el libro de Alain Minc «La machine egalitaire», Le Livre de Poche, París, 1987; y del mismo autor «La grande illusion», Grasset, París, 1989. Por último, puede recomendarse el trabajo de Guy Sorman «La nueva riqueza de las naciones», versión española, El País/Aguilar, Madrid 1988.

[27] Jane Shaw, «James Buchanan y la economía de la opción pública» en *Policy Review*, artículo resumido por *Facetas*, marzo de 1987. También José R. Alvarez Rendueles, «James M. Buchanan y la elección pública», en *El País*, 22 de octubre de 1986, pág. 54.

do el legislador busca el «interés público» —dicen los del Public Choice— lo hace gastando el dinero de otras personas. De tal suerte que tiene poco incentivo personal para cerciorarse de que los gastos del gobierno sean buenos o eficientes. El resultado de este sistema de incentivos es que el gobierno crece demasiado y sus operaciones se vuelven cada vez más costosas. Los intereses del pueblo en general y de las generaciones futuras se rechazan continuamente en favor del *aquí y ahora* de la próxima campaña electoral.

La conclusión de la mayoría de los economistas de la opción pública (pero no de todos) es que siempre que sea posible las decisiones se tomen por el sector privado. Por esta razón, se le considera una escuela económica conservadora. A lo cual ha contribuido, sin duda, la actitud complaciente de Milton Friedman sobre la opción pública, al manifestar que su mayor aportación «ha consistido... en hacer que todos nosotros reconozcamos la necesidad de analizar a los funcionarios gubernamentales del mismo modo que analizamos a los empresarios, es decir, como personas que buscan su propio interés» [28].

Frente al Estado mínimo añorado por Nozick (ya aludimos a él antes en 3.3.) y Buchanan, se levanta hoy —a pesar de todas las desregulaciones reaganitas o thatcherianas, el Estado intervencionista y de fuerte gasto público. ¿Qué impide un ajuste rápido —cuando teóricamente monetarismo y *public choice* son ideas ampliamente dominantes— para llegar al Estado mínimo? El economista sueco Johan Myhrman ha sabido, creo, dar una respuesta: «En los años veinte —afirma— el derecho de voto fue extendido a todos los miembros de la sociedad. Cabe suponer, no obstante, que hubo de transcurrir un largo tiempo —varias décadas— antes de que los nuevos votantes y los políticos aprendieran a cómo romper la norma de economizar recursos públicos y emplearlos para su propio provecho. En este contexto, Buchanan y Wagner probablemente tienen razón al subrayar que la propuesta keynesiana de desequilibrar el presupuesto contribuyó a quebrar la norma de la frugalidad pública. Eli Heckscher, por ejemplo, dijo en un debate público, en 1932, que comprendía el razonamiento para desequilibrar el presupuesto en una depresión, pero advirtió que ello abriría las puertas a la continua expansión del presupuesto del Gobierno» [29].

---

[28] Milton Friedman «Economistas y políticas económicas», en *Economic Enquiry*, reproducido en *Perspectivas Económicas*, n.º 57, 1986, págs. 71 y sigs.

[29] Johan Myhrman, «Reflexiones sobre el crecimiento del Gobierno», en *Journal*

En definitiva, lo que se traduce de las anteriores observaciones es que la complejidad que ha alcanzado la estructura económica y social, junto con la superestructura política que hemos generado, imposibilitan un Estado mínimo, o incluso una reducción sustancial de su vigente actividad. A ello contribuyen también los intereses de todo lo que denominamos oligarquía, tema que pasamos a considerar.

5. La oligarquía financiera

En la estructura de fuerzas que se formalizan en el Estado capitalista moderno —ya antes hemos insistido en ello— siempre hay una estructura de dominio. Y dentro de ella, existe a su vez un grupo en el que se concentra el poder y al que comúnmente se llama cúpula financiera u oligarquía.

Oligarquía es, con todo, un término ciertamente muy anterior al surgimiento del Estado capitalista, y que como en tantas otras categorías políticas y sociales tiene sus orígenes en la Grecia clásica.

Más concretamente, el concepto (del griego *oligos* y *arqué*, el gobierno de unos pocos) procede de Aristóteles, quien en su conocida tricotomía de formas de gobierno (monarquía, aristocracia, democracia), lo contraponía a la aristocracia (el gobierno de los mejores); como una degeneración de la misma, como el gobierno ostentado no por toda la aristocracia, sino por unas pocas personas o familias, que después de haberse hecho con el poder lo guardaban celosamente para obrar más en beneficio propio que en pro del interés general.

En el *Diccionario* de la Real Academia de la Lengua, además de recogerse la que podríamos llamar acepción aristotélica global del término, se expresa también una acepción de oligarquía más próxima a la connotación que nosotros vamos a darle: «conjunto de algunos poderosos negociantes que se aúnan para que todos los negocios dependan de su arbitrio».

Ejemplos de gobiernos oligárquicos ha habido siempre. En la Grecia antigua se dieron muchos de sus rasgos, tanto en la «Gerusia»

---

of Public Economics, diciembre 1985, reproducido en el *Boletín Semanal de ICE (BICE)* n.º 2.023, 5 de mayo de 1986, pág. 1595 y sigs. En el mismo sentido Assar Lindbeck, también sueco, en «Política redistributiva y expansión del sector público», en *Journal of Public Economics*, 1985, reproducido en *BICE*, n.º 2.044, 14 julio 1986, pág. 2439 y sigs.

espartana como entre los «Eupatridas» atenienses; en ambos casos se trataba de centros de poder constituidos por ancianos provenientes de un reducido grupo de familias poderosas. En Cartago, rigió una oligarquía de mercaderes, armadores y grandes propietarios, entre los cuales destacó la familia Barca, a la que pertenecieron Asdrúbal y Aníbal. En la República de Venecia, tanto el Dux (cuyo cargo era de desempeño vitalicio) como los miembros de su Gran Consejo, procedían de las familias más prepotentes de la ciudad.

Pero aparte de esas formas institucionalizadas de oligarquía que acabamos de citar, lo cierto es que gobiernos oligárquicos los ha habido siempre. Así lo puso de relieve Joaquín Costa en su obra *Oligarquía y caciquismo*[30]. En ella, tras un primer análisis de las clases sociales, Costa se centró en el estudio del caciquismo, como forma sociológica particularizada mediante la cual la oligarquía española perpetuaba su dominio efectivo sobre el país; control que en lo más estrictamente político instrumentaba a través de la Guardia Civil, los Gobiernos Civiles y el Ministerio de la Gobernación.

El engarce entre el concepto genérico de oligarquía y el más específico de oligarquía financiera, no presenta ninguna dificultad especial, si recordamos el concepto de capitalismo financiero como combinación de capital bancario e industrial. En otras palabras: en un sistema económico, dentro del conjunto poseedor de los medios de producción es posible identificar un grupo especialmente capaz y poderoso que controla lo que tiene un mayor valor estratégico: el dinero de los demás (bancos), las industrias más dinámicas y rentables, las posibilidades de captación de nueva tecnología, etc. Y todas esas formas de estar presentes en el sistema económico son especialmente conseguibles a través del capitalismo financiero, como combinación bancaria/industrial.

Son muchos los estudios empíricos sobre el tema de la oligarquía financiera y sus relaciones con el poder político. En este mismo capítulo tendremos ocasión de referirnos a algunos de ellos como punto de partida para especificar los principales métodos de identificación.

---

[30] La primera edición de la obra de Costa data de 1902. La versión más reciente que conozco es la de Alianza Editorial en su Libro de Bolsillo. Sobre las nuevas formas políticas oligárquicas y el concepto de *clase política*, son interesantes las consideraciones de Luis Rodríguez Zúñiga en «Elites y democracia», Torres, Valencia, 1976.

En el plano general, podemos referirnos a los trabajos de tres notables científicos norteamericanos: «The power elite» de C. Wright Mills [31], «The power structure», de Arnold M. Rose [32], y el «Who rules America?», de G. William Domhoff.

C. Wright Mills (1916-1962) fue un auténtico pionero. Con una base metodológica que por igual muestra influencias de Max Weber y Karl Marx, llevó a cabo toda una serie de análisis sumamente incisivos, sobre la sociedad estadounidense. De todos esos trabajos, sin duda el más conocido es «La élite del poder», aparecido en 1956, y en el cual se investigan los vínculos entre los poderes económico y militar. En su libro, Mills analizó pormenorizadamente las «altas esferas», la sociedad local, las cuatrocientas grandes familias, «los famosos», los ricos, los ejecutivos más destacados, los militares, y los políticos. La conclusión de todo ello podría resumirse en la aseveración de que detrás de los sucesos importantes de la historia norteamericana, por encima de los hombres relevantes que aparentemente los originaron, entrelazando a ambos (sucesos y hombres) están las grandes instituciones de la sociedad moderna; que a la postre es dirigida por una élite que componen las jerarquías del Estado, los directivos de las grandes corporaciones, y los altos mandos del ejército. En esos tres grupos sociales, intensamente interrelacionados, reside el verdadero poder político, económico y social.

El método seguido por Arnold M. Rose en «The power structure» es muy similar al de Mills; hasta el punto de que casi podría afirmarse que es una actualización de sus análisis sobre la sociedad norteamericana, aunque es cierto que llega a conclusiones distintas de las de Mills. En vez de una élite econónica global, predominante en medio de unas masas apáticas, Rose sostiene las siguientes tesis:

1. Hay una estructura de poder en cada actividad de la vida norteamericana, a cada nivel —nacional, regional, de estado, y local— y aunque el poder se utiliza de formas diversas, en todas partes sirve para oponerse al cambio, para contrarrestar a los poderes com-

---

[31] Primera edición en 1956. Hemos utilizado la cuarta impresión de Galaxy Book (Oxford University Press), Nueva York, 1959.

[32] New York Oxford University Press, Nueva York, 1967. En relación con ese poder económico, es de interés el libro, compilado por Suzanne Berger, «La organización de los grupos de interés en Europa Occidental», versión española, Ministerio de Trabajo y S. S., Madrid, 1988.

pensadores [33] y para evitar que la oposición se desarrolle de tal modo que pueda desbancar a la estructura de poder vigente.

2. Entre esas estructuras de poder sectorializadas, hay diferentes grados de relación y de acuerdo, pero no existe una única instancia.

3. En el ámbito de cada estructura, un pequeño número de personas (generalmente no mayor del 1%) detenta el máximo de poder.

El tercer trabajo aludido, el de Domhoff, (al que me referí extensamente en mi libro «La oligarquía financiera en España», Planeta, Barcelona, 1977), supone un análisis sumamente cuidadoso, con gran acopio de información, que le permitió identificar un grupo concreto dentro de la sociedad, que «percibe una cantidad desproporcionada de su riqueza, y contribuye con un número desproporcionado de sus miembros a las instituciones de control y a los grupos con capacidad de decisión».

Para delimitar ese grupo oligárquico en los EE.UU., Domhoff recurrió a una serie de criterios que rápidamente podemos resumir:

— Estar incluido en la lista del *Social Register*, una especie de «Gotha» no aristocrático para uso norteamericano. La inclusión de una persona en el *Social Register* equivale a su consagración como parte de la élite social.

— Haber asistido en la infancia a alguna de las muy pocas «escuelas preparatorias» (prep'schools) de gran prestigio social, como Choate, Groton, Lawrenceville, etc.

— Ser miembro de uno de los clubs más exclusivos para hombres solos, como los neoyorkinos de The Brook, Knickerbocker, Harmonie, etc.

— Riqueza familiar con padre millonario, o ejecutivo, o abogado.

El resultado de las investigaciones de Domhoff fue sorprendente: 45.000 familias (el 0,1% del total de EE.UU.) recibían una renta promedio de 110.000 dólares al año; y las primeras 90.000 familias poseían entre 2/3 y 3/4 del accionariado total de las corporaciones norteamericanas. Las penetraciones del referido grupo en el gobierno federal, ejército, etc. eran asimismo muy intensas.

[33] Poderes compensadores en el sentido de los «countervailing powers» de Galbraith (sindicatos, cooperativas, etc.).

6. Los instrumentos de dominio del capitalismo avanzado

Una vez analizados los conceptos de Estado y de oligarquía, ya podemos pasar a toda una serie de cuestiones concretas sobre cuáles son los instrumentos del capitalismo actual en relación con el Estado.

Ya antes de pasada puse de relieve que los medios que el capital monopolista utiliza para actuar en su propio beneficio desde dentro del Estado son muy diversos, con importantes diferencias de un país a otro. Y cuando hablamos de Estado en este caso, no nos referimos exclusivamente al *nacional*, sino también —y cada vez más en el contexto de la Comunidad Europea, CE— al Estado supranacional derivado de un proceso de integración económica. Incluso aunque la CE postule la más libre competencia, los instrumentos que seguidamente reseñamos continúan operando en su mayoría dentro de ella, aunque sea con centro de decisión en Bruselas en vez de las capitales nacionales.

En un intento de identificar los aludidos mecanismos, podemos distinguir una serie de categorías: concesiones administrativas, mecanismos relacionados con la empresa pública, instrumentos de comercio exterior, incentivos y otras cuestiones relativas a fiscalidad, sistema de precios, contratación pública, y planificación indicativa. Brevemente examinaré cada uno de esos instrumentos.

6.1. *Concesiones administrativas*

En cierto modo como una reminiscencia del mercantilismo y también como una nueva faceta de la planificación indicativa, o incluso del monetarismo, el Estado capitalista incluye entre sus funciones económicas la regulación del *derecho de establecimiento industrial*, es decir, condiciona la puesta en marcha de determinados negocios que quedan así al margen de la llamada libertad de industria. Existen tres grupos de situaciones concretas de esta clase: licencias de instalación, concesiones para explotar servicios públicos, y arrendamiento de monopolios públicos.

La exigencia de *licencia para la apertura de industrias* se da en aquellos casos en que por razones específicas (pretendida saturación del mercado, control en la incorporación de nueva tecnología, mejor asignación de recursos, etc.) se estima que un sector concreto debe quedar cerrado a la creación de nuevas empresas; o incluso de nuevos centros fabriles que se incorporen a los ya existentes.

Económicamente, en los sectores en que se introduce el *numerus clausus*, el grado de pliopolio [34] se hace igual a cero, e incluso negativo (por absorciones entre las empresas preexistentes). Lo cual demuestra siempre la existencia de un fuerte grupo de presión, apoyado en el poder del estado, que impide la entrada de nuevos oferentes.

La *explotación de servicios públicos* es otra faceta importante dentro de la categoría de concesiones administrativas. Se da en áreas tan importantes como ferrocarriles, aguas, electricidad, autopistas de peaje, etc. El caso citado en último lugar es de especial interés. Con la generalización del peaje, se abren nuevas áreas de ganancia a los grupos.

Pero, con todo, dentro de la categoría de las concesiones administrativas, el supuesto más espectacular de capitalismo monopolista de Estado se da en los *monopolios públicos*, en su expresa utilización para multitud de fines por parte de los grandes grupos financieros. Así sucede con los servicios de telecomunicaciones, hidrocarburos (petróleo y gas natural), etc. En definitiva, tales monopolios permiten un control privado, vía sector público de importantes áreas productivas, al tiempo que abren el cauce para que esos mismos intereses puedan dominar todo el ingente proceso financiero que suponen.

6.2. *Mecanismos relacionados con la empresa pública*

En contra de lo que a veces se pretende, la empresa pública no es una pieza aséptica y neutral de la política económica, sino que se halla condicionada por el entorno socioeconómico. Si el Estado se encuentra virtualmente sometido a un poder financiero de dominación, no es extraño que la empresa pública, de «pública» en el sentido de predominio de los intereses generales, tenga bastante menos de lo que en general se piensa. De hecho funciona como una pieza más del sistema general del capitalismo, siendo utilizada por la oli-

[34] Pliopolio, de *plio*, más, y de *polio*, oferta, es decir, más oferentes; sencillamente, el grado de pliopolio mide numéricamente la entrada de nuevas empresas en un sector, en términos del porcentaje que en la capacidad instalada o en la producción total representan las empresas creadas, por ejemplo en los tres últimos años.

garquía financiera en tres direcciones distintas, pero plenamente congruentes entre sí: formación de empresas de capital mixto, socialización de pérdidas, y privatización de ganancias.

La formación de *empresas mixtas* tiene por objetivo disponer de capital público barato y poco exigente en proyectos, que por su alto riesgo, la «iniciativa privada» no se decidiría a acometer por sí sola. De ello hay numerosos ejemplos en el IRI (Italia), INI (España); como los hubo en EE.UU. durante la segunda guerra mundial.

En el supuesto de *socializacion de pérdidas* es todavía más significativo. En síntesis, consiste en la compra, por el sector público, de empresas privadas en declive, o ya en «números rojos» con el peligro en ciernes de suspender pagos e incluso quebrar. Hasta en un marco tan monetarista y desregulador como el de Reagan en los años 80, no se vaciló en «echar una mano» pública a empresas privadas en apuros como el banco Continental Illinois o la Chrysler.

En cuanto a la *privatización de ganancias*, es el supuesto inverso a la socialización de pérdidas. Se basa en el principio general de subsidiariedad de la empresa pública respecto a la privada, viejo e inalterable «dogma» según el cual los sectores con posibilidades mínimamente claras de rentabilidad, por el mero hecho de serlo, deben quedar en el ámbito de los intereses privados, y en caso de estar en el sector público deben pasar al privado. El proceso generalizado de privatizaciones y reprivatizaciones a partir de la década de 1980 —en todo el mundo— así lo corrobora.

6.3. *Instrumentos de comercio exterior*

En el caso del comercio exterior, los grupos de presión utilizan el Estado a través de una serie de mecanismos concretos: arancel de aduanas, régimen de comercio (y especialmente restricciones cuantitativas), desgravación fiscal, y crédito a la exportación.

En el *arancel de aduanas* los tipos impositivos ad valorem (fijados en tanto por ciento sobre el valor de las mercancías en la aduana) gravan la entrada de toda clase de productos en el mercado propio. El arancel se convierte así en un elemento decisivo para obstaculizar las importaciones de los artículos de mayor interés para las empresas o grupos sectoriales que tienen suficiente poder sobre la Administración Pública.

Incluso en un área tan pretendidamente liberalizada como es la

CE, esto es evidente en los sistemas de protección del textil (Acuerdo Multifibras, AMF-4), siderúrgico (Plan Davignon de los primeros 80), Política Agrícola Común (PAC), para los productos agrarios, etc. Todo ello —y algunas cosas más— es lo que hace ver el Mercado Interior Unico de la CE por EE.UU. como una «fortaleza» frente a terceros.

Pero EE.UU. y Japón no le van a la zaga a la CE. En el caso de EE.UU., la Ley Omnibus de Comercio de agosto de 1988 así lo pone de relieve por sus importantes dispositivos proteccionistas. En cuanto a Japón, a pesar de sus reiteradas promesas, su ingente mercado interior de productos terminados continúa siendo en gran medida un *mercado cautivo*; sin olvidar que sus agricultores —que tienen un gran peso en el voto al Partido Liberal Conservador en el gobierno desde los años cincuenta— son los más protegidos del mundo.

La *desgravación fiscal* —la devolución de impuestos en el momento de la exportación por estimarse que el artículo en cuestión no va a consumirse en el mercado interior— es un método para neutralizar la fiscalidad en el comercio exterior. Pero al propio tiempo puede representar una subvención, por las diferencias positivas que siempre se dan para la gran empresa entre la imposición calculada y las sumas efectivamente desgravadas, incluso con el IVA.

Finalmente, dentro de los instrumentos de comercio exterior que utiliza el capitalismo hay que recordar el *crédito a la exportación* que permite vender en el exterior en condiciones financieras que sólo pueden ofrecerse con el apoyo de créditos a largo plazo y bajos tipos de interés que facilitan los bancos oficiales del Estado, entre ellos el más importante el Export Import Bank de EE.UU., Hermes en Alemania (RF), ECGD en el Reino Unido, etc.

6.4. *Incentivos y otras cuestiones relativas a fiscalidad y precios*

También el sistema fiscal es origen de no pocas ventajas en función de las dobles contabilidades, las conexiones interempresariales, cuentas secretas, cajas B, y otros mecanismos. Muchos empresarios admiten en sus conversaciones más o menos privadas que en buena parte las inversiones que realizan sólo son posibles con fondos obtenidos con la sistemática defraudación fiscal.

Por lo demás, los grandes grupos económicos de presión son los sectores que más se privilegian de la fiscalidad en dos manifestaciones fundamentales: incentivos a la inversión, y exenciones y exoneraciones por ese y otros conceptos. La Hacienda Pública, en determinados países, deja de percibir no menos del equivalente al 30 por 100 del presupuesto.

En cuanto a la *política de precios*, en un sistema capitalista complejo y diversificado, gran número de artículos se ven sometidos a control a pesar de las prédicas sobre el libre mercado. Así sucede, con la energía, los transportes públicos, algunos alimentos básicos, etc. A primera vista tal medida podría parecer favorable a los consumidores, destinada a «evitar alzas abusivas». Pero la realidad puede ser bien distinta. De hecho, con el control de precios se crea una situación de monopolio colectivo, pues por mucho que los precios oficiales se fijen casi siempre como topes máximos, la verdad es que todo el sector acaba alineándose en esa cota. Desaparece así cualquier clase de competencia, lo cual favorece de manera muy especial a los grandes grupos, que disfrutan de márgenes más amplios de beneficio en relación con los precios oficialmente establecidos; sobre todo si como sucede normalmente éstos se fijan en el nivel que precisan las empresas marginales. Por lo demás, dentro de cada sector los grupos dominantes disponen de medios de presión que son suficientes para conseguir las oportunas elevaciones en el momento oportuno.

También dentro del repertorio de instrumentos utilizados por los grandes grupos no puede dejar de hacerse una mínima referencia al papel que para los grandes grupos de empresas representa el Estado como cliente, o dicho de otra forma, en materia de *contratos públicos*. Al Estado, a los más diversos niveles de poderes públicos y organismos se les vende toda clase de productos y servicios: contratos de construcción y equipo para los departamentos ministeriales: suministros de buques de guerra, aviones, armamento y otros efectos a las fuerzas armadas; equipos y material no inventariable a la Administración Pública; bienes y servicios (los gastos corrientes distintos del personal). Como es lógico, los grupos de presión están especialmente alertas respecto de un cliente tan importante, y para lograr los contratos se recurre a toda clase de mecanismos, entre los cuales no hay que descartar la corrupción en sus más diversas manifestaciones.

Por otro lado, la *planificación indicativa*, a todos sus niveles de poderes públicos y organismos, por sus proyecciones y previsiones sectoriales constituye la forma global de estudiar el mercado para las grandes empresas, que a través de la *acción concertada* —se llamen zonas de urgente reindustrialización (ZUR), zonas industriales en declive (ZID), etc.— reciben ayudas que hacen posible una expansión más rápida.

En relación con el *sistema monetario*, los tipos de interés, el manejo del proceso inflacionista, etc., permite a las grandes entidades financieras ventajosas situaciones difíciles de exagerar. No es ninguna paradoja que en los años de recesión con inflación, los bancos sean las entidades que salen mejor libradas, con los más altos beneficios, que resultan de la elevación de los intereses activos (para encarecer el dinero y combatir la inflación) coincidiendo con el mantenimiento de niveles comparativamente bajos para los intereses pasivos que se pagan a las cuentas de clientes.

En definitiva, todas las características de dominio en el capitalismo actual —se llame nuevo estado industrial, economía mixta, o capitalismo monopolista de Estado— nos llevan a preguntarnos si el autoritarismo económico que tales dispositivos comporta va o no indefectiblemente unido a cualquier forma política; o si existe alguna forma política democrática —se denomine *democracia avanzada* o de cualquier otro modo— que permita plantearse menos desequilibrios, mayor igualdad de oportunidades, etc. Por ello, pasamos a recorrer el amplio territorio en que trataremos de encontrar respuesta a esas preguntas.

7. Una primera reflexión sobre la democracia [35]

Reflexionar sobre la democracia es algo que inevitablemente nos obliga a dar un repaso a la historia, para así poder apreciar la evolución habida desde las primeras manifestaciones del gobierno del pueblo. Esos inicios, con todas las restricciones que se quiera, normalmente se sitúan en la Grecia de Pericles y en los escritos sistematizadores de Aristóteles.

---

[35] Como acertadamente señala Jack Lively en su libro «Democracy» (Basil Blackwell, Oxford, 1975, pág. VII), la definición de democracia se ha convertido en una de las más difíciles. Se utiliza de forma multívoca según los enfoques de los más diversos regímenes políticos: desde rusos y chinos, hasta norteamericanos, y británicos, y desde partidos socialistas y laboristas, hasta conservadores y liberales. A pesar de ello, seguiremos adelante en nuestra reflexión sobre la democracia.

Más tarde, en Roma, durante la República, el Senado vino a significar una representación que actuó como un gobierno basado en inspiraciones populares y sometido a un cierto control por parte de los tribunos de la plebe. Ello hizo posible decisiones importantes en la línea de reconocer intereses a las capas sociales menos favorecidas; como sucedió en tiempos de los Gracos con la reforma agraria, y como acaeció durante el gobierno de Mario. Pero las guerras civiles subsiguientes, los triunviratos, y a la postre el cesarismo del Imperio —que luego degeneró en toda una mecánica golpista y pretoriana, combinada con no poca demagogia a favor de las masas populares ociosas de Roma (el *panem et circensis*, etc.)— supuso el abandono de cualquier vestigio de las prácticas de democracia en que estuvo el origen de la grandeza de la República romana [36].

Normalmente, la Edad Media y todo el feudalismo se consideran como una larga noche oscura en términos de gobierno democrático. Pero la verdad es que la Carta Magna y las manifestaciones parlamentarias de distintos países (y en España, concretamente, las de Cataluña, Aragón y Castilla) fueron expresiones de un principio de representación popular, en pugna con los estamentos de la nobleza y el clero. Pero esos primeros conatos de presencia del estado llano, en forma de primigenia burguesía (sobre todo, en las ciudades libres del Sacro Imperio, y muy especialmente de Italia) se vio frenada primero, y desmantelada después, por la alianza entre la aristocracia y el absolutismo monárquico (muestra de ello fue la derrota de las Comunidades de Castilla). Cabe decir, pues, que los siglos XVI y XVII y buena parte del XVIII, contemplaron la creación de los Estados nacionales modernos a lo largo de todo un proceso de pérdida de libertades y de concentración del poder en la figura del monarca absoluto.

Pero los movimientos de opresión-libertad se solapan en el tiempo. Y en este sentido, en la segunda mitad del siglo XVIII, en el espíritu de la Ilustración —como ya vimos en 3.3 al ocuparnos de los orígenes del Estado burgués— puede verse la verdadera semilla de la democracia moderna (al margen del hilo conductor que se

[36] Las referencias a la República Romana podrían ser casi infinitas desde el punto de vista bibliográfico, desde la obra monumental de Mommsem, (versión española en Aguilar), hasta la divulgación —por lo demás, clarividente— de Isaac Asimov (versión española en Alianza Editorial). En el propio drama de Shakespeare «Julio Cesar» se plantean los orígenes y el trágico final de la grandeza de la República, desde sus arranques democráticos hasta su autoritarismo cesarista.

mantuvo vivo en Inglaterra desde Juan sin Tierra hasta el *Bill of Rights* de 1688). Pero el proyecto de la Ilustración careció del dinamismo suficiente para promover el cambio del Antiguo Régimen, para transformar el viejo orden estamental, y dar cauce a la sociedad de clases que nacía con la revolución industrial. Se necesitaba una nueva envoltura, política, con el previo desmoronamiento de los vestigios feudales, de los esquemas mercantilistas del absolutismo político, y de las propias autolimitaciones del despotismo ilustrado.

7.1. *La revolución liberal*

Precisamente ese fue el significado de la revolución liberal de finales del siglo XVIII y principios del XIX: la introducción de la democracia burguesa; inicialmente con la violencia revolucionaria, para consolidarse después con la reacción termidoriana en sus distintas versiones. La economía liberal se desenvolvió hacia la libertad de contratación, la erradicación de los gremios, la división del trabajo, y el librecambio. Todo lo cual exigía un sistema político que, análogamente a lo que suponía el encuentro de las distintas fuerzas económicas, se configurase como un mercado político, para dirimir en él (en su máxima instancia, en el parlamento) los problemas internos de la propia burguesía.

Así es como nació la *democracia censitaria*. En ella, solamente los incluidos en el censo de contribuyentes tenían verdaderos derechos políticos. El poder se concentraba en un solo protagonista social, la burguesía; la única que por el momento podía disfrutar de las cuatro célebres libertades de credo, pensamiento, reunión y expresión.

Pero lo cierto es que coincidiendo con el nacimiento de la democracia burguesa, surgían los primeros elementos de lo que sería la línea socialista de presión para el cambio. Tal es el sentido con que hoy cabe valorar a figuras como Saint Just y Babeuf en la Revolución francesa. Al igual que después, en el socialismo utópico —con sus raíces en Saint Simon y sus desarrollos en Fourier y Owen— en sus propuestas latían las aspiraciones de transformar la sociedad de clases, de explotadores y explotados, en una sociedad sin clases, igualitaria. Y en definitiva, democrática, aunque fuera pasando por las violentas convulsiones que se presentaron como inevitables en el mensaje revolucionario del marxismo. En la sociedad sin clases así prevista, la democracia alcanzaría su plenitud, al trascender del reino de la necesidad, al reino de la libertad; y del de la explotación y la opresión, a aquel en el cual de cada uno se ha de exigir según su capacidad, y a cada uno se ha de dar según sus necesidades.

Sin embargo, en contra de las expectativas iniciales, los intentos revolucionarios al estilo de los de 1848 y 1870, no significaron en Europa occidental el triunfo del socialismo. Pero indujeron cambios importantes. La presión de los núcleos de los futuros partidos socialistas y socialdemócratas, la fuerza del sindicalismo acumulándose en sus distintas manifestaciones, el paulatino progreso de la educación, la culturalización gradual de la sociedad, la mejor información a través de la prensa, constituyeron otras tantas fuerzas para que se conquistara el sufragio en proporciones cada vez mayores de la población. Hasta alcanzarse el sufragio universal para los hombres, que sólo muy tardíamente —empezando después de la primera guerra mundial por la lucha de las *sufragistas*— se completó con el reconocimiento del voto a la mujer.

7.2. *Las derivaciones del sufragio y la revolución* [37]

El sufragio universal significó, que ya era posible no sólo opinar, sino también influir en la evolución política a través del voto [38]. Pero esto no era lo verdaderamente decisivo, desde el punto y hora en que las primeras leyes electorales seguían protegiendo los intereses minoritarios. La verdadera reforma del capitalismo victoriano y de la democracia censitaria, se empezó a producir con el reconocimien-

[37] Con carácter general puede verse el trabajo de Juan Francisco Corona Ramón, en el *Boletín Semanal de ICE,* n.º 2.093 y 2.097, del 13 y del 27 de julio de 1987, págs. 2.621 y 2.815, respectivamente, con interesante bibliografía.

[38] Naturalmente que el sufragio es solamente un concepto muy genérico; el resultante final del mismo depende en gran medida del sistema concretamente seguido, sea por distritos o mayoritario, o proporcional, sistemas que se organizan en función de intereses muy concretos. En este sentido, es ilustrativa la lectura del libro de Douglas W. Rae, «Leyes electorales y sistema de partidos políticos. Estudio comparado» (versión española, ediciones CITEP, Madrid, 1977). También es de interés el libro de K.C. Wheare «Las constituciones modernas» (versión española, Editorial Labor, S.A., Madrid, 1975). Un clásico ya en la materia —las Constituciones como expresión del poder real— es el libro de Charles A. Beard, «An Economic Interpretation of the Constitution of the United States», Macmillan, Nueva York, 1961.

to —tras toda suerte de luchas y controversias— del sindicalismo y del derecho de huelga, paralelamente a la difusión de una nueva legalidad de relaciones laborales, de jornada máxima, de descanso semanal, etc. Así, ya en los años treinta de nuestro siglo, estaba en curso una auténtica reforma del sistema capitalista. Con ella, el sufragio universal dejó de ser una vestidura de oligarquía y caciquismo —también en diferentes versiones según los países— para devenir en instrumento potenciador de la presencia de los partidos progresistas en los distintos gobiernos.

Más tarde hubo otros cambios. Para amortiguar los efectos de la crisis económica, se desarrollaron los nuevos derechos sociales más allá de las cuatro célebres libertades iniciales. Surgió de este modo el seguro de desempleo, para compensar el paro desencadenado por la depresión; se sistematizó la seguridad social, a partir del ya existente seguro de accidentes de trabajo, e implantando el de enfermedad; se generalizaron los regímenes de pensiones, para así paliar las desventuras, el sufrimiento físico y la vejez. Y más tarde, se reconoció el derecho al trabajo, al pleno empleo; como se hizo efectivo el principio de la educación básica obligatoria y gratuita, y se inició todo un nuevo planteamiento de urbanismo y de política de vivienda [39].

Pero todo eso evidentemente, no dio a luz un mundo de rosas. La desigualdad subsistió y subsiste. Las barreras para la participación efectiva, permanecen. Se está todavía muy lejos de haber convertido la democracia en verdadera forma de vida. Más bien continúa siendo un mecanismo de delegación de poder en los partidos políticos y en las distintas manifestaciones sociológicas de los grupos de presión.

Frente a esa realidad de control social —ya advertida por mu-

---

[39] Como es bien sabido —y así lo subraya Gaston V. Rimlinger, en su artículo «Capitalismo y derechos humanos», *Daedalus*, traducción en *Perspectivas Económicas*, 3, 1984, pág. 79—, «los derechos sociales, principalmente los sistemas de seguridad social, se introdujeron a escala significativa en la Alemania Imperial. En la decada de 1880, la Alemania de Otto von Bismarck fue el primer país que implantó esquemas obligatorios, a escala nacional, para proteger los ingresos de los trabajadores como individuos en caso de enfermedad, accidentes industriales, vejez o invalidez. Esto sucedió en un ambiente político e intelectual donde la protección del bienestar económico individual se consideraba como obligación primordial del Estado. Hasta cierto punto, los derechos sociales eran el sustituto de más amplios derechos civiles y políticos».

chos— la Revolución rusa en octubre de 1917 parecía anunciar un paso de gigante hacia la democracia, al prometer la inmediata transformación de la sociedad capitalista e imperialista en un nuevo mundo socialista igualitario, de paz. Pero en realidad en la Rusia sovietista, primero, y en la URSS, después, las cosas sucedieron de forma bien distinta a como habían esperado Marx y Engels. La democracia política no tardó en sucumbir bajo los efectos del monopartidismo. La democracia social pronto se vio frenada —y barrida más tarde— por la omnipresencia del Estado centralista, autoritario, y cada vez más burocratizado. Un tema al que volveremos en la sección 5 del Capítulo 9.

7.3. *Participación versus delegación* [40]

Tras la evolución contemplada en las páginas anteriores, y refiriéndonos ya al momento presente, debemos preguntarnos, desde el lado de la economía y de la sociedad occidental, cuáles son las previsiones de máxima racionalidad en una dirección de progresismo y optimismo político. La contestación no es otra que la *democracia avanzada*.

Subrayábamos antes que la democracia electoral de nuestro tiempo implica la ya mencionada delegación de poder que se consolida y perpetúa debido a los bajos niveles de educación política de la inmensa mayoría del pueblo y a la dinámica de los partidos [41]. Lo

---

[40] De indudable interés, por mucho que sus argumentos hayan sido objeto de controversia —o precisamente por ello mismo— son las consideraciones que sobre la decadencia de la democracia representativa y el ascenso de la democracia participativa hace John Naisbitt en su libro «Megatrends», Warner Books, Nueva York, 1982, especialmente en su capítulo 7, págs. 174 a 210. Asimismo, José Manuel Sabacedo, «Participación política», en el libro «Psicología política», de Julio Seoane y Angel Rodríguez (compiladores), Pirámide, Madrid, 1988, págs. 165 y sigs. con abundante bibliografía.

[41] Sobre el por qué hay partidos políticos y cómo se desarrollan es de indudable interés —aparte del inestimable trabajo de Robert Michels «Los partidos políticos», publicado en Alemania en 1914 (versión española de Amorrortu, Buenos Aires, 1969)—, el libro de Giovanni Sartori «Partidos y sistemas de partidos», versión española, Alianza, Madrid, 1980. Sobre el mismo tema, Tomás Ibáñez y Lupicio Iñiguez «El poder y los sistemas políticos», en la obra colectiva compilada por Julio Seoane y Angel Rodríguez, «Psicología política», ob. cit., nota 40, págs. 331 y sigs.

cual se traduce, a su vez, en una participación muy baja en los principales centros de decisión de la vida cotidiana y en los proyectos a medio y largo plazo. Esa es precisamente la situación a cambiar a partir de la idea de democracia avanzada, vigorizando los núcleos más activos; a nivel de política municipal, de sindicalismo industrial, de cooperativismo y de otros movimientos: agrarios, mujeres progresistas, enseñantes, asociaciones vecinales, ecologistas, etc. Sin olvidar los grupos menos burocratizados de los partidos políticos, y toda una amplia proporción de quienes trabajan en la cultura, en la ciencia y en el arte.

Se trata, pues, de que lo mejor de la sociedad vaya ganando terreno, impregnando al conjunto. Para así transformar la democracia delegada en una democracia participativa. Un cambio de esa magnitud implica, desde luego, reformas políticas importantes, empezando por el sistema electoral, para trascender del bipartidismo —con base en mecanismos mayoritarios uninominales— al sistema proporcional efectivo, con listas abiertas (y no bloqueadas y cerradas). Como, igualmente, el proceso de descentralización es indispensable, para acercar el poder a los horizontes locales y regionales, a fin de convertir la autonomía en fuerza creadora que sea coherente con el federalismo subyacente.

Pero la democracia avanzada, que justamente precisa de todos esos avances para su instauración, tiene su objetivo en la idea de la solidaridad, como expresión de la triple aspiración de libertad, igualdad y fraternidad. Y esa solidaridad ha de manifestarse no solamente en términos sociales, sino también en lo espacial, con la amortiguación, primero y la eliminación, después, de los desequilibrios interregionales. Se trata, en fin, de un proyecto renovador, que implica alteraciones en el esquema de crecimiento inercial, para, así, pasar a un modelo de desarrollo integral.

8. Los nuevos derechos

Sin embargo, la solidaridad no cabe concebirla sólo de un modo sincrónico —en el tiempo en que vivimos, con quienes coexistimos— sino también como solidaridad diacrónica, a través del tiempo, respetando lo mejor de las tradiciones y de los legados pretéritos, que hemos de transmitir a las generaciones venideras. Lo cual nos lleva a un nuevo tipo de derechos, que ya no son simplemente los *dere-*

chos políticos de la democracia burguesa, o los *derechos sociales* surgidos a raíz del sufragio universal; nos hallamos en realidad ante un nuevo tipo de derechos que me atrevo a llamar *derechos ecológicos*, y a los que ya tuvimos ocasión de aludir con anterioridad en el Capítulo 4.

La diferencia cualitativa de esta última y nueva categoría, consiste en que no se trata de derechos de los individuos como tales, o de la colectividad para el mero presente, sino de la comunidad considerada como algo permanente y en su visión de futuro. Es la sociedad la que tiene derecho a que no se produzcan rupturas irreversibles en los equilibrios ecológicos, en los ecosistemas. Es la sociedad la que está en su derecho de actuar para que no se agoten de forma derrochadora y necia los recuros no renovables. Es la sociedad la que puede exigir que se conserven los espacios naturales, que se garantice la vida a las demás especies animales y del reino vegetal, y para que, en definitiva, se mantenga la biosfera como soporte de la vida toda del planeta

En esta perspectiva, la democracia avanzada representa la reconciliación de la humanidad con la Naturaleza. La técnica ya no puede ser tosca y simplemente perseguidora del dominio del medio por el hombre, sino que ha de formalizar su asociación con la Naturaleza, para en vez de destruirla, conservarla y potenciarla. En consecuencia, la naturaleza pasa a ser la *variable independiente del nuevo modelo de desarrollo*. Y esa es la obligación del intelectual, revelar ese propósito realmente científico [42].

---

[42] Intelectualmente en el sentido de Paul Baran: «Un intelectual es de tal modo, en esencia, un crítico social, una persona cuya preocupación es identificar, analizar, y por esa vía contribuir a superar los obstáculos que se oponen a un orden social mejor, más humano y más racional. Como tal se convierte en la conciencia de la sociedad y en el vocero de cuantas fuerzas progresistas contenga ésta en un período cualquiera de la historia. Y como tal es inevitablemente considerado un *creador de problemas*, una *molestia*, por la clase dirigente que procura conservar el *status quo;* así como por los trabajadores del intelecto a su servicio, que acusan al intelectual de ser utópico o metafísico en el mejor de los casos, y subversivo o sedicioso en el peor». P. Baran, «El hombre y su obra», por P.M. Sweezy, H. Magdoff y P. Baran, versión española, siglo XXI, Madrid, 1965.

9. La socialización del Estado

Otra faceta importante de la democracia avanzada es la *lucha contra la burocratización*. Las esperanzas de Hegel y de Max Weber en cuanto al papel benefactor de la burocracia, se han visto más que arruinadas por la realidad de una hidra que lo abarca todo y que todo lo bloquea. Más razón tenían en sus premoniciones los mensajeros de las ideas libertarias —como Proudhon, Bakunin y Kropotkin— que anticiparon lo que podía llegar a ser la burocracia maniatando a las gentes.

La burocracia es la expresión personal y mecánica del Estado, al que dominan las castas de funcionarios que a su vez están al servicio de los intereses de oligarquías de todo tipo. En esa situación, la seguridad social se transforma en un caos organizado, en un derroche sin fondo; la empresa pública se convierte en un apéndice de ineficacias de la economía privada; y la justicia en un remedo degradante que acaba por devenir injusticia institucionalizada. Por otra parte, la enseñanza separa el mundo intelectual del trabajo manual, y la educación política y medioambiental son origen de toda suerte de manipulaciones.

Así las cosas, la democracia avanzada viene a representar la *socialización del Estado*, en vez de la estatificación de la sociedad. Frente a la burocratización del Estado pseudosocialista y frente a la manipulación del estado neocapitalista, en la sociedad urbana e industrial la democracia avanzada puede transformar al hombre unidimensional en ciudadano.

Claro es que resulta ser una idea difícil de introducir, y más problemática aún de convertir en realidad, por sus muchos problemas de consolidación y desarrollo. Hay dificultades sin fin cuando los medios de comunicación social están al servicio del poder inercial, con una informática que además trata de racionalizar las capacidades del burocratismo.

En suma, la democracia avanzada se configura en nuestro tiempo como una concepción política renovadora, que hunde sus raíces en el *espíritu de la Ilustración*, del Enciclopedismo, y de la Revolución francesa, haciendo suyo el lema de *libertad, igualdad y fraternidad*. La democracia avanzada asume los planteamientos del liberalismo revolucinario, las aspiraciones igualitarias del socialismo, y la actitud de salvaguardia de la libertad y de la lucha contra el burocratismo del pensamiento libertario. En un paso adicional, además de desarrollar ampliamente los derechos políticos y sociales, busca en la solidaridad —con los menos favorecidos de nuestro tiempo y con las generaciones venideras— una *fórmula moderna de fraternidad*, en asociación ecológica del hombre con la Naturaleza. La democracia avanzada revigoriza los sentimientos de libertad y justicia, no sólo con un sistema electoral de representación proporcional y con partidos no oligarquizados, sino también a través de la activa y permanente participación de los grupos, asociaciones y movimientos en la toma de decisiones a los distintos niveles, municipal, regional y nacional. La democracia avanzada se plantea, en fin, la *trascendencia del hombre* como individuo y comunitariamente, en un propósito de creatividad, de paz, y de consecución de la felicidad, en la que el Estado se socializa y la nación se nacionaliza al hacerse de todos.

10. La democratización de la economía [43]

En sentido político, está claro que la democracia avanzada es la formulación más progresista, al tratar de rehuir tanto los efectos más perniciosos del capitalismo, como las aberraciones del socialismo. Desde el punto de vista más estrictamente económico, la salida del Nuevo Estado Industrial, la economía mixta de dominación, o el capitalismo monopolista del Estado, no puede ser otra que la democratización de la economía. Lo cual significa, sencillamente, que la actividad ha de gobernarse no en función de los intereses de una estrecha minoría, sino con base en los de la inmensa mayor parte de la población. Esto significa que, necesariamente, las relaciones de dominio de la estructura económica, la propia malla que sirve de soporte a la sociedad, debe modificarse.

La sociedad se basa en una estructura económica, que puede representarse por una red, una malla de relaciones entre clases y grupos sociales. Esas relaciones no cambian fácilmente, persisten en el tiempo; a diferencia de lo que sucede con los aspectos secundarios

[43] Sobre la multiplicidad de aspectos que pueden apreciarse en esta cuestión, es muy recomendable el libro de lecturas compilado por Antoni Casahuga, «Democracia y economía política», Instituto de Estudios Fiscales, Madrid, 1980, con artículos sobre teoría constitucional (de J. M. Buchanan, G. Tullock, K. J. Arrow, etc.) sobre modelos de funcionamiento de la democracia, y acerca de aspectos específicos de la teoría económica en donde se analiza una triple serie de temas: teorías de las votaciones, las abstenciones, volumen del presupuesto democrático y relaciones internacionales.

de la realidad (coyuntura) que se alteran de continuo. En el sentido apuntado, las relaciones pueden ser de distinto orden: de poder, de propiedad, de producción, y de cambio. Esas cuatro categorías son las que nos permiten disponer de un modelo teórico, en el cual pueden preverse las transformaciones estructurales necesarias si se aspira a pasar a una economía democratizada.

Las relaciones de dominio se aprecian fundamentalmente en el *uso del poder político*, que implica una relación entre gobernantes y gobernados. Cuando la relación es autocrática se rige por la regla del «ordeno y mando» por parte del poder no elegido respecto de los ciudadanos que quedan relegados al papel de meros súbditos. Por tanto, el paso de una situación autocrática a otra democrática significa transformaciones importantes en las relaciones de poder; primero de todo por la legitimación democrática a través del sufragio universal, y en segundo término por el desmantelamiento progresivo del Estado centralista que detenta el monopolio de potestades, para contribuir a una descentralización de las decisiones, a un pluricentrismo, haciendo posible así el acercamiento del poder al pueblo, y, en definitiva, a una participación creciente de los ciudadanos en la vida política.

Una segunda cuestión son las *relaciones de propiedad*. En este caso concreto, en los países capitalistas menos desarrollados, el problema fundamental está en la propiedad de la tierra, igual que hace mucho tiempo. La reforma agraria sigue siendo necesaria —incluso diríamos que prioritaria— para poder elevar los niveles de productividad y hacer posible que los agricultores, de ciudadanos de tercera pasen a ser ciudadanos de primera, en pie de igualdad con el resto de las actividades económicas, con semana laboral de 40 horas, vacaciones pagadas, la posibilidad de organizarse sindicalmente a nivel de empresas, etc.

Igualmente, las relaciones de propiedad en su actual configuración están bloqueando cualquier forma de *desarrollo urbano al servicio de la sociedad*, y de ahí que sea indispensable el plantearse una política de suelo edificable concorde con los intereses mayoritarios. Siendo la especulación inmobiliaria una de las raíces básicas de la inflación estructural, no es ninguna casualidad que no se ataque seriamente en los frecuentes programas contra la inflación de los gobiernos de derecha; hacerlo así, sería ir contra los propios intereses de los gobernantes.

En cuanto a las *relaciones de producción*, el paso a la democratización económica habrá de verse favorecido por la presión del sindicalismo libre. Y también en función del trato que habrá de introducirse en la elaboración de la política económica de cara a las diversas categorías de empresas (gran capital, multinacionales, empresas paraestatales y pequeña y mediana empresa) que ya no podrá ser discriminatorio para las citadas en último lugar, sino que habrá de convertirse en equitativo.

En lo concerniente a las *relaciones de cambio* será preciso abordar el reajuste de la función intermediaria comercial y financiera, que absorbe una parte importante de los precios finales. Me refiero naturalmente a una profunda revisión de los circuitos comerciales, y a un mayor control de las entidades financieras (crédito oficial, bancos, cajas de ahorro, etc.).

El tema de la *educación* es en el que tal vez más claramente se aprecia el carácter clasista de la sociedad. No puede tomarse sino como una falacia cuanto se diga sobre igualdad de oportunidades, mientras no se aborde una auténtica transformación de la enseñanza. Así, la profunda reforma educacional que se necesita, será la mejor base para llegar a una nueva sociedad, en la cual la tendencia a la igualdad algo más que un lejano propósito para inscribirlo en letras más o menos brillantes en los frontispicios de algunos edificios públicos.

Y en conexión con las cuestiones educativas se encuentran las de la *ciencia y la tecnología*, que hasta ahora no estuvieron en la primera línea que les corresponde entre las grandes opciones socioeconómicas. Y digo ésto, porque el futuro desarrollo agrario, industrial, del comercio exterior y de tantas otras rúbricas de actividad, depende de que se salga o no de la servidumbre a las potencias tecnológicas dominantes en el mundo, de la órbita del imperialismo de las multinacionales.

Por último, queda la envolvente de las relaciones estructurales, es decir, el *conjunto de instituciones*. La conclusión es casi obvia: si se quiere ir a una democracia avanzada, será preciso transformar profundamente las instituciones, de modo que éstas sean coherentes con las relaciones de poder, propiedad, producción y cambio que se aspira a establecer.

Capítulo 6
MILITARISMO Y SOCIEDAD

1. Una realidad insoslayable

Es este un tema que a algunos podrá parecerles extemporáneo, o incluso provocador, que se incluya en un libro de Estructura Económica. Pero cuando todo se mundializa, y hablamos de recursos para el desarrollo, los gastos militares aparecen como asignaciones de una importancia difícil de exagerar. Y en las elasticidades de sustitución de las dotaciones presupuestarias, qué duda cabe que el gasto militar es antitético con ciertos propósitos y sustituible por otras aplicaciones.

De entrada, la situación en lo relativo a militarismo y desarrollo puede resumirse en pocas palabras y cifras. El gasto militar en 1985 —año último de máxima tensión, pero sin que todavía haya habido desde entonces reducciones verdaderamente significativas— se elevó, para los 160 países del mundo que cuentan con fuerzas armadas, a una cifra próxima a un billón (10^{12}) de dólares; suma de la cual en torno a un tercio se dedicó a la compra de armamento, quedando el resto para los denominados «gastos corrientes» de los ejércitos.

De la cantidad global expresada, más de un 40% se gastó por las dos superpotencias. EE.UU. dedicó a temas militares unos 340.000

millones de dólares, el 7,5% de su PIB; y la URSS, con una proporción estimada en el 12%, se acercó al equivalente a unos 180.000 millones de dólares [1].

Los gastos de las dos superpotencias, año a año se traducían, en 1985, en un gigantesco arsenal, especialmente terrorífico en términos nucleares: unos 15.000 megatones y unas 20.000 ojivas nucleares repartidos en potencia global prácticamente al 50% entre la URSS y EE.UU.; si bien con una composición interna muy distinta en cuanto a misiles intercontinentales, de alcance medio, bombarderos, y submarinos [2].

Aparte de las dos superpotencias, los otros países nucleares tenían en 1985 efectivos mucho menores. El Reino Unido y Francia, conjuntamente, no llegaban a las 200 ojivas nucleares de alcance medio y semi-largo; esto es, menos del 1% de lo reunido por soviéticos y norteamericanos. De ahí podría desprenderse en una primera apreciación la idea de que ambos países ya no cuentan con verdadera capacidad disuasoria, y que por ello mismo su política militar apenas pasa de ser la expresión de una «sombra de soberanía». Sin embargo, los misiles con que cuentan esos dos países europeos, por su relación con las flotas de submarinos atómicos, tienen indudable capacidad porque su difícil localización les permite una «sigilosa» aproximación a sus potenciales objetivos.

Por su parte, China suponía un caso muy particular dentro del

---

[1] Para una información cuantitativa detallada sobre el tema, puede verse el libro «Gastos militares y sociales en el mundo», de Ruth Leger Sivard, Centro de Investigaciones para la Paz/Ediciones del Serbal, Madrid, 1986. Sobre las relaciones entre armamentismo y hambre, John Bennett y Susan George «La máquina del hambre», versión española, el País/Aguilar, Madrid, 1988. En cuanto a la pesadilla de la guerra posible, al reestructurar estos «Fundamentos» en 1989 ya había una promesa global de distensión. Pero repasen Vds. algunos escritos del comienzo de la década de 1960 o de los años 70 si quieren darse cuenta de lo que fue «aquello», en la época de la *crisis de los misiles* (de Cuba, entre Kennedy y Kruchev) y después. Eduardo Subirats supo recoger uno de estos momentos dramáticos en su libro «Textos situacionistas. Crítica de la vida cotidiana» (Cuadernos Anagrama, Barcelona, 1973) en el documento «Geopolítica de la invernación» en el que hay referencias al *megabody* (un millón de muertos) como unidad de medida en los cálculos sobre víctimas de una posible Tercera Guerra Mundial. Barry Commoner calculó por entonces que una hora después de estallar esa contienda habría producido 80 *megabodies* de norteamericanos.

[2] El enfrentamiento de las superpotencias abarcaba a prácticamente todo el espectro de cuestiones: políticas, económicas, sociales y culturales. A este respecto es interesante el libro de Noam Chomsky, Jonathan Steele y John Gittings, «Superpotencias en colisión», versión española, Madrid, 1985.

club atómico. Sin situación específica en la dialéctica de bloques anterior a 1991, —OTAN/Varsovia—, en la que sí estaban los cuatro países antes referidos, es indudable que la actitud «independiente» de China significaba un factor de interés de cara a una configuración futura menos polarizada del mundo [3].

Las cosas evolucionaron, efectivamente, en esa tendencia, a partir de la disolución del Pacto de Varsovia en 1991, con una creciente importancia de la *Conferencia de Seguridad y Cooperación en Europa* (CSCE); y con transformaciones también importantes en el entorno de la OTAN. A todo lo cual contribuyó la *Guerra del Golfo* (julio de 1990-febrero de 1991), cuando el Consejo de Seguridad de las Naciones Unidas, a iniciativa de EE.UU., autorizó la intervención multinacional contra Irak, tras su agresión a Kuwait.

Hoy el panorama mundial es muy distinto del que veíamos en la 10.ª edición (1989) de estos *Fundamentos.* Pero el que haya distensión, no significa que vivamos en el mejor de los mundos posibles, según puede comprobarse, entre otros, en mi libro «Un Nuevo Orden Mundial» (Espasa Calpe, 3.ª edición, Madrid, 1992), y según pasamos a ver.

2. Las consecuencias del militarismo

Desde hace mucho tiempo, desde el siglo XVI con Erasmo de Rotterdam en el «Elogio de la locura», y en el XVIII con Inmanuel Kant y sus estudios sobre la paz perpetua, han sido muy numerosos los trabajos que se han atrevido a entrar en el espinoso campo de las consecuencias del militarismo. Entre los más recientes y comentados, sobre todo por su clara vertiente económica, hay que citar los de tres comisiones internacionales, que recibieron sus nombres de sus respectivos presidentes: Palme [4], Thorsson —antigua subsecretaria del Ministerio de Asuntos Exteriores de Suecia— [5], y Brandt [6]. En realidad, lo que podría inferirse de estos tres informes, es bastante sencillo y razonable: la industria militar no es tan difícil de reconvertir; el multiplicador de inversión de los gastos militares queda en general muy por debajo del multiplicador de inversión de los

[3] Como introducción general al tema de economía y militarismo, es de gran interés el libro de Dan y Ron Smith «The Economics of Militarism», Pluto Press, Londres, 1983.

gastos civiles; y sin una senda hacia el desarme, las crispadas relaciones Este-Oeste impedirán de todo punto unas fructíferas relaciones Norte-Sur.

Más concretamente, si hubiera que hacer una primera estimación de los efectos más evidentes de la carrera armamentista en relación con las cuestiones Norte-Sur, podríamos fijarnos en que el monto de la deuda externa de los países del Tercer Mundo, a finales de 1992, alcanzaba una cifra aproximada de un billón (10^{12}) de dólares. Y en el mundo de la sabiduría convencional eran muy pocos los que se rasgaban las vestiduras ante la circunstancia de que los gastos militares de un solo año representasen más que el total endeudamiento de un centenar de países subdesarrollados a lo largo de un decenio de crisis profunda. Situación nada extraña en términos del mundo de la «economía convencional», que no mira lo que no quiere ver.

3. Propuestas para la deuda externa y el medio ambiente

Precisamente las relaciones *deuda externa/medio ambiente/armamentismo* son una de las cuestiones cruciales de nuestro tiempo, y difícilmente cabe soslayarlas en un libro como éste, sobre *Fundamentos de Estructura Económica*. Porque, como podremos apreciar, afecta profundamente a las relaciones estructurales a escala mundial.

Eso es lo que traté de poner de relieve —junto con mis colegas J. M. Revuelta y S. Ruesga— en el VII Congreso Mundial de Economistas, celebrado en Madrid, en septiembre de 1983, en una ponencia en la que desarrollamos algunas ideas [7] sobre las posibles fórmulas con que podría darse una solución al problema del endeudamiento. Después de rememorar cómo se cancelaron, por condo-

---

[4] El Informe Palme puede verse, en lengua inglesa bajo el título «Common Security. A Programme for Disarmament», Pan Books, Londres, 1982.

[5] Inga Thorsson, «Desarme y reconversión: el Informe Thorsson», en *Economistas*, n.º 22, especialmente dedicado a la Economía de la Defensa, n.º 22, octubre-noviembre 1986, págs. 28 a 33. El artículo citado resume y actualiza el informe del mismo nombre, que vió la luz en agosto de 1984. Una versión amplia del Informe Thorsson es el libro de Clyde Sanger «Desarme y desarrollo en los años 80», versión española, Editorial Debate, Madrid, 1985.

[6] El Informe Brandt se publicó por Penguin, Londres, 1979.

[7] Bajo el título «Desarrollo, deuda externa y distensión: un problema de nuestro tiempo», en *Actas del 7.º Congreso Mundial de Economistas* (mimeografiado), vol. II (sesiones especializadas), Colegio de Economistas, Madrid, 1983, 49 págs.

nación, los créditos norteamericanos de la Ley de Préstamos y Arriendos (1941-1945), y cómo se procedió análogamente, por donación, con los fondos del Plan Marshall (1948-1952), sostuvimos la idea de que si en momentos de emergencia un solo país, EE.UU., había realizado tan gigantescas aportaciones para luchar por la democracia y facilitar la reconstrucción entre 1939 y 1950, era lógico que en los años 80 el conjunto de los países ricos del mundo asumieran la carga de facilitar el desarrollo democrático en términos globales del Tercer Mundo —amenazado por toda clase de tiranías— y hacer posibles nuevas relaciones Norte-Sur para el desarrollo económico de la mayor parte de la población del planeta.

Ello exigiría, como es lógico, una gigantesca *operación internacional de ayuda económica* según nuevos patrones: estatificación de la mayor parte de la deuda; disminución de los intereses; y financiación de los costes implícitos de todo o de la mayor parte del referido proceso por parte de los países ricos. Sin olvidar desde luego —porque se puede ser ingenuo pero no neciamente iluso— que tal operación exigiría una actitud, también internacionalmente articulada, contra la persistencia de la hegemonía del poder del *complejo industrial-militar*.

Todo lo expresado en nuestra ponencia —y así lo planteábamos también— podría haberse detallado en una Conferencia Internacional sobre la deuda, organizada por el FMI, que con tal reunión habría readquirido gran prestigio.

Y si había precedentes financieros de tanta importancia como los antes mencionados —Ley de Préstamos y Arriendos y Plan Marshall— existía un tercer factor para acelerar la solución del problema de la deuda: las amenazas de una gran crisis ecológica por todo lo que representa de muy grave el holocausto de los ecosistemas que estaba produciéndose en Africa, en Sudamérica, en el Sudeste Africano, etc. (ya vimos algo de ello en el capítulo 4).

Y en materia ecológica también existe un precedente de indudable interés. Se trata del modelo de Israel, que —sin entrar ahora en toda su política respecto al pueblo palestino y a las Naciones Unidas— constituye el más brillante *caso práctico* de cómo un territorio en zona árida o semiárida, y con importantes aumentos de población, lejos de deteriorarse, mejora desde el punto de vista medioambiental; incluso con el desarrollo de auténticos vergeles. Un caso que globalizando desde la estrecha relación económica y tecnológica EE.UU./Israel a nivel de países industriales del Norte y Tercer Mundo del Sur, podría aplicarse de forma operativa, empezando por las zonas más críticas como son el Sahel, Sudán y Etiopía.

Más concretamente, el tema de la deuda externa entró en una vía de amortiguación con «soluciones» de ajuste (pequeñas *quitas,* aplazamientos, y reducción de intereses), con los denominados Planes *Baker* (1985) y *Brady* (1989), ideados por EE.UU., que planteó negociaciones *ad hoc* (una a una) con los países deudores [8].

4. Los riesgos del armamentismo

Pero aparte del problema de lo que representan los gastos militares como freno para la ayuda al desarrollo, debemos considerar otros graves peligros. El primero de ellos, la *difusión nuclear*, es decir, la eventualidad de que el Club Atómico de cinco países se amplie a una docena o más de Estados que podrían pasar a disponer de armamento nuclear dentro de lo que queda de siglo; con todo lo que ello representaría de mayores riesgos de conflicto generalizado. Aparte de lo que supondría la posible miniaturización de las armas nucleares para proyectos de carácter terrorista.

El segundo gran riesgo que implican los gastos militares, radica en la falta de un entendimiento global de las superpotencias para congelar arsenales y articular dispositivos a fin de ir erradicando la idea de la guerra. Es cierto que el acuerdo EE.UU./URSS firmado por Gorbachov y Reagan en diciembre de 1987 sobre misiles nucleares de alcance intermedio, y los sucesivos Bush/Yeltsin, supusieron una gran esperanza. Pero ahí sigue la Iniciativa de Defensa Estratégica (IDE/SDI, más conocida como «guerra de las galaxias»), y su posible contrabalanceo ruso o chino [9]. Como también es preocupante el acento que se pone en Europa en cuanto a reforzar los armamentos convencionales, y las prédicas a lo Kissinger acerca del au-

---

[8] Para mayor detalle del prólijo procedimiento, y de sus menguados efectos, puede verse mi libro «Estructura Económica Internacional», 16.ª edición, Madrid, 1992, págs. 114 (Plan Baker), y 134 (Plan Brady).

[9] Sobre este tema, la bibliografía es muy amplia. Entre los libros más significativos hay que citar el de E. P. Thompson, «La guerra de las galaxias», versión española, Crítica, Barcelona, 1986 (con un prólogo de Rafael Grasa). Para una primera lectura el número de *Time* del 11 de marzo de 1985.

mento de los peligros de conflictos bélicos al disminuir la todavía manifiesta polarización en la «defensa nuclear».

5. Las dificultades para una solución. La EET

¿Pero qué pasa? ¿Por qué con tantos y racionales argumentos —y otros que podrían exponerse— no prosperan en favor del desarme?

La respuesta no es tan difícil. John Kenneth Galbraith comentó en cierta ocasión los términos de una conversación mantenida con Nikita Kruchev, en la que éste le explicó que los aumentos de gastos militares en la URSS tenían una dinámica muy similar a la existente en EE.UU.; ante el temor de que los norteamericanos tomaran la delantera en los grandes avances bélicos —dijo Kruchev— los generales soviéticos presionaban en la misma dirección [10]. Con lo cual venía a decir que en la URSS funcionaba un complejo *generalato-nomenklatura,* no tan distinto del complejo *industrial-militar* al que en el caso de EE.UU. se refirió el general Eisenhower en 1960, para con esa expresión identificar al conjunto de los intereses de una serie de políticos, industriales y militares, interesados a toda costa en mantener la bipolarización de las tensiones como motor de la dinámica armamentista, fuente de grandes contratos y excelentes beneficios.

Han pasado muchos años desde 1960, y el que ahora cabría considerar como modesto complejo industrial-militar de entonces, se transformó en una amplia *estructura estratégica transnacional* (EET), para abarcar a las grandes corporaciones de los países industriales, y a todo el mercado mundial de armamentos ligado directamente a la dinámica de las pretensiones militares [11].

La EET tiene consecuencias perversas, porque no hay un fin definitivo de la misma, en el sentido de que un día la carrera pueda acabarse por convicción de sus propios protagonistas, o por la persuasión forzada de quienes pueden tomar decisiones sobre ellos. Los impulsos para adelantar al contrincante, son permanentes; y la carrera,

---

[10] J.K. Galbraith, «El armamentismo a examen», *Anuario EL PAIS* 1983, págs. 33 y 34.

[11] Sobre la misma cuestión de la que se ha llamado una economía armamentista (*an arms economy*), puede verse Michael Kidron «Western Capitalism since the War», Penguin, Londres, 1970, especialmente las págs. 48 y siguientes.

teóricamente, es indefinida. Con la particularidad de que se justifica esa carrera como el mejor modo de conseguir la delantera tecnológica; en línea con lo expresado en la sección 8 del capítulo 2 de este mismo libro.

La EET, y así lo puso de relieve persona tan poco sospechosa como Milton Friedman [12], implica el dominio del gran mercado de armamentos, que se caracteriza porque en la práctica es secreto para la opinión pública, porque su tecnología se mantiene hermética, porque sus precios resultan desorbitados con arreglo a cualquier patrón, y porque en él la colusión es práctica habitual entre los grandes ofertantes.

La EET implica, además, que los gastos militares, como subraya Friedman, se hipertrofian, situándose muy por encima de lo que incluso serían unos «razonables criterios de defensa». En otras palabras —y esto va por los *fans* de todo lo de la defensa— los presupuestos militares con auditorías adecuadas y sistemas de base cero podrían ser reducidos drásticamente sin menguar su operatividad defensiva.

Por último, señalemos que la EET origina las condiciones para una industria y una economía altamente militarizadas, con todas sus secuelas de control ideológico de los trabajadores, técnicos y ejecutivos de las empresas directa o indirectamente relacionadas con la «defensa» (el célebre *Berufverbot* del que después nos ocuparemos).

Incluso la EET crea su propio «campo magnético», su área de influencia. De modo que quienes verbalmente pretenden estar «defendiendo la libertad» vulneran de forma cada vez más evidente los propios *principios de esa libertad*. En los países densamente poblados del centro de Europa, el despliegue de unidades militares exige espacios muy amplios para maniobras, polígonos de tiro, aeropuertos, bases militares, silos para misiles, espionajes y contraespionajes, etc. En estas condiciones, no es extraño que la hipermilitarización fuera en la RFA uno de los orígenes del fuerte movimiento pacifista y *verde*.

Por último, y hay que citar una de las mayores agresiones de la EET, la *Berufverbot* [13], es decir, la investigación de las actitudes ideo-

---

[12] En su libro «La tiranía del status quo», versión española, Grijalbo, Barcelona, 1983.

[13] Expresión alemana (literalmente *prohibición de oficio*) para referirse a las averiguaciones que se hacen sobre la ideología de científicos, técnicos y trabajadores, a fin de evitar que en las investigaciones sobre armamentismo puedan trabajar los que

lógicas de los trabajadores, técnicos, y ejecutivos en todas las empresas directa o indirectamente relacionadas con la defensa.

En definitiva, la EET se configura como un dispositivo de vastas dimensiones, con un potencial difícilmente exagerable de imposición de toda clase de sumisiones económicas, tecnológicas, e ideológicas.

6. Sofismas y nueva racionalidad

No se trata, como de forma tan sofista se dice, de «querer la paz con el corazón, y de aceptar los condicionantes de la defensa con el cerebro». Ello significa resignarse, de mejor o peor grado (y lo que predomina es el «mejor grado») a la carrera armamentista, con todas sus consecuencias, que hemos examinado en estas páginas. Hay que aspirar a la paz y el desarme con el corazón (juicio de valor) y *también con el cerebro* (nuevo paradigma). Hay una alternativa, la única racional, de buscar la paz a través de la distensión, en lo cual la *caída del muro de Berlín* en 1989, y todos los episodios que siguieron, del derrumbamiento del imperio soviético, supusieron un cambio tan súbito como espectacular. Pero la distensión no es la paz. Sigue la confrontación latente, o en conflictos localizados.

Joseph Schumpeter, al referirse a los economistas del siglo XVIII, que eran calificados de *secta peligrosa*, explicaba el origen de esta denominación, sencillamente por la circunstancia de que aquella vanguardia filosófica pretendía revelar a la humanidad el sentido oculto de sus luchas. Hoy en día, las nuevas fuerzas filosóficas emergentes del pacifismo y del ecologismo, lo que hacen es intentar *revelar a la humanidad el sentido oculto de sus luchas* por la acción perversa del negocio armamentístico, y por los graves peligros que acosan el mantenimiento de los ecosistemas (el riesgo de una guerra nuclear). Cuando el futuro se ha de resolver con nuevos planteamientos de razón y no de fuerza, sería absurdo apostar por la fuerza y no por la razón. El nuevo paradigma de la convivencia humana —la *nueva racionalidad*— conlleva la idea de la erradicación de la guerra, que ya no cabe contemplar como algo inevitable, por la sencilla razón de que equivale al ecocidio.

---

se han pronunciado por soluciones de paz y no violencia, a los que por lo general se identifica con comunistas socialmente rechazables.

Evidentemente, el empleo de palabras como perverso, no significa que no haya mucha gente que de buena fe piense que es necesario contar con armamentos y fuerzas militares para defenderse de ciertos enemigos. Esas gentes, casi siempre están influidas por toda una ideología dominante —apoyada por una propaganda masiva— que *les hace ver* que «los valores fundamentales de su civilización» están grave e inmediatamente amenazados. Son gentes que prefieren la tranquilidad a la duda, y la seguridad controlada —consumismo, control ideológico, etc.— a la visión crítica. Evidentemente, son muy respetables, y tienen todo el derecho a pensar así. Pero por lo menos deben reconocer que los cambios se han producido en el mundo —y eso es el progreso— por la acción de los críticos, siempre considerados subversivos: ya fueran Jorge Washington y los demás «terroristas» norteamericanos que izaron la bandera de la independencia de EE.UU. contra Inglaterra, o los revolucionarios que desde 1789 cambiaron el designio de Occidente con la revolución francesa, o quienes en 1848 buscaban la unidad de Alemania o Italia, o los que en 1917 decidieron hacer la revolución para poner fin a la explotación del hombre por el hombre.

Hoy, los verdaderos revolucionarios son los que buscan el *paradigma de una nueva racionalidad*, de un mundo sin guerras, de un concierto internacional sin hegemonías opresoras de una u otra forma, de un planeta donde las tensiones Este-Oeste den cauce pleno a la solidaridad Norte-Sur. Insistamos: todo esto a algunos puede parecerles *utópico*, en el sentido que el conservadurismo convencional asigna al término utopía; entre otras cosas, porque no han leído las razonables proposiciones del célebre libro de Tomás Moro[14]. Es el tiempo en que si lo queremos, el esfuerzo de la generalidad puede conducir a la maduración de la nueva utopía. La conocida frase de Ernst Bloch «la utopía o la nada» deja de ser profética para convertirse en realista, como señal de alerta ya indiscutible. Se trata de conseguir *la paz perpetua* en expresión de Kant [15], frente a la *contrautopía del holocausto* nuclear, que conduciría a la nada. Y esa alternativa utópica es susceptible de insertarse en la racionalidad de

[14] La versión española de Alianza Editorial en el «Libro de Bolsillo» (1983), ofrece una buena posibilidad de leer esta obra básica del pensamiento humano, que originó toda una secuencia de escenarios; a este propósito, puede verse también la obra de Jean Servier, «L'Utopie», PUF, París, 1979.

[15] Inmanuel Kant, «La paz perpetua», versión española, Tecnos, Madrid, 1985.

las previsiones, contrastables, de planteamientos verdaderamente científicos.

No cabe aceptar ya la doctrina de Clausewitz [16] de que «la guerra es la continuación de la política por otros medios». En realidad, *la guerra es la anti-política.* La voz *política* tiene su origen etimológico en la idea de la *polis* griega, de la ciudad, donde la convivencia era posible porque había democracia. La guerra es el final de la política, es la involución, la destrucción y la muerte.

7. La vuelta a Kant: la paz perpetua como utopía realizable

Y si tales aseveraciones han sido siempre ciertas, la verdad es que en los años 80 tuvo caracteres bien dramáticos. Johan Galtung en su libro «Hay alternativas, cuatro caminos para la paz» —cuya versión española tuve ocasión de prologar— [17] ha destacado que la *guerra homicida del pasado*, en la que apenas no morían sino los combatientes directos, ha ido difundiéndose de manera creciente al resto de la población; hasta convertirse, ya en la Segunda Guerra Mundial, en un *muestrario de genocidios*, tanto de poblaciones civiles en las retaguardias bombardeadas, como de consciente exterminio de determinados pueblos considerados «inferiores» o «innecesarios».

Hoy la guerra se plantea dando un paso más allá. Sigue siendo homicida y genocida. Pero además, se transforma en un *ecocidio potencial*, por la muerte de los ecosistemas y la destrucción generalizada de la biosfera. La teoría del *invierno nuclear*, basada en el modelo TAPPS [18] así lo explica con su hipótesis científica —que incluso los bloques militares, OTAN y Varsovia, hubieron de aceptar— de una posible «quinta glaciación» que el hombre podría inducir unilateralmente con una guerra termonuclear. En otras palabras, aparte de los efectos de la explosión, del calor, y de la lluvia radiactiva ulterior, el invierno nuclear implica, con toda verosimilitud, un amplio conjunto de cambios climáticos, de tal orden y magnitud, que la vida como hoy la conocemos en el planeta desaparecería; y ello

---

[16] Karl von Clausewitz, «De la guerra», versión española, La Habana, 1969, especialmente pág. 27 y sigs.

[17] Versión española, Tecnos, Madrid, 1984.

[18] Carl Sagan y otros, «El invierno nuclear», versión española, Alianza, Madrid, 1986.

con emplearse *sólo* un tercio del arsenal atómico nuclear existente a mediados de los años ochenta.

La *utopía de la paz perpetua* debe ser el objetivo de la nueva racionalidad filosófica, y el apoyo de un vasto cambio económico. No hay por que tener vergüenza de hablar de ello, o renunciar a ese modelo porque a algunos no les parezca científico mezclar la economía con tales cuestiones. Cuando en una mesa redonda o en un debate económico se plantean preocupaciones así, siempre hay alguien que en tono benevolente —pero en el fondo de lo más despreciativo— comenta que «será bueno hablar de economía». No teman Vds., los lectores que compartan esta tesis sobre el *paradigma de la nueva racionalidad;* recuérdenles a esos señores, sin necesidad de entrar por el momento en más profundidades, que repasen las reflexiones de Adam Smith en su *Teoría de los sentimientos morales,* o que vuelvan a leer *Las consecuencias económicas de la Paz* de J. M. Keynes.

Aún podríamos escribir largo y tendido sobre estas cuestiones; pero creo que lo esencial, por lo menos a mi juicio, ya ha quedado dicho. Porque como en los principios de nuestra era dijo el gran pensador hispanorromano Lucio Anneo Séneca: «No nos falta valor para emprender ciertas cosas porque sean difíciles, sino que son difíciles porque nos falta valor para emprenderlas» [19].

Y como colofón, constatemos, otra vez, el gran avance que se dio entre la 10.ª (1989) y la 11.ª edición de esta obra (1992) [20].

Pero el que la tensión entre bloques haya desaparecido, al disolverse el Pacto de Varsovia en 1991, no significa que no haya tensio-

---

[19] Sobre el tema, «El acuerdo de los euromisiles. De Reikiavik a Washington», edición de Mariano Aguirre y Carlos Taibo, Iepala Editorial, Madrid, 1988. Dentro de la tendencia más optimista sobre el futuro están los que creen en la incompatibilidad absoluta del nuevo paradigma de una racionalidad humana y la idea de la guerra. Con antecedentes ya en Erasmo, Kant, el abate Saint Pierre y Ernst Bloch, la cuestión fue planteada formalmente por Claude Le Borgne en su libro «La guerre es morte. Mais on ne le sait pas encore», Grasset, París, 1987. En relación con estos temas, y retomando una vieja tesis de Hegel, es de indudable interés —aunque al propio tiempo controvertible— la postura de Francis Fukuyama, en su artículo «The End of History?», publicado en la revista *National Interest,* en su número del verano de 1989, págs. 1 a 18. En este trabajo, Fukuyama plantea la posibilidad de que al prevalecer un sistema económico y social en el mundo (economía mixta y democracia liberal), la confrontación tenderá a disminuir, entrándose en un período de distensión.

[20] Sobre las perspectivas, nuevamente me remito a mi libro «Un Nuevo Orden Mundial», ya citado al final de la sección 1 de este mismo capítulo.

nes. Los años 1990, 1991 y 1992 contemplaron el mayor número de conflictos bélicos en Europa (Yugoslavia, el Cáucaso, en Moldavia), al tiempo que continuaban varias guerras en Africa (Etiopía, Somalia, Sahara Occidental); y sobre todo hubo la *Guerra del Golfo,* con todas sus implicaciones. Aparte de que diluido lo esencial de la tensión Este/Oeste, la confrontación Norte/Sur no presenta precisamente los mejores síntomas de transformarse en verdadera solidaridad.

Capítulo 7

EL CONCEPTO DE ESTRUCTURA ECONOMICA

1. El concepto de estructura económica como problema

Casi es un rito obligado que, cuando se trata de determinar el concepto de algo, se empiece por subrayar las dificultades de tal empeño. En nuestro caso concreto, una aseveración de este tipo constituye el reconocimiento de la multiplicidad de acepciones que admite la expresión *estructura económica*.

En lengua española creemos que fue Román Perpiñá Grau quien primeramente se ocupó de la etimología del término estructura. A él se refiere con las siguientes palabras: «... Aquella voz latina que indica la reunión ordenada de un montón de cosas, *struix*, dando al verbo *struere* y al sustantivo *structura*, la significación empleada por Plinio para designar las membranas, y por nuestro Columela para la construcción del caserío, en su Agricultura, es hoy, a pesar de su ruda sonoridad, palabra común hasta en el lenguaje no científico. Cierto que, en voces compuestas, la hemos empleado siempre, sin darnos cuenta: *instruir*, *construir* y hoy *industrializar*» [1]. Este senti-

[1] Román Perpiñá Grau, «De Estructura Económica y Economía Hispana», Rialp, Madrid, 1952, pág. 82.

do de construcción, de disposición de las cosas en un determinado orden, mantiene hoy su vigencia, como puede apreciarse en diversos Diccionarios.

Así, recurriendo en primer lugar a la Real Academia Española de la Lengua, nos encontramos con que oficialmente la voz estructura tiene tres acepciones, dos directas y una en sentido figurado: «Distribución y orden de las partes de un edificio. // Distribución de las partes del cuerpo o de otra cosa. // fig. Distribución y orden con que está compuesta una obra de ingenio; como poema, historia, etc.»

Si en nuestro Diccionario las notas definitorias de estructura son la «distribución» y el «orden», al «Oxford Dictionary», análogo para el inglés a lo que la Real Academia representa en el español en cuanto a «oficialidad», pero inconmensurablemente más extenso y estructural, hace explícita otra nota de gran interés, cuando define la estructura como «las relaciones mutuas de los elementos o partes constitutivas de un todo que determinan su naturaleza o carácter peculiar».

Combinando ambas definiciones, puede decirse que tendremos una primera aproximación al concepto de estructura como «la caracterización de un todo por las relaciones mutuas que implican la distribución y el orden de sus partes», lo que nos proporciona una idea operativa de lo que es estructura, para llegar más adelante al concepto más específico de «estructura económica».

«*Estructura económica.* Estas dos palabras, notablemente utilizadas desde hace unos veinte años, se aplican a nociones bastante dispares y, con frecuencia, difíciles de precisar» [2]. Y la misma actitud

---

[2] J. Tinbergen, «De quelques problèmes poses pour le concept de Structure Economique», en *Revue d'Economie Politique*, número de enero-febrero de 1952, citado por J. L. Sampedro, «Realidad económica y análisis estructural», Aguilar, Madrid, 1959, pág. 3. Asimismo, Sampedro recogía una cita de Akerman de análogo contenido: «Desde hace una quincena de años el concepto de estructura aparece cada vez con mayor frecuencia en los debates económicos. Pero conviene advertir que el sentido del vocablo es impreciso, carente de definición explítica. En realidad, la *estructura* no está lejos de presentarse hoy con la misma ambigüedad que el *capital* o el *ciclo* en las investigaciones más antiguas.» Puede verse también José Luis Sampedro, «Modernidad y tradición de la Estructura Económica» publicado por primera vez en la *Revista de Economía Política*, vol. VI, núm. 2, mayo de 1955, y reproducido en *Anales de Economía*, núm. 1-4, 1969, págs. 109 y sigs.; y «El término estructura y el método estructural», artículo de Ramiro Campos Nordmann en *Anales de Economía*, núm. 5, 1970, págs. 60 y sigs.

mantenía en 1958 Fritz Machlup al iniciar su importante ensayo de semántica económica «Structure and Structural Change: Weasel-words and Jargon» [3]. Si bien al final de su esfuerzo de esclarecimiento reconocía que no había sido vano.

El mismo Machlup expuso su cambio de actitud en los siguientes términos: «tenía la sospecha de que la mayoría de sus significados [de las palabras estructura y cambio estructural] eran completamente indefinibles y absolutamente vagos. Esta sospecha no estaba justificada. Reuní y examiné un gran número de proposiciones, formuladas por toda clase de economistas, en las que figuraban las palabras estructura y estructural, y me percaté de que varios de sus significados eran claros y definibles. En otros casos se presentaban con una vaguedad considerable, pero las proposiciones no carecían de sentido. Sin embargo, en algunas ocasiones los significados resultaban tan oscuros que me inclino a caracterizar los términos (parafraseando palabras muy conocidas de Goethe) como vocablos encubridores de vacíos de pensamiento».

Con las anteriores referencias a Tinbergen, Sampedro y Machlup queremos subrayar el hecho de que encontrar un concepto de estructura económica —renunciando de antemano a la absurda pretensión de dar con uno que sea unívoco, convincente para todos— constituye aspiración irrealizable. Y respecto a la revisión de las definiciones vistas hasta aquí, podríamos traer a colación la frase de que «ni son todas las que están, ni están todas las que son».

Pero lo que nos parece más importante es que no se trata de ir explorando todas las acepciones de la expresión *estructura económica*. Nuestro método —distinto del seguido por Machlup, que tenía diferentes propósitos— será otro. Trataremos de examinar las distintas concepciones habidas de lo que hoy denominamos estructura económica, aunque algunas hayan recibido nombres distintos, tales como «economía descriptiva», «análisis cuantitativo», etc. En suma, hemos de apreciar cómo se ha concebido y cómo puede concebirse hoy la *estructura económica* en cuanto a realidad a analizar, y la Estructura Económica como región más o menos diferenciable de la Ciencia Económica, dedicada al análisis de esa realidad. Nótese, pues, que desde ahora la expresión a que venimos refiriéndonos la emplea-

---

[3] Publicado en *Zeitschrift fur Nationalökonomie*, vol. XVIII, núm. 3, agosto 1958, págs. 280 y sigs. La tradución española del artículo sería: «Estructura y cambio estructural, palabras ambiguas e ininteligibles».

mos con un significado distinto según que se escriba con minúscula o con mayúscula, según recomienda J. L. Sampedro.

Para configurar esa doble acepción haremos un cierto recorrido a través de diversos antecedentes: la Anatomía Política; el concepto de estructura de Marx; la Economía Descriptiva de los anglosajones, y especialmente en la concepción de J. N. Keynes y de L. Robbins; algunas visiones más modernas, tales como la econométrica, el análisis causal de Akerman, y las nuevas tendencias estructuralistas. Al final expondremos de manera explícita nuestro propio concepto.

2. La anatomía política como primer antecedente del análisis estructural [4]

Fue William Petty (1623-1687) quien por primera vez formuló con un cierto rigor la necesidad de una descripción de la realidad macroeconómica como base para la acción política. En los primeros párrafos del prólogo a su obra «Political Survey or Anatomy of Ireland», Petty lo exponía claramente:

«Sir Francis Bacon, en su *Progreso del Conocimiento*, ha expuesto sensatamente el paralelismo existente, en muchos aspectos, entre el Cuerpo Natural y el Cuerpo Político y entre el arte de mantener a uno y a otro en su salud y vigor. Y es igualmente razonable que así como la Anatomía es la mejor base de dicho arte..., así también... operar sobre el Cuerpo Político sin conocer su simetría, construcción y proporción es tan azaroso como la práctica de las viejas curanderas y de los empíricos. Por eso, y dado que la Anatomía no sólo es necesaria a los médicos, sino loable en toda persona filosófica, he intentado llevar a cabo para mi curiosidad —yo, que no profeso la política— el primer ensayo de Anatomía Política» [5].

---

[4] Como trasfondo bibliográfico de este y los siguientes apartados, permítasenos recomendar, además de las obras clásicas de Schumpeter y Roll sobre «Historia de las Doctrinas Económicas» (hay traducción de ambas del FCE), las obras de R. L. Heilbroner «The Wordly Philosophers» (Touchtone, Nueva York, 1972); J. K. Galbraith «Economics in Perspective» (Houghton, Boston, 1987); Roger Backhouse, «Historia del análisis económico moderno», versión española, Alianza Editorial, Madrid, 1985; así como «The New Palgrave. A Dictionary of Economics» (compilación de J. Eatwell, M. Milgate y P. Newman, Stockton Press, Nueva York, 1987, 4 vols.).

[5] Willam Petty, «Political Survey or Anatomy of Ireland», obra publicada en 1672, e incluida en *The Economic Writings of Sir William Petty*, edición preparada por C. H. Hull, Londres, 1899. La bibliografía sobre Petty es muy extensa. Marx le

En cuanto al método seguido en sus investigaciones, Petty lo define cuidadosamente en su obra capital «Political Arithmetick»:

«En lugar de emplear sólo palabras comparativas y superlativas y argumentos intelectuales, he tomado el camino... de expresarme en términos de *número*, *peso y medida*; de hacer uso solamente de argumentos de sentido, y de tomar en cuenta únicamente las causas que tengan fundamentos visibles en la naturaleza».

Petty siguió el método de investigación que se trazó a sí mismo, sentando así algunas de las bases de la Estadística.

«No puede haber duda —dice Eric Roll— en que Petty es considerado justamente como el primero en desarrollar esa disciplina hermana de la Economía Política. No sólo enseñó con su práctica y sus preceptos cómo deben recogerse los datos... En su *Political Arithmetick*, y en sus trabajos estadísticos, puso en su verdadero lugar la investigación de los hechos en relación con el análisis teórico» [6].

Del mismo modo se pronunció Schumpeter al hacer la comparación de Petty con sus contemporáneos, para poner de relieve la superioridad de éste en el tratamiento de los datos estadísticos:

«Petty trató de dominar el material (estadístico) teóricamente, de manera que hasta entonces nunca se había intentado. Para ello creó, para sí mismo, instrumentos teóricos con los cuales intentó forzar el camino a través de la maleza de los hechos... Por lo que se refiere a la profundidad de sus conocimientos económicos, los demás representantes de la Aritmética Política son claramente inferiores a Petty, aunque algunos de ellos hicieron época en otros aspectos, especialmente Graunt, Davenant y Gregory King» [7].

Así pues, en Petty puede verse un precedente de lo que hoy llamamos análisis estructural. La estructura económica es el Cuerpo

---

cita repetidamente (vid., por ejemplo «Contribution à la Critique de l'Economie Politique», versión francesa, Editions Sociales, París, 1957, págs. 14, 30-32, 39, 197-198, 200, 218); y le tiene como «padre de la economía política inglesa» (pág. 31). Las obras de Petty escasearon extremadamente hasta la aparición en 1899 de sus ya citados *Economic Writings*, que dieron lugar al resurgir de su consideración como gran economista, calidad en la cual ya aparece plenamente en la «Historia del Pensamiento Económico» de Eric Roll y en la obra magna de J. A. Schumpeter «History of Economic Analysis», publicada en 1954 (Oxford University Press), en donde se le dedica lo mejor del capítulo 4, bajo el sugestivo título de «The Econometricians and Turgot» (págs. 209-249 de la quinta impresión, 1953).

[6] Eric Roll, «Historia de las Doctrinas Económicas», ob. cit., pág. 92.

[7] Joseph Schumpeter, «Economic Doctrine and Method. An Historical Sketch», versión inglesa, George Allen & Unwin, segunda impresión, Londres, 1957, pág. 30.

Político, cuya anatomía —«simetría, construcción y proporción»— es posible conocer por medio de la Estructura Económica, que en palabras de Petty es la Aritmética Política; en ella, lo estadístico y lo económico encuentran una trabazón hasta entonces no lograda y que después habría de permanecer semivelada por decenios, durante la vigencia del deductivismo de la Escuela Clásica, a cuyos recelos por la Aritmética Política hacemos alusión más adelante.

El movimiento de la Aritmética Política apenas tuvo difusión fuera de Inglaterra. El caso más claro fue el de Pierre Le Pesant, señor de Boisguillebert (1646-1714), autor de obras «anatómicas», como el «Détail de la France» (1965) y la «Fortune de la France» (1707), donde el concepto de riqueza nacional ya aparece claramente formulado.

Pero lo cierto es que la Economía Política, con su gran desarrollo a partir de los fisiócratas (en donde hubo aportaciones «estructurales» de tanto interés como las de Quesnay), y sobre todo desde Adam Smith, originó una separación entre Economía y Estadística, que no se resolvería hasta el último tercio del siglo XIX. Por tanto, casi todo lo que de ese período pudiéramos calificar de estudios estructurales habría que buscarlo en trabajos estadísticos; desde finales del siglo XVIII, y por influencia de los enciclopedistas, tales trabajos se materializaron en no pocos *Diccionarios Estadísticos*, o estadístico-geográficos, o incluso geográfico-estadístico-históricos.

Así sucedió con Pascual Madoz, autor de un extenso *Diccionario*, que él mismo consideró como un avance en la senda iniciada en el XVIII con el «Catastro de Ensenada» y con el «Censo de Frutos y Manufacturas» de 1799. La obra de Madoz constituye un ejemplo enciclopédico de Anatomía Política, aunque tan enormemente minucioso que, llevando el símil a sus últimas consecuencias, cabría hablar de «citología política», ya que el estudio se refiere a las últimas células del Cuerpo Político, esto es, a los municipios.

Pero lo más interesante a nuestros efectos es comprobar la coincidencia entre lo que Madoz llama Estadística, la precedente Anatomía Política y la subsiguiente Estructura Económica. Nada mejor que las propias palabras de Madoz para mostrar esa relación:

«Bien puede, pues, decirse que debe ser hoy la estadística guía del legislador... Esta ciencia, con sus aplicaciones, preside los acuerdos de los grandes consejos, llamados a decidir de la suerte futura de las naciones... Sin estadística no puede saberse si una nación es rica o pobre, puesto que la riqueza y la miseria tienen también sus apariencias engañosas; si es ilustrada o ignorante; si es feliz o desgraciada; si es virtuosa o corrompida; si es poderosa o débil. Sin la estadística no es posible averiguar si las comunicaciones admiten mejoras; si los territorios incultos son susceptibles de cultivo; si puede aumentarse la población, beneficiarse las minas conocidas y acaso descubrirse otras que entraña el suelo de la tierra. Es, en fin, la estadística la balanza del poder de las naciones. Es proporcionalmente más poderoso el pueblo que mejor estadística tiene; y más hábil, más afortunado en sus operaciones el diplomático..., porque enterado con exactitud del estado de su país, de sus recursos, de sus medios, de su fuerza, se presenta exigente en su día, cede con oportunidad...» [8].

Difícilmente podríamos encontrar otro texto español de mediados del XIX más expresivo sobre lo que hoy conocemos como Estructura Económica.

La concepción anatómica de la realidad económica, aunque explícita en los aritméticos políticos y en los estadísticos, también dejó sentir su influencia en todo el movimiento del darvinismo. E incluso en el propio Marx, quien en el prólogo a su «Crítica de la Economía Política» afirma que «la anatomía de la sociedad civil debe buscarse a su vez en la economía política» [9].

Ulteriormente, el influjo anatómico en la visión estructural es bien perceptible en una serie de autores, entre ellos Eucken y Hicks.

Eucken, en sus «Cuestiones Fundamentales de Política Económica», distingue entre orden y proceso, siendo posible asimilar el orden a lo anatómico y el proceso a lo fisiológico en el cuerpo social. Precisamente en este concepto de la realidad se basan las definiciones de estructura de dos economistas españoles, concretamente Román Perpiñá Grau y Enrique Fuentes Quintana. Para el primero, la estructura económica es «el resultado total orgánico de un orden de actuaciones humanas. Es el mismo orden». Para el profesor Fuentes, que enlaza la definición de Perpiñá con la de Economía de Robbins, la estructura económica es el «resultado total orgánico de un orden

---

[8] Pascual Madoz, «Diccionario Geográfico-Estadístico-Histórico de España y sus posesiones de Ultramar», Est. Literario-tipográfico de P. Madoz y L. Sagastí, Madrid, 1845, vol. I, pág. XXII.

[9] Karl Marx, «Contribution à Le Critique...», ob. cit., pág. 4.

de actuaciones humanas, tendentes a satisfacer fines jerarquizados con medios escasos susceptibles de usos alternativos. El estudio de este resultado sólo puede llevarse a cabo a través del conocimiento del sistema que delinea el orden que preside el conjunto de actuaciones referidas, y a través del análisis concreto del proceso que fluye en este orden» [10].

Finalmente, para cerrar esta sección sobre la Anatomía Política, reproducimos aquí un conocido pasaje de las conclusiones de la obra de Hicks y Hart «Estructura de la Economía», que no requiere comentarios:

«La relación entre nuestra rama (que podría llamarse Contabilidad Nacional) y el resto de la Economía, puede aclararse por medio de una analogía con otra ciencia. El estudio del cuerpo humano se divide en dos partes principales: Anatomía y Fisiología. La Anatomía trata de la estructura del cuerpo, los varios órganos y sus relaciones, la estructura del organismo tal como es descubierta por la disección a su muerte. La fisiología se ocupa del trabajo del organismo: el cuerpo viviente como un ente en marcha. Lo que hemos estudiado en este libro es anatomía económica, la estructura del cuerpo económico tal como lo pueden descubrir los estadígrafos, a través de cifras recogidas después del hecho. Sólo de manera casual hemos aprendido algo acerca de la fisiología económica, es decir, acerca de la forma en que el sistema económico trabaja» [11].

En suma, puede afirmarse que el enfoque anatómico de la realidad económica, entendiendo ésta como un conjunto de partes o sectores relacionados y cuantificables, es una aportación todavía hoy llena de validez para la Estructura Económica, especialmente al engarzarse con técnicas claramente «fisiológicas» como las que proporciona la Contabilidad Social.

---

[10] Enrique Fuentes Quintana, «Apuntes de Estructura Económica». Facultad de Ciencias Políticas y Económicas, Madrid, curso 1953-1954, pág. 31, edición multicopiada. Por otra parte, es interesante destacar aquí el concepto de «infraestructura» en Perpiñá Grau como «el conjunto de bienes primarios o dados por la naturaleza, potenciales o activos, en una zona determinada (raza humana, geología, suelo, hidrografía, topografía, clima, fauna, flora, etc., y sus fenómenos) en espacio, cantidad, calidad, ordenación propia y relativa» (Vid. «De Estructura Económica...», ob. cit. en nota 1, pág. 84).

[11] J. R. Hicks y A. G. Hart, «Estructura de la Economía», versión española, 4.ª edición, México, 1958, págs. 231 y 232. Incluso en la obra «La Humanidad ante la encrucijada» de Mesarovic y Pestel es posible encontrar elevadas resonancias, en 1974, del enfoque anatómico.

3. Marxismo y estructura económica

A Karl Marx se debe el primer concepto preciso y riguroso de estructura económica. Fue el primer economista en emplear estas dos palabras concatenadas y con un sentido moderno, tal vez con el precedente de Richard Jones. Sin embargo, no puede decirse que el concepto de estructura económica resultara para Marx de fácil y rápida elaboración, pues en cierto modo el formularlo le llevó diecisete años.

En realidad fue en 1842, con ocasión de un estudio para el *Rheinische Zeitung* sobre la situación de los campesinos de la región del Mosela, cuando Marx empezó a preocuparse por las relaciones económicas que se presentan en la sociedad [12]. Más tarde, al redactar su «Introducción de la Crítica de la Filosofía de Hegel», alcanzó una de sus conclusiones básicas, en el sentido de que no es la voluntad de los hombres lo que proporciona al Estado su estructura, sino que ésta viene dada por la situación objetiva de las relaciones entre los hombres. Para Marx no es el armazón jurídico lo que explica la sociedad burguesa, tal como pretendía Hegel; en realidad, ese armazón jurídico no es sino una superestructura de la sociedad burguesa cuya explicación reside en las relaciones de propiedad.

Estas ideas sobre la sociedad y su organización jurídica reorientaron los trabajos del joven Marx, en los que se aprecia la influencia no sólo de los clásicos ingleses y franceses de la Economía Política (estudios que emprendió en 1844 de forma sistemática), sino también el opúsculo de Engels titulado «Esquema de una crítica de la Economía Política», ensayo que el propio Marx no dudó en calificar de genial.

Por fin, fue en 1859, y en el prólogo de su «Contribución a la crítica de la Economía Política», cuando Marx formuló ya claramente su concepto de estructura económica, en oposición rotunda con todo el sistema hegeliano, y al propio tiempo como abierta crítica —y de ahí el título de su citada obra, que será al propio tiempo el subtítulo de «El Capital»— de la Economía tal como hasta entonces venía

---

[12] En una carta a R. Fischer, fechada el 5 de abril de 1983, F. Engels decía: «Siempre oí decir a Marx que fue, precisamente, al ocuparse de la legislación de robos de madera y de la situación de los campesinos del Mosela, cuando se vio obligado a pasar de la política pura a las relaciones económicas y más tarde al Socialismo.» Citado por A. Cornu en «Karl Marx und Friedrich Engels», tomo I (1818-1844), Berlín, 1954, pág. 344.

entendiéndose, desde las primeras exposiciones de Smith y Ricardo hasta las de J. S. Mill. «En la producción de su existencia —dice Marx en uno de sus textos más comentados—, los hombres establecen entre sí relaciones determinadas, necesarias, independientes de su voluntad, relaciones de producción que corresponden a un grado determinado de desarrollo de sus fuerzas productivas materiales. El conjunto de estas relaciones de producción constituye la estructura económica de la sociedad, la base concreta sobre la cual se eleva una superestructura jurídica y política, y a la cual corresponden formas sociales de conciencia determinadas. El *modo de producción* de la vida material condiciona el proceso de la vida social, política e intelectual en general. No es la conciencia de los hombres lo que determina su ser; por el contrario, es su ser social lo que determina su conciencia» [13].

Para entender en todo su contexto la posición de Marx, es preciso recordar que «El Capital» es una crítica del *modo de producción capitalista,* expresión que nunca definieron, de forma expresa ni Marx ni Engels, y que tal como ha subrayado en un conocido trabajo Marta Harnecker, «es el concepto que nos permite pensar y conocer una totalidad social» [14]. En este sentido, el modo de producción lo constituye una estructura global, que está formada a su vez por tres estructuras parciales: económica, jurídico-política (leyes, Estado, etc.), e ideológica (ideas, costumbres). En la estructura global, una de las estructuras parciales domina siempre a las otras dos. Pero no es la estructura económica la que necesariamente domina, como tan frecuentemente pretenden algunos vulgarizadores del marxismo; si bien es cierto que la estructura económica —como conjunto de relaciones de producción y de cambio— es la que condiciona cuál de las estructuras parciales desempeñará el papel dominante.

En definitiva, Marx entiende que el modo de producción del capitalismo es incompatible con una solución evolucionista del tipo que preconizaba J. S. Mill. «El monopolio del capital —dice— se convierte en el grillete del *modo de producción* que ha crecido con él, bajo él. La centralización de los medios de producción y la socialización del trabajo llegan a un punto en que se hacen incompa-

---

[13] Karl Marx, «Contribution á la Critique de l'Economie Politique», ob. cit., pág. 4.

[14] En «El Capítal: conceptos fundamentales», Siglo XXI de España, Madrid, 1974 (1.ª ed. en Santiago de Chile, noviembre de 1970), pág. 15.

tibles con su envoltura capitalista. Esta salta hecha añicos. Ha sonado la hora final de la propiedad privada capitalista. Los expropiadores son expropiados» [15].

Para Marx, el modo de producción capitalista implica además que cada trabajador se ve aprisionado por una actividad específica alienante, de la cual no puede salirse —socialmente—, sino cambiando el propio modo de producción en su conjunto [16]. En un conocido pasaje, Marx ilustra lo que en esa perspectiva podría suponer el paso del capitalismo al comunismo:

«...Cuando se distribuye el trabajo, a cada hombre le toca una esfera de actividad particular y exclusiva, una esfera que le es impuesta y de la cual no puede escapar. Es cazador, pescador, pastor o crítico, y lo ha de seguir siendo si no quiere perder sus medios de vida o subsistencia; en cambio, en la sociedad comunista, donde nadie está limitado a una esfera exclusiva de actividad, sino que puede realizar su personalidad en la esfera que más le plazca, la sociedad regula la producción general y le permite (al hombre) hacer hoy una cosa y mañana otra, cazar por la mañana, pescar por la tarde, criar ganado al atadecer y dedicarse a la crítica después de cenar, sin convertirse nunca en cazador, pescador, pastor o crítico» [17].

3.1. *Relaciones de producción y de cambio*

En definitiva, el concepto de estructura económica como «conjunto de relaciones de producción» registra el hecho, evidente en la realidad, de una interrelación, de una interdependencia entre una serie de sujetos y entre una serie de relaciones. No puede hablarse, por ejemplo, de estructura de la economía agraria sin tomar en con-

[15] Carlos Marx, «El Capital», versión española de Wenceslao Roces, FCE, México, 1946, vol. I, págs. 648 y 649. Roces traduce «régimen de producción» en vez de «modo de producción». Esta segunda expresión, que nos parece más correcta, en la que hemos introducido en su traducción.

[16] Sobre el desarrollo de la idea de modo de producción, David F. Ruccio y Lawrence H. Simon, «Aspectos metodológicos del enfoque marxista al desarrollo: un análisis de la escuela de los modos de producción», en *World Development*, núm. 2, 1986, 1 de septiembre de 1985, págs. 2.811 y sigs.

[17] Del capítulo «Relación del hombre con el trabajo, del hombre con el hombre y del hombre con el Estado» en la antología de Marx titulada *Teoría económica*, edición y selección preparada por Robert Freedman, versión española de Ediciones Península, Barcelona, 1968, pág. 294.

sideración el conjunto de las relaciones de producción que se dan en ella y que a su vez guardan conexión entre sí. En su intento de esquematizar esas relaciones en el sector tomado como ejemplo, podrían enunciarse de la manera siguiente:

A) *Relación propietario-empresario agrícola.*—Puede suceder que esta relación concreta no se dé, por coincidir en una misma persona el propietario de la tierra y su explotador con fines productivos. Pero sí existen relaciones entre un propietario (simple terrateniente) y un empresario agrícola, que explota las tierras del primero en forma de arrendamiento, aparcería o en virtud de cualquier otra forma de tenencia. Los precios pagados por ella dependerán de muchos factores, pero fundamentalmente de la cantidad de tierra disponible y de la forma en que esté distribuida su propiedad.

B) *Relación empresario agrícola-trabajadores agrícolas asalariados.*—En este caso, la relación empresario-trabajador se traduce en el pago de un salario por el primero, a cambio de la fuerza de trabajo del segundo. Las formas de contratación también pueden ser diversas: empleo eventual o temporero (y con salario fijo o a destajo) y empleo permanente. En todo caso, en esa relación empresario-asalariado siempre habrá una tensión en cuanto al nivel de las retribuciones, que será mayor o menor según la situación del mercado laboral y la fuerza de los sindicatos de campesinos.

Pero las relaciones del tipo A) y B) no agotan las posibles áreas de análisis. La expresión «relaciones de producción y de cambio» debe entenderse no de forma literal y estricta, sino amplia. Dentro de ella caben todas las relaciones que guarden algún tipo de conexión con la producción social, relaciones que son las que precisamente justifican la propia producción más allá del simple autoconsumo. Algunas de estas relaciones, en el mismo caso tomado como ejemplo, serían las que analizamos en C) y D).

C) *Relación empresario agrícola-mercado.*—Esta forma de relación se traduce en un precio que el primer comprador paga al empresario agrícola por sus productos. A su vez, el primer comprador puede relacionarse, y de hecho así sucede casi siempre, con otros compradores intermedios, cada uno de los cuales paga al vendedor inmediato un precio que implica un margen de ganancia para éste. Los sucesivos márgenes de ganancia acumulados más el precio percibido inicialmente por el empresario agrícola forman el precio que paga el consumidor final.

Por tanto, el análisis de la estructura del mercado de un producto agrícola necesariamente implica el conocimiento completo de los canales de comercialización, con sus pasos sucesivos desde el agricultor hasta el consumidor. Todo ello permitirá apreciar la mayor o menor fuerza con que cuentan la oferta y la demanda para pactar el precio en cada momento. Esa fuerza dependerá, en definitiva, de cómo esté organizado el mercado. Una posible situación sería: monopolios locales de los compradores, *numerus clausus* (legal o de hecho) en los mercados centrales, pequeños monopolios locales del tipo de mercados de clientela por parte de un gran número de pequeños minoristas. El mayor margen global de ganancia estará en los primeros eslabones de la cadena de intermediarios (por su mayor cifra de negocio); en términos unitarios, probablemente en el último. Una situación muy distinta sería la de un mercado intensamente colectivizado: cooperativas de producción y comercialización y grandes supermercados cooperativos en el consumo.

D) *Relación empresario agrícola-sector público.*—Naturalmente, el empresario agrícola se ve obligado a una serie de pagos al Estado o a sus organismos autónomos en concepto de impuestos, Seguridad Social, etc. Estos pagos son transferencias al Sector Público, a cambio de las cuales el empresario percibe una serie de prestaciones más o menos tangibles, como pueden ser la seguridad pública en su entorno (policía y justicia), la asistencia técnica y de capacitación de personal, y el recurso a agencias gubernamentales de compra de sus productos a precios de sostenimiento.

Aparte de estas relaciones empresario agrícola-sector público, que pueden ser perfectamente cuantificadas en algunos casos, habrá que estudiar la actitud global del sector público frente a los fenómenos antes citados: distribución de la propiedad de la tierra y regímenes de tenencia, política de precios, ordenación de la comercialización, regulación de los salarios agrícolas, política de mejoras técnicas (puesta en regadío, concentración parcelaria, reforestación, etc.). Sólo con ese análisis global nos será posible pronunciarnos sobre si la superestructura política tiende o no a perpetuar una situación de hecho y a quién beneficia en definitiva con su actitud.

Recapitulando en el caso tomado como ejemplo, aparece una amplia gama de relaciones propiedad-tenencia-trabajo-mercado-sector público. Generalizando, puede decirse que los diferentes sujetos que intervienen en la actividad agraria de un país —propietarios, empresarios, trabajadores asalariados, intermediarios comerciales e instituciones del Estado— se encuentran relacionados entre sí de forma directa bilateralmente, y multilateralmente a través de relaciones indirectas. Ese conjunto de relaciones conlleva una serie de intereses que cuantitativamente tienen su traducción correspondiente: cantidades producidas, precios, salarios, rentas, impuestos, etc. Es ese conjunto de relaciones lo que constituye la estructura económica del sector agrícola.

Generalizando el caso del sector considerado al de los restantes que integran la economía nacional —industria, servicios, sector exterior—, nos encontramos con una estructura económica nacional. Naturalmente, mucho más compleja, pero siempre constituida por la malla que forman las relaciones directas e indirectas. En suma, por interrelaciones múltiples entre los diversos sujetos de la actividad económica, que colectivamente considerados son los agentes, los grupos, y las clases sociales y las instituciones del sector público, que son un reflejo de las relaciones de dominio presentes en la estructura en cuestión. Por ello, para posibilitar el análisis completo de una estructura económica nacional es necesario descender al análisis sectorial de sus diferentes partes, pero sin olvidar que se hallan trabadas entre sí en el armazón de una estructura nacional.

Por otro lado, destaquemos que ese conjunto nacional de relaciones se sitúa en el contexto de unos determinados nexos internacionales, de una estructura económica internacional. Y en el análisis de esas relaciones internacionales es preciso tomar en consideración no sólo las que se dan a nivel de naciones (que no son *todas* homogéneas), sino también las que se derivan de los vínculos entre los diferentes grupos y clases sociales de las distintas naciones. De esta forma, el concepto de *estructura económica internacional* se nos aparece asimismo como una matriz de relaciones de producción y de cambio entre agregados no homogéneos que llamamos naciones, y todo ello en el contexto de unas tensiones originadas por realidades y aspiraciones de dominio entre ellas.

3.2. *Superestructura, instituciones e ideología*

Sobre la base específica de cada estructura económica concreta (sea en su manifestación sectorial, nacional o internacional), «se eleva una *superestructura* jurídica y política a la cual corresponden formas sociales de conciencia determinadas». Esa superestructura, empleando una terminología más generalizada por su connotación no marxista, sería algo así como el conjunto de las instituciones jurídicas y políticas que tienden a conformar y a solemnizar la estructura económica dentro de un cierto marco, con la finalidad última de perpetuarla.

Pero ese conjunto de «instituciones-cosa» e «instituciones-órgano» que llamamos marco institucional —y que es equivalente a la superestructura en Marx— no es una creación abstracta, sino que es —empleando un término tal vez demasiado mecanicista— la resultante institucionalizada de los intereses existentes y en pugna dentro de la estructura, que por más o menos tiempo tiende a asegurar una cierta estabilidad.

Son los elementos dominantes de la estructura —los propietarios, los elementos burocráticos protectores de la propiedad, y las otras instituciones que persiguen la misma finalidad en el sistema capitalista— los que conforman esa superestructura jurídica y política o marco institucional [18].

A su vez, las formas de la superestructura jurídica y política tienden a determinar las *formas sociales de conciencia,* esto es, el conjunto de manifestaciones culturales, sociológicas, religiosas y la ideología política imperantes en una sociedad dada. En «La Ideología Alemana», Marx y Engels se ocuparon de este aspecto de la emanación de la ideología de la superestructura y, en definitiva, de la estructura económica. «También las formas nebulosas que se condensan en el cerebro de los hombres —escribían en 1844— son sublimaciones necesarias de su proceso vital material, empíricamente comprobable y sujeto a premisas materiales. La Moral, la Religión, la Metafísica y cualquier otra ideología, con las formas de conciencia que a ellas corresponden, pierden así la apariencia de su propia sustantividad. No tienen historia ni desarrollo propios, sino que los hombres que desarrollan su producción material cambian también, al cambiar esta realidad, su pensamiento y los productos de su pensamiento.»

Y aquí aparece la frase que después surgirá de nuevo en «Contribución a la Crítica de la Economía Política». «No es la conciencia la que determina la vida, sino la vida la que determina la conciencia».

El anterior pensamiento básico lo desarrollan más adelante Marx y Engels, para generalizarlo a toda la sociedad: «*Las ideas de la clase*

---

[18] En el capítulo 8 hemos de ocuparnos extensamente del tema de las instituciones.

dominante —afirman— son las ideas dominantes de la época, es decir, la clase que es el poder material dominante en la sociedad es, al mismo tiempo, su poder espiritual dominante. La clase que tiene a su disposición los medios para la producción material dispone con ello, al mismo tiempo, de los medios para la producción espiritual, de modo que le están sometidas, al propio tiempo, por término medio, las ideas de quienes carecen de los medios necesarios para producir espiritualmente» [19].

Parafraseando lo anterior, podríamos decir que también en la estructura económica internacional hay una ideología de la nación o naciones dominantes, que intenta imponerse a las naciones que carecen de los medios para producir espiritualmente. Así el esquema países desarrollados/subdesarrollados en lo económico tiene su vertiente en países con cultura e ideología propias/países colonizados cultural e ideológicamente.

3.3. *El marxismo como método*

Son muchos los intelectuales que viven dentro de un marco capitalista que piensan, o que aparentan pensar, que el marxismo es una visión fenecida de la realidad, tal vez adecuada a una etapa del capitalismo, pero en ningún caso el momento presente. Pero lo importante, y lo que da un profundo significado histórico al marxismo, no estriba en que sea simplemente un análisis incisivo del sistema capitalista del siglo XIX. Reside en el hecho de que es un *método*, una visión metódica de la dialéctica social, en la que permanentemente hay una lucha de los contrarios. Esa metodología sigue siendo perfectamente operativa, y ello se aprecia perfectamente cuando, por ejemplo, comparamos la situación que nos rodea cono uno de los pasajes más dinámicos de «La Ideología Alemana»: «Cada nueva clase que pasa a ocupar el puesto de la anteriormente dominante se ve obligada, para poder realizar sus fines, a presentar su propio interés como el interés común de todos los miembros de la sociedad; es decir, expresando esto mismo en términos ideales, a imprimir a

---

[19] Karl Marx, «La Ideología Alemana», en *Escritos de Juventud*, traducción y edición de Francisco Rubio Llorente, Universidad Central de Venezuela, Caracas, 1966, pág. 277. Sobre el problema subsiguiente de la ideología, Homa Katouzian, «Ideología y método en economía», versión española, Blume, Madrid, 1982.

sus ideas la forma de lo general, a presentar estas ideas como únicas racionales, y dotadas de vigencia absoluta.»

Con ello, el dominio tiende a perpetuarse, pero ese intento de dominio perpetuo lleva insito sus propias limitaciones de perdurabilidad.

En el fondo, como dice Garaudy: «Lo esencial en la herencia de Marx no es el marxismo, sino la prospectiva. Una ciencia y un arte de inventar el futuro, y no esa serie de catálogos o decálogos de leyes económicas, de principios filosóficos o de categorías dialécticas, que son precisamente la perversión dogmática y positivista» [20].

Y dentro de esa prospectiva son igualmente necesarios un *momento profético*, de alejamiento del modelo actual del desarrollo y de conciencia de la trascendencia del hombre en razón de su propia historia, y un *momento utópico*. Esto último porque «ningún cambio verdaderamente revolucionario capaz de inaugurar una nueva era, en cualquier plano de que se trate, ninguno es una mera proyección en el porvenir de verdades, de valores o de reglas ya existentes... Defender entonces los derechos de la imaginación viene a ser luchar contra todas las formas del positivismo... Contra los dogmatismos, tanto políticos como morales o religiosos» [21].

La concepción de *estructura* y *superestructura* constituye la base de lo que se ha llamado materialismo histórico, fundamento de todo el socialismo marxita. El propio Engels valoró la importancia de esta concepción: «...en consecuencia —dice en el *Anti-Dühring*— la estructura económica de la sociedad constituye siempre la base real que permite, en última instancia, explicar toda la superestructura de las instituciones jurídicas y políticas, así como las ideas religiosas, filosóficas y otras de cada período histórico. De esta forma, el idealismo era expulsado de su último refugio, esto es, de la concepción de la Historia; nacía así una concepción materialista de la Historia, y quedaba abierta la vía para explicar la conciencia del hombre a partir de su ser, y no su ser partiendo de su conciencia, tal como hasta entonces se había venido haciendo» [22].

---

[20] Roger Garaudy, «La alternativa», versión española, Edicusa, Madrid, 1972, pág. 155.

[21] Ibídem, pág. 165. En el marxismo como método, está una de las bases de la renovación marxiana que supuso la Escuela de Francfort; para una síntesis de lo que ésta ha supuesto, Martin Jay, «La imaginación dialéctica. Una historia de la Escuela de Frankfurt», versión española, Taurus, Madrid, 1974. Asimismo, la obra de Raúl Gabás citada en el Capítulo 4, nota 8.

[22] Friedrich Engels, «Anti-Dühring. M. E. Dühring bouleverse la Science», Edi-

A partir de esta *concepción materialista de la historia* han sido muchos los autores no marxistas —la mayoría de los cuales naturalmente no han leído no ya a Marx, sino incluso ni siquiera a un historiador de las doctrinas económicas como Schumpeter— que han atacado el *monismo marxista*, su pretendido determinismo económico. Pero ya Engels, en 1890, se refería expresamente a esta cuestión con una gran claridad: «Según la concepción materialista de la historia, el factor histórico determinante en última instancia es la producción y la reproducción de la vida. Ni Marx ni yo afirmamos nunca más que eso. Y si alguien desvirtúa esa afirmación, entendiéndola en el sentido de que el factor económico es el único elemento, la convierte entonces en una frase absurda, abstracta y sin sentido. La condición económica es la base, pero los diversos elementos de la superestructura, las formas políticas de la lucha de clases, sus resultados, las constituciones y formas legales, así como los correspondientes reflejos en la mente de los individuos y los puntos de vista políticos legales, filosóficos y religiosos..., todo ello influye sobre el desarrollo de los conflictos históricos y en muchos casos determina su fuerza» [23].

La grandeza de la concepción y del método marxista —así como sus errores e insuficiencias— difícilmente parecen haber sido apreciados por nadie con el rigor con que lo hizo Schumpeter. De quien admiraba en tan grado sumo el esfuerzo y el «cuasi-don» de la síntesis son estas palabras sobre la concepción marxista de la estructura económica: «El rasgo peculiar del sistema marxista consiste en que somete estos hechos históricos e instituciones sociales al proceso explicativo del análisis económico o, para emplear la terminología técnica, que los trata no como datos, sino como variables. De este modo las guerras napoleónicas, la guerra de Crimea, la guerra civil americana, la guerra mundial de 1914, la Fronda francesa, la gran Revolución francesa, las revoluciones de 1830 y 1848, el librecambismo británico, el movimiento obrero en conjunto, así como cualquiera de sus manifestaciones particulares, la expansión colonial, los cambios institucionales, la política nacional y la de los partidos en cada tiempo y en cada país, todo esto entra en el dominio de la

---

tions Sociales, París, 1963. La edición *princeps* vio la luz en enero-mayo de 1877 en el diario socialdemócrata alemán *Vorwaerts*.

[23] Carta de F. Engels a Joseph Bloch, de 22 de septiembre de 1890, recogida en K. Marx y F. Engels, «Sur la Religion», Editions Sociales, París, 1960, págs. 268 y 269.

economía marxista, que pretende encontrar explicaciones teóricas en términos de lucha de clases, de intentos de explotación y de rebeliones contra dichos intentos, de acumulación y de cambio cualitativo en la estructura del capital, de cambios en el tipo de plusvalía y en el tipo de beneficio».

Y más adelante, planteando ya las conclusiones metodológicas directas de todo ello, Schumpeter asevera con toda claridad que «el economista no debe limitarse ya a dar respuestas técnicas a preguntas técnicas; su misión consistirá en revelar a la Humanidad el sentido oculto de sus luchas. La *política* deja de ser un factor independiente que puede y debe ser abstraído en una investigación sobre los fundamentos económicos y que, cuando aparece, desempeña, según las preferencias de cada cual, el papel del niño travieso que maneja torpemente una máquina tan pronto como el ingeniero ha vuelto la espalda, o el de un *deus ex machina* en virtud de la sabiduría misteriosa de una especie equívoca de mamíferos denominados deferentemente estadistas. No; la misma política queda determinada por la estructura y situación del proceso económico y se convierte en un transmisor de efectos, dentro del campo de la teoría económica, como cualquier compra o venta» [24].

3.4. *La polémica sobre el marxismo*

«La religión es el opio del pueblo», dijo Marx en su «Crítica de la filosofía del Derecho» de Hegel, para referirse a la alienación generable a partir de la creencia en una vida trascendente. Y sobre todo, para incidir en la forma en que las clases dominantes hacían uso de las ideas religiosas para imponer al proletariado sus propósitos de control y dominio. La promesa de un paraíso más allá de la muerte, constituía en el pensamiento de Marx la base misma de la resignación con que aceptar, como un mal pasajero, el sufrimiento y la explotación a lo largo de toda una vida terrenal.

«El marxismo es el opio de los intelectuales». Esta postura, antagónica de la anterior, alcanzó especial resonancia primero en los escritos de Raymond Aron, más tarde en los del iconoclasta «joven

---

[24] J. A. Schumpeter, «Karl Marx 1818-1883. La doctrina marxista», en *Diez grandes economistas*, versión española, J. M.ª Bosch, Barcelona, 1955, pág. 79 [Nueva edición en «El libro de bolsillo, núm. 78, Alianza Editorial, Madrid, 1969].

filósofo» Bernard Henri Levy; en muchos casos como sentencia para acusar a quienes se nutren de una ideología convertida en doctrina infalible, que según ellos esclaviza el pensamiento, enajenándolo de las verdaderas relaciones humanas, y conduciéndoles a la postre a situaciones totalmente contrarias a las previstas por el propio Marx.

En contra de lo que a veces se piensa, el marxismo no es un todo coherente, cristalizado y monolítico; sino que refleja el propio fluir evolutivo de la vida de su creador, desde las primeras ideas, claramente románticas e idealistas, del Marx que a los 17 años ingresó en la Universidad de Bonn, hasta el materialismo histórico de la temprana madurez de su vida. Y si hubiera que buscar el código genético de la expansión de la segunda fase de lo que hoy llamamos marxismo, a mi juicio estaría en «El Manifiesto Comunista», escrito en colaboración con Engels apenas unos meses antes de la primera gran revolución social que en 1848 atravesó toda Europa. Sobre este tema volveremos después en el apartado 8.2 de este mismo capítulo.

Análogamente, la admiración por el marxismo —el mayor o menor grado de intoxicación, que diría cualquier antimarxista— como toda expresión ideológica importante, ha experimentado fluctuaciones muy diversas. Hoy, puede afirmarse que se sitúa a cotas elevadas en la comunidad de las ciencias sociales como método de análisis de los conflictos ocultos de la sociedad y de aproximación a ciertas interpretaciones de la historia. Incluso el baluarte antimarxista por excelencia, los países anglosajones, también se vio afectado por una mayor o menor presencia, rodeada de filias y fobias. A lo cual contribuyeron de manera definitiva Joseph Schumpeter, su discípulo Paul Sweezy, y el compañero de éste Paul Baran. Y después ha sido Kenneth Galbraith quien en el mundo de habla inglesa subraya las características que Schumpeter asignó a Marx. En «La Era de la incertidumbre», el profesor de Harvard destacó con gran énfasis el papel del marxismo en la evolución del pensamiento social. «Marx —afirma Galbraith— fue un acontecimiento histórico de máxima importancia. Con frecuencia puede imaginarse que, si determinada persona no hubiese nacido, habría surgido otra para hacer su trabajo. La fuerza innovadora, para emplear un tópico familiar, no está en el individuo, sino en las circunstancias. Pero nadie se atreverá a sugerir que el mundo habría sido el mismo si Marx no hubiera existido» [25].

[25] John Kenneth Galbraith, «La Era de la Incertidumbre», versión española, Plaza

3.5. *El propósito de transformar el mundo*

Pero la influencia social del marxismo no es sólo el producto de los escritos de Marx y Engels, sino que ambos, fieles al número 11 de las «Tesis de Feuerbach» contribuyeron a transformar revolucionariamente el mundo, participando en los grandes movimientos políticos de la mitad del siglo XIX desde 1848. Y en 1864, en Londres, crearon, junto con Bakunin, la Asociación Internacional de Trabajadores (AIT) la que generalmente se denomina «La Primera Internacional».

En la AIT confluyeron los orígenes de los tres grandes movimientos de la izquierda política de aquel tiempo: el marxismo que interpretado después por Lenin sería la base del pensamiento comunista; también, desde el marxismo, pero desde las adaptaciones de los socialdemócratas Bebel y Kautsky, nacería el socialismo de la II Internacional; y el anarquismo, con Bakunin como inspirador, constituiría la fuente nutricia de los esfuerzos ácratas dirigidos a destruir el Estado según los principios libertarios y autogestionarios. Veámos seguidamente, aunque sea de forma breve, cuáles fueron los derroteros de las tres tendencias señaladas.

Los socialistas, desde sus proyectos inscritos en el «Programa de Gotha» (1885), entraron por caminos tradicionales que fueron criticados por Marx. Y doblada la centuria, no dudaron en poner el énfasis en la cultura política del pueblo como arma de liberación; e insistieron en utilizar a fondo las hasta entonces denominadas libertades burguesas, para organizar a la clase obrera a fin de concurrir a elecciones, y para hacer del sindicalismo un instrumento de conquistas sociales.

Por su parte, Lenin (en su viaje a la estación Finlandia, 1917, cambió el nombre de partido socialdemócrata por el de comunista), la acción política la condicionó a la existencia de un solo partido de «pocos pero muy buenos» en alta proporción formado por revolucionarios y profesionales, con la finalidad última de realizar la re-

---

y Janés, Barcelona, mayo de 1981. Entre quienes con mayor capacidad de difusión en el mundo económico de EE.UU. han sabido calibrar la importancia de Marx, hay que citar también a Robert Heilbroner y a Lester Thurow (autores conjuntos del libro «Economics Explained», Prentice-Hall, Nueva Jersey, 1982) quienes lo ponen a la altura de Smith. «Adam Smith —afirman— fue el arquitecto del orden y del progreso del capitalismo; Marx diagnosticó sus desórdenes y su eventual defunción» (ob. cit. pág. 25).

volución violenta, consistente lisa y llanamente en derribar el Estado de la burguesía y expropiar a los expropiadores. Lo demás, la construcción de la sociedad socialista sería cuestión de mera contabilidad, administración, electrificación, planificación centralizada, y según el propio Lenin, espíritu de empresa a la americana. Claro que después se demostraría que las cosas no eran ni mucho menos tan sencillas, como podremos comprobar en el capítulo 9.

Por último, los anarquistas, pusieron en el frontispicio de su ideal la democracia de base, el control directo del sistema productivo por los trabajadores para así implantar el comunismo libertario, recurriendo a la lucha por esos objetivos, la acción violenta permanente, sin esperar a la organización del golpe maestro de gran magnitud; y sin necesidad de partidos centralizadores. Y una vez destruido el Estado burgués, los discípulos de Bakunin y de Kropotkin se juramentaron a fin de hacer lo imposible para evitar la sustitución del nuevo orden por un Estado burocrático aún más represor y desolador para el proletariado que la propia burguesía. Esta sería la permanente acusación a los comunistas: su aberración burocrática con la persistencia del Estado, y la dictadura jerárquica con la hegemonía del partido.

La izquierda, en definitiva, quedó desunida. Sus grandes teóricos y seguidores fueron interpretando de manera muy distinta el objetivo final, así como los medios para alcanzarlo. Por eso, el primer sueño marxista de 1848 sigue sin haberse convertido en realidad. No hay todavía en la Tierra un solo país donde exista el socialismo que se buscaba en «El Manifiesto», como *reino indefinido de la libertad.*

3.6. *La impregnación marxista*

Entrando ahora en el problema más inmediato de cuál es la influencia del marxismo en nuestro tiempo, creo que será difícil negar el aserto de que todas las personas con una mínima cultura, y a veces incluso sólo por lo que significa la influencia del entorno cultural, tienen en su forma de pensar elementos y esquemas metodológicos que de modo más o menos preciso provienen de Marx. De hecho, lo que sucede es que análogamente a lo que sucedió a aquel singular ciudadano, que un día descubrió que sin saberlo hablaba en prosa, la gente aquí y allá utiliza categorías económicas, sociológicas y filosóficas de origen marxista; y en su forma de argumentar busca relaciones de causa-efecto basadas en el interés económico y en la lucha por el control social.

Con la impregnación marxista que hoy se da por doquier, sucede algo parecido a lo que fue produciéndose a lo largo de los siglos XVII y XVIII, cuando la sociedad, casi sin percatarse de ello, pasó de su visión bíblica geocéntrica a una concepción heliocéntrica del Universo. Al igual que Lavoisier, primero, y Mendeleiev, después, transformaron radicalmente la representación del mundo que resultó no estar integrado por los cuatro elementos básicos —tierra, aire, agua, fuego— sino por un centenar de elementos simples cuyos átomos se combinan en moléculas de alta complejidad. Así, hoy el marxismo trasciende hasta lo coloquial. Desde hace ya mucho tiempo los trabajadores hablan de la clase obrera, los periodistas emplean expresiones como conciencia y lucha de clases, y explotación salarial. Y los dirigentes políticos de la izquierda en todo el planeta se refieren al capitalismo expropiador, al colonialismo económico, etc. En tanto que los profesores de ideología teóricamente antimarxistas recurren a categorías conceptuales del tipo de estructura, superestructura, ideología, instrumentos de dominación, etc.

Claro es que a pesar de hablar y pensar en tantas ocasiones *en marxista*, muchos no citan a Marx sino para atacarlo, presentando el marxismo como un conjunto de teorías aviesas, materialistas, que reducen al hombre a un número. Cuando precisamente Marx, al hablar de lucha de clases, lo que preconizaba era poner fin a la misma, haciendo desaparecer la división en clases; y cuando hablaba de materialismo, era precisamente con el propósito final de sustituirlo de raíz, poniendo fin a la explotación del hombre por el hombre como origen de la plusvalía y la alienación.

4. La estructura económica como Economía Descriptiva y como Economía Aplicada

Siguiendo en nuestra excursión investigadora de los conceptos sobre la Estructura Económica, parece preciso dedicar una sección especial a la Economía Descriptiva, tal como ésta se concibió entre los llamados economistas neoclásicos, y entre ellos, fundamentalmente en los dos que más se ocuparon de metodología económica. Nos referimos a John Neville Keynes y Lionel Robbins, cuyos puntos de vista sobre el estudio de la realidad económica en el plano de lo concreto están muy próximos entre sí.

La formulación del concepto de *Economía Descriptiva* en J. N. Keynes es sumamente clara y puede ser expuesta casi con sus propias palabras[26], conforme a las cuales, la parte de la Economía Política que se ocupa de los fenómenos económicos desde un punto de vista descriptivo puede ser denominada «Economía descriptiva», en contraposición con la «Economía constructiva», que tiene por objeto establecer las leyes o uniformidades económicas. A su vez, dentro de la Economía descriptiva, J. N. Keynes distingue dos ramas: la «formal» y la «narrativa».

La rama *formal* aspira a analizar y clasificar conceptos tales como riqueza, capital, valor, moneda, etc., todos los cuales son necesarios para comprender la naturaleza de los fenómenos económicos. Por su parte, la rama *narrativa* es la que se ocupa de estudiar histórica y comparativamente, y con la ayuda de las estadísticas, los fenómenos económicos particulares que se presentan en diferentes comunidades o a nivel internacional en épocas diversas. Esta segunda rama es, pues, esencialmente concreta y circunstancial. En definitiva, la rama narrativa no es sino la aplicación concreta de la Estructura Económica como conjunto de métodos —que nos proporciona la rama formal— a la estructura económica como realidad concreta.

Pero la concepción de la Economía descriptiva en J. N. Keynes es aún más profunda de lo hasta aquí expuesto. Además de su insistencia en el empleo de la estadística y su formulación de una serie de conceptos fundamentales, en los que es posible percibir una intuición de la Contabilidad Social, J. N. Keynes se preocupa por la entrada del instrumental teórico en el análisis descriptivo. «La simple descripción —dice— no puede considerarse como ciencia; la Economía Política no tiene una etapa puramente clasificatoria o taxonómica por la que pueda ser comparada con ciencias del tipo de la zoología o de la botánica, que se ocupan de objetos susceptibles de ser sistematizados conforme a un sistema natural de clasificación... La Economía es por necesidad una ciencia de causa y efecto... y la detección de las conexiones causales requiere de la asistencia de un cierto aparato de razonamiento, inductivo o deductivo o combinación de los dos. La simple observación reflexiva posiblemente no

[26] J. N. Keynes, «The Scope and Method of Political Economy», Kelley & Millman, Inc., 4.ª edición, Nueva York, 1955 (la primera data de 1880), págs. 174 a 178.

puede proporcionar la indispensable penetración... Cuanto más completo sea nuestro conocimiento de las leyes por las cuales se regulan los fenómenos económicos, más exacta será nuestra descripción y clasificación de los mismos».

La visión de la *Economía Descriptiva* en Robbins tiene muchos puntos de analogía con la de J. N. Keynes, si bien es cierto que destaca mucho mejor su relación con las otras regiones de la Ciencia Económica. Ello se debe a la concepción de Robbins de la Economía como un todo, como «Ciencia que estudia la conducta humana en cuanto relación entre fines y medios escasos susceptibles de usos alternativos» [27].

Dentro de la Ciencia Económica así definida, Robbins distingue tres ramas: Teoría Económica, Historia Económica y Economía Descriptiva, entre las cuales existe una relación que impide cualquier clase de conflictos. Precisemos aún más. La naturaleza de la Teoría Económica es bien clara; reside en el estudio de las implicaciones formales de las relaciones de fines y medios en los diversos supuestos correspondientes a la naturaleza de los datos finales.

La naturaleza de la Historia Económica no resulta menos evidente. Es el estudio de las instancias o casos sustantivos en que se plantean tales relaciones a través del tiempo; es la explicación de las manifestaciones históricas de *escasez*. La Teoría Económica describe la forma, la Historia Económica, la sustancia. «También en el campo de la Economía Descriptiva —la Historia Económica de nuestro tiempo— el objeto principal consiste en poner en claro las *relaciones de escasez* específicas, aunque el alcance de este objetivo exige frecuentemente investigaciones muy especializadas. Por ejemplo, en el estudio de los fenómenos monetarios, a menudo nos vemos obligados a averiguar cuestiones de carácter legal o altamente técnico, tales como la forma de la concesión de crédito o lo relativo a la emisión de papel moneda».

Precisamente por la necesidad ineludible de ocuparse de tales tecnicismos legales institucionales, al referirse a la Economía descriptiva, Robbins advierte sobre los peligros que implica el intento de seccionarla en un gran número de especialidades. «Tenemos —dice— Institutos de Economía Agrícola, de Economía del Transporte, de

[27] Lionel Robbins, «An Essay on the Nature and Significance of Economic Science», Macmillan and Co., reimpresión de la segunda edición, Londres, 1952, pág. 16.

Economía Minera, etc. Y sin duda, y hasta cierto punto, esto es para bien. En el reino de la Economía Aplicada es esencial que exista alguna división del trabajo... La teoría no puede ser aplicada fructíferamente a la interpretación de situaciones concretas, a menos que se esté continuamente informado del cambiante telón de fondo de los hechos en las industrias concretas. Pero tal como lo demuestra la experiencia, las investigaciones sectoriales llevadas a cabo aisladamente están expuestas a peligros muy graves. Si no se ejerce una vigilancia continua, tienden a reemplazar gradualmente el interés de lo económico por lo tecnológico... Y ello es fatal, puesto que al ser la escasez de medios general para todos los fines, se infiere que una visión adecuada de las influencias que rigen las relaciones sociales en sus aspectos económicos, solamente puede ser obtenida considerando el sistema económico como un todo. En el sistema económico, las industrias no viven para sí mismas. Su razón de ser es la existencia de otras industrias, y su suerte sólo puede ser entendida en relación con la red entera de relaciones económicas».

También según Fritz Machlup puede ser clasificada la Estructura como rama descriptiva de la Ciencia Económica. Esto es evidente cuando se refiere a la palabra estructura en el contexto de expresiones tales como «estructura del mercado» y «estructura de la industria». En ambos casos, Machlup entiende que la estructura es «un cuerpo o conjunto de hechos pertinentes, o una descripción relevante» [28].

Cuando se nos promete un estudio sobre la estructura de un mercado —dice Machlup— podemos esperar que se nos informe acerca del número, localización e importancia relativa de las empresas que fabrican un determinado producto (o grupo de productos), sobre las industrias o sectores que absorben cantidades importantes de tal producto, sobre los precios practicados según los puntos de venta y los grupos de clientes y sus fluctuaciones, etc. Asimismo, cabe esperar un cierto análisis sobre el grado de competencia que prevalece en el mercado. Naturalmente, los estudios de la estructura de mercado tendrán una orientación distinta, polarizando su atención en uno u otro aspecto de la misma, según cual sea el interés concreto que ha promovido el estudio.

---

[28] F. Machlup, «Structure and Structural change: Weaselwords and Jargon», artículo cit., pág. 290.

Algo parecido sucede en los informes que se preparen sobre la «estructura de la industria». Normalmente éstos hacen alusión a las bases tecnológicas del proceso productivo concreto, a las materias primas empleadas y a sus fuentes de suministro, a las necesidades y existencias de capital y de fuerza laboral, al grado de integración vertical de las empresas, a los procesos de fusión o de cooperación industrial, al papel que dentro de las industrias desempeñan las asociaciones profesionales, a las prácticas comerciales habituales (haciendo especial hincapié en las de carácter claramente restrictivo) a la entrada de nuevas empresas en la industria (grado de pliopolio, según la expresión acuñada precisamente por F. Machlup), etc. Todos estos datos referentes a la industria se seleccionan por su relevancia económica.

El tratamiento de Machlup sobre las dos expresiones «estructura del mercado» y «estructura de la industria» nos parecen de una utilidad difícilmente exagerable. Terminamos así el análisis de la Estructura Económica como Economía Descriptiva [29]. En cierto modo, su planteamiento por los neoclásicos supuso una revisión definitiva del deductivismo de los clásicos. La corriente de la Economía Descriptiva ha tenido, pues, el interesante resultado de llamar la atención sobre la realidad económica considerada como un todo; pero una realidad que puede ser desagregada —sin perder esa visión global— en sectores, mercados o industrias, a fin de proceder a un mejor análisis de la misma, empleando para ello el instrumental que nos facilita la Teoría Económica, lo cual permite el obtener concatenaciones causales. En suma, con todas sus limitaciones respecto a lo que significa una visión marxista o econométrica de la realidad, la

[29] En este pasaje dedicado a la Estructura como Economía Descriptiva, debemos hacer alusión a la clasificación de las ramas de la Economía según el profesor Castañeda, quien distingue entre la Economía Pura y la Economía Aplicada o Política Económica. A su vez, dentro de la primera distingue la Teoría Económica de la Historia Económica y de la «Economía descriptiva o Estructura económica». «La Teoría Económica —afirma— efectúa el estudio abstracto de los problemas y posee por ello un carácter instrumental, necesario para llevar a cabo el tratamiento sistemático de las cuestiones concretas, cuyo estudio efectúan las otras ramas de la Economía. Separada la Teoría por su índole especial, se encuentra, siguiendo a Lindhal, una correspondencia entre la calificación temporal de los problemas económicos concretos y las ramas de la ciencia de la Economía, por cuanto la Historia Económica se ocupa de las cuestiones pertenecientes al pasado, la Economía descriptiva de las actuales y la Política Económica de los problemas del futuro.» Vid. José Castañeda, *Lecciones de Teoría Económica*, Aguilar, Madrid, 1958, págs. 16 y 17.

Economía Descriptiva supuso un importante avance en el proceso de la Ciencia Económica.

Los intentos de justificar la existencia de dos campos autónomos dentro del cuerpo de la economía —la economía pura y la economía aplicada— han adquirido una cierta relevancia. Respecto de esa dicotomía, cabe ditinguir dos interpretaciones básicas: por un lado, la que defienden los partidarios del positivismo instrumentalista, intentando presentar a la economía teórica como la categoría más excelsa en tanto que la aplicada es meramente ancilar; y del otro, están quienes admitiendo la inconsistencia metodológica de la diferenciación la aceptan como operativa a efectos del trabajo del investigador.

La concepción positivista instrumentalista se basa en la *dualidad de la economía positiva-normativa,* establecida a partir de los economistas postclásicos, y revalorizada por el pensamiento neoclásico en su esfuerzo de crear un cuerpo de doctrina —la economía positiva o pura— libre de juicios de valor, ésto es, pretendidamente neutral. Concretamente, J. N. Keynes reflexionó sobre la distinción entre economía *teórica* y *práctica* en los siguientes términos: «... la economía política puede y debe ser una ciencia neutral, positiva, claramente diferenciadora de las recomendaciones políticas que exigen juicios políticos o éticos»; para a renglón seguido entender la economía práctica —que en ese contexto hoy se denominaría aplicada— como «un sistema de reglas destinadas a la consecución de un fin determinado» [30].

En la misma línea de diferenciación de J. N. Keynes, se situaron Cairnes, Sidgwick y Senior. Para este último, las investigaciones propias de la economía práctica «escapan a los límites de cualquier tratado; se trata en realidad de la gran ciencia de la legislación» [31]. Lo que venía a significar a la postre que *la economía aplicada* se asociaba a lo que hoy consideramos como *política económica.* Y los posterio-

[30] Tomado de H. Hutchison, «Economía positiva y objetivos de la ciencia económica», versión española, Vicens Vives, Barcelona, 1971, pág. 29. En la primera parte de esta sección seguimos muy de cerca las págs. 98 a 104 de la «Memoria» de titularidad en economía aplicada de José Serrano, UAM, mimeografiada, Madrid, 1987; de donde proceden igualmente ésta y las cinco citas bibliográficas siguientes. También son de gran interés las observaciones sobre economía aplicada que figuran en la «Memoria» de cátedra de Juan Antonio Vázquez García (Oviedo, mimeografiada, 1987, págs. 86 a 121).

[31] H. Hutchinson, ob. cit., págs. 21, 22.

res razonamientos de Marshall y Pareto en su tajante diferencia entre economía positiva y normativa se situaron, cierto que con diversos matices, en la misma línea.

La concepción positivista instrumentalista, se plantea actualmente con un sentido distinto; como dos dimensiones distintas del tratamiento científico. De una parte, la dimensión teórica, ocupada en formalizar y desarrollar teorías capaces de generar predicciones; y de otra, la dimensión aplicada, que aporta elementos empíricos a la teoría, mediante la utilización de instrumentos estadísticos y econométricos para contrastar lo teórico con la realidad.

Tal visión instrumentalista tiene en Milton Friedman a uno de sus más vehementes defensores, al entender la economía aplicada como disciplina auxiliar, dedicada a confrontar los modelos formales, elaborados por la teoría económica pura, con la realidad.

No se trata tanto de lograr una descripción adecuada del entorno económico, o explicar las causas de los fenómenos observados, como de *contrastar modelos.* De tal modo que la elección de los problemas objeto de investigación se suscita no a partir de la relevancia de los asuntos en el mundo real, sino en función de su relación con una teoría moderna tanto más interesante cuanto más sofisticado sea el modelo de partida; y según que el tema objeto de contemplación sea susceptible de contrastación estadística a partir de datos empíricos descubiertos o elaborados [32].

En contraste con los pareceres hasta aquí expuestos, cabe reflexionar que ni la presencia de juicios de valor, ni la supuesta incontrastabilidad de las proposiciones normativas, constituyen elementos suficientes como para justificar la existencia de dos ramas autónomas —positiva y aplicada— dentro de la economía. Sostener esa división, es algo que según J. A. Alonso carece de consistencia, pues «las ciencias empíricas —y la economía es una ciencia empírica—, en sus componentes no tautológicos, están construidas como un referente externo en el ámbito de la realidad que tratan de explicar. Por ello mismo, en puridad, *las teorías sólo tienen sentido en la medida en que dan cuenta de esa realidad externa,* es decir, en tanto que se integran en la construcción teórica de generalizaciones empíricas no tautológicas. De esta forma, *las aplicaciones* externas *de una teoría empírica están implícitas conceptualmente en la teoría misma.* Por

---

32 M. Friedman: «La metodología de la economía positiva», *Revista de Economía Política,* mayo-diciembre de 1958.

tanto, teoría y realidad no pueden constituir para el economista dos elementos independientes. El conocimiento económico es una *síntesis*, una unidad indescomponible de conceptos teóricos, combinados con los conceptos empíricos elaborados. La teoría y sus aplicaciones aparecen así soldadas en un único sistema conceptual que es el que produce el conocimiento sobre realidad exterior» [33].

Respecto a la segunda concepción aludida, la de aquéllos que entienden la dicotomía como una mera división operativa para el trabajo del investigador, no parece que haya nada que objetar. Siempre y cuando por economía aplicada se entienda el conjunto de líneas de trabajo en el que se mezclan elementos teóricos y empíricos. A ello se refería Schumpeter al hablar de «campos aplicados» de la economía. «La división del trabajo en la investigación y en las enseñanzas —afirmaba— ha producido, igual en economía que en otras ciencias, un número indeterminado de especialidades llamadas campos aplicados» [34].

La dicotomía parece justificada, pues, en el campo de lo operativo y no de lo metodológico. No se trata de construir la economía aplicada como rama autónoma, sino de caracterizarla como un conjunto de conocimientos especializados y de instrumentos propios para adquirirlos; no cabe pedir la escisión del trabajo científico en dos niveles, sino que todo lo más, podría proponerse una especialización del trabajo investigador o docente, orientando el análisis hacia parcelas específicas de la compleja realidad económica. Conviene subrayar que, tal y como apunta J. A. Alonso [35] esa especialización:

1. No tiene carácter metodológico. Se basa, más bien, en una conveniencia práctica, de división del trabajo en el seno de la profesión y, por tanto,
2. Surge como mera consecuencia de la parcelación del análisis.

---

[33] J. A. Alonso, «La economía como ciencia aplicada: una reflexión metodológica», en *Homenaje al profesor Sampedro*, Banco Exterior de España, Madrid, 1987, pág. 47. También el artículo de Cándido Pañeda Fernández, «La demarcación de la economía aplicada. Aspectos teóricos y consecuencias prácticas», en el boletín semanal de *Información Comercial Española*, 11 de marzo de 1991, págs. 851 a 856.

[34] J. A. Schumpeter, «Historia del análisis económico», versión española, Ariel, Barcelona, págs. 59 y 60.

[35] J. A. Alonso, «La economía como ciencia aplicada: una reflexión metodológica», en *Homenaje al Prof. Sampedro*, ob. cit., pág. 54.

Ello no obsta para que existan, sin embargo, discursos con diferentes niveles de abstracción, unos más descriptivos y otros más especulativos. Si bien todos deben remitir a una misma red teórica, y no a la simple «aplicación» de conceptos teóricos a elementos empíricos.

En definitiva, con base en los argumentos defendidos, puede decirse que la economía aplicada responde a tres características básicas:

— No es una rama de la ciencia económica, sino una forma de hacer ciencia económica —una línea de trabajo— que se sirve del método, técnicas e instrumentos que proporcionan las distintas parcelas de la ciencia económica en general.

— El trabajo científico en el área de la economía aplicada, al igual que el del conjunto de la ciencia económica, es resultado de la síntesis entre elementos teóricos y empíricos, y tiene como objetivo tratar de entender y explicar la realidad.

— Por último, la economía aplicada confiere prioridad al análisis de la realidad frente a la investigación abstracta. Pero lo hace por una diferenciación de tipo práctico del trabajo del investigador o del docente; y no porque le corresponda la simple «aplicación» de los elementos teóricos a esa realidad [36].

En línea con las observaciones anteriores sobre economía aplicada, cabría decir, con Ernest Reig, que ésta constituye un tipo de actividad científica que no ofrece diferencias esenciales con la teoría económica. La distinción se encuentra, más bien, en que la teoría económica tiende a poner el énfasis en las conexiones lógicas entre supuestos y conclusiones; mientras que la economía aplicada se centra en las conexiones que aparecen entre las teorías y la evidencia empírica.

El objeto de la economía aplicada no es, por consiguiente, la descripción por sí misma; aunque necesita de los datos factuales para poder valorar la aplicabilidad de los conocimientos teóricos. Los hechos ya no cumplen la simple misión de constituir la base sobre la que asentar la construcción teórica —como ocurriría de acuerdo con una metodología inductivista—, sino que son algo más: el material imprescindible para la contrastación de las teorías, a fin de descubrir sus inconsistencias y limitaciones [37].

---

[36] J. Serrano, «Memoria», ob. cit., pág. 104.

[37] M. C. Kennedy: «The economy as a whole», en A. R. Prest, D. J. Coopock

A tales efectos, el análisis económico aplicado se remite a los métodos que resultan adecuados para modelizar y cuantificar las relaciones económicas; a fin de predecir o simular los resultados de la adopción de las medidas de política económica, así como para valorar las cualidades predictivas de las diversas teorías económicas competitivas entre sí.

Tales métodos tienen en general carácter matemático, y frecuentemente probabilístico, y su aplicación ha venido *in crescendo* desde la década de 1950. A lo cual contribuyó la progresivamente mejor preparación de los economistas en matemáticas y estadística, así como la disponibilidad ampliada de datos, y los avances logrados en cuanto al uso de la computación electrónica para procesar masas de datos de amplitud creciente.

Con ese nuevo entorno, los trabajos de la Cowles Commission, de Haavelmo, Tinbergen, y Klein permitieron la construcción de grandes modelos multiecuacionales, representativos de economías nacionales. Se abrieron nuevas posibilidades para la elaboración de la política económica sobre bases que se pensaba eran plenamente rigurosas, con la posibilidad «real» de cuantificar los efectos de las decisiones adoptadas.

Se perfiló de ese modo una metodología que orientó el trabajo aplicado de muchos economistas al servicio de la Administración. Lo cual, según J. Tinbergen [38], fue sistematizándose en una serie de etapas configuradoras del método de la economía aplicada:

a) La fijación de algún indicador de las preferencias colectivas.

b) La deducción, a partir de ese indicador, de los objetivos de la política económica. Aunque en la práctica podía comenzarse directamente por la fijación de objetivos, renunciando a la etapa a) por sus intrínsecas dificultades.

c) La elección de instrumentos de política adecuados, tanto de tipo cuantitativo como cualitativo.

d) La determinación de valores cuantitativos para las variables

(eds.), *The U. K. Economy. A Mannual of Applied Economics,* Weidenfeld and Nicolson, Londres, 1978. En lo que resta de esta sección sobre economía aplicada, seguimos muy de cerca la «Memoria» de titularidad de Ernest Reig, Universidad de Valencia, mimeografiada, 1987, de la que proceden las restantes citas de la propia sección.

[38] J. Tinbergen, «On the Theory of economic Policy», North-Holland, Londres, 1952; y también *Economic Policy: Principles and Desing,* North-Holland, Londres, 1956.

instrumentales, en el caso de optar por instrumentos de tipo cuantitativo.

e) La formulación de conexiones entre objetivos y valores cuantitativos de los instrumentos por un lado, y la estructura de la economía estudiada, por el otro.

Las cinco fases señaladas por Tinbergen no son independientes unas de otras, pues la elección de los instrumentos no puede separarse del tipo de objetivos adoptado. En la práctica el procedimiento se simplifica al estimar que nos vienen dados:

— la estructura de la economía,

— las variables objetivo (volumen de producción, nivel de empleo, saldo de la balanza de pagos, etc.),

— los valores numéricos de las variables objetivo,

— la naturaleza de las variables instrumentales (es decir, las sometidas al control gubernamental).

Evidentemente, los avances de la econometría permitieron la aplicación de la metodología diseñada por Tinbergen a multitud de problemas relacionados con la gestión de las economías nacionales. Y el consenso que por entonces prevalecía en torno a la macroeconomía keynesiana, suministró una base teórica sólida para el diseño, por la economía aplicada, de políticas económicas que suscitaron una amplia aceptación.

Pero ese acuerdo, que se tradujo en el uso ampliamente difundido en la década de 1960 de modelos econométricos de evaluación de políticas económicas alternativas, recibió un duro golpe posteriormente, en los años 70; especialmente de la mano de Robert E. Lucas, profesor de la Universidad de Chicago, en un artículo dedicado precisamente a discutir la validez de la práctica econométrica por entonces vigente [39].

Lucas constató que los modelos econométricos al uso constaban de sistemas de ecuaciones que incluían variables endógenas, variables exógenas, y perturbaciones aleatorias. Y comprobó, además, que la forma habitual de proceder consistía en utilizar datos históricos en la estimación, para hacer uso después de tales estimadores en la evaluación de las consecuencias de políticas alternativas.

---

[39] R. E. Lucas (1976), «Econometric Policy Evaluation: A Critique», en K. Brunner y A. H. Meltzer, *The Phillips Curve and Labor Markets. Carnegie-Rochester Conference Series on Public Policy,* vol. 1. Reproducido en Lucas, R. E., *Studies in Business Cycle Theory,* Basil Blackwell, 1981.

El problema radicaba en que la identificación de los parámetros a partir de un modelo reducido, requería el establecimiento de restricciones a priori sobre las matrices de los coeficientes de las variables endógenas y exógenas, y sobre la matriz de varianzas y covarianzas de la perturbación aleatoria; y muchas de esas restricciones carecían de una adecuada justificación teórica [40].

En definitiva, la crítica de Lucas hizo reflexionar profundamente sobre la validez de las simulaciones de política económica a que se recurría sistemáticamente; y que por lo común se llevaban a cabo utilizando los modelos econométricos como si fueran infalibles. No había nada infalible.

Pasando ahora de la econometría a la teoría económica, queda igualmente claro que ésta última tiene importancia para lograr una labor fructífera en economía aplicada; aunque es evidente que el discurrir teórico conduce a veces a modelos excesivamente abstractos y también escasamente relevantes. Ello «se evidenció» cuando el consenso keynesiano en macroeconomía comenzó a verse erosionado en la década de 1960, en la medida que el monetarismo fue cobrando impulso de la mano de Milton Friedman, Karl Brunner, Allan Meltzer y Harry Johnson. Pero desde el punto de vista de la economía aplicada, fue en el inicio de la década de 1970 cuando se produjo el desafío teórico más importante a la ortodoxia comúnmente aceptada, con el ataque de los integrantes de la denominada «Nueva Escuela Clásica»; fundamentalmente Lucas, Wallace y Sargent. Las críticas formuladas por ellos a la modelización teórica keynesiana se ciñeron a tres puntos [41]:

a) La macroeconomía carecía de fundamentos microeconómicos suficientemente sólidos.

b) La rigidez de precios y salarios de los modelos, no ofrecía una descripción adecuada del funcionamiento de la economía capitalista.

c) Las expectativas se formulaban sin utilizar toda la información disponible; por lo cual no eran consistentes con el comporta-

[40] R. E. Lucas y T. J. Sargent, «La macroeconomía después de Keynes», *Cuadernos Económicos de ICE*, n.º 24, 1983.

[41] M. H. Pesaran, «A critique of the proposed tests of the natural rate-rational expectations hypothesis», *The Economic Journal*, vol. 92, septiembre de 1982.

miento optimizador que debe presumirse a los agentes económicos racionales.

Las restricciones señaladas, y las propias concepciones teóricas de los economistas de la Nueva Escuela Clásica, provocaron un amplio debate. Se cuestionó la relevancia de lo que venía constituyendo uno de los campos de aplicación empírica de la economía teórica más importantes (la política de estabilización económica); y se arrinconó el concepto keynesiano de paro involuntario.

Con todo lo mucho de criticable que en ella pueda haber, la aportación de la Nueva Escuela Clásica ha sido importante en una serie de aspectos: las expectativas de los agentes económicos ya no cabe modelarlas según supuestos arbitrarios que no atiendan al principio de la optimización de su conducta; y debe revisarse la evaluación tradicional de la política económica con base en modelos econométricos con parámetros excesivamente estables.

Y a ello ha de añadirse el estímulo de que la Nueva Escuela Clásica fue el origen de un «nuevo institucionalismo», preocupado por alcanzar una adecuada comprensión de la negociación trabajadores / empresarios, de las instituciones, de la ejecución de la política económica, y de las imperfecciones de la información, entre otros aspectos [42].

Como ha indicado Luis Angel Rojo: «lo importante no es sólo que hayamos detectado amplios márgenes de incertidumbre para la utilización de las políticas convencionales de regularización de la demanda, sino también —y quizá principalmente— que nos hemos deslizado insensiblemente hacia la microeconomía, hacia el análisis de factores condicionantes de las decisiones individuales de los agentes racionales, hacia problemas de asignación eficiente de los recursos... Probablemente no pueda hablarse de una *nueva macroeconomía* como cuerpo teórico que ofrezca una alternativa suficientemente acabada al keynesianismo; pero ignorar las graves dificultades de este último en los campos teórico y aplicado, cerrar los ojos a las debilidades denunciadas en lo que ha sido la aproximación macroeconómica dominante durante varias décadas, e interpretar todo ello en términos meramente ideológicos, me parece inaceptable» [43].

---

[42] S. M. Sheffrin: «Rational Expectations», Cambridge University Press, 1983.

[43] L. A. Rojo, «Sobre el estado actual de la macroeconomía», *Pensamiento Iberoamericano. Revista de Economía Política,* n.º 1, enero-junio de 1982.

Afortunadamente para las perspectivas de desarrollo futuro de la economía aplicada, las dificultades teóricas no han tenido un efecto paralizante, sino estimulante sobre el quehacer de los economistas; y las técnicas de análisis cuantitativo, no han dejado de perfeccionarse y refinarse. Así lo veremos en los últimos capítulos de este libro.

Previsiblemente seguiremos asistiendo a un uso creciente de métodos sistemáticos en economía. Pero como dice Ernest Reig («Memoria», pág. 59), teniendo siempre presente que las «teorías económicas matemáticamente elaboradas que no rindan predicciones verificables, pueden ser contribuciones a las matemáticas, pero no son generalmente contribuciones útiles a la ciencia económica. Similarmente, elaborados modelos econométricos que se ajusten a los datos estrechamente... pero que no predigan bien, son muy probablemente ejemplos de virtuosismo estadístico, y no contribuciones muy útiles a la ciencia económica».

5. La visión econométrica de la Estructura Económica

Hasta aquí hemos examinado las concepciones que hoy podríamos calificar de «clásicas» sobre Estructura Económica. Pasamos ahora a ocuparnos de las nuevas tendencias ya consolidadas o que se apuntan en el planteamiento de lo que es Estructura Económica. En este sentido podemos distinguir, a efectos puramente expositivos, cuatro grupos de manifestaciones diversas: la visión econométrica de la Estructura Económica y Análisis Causal en J. Akerman; Estructura Económica y dinámica de sistemas; Análisis Estructural en J. L. Sampedro, R. Perpiñá, E. Fuentes y J. Velarde; y tendencias más modernas del estructuralismo.

La Econometría supone una aportación fundamental al análisis económico, en tanto que integra la Teoría Económica, las Matemáticas y la Estadística al objeto de representar la realidad por medio de modelos. De hecho, esto implica claramente una concepción arquitectónica de la estructura económica, tal como ha señalado el profesor Sampedro. En otras palabras, se aspira a conseguir verdaderas maquetas de la realidad, a partir de las cuales operar.

Pero conviene aclarar que en Econometría sólo encontramos referencias a la *estructura económica* (con minúsculas) como realidad objeto de estudio y de representación por medio de modelos. Por el contrario, no vemos menciones de la *Estructura Económica* (con mayúsculas), ya que la Econometría se configura a sí misma como una ciencia nueva, que aspira al estudio integral de la realidad económica para su modelización y ulterior interpretación. Extremando la digresión, podríamos decir que para los Económetras *su* Estructura Económica es la propia Econometría.

El empleo de la palabra estructura económica en Econometría se ha hecho hoy habitual. Como ha subrayado Firtz Machlup, «la pobre y ya superempleada palabra *estructura* llamó la atención a los económetras, y de hecho decidieron adoptarla para denotar con ella un conjunto de constantes numéricas conocidas (parámetros) que determinan los cambios numéricos en determinadas variables» [44]. Por orden simplemente cronológico exponemos aquí las que nos parecen más destacadas visiones econométricas del concepto de estructura.

En 1935, Ragnar Frisch ya hizo expresa alusión a las «ecuaciones estructurales» refiriéndose con tales términos a las ecuaciones que contenían «coeficientes con una influencia determinada, esto es, parámetros que determinan el carácter numérico de la ecuación y que son datos en el problema» [45].

Para Wasili Leontief, creador desde 1939 de la técnica input-output, está claro que la estructura económica tiene su formalización más perfecta en una matriz input-output, donde aparecen registrados los coeficientes técnicos de los sectores de la economía nacional, que reflejan precisamente, y ciertamente con un gran rigor teórico, las interrelaciones de los mismos. De ahí el afortunado nombre —«La Estructura de la Economía Americana», empleado ya en un trabajo del NBER fechado en 1939— de la obra en que Leontief expuso *in extenso* en 1941 los fundamentos de su gran aportación.

La definición de estructura económica de Jan Tinbergen (1952) es también de corte claramente econométrico: «aquel mínimo de información sobre las constantes, que es necesario para resolver ciertas clases de problemas económicos que se plantean en una economía determinada» [46]. Se trata en realidad de constantes como condiciones conocidas con exactitud numérica y que, por tanto, permiten relacionar entre sí, con rigor matemático, las variables que intervienen en el problema.

---

[44] F. Machlup, «Structure and Structural Change...», art. cit., pág. 290.

[45] Ragnar Frisch, «On the notion of Equilibrium and Desequilibrium», en *Review of Economic Studies*, vol. III (1935-1936), pág. 100.

[46] J. Tinbergen, «De quelques problèmes posés par le concept de structure économique», en *Revue d'Economie Politique*, vol. 62 (1952), pág. 27 y sigs.

La definición de «estructura» de otro económetra holandés, T. Koopmans (1953), se fija más en la interrelación, en la permanencia. La estructura es para Koopmans un conjunto de condiciones que no experimentan cambios a lo largo de un período de observaciones, pero que podrían cambiar ulteriormente [47]. Ejemplos típicos de tales condiciones serían las funciones de producción, o determinadas instituciones, que permanecen invariables a plazo corto y medio no obstante las fluctuaciones de los precios, de la renta, etc.

En relación con la idea de permanencia o autonomía, también tiene un cierto carácter econométrico —aunque este calificativo aún no hubiese sido acuñado— el empleo que de la palabra estructura hicieron determinados autores alemanes entre 1920 y 1936, al ocuparse del ciclo económico, distinguiendo en ese sentido entre fluctuaciones estructurales (Struckturwandlungen) y coyunturales (Konjunkturschwankungen). Con esta diferenciación, los aludidos autores —entre los cuales el más señalado fue Ernst Wagemann— aspiraron a distinguir las alteraciones meramente temporales de los cambios permanentes en las relaciones fundamentales de la economía.

Podemos afirmar que la Econometría presenta el inestimable valor de hacer más riguroso el análisis, en cuanto que pueden ser más cuantificables los conceptos de interrelación y de permanencia de determinadas relaciones entre variables. Relaciones que se configuran en coeficientes que pueden ser técnicos (como en el caso de la matriz input-ouput) o estrictamente económicos, por así decirlo, como sucede en los modelos macroeconómicos.

Sin embargo, la visión econométrica de la realidad económica también tiene sus inevitables limitaciones, en cuanto que se traduce en modelos, representaciones reducidas de la realidad, que no tienen en cuenta una serie de aspectos de ésta fácilmente perceptibles a través de análisis del tipo de los ya examinados al estudiar la economía descriptiva o el marxismo.

6. Estructura Económica y dinámica de sistemas

La visión de la realidad también es perfectamente observable a través de la dinámica de sistemas, como se puso de relieve con la

[47] T. C. Koopmans y W. C. Hood, «Studies in Econometric Method», Wiley, Nueva York, 1953, pág. 26. Para cuestiones de especificidad en la modelización, Antonio Pulido, «Modelos econométricos», Pirámide, Madrid, 1982.

construcción de dos primeros modelos explicativos del sistema mundial, concretamente los titulados «World-2» y «World-3», de Jay W. Forrester y del equipo Meadows, respectivamente [48].

En el epílogo de su libro «World Dynamics», Forrester pone de relieve que, no obstante las inevitables insuficiencias, su modelo «World-2» supone una clara superioridad sobre los métodos de modelización mental que generalmente se utilizan. «La mente humana —escribe— no está adaptada para interpretar el comportamiento de los sistemas sociales. En la larga historia de la evolución, el hombre no ha necesitado entender estos sistemas hasta tiempos históricos muy recientes» [49]. Y después de referirse comparativamente a la construcción de prototipos y a la simulación en ordenador para una serie de cuestiones tecnológicas, Forrester se pregunta por qué no se hace uso del mismo procedimiento para el análisis y consideración de los sistemas sociales. En esto hay una especie de círculo vicioso: no se modeliza la estructura social real porque no se conoce a fondo su diseño, y ese conocimiento será siempre insuficiente en tanto que la realidad no se someta a modelos utilizables en computador.

Las ventajas de estos últimos son bien claras para Forrester: «La notación matemática que se emplea para describir un modelo dinámico carece de ambigüedad. Es un lenguaje más claro y más preciso que las lenguas habladas, como el inglés o el francés... La gran incertidumbre con los modelos mentales es la incapacidad para anticipar las consecuencias de las interacciones entre las partes de un sistema. Esta incertidumbre se elimina totalmente en los modelos de computadores» [50].

El verdadero problema de la modelización radica, pues, «en la creación de una estructura de modelo que sea adecuada». Para ello hay que saber qué información, de la disponible, debe reunirse, qué relaciones son capaces de reflejar los modos de comportamiento característicos de los sistemas de vida real y qué información ha de descartarse como irrelevante. «Estas cuestiones —afirma Forrester— deben ser abordadas creando la estructura del modelo. Para lo cual son necesarias pericia y práctica profesional» [51].

---

[48] Puede considerarse a Jay Forrester como uno de los padres de la dinámica de sistemas.

[49] Jay W. Forrester, «World Dynamics», Wright-Allen Press, Cambridge, Massachusetts, 1971, pág. 123.

[50] Ibídem, págs. 126 y 127.

[51] Ibídem, pág. 126.

Básicamente, en el modelo de Forrester se relacionan cinco sectores o subsistemas: población, inversión de capital, espacio geográfico, recursos naturales, contaminación, y producción de alimentos. «Es de estos sectores y de sus interacciones de donde surge la dinámica de cambio en el sistema mundial. La población creciente genera presiones para proseguir en la industrialización, para producir más alimentos y cultivar más tierra. Pero a renglón seguido esa mayor cantidad de alimentos, bienes materiales y tierra cultivada tienden a alentar y a permitir poblaciones aún más amplias. El crecimiento de la población, con la industrialización y la contaminación que comporta, tiene su origen, pues, en un proceso circular en el cual cada sector se acrecienta y alimenta a los demás sectores. Pero, en el curso del tiempo, el crecimiento llega al límite que viene dado por la Naturaleza. La tierra y los recursos naturales llegan a agotarse, y la capacidad de contaminación-regeneración de la Tierra se sobrecarga definitivamente» Así, pues, el modelo «World-3» se basa en cinco niveles, correspondientes a los sectores ya mencionados, y que son sus «piedras angulares»: población, inversión de capital, recursos naturales, proporción de capital dedicado a la agricultura y contaminación [52].

Por lo demás, la dinámica de sistemas tiene aplicaciones crecientes en cualquier análisis estructural, al lograr la fusión de lo anatómico y lo fisiológico en una visión fluida de la realidad [53].

7. Estructura y análisis causal en Akerman

Aunque Johan Akerman es más conocido por su libro «Estructuras y ciclos económicos» [54], lo cierto es que el concepto de estruc-

[52] Para una primera visión más completa de este modelo y de su derivado del «World-3», puede verse mi libro «Ecología y Desarrollo» Alianza Editorial, 5.ª edición, Madrid, 1985, con abundante bibliografía, especialmente páginas 109 a 134. Para una visión más de síntesis, el capítulo 10.5 de este mismo libro.

[53] Sobre la cuestión, Subsecretaría de Planificación, «Lecturas sobre dinámica de sistemas», Madrid, 1977; Javier Aracil, «Introducción a la dinámica de sistemas», Alianza Editorial, Madrid, 1978; y Ramón García Cotarelo, «Crítica de la Teoría de Sistemas», CIS, Madrid, 1979.

[54] Aguilar, Madrid, 1960. La traducción es muy deficiente. Incluso el título de la versión española se aparta claramente del original sueco, que literalmente significa: «Teoría económica: II. Análisis Causal y Ciclos Económicos». Todo parece indicar que la versión a nuestro idioma ha sido realizada desde una previa versión francesa.

tura está mucho más claramente configurado en una obra ulterior, concretamente en «Theory of Industrialism. Causal Analysis and Economic Plans» [55]. La formulación de la idea de estructura en esta obra alcanza una claridad y unos matices difíciles de encontrar en otros escritos no sólo de Akerman, sino incluso en el amplio círculo de economistas que hoy emplean este concepto. Veamos a continuación las distintas acepciones que Akerman distingue en el término estructura [56].

a) El concepto *histórico* se percibe a través de la Historia Económica, que aspira a proporcionarnos una crónica de los sucesos más importantes. Desde el punto de vista histórico, la estructura puede ser considerada como un catálogo de los datos más relevantes dentro de un período concreto. En este sentido, los cambios estructurales pueden ser expresados a través de una serie de catálogos de esa clase.

b) En un sentido *económico «puro»*, el concepto de estructura económica viene dado por el de «orden natural», que es una ficción creada por la filosofía de la Naturaleza y por el Derecho natural. Según esta concepción, que corresponde al modelo de la Economía Clásica, no serían posibles ni los cambios estructurales ni los movimientos acumulativos.

c) El concepto *estrictamente estadístico* de estructura se aprecia claramente en proposiciones como las referentes a distribución de la población en intervalos de edad y sobre la distribución personal de la Renta de la Nación. El análisis de una tabla cronológica donde se recojan distribuciones de esta clase a lo largo de todo un período, permite apreciar sistemáticamente los cambios estructurales que se han producido.

d) En su concepto *macro-dinámico,* la estructura está óptimamente representada a través de los coeficientes de un sistema de ecuaciones simultáneas. Tales coeficientes caracterizan a los elementos técnicos y psicológicos.

Tras exponer estos cuatro diferentes conceptos de estructura a partir de los diferentes ángulos de enfoque, Akerman pasa a ocuparse de lo que él mismo ha denominado el análisis causal, que permite apreciar en profundidad los cambios estructurales a través de dife-

---

[55] C. W. K. Gleerup, Lund, 1960.

[56] Ibídem, págs. 183-187.

rentes fases, separadas entre sí por lo que el profesor sueco denomina «límites de estructura» y que son los momentos en que coinciden varios puntos de inflexión en tendencias determinadas. Más adelante, en el Capítulo 10, sección 4, al referirnos a las etapas del crecimiento económico, tendremos ocasión de volver sobre este tema.

Finalmente, y para medir los cambios que se producen en las relaciones entre los diversos grupos y actividades a través del tiempo, Akerman propone el empleo de indicadores estructurales como «mejor expresión del concepto estructural en el análisis causal» [57]. Estos indicadores constituyen la aportación más operativa de Akerman al análisis estructural. Se trata, por ejemplo, del indicador sector público/sector privado, de la relación comercio exterior/renta nacional, etc., que son altamente expresivos del carácter de la actividad económica nacional. De indicadores de esta clase habremos de hacer repetida referencia en este mismo libro, concretamente en los capítulos 14 y 15.

En suma, aunque rodeada de una nebulosa de estudios extremadamente pormenorizados sobre el ciclo, Akerman supo sintetizar en su última obra citada una concepción dinámica de la Estructura Económica —su «análisis causal»— y de las variaciones estructurales, a través de los conceptos de «límites de estructura» e «indicadores de estructura».

8. Interpretación y Análisis Estructural de la realidad en José Luis Sampedro, Román Perpiñá, Enrique Fuentes Quintana y Juan Velarde

En España ha sido José Luis Sampedro quien se ocupó de configurar un concepto moderno de la Estructura Económica, especialmente en sus obras «Realidad económica y Análisis Estructural» (1959) y «Lecciones de Estructura Económica» [58].

Es en la segunda de esas dos obras donde mejor se dibuja ya una formulación propia de Sampedro del concepto. Comienza subrayan-

---

[57] J. Akerman, «Theory of Industrialism», ob. cit., pág. 185.

[58] Sucesivas ediciones (Ariel, Barcelona) en colaboración con Rafael Martínez Cortiña.

do la tendencia que de forma cada vez más acusada se aprecia en la ciencia moderna en cuanto a una interpretación estructural. Desde el deseo aristotélico de conocer la sustancia de las cosas y el mecanicismo causal imprimido a la descripción científica por Descartes y Newton, se ha llegado hoy, de manera cada vez más ostensible, a una visión de la realidad, no como una cadena de causas y efectos sucesivos, sino como dependencia simultánea entre numerosos fenómenos.

Puede hablarse, por tanto, de una «causalidad circular», «en la que el *efecto* influye sobre su propia *causa*. No estamos ante una simple sucesión de unos pocos hechos aislados, sino ante un entramado o andamiaje de numerosos fenómenos, mutuamente relacionados entre sí». Nos hallamos frente a una estructura. En consecuencia, construimos unas estructuras mentales «a través de las cuales contemplamos e interpretamos (y en cierto sentido reconstruimos) la realidad. Las ciencias sociales no han podido sentirse indiferentes, como es natural, a esa tendencia natural».

En suma —concluye Sampedro—, actualmente no sólo es posible, sino indispensable, proceder a análisis estructurales en economía, como ocurre en otras ciencias. Lo mismo que en ellas esos análisis significan sustituir los estudios parciales de causalidades aisladas por análisis generales de interdependencia. Se trata de *abarcar el conjunto de la realidad*, distinguiendo en él sus diferentes *componentes* y estableciendo las *relaciones básicas* entre esos componentes. Todo ello, naturalmente, con un grado muy considerable de simplificación para poder reducir la caleidoscópica realidad a una *descripción inteligible*. Se requiere, por tanto, una selección de esos componentes, y también de las relaciones entre ellos, circunscribiéndose para estas últimas a las que, por su relativa fijeza, caracterizan más establemente la realidad estudiada.

En este contexto, la Estructura Económica —con mayúsculas— tendrá por objeto el estudio de las relaciones de interdependencia que están dotadas de una cierta permanencia y que articulan los principales componentes de la realidad económica (estructura económica, con minúsculas). En definitiva, para Sampedro, la «Estructura Económica» está caracterizada, frente a otras ramas, de la Ciencia Económica, por ser:

«a) *Descriptiva*, pero de manera sistemática. Esto implica una teoría de tal descripción; es decir, unos principios metodológicos a los que ha de atenerse el análisis estructural para ser científico.

»b) *Macroeconómica*, puesto que se trata de considerar situaciones de conjunto y no análisis parciales, como los realizados al nivel de la macroeconomía; y

»c) *Actual*, es decir, con referencia a situaciones de nuestro tiempo. Eso no obsta, claro está, para que pueda estudiarse, v. g., la estructura económica de un cierto país en el siglo XVIII, pero entonces se trata ya de un trabajo histórico en el que los métodos y técnicas del historiador han de encauzar la investigación económica».

Por su parte, Román Perpiñá [59] define la estructura económica como «la resultante de los factores naturales y de la política económica interior, así como de las influencias del exterior» [60]. De acuerdo con esta definición, la estructura económica estaría integrada fundamentalmente por los siguientes componentes:

— *La infraestructura,* entendiendo por tal el conjunto de recursos proporcionados por la naturaleza, de los cuales solamente forman parte de la estructura aquéllos que efectivamente son utilizados o explotados por el hombre. Perpiñá considera esta componente como consustancial con la estructura, por ser el factor permanente de la misma.

— *La política económica,* como acción consciente del hombre sobre la infraestructura. Es decir, el conjunto de «medios y sistemas para la explotación de las riquezas, con el fin de conservar y aumentar el bienestar y la civilización».

Existe, por tanto, para Perpiñá una *interacción dinámica entre humanidad y naturaleza,* que permite que ésta última sea modificada y adaptada para satisfacer las necesidades de aquélla.

A partir del concepto de Perpiñá de la estructura económica como resultante de aplicar la política económica a la infraestructura, Enrique Fuentes Quintana considera que la mejor forma de evaluar esa resultante no es otra que el análisis de la Renta Nacional, para concluir que «la Estructura Económica no puede ser sino la ciencia destinada a estudiar la determinación de la Renta Nacional por sus

[59] Una exposición mucho más amplia que la presente sobre Perpiñá puede encontrarse en la «Memoria» de Donato Fernández Navarrete (mimeografiada), UAM, Madrid, 1983, págs. 239-254.

[60] Román Perpiñá: «De Economía Hispana, Infraestructura, Historia», Ariel, Barcelona, 1972, pág. 37. Véase también la «Memoria» de titularidad de María Jesús Vara, UAM, mimeografiada, Madrid, junio, 1987, págs. 184 y 185.

causas, de las más próximas a las más remotas; y que constituye, por ende, una ciencia descriptiva» [61].

Las concepciones de los profesores Sampedro, Perpiñá, Velarde y Fuentes Quintana sobre *estructura* y *Estructura* económica son lo suficientemente precisas como para no requerir mayor aclaración.

Por último, el maestro de estructuralistas Juan Velarde, adopta en principio la definición de Perpiñá. Pero dándole un mayor dinamismo, supo destacar que la estructura en un momento temporal t es el resultado de las acciones de política económica sobre el momento t−1, y así sucesivamente; de forma tal que si fuésemos retrocediendo en el tiempo, llegaría un momento en que no existiría estructura económica, y el hombre habría de enfrentarse directamente con la naturaleza [62].

Por lo demás, Juan Velarde ha aplicado diversidad de métodos en sus numerosos estudios sobre la realidad estructural: un sector concreto como la industria papelera y su fuerte grado de monopolio en un momento histórico dado; o la decadencia económica de España desde el siglo XVII; o la empresa pública en la era de Franco; o los rasgos esenciales del estructuralismo. Sería difícil encontrar en la literatura hispana un autor tan diverso y versátil —y tan erudito— en las más recónditas áreas de investigación estructuralista; para lo cual sería bueno recordar su discurso de ingreso en la Real Academia de Ciencias Morales y Políticas que versó sobre un tema tan recóndito como la Masonería en España en un momento concreto.

9. El estructuralismo

En definitiva, mientras que la noción de estructura es muy antigua, la de estructuralismo como método es bastante reciente. Se ha desarrollado a lo largo del presente siglo y particularmente después de la segunda guerra mundial, en las distintas corrientes que luego veremos.

De hecho, el estructuralismo sustituyó al existencialismo de los años 40 del siglo XX. Después, como apunta José Ferrater Mora, si

---

[61] Enrique Fuentes Quintana, «Estructura Económica y Renta Nacional», en *Anales de Economía,* vol. XI, n.º 42, abril-junio, 1951, pág. 172.

[62] Juan Velarde y Ramiro Campos Nordmann, «Lecciones de Estructura e Instituciones Económicas de España», Ediciones SMAR, Madrid, 1968, págs. 11 a 13.

al estructuralismo le otorgamos un sentido muy amplio, la casi totalidad de las doctrinas quedaron impregnadas de él. Por ello, aquí y ahora, para no caer en lo etéreo, resulta mucho más apropiado restringir su significado, tratando de identificar el estructuralismo con las investigaciones que hacen un uso predominante de la noción de estructura.

9.1. *El estructuralismo como método*

En el sentido apuntado, el estructuralismo es un método a la vez analítico y totalizador. Se opone al *atomismo* porque concibe la realidad como conjunto de elementos que pueden analizarse y descomponerse. Y se enfrenta al *organicismo*, porque reconociendo que la realidad es un organismo, también advierte que éste puede descomponerse en elementos cuyo estudio precisamente debe ser objeto de análisis científico.

Piaget pretendió alcanzar una mayor concreción sobre el estructuralismo, al subrayar que «plantea como realidad primordial los sistemas de interacciones o de transformaciones, subordinando desde el principio los elementos a las relaciones que las engloban, y concibiendo el todo como producto de la composición de las interacciones formales» [63].

Por su parte, José Ferrater Mora apunta como rasgos básicos del estructuralismo, los siguientes [64]:

a) *Idea de estructura* entendida como sistema o conjunto de sistemas. Los Estudios estructuralistas consisten, en gran parte, en apreciar las transformaciones que hacen posible pasar de una estructura a otra, mediante cambios en sus elementos que no alteran el sistema estructural.

b) *Comprensión de la realidad*, generalmente de forma sincrónica y en función de relaciones de significación. Según esa caracte-

---

[63] Jean Piaget, «El problema de los mecanismos comunes en las ciencias del hombre», *Revista de Occidente*, núm. 65, agosto de 1968, pág. 157. De gran interés para una introducción al estructuralismo, es el Capítulo 13 (págs. 207 a 215) del libro de José B. Terceiro, «Estructura Económica; teoría general y técnicas básicas», Pirámide, Madrid, 1976.

[64] José Ferrater Mora, «Diccionario de Filosofía», vol. 2, Alianza, Madrid, 1979, pág. 1048.

rística, el estructuralismo se opondría al historicismo. Sin embargo, como matiza el propio Ferrater, «paradójicamente, el único modo de entender a derechas en qué consiste el estructuralismo contemporáneo es describirlo diacrónicamente y, además, bosquejar las ideas principales de los que han sido llamados, a menudo a despecho de ellos, estructuralistas».

c) *Existencia de estructuras profundas*, subyacentes a las estructuras visibles, no observables directamente, y que se relacionan con las visibles. Una apreciación a lo Lévi Strauss.

d) *Tendencia a reducir al mínimo la presencia del hombre como sujeto*. El hombre, individualmente, está sometido a las estructuras y no a la inversa; con lo que aquél pierde el papel de su vocación transformadora.

En un paso más, para dinamizar el concepto podemos considerar la estructura como conjunto en movimiento, como sistema de relaciones. Y entonces el estructuralismo aspira a aprehender totalidades dinámicas. Como dice Pouillon, siguiendo a Sartre, el estructuralismo «es por esencia totalizador. Y lo que trata de totalizar no son necesariamente simetrías y recurrencias, sino oposiciones y desequilibrios; y no para desvanecerlos, sino para comprender el vínculo que los sostiene» [65]. Es más: si las estructuras no fuesen dinámicas «el estructuralismo no tendría razón de ser». Así, su objeto también es «informar sobre las variaciones. Y a este respecto, el cambio es un modo particular de variación, y por tanto no puede desmentir al estructuralismo. Cierto que éste se ha vinculado primeramente al estudio de organizaciones sincrónicas y sistemas cerrados. Pero su historia muestra que no hay razón alguna para condenarlo a ello» [66].

Insistiendo aún más en la idea de cambio, como subraya Piaget, «en una primera aproximación, una estructura es un sistema de transformaciones... que se conserva o que se enriquece por el juego mismo de sus transformaciones... En una palabra, una estructura comprende las tres características de totalidad, transformaciones y autorregulación» [67]. Veamos con mayor precisión esas tres características.

La característica de *totalidad*, entraña el que si bien toda estructura está formada por elementos, «éstos se encuentran subordinados

---

[65] Jean Pouillon y otros, «Problemas del estructuralismo», versión española, Siglo XXI, México, 1967, pág. 16.

[66] Ibidem.

[67] Jean Piaget, «El estructuralismo», Prometeo, Buenos Aires, 1968, pág. 20.

a leyes que caracterizan al sistema como tal; y dichas leyes, llamadas de composición, no se reducen a asociaciones acumulativas, sino que confieren al todo propiedades de conjunto distintas de las de sus elementos» [68].

La segunda nota de Piaget, la de *transformación*, supone una *visión diacrónica del proceso* estructural; a diferencia del estructuralismo lingüístico de Saussure, o del antropológico de Lévi-Strauss, que son fundamentalmente sincrónicos.

La tercera nota, la *autorregulación*, hace referencia a que las estructuras tienden a regularse a sí mismas [69]. Sin embargo, ello no implica que una determinada estructura no pueda formar parte de otra más amplia. Lo que sucede es que no se produce «anexión, sino confederación, y las leyes de la subestructura no se alteran, sino que se conservan, de manera que el cambio producido es un enriquecimiento» [70].

9.2. *Lo sincrónico y lo diacrónico*

Por último, en la visión del estructuralismo debemos entrar, tal como lo hace Godelier, en la doble perspectiva de lo sincrónico y lo diacrónico: «el *análisis sincrónico* trata de reconstruir, en un cierto momento de la evolución de un sistema, el funcionamiento de las estructuras de la producción, de la distribución y del consumo. El *análisis diacrónico* se propone reconstruir la génesis de los elementos del sistema y de sus relaciones; y luego, seguir la evolución de su funcionamiento por medio de una serie de imágenes sincrónicas del sistema. Confrontando las reglas y los hechos, de lo que se trata es de determinar en qué condiciones el sistema varía o queda invariable» [71].

En la corriente sincrónica, encaja el estructuralismo lingüístico de Saussure y el antropológico de Lévi-Strauss [72] y su discípulo Fou-

[68] Ibídem, pág. 12.

[69] Una tesis opuesta a ésta es la que sostiene Ludwig von Bertalamffy, en «Perspectivas en la teoría general de sistemas», versión española, Alianza Universidad, Madrid, 1979, págs. 89 y sigs.

[70] Jean Piaget, ob. cit., pág. 17.

[71] Maurice Godelier, «Racionalidad e irracionalidad en economía», versión española, Siglo XXI, Madrid, 1976, 7.ª edición, págs. 274 y 275.

[72] Su obra clásica desde hace ya mucho tiempo es, sin duda alguna, «Tristes Tropiques», Plon, París, 1975. También hay que citar «Antropología Estructural»,

cault. Para el *estructuralismo formal* (como también se le conoce), la función del investigador consiste en descubrir, a través de los modelos, las interdependencias ocultas de las estructuras, no empíricamente observables a pesar de que son parte de la realidad. Según ese enfoque, las relaciones de totalidad e interdependencia siguen una especie de ley inmutable en el espacio y en el tiempo [73]. Por ello mismo, esta modalidad del estructuralismo se asimila al positivismo (recuérdese lo visto en el capítulo 1, sección 7 de este mismo libro), ya que hace abstracción del proceso histórico.

Por el contrario, Marx cabe inscribirlo en el estructuralismo diacrónico. La propia obra de Marx no puede interpretarse de forma unitaria y lineal, pues en sus escritos se produce una clara ruptura epistemológica en 1845. En rigor, pueden distinguirse tres grandes períodos en Marx. El primero, el de las *Obras de juventud* (1840-1844) hasta «La Sagrada Familia» inclusive. El segundo, el *período de transición*, dividido a su vez en dos subperíodos: el de *ruptura* (1845) que incluye las «Tesis sobre Feuerbach», «La Ideología Alemana», «El Manifiesto Comunista», «Miseria de la Filosofía», «Salario, precio y ganancia», etc. Y por último, el *período de madurez* (1858 en adelante): «El Capital».

9.3. *Clases de estructuralismo*

El estructuralismo es, en definitiva, un método aplicable en las más distintas esferas. En este sentido, en este apartado revisaré muy esquemáticamente, sus aplicaciones más destacadas en las diversas áreas del conocimiento.

---

versión española, Eudeba, Buenos Aires, 1968. Otros trabajos importantes de este autor —siempre en su versión española— son: «El totemismo en la actualidad», FCE, México, 1965; «El pensamiento salvaje», FCE, México, 1964; «Los límites de la noción de estructura en etnología» en *Sentidos y usos del término estructura en las ciencias del hombre* de Roger Bastide (compilador). Paidós, Buenos Aires, 1968. Y entre sus últimos trabajos «Palabra dada», versión española, Espasa Calpe, Madrid, 1985.

[73] Claude Lévi-Strauss «Introducción» a la «Antropología Estructural», pág. XXXII. Lo cual no significa desprecio por lo histórico sino simplemente que estima que no entra en su campo. Para una crítica de Lévi-Strauss en profundidad, puede verse Henri Lefebvre, «Claude Lévi-Strauss y el nuevo eleatismo», versión española, en el libro de H. Lefebvre y Galvano della Volpe, *Ajuste de cuentas con el estructuralismo*, Ciencia Nueva, Madrid, 1969.

9.3.1. Estructuralismo lingüístico

Esta corriente tiene su origen en los estudios del gramático suizo F. de Saussure sobre el sistema sincrónico subyacente en cualquier lengua [74].

Estudios que progresaron ulteriormente con la creación de la «Fonología» por N. Trubetzkoy [75], que supera el concepto de sistema para mostrar la evidencia de su estructura.

Ulteriormente, la lingüística ha seguido desarrollándose con un método claramente estructuralista de complejidad creciente y difícilmente accesible al no especializado, como puede apreciarse leyendo los trabajos de Roman Jakobson, L. Hjelmslev, A. Martinet, N. Chomsky, Zwaart y muchos otros [76].

9.3.2. El Estructuralismo matemático

La concepción estructuralista en Matemáticas empezó a desarrollarse en el siglo XIX con la noción de «grupo», descubierta por Galois, que fue altamente fecunda en el desarrollo del álgebra moderna [77].

La tendencia estructuralista se acentuó con N. Bourbaki, autor de un ensayo que lleva el expresivo título de «L'Architecture des Mathématiques» [78] y padre de toda una serie de ideas («redes», etc.)

---

[74] F. de Saussure, «Cours de Lingüistique Générale», C. Belly y A. Sechehaye, Ginebra, 1916. Existe versión española de Losada, Buenos Aires.

[75] N. Trubetzkoy, «La Phonologie actuèlle», en *Psycologie du langage*, París, 1933.

[76] Para el lector que quiera comenzar a profundizar en esta materia, le recomendamos, por su claridad y por estar vertidas al español, las obras de Bertil Malmberg, «Lingüística Estructural y comunicación humana» (Gredos, Madrid, 1971) y «La Lengua y el Hombre» (Ediciones Istmo, Madrid, 1974). También de gran interés es el libro de Giulio G. Lepschy (versión española en Anagrama, Barcelona, 1971), «La Lingüística Estructural», donde se escalona el progreso de esta corriente desde Saussure y Trubetzkoy hasta la Gramática Transformacional de Chomsky, pasando por la Escuela de Copenhague (Hjelmslev), el Estructuralismo americano (Sapir y Bloomfield), la Lingüística funcional (Jakobson, Martinet, Halliday, etc.), y la Lingüística estructural (Bloch, Trager, Hall, etc.).

[77] Jean Piaget, «El estructuralismo», versión española, Paidós, Buenos Aires, 1968, pág. 20.

[78] Contenida en la compilación de F. Le Lionnais, «Les grands courants de la pensée mathématique», París, 1948.

de creciente desarrollo y aplicación en Economía (por ejemplo, en los métodos de grafos, PERT, CPM, etcétera).

9.3.3. Estructuralismo antropológico

Sin embargo, para algunos —que en esto pueden recordar la vieja frase de «más papistas que el Papa»—, «el estructuralismo es Lévi-Strauss» [79], autor de obras como «Tristes Tropiques», «Le Structures élémentaires de la parenté» y «Antropologie Structurale».

La preocupación de este antropólogo francés por *forma y contenido*, y por *estructuras subyacentes explicativas* se trasluce claramente «si, como lo creemos, la actividad inconsciente del espíritu consiste en imponer formas a un contenido, y si estas formas son fundamentalmente las mismas para todos los espíritus, antiguos y modernos, primitivos y civilizados —como el estudio de la función simbólica, tal como se expresa en el lenguaje, lo muestra en forma tan notable—, es necesario y suficiente llegar a la estructura inconsciente, subyacente a cada institución y a cada costumbre para obtener un principio de explicación simbólica para otras instituciones y otras costumbres, siempre, por supuesto, que el análisis sea llevado bastante lejos».

9.3.4. El estructuralismo marxista

Ya hemos visto en la sección 3 cómo el análisis económico en Marx fue básicamente estructural. De hecho, el marxismo es para M. Godelier un intento de pasar del simple examen del funcionamiento visible del sistema capitalista al conocimiento de su «estructura» interna oculta [80].

No es extraño, pues, que en el momento en que el Estructuralismo parece una corriente triunfante, los seguidores de Marx hayan

---

[79] La frase es de Jean-Marie Auzias, en su libro «El estructuralismo», versión española, Alianza Editorial, Madrid, 1969, pág. 12. Si bien el señor Auzias atempera su frase señalando, pocas líneas después de su rotunda afirmación, la lista de los «cuatro grandes» del estructuralismo: «Althusser, Foucault, Lacan, Lévi-Strauss», que están seguidos por una docena de apóstoles menores.

[80] Maurice Godelier, «Sistema, Estructura y Contradicción en El Capital», en *Problemas del Estructuralismo*, Siglo XXI, México, 1967, pág. 50 y sigs.

reivindicado la trascendencia de Marx para ese enfoque estructural. Este es el sentido de la obra de Louis Althusser «Pour Marx» [81] y de la obra colectiva por él dirigida «Lire le Capital» [82], de las que se ha dicho que son una traducción de Marx al estructuralismo.

Por otra parte, la revista *La Pensée* dedicó en octubre de 1967 un número completo al tema de marxismo y estructuralismo, habiéndose desarrollado ulteriormente muchos encuentros y polémicas sobre el mismo tema [83].

10. El estructuralismo latinoamericano

Podría hablarse incluso de un estructuralismo cristiano [84], y podrían establecerse relaciones entre el estructuralismo y la Cibernética, etc. Baste dejar aquí reseñadas estas corrientes, en las que por razones de espacio no podemos entrar en detalle [85].

---

[81] François Maspero, París, 1965.

[82] François Maspero, París, 1962, 2 vols.

[83] Véase, por ejemplo, la publicada en español por Siglo XXI, México, 1968, bajo el título «Polémica sobre Marxismo y Humanismo».

[84] Una muestra de él puede encontrarse en «Le Structuralisme. Dialogue entre Jules Gritti et Paul Toinet», Beauchesne, París, 1968.

[85] Entre tales intentos por penetrar en el concepto de estructura, merecen subrayarse ante todo el llevado a cabo por el «Centre International de la Synthèse», que dedicó su XX Semana al tema de la *Notion de Estructure* (Albin Michel, París, 1957). Entre los trabajos aportados a esa obra conjunta, el de mayor interés para nuestra especialidad es el de G. Gurvitch («Structures sociales et systèmes de Connaissances). Más tarde, y como resultado de las contribuciones al «Dictionnaire terminologique des Sciences Sociales» de la UNESCO, nació el libro «Sens et usages du terme Structure» (Roger Bastide, Mouton & Co-5-Gravenhage, 1962), donde se examinó el concepto de estructura respecto de un gran número de campos del conocimiento humano, incluida la economía (con sendos trabajos de F. Perroux y A. Marchal) y la Antropología; en este último caso la contribución es de C. Lévi-Strauss.

Por último, nos parece interesante citar algunas otras aportaciones de la corriente estructuralista:

— Jean Viet, «Los métodos estructuralistas en las Ciencias Sociales», versión española, Amorrortu Editores, Buenos Aires, 1970 (versión original en 1965).

— Lucien Sebag, «Marxismo y Estructuralismo», v.e., Siglo XXI de España, Madrid, 1969 (v.o. 1967, 2.ª ed.).

— O. Ducrot, T. Todorov, D. Sperber, M. Safonan, F. Wahl, «¿Qué es el estructuralismo?», versión española, Losada, Buenos Aires, 1971 (v.o. en 1968).

— Raymond Boudon, «A quoi sert la notion de Structure», Gallimard, París, 1968.

— E. Labrousse, A. Martinet, H. Lefebvre, F. Bresson, A. Culioli, L. Goldman,

Terminaremos con el estructuralismo latinoamericano, que es tal vez el enfoque que en economía de forma más definida y coherente sigue el análisis estructural [86].

Como apunta Víctor Urquidi, esta estirpe de pensamiento estructuralista es una consecuencia de la escasa tradición de los estudios de economía en Iberoamérica [87]. Y en este sentido, la creación, en 1948, de la Comisión Económica para América Latina (CEPAL), supuso un indiscutible impulso, pues en torno a ella, y de la mano de su Secretario General, Raúl Prebisch, surgió un movimiento que desde sus comienzos pasó a adoptar un cierto espíritu crítico respecto a la teoría dominante —la neoclásica y la keynesiana— cuyos postulados no se compaginaban con la realidad de los países del área. Ese espíritu crítico fue radicalizándose progresivamente hacia posturas próximas al socialismo.

En sus inicios, los trabajos del grupo de la CEPAL se orientaron en tres direcciones básicas: la diversificación industrial en los países del área, las políticas de sustitución de importaciones, y la integración regional.

Uno de los aspectos más reseñables del pensamiento cepalino, fue la importancia que desde un principio se concedió al Estado como motor del proceso productivo. Era, desde luego, una idea en común con los keynesianos, pero vista desde otra óptica: no podría existir proceso de industrialización sin un Estado moderno, ni tampoco cabría realizar sin ese Estado una política redistributiva de la renta, ni controlar las inversiones extranjeras imprescindibles en la etapa inicial del desarrollo.

A. Sabone, P. Vidal-Naquet, M. Rebérioux, «Las estructuras y los hombres», versión española, Ariel, Barcelona, 1969 (v.o. en 1968).

— C. Lévi Strauss, S. Thion, R. Barthes, y M. Godelier, «Aproximación al estructuralismo», versión española, Galerna, Buenos Aires, 1969.

— Ivan Christin, «Théorie de Structures et des systèmes économiques», Dalloz, París, 1973.

[86] José Luis García Delgado, «Análisis estructural del subdesarrollo: el estructuralismo latinoamericano y el método histórico estructural», *Económicas y Empresariales*, núm. 7, 1977. También Kenneth P. Jameson, «El estructuralismo latinoamericano: una perspectiva metodológica», en *World Development*, vol. 14, núm. 2, 1988, reproducido en el *Boletín Semanal de ICE*, núm. 2045, 21 de julio de 1986, págs. 2525 y sigs.; y asimismo, José B. Terceiro, «Estructura Económica», ob. cit., en nota 63, págs. 227 a 230, y D. Fernández Navarrete, «Memoria», ob. cit., nota 59, págs. 276-287.

[87] Víctor Urquidi, «Nuevas consideraciones sobre la investigación económica en América Latina» en *El Trimestre Económico*, vol. XXXII, núm. 128, 1965.

Pero si bien hubo aproximaciones indudables al keynesianismo, también estaba claro que la política económica keynesiana, por entonces aplicada en los países del *centro*, no podía practicarse en la *periferia*. Por la sencilla razón de que estaba diseñada para áreas en las que ya se habían efectuado un conjunto de reformas aún pendientes en América Latina. Por ello mismo, para los países subdesarrollados aplicar tales políticas exigía de «un drástico programa de transformaciones sociopolíticas, económicas y culturales, puesto que muy pocos de los supuestos subyacentes en la economía neoclásica y keynesiana estaban presentes. O, para ser más precisos, estos supuestos sólo correspondían a un segmento de la realidad, el más estrechamente vinculado con el sector exportador y las grandes ciudades» [88].

En suma, se daba un claro divorcio entre teoría y realidad. Y mientras la teoría establecida pretendía ajustar la segunda a la primera, una serie de autores (Prebisch, Singer, Nurkse, etc.) criticaban abiertamente las doctrinas del libre comercio y de la especialización internacional en cuanto a su indiscriminada aplicación al área. Por contra, para superar la situación de desarrollo propiciaban la industrialización con algún tipo de planificación y con políticas proteccionistas y de grandes inversiones en infraestructura.

Fue precisamente esta línea de pensamiento la que cristalizó «durante los años 50 alrededor del trabajo de Raúl Prebisch y de un grupo de jóvenes economistas en la CEPAL, que llegó a ser base importante de apoyo intelectual y técnico a los movimientos y gobiernos progresistas, nacionalistas y reformistas de la región» [89].

La importancia de la obra y del magisterio de Prebisch en el pensamiento cepalino fue de primer orden. De él arrancó esa nueva escuela que de forma coherente trató de contar con una metodología propia, utilizando como órganos de expresión el «Boletín Económico de América Latina», y desde 1976, su continuadora, la «Revista de la CEPAL».

---

[88] Osvaldo Sunkel, «El desarrollo de la teoría del desarrollo», en Sunkel, Fuenzalida, Cardoso, Fortín y otros, *Transnacionalización y dependencia*, Instituto de Cooperación Iberoamericana, Madrid, 1980, pág. 16.

[89] Osvaldo Sunkel, «El desarrollo...», ob. cit., pág. 18. Sobre la figura de Raul Prebisch, es del máximo interés la obra de Joseph Hodara, «Prebisch y la CEPAL», El Colegio de México, México, 1987.

A comienzos de los años 60, y «como consecuencia del escaso éxito de las políticas de planificación nacional y cooperación internacional, el pensamiento estructuralista experimentó todo un proceso de autocrítica, que desbordó el marco institucional de la CEPAL» [90]. Dicho proceso, que fue de crítica y autocrítica al academicismo y economicismo cepalino, provenía de no haber tenido suficientemente en cuenta para su modelo los aspectos sociales y políticos. En adelante, se pasó a considerar el sistema económico-social en su conjunto, sin olvidar temas vitales como la oposición al libre mercado, la necesidad de redistribuir riqueza y rentas para impulsar el desarrollo de la región, reformas de estructuras en el sistema productivo para luchar contra la inflación en lugar de seguir pautas monetarias, etc.

Sin duda alguna, la gran aportación estructural de Prebisch y su escuela fue la identificación del denominado *sistema centro-periferia*, que sirvió para elaborar todo un análisis anticonvencional [91], según el cual la situación de subdesarrollo de la sociedad iberoamericana no es una etapa más del desarrollo económico, sino que ambas categorías (desarrollo y subdesarrollo) constituyen las dos caras de un mismo proceso histórico. O como lo expresó el propio Prebisch: «el desarrollo periférico es parte integrante del sistema mundial del capitalismo, pero se desenvuelve en condiciones muy diferentes a las de los centros, de donde surge la especificidad del capitalismo periférico» [92].

Para Prebisch y sus discípulos, el capitalismo es dinámico pero centrípeto. De ahí su poca incidencia positiva sobre la periferia. El *centro* tiene una estructura económica muy especializada y diversificada, pero homogénea. Los incrementos tecnológicos y de productividad no se repercuten de forma favorable en los precios de las exportaciones a la periferia, debido a que los grandes oligopolios empresariales (para mantener la tasa de ganancia), y las organizacio-

---

[90] Javier Salinas Sánchez, «Notas para la identificación del pensamiento estructuralista latinoamericano», en *Moneda y Crédito*, núm. 145, junio de 1978, pág. 47.

[91] Un trabajo muy interesante sobre la evolución del pensamiento de Prebisch a lo largo de su vida y obra, en conexión con los cargos públicos que a nivel nacional e internacional fue desempeñando, se contiene en el estudio de Adolfo Gurrieri, «La dimensión sociológica en la obra de Prebisch», en *Pensamiento Económico. Revista de Economía Política*, núm. 2, julio-diciembre, 1982, págs. 159 a 174.

[92] Raúl Prebisch, «La periferia latinoamericana en el sistema global del capitalismo», en *Revista de la CEPAL*, núm. 13, abril de 1981, pág. 163.

nes sindicales (para no perder poder adquisitivo en los salarios) contrarrestan esa posible incidencia favorable [93].

En cambio, la estructura económica de la *periferia* es heterogénea, y de baja productividad; tal vez con la excepción de algún sector modernizado como sucede con la exportación (a veces de uno o muy pocos productos, las célebres oligoexportaciones). En consecuencia, el diferente comportamiento de los precios en el intercambio comercial centro-periferia, desmiente las pretendidas ventajas del principio de la división internacional del trabajo.

Del enfoque general expuesto, se derivó, en cierta forma como crítica a los primeros cepalinos, lo que se ha llamado el *enfoque dependencia*; formulación típica del pensamiento estructuralista latinoamericano, aunque el primero en utilizar la expresión fue Lenin [94]. Y es que tal enfoque cabe considerarlo como producto de la influencia de dos corrientes: la CEPAL y las aportaciones neomarxistas norteamericanas de Paul Baran y Paul Sweezy, principalmente a raíz de la obra de Baran «Economía Política del Subdesarrollo», que ejerció una gran influencia en Dobb, Bettelheim, Higgins, Myrdal, etc.

Poner el acento sobre la dependencia —dicen Osvaldo Sunkel y Pedro Paz— es preocuparse de cuáles son las relaciones políticas, económicas y tecnológicas entre países desarrollados y subdesarrollados. «El desarrollo y el subdesarrollo pueden considerarse como estructuras parciales, pero interdependientes, que conforman un sistema único. La característica principal que diferencia ambas estructuras es que la desarrollada, en virtud de su capacidad endógena de crecimiento, es la dominante; y la subdesarrollada, dado el carácter inducido de su dinámica, es dependiente; y esto se aplica tanto entre países como *dentro* de un país» [95].

---

[93] Sobre la crisis actual de los centros y su repercusión en la periferia, resulta esclarecedor el trabajo de Raúl Prebisch, «Centro y Periferia en el origen y maduración de la crisis», en *Pensamiento Iberoamericano. Revista de Economía Política*, núm. 3, enero-junio, 1983, págs. 29 a 40.

[94] Sobre el concepto, puede verse el valioso trabajo —con gran aporte bibliográfico— de Rafael de Juan y Peñalosa, «El concepto de dependencia económica y su futuro», en *Información Comercial Española*, agosto-septiembre de 1980; así como también el de Gabriel Guzmán, «El enfoque dependencia y el subdesarrollo latinoamericano», *Información Comercial Española*, diciembre de 1971. Asimismo, Josefa E. Fernández Arufe y Rosario Pedrosa Sanz, «Explicación teórica de las relaciones de dominación y dependencia», en el *Boletín Semanal de ICE*, núm. 2.006, 21 de octubre de 1985, págs. 3499 y sigs.

[95] Osvaldo Sunkel y Pedro Paz, «El subdesarrollo latinoamericano y la teoría del

Lo específico de este enfoque, en opinión de Fernando Cardoso, es el análisis de los patrones estructurales que vinculan a las economías centrales y periféricas, de donde surge la noción de *dominación*, concepto más amplio que el de *dependencia*, puesto que con él se contempla una componente externa (dominio de unos países por otros) y otra interna (dominio entre clases sociales). Es lo que Cardoso llama la *nueva dependencia*[96].

En fin de cuentas, lo que propone el estructuralismo es que los países del Tercer Mundo consigan la autonomía y el control de su desarrollo: una mejor utilización de los medios de producción aplicando una tecnología propia que disminuya la vulnerabilidad y la dependencia del centro; un desarrollo que tenga como objetivo satisfacer las necesidades básicas de la población, pero sin que, a diferencia de todos los análisis precedentes, trate de ser meramente imitativo de los países industrializados[97].

11. La Estructura Económica como análisis de la realidad económica estructural (estructura económica)

Hasta aquí hemos venido analizando distintos conceptos de estructura económica, considerada ésta como realidad y como representación e interpretación científica de la realidad. Pasamos ahora a exponer nuestra propia postura de la forma más sistemática posible.

La realidad económica o estructura económica (con minúsculas) puede considerarse como la *integración de una compleja serie de componentes*, que pueden ser muy distintos según el enfoque que se adopte (producción, distribución, consumo; capital, trabajo; sector público, sector privado, sector exterior; municipios, provincias, naciones; empresarios, ejecutivos, cuadros trabajados, etc.) en un orden determinado.

---

desarrollo», Siglo XXI, México, 9.ª edición, pág. 37. Asimismo, Celso Furtado, «Dialéctica del Desarrollo», versión española, FCE, México, 1977; y «A Nova Dependencia», Paz e Terra, Río de Janeiro, 1982. De André Gunder Frank, «Sociología del desarrollo y subdesarrollo de la Sociología», versión española, Anagrama, Barcelona, 1971.

[96] F. H. Cardoso, «El desarrollo en capilla» en ob. cit. en la nota 88.

[97] El argumento completo de estas ideas, y en general de la nueva concepción de Presbisch respecto del desarrollo económico y la capacidad del sistema para darle respuesta, se encuentran en su libro «Capitalismo periférico. Crisis y transformación», Fondo de Cultura Económica, México, 1981.

Entre esos distintos elementos existe una serie de *relaciones de interdependencia*, que en muchos casos pueden ser traducidos en coeficientes técnicos sectoriales, o en tensiones sociales entre grupos, entre clases sociales y entre unidades espaciales. Estas relaciones, según su carácter, se formalizan *en* o *dentro* de instituciones que se complementan unas a otras y que en su conjunto constituyen el *marco institucional* de la estructura económica.

El *marco institucional* cambia a medida que se transforma la estructura (evolución), pudiendo suceder también que los cambios del primero induzcan verdaderas modificaciones estructurales (revolución). A su vez, el marco institucional de cualquier unidad macroeconómica define el *sistema* dentro del cual se desarrolla ésta. Así pues, el concepto de estructura está en íntima relación con los de «institución» y de «sistema económico», que precisamente estudiaremos en los capítulos 8 y 9, respectivamente.

La estructura económica (con minúsculas) puede ser estudiada a través de una serie de *métodos o instrumentos de análisis* que se han perfeccionado extraordinariamente en los últimos tiempos. Este conjunto de métodos e instrumentos, que tienen sus bases en la Teoría Económica y en la Estadística, es lo que denominamos *Estructura Económica* (con mayúsculas), que en este sentido puede considerarse como una forma de aplicación del análisis económico, que tiene por objeto describir e interpretar rigurosamente la realidad económica con el propósito de obtener conclusiones válidas para operar sobre ella.

De hecho, la mayoría de los fenómenos que constituyen la atomística de la realidad económica, en su *materialidad*, son susceptibles de *medición*, de cuantificación, tanto en sus manifestaciones físicas (recuento, peso y medida) como en su valoración monetaria. Asimismo, esa realidad acaece en un *espacio* determinado, se transforma por efectos de la *tecnología*, a lo largo de sucesivas secuencias de *tiempo*, y dentro de tal estructura se encuentran en una cierta tensión una serie de *fuerzas sociales*. Esto significa que la Estructura Económica, en su intento de descripción e interpretación de la realidad, debe apreciar cinco dimensiones: la dimensión material, la dimensión espacial, la dimensión temporal, la dimensión tecnológica, y la dimensión social.

Para el estudio y medición de la *dimensión de lo material* se han ideado sucesivamente una serie de métodos de análisis macroeconómico, que podemos englobar bajo la común denominación de Contabilidad Social. Esta incluye, por lo menos, la estimación de la Riqueza y del Producto Nacional, la elaboración de las Cuentas Nacionales y de la Tabla input-output, el Análisis de Flujos, y el Análisis Monetario.

La *dimensión espacial* es susceptible de estudio por medio de los métodos de análisis locacional; y de la economía urbana y regional, que explica fenómenos como zonificación agrícola, aglomeraciones urbanas, desequilibrios interregionales, etc.

La *dimensión tecnológica* tiene una trascendencia formidable, pues los descubrimientos, invenciones e innovaciones, transforman de modo continuo los supuestos en que se basan los métodos de producción. Por tanto, será preciso fijarse en el nivel actual de la tecnología y en la introducción previsible de nuevos avances tecnológicos, que comportan cambios en los hábitos sociales y en la dimensión comparada de los distintos grupos y clases sociales.

La *dimensión temporal* puede ser conocida a partir de la elaboración de las fuentes históricas existentes. Sobre todo, mediante el empleo de series estadísticas cronológicas, específicas para cada fenómeno; o globalizadas en los correspondientes números índices, que registran la evolución de la coyuntura y la transformación de los rasgos estructurales de una realidad económica.

Finalmente, el estudio de la *dimensión social* es analizable no sólo a través de la determinación de la distribución personal de la riqueza y de la renta, sino fundamentalmente penetrando en la composición de clase de la sociedad, en su estratificación y en su movilidad vertical. En el plano internacional, la dimensión social puede ser igualmente analizada mediante el detenido examen e interpretación de las relaciones económicas entre las naciones, para cuya estimación también existen medidores y ratios de gran interés [98].

En principio, los métodos aquí enumerados —y a los cuales volveremos a lo largo de los Capítulos 11 a 15— son válidos en el estudio de cualquier economía, sin más limitaciones que las procedentes de las disponibilidades de estadísticas para su correcta aplicación.

---

[98] Incluso, como lo hace Amitai Etzioni, ha llegado ha hablarse de la necesidad de una Socioeconomía (vid. «Hacia una nueva Socioeconomía», en *Challenge*, 1986, traducción en el *Boletín semanal de ICE*, núm. 2.120, 18 de febrero de 1988, págs. 501 y sigs.).

Por ello, in abstracto podemos hablar de una cierta universalidad de los métodos de la Estructura Económica.

12. La Estructura Económica como disciplina en la Universidad española [99]

Terminaremos este ya muy largo capítulo 7 con una referencia a la enseñanza de la Estructura Económica en España.

Como tal disciplina se abordó primeramente como parte integrante de la asignatura «Geografía Económica» que figuraba en el primer plan de estudios —de 1943— de la por entonces recién creada Facultad de Ciencias Políticas y Económicas de la Universidad de Madrid (después, desde 1970, Universidad Complutense).

Con el nombre de Geografía Económica, procedente de la materia análoga de las Escuelas de Comercio, y con un contenido que hacía honor a su denominación, la asignatura, se impartió desde el curso 1943-1944. Pero al siguiente año, ya se revisó el plan de estudios para incluir en la Sección de Económicas dos nuevas materias que venían a sustituir a la de Geografía Económica: «Estructura Económica Mundial» y «Estructura Económica de España»; y también en la Sección de Políticas se incluyó una «Estructura Económica».

El profesor Velarde se ha referido al acierto en el cambio de denominación: «El riesgo a una invasión de geógrafos —escribió en 1969— vinculados a la Facultad de Filosofía y Letras y a la Escuela de Comercio, e ignorantes de economía en buen número de casos, fue comprendido en sus justas dimensiones por el grupo de profesores que podríamos denominar del *Instituto de Estudios Políticos*... Después de una serie de discusiones, y para atajar el peligro señalado, se decidió alterar el nombre de *Geografía Económica* por el de *Estructura Económica*. Un profesor español, quizá por la influencia germana que había recibido en la Universidad de Kiel, Román Perpiñá Grau, había utilizado ya esta expresión en un ensayo famoso

[99] Con algunas adaptaciones autorizadas por su autor, este anexo procede de la Memoria de Cátedra del profesor Donato Fernández Navarrete. Puede verse también, Rafael Martínez Cortiña, «Los estudios de estructura económica en la universidad española, 1943-1983», en *Boletín semanal* de ICE, núm. 1900, págs. 2571 y sigs.

que vio la luz en 1935 en alemán, y en 1936 en castellano. Me refiero a su gran aportación "De Economía Hispana"» [100].

Sobre el mismo tema volvió a pronunciarse posteriormente el Prof. Velarde [101] en un largo artículo que en parte dedicó a la teoría de la localización, para desembocar otra vez en la Geografía, demarcando en este caso sus fronteras con la Estructura Económica [102]. Si bien como señaló, cuando el suelo físico deja de desempeñar «un papel básico en las relaciones entre los fenómenos estudiados en determinados momentos, estamos ya claramente fuera de lo geográfico» [103].

Para continuar con la evolución seguida por la materia Estructura Económica en la Universidad de Madrid (hoy Complutense) debemos precisar que en el Plan para la Facultad de Ciencias Políticas y Económicas de 1953, se adoptó un nombre mucho más largo, y al propio tiempo bien expresivo: *Estructura e Instituciones Económicas españolas en relación con las extranjeras.* Tal materia, obviamente nucleada en torno a la economía española, se impartía en dos cursos sucesivos, uno correspondiente a Internacional y otro a España. Quizá lo más destacable sea que en el plan de 1953 se añadió la palabra *Instituciones,* expresiva de la vinculación existente entre los conceptos de estructura e institución [104].

En la Universidad Autónoma de Madrid (UAM), la disciplina de Estructura Económica también conoció algunas vicisitudes, más de tipo formal que de fondo. En el primer plan de estudios (al iniciarse

---

[100] Juan Velarde Fuertes, «Presentación al número de *Anales de Economía,* 1-4, 3.ª época, enero-diciembre 1979 en conmemoración del Veinticinco Aniversario de la Facultad de Ciencias Políticas, Económicas y Comerciales», En este trabajo, Juan Velarde pasó revista a la historia de tan citada Facultad. Su referencia al Instituto de Estudios Políticos es homenaje a la labor de esta entidad, en la que bajo auspicios oficiales, hubo, sin embargo, una auténtica e innovadora libertad, gracias en buena medida al profesor Javier Conde, director del IEP.

[101] Juan Velarde Fuertes, «¿Tiene sentido la geografía económica? Resultado de un análisis crítico partiendo de las ciencias naturales, la antropología social, y la geografía, en sus linderos confusos con la Estructura Económica», en *Anales de Economía,* núm. 5-8, 2.ª época, 1970, págs. 319 y 377.

[102] Ibídem. pág. 371. Sirva de ejemplo el que «un trabajo tan específicamente estructural como el de Barthe sobre la Renta Nacional española vio la luz en la Revista de Geografía Comercial».

[103] José Luis Sampedro, «Realidad económica y análisis estructural», ob. cit., pág. 34.

[104] José Luis Sampedro, «Modernidad y tradición...», ob. cit., pág. 110.

la actividad de la UAM en el curso 1968-1969) y que popularmente fue conocido como *Plan Lasuen,* se dividía la enseñanza a partir de segundo curso en dos Institutos: *Economía,* y *Administración de Empresas.*

En el Instituto de Economía, en segundo curso, había dos materias con nombres como «Organización Económica General» y «Organización Económica Española», que se cursaban durante el primer y segundo semestre, respectivamente. Por su parte, en el Instituto de Administración de Empresas, en segundo curso, se iniciaban las especialidades de Contabilidad, Financiación Comercial, y Organización de Empresas; si bien el primer semestre del segundo curso las asignaturas eran todavía comunes a todas las especialidades. Y fue en la especialidad *Comercial* y en el segundo semestre de segundo curso, donde aparecía una asignatura con la denominación de «Instituciones Económicas Internacionales», sin conexión ninguna con las dos asignaturas de *Organización* antes mencionadas.

El panorama, pues, era bastante confuso. Rompía con la tradición ya bastante consolidada de la enseñanza en España de la economía descriptiva y aplicada desde una óptica fundamentalmente estructuralista. E intentaba introducir el concepto de *organización industrial,* con una visión más ingenieril que económica, procedente del conocido manual de J. S. Bain del mismo título, que sin duda había sido texto de algunos de los colaboradores más directos del profesor Lasuen en la elaboración del Plan, quizá a su paso por alguna universidad de EE. UU. (la de Indiana era la más mencionada por entonces en la UAM).

Las cosas en la UAM empezaron a cambiar, cuando en 1971 fue contratado por la citada Universidad el profesor Ramón Tamames como Catedrático de «Organización Industrial» para dirigir un Departamento que ya entonces fue denominado «Estructura e Instituciones Económicas» en un esfuerzo de recuperación de los propósitos estructuralistas. De ese Departamentos dependían las dos citadas materias de organización económica general y española, cuyos programas, desde el comienzo de estos estudios en la Facultad (1969-1970), se reelaboraron por el profesor Tamames, que reintrodujo de lleno los estudios de Estructura Económica Internacional y Estructura Económica de España.

Coherentemente con ello, en la discusión y aprobación del segundo plan de estudios para el primer ciclo de la UAM, a lo largo del curso 1972-1973 (y que entró formalmente en vigor al siguiente curso académico 1973-1974), los antiguos Institutos pasaron a denominarse *Sección de Ciencias Económicas,* y *Sección de Ciencias Empresariales,* respectivamente. Y en la Sección de Económicas, y en segundo curso, renació la asignatura «Estructura e Instituciones Económicas (Mundial)» y en tercero la de «Estructura e Instituciones Económicas (de España)». Y en tercer curso de la Sección de Empresas se creó, como síntesis, la de «Estructura y Política Económica».

Posteriormente, al aprobarse el segundo ciclo se incorporó la asignatura de «Economía Española», a impartir en quinto curso en todas las especialidades de la Sección de Empresas, para cubrir el indudable e increíble vacío que suponía estudiar la carrera de Empresariales sin haber visto nada de economía española.

Para terminar este breve recorrido sobre Estructura Económica en la UAM, ha de añadirse que durante el curso 1979-1980, y a petición reiterada de los propios alumnos de la Facultad, se discutió y aprobó la implantación de la *Especialidad de Estructura Económica,* que comenzó a impartirse en el curso 1981-1982 en la Sección de Económicas, con una asignatura en cuarto curso («El marco general de la Economía española») que sirve de introducción general a las asignaturas específicas que se cursan en quinto año y que son las siguientes:

— «Economía Española en relación con la Comunidad Económica Europea.»
— «España ante la Organización Económica Internacional.»
— «El Sector Exterior de la Economía Española.»
— «Sistema Tributario Español.»
— «Financiación Internacional.»

Capítulo 8
INSTITUCIONES ECONOMICAS

1. Introducción

A nivel académico, «Estructura e Instituciones Económicas» son las palabras con que se enuncia un área concreta de los estudios de Economía. Ello hace formalmente exigible la consideración de las instituciones como parte fundamental del campo de nuestro análisis. Pero ciertamente, aunque la práctica normal no fuese mencionar el vocablo instituciones, de hecho nos encontraríamos en la misma situación, pues el concepto de institución es algo que está íntimamente ligado al de estructura económica. Si estructura económica significa básicamente interdependencia e interrelación, ambos tipos de conexión se aplican tanto a sectores y agentes como a instituciones económicas.

Como podremos comprobar en lo que sigue, buena parte del funcionamiento de la estructura económica discurre por los cauces de instituciones de todo tipo. No es extraño, por tanto, que el análisis estructural esté impregnado por lo institucional, y que a este tema debamos dedicar una cierta extensión, concretamente el presente capítulo, que consta de tres secciones.

La que lleva por título «El Institucionalismo como enfoque para el estudio de la realidad económica» es una presentación de esta corriente del pensamiento económico. Su mayor interés para nosotros reside en el hecho de que fueron precisamente los llamados institucionalistas quienes introdujeron plenamente en el análisis económico el concepto de institución, enriqueciendo de esta manera las posibilidades de descripción e interpretación de la realidad.

En la sección 3, abordamos el «Concepto de Institución Económica. Su validez en el análisis estructural», que no resulta fácil de acotar, ya que son muy diversas las acepciones que a esta palabra se han dado por los diferentes institucionalistas y críticos del Institucionalismo.

Finalmente, en la sección 4. («El significado económico del marco institucional. Sus piezas básicas»), realizamos un intento de clasificación de las distintas instituciones económicas, haciendo algunas consideraciones sobre su eventual aplicación a la realidad económica internacional.

En definitiva, el objetivo consiste en aproximarnos a un concepto verdaderamente operativo de instituciones, como elementos que enmarcan y sirven de base a la propia estructura económica.

2. El Institucionalismo como enfoque para el estudio de la realidad económica

Si en algo están de acuerdo quienes hasta ahora se han ocupado del estudio del Institucionalismo es en dos hechos difícilmente controvertibles. El primero, que fue en los Estados Unidos donde adquirió una cierta entidad como corriente de doctrina, hasta el punto de que muchas veces se emplea como sinónima de «Institucionalismo» la expresión «Institucionalismo americano». En segundo término, también existe absoluta unanimidad en el reconocimiento de la dificultad para delimintar el Institucionalismo, y consiguientemente de lo intrincado que resulta valorar su aportación al análisis económico.

2.1. *La difícil delimitación del Institucionalismo*

Formalmente, los orígenes del Institucionalismo se remontan, cuando menos, a la fundación de la «American Economic Association». R. T. Ely, que se sitúa entre los más reconocidos institucionalistas norteamericanos, no vacila en afirmar que «la Economía Institucional se inició en este país (EE. UU.) en 1885. Leed la Declaración de Principios de los fundadores de la American Economic Association tal como aparece en vol. I de sus publicaciones. No sé en qué otro lugar podréis encontrar una declaración mejor de los principios que caracterizan a la economía institucional... En esta sesión y previamente hemos oído muchas cosas acerca de los siguientes conceptos que caracterizan a la economía institucional: relatividad, evolución económica, propiedad, contrato, costumbre, y competencia. Todas esas ideas fueron puestas de relieve por los fundadores de la American Economic Association...» [1].

Si la fecha de la «partida de nacimiento» del Institucionalismo que nos proporciona Ely puede ser discutible, lo cierto es que no parece estar alejada de la realidad. Intentando explicar la génesis del Institucionalismo a través de la sociología del conocimiento, puede llegarse a la conclusión de que éste nació como reacción crítica ante la agitada realidad socioeconómica de Estados Unidos, durante las dos últimas décadas del siglo XIX, y en contra de los grandes abusos de los primeros grandes *trusts.* Fue precisamente esa actitud de rebeldía frente al tradicional *laissez faire* de la sociedad norteamericana y sus consecuencias económicas, sociales y políticas, lo que desde un comienzo proporcionó a los institucionalistas una cierta coherencia.

La fuerza de los trusts del petróleo, acero, tabaco, papel, etc., de las compañías ferroviarias respecto de los granjeros al Oeste del Mississippi, la especulación bursátil e inmobiliaria sin ninguna clase de cortapisas, la corrupción de los dirigentes políticos sin distinción de banderías, la resistencia a admitir los sindicatos como un nuevo personaje en la escena económica, la casi ominipotencia de los «Robber Barons» [2], etc., todos esos aspectos de la situación socioeconómica norteamericana fueron temas que los institucionalistas vinieron a abordar. Con su actitud superaron —consciente o inconscientemente— las limitaciones de la abstracta y fría doctrina económica orto-

---

[1] Intervención de R. T. Ely en la «Mesa Redonda» sobre «Institutional Economics», en *American Economic Review (AER),* vol. XXII, núm. 1, suplemento, marzo 1932, pág. 114.

[2] Matthew Josephson ha descrito magníficamente el trasfondo ambiental de esta época en su obra «The Robber Barons. The Great American Capitalists», 1861-1900 (1.ª edición en 1934, reimpresión s/f. en Harcourt, Brace & World Inc., Nueva York).

doxa, en la que el monopolio y las instituciones económicas apenas habían merecido atención más allá de breves notas a pie de página. El monopolio no había pasado de considerarse un «caso excepcional» de forma de mercado, en tanto que las instituciones eran una nebulosa sobre la cual resplandecían los protagonistas individuales de la pretendida libre competencia imperante.

En este sentido, puede afirmarse que existe una cierta analogía entre la Escuela Histórica y el Institucionalismo, por cuanto ambos se presentaron como reacciones críticas frente a los excesos deductivistas de los economistas neoclásicos. Y además de esa actitud básicamente análoga, lo cierto es que ya resulta indiscutible que incluso medió un cierto emparentamiento personal entre historicistas e institucionalistas [3]. El primero de los nexos hay que verlo en el hecho de que una serie de economistas norteamericanos (como R. Mayo-Smith, S. B. Ruggles, J. B. Clark y R. T. Ely) se educaron en Alemania cuando la Escuela Histórica tenía allí un neto predominio. Por su parte, los alemanes Francis Lieber y Friedrich List, ambos influenciados por el inductivismo historicista, residieron largos años en los Estados Unidos, contribuyendo de manera definitiva a preparar el ambiente universitario para el florecimiento del Institucionalismo [4].

No obstante, podemos intentar una demarcación más rigurosa del Institucionalismo, a fin de establecer su contorno no con tres simples jalones como, los propuestos por Commons, sino con una lindería más completa.

En un intento de demarcar la corriente institucionalista, Paul T. Homan [5] extrajo de los textos de sus principales autores una serie de «elementos comunes» que son los siguientes:

a) El énfasis sobre el fenómeno del cambio (evolucionismo de raíz darvinista).

b) La negación de la teoría económica sistemática formulada

---

[3] Joseph Dorfman, «The role of the German Historical School in American Economic Thought», vol. XLV, núm. 2, mayo 1955, pág. 17 y sigs.

[4] Son interesantes a este respecto las observaciones del J. L. Sampedro en «Realidad Económica y Análisis Estructural», ob. cit., págs. 184 y 185.

[5] Paul T. Homan, «An appraisal of Institutional Economics», en *AER*, volumen XXII, núm. 1, marzo 1932, págs. 12 y 13. De Homan es importante asimismo su artículo «The Institutional School» en *The Encyclopaedia of Social Sciences*, ob. cit., vol. V, págs. 387 y 392.

por la corriente ortodoxa (neoclásicos), a la cual imputaban una ideología errónea y una irrelevancia definitiva respecto a los problemas del control social, que tantas implicaciones tiene con las instituciones.

c) Consiguientemente, la insistencia en los temas del control como contrastación fundamental de la validez de la Teoría Económica.

d) La preparación del mayor número posible de trabajos descriptivos, cuantitativos o de cualquier otra clase, como forma más adecuada para promover el avance de la economía.

e) La indiferencia respecto a las cuestiones metodológicas, excepto en lo referente a las investigaciones específicas. Hasta tal punto, que puede hablarse de falta de una metodología general y de presencia de una verdadera casuística metodológica.

f) La lejana esperanza —jamás confirmada— de que los conocimientos económicos adquiridos a través de los mecanismos indicados podrían llevar en un momento dado a la reelaboración de un cuerpo integral y nuevo de Teoría Económica.

Conforme a esta delimitación del Institucionalismo elaborada por Homan, ya no puede tildarse de institucionalistas a todos los autores que de una u otra forma, en mayor o menor medida, se han ocupado de las instituciones económicas. Con el solo criterio de que son «institucionalistas» los que se refieren a las «instituciones», la lista abarcaría desde Jevons a Keynes pasando por Marshall; sin que ninguno de ellos pueda recibir propiamente tal calificativo, según la demarcación de Homan, ya que no cumplen la mayoría de los «elementos comunes» caracterizantes de la corriente institucionalista.

De una manera más positiva (en cierto modo tal vez por sentirse él mismo un miembro de la Escuela), E. M. Burns definió el institucionalismo como un método de aproximación a los problemas económicos, que concede un lugar preeminente a la interacción de las instituciones sociales y a los aspectos económicos de la conducta. En este sentido, el Institucionalismo pretende presentar una descripción, elevando las instituciones desde el *status* de la excepción o de la nota de pie de página, para integrarlas en el cuerpo principal del análisis económico [6].

---

[6] E. M. Burns, «Does Institutionalism complement or compete with orthodox Economics?», en *AER*, vol. XXI, núm. 1, marzo 1931, págs. 82 y 83.

2.2. *Valoración de las aportaciones del Institucionalismo*

Las ya examinadas dificultades de delimitación del Institucionalismo, suponen una dificultad adicional a la hora de intentar valorar las aportaciones de esta corriente del pensamiento económico.

Por ello, precisamente, circunscribimos nuestro intento a las tres personalidades básicas que a sí mismas se calificaron de institucionalistas, y que de una u otra forma alcanzaron una mayor preeminencia: Veblen, Commons y Mitchell.

Thorstein Veblen fue, en gran medida, un producto de su tiempo. El detallado estudio de su vida y su obra por J. Dorfman [7], puso de relieve hasta qué punto la visión incisiva de Veblen penetró en la vida de los Estados Unidos de su época, y cómo mantuvo prácticamente a lo largo de toda su vida —llena de frustraciones por las dificultades que encontró en llenar su vocación por la docencia— una actitud crítica y rebelde frente a su entorno socioeconómico, aunque sólo fuera como simple observador.

Veblen es considerado a la vez sociólogo y economista, tal vez más lo primero que lo segundo. En el plano del análisis económico, la obra de Veblen se centró básicamente en la crítica de los neoclásicos. Su obra en este terreno fue produciéndose paulatinamente, a través de una serie de artículos de revista aparecidos entre 1898 y 1909: «Why is not Economics an Evolutionary Science?» [8]; «The Preconception of Economic Science» [9]; «Professor Clark's Econo-

---

[7] J. Dorfman, «Thorstein Veblen and His America», reimpresión, Kelley, Nueva York, 1961 (la 1.ª edición de The Vikins Press, 1934). Del mismo autor hay que citar otra importante contribución al conocimiento del Institucionalismo. Me refiero a «Background of Institucional Economics», aparecida en la obra *Institutional Economics,* editada por la University of California Press, Los Angeles, 1963.

También interesa mencionar la «Veblen Centenary Round Table», organizada por la *American Economic Review,* con la participación de Dorfman, Gruchy y Sweezy, y recogida en el vol. XLVIII, núm. 2, mayo 1958. Otro ensayo de interés sobre Veblen es «Veblen and the Social Phenomenon of Capitalism» de Abram L. Harris, aparecido en la *American Economic Review,* mayo 1951. Es de interés, igualmente, entre otras cosas por su amplio preámbulo, el artículo de Luis A. Rojo, «Veblen y el institucionalismo americano», en *Anales de Economía,* núm. 5-8, 1970, págs. 141 y sigs.

[8] Publicado por primera vez en *The Quarterly Journal of Economics 1898,* e incluido en la selección de obras de Veblen «The Portable Veblen», editada por Max Lerner, The Viking Press, Nueva York, 1958, págs. 215-241.

[9] Publicado por primera vez como serie de tres artículos en el *Quarterly Journal*

mics» [10], y «The Limitation of Marginal Utility» [11]. Los cuatro artículos mencionados fueron después reunidos en un libro publicado en 1919 bajo el nombre de «The Place of Science in Modern Civilization», la obra, sin duda, que mejor ilustra sobre el pensamiento económico de Veblen [12].

Sin embargo, para lo que aquí nos interesa, la aportación más interesante de Veblen es, con mucho, la crítica de lo que él mismo llamó la cultura pecuniaria, expresión acuñada ya en su «Teoría de la Clase Ociosa» [13] y el intento de sustituir la teoría económica tradicional por una teoría de la evolución económica. Los elementos de tales intentos están diseminados en una serie de obras de Veblen, entre las cuales las más conocidas son «The Instintc of Workmanship», «The Theory of Business Enterprise» y «Absentee Ownership»[14].

Prima facie la postura de Veblen sobre el cambio económico tiene muchas similitudes con la mantenida por Marx [15]. Veblen entendió el proceso del cambio como impulsado por la tecnología, en el contexto de un conflicto de fuerzas opuestas. La tecnología es la causa más importante de la evolución de las instituciones. La tecnología la concibe como «hechos tangibles de maestría» que tienden a hacer la producción más eficiente, y que evitan el derroche de los recursos.

---

of Economics, y reproducido en «The Portable Veblen», ob. cit., nota número 8, págs. 241 a 274.

[10] *Quarterly Journal of Economics,* 1908, incluido después en «The Place of Science in Modern Civilization», The Viking Press, Nueva York, 1919.

[11] Aparecido por primera vez en el *Journal of Political Economy,* 1909, e incluido después en ob. cit., loc. cit., nota núm. 8.

[12] Eric Roll, «Historia de las Doctrinas Económicas», ob. cit., pág. 406.

[13] Vid. especialmente los capítulos VI y VII de «La clase ociosa» (publicada por Veblen en 1898), versión española, 2.ª edición, FCE, México, 1951, págs. 94 a 148.

[14] Aparecidas respectivamente en 1914, 1904 y 1923, publicadas la primera y la última por The Vikings Press, y la segunda por Charles Scribner's Sons, ambos de Nueva York.

[15] La actitud de Veblen hacia Marx es bien conocida. El la hizo explicita en una serie de conferencias que dictó en la Universidad de Harvard en 1906, y que después publicó en forma de dos ensayos bajo el título de «The Socialist Economics of Karl Marx and his Followers», incluida en *The Place of Science in Modern Civilization* (Vid. *The Portable Veblen,* loc. cit., nota núm. 8, págs. 275 a 296). Sobre las actitudes de Veblen frente al socialismo marxista puede verse también al trabajo de A. Harris, «Economic Evolution Dialectical and Darwinian», publicado en el *Journal of Political Economy,* vol. XLII, núm. 1, febrero 1934, págs. 34 y sigs.

Las instituciones, constituidas por instintos y reflejos biológicos, y resultado del condicionamiento y del hábito, se ven afectadas por la tecnología. La tecnología transforma las operaciones materiales de la vida, deja anticuados multitud de hábitos y modos de pensar —que en definitiva no son otra cosa que instituciones— y fomenta la aparición de otros nuevos. Como consecuencia de esa transformación de las instituciones, surgen una serie de conflictos, de los cuales el más importante es el que se origina entre «negocio» e «industria».

Por el primero de los dos términos entrecomillados (negocio o *business*), se entienden los modos de pensar de la comunidad de los hombres de negocio y de los propietarios absentistas. Ambos grupos sociales se encuentran muy al margen del verdadero cauce material de la producción. Para ellos, la ganancia pecuniaria es el único prurito; y su defensa, la única razón de convivir. Sobre estas bases, Veblen había de hacer proféticas observaciones sobre el futuro del capitalismo en la década de 1930.

Con el término «industria» Veblen designó la fuerza opuesta, concretamente, los inventores, los ingenieros, los obreros especializados y los trabajadores industriales. Todas estas categorías personales se encuentra inmersas en el proceso material de la producción, y sobre ella había de intentar Veblen asentar, en la última etapa de su vida —infructuosamente— un futuro tecnocrático, proyecto del cual la única materialidad fue su obra «Engineers and the Price System» (1921). En esto, la discordancia con las tesis de Marx sobre la revolución social fue absoluta y total [16]. Mientras Veblen veía la posibilidad de actuar desde un dispositivo tecnocrático para transformar la sociedad, Marx sólo veía esa posibilidad en la Revolución que culminase el proceso permanente de la lucha de clases.

No podemos ir más allá en este esbozo de la concepción vebleniana de la realidad económica, y de sus transformaciones sucesivas. Nos resta solamente hacer alusión a la influencia ejercida por él en los economistas norteamericanos coetáneos y subsiguientes. Aunque no llegó a formar una Escuela en el sentido estricto de la palabra, no cabe duda de que muchos se sintieron —y aún se sienten— iden-

[16] Así lo ha subrayado Galbraith en «La Sociedad Opulenta»(versión española, Ariel, Barcelona, 1960, pág. 66). Sobre el concepto de tecnocracia, introducido por Veblen y que después alcanzó tanta difusión, puede verse el artículo de Allen Raymond «¿Qué es tecnocracia?», *Revista de Occidente*, 1933, citado por J. Velarde en «El Institucionalismo, una peligrosa dirección positiva en Economía», en *Anales de Economía*, núm. 7, julio 1964, pág. 509.

tificados con una parte más o menos amplia de la obra de Veblen. E incluso existe en los EE. UU. una tradición oral en la que se destaca la importancia decisiva que Veblen atribuía a los estudios inductivos y a la cuantificación económica. Los esfuerzos realizados en este último sentido en EE. UU. —análisis de ciclos, estudios de Producto Nacional, Flujos de Fondos, Balanza de Pagos, etc.—, están asociados en gran parte a la obra de Veblen.

Y no cabe duda de que aparte de su influjo en esos aspectos metodológicos, el pensamiento de Veblen tuvo trascencencia política en la elaboración del *New Deal* (el programa de transformaciones económicas y sociales del Presidente F. D. Roosevelt) en la década de 1930. E incluso nos atreveríamos a afirmar que la influencia de Veblen es evidente en economistas del tipo de John Kenneth Galbraith, cuya actitud es de marcada rebeldía frente a la sociedad norteamericana y a lo que él mismo ha llamado «la actitud convencional». De ello son buena muestra sus obras «Capitalismo Americano» y sobre todo, «La Sociedad Opulenta» y «El Nuevo Estado Industrial» [17].

En suma, Veblen, dejando aparte el mito que en cierto modo contribuyeron a crear sus discípulos en torno a su persona, aportó al análisis económico una visión realista de las fuerzas en presencia en la sociedad, fundamentalmente en el escenario norteamericano. En un ámbito como éste, tan reacio a admitir la crítica marxista, Veblen representó lo más avanzado de las actitudes de los economistas en el análisis macrosocial, si bien rodeadas de una serie de incoherencias «veblenianas» que restaron a su postura mucho de su valor potencial.

Pasemos ahora a J. R. Commons, el segundo de los institucionalistas norteamericanos. A él concernían estas palabras: «John R. Commons es considerado correctamente como un destacado economista institucional... Leed su libro sobre la *Distribución de la Riqueza*, y su tratamiento de la propiedad como un haz de derechos...» [18]; así se refería R. T. Ely a Commons, del que (al igual que de Veblen) fue discípulo.

En su concepción del Institucionalismo, Commons sustituía el

---

[17] Las tres vertidas al español por Ariel, Barcelona, en 1956, 1960 y 1967, respectivamente.

[18] R. T. Ely, *loc. cit.*, en la nota núm. 1, pág. 115.

concepto de equilibrio por el de la transacción, influida ésta por tres principios: escasez, dependencia y orden. Precisamente la transacción es lo que Commons denomina «la más pequeña unidad de actividad». Y esta actividad no es simplemente un intercambio de mercancías como los clásicos parecían presumir, sino una enajenación y adquisición, llevada a cabo entre individuos, de los derechos de propiedad y de libertad creados por la sociedad.

Esos derechos son negociados por las partes interesadas, antes de que efectivamente se produzcan el intercambio y el consumo [19]. En el curso de tales transacciones, las partes se ven gobernadas por determinadas reglas, según se trate de transacciones de negociación *(bargaining transactions)* entre dos partes teóricamente iguales; transacciones con la gerencia *(managerial transactions)* entre un superior y un inferior; y *rationing transactions,* análogas a las de gerencia (superior e inferior), pero donde el superior es un cuerpo público, una entidad colectiva [20]. De esta forma se operan las decisiones, dentro de un marco que establecen los tribunales, delimitadores —con sus propias decisiones legales de creación de derecho conforme al *commun law* anglosajón— de lo que puede y no puede hacerse.

Así pues, J. R. Commons reconoce una serie de virtudes, de posibilidades en el orden establecido. El proceso social no presenta para él conflictos insolubles, tal como entendía Marx o Veblen. En vez de aniquilar la estructura social existente, se trata solamente de que ésta sufra modificaciones, a fin de insertar en ella una serie de costumbres propias de la clase que lucha por subir en la escala social [21]. Los métodos transaccionales, según Commons, pueden bastar. Implícitamente rechaza «la revolución desde arriba» (tecnocracia) de Veblen, y la revolución social auspiciada por Marx. No cabe duda que las tres actitudes aludidas siguen teniendo hoy dentro del cuerpo social sus respectivos y acendrados partidarios.

No es extraño que las ideas de Commons influyeran en los sindicalistas de la AFL (*American Federation of Labor*), precisamente por la convicción de que la movilidad vertical resultaba posible sin violencias. A esta actitud de Commons contribuyeron, sin duda, sus

---

[19] John R. Commons, «The Legal Foundations of Capitalism», 1924, págs. 4 y sigs.

[20] John R. Commons, artículo «Bargaining Power», en la *Encyclopaedia of Social Sciences.*

[21] Juan Velarde Fuertes, «El Institucionalismo: una peligrosa dirección positivista en Economía», art. cit., en nota 16, pág. 515.

trabajos en la esfera pública, en la preparación de legislación social (seguro de paro fundamentalmente, legislación sobre accidentes de trabajo, etc.), así como su clara influencia —a través de una serie de discípulos de la Universidad de Wisconsin— en las reformas económicas del *New Deal.*

Finalmente, hacemos una breve referencia al tercero y tal vez más fecundo para el análisis económico, de los grandes institucionalistas norteamericanos, Wesley Clair Mitchell (1874-1948). Relacionado con Veblen y Commons, la influencia de Mitchell llega prácticamente al momento actual [22] a través de su discípulo Arthur F. Burns y sobre todo por la obra ingente que dejó iniciada en el «National Bureau of Economic Research».

Refiriéndose a Mitchell, Schumpeter ha afirmado que «recelaba del rigorismo lógico (del marginalismo o del neoclasicismo, como se le quiera llamar), tanto como el potro puede recelar de la brida y de la silla; y muy pronto advirtió detrás de la obra de los cultivadores de aquella zona árida, no sólo postulados irreales, forjados para satisfacer conveniencias metodológicas, y susceptibles de ser desechadas a placer, sino también preconcepciones (ideologías) que esclavizan la obra del investigador en lugar de servirle... Si todo lo anterior define la posición institucionalista, entonces Mitchell fue, y siempre siguió siendo, institucionalista» [23].

En el campo de la medición económica —que aquí nos interesa especialmente— las aportaciones de Mitchell fueron importantes. Hay que citar su obra «The making and using of index numbers» (1914) y «Measuring Business Cicles» (1947). La última de las dos obras mencionadas fue escrita en colaboración con Arthur F. Burns en el «National Bureau of Economic Research», la institución de investigación económica de la cual Mitchell fue miembro fundador en 1920 y animador decisivo hasta el final de sus días. La primera publicación del «Bureau» sobre el volumen y la distribución de la Renta Nacional de los Estados Unidos entre 1909 y 1919 [24], fue editada por Mitchell. Esa obra marcó el comienzo del mayor esfuer-

[22] Joseph Dorfman, «The Mutual Influence of Mitchell and Commons», en la *American Economic Review,* vol. XVVIII, núm. 3, junio 1958, pág. 405 y sig.

[23] Joseph A. Schumpeter, «Wesley Clair Mitchell», en *Diez Grandes Economistas,* ob. cit., págs. 305 y 306.

[24] «Income in the United States: Its Amount and Distribution 1909-1919. Detailed Report», editado por Wesley C. Mitchell, National Bureau of Economic Research, 1922.

zo emprendido de manera consciente y planificada en los Estados Unidos en el campo de la metodología económica cuantitativa. Puede pensarse que la creación de un centro como éste ya serviría por sí solo para justificar toda la corriente institucionalista.

Tras esta rápida revisión de los tres autores más importantes del Institucionalismo, y aparte de nuestras valoraciones en cada caso, debemos hacer un esfuerzo de síntesis sobre su alcance y significado.

Lo primero que puede afirmarse es que la propia configuración de la Escuela Institucionalista es tan difusa, que la afirmación de Homan de que es una simple ficción nos resulta realmente exagerada si se compara con la notable homogeneidad existente entre neoclásicos, marxistas, o keynesianos.

Sin embargo, es difícil negar la existencia de un movimiento institucionalista, en cuyo cauce cabe incluir una serie de economistas que reúnen, al lado de fuertes diferenciaciones, algunos rasgos comunes.

La aportación básica de esa corriente de pensamiento a la Economía —y en esto tiene una cierta analogía con la Escuela Histórica— fue la crítica del deductivismo excesivo a que llegaron los neoclásicos, así como la introducción de elementos de análisis de indudable validez, como el de institución, o el más difuso de proceso económico. También hicieron especial hincapié en los problemas de cuantificación y comparación económica. Así, en lo que respecta al análisis estructural, en su sentido más restrictivo, no cabe duda de que sus raíces modernas hay que situarlas, junto con la Anatomía Política y el Marxismo, en el Institucionalismo.

Es cierto que el Institucionalismo no nos suministra una metodología económica general, y que no aporta una formación de base que resulte adecuada para el análisis [25], por la acumulación de he-

---

[25] En 1932 estaban cargadas de razón las siguientes palabras de William W. Hewett: «La más severa acusación que puede hacerse contra el institucionalismo es la inadecuada preparación que suministra a los estudiantes de nuestra Ciencia. Antes de que pueda llevarse a cabo un trabajo especializado en los diversos campos de la economía aplicada, se deben establecer unos sólidos cimientos de preparación. Es significativo el hecho de que algunos de los mejores escritores comúnmente clasificados como institucionalistas han tenido excelente preparación en la vieja doctrina clásica. Mi experiencia con los estudiantes graduados, indica que los actuales institucionalistas no están suministrando a sus alumnos una preparación equivalente a la que ellos mismos recibieron», loc. cit., nota núm. 1, pág. 113.

chos que generalmente supone sin que tal acumulación se vea articulada con un trasfondo teórico adecuado.

Está claro, pues, que del Institucionalismo nadie puede esperar un enfoque metodológico adecuado. Hoy ya no existen institucionalistas hasta tal punto acérrimos como para discutir esa proposición. A lo más, aspiran a que se reconozca la importancia de las instituciones en el análisis de la realidad económica, a que se trate de medir los hechos para contrastar las suposiciones incomprobadas (o marcadamente introspectivas), a que se admita una cierta relatividad en una serie de regularidades que una visión excesivamente radical tal vez podrían aspirar a elevar demasiado rápidamente a la categoría de Ley inexorable.

En definitiva, quienes hoy se consideran influidos por el institucionalismo, lo que quieren es lo mismo de ayer: enfatizar el carácter evolutivo de la sociedad y de sus instituciones.

Si se acepta como bueno todo lo señalado, no será demasiado aventurado expresar que el Institucionalismo, si bien no se impuso como una escuela o doctrina general, sí que impregnó lo mejor del análisis de la realidad económica con la idea central de institución, frente a la síntesis neoclásica que pasó a dominar el escenario de lo económico. Por ello, antes de proceder al análisis del concepto de institución consideremos —como lo hace Robert Kuttner [26]— que la síntesis neoclásica no lo resuelve todo. En ella se mezclan el monetarismo y lo que Joan Robinson denominó el «keynesianismo bastardo». Con lo cual se ha conducido al mundo de la ciencia económica a una situación en la cual el virtuosismo matemático se convierte en un fin en sí mismo, que convive con el desprecio del funcionamiento real de lo observable, se llamen bancos, sindicatos, empresas transnacionales, conflictos de poder, etc.

En fin de cuentas, si no hay una vuelta triunfal al institucionalismo, lo que sí se patentiza en las críticas al modelo neoclásico es la necesidad de una visión económica más compleja, donde antropología, ecología, politología, cibernética, etc., tengan algo que decir; tal como sostenemos en este libro, especialmente en los Capítulos 2 a 6. En ese contexto, el concepto de institución continúa teniendo indudable interés.

---

[26] Editor colaborador de la revista *The New Republic*, en su artículo «Sobre el estado de la economía», publicado en *The Atlantic* y reproducido en *Facetas*, marzo de 1986, págs. 65 y sigs.

3. Concepto de institución económica. Su validez en el análisis estructural

Más arriba, ya hemos transcrito algunas definiciones de institución. Sin embargo, para encontrar un concepto operativo, hemos de buscarlo en el campo en que se originó realmente, esto es, en el terreno jurídico. En este sentido, por instituciones se entienden las formas «instituidas» del poder, el conjunto de reglas que regulan la actividad política, y las disposiciones jurídicas (legales o usuales) que gobiernan las relaciones entre los individuos. Cuando el economista se refiere a una institución, normalmente está aludiendo a estas reglas, y más concretamente a las que tienen un claro contenido económico, tales como el derecho de propiedad y el contrato.

En realidad, la vieja definición de institución dada por Hauriou sigue siendo válida: «Institución es una idea de trabajo o de empresa, que se realiza, y que tiene una cierta duración, en el medio social; para la realización de tal idea, se establece un poder que le facilita los órganos; por otra parte, entre los hombres del grupo social interesados en la realización de la idea, se producen manifestaciones de consenso, dirigidas por los órganos del poder, y reglamentadas mediante ciertos procedimientos» [27].

La anterior definición la completa Hauriou con la distinción entre *institución-grupo* e *institución-cosa*. La familia, el sindicato, la Iglesia, el Estado son instituciones-grupo, que se caracterizan por la interpenetración de conciencias. Por el contrario, las reglas de derecho —el derecho de propiedad, la ordenación del crédito, etc.—, son instituciones-cosa, que no tienen su fundamento en una personalidad moral colectiva. Esta es la distinción básica que vamos a tener en cuenta en nuestro tratamiento del tema, y que en cierto modo equivale a diferenciar entre «organismo» y «manera de actuar».

Las instituciones son, en cuanto organismos, centros de elaboración de decisiones colectivas, y en gran medida en cuanto «maneras de actuar» resultan una emanación de aquellos centros.

Dentro de una economía, las instituciones guardan una relación directa, cada una de ellas con uno o más sectores económicos; y a

[27] Hauriou, «Théorie de l'institution et de la fondation», en *Cahiers de la nouvelle journée*, 1925, citado por E. Levy, en *Analyse Structurale et Méthodologie Economique*, Editions Genin, París 1960, pág. 142. Sobre los antecedentes del moderno concepto de institución puede verse, Michel Authier et Remi Hess, «L'Analyse Institutionelle», PUF, París, 1981.

su vez existe entre ellas una cierta coherencia y compatibilidad, que permite el funcionamiento del sistema económico de una manera mínimamente adecuada. El conjunto de instituciones ordenado de esa forma coherente integra lo que muy expresivamente se ha dado en llamar *marco institucional de la economía*.

Las instituciones nacen, tienen un desarrollo y una influencia en la actividad económica sobre la que se proyectan. Conforme a este sentido evolutivo, es insoslayable que el estudio de las instituciones requiere una cierta investigación histórica, para fijar las razones de su aparición y si tales razones permanecen o no todavía. Esa investigación, ayuda a comprender el significado y el papel actual de la institución, al que normalmente se ha llegado en un proceso de desarrollo, de adaptación a una serie de circunstancias cambiantes, pues una institución que permanece inmutable en tanto que se modifica su entorno se ve progresivamente amenazada de muerte o de esterilidad.

4. El significado económico del marco institucional. Sus piezas básicas

Volviendo a la línea general de nuestro discurso y adoptando una visión global, puede afirmarse, pues, que el marco institucional de la economía contribuye a mejorar el funcionamiento del sistema económico; facilitando las transacciones (sistema monetario, organización bancaria), modificando lo que sería un régimen 100% de economía de mercado (instituciones de regulación de productos agrícolas), alterando la estructura de los precios (régimen fiscal y de seguridad social), y en cierta medida amortiguando los desequilibrios socioeconómicos que existen en el sistema (a través de determinados mecanismos de imposición directa y por medio de distintas formas de transferencia de rentas).

A su vez, el marco institucional tiene una importancia decisiva en la regulación del sistema productivo nacional, a través del régimen del comercio exterior y de la incidencia del arancel de aduanas. Sistemáticamente expuesta, puede llegarse a la siguiente relación de cuáles son las piezas básicas del marco institucional [28].

---

[28] La relación que sigue es, en buena medida, una esquematización de las instituciones que se analizan en detalle en mi libro «Estructura Económica de España», 18.ª edición, Alianza Editorial, Madrid, 1987.

Sector Agrario.—Sistemas de regulación de los mercados de los productos agrícolas, que influyen en la formación de los precios. Instituciones que determinan transformaciones en la contextura de las explotaciones agrícolas: concentración parcelaria y ordenación rural, colonización, reforestación, conservación de suelos, etc.

Sector Industrial.—Empresa Pública, medidas e instituciones para favorecer determinadas localizaciones industriales (polos de desarrollo, áreas preferentes de localización industrial, etc.), régimen de acción concertada, medidas de reconversión, planes de modernización, regulación de las inversiones de capital extranjero, dimensiones mínimas de las plantas industriales, etc.

Marco institucional global.—Sistema monetario, sistema financiero, sistema fiscal, seguridad social, incentivos al desarrollo económico, regulación del comercio exterior y arancel de aduanas.

Todas las instituciones mencionadas, y otras de menor importancia, deben ser analizadas con suficiente detalle como para describir la estructura económica de un país y tener una visión completa del funcionamiento de su sistema económico.

Análogamente, a nivel internacional hay todo un marco institucional, que básicamente se ha formado en torno a las Naciones Unidas. Este marco institucional a nivel planetario, se configura en una constelación de organismos y acuerdos que mencionamos ahora esquemáticamente:

— *Asuntos monetarios:* Fondo Monetario Internacional (FMI).
— *Comercio:* Acuerdo General sobre Aranceles Aduaneros y Comercio (GATT) y Conferencia de las Naciones Unidas sobre Comercio y Desarrollo (UNCTAD).
— *Ayuda al Desarrollo:* Grupo del Banco Mundial (BIRF, CFI, AID, MIGA), Programa de las Naciones Unidas para el Desarrollo (PNUD).
— *Trabajo, Sanidad y Educación:* Oficina Internacional del Trabajo (OIT), Organización Mundial de la Salud (OMS), Organización de las Naciones Unidas para la Educación, la Ciencia y la Cultura (UNESCO).
— *Transportes y Comunicaciones:* Organización de Aviación Civil Internacional (OACI), Unión Internacional de Telecomunicaciones (UIT), Unión Postal Universal (UPU).
— *Agricultura:* Organización de la Agricultura y la Alimentación (FAO).

— *Medio Ambiente:* Programa de las Naciones Unidas para el Medio Ambiente (PNUMA), Unión Internacional de Conservación de la Naturaleza (UICN).
— *Infancia:* Fondo de las Naciones Unidas para la protección de la Infancia (UNICEF).

Pero aparte del nivel mundial, existen marcos institucionales de *carácter regional* o por niveles de desarrollo. Entre estos últimos destaca el de la Organización de Cooperación y Desarrollo Económicos (OCDE), en tanto que a nivel regional se van creando numerosos mecanismos de integración y entre los cuales destaca la Comunidad Europea.

Por último, subrayemos que existe un gran número de instituciones internacionales de *carácter privado* (no interestatal o intergubernamental), pero que tienen una importancia creciente. Sólo a modo de ejemplo, debemos citar la «Asociación Internacional de Transporte Aéreo» (IATA), la «Confederación Internacional de Organizaciones Sindicales Libres» (CIOSL), la «Organización de Países Exportadores de Petróleo» (OPEP), etc.

En definitiva, todas las instituciones mencionadas —y las demás existentes— componen una malla de relaciones que sirve de soporte a la propia estructura económica internacional de nuestro tiempo.

Capítulo 9
SISTEMAS ECONOMICOS

1. Introducción

Ya hemos visto, en la sección 4 del Capítulo 8, cómo en el examen de una economía concreta, se plantea siempre la necesidad de determinar claramente su marco institucional, así como la influencia de éste sobre la estructura económica. En otras palabras, se trata de investigar cuál es el sistema económico en que se encuentra inserta la economía en cuestión. Este planteamiento, además de una premisa de rigor análitico, corresponde a una exigencia que parte de la propia realidad, pues una simple mirada en nuestro derredor nos revela inmediatamente cómo se adoptan distintas formas de organización social para el desempeño de la actividad económica. Con una simplificación inicial deliberada, estas distintas formas de organización son lo que denominamos sistemas económicos.

Lo primero que se advierte al iniciar el estudio comparado de los sistemas económicos es la existencia de dos polos dentro de su variedad. Esos extremos son el capitalismo y el socialismo, para los cuales por lo general se toman como ejemplos la economía norteamericana y la economía soviética, respectivamente [1].

[1] William M. Loucks, «Comparative Economic Systems», 6.ª edición, Harper, Nueva York, pág. 3.

Esta contraposición es históricamente reciente, pues como afirma Goerge Halm, antes de la Primera Guerra Mundial no hubiera podido escribirse una obra sobre sistemas económicos comparados, debido a que el único sistema en funcionamiento efectivo era el capitalismo. Naturalmente, había diferencias en el grado de desarrollo, y los vestigios de feudalismo en muchos países eran todavía importantes. Pero en una visión mundial, el capitalismo era el sistema absolutamente predominante.

No obstante, es preciso señalar que por entonces ya habían visto la luz numerosos trabajos comparativos de capitalismo y socialismo; pero las características de este último frente al primero no se podían exponer sino teóricamente, puesto que hasta 1917 en ningún país se intentó realmente la construcción del nuevo sistema, de un sistema socialista. No es extraño, pues, que esos estudios se polarizasen en la crítica del capitalismo, sin entrar apenas en el terreno de las propuestas concretas sobre la construcción del socialismo. Este fue el propio caso del análisis de Marx, que constituye fundamentalmente una teoría del desarrollo capitalista, donde el capitalismo se condena como sistema, en favor del socialismo, pero sin dedicar un espacio extenso a vislumbrar cómo podría desenvolverse este último [2].

Hoy la situación es completamente distinta. Además de la aparición en la práctica de la alternativa global del socialismo frente al capitalismo, lo cierto es que existe una complejidad creciente en el campo de los sistemas económicos, entre los cuales no siempre se da una demarcación suficientemente clara. Todo ello hace que la propia definición de sistema económico se plantee como algo realmente problemático y que debe ser abordado de manera cabal.

2. ¿Qué es un sistema económico?

Al afrontar el interrogante del epígrafe, podríamos proceder, según una práctica usual, haciendo la transcripción de una serie de definiciones, para a la postre elegir la que nos pareciera mejor, o para proceder por «eclecticismo» a una definición «propia». Ninguno de los dos métodos nos parece idóneo. Lo más útil será analizar de inmediato un concepto de «sistema económico» que parece bastante

---

[2] George N. Halm, «Sistemas Económicos», versión española, Rialp, Madrid, 1964, pág. 19.

completo. Me refiero al que nos ofrecen los profesores franceses Garrigou-Lagrange y Passet [3]: «Un sistema —dicen— es un *conjunto coherente* que puede ser explicado en su funcionamiento de una manera simple y homogénea, tanto cuando se trata del funcionamiento de una *organización limitada*, como cuando se está haciendo referencia al funcionamiento de la *sociedad económica por entero*». Las palabras o expresiones subrayadas nos permitirán profundizar en el concepto.

La indicación de *conjunto* nos proporciona la idea de la colección de elementos que caracterizan al sistema, y que en el caso de una economía nacional puede ser una serie de distintos mecanismos institucionales: Comercio y aduanas, Moneda, Fiscalidad, Leyes sobre sucesiones, Derecho de sociedades, etc.

Coherente significa que los diversos elementos componentes del sistema se encuentran ligados los unos a los otros de una manera lógica. Esto es lo que se da a entender en el lenguaje corriente cuando se dice que una persona es muy *sistemática* (porque sus actos son coherentes, están ligados entre sí por una cierta lógica).

«... que puede ser explicado en su funcionamiento...» se subraya con esta frase que —recurriendo a un símil— cuando hablamos de sistemas nos referimos al aspecto fisiológico y no al aspecto anatómico (o si se quiere arquitectónico), lo cual marca una aparente diferencia entre sistema y estructura. Decimos «aparente», porque puede entenderse la estructura sólo como anatomía o arquitectura —como lo hacen Garrigou y Passet— o como el conjunto de arquitectura y funcionamiento, simultáneamente. En realidad, este último es nuestro punto de vista. La estructura es incomprensible sin su sistema, y un sistema efectivo carece de sentido sin la estructura a que corresponde.

«... de una manera simple y homogénea...» es evidente que cuanto más perfecto es un sistema —o valga la frase, cuanto más «sistematizado» esté—, más fácilmente puede ser estilizado, resaltando sus rasgos. Incluso puede afirmarse que la simplificación puede llegar al máximo cuando el sistema en vez de corresponder a una determinada realidad económica es aboslutamente abstracto. Más adelante, al referirnos a los tipos ideales según Eucken, podremos comprobar cómo un sistema puede ser caracterizado *«... tanto cuando se trata de una organización limitada como cuando se está haciendo referen-*

---

[3] André Garrigou-Lagrange y René Passet, «Systèmes et structures. Politique du development», Dalloz, París, 1965, págs. 268 y 269.

cia al funcionamiento de la sociedad económica por entero». Este elemento de la definición que hemos tomado como base, traduce la posibilidad de aplicar el concepto de sistema tanto al conjunto de la realidad económica, como a elementos o partes de la misma. Así podemos hablar del funcionamiento del «sistema económico de EE.UU.», con lo cual aludimos a cómo se desarrollan las actividades del conjunto de la economía norteamericana; o bien, podemos referirnos al sistema fiscal, al sistema monetario, al sistema arancelario, etc., que constituyen partes de una realidad económica nacional, y que como tales pueden ser objeto de análisis específicos para alcanzar un conocimiento más profundo de la misma.

3. Variedad de sistemas

Entre las clasificaciones que se han hecho de los sistemas económicos empleando diversos criterios, tan sólo reseñaremos brevemente algunas de las más conocidas, como ensayos de abstracción de la realidad. Así, podemos seleccionar las clasificaciones de Sombart, Eucken y Wagemann. Tras el rápido examen de las mismas, nos ocuparemos extensamente de los principales rasgos de los dos sistemas que básicamente se distinguen en nuestro tiempo, esto es, capitalismo y socialismo.

Para Sombart, uno de los últimos representantes de la Nueva Escuela Histórica, un sistema económico se caracteriza fundamentalmente por tres elementos: el *espíritu*, que lo dan el clima moral y religioso; la *sustancia*, que viene dada por la técnica; y la *forma*, que está definida en las instituciones [4]. Según varíen estos tres elementos, se obtiene una gran diversidad de sistemas que Sombart combina con las tres etapas que según él se configuran a lo largo del crecimiento económico; de todo ello resulta el siguiente cuadro de sistemas:

1. *Etapa de la economía individual:* Economía tribal, economía del clan, etc.
2. *Etapa transitoria:* Economía de la ciudad medieval.

---

[4] Werner Sombart, «Gewerbliche», págs. 402 y sigs., citado por Hoselitz en «Theories of stages of Economic Growth», incluido en la obra *Theories of Economic Growth,* compilada por el propio Hoselitz, The Free Press, Nueva York, págs. 224 y sigs.

3. *Etapa de la economía social:* Imperios coloniales modernos; capitalismo; socialismo.

La clasificación de Sombart prácticamente carece de interés para la realidad actual, excepto para el antropólogo que estudie los primitivos actuales y las bolsas de atraso; en la historia económica tiene, pues, utilidad a los efectos de sistematización. Por el contrario, la clasificación de W. Eucken conserva interés considerable por su nivel de abstracción. Según Eucken [5], los tipos puros conforme a los cuales es posible ordenar la vida económica son dos: el sistema en el cual la dirección de todo acontecer económico se encuentra subordinada a un solo plan (economía con dirección central), y el sistema en el que la multiplicidad de planes, de las diversas unidades de decisión económica debe relacionarse y coordinarse entre sí (economía de tráfico).

Conforme a este esquema básico de Eucken, la *economía con dirección central* puede organizarse de cuatro formas distintas:

1. Con dirección central total, esto es, el Plan elaborado por una autoridad central determina las soluciones para todos los problemas con que se enfrenta la sociedad.
2. Con libre intercambio de bienes de consumo; en otras palabras, los consumidores pueden manifestar en cierta medida sus respectivos planes individuales, intercambiando entre sí los bienes de consumo que respectivamente les han sido asignados por el Plan.
3. Con libre elección del consumo, con lo cual las autoridades del Plan pueden conocer los gustos de los consumidores y adaptarse sucesivamente a sus variaciones.
4. Con libre elección del puesto de trabajo, respetando el plan las vocaciones de los individuos.

Realmente, en la práctica, las economías con dirección central se apartan casi siempre del tipo del Plan absoluto, siendo lo normal la combinación de las formas 3 y 4, es decir, Plan Central con libre elección de bienes de consumo y de puestos de trabajo.

El segundo de los tipos puros, la *economía de tráfico,* nace, según Eucken, de la variedad de planes que se formulan por los sujetos que se presentan en el mercado. Las variantes de la economía de tráfico surgen, por tanto, de la distinta contextura que pueden presentar los

[5] Walter Eucken, «Cuestiones fundamentales de la Economía Política», versión española, *Revista de Occidente,* Madrid, 1947, págs. 116 y sigs.

dos lados del mercado, oferta y demanda. Así, tendremos monopolio (individual o colectivo), monopolio parcial, oligopolio, oligopolio parcial, y competencia, tanto del lado de la oferta como del de la demanda. El cruce de estos cinco tipos origina, pues, 25 variantes teóricas de economía de tráfico. Pero si se tiene en cuenta que cada una de esas variantes puede ser abierta o cerrada del lado de la oferta y del lado de la demanda, resultan 100 formas puras de economía de tráfico. Se construye de esta forma un repertorio muy extenso de sistemas económicos, con lo cual siempre es teóricamente posible encontrar el que corresponde a una realidad concreta.

Veamos ahora la clasificación de Wagemann, que cuando menos puede ser considerada como verdaderamente original, si bien en ella hay algunos elementos que en la terminología económica actual resultan extraños. «Propongo dividir los sistemas económicos —dice Wagemann [6]— según la forma de organización y el grado de intensidad». La forma de organización viene dada por las reglas conforme a las cuales colaboran las fuerzas creadoras de la economía; pueden tratarse, por ejemplo, de principios como la competencia y el afán de lucro. Por su parte, el grado de intensidad, que depende de las disponibilidades de capital y de mano de obra en un determinado territorio, nos proporcionan un cierto módulo de la capacidad de resistencia de un país a la coyuntura, y del grado de eficiencia coyuntural de un pueblo.

Sobre estas bases, Wagemann distingue concretamente cuatro formas de organización y un número igual de grados de intensidad. Los tipos de organización son:

1. *Economía consuntiva libre.* Es la típica de los países agrarios con un elevado grado de autoconsumo en las explotaciones-familias agrícolas. El consumo, y no el lucro, es el motor de la actividad económica.
2. *Economía lucrativa libre.* Equivalente a lo que normalmente conocemos como economía de la época del capitalismo liberal.
3. *Economía consuntiva intervenida.* Es la que se desenvuelve conforme a un plan basado en criterios políticos y no de rentabilidad económica.

[6] Ernst Wagemann, «Estructura y ritmo de la Economía Mundial», versión española, Labor, 2.ª edición, Barcelona, 1937, pág. 15.

RESUMEN ESQUEMATICO DE LOS GRADOS DE INTENSIDAD SEGUN WAGEMANN

Caracteres principales		Supercapitalismo	Semicapitalismo	Neocapitalismo	Estados capitalistas
Densidad de población		Elevada	Elevada	Elevada	Pequeña
Utilización de maquinaria		Elevada	Pequeña	Mediana	Mínima
Tráfico		Intenso	Pequeño	Intenso	Pequeño
Porcentajes de obreros industriales		Elevado	Pequeño	Mediano	Mínimo
Comercio exterior	Balanza	Excedente de importación	Irregular	Excedente de importación	Excedente de importación
	Importación artículos manufacturados	Mediana	Elevada	Muy elevada	Muy elevada
	Exportación	Elevada	Pequeña	Muy pequeña	Muy pequeña
	Porcentaje por habitante	Elevado	Pequeño	Elevado	Pequeño

4. *Economía lucrativa intervenida.* Su concepto está implícito como residuo de los tres anteriores tipos.

Cada tipo de esas cuatro formas de organización puede combinarse según Wagemann con cuatro grados de intensidad de empleo de capital que, de mayor a menor, son supercapitalismo, semicapitalismo, neocapitalismo y acapitalismo, y que afectan a una serie de «características principales», según se especifica en el cuadro adjunto.

Apuntando ya claramente a una matización de la dicotomía capitalismo/socialismo, André Marchal establece su propia clasificación sobre las distintas variedades de ambos sistemas, tanto en el tiempo como en el espacio [7]. La distinción nos parece importante —especialmente la relativa al espacio— y en ella insistiremos más adelante. Veamos ahora el esquema de Marchal:

1. *Las variedades estructurales del capitalismo*
   - 1.1. *Las variedades estructurales del capitalismo en el tiempo:*
     - 1.1.1. El capitalismo comercial y financiero.
     - 1.1.2. El capitalismo industrial.
   - 1.2. *Las variedades estructurales del capitalismo en el espacio:*
     - 1.2.1. Caso de ausencia o cuasiausencia de estructuras anteriores:
       - A) El capitalismo dinámico: EE. UU.

[7] Vid. André Marchal, «Estructuras y sistemas económicos», versión española, Ariel, Barcelona, 1961, especialmente Capítulo III del Título III de la segunda parte, que lleva por título «Las variedades estructurales de los sistemas económicos», págs. 338 a 403. En este mismo sentido de la distinción de los sistemas económicos en el tiempo, es interesante el esquema que plantea George Dalton en su libro «Economic Systems and Society, Capitalism, Communism and the Third World» (Penguin, London, 1974; versión española, Alianza Editorial, Madrid, 1974), donde distingue las siguientes etapas y sistemas:

1750-1960:

— El capitalismo del siglo XIX.
— Las respuestas socialistas: utopismo, marxismo y socialismo democrático.
— Economía soviética (1917-1953).
— El capitalismo del Estado benefactor (Welfare State), 1930-1950.

Desde 1950:

— Las economías capitalistas reformadas.
— Las nuevas Economías comunistas.
— Las Economías en desarrollo del Tercer Mundo.

B) El capitalismo igualitario: Suecia.
C) La implantación de una economía semicapitalista, semicolectivista en un desierto: Israel.

1.2.2. Caso de supervivencia de estructuras anteriores:
A) El capitalismo utiliza las estructuras anteriores, adaptándolas: el caso del Japón.
B) El capitalismo se yuxtapone a las antiguas estructuras y coexiste con ellas sin impregnarlas: el ejemplo de Brasil.
C) El capitalismo, después de haberse impuesto, parcialmente retrocede o permanece estancado por estar insuficientemente sostenido por estructuras inconsistentes o en vías de descomposición.
D) El capitalismo se reconvierte para asegurar la supervivencia de las estructuras anteriores: Portugal (antes 25 de mayo de 1974).

2. *Las variedades estructurales de la economía planificada*

2.1. *Las variedades estructurales de la economía planificada en el tiempo:*

2.1.1. La fase de comunismo de guerra.
2.1.2. La fase de la NEP (Nueva Política Económica).
2.1.3. La fase de los planes quinquenales.
2.1.4. El plan septenal y la tendencia a la descentralización.

2.2. *Las variedades estructurales de la economía planificada en el espacio:*

2.2.1. La forma centralizada de economía planificada: la URSS.
2.2.2. La forma descentralizada de la economía planificada: Yugoslavia.
2.2.3. Una tentativa de marcha forzada hacia el comunismo integral: la experiencia china.

La mayoría de las restantes clasificaciones son críticas o «eclecticismos» de las ya examinadas. Esto es lo que sucede con las de los profesores franceses André Nicolai [8] y René Clemens [9], en cuyo examen no podemos detenernos. Se trata ahora de entrar en el estudio de la tradicional dicotomía capitalismo-socialismo. Como base de tal estudio podemos tomar el planteamiento que Eucken hace de la cuestión.

Según el profesor germano, toda economía nacional debe resolver tres problemas económicos fundamentales: QUÉ clases y cantidades se producirán de todos los posibles bienes y servicios; CÓMO serán empleados los recursos económicos en producir tales bienes, y PARA QUIÉN serán producidos.

Las Sociedades —dice Walter Eucken— afrontan esos problemas de diferentes maneras: por la costumbre, la autoridad y por medio del sistema de precios [10].

En efecto, en determinadas sociedades atrasadas puede suceder que los interrogantes *qué*, *cómo* y *para quién* se respondan simplemente siguiendo la *costumbre* heredada de padres a hijos. Por ejemplo, se producen determinados bienes (cereales, leguminosas, carne, lana, etc.) por medios que no experimentan apenas cambios de una época para otra, con prácticas más o menos rutinarias. Los bienes se reparten conforme a unas reglas basadas en la tenencia de la tierra y se redistribuyen con base en el trueque; así se ha hecho siempre y así se sigue operando, simplemente porque es la costumbre. Este es el sistema de organización de los países más atrasados, o de las bolsas de subdesarrollo existentes en los cinco continentes. Por ello, este sistema de organización ofrece un interés cada día menor.

Puede suceder también que las tres preguntas se contesten por una *autoridad*, que decida en un Plan de carácter general *qué* se ha de producir, *cómo* se ha de obtener y *para quién*. Nos encontramos en este caso ante un sistema de planificación, que en su más alto grado de centralismo se encuentra en determinadas clases de socialismo.

Finalmente, cuando las principales decisiones económicas se adoptan en el *mercado* donde los demandantes ejercen teóricamente un derecho de voto, nos encontramos ante el sistema de economía de

---

[8] Vid. André Nicolai, «Comportement économique et structures sociales», PUF, París, 1968.

[9] René Clemens, «Prolégomènes d'une théorie de le structure économique», en *Revue d'économie politique,* noviembre, 1952, págs. 997 y sig.

[10] W. Eucken, «Cuestiones Fundamentales de Economía Política», ob. cit.; Samuelson trata también este tema con gran brillantez en su «Economics», ob. cit., págs. 33 y 34 (4.ª edición, 1967).

mercado, también denominada economía capitalista o economía de libre empresa.

Esta clasificación de los sistemas económicos —ampliamente difundida por el profesor Samuelson— es enormemente sugestiva por su sencillez, pero precisamente por ello tiene serias limitaciones. En realidad, no existen formas puras de sistemas económicos. De hecho se combinan la autoridad y el mercado, originándose de esa manera los llamados sistemas mixtos. Esto lo reconoce el propio Samuelson, quien califica el sistema norteamericano como *mixto*, pero sin poner mayor énfasis en lo referente a los sistemas económicos socialistas, que cada vez en mayor medida son también verdaderos ejemplos de sistemas mixtos, por el progresivo empleo que en ellos se está haciendo del principio de la economía de mercado.

Por tanto, la clasificación de los sistemas que resulta de fijarnos dónde se adoptan y cómo se transmiten las decisiones, tiene claras insuficiencias; hay que recurrir a otros criterios de clasificación, y tal vez hablar simplemente de socialismo y capitalismo, distinguiendo, claro está, dentro de cada uno de esos dos sistemas básicos, diferenciaciones importantes por lo que se refiere a la forma de adoptar las decisiones. De ello nos ocupamos en las dos secciones que siguen.

4. El capitalismo: su evolución y su configuración actual [11]

El capitalismo, dice Loucks, es un «sistema de organización económica caracterizado por la propiedad privada y por el uso para el beneficio privado del capital creado por el hombre y del capital de origen natural (tierra, etc)» [12]. Sin embargo, cuando se quiere detallar más el concepto de capitalismo, comienzan las dificultades, pues precisamente una de las características de este sistema es la del cam-

---

[11] A. C. Pigou, «Socialism versus Capitalism», Macmillan, Londres, 1960 (la primera edición data de 1938). En cierto modo, inspirándose en una definición previa de Mr. y Mrs. Sidney Webb, Pigou nos proporciona la siguiente: «Decimos que una *industria* es capitalista cuando los instrumentos materiales de la producción son propiedad de (o están alquilados por) particulares, y cuando su funcionamiento se realiza a sus órdenes con el propósito de vender con beneficio los bienes y servicios producidos con tales medios: se dice que una *economía* es capitalista, o que un sistema es capitalista cuando la mayor parte de sus recursos productivos depende de industrias capitalistas» (ob. cit., pág. 1).

[12] W. N. Loucks, «Comparative Economic Systems», ob. cit., pág. 17.

bio de sus rasgos secundarios en el tiempo y en el espacio. Por lo cual, un estudio del capitalismo requiere una mínima demarcación en las dos aludidas dimensiones. Puede hablarse así de los orígenes del capitalismo moderno, con lo cual implícitamente está haciéndose referencia a la organización económica de la Europa de los siglos XVI al XVIII [13]. Puede tratarse de algo aparentemente tan concreto como el capitalismo norteamericano actual [14], o puede estudiarse el desarrollo capitalista en su conjunto. Pero cuando se hace esto último, de hecho también está aludiéndose a un tipo de capitalismo. Esto es lo que sucede, por ejemplo, en «El Capital» de Marx, donde se analiza el capitalismo del siglo XIX, y más concretamente el capitalismo británico victoriano, por lo cual no es extraño que muchas de las observaciones allí incluidas sobre aspectos secundarios del capitalismo no resultan aplicables al capitalismo de nuestros días.

4.1. *Del capitalismo liberal a la planificación indicativa*

Hoy consideramos que el prototipo o modelo clásico del capitalismo fue precisamente el capitalismo liberal de la segunda mitad del siglo XIX, apoyado jurídicamente en la propiedad privada tal como ésta se configuraba en el Código Napoleón, con un ejército de reserva de trabajadores que permitían una desenfrenada explotación que hizo desarrollarse en alto grado la lucha de clases, y con un maquinismo y una división del trabajo en grado cada vez más elevado. Paralelamente a este panorama económico, el capitalismo liberal garantizó normalmente las libertades políticas formales, pero no los derechos sociales [15]. Por otra parte, el capitalismo en su fase liberal —durante la cual la intervención del Estado en la Economía fue relativa-

---

[13] Para esa larga fase puede verse la obra de Henri Sée «Orígenes del Capitalismo Moderno», versión española, FCE, México, 1961.

[14] Este es el objeto de análisis de la obra de J. K. Galbraith «Capitalismo Americano», versión española, Ariel, Barcelona, 2.ª edición, 1963, y de «El Nuevo Estado Industrial», Ariel, Barcelona, 1967.

[15] Al decir «libertades políticas formales» hacemos referencia a las libertades de cultos, reunión, asociación, palabra y prensa, pero no a la libre sindicación o al derecho de huelga, por ejemplo, que fueron muy tardíamente reconocidas en relación con las primeras. Por «derechos sociales» entendemos, entre otros, el derecho a la educación, al trabajo, a la vivienda, al ocio, etc.

mente débil, aunque no tanto como da a entender el abusivo empleo del lema del *laissez faire*— se vio sometido a violentas crisis económicas, la última de las cuales (1929-1939) puso en peligro al sistema en su conjunto.

Fueron precisamente la Primera Guerra Mundial y la depresión económica iniciada en 1929 lo que dio comienzo a cambios importantes en el sistema capitalista, que en el momento actual es diferente, en muchos aspectos, del capitalismo liberal. Así supo ponerlo de relieve Berle, uno de los estudiosos del moderno capitalismo norteamericano [16], quien insistió en la obsolescencia de los argumentos contra el capitalismo, y la mayor obsolescencia aún de los contraargumentos generalmente empleados en defensa del capitalismo; en ninguno de los dos casos se tenía en cuenta la realidad de la situación. Este trabajo de revisión teórica de la estructura contemporánea del capitalismo lo abordó Berle, junto con Means, en su obra conjunta «Modern Corporation and Private Property», aparecida en 1932, en donde ya se analizaba la progresiva separación entre propiedad y empresa [17].

Históricamente, la Gran Depresión hizo surgir formas de capitalismo totalitario, donde desaparecían las libertades formales, y en las cuales la intervención del Estado —en colusión con los grandes intereses privados— aumentaba extraordinariamente. Nos referimos, naturalmente, a las formas capitalistas del fascismo, del nacionalsocialismo, del corporativismo (portugués), etc., que no son sino intentos de defender el sistema capitalista tras épocas de intenso deterioro por la guerra, el paro, las luchas sociales, etc. El mecanismo socioeconómico por el cual se generan las fuerzas que hacen subir al fascismo al poder ha sido una de las más brillantes aportaciones de P. M. Sweezy [18].

Antes de dar por terminado este breve esbozo sobre el capitalismo liberal, debemos preguntarnos cuáles eran las posibilidades de su supervivencia a largo plazo como sistema económico. Esta cuestión, de hecho la plantearon por primera vez de una manera clara Marx

---

[16] Adolf A. Berle, Jr., «The 20th. Century Capitalist Revolution», Harcourt, Brace & World Inc., Nueva York, 1965 (la primera edición de esta obra data de 1945), especialmente págs. 9 a 13.

[17] Puede verse en la reimpresión de Penguin, Londres, 1962.

[18] Paul M. Sweezy, «Teoría del Desarrollo Capitalista», versión española, segunda edición, FCE, México, 1958, Cap. XVIII, págs. 360 a 380.

y Engels, en contra de la general impresión que existía en su tiempo sobre la perpetuación del sistema [19].

Ulteriormente, la predicción de la sustitución del capitalismo por otro sistema fue haciéndose más frecuente, para alcanzar una especial intensidad a lo largo de los años críticos de la década de 1930; por entonces, mientras los principales países capitalistas se debatían en el paro masivo y la depresión, la primera economía socialista (la URSS) realizaba importantes avances. A esta época corresponden predicciones sobre la inevitable caída del capitalismo, como las formuladas por J. A. Schumpeter [20], J. Strachey [21], Arthur Salter [22] y otros.

Su «salvación» tras esa época de dificultades, por así decirlo, se debió fundamentalmente a los efectos expansionistas de la Segunda Guerra Mundial y a una modificación importante en la política económica a partir de 1945, con un impulso decidido del desarrollo de tres formas diferentes [23]: incitaciones indirectas (caso de los EE. UU., con sus políticas monetaria y fiscal y con su Consejo de Asesores Económicos del Presidente), nacionalizaciones motrices (caso del Reino Unido durante la etapa laborista 1945-1951), y planificación indicativa (caso de Francia a partir del Plan Monnet 1947-1950).

4.2. *Sociedad opulenta y pobreza*

Lo interesante del esquema anterior es que pone de relieve cómo en la economía capitalista, donde el mercado era el centro funda-

[19] K. Marx y F. Engels, «The Manifesto of the Comunist Party», versión inglesa, especialmente último párrafo del punto «I. Bourgeois and Proletarians», en «The Essential» Left, Unwin Books, Londres, 19..., págs, 26 y 27; y F. Engels, *Antidühring*, versión francesa, Editions Sociales, París, 1962, págs. 319 y sigs.

[20] En «Capitalism, Socialism and Democracy», Allen and Unwin, 7.ª impresión, Londres, 1957. La primera edición de esta obra vio la luz en 1943.

[21] John Strachey, «The Coming Struggle for Power», Víctor Gollancz, 4.ª edición, Londres, 1934. En ese año, observando la deteriorada situación económica de los países capitalistas Strachey podía afirmar: «todo el mundo capitalista se encuentra camino de la barbarie», ob. cit., pág. 8.

[22] Arthur Salter, «Recovery: The Second Effort», G. Bell & Son, Londres, 1934. Por entonces decía Salter: «Los defectos del sistema capitalista han venido privándonos cada vez más de sus beneficios. En la actualidad, están amenazando su existencia». Ob. cit., pág. 209.

[23] Pierre Massé, «La Inversión Productiva», conferencia pronunciada en la Universidad de Madrid, y recogida en «Problemas actuales del desarrollo económico», Madrid, 1961, *Documentación Económica*, núm. 23, págs. 117 y sigs.

mental de las decisiones, la autoridad económica ha pasado a desempeñar (en diferentes formas, según la estructura económica de cada país) un papel de gran importancia. Y ello con dos propósitos fundamentales, que en buena medida están imbricados: impedir la aparición de crisis económicas y asegurar el crecimiento económico continuado, sin bruscos movimientos de sístole y diástole.

Paralelamente a esa política de crecimiento continuado sin crisis, se intenta la integración de las clases trabajadoras dentro de la sociedad de consumo, para superar cualquier clase de nostalgia por un cambio de sistema. La sociedad opulenta (que para muchos sectores de la población no es tan «opulenta», como demostró en su día cumplidamente Michael Harrington en «La Cultura de la Pobreza en los EE. UU.», 1962), se viene a decir, produce suficiente para todos, para satisfacer todas las necesidades. Pero la realidad —como esquemáticamente tal vez, pero sin duda de forma muy expresiva ha expuesto J. K. Galbraith— es muy otra [24]. La producción ha llegado a considerarse en el capitalismo como un fin en sí mismo. Los empresarios industriales crean continuamente nuevas necesidades mediante la publicidad y a través de sus agentes de venta. Por ello, no puede afirmarse que el bienestar de la sociedad aumente en la medida en que aumenta la producción.

Otra de las características de las formas actuales del capitalismo —que normalmente se denomina neocapitalismo— estriba en que los servicios públicos han dejado de estar a la altura del consumo privado. Como afirma Galbraith, se vive en una atmósfera de opulencia privada y de miseria pública. Las escuelas no pueden competir con la televisión, el cine u otros espectáculos al uso. El uso desmesurado del alcohol y el abuso de las drogas son considerados comúmente como parte de la gran afluencia de toda clase de mercancías, y en principio no hay nada que obstaculice su disfrute. «Una comunidad austera —sentencia Galbraith— está libre de tentación; puede ser austera también en sus servicios públicos. Sin embargo, una sociedad tan rica como la nuestra no puede serlo» [25].

¿Y por qué sucede esto? Simplemente, podría ser la contestación,

---

[24] J. Kenneth Galbraith, «La Sociedad Opuleta», versión española, Ariel, Barcelona, 1960, especialmente págs. 241 y sigs.

[25] En su obra «La Sociedad Opulenta», Galbraith hizo una crítica despiadada de muchos aspectos del desarrollo capitalista norteamericano, donde la producción de bienes de consumo para uso privado adquiere la primacía absoluta.

porque el principio básico del capitalismo —el máximo de rentabilidad o de lucro a corto plazo— no ha variado en absoluto. Todo lo que no ofrezca una saneada rentabilidad —y los antes aludidos servicios públicos y la atención a muchas necesidades sociales entran en esa categoría— se sitúa muy al final en la escala de preferencias para invertir.

Y lo que es aún más importante, en el capitalismo se mantiene hoy —a pesar de sus modificaciones, que por eso mismo hemos calificado repetidamente de secundarias— su más grave inconveniente, esto es, la alienación de las clases trabajadoras. Rápidamente, con palabras de André Gorz, podemos resumir lo que entendemos sobre esta cuestión. Para el trabajador, el trabajo no tiene sentido, sino en tanto que contribuye a la creación de un mundo más humano en el que sus verdaderas necesidades individuales y colectivas —y no la primacía absoluta del consumismo— se vean atendidas satisfactoriamente.

Por el contrario, para el capital, para los círculos capitalistas, el trabajo no tiene sentido sino en cuanto que es origen de la producción de beneficios cualquiera que sea la utilidad de los productos o servicios a los que se arrancan esos beneficios. Por todo ello, la condición de los trabajadores no es inaceptable solamente por el hecho de la opresión directa del trabajo, sino fundamentalmente por la finalidad que la explotación capitalista asigna al trabajo. «Todo trabajador es consciente de su alienación, esto es, la contradicción permanente en que se encuentra, entre el orgullo y el amor al trabajo bien hecho, por una parte, y la vergüenza, la rabia o la desesperación de tener que desarrollar su trabajo para fines (acumulación capitalista), y para productos que con frecuencia no merecen la pena de ser producidos, y que no son conformes a las necesidades reales o prioritarias, ni a los intereses de la colectividad» [26].

4.3. *La diversidad capitalista*

Por otra parte, el hablar del capitalismo en abstracto, o simplemente tomando como modelo el caso de EE. UU., el de la CEE, o el del Japón, no tiene mucho sentido para la generalidad de los países

---

[26] André Gorz, «Estrategie Ouvrière et Néocapitalisme», Editions du Seuil, París, 1967, págs. 55 y 56.

que están dentro de lo que normalmente se conoce con nombres como «mundo capitalista» o «mundo occidental». Los problemas globales de la economía de Brasil, de India, de Malawi, de Pakistán o del Perú son muy diferentes de los que afectan a EE. UU., a la CEE o al Japón, que, ciertamente, también se encuentran a niveles de desarrollo dispares entre sí; pero en los tres casos, muy por encima del nivel de las naciones menos desarrolladas que antes hemos enunciado.

En otras palabras, hay un problema de relación entre sistemas económicos y grado de desarrollo. Precisamente por ello, en el siguiente capítulo 10 nos ocupamos del tema de los niveles de desarrollo, y fundamentalmente de la economía de los países menos desarrollados (PMD), que son, por así decirlo, los socios marginales, de tercera clase, del mundo capitalista. En esos países, en el mejor de los casos, sólo un sector minoritario de la población disfruta de niveles de vida comparables a los niveles medios de los países industriales más desarrollados. Esto es lo que proporciona a las economías de los PMD y a sus problemas un carácter dual, de opulencia al lado de la miseria, de zonas relativamente pujantes junto a otras estancadas.

En estas sociedades capitalistas «duales», la integración de las clases trabajadoras como pretensión racional para la defensa y el progreso del sistema es prácticamente inalcanzable. Esa pretensión si llega a formularse, se transforma en un simple ejercicio de cinismo, cuando no de sarcasmo.

En esas situaciones, la represión sustituye a la integración de las clases trabajadoras; las libertades formales ni siquiera existen, o no pasan de ser una simple farsa. Y, a la postre, cuando las masas tienen conciencia de su opresión, y llegan a plantear como su propia salida reivindicaciones revolucionarias —en una palabra, el cambio de sistema—, la reacción de las clases dominantes, de los capitalistas locales que forman la oligarquía nacional (generalmente vinculada al capitalismo internacional), no es otra que la dictadura de clase, manifestada las más de las veces en gobiernos «duros» o, menos eufemísticamente, en dictaduras militares.

4.4. *Desregulación, economía del lado de la oferta, y monetarismo*

Pero lógicamente, dentro de la diversidad capitalista a la que acabamos de referirnos, hemos de ocuparnos de lo que podríamos denominar el *paradigma del capitalismo actual.* Y en ese sentido, la economía norteamericana, tanto por su dimensión como por su capacidad de influir en las demás economías de mercado, ocupa, sin duda alguna, el lugar central.

Y ante todo, hemos de subrayar que tras la carrera capitalismo-socialismo que analizamos en la siguiente sección 6 de este mismo Capítulo, desde el comienzo de la crisis energética de 1973 se produjo una considerable revigorización del capitalismo en su versión neoliberal. Veamos.

En efecto, la respuesta frente a la crisis de 1973 fue contundente, en las formulaciones que hoy conocemos como *Reaganomics* y *Thatcherismo* económico, y que sintéticamente podemos resumir como desregulación, *economía del lado de la oferta, y monetarismo.*

La economía del lado de la oferta vino a significar que en vez de una política keynesiana de impulsar la demanda agregada, se propiciarían los medios para impulsar la oferta; mediante la *desregulación* (supresión de intervencionismos públicos), la *moderación salarial* (congelación del salario mínimo y neutralización del poder sindical), y la *reducción de la presión fiscal* con el recorte de los impuestos directos. De hecho, se siguieron las recomendaciones derivadas de la «curva de Phillips»: no temer un fuerte aumento inicial del paro, a fin de bajar los salarios reales; y de la «Curva de Laffer» (aumentar los incentivos productivos a base de disminuciones importantes en el impuesto sobre la renta).

En cuanto al monetarismo, cabe considerarlo en lo esencial también como una reacción antikeynesiana contra el fiscalismo, en el intento de regular la producción y combatir la inflación fundamentalmente a través de la regulación de la oferta monetaria a través de sus variables M_1 a M_4, para de ese modo controlar de alguna manera la liquidez [27].

Subrayemos, por último, la importancia que dentro de la teoría del capitalismo tienen los *derechos de propiedad,* las reglas sobre lo *qué es mío y lo qué es tuyo.* Desde Hume y J. S. Mill, hasta Ronald Harry Coase (Premio Nobel de Economía 1991), el tema ha ocupado una atención notable de la doctrina.

---

[27] Sobre monetarismo hay abundante bibliografía. Para una excelente síntesis James Tobin en «Monetarism: an ebling tide», en *The Economist,* 27 de abril de 1985, traducido en el *Boletín Semanal de ICE,* n.º 1.993, 13 de junio de 1985, págs. 2151 y sigs.

4.5. *La ofensiva neoliberal en tres libros (Friedman, Gilder, y Closets)* [28]

La aparición de los tres libros aludidos en el título de este apartado, significó toda una ofensiva del neoliberalismo al final de la primera mitad de los años ochenta. Con un lenguaje casi siempre incisivo, y a veces rayando en lo impertinente respecto de las políticas alternativas, y con una aproximación al lector basada en un lenguaje divulgador y a veces brillante, los referidos economistas hicieron una aportación considerable al acervo del neoliberalismo económico.

En los tres libros referenciados, se dan varias notas comunes. La primera, la *crítica del intervencionismo* en sus diversas manifestaciones. La segunda, la apreciación de que ese intervencionismo no es sólo de carácter estatal, sino que también tiene *orígenes sindicalistas e incluso gremialistas*. La tercera nota consiste en la elevación a categorías prácticamente dogmáticas de toda una serie de *principios exaltadores de la empresa privada en su estadio de transnacionales*. Haremos la reseña crítica de cada uno de los tres libros, para al final entrar en algunas observaciones de carácter global.

«La tiranía del status quo» de Milton y Rose Friedman constituye un análisis de la dialéctica de cambio promovido por las alternancias políticas y las resistencias de las inercias previas. El marco es el que se crea a partir de las elecciones generales, en los primeros meses de un nuevo gobierno, cuando todo parece indicar que es la «luna de miel» con el electorado —o el «estado de gracia» en otra terminología— y que constituye el período decisivo para introducir las transformaciones más importantes. Porque pasado ese momento, resurge la tiranía del *status quo* que se impone desde el «triángulo de acero» que forman los beneficiarios directos de los sistemas establecidos, los burócratas que viven de su administración, y los políticos que ya buscan votos para las próximas elecciones.

---

[28] Milton y Rose Friedman, «La tiranía del status quo», Ediciones Ariel, Barcelona, 1985; George Gilder, «Riqueza y pobreza», Ediciones Tablero (Instituto de Estudios Económicos), Madrid, 1985; François de Closets, «Siempre Más», Ediciones Folio, Barcelona, 1985. De indudable interés y de otro talante que los mencionados, son los libros de Ralf Dahrendorf, «El nuevo liberalismo», (versión española, Tecnos, Madrid, 1982; y el de Henri Lepage, «Mañana, el capitalismo», versión española, Alianza Editorial, Madrid, 1978.

Por otra parte, según los Friedman, la tiranía del *status quo* conduce al aumento del gasto público, que por lo demás no se halla tan ligado a los presupuestos de Defensa como generalmente se cree —salvo en momentos de grandes guerras calientes o frías— sino que deriva del intervencionismo generalizado y creciente del Estado, y sobre todo de la expansión sin fin de la Seguridad Social.

Los hechos anteriormente constatados, según el matrimonio Friedman, exigen de procedimientos drásticos para limitar el gasto público, llegando a proponer los autores una enmienda constitucional para hacer rígido el tope máximo del presupuesto, aun a sabiendas de la resistencia del poder ejecutivo a autofrenar su actividad [29].

Si del lado del gasto la referida enmienda constitucional podría poner un techo a los afanes manirrotos de los políticos, para lograrlo plenamente sería necesario actuar también del lado del ingreso, siendo la propuesta de los Friedman en este caso no menos drástica: un impuesto sobre la renta de tipo fijo (de un 14 a un 16% sobre el líquido imponible), que adicionalmente, estimularía el espíritu de empresa.

Para coadyuvar a la limitación del gasto público en el área de Defensa —tema al que los Friedman dedican un amplio espacio— y sin afectar para nada al potencial bélico efectivo, sería preciso crear mayor competencia en la oferta de armamentos, ya que por su carácter semisecreto y por los muy pocos ofertantes sus precios resultan desmesurados.

Sin embargo, para asegurar un crecimiento estable, no basta con limitar el gasto público constitucionalmente y frenar los ingresos vía impuestos, sino que también es preciso evitar, de raíz, el recurso a los «impuestos ocultos y no votados» que los ciudadanos pagan con el proceso inflacionista. Y para erradicar tal posibilidad, el único método realmente eficaz según los Friedman, no es otro que controlar la oferta de dinero, para lo cual tampoco vacilan en proponer otra enmienda constitucional a fín de que se fijen techos bianuales a su expansión, a fin de disminuir las fluctuaciones de origen político derivadas de la discrecionalidad de la Reserva Federal en cuanto a su papel de Banco Central de EE.UU.

En línea con todo lo anterior, Milton y Rose Friedman reco-

---

[29] La enmienda Rudman-Gramm-Hollings introducida a mediados de la década de 1980 por el Congreso de EE.UU., obliga a reducir automáticamente el déficit federal, hasta llegar a su total supresión.

miendan otros ajustes institucionales. Desde su punto de vista, la Seguridad Social con sus excesos no hace otra cosa que alargar el paro, desde el punto y hora en que el trabajador está en condiciones de no aceptar ofertas de trabajo *poco rentables*, prefiriendo seguir en el más provechoso seguro de desempleo. La reducción de las facilidades de la Seguridad Social se les aparece, pues, como un requisito fundamental.

Otra recomendación de ajuste institucional que formulan los Friedman, se refiere a la política industrial. La desaconsejan en una triple faceta: créditos públicos para reconversión, áreas favorecidas a efectos de inversión, y proteccionismo arancelario y comercial. En los tres casos, el resultado de esa política, dicen, será el mismo: asignar capital a proyectos que tendrían mejores aplicaciones alternativas en función del mercado.

Los Friedman se adentran también en el terreno de lo social. Según ellos, las secuelas del Estado benefactor son evidentes en temas tan claramente interrelacionados como el crecimiento de la delincuencia y el aumento del consumo de droga. La tesis de los Friedman es que el paro procede más de la holgazanería a que conduce el Estado benefactor que no de la crisis. Y con una claridad memorable —y sin duda estimulante— exponen su idea de que el consumo de droga seguirá en aumento mientras sea «un fruto prohibido»; para acabar con esa situación (lo que es una especie de nueva «ley seca») no vacilan en recomendar que se legalice el consumo. Lo cual, según sus previsiones disminuiría la demanda, acabaría con el fraude (y las muertes «por sobredosis» que generalmente se deben a alteraciones en la calidad esperada), y comportaría una reducción de la delincuencia.

En definitiva, vienen a decir los Friedman, el paro se debe al funcionamiento interferido de la economía de mercado, a las medidas intervencionistas de política económica que acentúan la rama depresiva del ciclo, al aumento del papel de un sector público que destruye las oportunidades de la libre iniciativa, y al «triángulo de acero» de los beneficiarios del intervencionismo, los burócratas, y los políticos en busca de votos.

El segundo libro que comentamos es el de George Gilder «Riqueza y Pobreza», obra que fue el «libro de cabecera» —según dicen— del Presidente Reagan. Y el lector que lea esta obra comprenderá lo que tal vez es el fundamento de muchas de las apreciaciones religiosas, e incluso místicas, que fueron tan frecuentes en las declaraciones del primer mandatario norteamericano entre 1981 y 1989.

Ante todo, Gilder, se pregunta el por qué de ciertos cantos fúnebres sobre el capitalismo, cuando en realidad puede presentarse como un sistema triunfante, con adalides teorizantes como Von Mises y Friedman. En contra, están lo que el autor denomina «la economía de la frustración», cuyos anatematizados portavoces son Thurow, Heilbroner y, en menor medida y tratado con algo más de respeto, John Kenneth Galbraith.

Gilder busca fundamentos que justifiquen el capitalismo triunfante como algo de raíces profundas, por no decir telúricas. Y no vacila, con el mayor desenfado en explorar la idea de la «generosidad recompensada» de antropólogos como Lévi Strauss o en genios literarios como Tolstoi. Pensando en el capitalismo como algo tan seráfico, también podría haber hallado ese fundamento en los propios Evangelios, en «el dad y se os dará», aunque parece dudoso que Cristo se refiriera con esas palabras precisamente al capitalismo.

Pero tras sus viajes a tan recónditos parajes literarios, Gilder vuelve al campo económico, para convertir la «Ley de Say» en el auténtico dogma del neoliberalismo de nuestros días: «toda oferta crea su propia demanda». Ahí está, según Gilder, la clave de la cuestión, y de ahí surge toda la teoría económica del lado de la oferta; para echar con ella unas buenas paletadas de tierra sobre el cuerpo de doctrina del keynesianismo a fin de enterrarlo definitivamente [30].

En pos de su refundamentación del capitalismo, Gilder subraya que toda riqueza procede del trabajo, y en ésto inicialmente no se diferencia de Adam Smith, como tampoco de Karl Marx. Si bien para Gilder el trabajo consiste ante todo en la energía creadora de los hombres de negocios ciertamente pequeños y grandes; y menos en lo que comúnmente se llaman trabajadores, que en muchos casos se oponen a la riqueza al resistirse a trabajar más y buscar las gratificaciones de la Seguridad Social, y al apartarse de las «buenas costumbres» del matrimonio sacramental —que para Gilder es el motor de la propia economía— porque el desvinculado vive de cualquier manera, no proyecta su futuro, se conforma con el día a día. Los que así actúan, en definitiva, labran su propia pobreza. Se trata de una homilía económica, con el más rancio valor del conservadurismo a ultranza.

[30] A esta cuestión ya nos hemos referido en el apartado 4.4 de este mismo capítulo.

Tales son los aspectos fundamentales del libro de Gilder. En lo demás, es una especie de *saga* de lo que implica la lucha de clases (entendida en la forma norteamericana) como guerra contra la riqueza, y sobre lo que suponen los «riesgos morales» de los sistemas de Seguridad Social y similares, que desde el Estado benefactor crean las condiciones para disminuir el alto valor moral del trabajo y para fomentar la holgazanería.

Por lo demás, en el libro de Gilder hay muchas coincidencias con los planteamientos ya puestos de relieve al comentar anteriormente el libro de los Friedman: la ilusoría creación de empleo de la política industrial, los problemas del Estado inflacionista, y la oferta monetaria como única manera de controlar sus excesos. Para terminar todo ello con una exaltación de la fe como valor fundamental de la prospectiva económica. Y aunque se lo atribuya no a la doctrina cristiana, sino al filósofo norteamericano Peirce, todas las sabias enseñanzas del libro de Gilder se resumen en lo que para él no son tanto «virtudes teologales» como «virtudes capitales» —por capitalismo, se entiende—: fe, esperanza y caridad.

El tercer libro aludido en el título de este trabajo es «Siempre Más», del economista y sociólogo francés François de Closets. Esta obra no es ofensiva del neoliberalismo a la norteamericana, sino una incitación a buscar los males procedentes del gremialismo en el sistema de economía mixta de un país de Europa occidental —Francia— en hechos y problemas que en gran medida pueden generalizarse al conjunto europeo continental. Se trata, sobre todo de los *factores no monetarios* que suponen las conquistas de un sector o de una empresa: en términos de reducción de jornada de trabajo, de ampliación del período de vacaciones, de colonias estivales para hijos y padres, de centros de formación profesional y becas para estudio, de ingresos adicionales casi nunca contabilizados de manera transparente, de créditos a bajo interés, de tarifas especiales, de *pases* de empresa libres para viajar o consumir, etc.; todo ello, dentro de un sistema de *cierre progresivo* del gremio o corporación para usufructuar sus posiciones de dominio.

De Closets revela algunas de las múltiples adherencias, malformaciones y anomalías (por lo demás, *normales*) del cuerpo económico en su funcionamiento cotidiano, que hacen aún más aguda la desigualdad entre los distintos grupos sociales. Para De Closets, la igualdad de los derechos no basta con decretarla, porque no se redistribuye el dinero sin enfrentarse a la firme oposición de los más ricos; y no se redistribuirán los *factores no monetarios* sin provocar la reacción de toda la multitud de los más voraces corporativismos y gremialismos. Así, si un gobierno sedicentemente socialista puede abordar con cierta pretendida facilidad los temas del igualitarismo de lo más estrictamente económico —«que nadie cobre más que el Presidente»—, de hecho se encuentra bloqueado al enfrentarse con los *factores no monetarios*. Y es que entre el deseo de reducir las injusticias y el temor de enfrentarse a sus beneficiarios, la izquierda más bien procura ampliar los derechos y las ventajas de los más desfavorecidos, para compensarlos, exponiéndose así —nos dice De Closets— a paralizar poco a poco la maquinaria económica del país. Ahí radica la gran contradicción con la que chocan día a día los gobernantes, pues si la prosperidad no puede conquistarse sin esfuerzo, los privilegios gremialistas al extenderse, se enfrentan —*volis nolis*— a las exigencias de la producción. De tal modo, que la solución más simple e inmediata de preservar los privilegios a unos y extenderlos en parte a otros, acaba por instalar a la sociedad definitivamente en el estancamiento o incluso en la recesión.

Por lo demás, en el sistema económico lo fundamental no es la oposición según De Closets, del sector público contra el privado. Las cosas no son tan simples, pues en el seno del Estado hay categorías desfavorecidas, y en el mundo capitalista privado existen oasis bien protegidos. El reparto de derechos y de ventajas no se relaciona estrictamente con el carácter público o privado de las dos esferas, sino que está vinculado a fenómenos de corporativismo y gremialismos que no dependen de las luchas sociales en el sentido clásico, sino de las posiciones que se ocupan en el escenario. En posición de inferioridad se encuentran los trabajadores que no saben ver la necesidad de unirse para avanzar en su progreso; en superioridad, quienes tienen claro que las posiciones del corporativismo hacen posible la conquista casi indefinida de mejoras.

Se originan así las situaciones de prebendas de la *privilegiatura* en los sistemas de economía mixta occidental, que no son tan distintas de las que en algunos aspectos disfrutaba la *nomenklatura* del sistema soviético antes de Gorbachov.

Saber cómo viven las privilegiaturas es adentrarse en la selva profunda de la sociedad, para averiguar de qué viven y cómo viven las diferentes especies que la habitan, el camaleonismo de muchas de ellas que fingen pobreza (cuando si no nadan en la abundancia al menos tienen situaciones comparativamente de favor respecto de la media), o de otros grupos sociológicos que permanecen ignorados en las oscuridades más densas, al margen del reparto de cualquiera de los festines de los más poderosos; sencillamente, porque no han sido capaces de unirse para generar las condiciones de la protesta y hacer de sus servicios un algo que vaya más allá de lo imprescindible.

La mayor crítica que puede hacerse al libro de François de Closets consiste en que el sistema de economía mixta comporta inevitablemente, corporativismo y gremialismos; análogamente a como el sistema capitalista en su más pura expresión significa acumulación capitalista en favor de la burguesía como resultado de la explotación del proletariado.

En suma, los tres libros comentados, suponen una crítica global de los excesos del Estado benefactor y del sistema de economía mixta. Pero no proporcionan soluciones taumatúrgicas. Sencillamente, porque no puede haberlas. Desmontar los dispositivos actuales en un retorno al liberalismo económico, puede conducir al paro, a la desindustrialización, y a un mundo en el que solo Japón y los NICs (países de nueva industrialización) podrían tener ventajas comparativas importantes. Con la particularidad de que Japón no es un país de tendencias económicas liberales, porque su estructura económica está férreamente dirigida por un corto número de grandes conglomerados, y porque el Estado japonés practica de forma muy resuelta los métodos del planificación. ¿Y qué decir de los NICs? ; que en gran medida son nuevas áreas de implantación de empresas transnacionales, que lo que han hecho, más que cambiar sus reglas de juego, es buscar nuevos escenarios.

En cualquier caso, la polémica sigue sobre el sentido de la *economía mixta,* el deterioro del *estado de bienestar,* las deficiencias de la socialdemocracia, y el hundimiento del modelo sueco (el *suecialismo*). Entre otros trabajos premonitorios de lo que pueda venir, es de interés el libro de Peter Drucker, «The New Realities» [31], en el que se tienen muy en cuenta las *nuevas* aportaciones de la información, el *management,* la economía transnacionalizada, y tantas cosas como pueden estar ya influyendo en el sistema económico mixto del futuro.

---

[31] Mandarin, Londres, 1989. También el trabajo de John Naisbitt y Patricia Aburdene, «Ten new directions for the 1990's», Avon Books, Nueva York, 1990.

5. El socialismo

Es muy difícil definir lo que es socialismo sin acotar antes el propósito concreto de la definición. Se ha dicho que como visión de conjunto el socialismo es una corriente de pensamiento con multitud de expresiones, todas las cuales coinciden en el afán de igualitarismo entre los hombres, que teóricamente no puede lograr sino con una mayor o menor sustitución de la propiedad privada por la colectiva en los medios de producción. En este sentido discurren casi todas las definiciones del socialismo al uso, que según su carácter entran en más o menos detalles. Así, por ejemplo, Loucks afirma que el término socialismo *en la forma que él lo emplea* hace referencia «al movimiento que aspira a conferir a la sociedad como un todo, en vez de a los individuos, la propiedad y la administración de todos los bienes de la producción en gran escala, ya sean creados por el hombre o por la naturaleza, con el propósito de que los incrementos resultantes de la Renta nacional sean distribuidos de forma más equitativa, sin por ello alterar la motivación del individuo o su libertad de empleo o de elección de consumo» [32].

Otra especificación más vamos a incluir aquí como elemento de contraste. Procede del Partido Comunista de la Unión Soviética y fue expuesta en 1961: «el comunismo es un sistema social sin clases, en el cual los bienes de producción son únicamente propiedad nacional, en donde existe una igualdad social total de todos los miembros de la sociedad, en donde al lado del desarrollo general del pueblo crecerán también las fuerzas de producción sobre la base de un desarrollo constante de la ciencia y de la técnica, en donde todas las fuentes de riqueza pública correrán con toda plenitud y en donde será realizado el gran principio: de cada uno según su capacidad, a cada uno según sus necesidades» [33].

Las definiciones de Loucks y del PCUS están, ambas, ya bastante alejadas en el tiempo, pero teóricamente no difieren sino a largo plazo; la primera se refiere al socialismo, en tanto que la segunda va más allá, aludiendo al objetivo final del comunismo, como fase ulterior al socialismo en la evolución de la sociedad.

---

[32] W.N. Loucks, «Comparative Economic Systems», ob. cit., pág. 180.

[33] Citado por A. Garrigou-Lagrange y R. Passet en «Systèmes et structures», ob. cit., págs. 352 y 353.

5.1. *La construcción teórica del socialismo*

Tras esta primera aproximación al tema del socialismo, es insoslayable una referencia a algunos aspectos de su génesis moderna. Me refiero concretamente al hecho de que los fundadores del llamado «socialismo científico», Marx y Engels, consagraron casi todo su esfuerzo al análisis de la sociedad capitalista en que vivieron. Solamente en el «Anti-Dühring» de Engels es posible encontrar algunos pasajes donde con una extremada parquedad se alude a temas tan importantes como el de la planificación socialista [34]. En definitiva, y como ha subrayado Oskar Lange, Marx y Engels se negaron a tratar el problema más detalladamente, por la aversión a resultar más utópicos que científicos.

El gran movimiento socialista del siglo XIX y comienzos del XX también dedicó todos sus esfuerzos científicos al análisis del capitalismo, aunque Bebel y Kautsky (este último en su obra «La Revolución Social») hicieron algunos intentos de utilizar la perspectiva de una sociedad socialista. «Durante este período apareció también una copiosa literatura no marxista, que trató de demostrar la imposibilidad de establecer bajo el socialismo una contabilidad económica adecuada. Max Weber, Von Misses, Hayek y otros, presentaron argumentos que el ala socialista trató de contestar» [35]. Pero de hecho fueron los dos primeros planes quinquenales soviéticos (1928-1932 y 1933-1937) los que expresaron el propósito de que el socialismo funcionase.

---

[34] «Al hacerse dueña del conjunto de los medios de producción para emplearlos socialmente según un plan —dice Engels— la sociedad anula la servidumbre anterior de los hombres a sus propios medios de producción. Está claro que la sociedad no puede liberarse sin liberar a cada uno de sus individuos. Así pues, el viejo modo de producción, forzosamente debe ser destruido a fondo y en su conjunto y, sobre todo, debe desaparecer la vieja división del trabajo. En su lugar debe establecerse una organización de la producción, en la cual ningún individuo pueda descargar en otros la parte que le corresponda de trabajo productivo, condición natural de la existencia humana. Por otra parte, en esa organización el trabajo productivo en vez de ser un medio de servidumbre se convierte en el medio de liberación de los hombres, ofreciendo a cada individuo la posibilidad de perfeccionar y de poner en servicio, en todas las direcciones posibles, el conjunto de sus facultades físicas e intelectuales; de esta forma, el trabajo deja de ser una pesada carga para convertirse en un placer» («Anti-Dühring», ob.cit., pág. 333).

[35] Oskar Lange, «Economía Política del Socialismo», del libro colectivo *Problemas de economía política del Socialismo*, editado por el propio Lange, versión española, FCE, México, 1965, pág. 7.

Ulteriormente, aparecieron diversidad de explicaciones teóricas sobre la construcción del socialismo, hechas por quienes en mayor o menor grado actuaron como protagonistas de ese proceso. Tres trabajos de interés en ese sentido fueron «Problemas económicos del Socialismo en la URSS», de J. Stalin [36]; una serie de pasajes del «Manual de Economía Política» [37]; y un importante artículo de Oskar Lange sobre los «Problemas de la Construcción Socialista» [38].

Según los textos citados, la construcción del socialismo puede ser expuesta por los diferentes pasos que conducen al alborear del nuevo sistema. Tal explicación, tras la caída del muro de Berlín (1989) y el derrumbamiento del imperio soviético (1991), puede parecernos un tanto simplista, pero la mantenemos en su concepción inicial.

En primer lugar, la revolución socialista se distingue sustancialmente de todas las revoluciones o transformaciones político-económicas precedentes. Así, con el paso del régimen esclavista al feudalismo, y de éste al capitalismo, no se hizo sino sustituir una forma de propiedad privada por otra, de manera que el poder de unos explotadores quedó desplazado por el de otros. No es extraño, pues, que en el paso del feudalismo al capitalismo se produjera de hecho gradualmente, de forma que en los últimos tiempos del «Ancien Regime» ya podían apreciarse claramente las relaciones de producción capitalistas más o menos acabadas. «La misión de las revoluciones burguesas —se afirma a este propósito en el Manual Soviético de Economía Política— se redujo a poner el poder político en consonancia con la ya existente economía capitalista..., a suprimir los

---

[36] José Stalin, «Problemas económicos del Socialismo en la URSS», Ediciones en Lenguas Extranjeras, Moscú, 1953.

[37] Academia de Ciencias de la URSS, Instituto de Economía, «Manual de Economía Política», versión española de la tercera edición, Juan Grijalbo Editor, México, 1965, especialmente el Cap. XX que lleva por título «Rasgos fundamentales del período de transición del capitalismo al socialismo», págs. 333 a 366.

[38] Oskar Lange, «Problemas de la Construcción socialista», en la obra *Problemas de economía política del socialismo*, citada en la nota número 35, págs. 37 y sigs. También Diego Azqueta, «Teoría económica de la acumulación socialista», Blume, Madrid, 1983. También de gran interés para la Teoría Económica del Socialismo es la Colección de lecturas «Socialist Economics» editadas por Alec Nove y D. M. Nuti (Penguin, Londres, 1974), que incluye artículos de Von Mises, O. Lange, M.H. Dobli, Preobrazhensky, Domar, Liberman, Nemchinov y Kantorovich. Asimismo, es de interés, ya histórico, el libro de Michael Ellman, «La planificación socialista», versión española, FCE, México, 1979.

obstáculos de las viejas relaciones feudales y a allanar el camino para el desarrollo ulterior del capitalismo»[39].

Por el contrario, la revolución socialista en manera alguna se encuentra con las formas de economía socialista ya preparadas o en pleno funcionamiento. La revolución socialista —que significa la toma de los resortes del poder por las clases trabajadoras y sus aliados— va seguida de un período de transición a lo largo del cual se consolidan las bases para el funcionamiento del socialismo.

Para liquidar el antiguo sistema y edificar el nuevo, el gobierno socialista tiene que realizar primeramente una serie de reformas a fin de transformar la estructura socio-económica. La reforma agraria es decisiva para suprimir los vestigios del feudalismo que aún tuvieran su asiento en este sector de la producción. Al propio tiempo es preciso «expropiar la gran propiedad capitalista», los mayores bancos, la industria en gran escala y los medios de transporte. El Estado revolucionario debe apoderarse de la propiedad capitalista. La apropiación por el Estado de los bancos, la industria y los transportes es el instrumento que hace posible el desarrollo ulterior de la economía nacional. Este es —concluye Lange— el primer paso de toda revolución efectiva. Una revolución que no da este paso está condenada al fracaso»[40].

El segundo paso en el proceso de la edificación del socialismo es el ajuste entre el sector socialista —constituido en la forma en que se indicó más arriba— y el sector capitalista de la economía, compuesto por las pequeñas y medianas empresas no nacionalizadas. Con ello, el Estado se asegura el control del sector capitalista residual, para evitar que los propietarios utilicen su poder en contra del nuevo Estado socialista. Factores decisivos en ese control son las organizaciones de trabajadores y el propio peso del sector socialista, con el cual el sector capitalista se ve en última instancia forzado —por su propio interés— a mantener relaciones amistosas.

Un tercer paso en la construcción del socialismo lo constituye la integración de la producción agrícola y artesana en la economía socialista, a través de la constitución de cooperativas.

En suma, con un amplio sector socialista de base, con el control del sector capitalista residual, y con la formación de las cooperativas,

---

[39] Academia de Ciencias de la URSS, «Manual de Economía Política», ob. cit., pág. 333.

[40] Oskar Lange, «Problemas de la Construcción socialista», ob. cit., págs. 43 y 44.

el Estado socialista cuenta con base suficientemente firme para la planificación económica centralizada, en la cual, gradualmente, las formas de organización se van haciendo menos burocráticas, más flexibles.

5.2. *La construcción del socialismo real*

Pero una cosa es la construcción del socialismo en la teoría, y otra bien distinta lo fueron los intentos de su efectiva consolidación y desarrollo hasta llegar a lo que Rudolf Bahro llamó el *socialismo realmente existente*.

En el sentido apuntado —y para un mayor detalle puede verse el capítulo sobre Rusia de mi libro «Estructura Económica Internacional» —la construcción del socialismo en el primer país que se lo propuso, pasó por diversas etapas:

A) *Comunismo de guerra* (1917-1921) con la nacionalización de todos los medios de producción, y con el resultado de una situación final —como consecuencia también de una larga y cruenta guerra civil— del hambre y la escasez.

B) *Nueva Política Económica*, la NEP (1921-1927) con aceptación de un alto grado de economía mixta, inversión extranjera, y funcionamiento relativo del mercado [41].

C) *Liquidación de la NEP y sumisión de toda la economía a la propiedad del Estado* (incluida la agricultura) *y a la planificación central* (1927-1985). Durante este largo período, hubo intentos diversos de cierta liberalización, pero sin resultados positivos. Este socialismo real fue objeto de profunda crítica incluso desde dentro de la URSS desde 1970.

Por lo demás, en la URSS hacia 1985 no se daban ya ni siquiera los factores que, muy especialmente en los años de Kruchev, hicieron hablar del *reto soviético* como una posible alternativa al sistema capitalista imperante en el Oeste. Los problemas desembocaron en

---

[41] Para una versión directa de cómo funcionaba la NEP; está el testimonio bien interesante de Armand Hammer, en su libro autobiográfico «Hammer, Witness to History», Simon Schuster, Nueva York, 1988 (especialmente el capítulo 10, págs. 131 a 140, «Doing Business under NEP»). Sobre la NEP en el sector agrario, Sigrid Grosskopf, «La alianza obrera y campesina en la URSS (1921-1928)», versión española, FCE, México, 1976.

los típicos del *socialismo realmente existente* [42]: *el estancamiento* que se derivó de una planificación burocratizada e hipercentralista, que acabó ahogando cualquier iniciativa creadora, salvo en sectores muy concretos y especiales; *explosiones de precios*, que pusieron fin a la generalizada creencia de que la inflación era antitética con la planificación central; y finalmente, *pérdida de cualquier noción de impulso revolucionario*, quedando los viejos sueños a lo John Reed (*«Diez días que estremecieron al mundo»*) a la triste realidad de una sociedad militarizada y gerontoburocratizada, en la cual la vida cotidiana era escenario de carencias casi increíbles en contraste larvado consumismo y con la realidad de una casta explotadora [43]

5.3. *Perestroika, glasnot... y transición al capitalismo*

Los últimos años de Breznev (1964-1982) y el corto bienio de sus sucesores, Andropov y Chernenko, significaron el punto culminante del burocratismo gerontocrático. Con la sucesión de Mijail Gorbachov, de 54 años, en 1985, en la secretaría general del PCUS pareció como si el rumbo de la URSS fuera a cambiar en la dirección tantas veces anhelada de mayor bienestar, más autonomía autogestionaria, y nueva capacidad innovadora frente a la asfixiante planificación centralista.

Pero que tiene que haber una segunda revolución rusa —a la que personalmente me referí, en una ficción literaria, en «Historia de Elio» [44]— es algo que a mi juicio ofrecía pocas dudas. Los soviéticos difícilmente aceptarían una situación de rezago respecto a EE.UU. con carácter indefinido. Y lo que estaba aún más claro: si China se adentró desde el inicio de los 80 en la senda de una especie de macro-NEP, con un crecimiento rápido y atisbos de bienestar, el *socialismo realmente existente* acabaría por hacerse definitivamente insoportable incluso en la URSS [45].

---

[42] Rudolf Bahro «Por un comunismo democrático. La alternativa a la crítica del socialismo realmente existente» versión española, Materiales, Barcelona, 1979.

[43] Sobre esas previsiones en la realidad del régimen soviético, Michael Volensky, «La Nomenklatura», con un prefacio de Jean Ellenstein, Belfond, París, 1980.

[44] Para las tendencias tipo NEP —y más allá— en China, Lynn Pan, «The New Chinese Revolution», Hamish Hamilton, Londres, 1987.

[45] La literatura sobre la Perestroika es bien abundante. Aparte de la propia obra de Gorbachov (publicada en español por Ediciones B), cabe citar por su interés los

Perestroika (reestructuración) y *glasnost* (transparencia), fueron las dos palabras que pasaron a resumir las reformas emprendidas en la URSS desde 1985 por el equipo Gorbachov, para modernizar y democratizar la economía y la sociedad.

Desde el punto de vista más estrictamente económico, el propósito de la reforma consistió en producir toda clase de artículos de alta tecnología, superando así el grave atraso de muchos sectores; proporcionar incentivos salariales y extrasalariales a los trabajadores para elevar la productividad —«el que trabaja mejor debe poder vivir mejor»—; erradicar el derroche y evitar las producciones invendibles por su mala calidad; y aumentar la competitividad acabando gradualmente con los sistemas de subvenciones para cubrir pérdidas que permiten la ineficiencia de muchas empresas.

Desde el punto de vista de la organización, la *perestroika* supuso cambios importantes. Desde el 1 de enero de 1988, pasó a estar vigente la nueva ley sobre empresas estatales para la autofinanciación con la retención, a tales efectos, de altas proporciones de los beneficios propios; incluso se previó que las explotaciones ineficientes pudieran ir a la quiebra.

Por otra parte, en mayo de 1987 entró en vigor la ley que permitía el desarrollo de los emprendimientos de carácter artesano y cooperativo, lo cual haría posible satisfacer muchas facetas del consumo cotidiano (restaurante, servicios de enseñanza, taxis, toda clase de reparaciones, etc.). En realidad fue la primera puerta que se abrió a la empresa privada.

En el sector agrario se introdujeron igualmente innovaciones de interés. Los koljoses y sovjoses pasaron a estar autorizados a vender hasta el 30 por 100 de su producción en el mercado libre; directamente a los consumidores, resolviendo así en gran parte los previos cuellos de botella de numerosos abastecimientos. Y éstos sólo fueron los primeros pasos para las transformaciones a realizar en la agricultura, que desde 1988 afectaron a la tenencia de la tierra (arrendable

libros de Abel Aganbegyan («The Economic Challenge of Perestroika», Century Utchison, Londres, 1988, versión española de Grijalbo, con un prólogo de R. Tamames, 1989), y Jan Prybyla («Market and Plan under Socialism», Hoover Institution Press, Stanford, 1988). Asimismo, son de interés los trabajos de William E. Odon, y especialmente «How Far Can Soviet Reform Go?», en *Problems of Communism*, nov.-dic. 1987, págs. 18 y sigs. Para los aspectos de las transformaciones del comunismo en China, me remito asimismo al capítulo que dedico a este país en mi «Estructura Económica Internacional», ob., cit.

por el Estado a los campesinos por 50 años, y heredables por los sucesores de los arrendatarios).

Las relaciones económicas con el exterior experimentaron asimismo transformaciones sustanciales. Desde 1987, empresas y centros de investigación pasaron a disfrutar de la opción de contar con sus propias organizaciones de comercio exterior, pudiendo tratar directamente con los mercados extranjeros, sin tener que dar el rodeo por el canal burocrático del Ministerio de Comercio Exterior.

Adicionalmente, desde el 1 de enero de 1987 se dio la posibilidad de formar empresas mixtas de capital extranjero. Las condiciones para ello eran: el 51% de participación soviética en el capital; la nacionalidad soviética del puesto ejecutivo principal; la posibilidad de repatriar beneficios sólo por el exceso de ingresos respecto de las importaciones en divisas convertibles; dos años de exención de impuestos, y el 30% ulteriormente, con un impuesto del 20% sobre los beneficios exportados.

Ciertamente, hubo resistencias al cambio: no era fácil sustituir las cómodas inercias del pasado, asumir cada uno su responsabilidad en vez de limitarse a cubrir el expediente, acabar con el falso igualitarismo de un mismo rasero de penurias para todos (excepto para la *nomenkatura*). «Como también es verdad (decíamos en la 10.ª edición de este libro en 1989), que las críticas hay que canalizarlas a fin de hacerlas operativas, en vez de que puedan conducir al pesimismo y al marasmo. Y como perspectiva final, están los límites de la propia reforma. ¿Vas a ser meramente una *macro-NEP*, o una transformación profunda del sistema? ¿Se va realmente a una economía mixta generalizada? La petición de la URSS de ingresar en el GATT y en el FMI —algo que personalmente preconicé en septiembre de 1983 en el 7.º Congreso Mundial de Economistas y que entonces produjo no poca perplejidad— ¿qué significa a largo plazo?».

«Sinceramente —agregaba yo en 1989—, creo que todas esas interrogantes tienen una respuesta bien clara. La URSS quiere *abandonar el socialismo realmente existente*, desistir de una solución de comunismo convencional y ya anacrónico, caminar hacia la potenciación de sus recursos humanos y materiales, dejar de ser una gran isla en el mundo económico, y pasar a protagonizar una verdadera emulación económica con Occidente. No es poco el reto; como tampoco serán pocos los obstáculos, entre ellos también los más estrictamente políticos de los nacionalismos, la democratización, los derechos humanos, y en el futuro incluso el pluripartidismo inevitable.»

Los hechos entre 1989 y 1992 —caída del muro de Berlín, golpe frustrado de agosto de 1991, y disolución de la URSS en diciembre— dieron la razón a esas previsiones. Y ahora, el panorama confuso en la Comunidad de Estados Independientes, la CEI —o exURSS— presenta todas las características de un paso desordenado, en una transición llena de dificultades, al orden capitalista. Se pide ayuda al exterior para la difícil transición con un porvenir incierto.

6. ¿Hay todavía una carrera capitalismo-socialismo?

¿Puede sobrevivir el capitalismo? ¿Funciona el socialismo? Estas y otras preguntas de parecido corte, tantas veces formuladas en la década de 1960 eran buena muestra del planteamiento inicial de una cuestión que después ya se formuló con mucha más claridad. ¿Cuál de los dos sistemas —capitalismo o socialismo— acabará por ser el predominante en el mundo? [46].

El caso es que para contestar a la interrogación de partida podría intentarse una evaluación del crecimiento económico en las áreas socialista y capitalista en las últimas décadas; o para simplificar, esta evaluación podría constreñirse a los dos países que encabezaban esos dos campos económicos: EE.UU. y la URSS. Los intentos más o menos profundos realizados en tal sentido fueron numerosos, pero como afirmaba P. A. Samuelson (al terminar el suyo propio al principio de la década de 1960) era preciso ser muy cautos al hacer esta clase de comparaciones; puesto que no se podía perder de vista ni el muy diferente tanto por ciento del PNB por entonces dedicado a gastos militares en ambos países, ni el hecho de que todo el mundo estaba pendiente de esa carrera.

De hecho, toda la política de «La Nueva Frontera» esbozada y comenzada a desarrollar por el Presidente Kennedy en 1961, no significó sino un esfuerzo de los EE.UU. por recuperar el terreno relativo perdido en la carrera. De ello fue buena muestra —anecdó-

[46] De hecho, el arranque de la polémica en torno a esta cuestión puede fecharse en enero de 1959, cuando Nikita Kruchev en el curso del XXI Congreso del Partido Comunista de la Unión Soviética aseguró que el nivel de vida de la URSS sobrepasaría al de EE.UU. hacia 1970, un desafío que reiteró poco después, concretamente en octubre de 1961. El espectacular crecimiento económico norteamericano bajo los mandatos de Kennedy y Johnson —muy superior al promedio de la Era Eisenhower— impidió que se cumpliesen las predicciones de Kruchev.

tica, pero significativa— el testimonio que Arthur M. Schlesinger dio de la entrevista de los dirigentes supremos del capitalismo y el socialismo en Viena en junio de 1962: «... Kennedy, muy cortesmente —dice Schlesinger—, observó que los norteamericanos estaban impresionados por los avances económicos de la Unión Soviética; ello constituía una fuente de satisfacción para el mundo entero. Pero, tal como él veía el problema, no se trataba de que las democracias estuvieran intentando eliminar el comunismo en áreas bajo control comunista, sino que, por el contrario, los comunistas estaban tratando de eliminar los regímenes libres en las zonas ligadas al Occidente. Kruchev rechazó ésto con brusquedad. Según afirmó, a la Unión Soviética le era imposible implantar su política en otros Estados. Todo lo que la Unión Soviética sostenía es que el comunismo acabaría por triunfar; esto no era propaganda, sino un análisis científico del desarrollo social. Hoy día el comunismo estaba sustituyendo al capitalismo, al igual que el capitalismo había sucedido al feudalismo en el pasado. Los cambios en los sistemas sociales resultaban inevitables, pero serían promovidos sólo por la voluntad de los propios pueblos. Los comunistas creían en su sistema, al igual que el Presidente (Kennedy) creía en el suyo. En cualquier caso, éste era un asunto para discutir, pero no para ir a la guerra» [47].

Luego, las cosas experimentaron una evolución diferente. Como ya vimos a lo largo del presente capítulo (en la sección 4), el capitalismo, lejos de perder fuerza, se vió revigorizado con la crisis que se inició en 1973 y que se alargó en una triple manifestación secuencial: energética, industrial, y financiera [48]. El monetarismo y la desregulación de la *Reaganomia*, con el sistemático abandono del proyecto del Estado de bienestar articulado sobre una base económica keynesiana [49], significaron una alteración fundamental del capitalismo. Lo cual no significa que no haya críticos de esa dirección, pero

---

[47] Arthur J. Schlesinger, «A Thousand Days, John F. Kennedy in the White House», André Deutsch, 3.ª impresión, Londres, enero, 1966, pág. 325.

[48] Para un análisis de esa triple secuencia, puede verse mi libro «Estructura Económica Internacional», ob. cit.

[49] Sobre esta mutación del capitalismo, son interesantes las reflexiones de José Vidal Beneyto («El grado cero de lo social», *El País*, 2 de diciembre de 1984) y de Jürgen Habermas, («El fin de la utopía», *El País*, 9 de diciembre de 1984). Asimismo, Adam Przeworski, «Capitalismo y socialdemocracia», versión española, Alianza Editorial, Madrid, 1988; y Ralph Harris, «Más allá del Estado de bienestar», Instituto de Estudios Económicos, Madrid, 1989.

ni los postkeynesianos, fueron capaces de formular proposiciones convincentes frente al modo de abordar la crisis; y mucho menos los economistas críticos radicales llegaron a articular soluciones transformadoras verosímilmente aplicables.

De hecho, la crítica real frente al sistema, quedó reducida a grupos más o menos marginados con la excepción —en cuanto a una cierta eficacia política— de los ecologistas, que como hemos podido ver en el Capítulo 4 de este mismo libro, sí ponen al desnudo el productivismo y la insolidaridad, atrayendo así el número de votos indispensables para hacerse notar... e incluso temer, o hasta influir en cambios importantes en la manera de ver la cuestión ambiental por los partidos convencionales.

Por su parte, también lo hemos visto extensamente en páginas anteriores, el proyecto socialista fue perdiendo fuerza. En el caso del socialismo moderado, la situación se hizo patética. Así lo puso de relieve Ignacio Sotelo (1984) en su artículo «El fiasco del socialismo mediterráneo», al destacar que lo único que define a la política socialista es que sus ejecutores son ministros socialistas [50].

John Vincour, en *The New York Times*, por las mismas fechas, venía a decir otro tanto para la globalidad del socialismo [51]. De hecho, con la crisis económica que se inició en 1973, los partidos socialistas fueron adoptando políticas muy similares a las de los conservadores: monetarismo, reconversión, y desregulación, los tres pilares del ajuste duro. La vieja crítica de que los socialistas son meros administradores del capitalismo, se hizo verdaderamente real.

Y en lo referente a las posiciones comunistas, ya hemos podido comprobar cuál ha sido el grado de desplome de las viejas concepciones. Y no por meros tacticismos del penduleo político, sino por crisis de identidad, de fondo. Tal vez sea Adam Schaff quien mejor haya sabido destacar los problemas del comunismo hoy: pérdida del concepto tradicional de clase —por la segmentación del mercado de trabajo y el consumismo y por la petrificación política de los PCs. Aparte de que —como sostiene Galbraith [52]— la prosperidad hace inevitable la democracia, y en los países del Este una profunda convicción de que la prosperidad no podrá darse sin democracia. La solución estaba a la vista: la vuelta a la economía mixta (una NEP re-

---

[50] *El País*, 16 de octubre de 1984.

[51] «With Socialist Theory Discredited, French Left looks for a New Frontier», 26 de diciembre de 1984.

[52] «El comunismo en la encrucijada», versión española, Grijalbo, Barcelona, 1983.

novada) y a plazo medio, la aceptación del pluripartidismo y de los sistemas políticos democráticos convencionales.

¿A la postre, la carrera capitalismo/socialismo, se disuelve? Probablemente sí. Es cierto que ahí están *todavía* (1992), los regímenes comunistas de China, Corea del Norte, Vietnam y Cuba. En 1989, en la 10.ª edición de este libro decíamos que «en un mundo en distensión, en cuyo paradigma futuro —gobierno mundial para los problemas de alcance mundial— no cabe la guerra global; el enfrentamiento de sistemas dará paso a una situación de convivencia, y las tensiones Este-Oeste se traducirán en preocupaciones comunes para dar solución común a las tensiones Norte-Sur y a los problemas de la biosfera».

Los hechos, desde 1989 a 1992, han dado cumplida respuesta, desbordante, a esas previsiones. Pero que hoy todos los países del socialismo real —menos los cuatro más arriba mencionados—, estén en la dura transición al capitalismo, no significa que el viejo ideal socialista haya muerto para siempre.

En la Rusia sovietista, primero, y en la URSS, después, las cosas evolucionaron de forma bien distinta a lo teóricamente auspiciado en el siglo XIX en las obras de Marx y Engels. La democracia política no tardó en sucumbir bajo los efectos del monopartidismo. La democracia social se vio primero frenada; y barrida más tarde, por la omnipresencia del *Estado centralista,* autoritario, cada vez más burocratizado.

Y en definitiva, lo que se pensó iba a ser *una sociedad sin clases,* evolucionó a una estructura social de semiclases y de semicastas; con sus particulares formas de explotación, donde, a la hora de la verdad, lo importante era situarse en la *nomenklatura* —la *nueva clase* que dijo Djilas—, por mucho que se pretendiera estar defendiendo los intereses del pueblo.

Algunos, afirman que el socialismo «pasó a mejor vida». Y lo dicen de manera contundente, incluso elevando la condena a categoría filosófica, al decir que *Marx ha muerto.* Lo que equivaldría casi a decir que Adam Smith ha muerto, argumentando que la competencia no funciona a la perfección en el mercado. O que Jesucristo, como ideal filosófico de vida, ha sucumbido, porque los cristianos no se comportan entre sí como hermanos; tal como, por cierto, recordó el papa Juan Pablo II en su dura crítica al capitalismo, en la semiencíclica *Centesimo Anno,* de mayo de 1991.

En realidad, *ni Marx ni el socialismo han muerto.* Como no murieron tampoco en 1815, a pesar de las afirmaciones entonces, tan contundentes como las de ahora, hechas en el Congreso de Viena sobre las ideas liberales de la Revolución Francesa y el sentido político del derecho del sufragio. Quince años después de Viena, en 1830, los pueblos se sublevaban contra los dictados de la Santa Alianza, y destronaban a sus reyes. Y pasados otros dos decenios, en 1848, pedían los derechos sociales; como en 1871 ponían definitivamente en cuestión todo el orden burgués. Ni las ideas de Rousseau y Montesquieu murieron, pues; ni los propósitos a conseguir con el derecho de voto se enterraron. La democratización volvió a ser la gran bandera.

Análogamente, hoy cabe estar seguros de que el socialismo como proyecto igualitario —y no como simple administración «social» del capitalismo multinacional— volverá a ser fuente de inspiración, a la vista de los abusos derivables de la economía de mercado, del dualismo, de la represión flagrante que opera en el mundo menos desarrollado, y de los demás efectos de la concentración del poder económico. Aunque, lógicamente, su gran diferencia con el pasado será la *componente democrática,* frente a cualquier intento de atajar caminos con la transitoria supresión de la libertad; que al final acaba por abolirse *sine die* [53].

[53] No cabe olvidar, tampoco el deterioro del modelo sueco, intermedio de capitalismo y socialismo. Al respecto, el comentario de Henri Lepage «El final de los mitos suecos», en *La Gaceta de los Negocios, 15 de diciembre de 1991, pág. 11. También el suplemento Temas de nuestra época* de *El País,* del 30 de enero de 1992, con artículos de Paolo Flores D'Acaris, y Carlos Rodríguez Braun.

Capítulo 10

NIVELES DE DESARROLLO

1. Identificación y raíces del atraso económico

Las interacciones de la economía mundial en nuestro tiempo dependen fundamentalmente de dos fenómenos que desbordan lo estrictamente económico, para afectar a las más diversas facetas de la actividad del ser humano: el sistema económico y social en que se inserta cada sociedad, y su nivel de desarrollo. Analizada ya la primera de esas cuestiones en el capítulo 9, entramos ahora en el estudio del tema de los niveles de desarrollo, cuya diversidad se evidencia en el acervo de datos estadísticos que, a escala mundial, se recopilan por las Naciones Unidas.

Pero, ante todo, hemos de ocuparnos en determinar cuáles son las raíces del atraso que hacen persistir en el mundo amplias áreas subdesarrolladas que comprenden más del 50% de la población mundial. Asimismo intentaremos esbozar el esquema teórico de las etapas de crecimiento, y el porqué de la aspiración de conseguir el máximo desarrollo posible.

Un país subdesarrollado, en desarrollo, en vías de desarrollo, o simplemente atrasado —que todos estos son los términos que generalmente se aplican con una mayor o menor pretensión de sinonimia— se caracteriza por una serie de rasgos que en una visión de síntesis podemos agrupar en diversos epígrafes: población, estructura económica, distribución de la renta y estratificación social, y dependencia y vulnerabilidad económica.

A continuación, nos referimos a esas distintas facetas de lo que es un auténtico problema global. Pero no sin antes destacar que sobre las raíces del atraso hay dos libros de J. K. Galbraith de indispensable lectura: «La sociedad opulenta» y «La pobreza de masas». A los veinticinco años de la primera, Galbraith repasó sus puntos de vista, llegando a sentirse mucho más pesimista que cinco lustros antes en cuanto a las posibilidades de erradicar la pobreza del mundo. A pesar de que su famoso libro sobre la opulencia en las sociedades contemporáneas se tiene por una aportación muy notable al análisis de las comunidades industrializadas avanzadas, el economista norteamericano reconoció que en los años 60 no supo ver la enorme fuerza de insolidaridad respecto de los pobres que generaría el enriquecimiento general de buena parte de la población. Esta insolidaridad explicaría la victoria conservadora de Reagan en 1985 (en un sistema político en el cual la pobreza es casi sinónimo de abstencionismo electoral), el olvido del Tercer Mundo por los países ricos, y la práctica imposibilidad de que una mayor riqueza suponga un mejor reparto interno y externo.

1.1. *Problemas de población*

Generalmente, los países menos desarrollados (a los que en lo sucesivo nos referiremos con las iniciales PMD) tienen una población que crece rápidamente, con ritmos que oscilan entre el 2 y el 3,5% anual acumulativo. Este rápido crecimiento se debe a la persistencia de fuertes tasas de natalidad, que varían entre el 25 y el 45‰. En tanto que la mortalidad se ha visto reducida a niveles del 10 al 20‰, por la casi total erradicación de las epidemias y pandemias y por la mejora relativa de otros aspectos de la sanidad pública, sobre todo en lo relativo a mortalidad infantil.

Esta primera característica de la mayoría de los PMD es lo que generalmente se conoce con expresiones como «la ruptura del equilibrio demográfico antiguo» o «la explosión demográfica». Tiene fundamental trascendencia para el desarrollo, ya que buena parte del crecimiento económico lo absorbe la propia expansión demográfica [1].

Esta circunstancia se traduce en incidencias graves para las poblaciones de los PMD, que se manifiestan en la insuficiencia en términos alimenticios (a veces menos de 2.000 calorías y menos de 20 gramos de proteínas por día), sanitarios y culturales. La malaria, las enfermedades parasitarias y derivadas de la nutrición deficiente, el bajísimo o nulo nivel cultural, la casi total generalización del analfabetismo (hasta un 80% en algunos países, como Sudán, Uganda, Liberia, Senegal, Mauritania, Togo, Afganistán, etc.) son padecimientos aún «normales», en mayor o menor grado, entre los PMD.

Por otra parte, una elevada proporción de la población de los PMD permanece sin empleo fijo, llegando el paro a representar hasta el 30% o más de la fuerza de trabajo, entrando en la categoría del paro encubierto (baja productividad) la mayor parte del resto de la fuerza de trabajo.

La población desocupada nutre las filas de la mendicidad rural (India, Pakistán, etc.) y del lumpenproletariado suburbano, que rodea las grandes ciudades con extensas zonas de «barracas», «casas brujas», «bidonvilles», «favelas», «slums», otros tantos nombres para los míseros hábitats de los inmigrantes sin empleo o con niveles salariales muy bajos. En tales áreas, la delincuencia, la ignorancia y, en definitiva, la marginación social alcanzan grados de desarrollo alarmantes. La ruptura del «equilibrio antiguo» aflora así el detritus de una nueva sociedad sin soluciones globales a plazo medio o corto.

Ante una situación poblacional como la descrita, y ante el futuro incierto que la explosión demográfica augura, han sido muchos los que han planteado la necesidad de introducir un control sistemático de la natalidad, a fin de poner freno a lo que para el año 2000 será una población de 6.000 millones de habitantes (ya 5.500 en 1992), de los que casi cuatro quintos corresponderán al mundo subdesarrollado.

Sin embargo, preconizar únicamente, y sin más, la política de control de natalidad carece de sentido. El control, que efectivamente

---

[1] Para una visión más completa del tema de la explosión demográfica, puede verse el capítulo 14 de mi libro «Estructura Económica Internacional» (Alianza Editorial, 16.ª edición, Madrid, 1992), con abundante bibliografía. Asímismo, la obra clásica de J. Bhagwati, «La economía de los países subdesarrollados», versión española, Guadarrama, Madrid 1969, especialmente, págs. 89 y sigs. Como transformado básico para el tema poblacional, es de gran interés el libro de T. H. Hollingsworth, «Demografía histórica», versión española, FCE, México, 1983.

parece de todo punto necesario, sólo es posible en sociedades culturalmente evolucionadas, o bien en sociedades subdesarrolladas pero en los que hay una planificación eficiente. Y precisamente los PMD se caracterizan por la carencia de ambas premisas.

1.2. *Estructura económica*

Población y estructura económica son aspectos interrelacionados de una misma realidad. La situación apreciada para la población tiene su origen en la estructura económica, y viceversa.

Generalmente, la economía de los PMD se basa en una agricultura de patrones tradicionales [2]. Lo más frecuente es una fuerte concentración de la propiedad de la tierra, siendo «normal» que del 1 al 2% de los propietarios controlen más del 50% de la superficie productiva. También son usuales los vestigios de feudalismo en las relaciones terratenientes-obreros agrícolas, con empleo de mano de obra al nivel de la mera subsistencia. Por otra parte, se aplican técnicas de cultivo primitivas, con rendimientos bajos, tanto por la escasa utilización de fertilizantes como por la insuficiente penetración de la agronomía moderna en aspectos como la selección de semillas, las técnicas de hibridación, el uso de la edafología, el aprovechamiento de la genética, etc.

El gran subdesarrollo agrícola resulta particularmente grave si se tiene en cuenta que la agricultura, junto con los recursos mineros, es el núcleo del engarce activo más frecuente, por no decir casi el único, de los PMD con el comercio mundial; las consecuencias para sus ingresos por exportación, que analizaremos más adelante, llegan a ser dramáticas por las fluctuaciones en oferta y demanda y, en consecuencia, en los precios.

Ello no es óbice para fases de *boom* en las exportaciones de los PMD, a las que hemos de referirnos ulteriormente.

El panorama de debilidad estructural en el sector agrario se ve «completado» con un grado de industrialización generalmente bajo (que se manifiesta sistemáticamente en un débil consumo energético), con la particularidad de que se ve limitado casi por completo a los estrechos mercados nacionales. Globalmente, esta situación pue-

2 Sobre algunas cuestiones agrarias en los PMD, Kenneth Griffin, «La economía política del cambio agrario», versión española, México, 1982.

de atribuirse a la falta de una burguesía nacional emprendedora, aspecto del que también habremos de ocuparnos con algún detalle más abajo.

En contraste con las penurias ya expresadas, los PMD cuentan usualmente con un sector comercial hipertrofiado, atomizado, con gran número de intermediarios y amplios márgenes de ganancia; el «valor añadido» por el sector comercio llega en ocasiones a más del 20% del producto interior bruto, y a más que esa proporción en lo referente a población activa.

Todas las aludidas deficiencias de la estructura económica se ven acentuadas por la falta de una verdadera integración económica interna. Gran parte del mercado nacional o interior de los PMD permanece al margen del circuito monetario (predominio de la economía rural de autoconsumo), y regiones enteras se sitúan a niveles de desarrollo muy inferior a los promedios nacionales, ya de por sí muy precarios. Esto es lo que configura a la mayoría de los PMD como sociedades «duales». En otras palabras, junto a unos pocos centros de actividad económica relativamente intensa, coexisten regiones marginadas que cumplen prácticamente el papel de colonias interiores, limitadas al suministro de mano de obra, materias primas y energía, pero que apenas se benefician del crecimiento de las zonas más desarrolladas. Estas son las zonas menos avanzadas de los PMD, donde las condiciones de vida se sitúan en niveles ínfimos.

1.3. *Distribución de la renta y estructura social*

La renta *per capita* de los PMD no rebasa *normalmente* los 3.000 dólares por año, frente a niveles que superan los 30.000 dólares en los Países Industriales [3] (PI). Pero lo que es igualmente importante,

[3] Apreciaciones para 1989. En la primera edición de este libro (1974) no se rebasaban los 1.000 dólares y los desarrollados se situaban entre 3.000 y 6.000. Decimos *normalmente*, porque de hecho existen PMD con rentas *per cápita* teóricas muy superiores, a pesar de lo cual son todavía, efectivamente, áreas de subdesarrollo. Tal es el caso, por ejemplo, de Irán, Arabia Saudita, Irak y otros países de la OPEP, que especialmente desde 1973 hasta 1982 vieron aumentar de modo súbito sus ingresos externos a causa de sus recursos petroleros, sin que esa elevación del PNB tuviera su *aún* en coeficientes como el nivel y distribución sectorial del empleo, porcentaje de analfabetismo, posibilidades de educación, infraestructuras técnicas, desarrollo tecnológico, etc.; cuestiones, todas ellas, en las que inevitablemente los *ratios* se mantienen

la distribución regional y personal de la renta, es mucho más desequilibrada en los PMD que en los PI. Un pequeño grupo de privilegiados, normalmente no más del 5 ó 10% controlan más del 50% de la Renta Nacional. Son los terratenientes, la oligarquía financiera y los grupos industriales, todos ellos estrechamente vinculados a intereses extranjeros.

La fuerte concentración de la riqueza y de la renta, junto con otras características que ya vimos para la población, hacen coincidir frecuentemente subdesarrollo con dictadura política (o con «farsas democráticas» más o menos cínicas), con la explotación económica sistemática y la satelización política, por parte de las grandes potencias, ya sean EE. UU. o, cada vez menos, Reino Unido, Francia, etc.

El bajo nivel de renta y su pésima distribución tienen además consecuencias en los niveles de ahorro y de inversión de los PMD. La tasa de inversión (Inversión/PNB) o Formación Bruta de Capital (FBC) no supera en muchos casos el 10% y no llega prácticamente nunca al 20 por 100 en los PMD; cuando en los PI generalmente se sitúa en torno al 25 por 100, superando en el caso del Japón el 30%. Esa escasa FBC, cuya explicación veremos ulteriormente, es un freno importante al desarrollo, y al propio tiempo la vía fundamental de la penetración del capital extranjero, que encuentra en los PMD una falta casi absoluta de competencia interna en los grandes proyectos de inversión.

1.4. *Dependencia y vulnerabilidad económicas*

Esta es la característica que desde el enfoque de este libro más claramente revela la situación de los PMD.

Como ya indicamos, la debilidad de su estructura económica convierte a los PMD en exportadores de productos básicos agrícolas y minerales. Su oferta se concentra en poco más de una docena de productos (oligoexportaciones): petróleo, cobre, estaño, bauxita, algodón, yute, plátanos, cereales, carne, té, cacao, etc. Son productos que se ven sometidos a fuertes fluctuaciones en los mercados mundiales, en una tendencia secular de deterioro de precios y, en defi-

---

aún muy bajos por la inercia del propio subdesarrollo. Sobre estas cuestiones, L. J. Zimmerman, «Países pobres, países ricos», versión española, Siglo XXI, Madrid 1973, especiamente págs. 26 y sigs.

nitiva, de la relación real del intercambio [4]. Así, pues, los PMD quedan a merced de los PI, que absorben su demanda en condiciones excelentes para ellos, gracias al control que ejercen tanto en el proceso de producción (compañías petroleras, mineras, plantadoras, etc.) como en el estadio de comercialización. La dependencia económica de los PMD es, pues, prácticamente absoluta, lo cual se traduce o se relaciona con la satelización política y con la imbricación entre el capitalismo internacional y las oligarquías locales.

Un aspecto particular de esa dependencia del exterior es la vulnerabilidad de las economías de los PMD. En otras palabras, las fluctuaciones en los precios de los pocos productos básicos que exportan, determinan variaciones muy importantes en sus ingresos en divisas, con efectos nocivos sobre sus balanzas de pagos, reservas de divisas y, en definitiva, en la cotización y paridad de sus monedas. Todo ello, unido a políticas económicas que de hecho estimulan la inflación, es el origen de la inestabilidad del cambio exterior de las monedas de los PMD. De ahí los planteamientos de la provisión de una financiación compensatoria y una financiación complementaria que los PMD han hecho insistentemente en la UNCTAD.

Finalmente, para terminar con esta breve identificación de los problemas de los PMD, hemos de referirnos a lo que cada día se convierte en el hecho diferenciador más significativo entre los PMD y los PI: la dependencia tecnológica de los primeros frente a los segundos. En las condiciones económicas y sociales de los PMD, el desarrollo de la investigación es prácticamente nulo, o por lo menos muy poco efectivo, y de ahí que en lo relativo a progreso tecnológico se vean enteramente a resultas del exterior. Los «royalties» a pagar por el atraso tecnológico, junto con los dividendos detraídos

[4] Es cierto que en medio de la resonancia y de la euforia, la penuria y el temor de las escaseces futuras, todavía más graves, hace que en las fases de auge de los precios de las materias primas genere en los PMD la esperanza de un carácter definitivo de tan altos niveles. Así sucedió con ocasión de la Guerra de Corea (1950-1952), tras el primer cierre del Canal de Suez (1957), con la «crisis de los misiles» (1962), y sobre todo con la crisis energética que se desencadenó en septiembre de 1973. Pero siempre los precios volvieron a caer incluso por debajo de sus niveles anteriores. Caída que, por lo demás, incluso resulta más profunda de lo que generalmente se piensa, ya que la inflación internacional no cesa de afectar al dólar, la moneda en que no sólo se cifran la mayoría de las cotizaciones, sino en la que además se liquida la mayor parte de las transacciones.

por los inversionistas extranjeros, suponen en muchos casos cantidades superiores a las nuevas inversiones de los PI en los PMD [5].

Hoy en día, el desarrollo tecnológico es el que verdaderamente marca las fronteras del desarrollo, junto con la más equilibrada distribución de la renta y el capital acumulado. ¿Qué país tiene mayor desarrollo, el Reino Unido con 14.500 dólares pér cápita o Kuwait con 16.500? (1989). Indudablemente el primero, por las tres razones antes aludidas: el Reino Unido es país de punta en investigación y desarrollo (I+D), tiene una distribución comparativamente equilibrada de la renta (por la política económica fiscal, de educación, sanidad, etc.), y cuenta con un prodigioso capital social acumulado desde el Museo Británico y los ferrocarriles, hasta las Universidades, las salas de conciertos, etc.

2. Una teoría de desarrollo [6]

Debemos preguntarnos ahora por qué se ha tomado conciencia universal de las distancias y por qué la aspiración unánime en los PMD es llegar a más altos niveles de desarrollo.

En este punto puede ser de interés traer a colación algunas reflexiones de W. Arthur Lewis, autor de uno de los primeros manuales de teoría del desarrollo económico. Para Lewis, su ventaja fundamental no estriba en que al aumentar la riqueza aumente la felicidad, sino que reside, simplemente, en el hecho comprobado de que amplía las posibilidades humanas de elección. No existe una demostración indiscutible de que los ricos sean más felices que los pobres, o de que las personas sean más felices a medida que crecen sus ingresos. Si esa demostración estuviese realizada, sería una paradoja el caso de los Estados Unidos, uno de los países con mayor renta por habitante, pero al propio tiempo el de mayor número

[5] Al respecto puede verse el libro de lecturas compilado por Austin Robinson, «Tecnologías apropiadas para el desarrollo del Tercer Mundo», versión española, FCE, México, 1983

[6] Sobre el desarrollo como objetivo, W. Arthur Lewis, «Teoría del desarrollo económico», versión española, FCE, México, 1958, págs. 59 y sigs. Y sobre la crisis de las ideas acerca del tema, la compilación de textos de Cándido Mendés «El mito del desarrollo», versión española, Kairós, Barcelona 1977. También es de interés el libro de J. L. Sampedro «Conciencia del subdesarrollo», Salvat, Estella, 1972.

relativo de enfermos mentales, y donde la mayor proporción del elevado número de suicidios está relacionada con el afán frustrado de obtener mayores éxitos económicos en una sociedad ya rica. Ambas clases de datos —desasosiego mental y suicidios de raíz económica— tampoco pueden llevarnos a la afirmación contraria de que en la riqueza está el origen de la desgracia.

Incluso si esto último fuera exacto, ello no podría servir de argumento definitivo en contra del desarrollo económico, puesto que la felicidad no es el único fin de la vida. Si fuera el único fin, tal vez hubiese sido deseable que la evolución se hubiera detenido hace largo tiempo, puesto que no existe ninguna razón para creer que los hombres sean más felices que los animales. Lo que entre otras cosas distingue al hombre de los animales es que el hombre conoce mejor el medio en que vive; y ahí reside lo deseable del desarrollo económico: en que proporciona al hombre un mayor poder sobre el medio y con ello aumenta su libertad en varios aspectos.

Ante todo, el desarrollo económico libera al hombre de una muerte prematura. Compárense si no las tasas de mortalidad infantil y la vida media de un hombre en ciertos países subdesarrollados (300 por 1.000 y 45 años, respectivamente) con las correspondientes a los países más avanzados (30 por 1.000 y 78 años).

En segundo término, el desarrollo económico, al hacer crecer los ingresos per cápita, proporciona al individuo y a la colectividad la libertad para elegir entre un mayor ocio o la disponibilidad de una mayor cantidad de bienes. Generalmente, el resultado de esa elección es el mayor disfrute de ambas cosas. Pero la elección no se plantea simplemente en términos de escoger entre más ocio o una cantidad creciente de siempre los mismos bienes o servicios; precisamente una de las características del desarrollo estriba en la posibilidad de obtener servicios enteramente nuevos, totalmente inexistentes en los países más atrasados, donde hasta un 80 por 100 de la población activa tiene que trabajar en el campo para atender a la primera de las necesidades (la alimentación). En los países más adelantados, la población activa dedicada a la agricultura puede reducirse a un 10 por 100 —y a veces a proporciones aún menores , quedando liberada de esta forma una gran cantidad de personas para trabajar en la industria, o para prestar servicios como médicos o enfermeros, maestros o profesores, pintores o músicos, etc. Estas actividades —muchas de las cuales pueden calificarse de «superiores»— llegan a ocupar un gran porcentaje de la población activa, lo que ciertamente constituye un «lujo» del que sólo puede disponer una sociedad desarrollada.

Para acabar con esta breve relación de las ventajas derivables del desarrollo económico queda por mencionar una fundamental en la transformación de la sociedad: la emancipación de la mujer de una larga serie de penosas tareas desempeñadas secularmente. Con el desarrollo económico, la mujer se libera de la preparación de los alimentos en su fase más elemental, o de la fabricación de la vestimenta. Las dificultades de cuidado y enseñanza de los hijos se alivian con la mejora de la sanidad y de la medicina y con la extensión de la instrucción pública. La mujer obtiene así la oportunidad de transformarse en un ser humano completo, que puede ejercitar sus aptitudes y talentos casi en la misma forma que el hombre.

En 1984, Arthur Lewis volvió a referirse a cuestiones básicas de la teoría del desarrollo. Y el principal punto que intentó abordar en esta ocasión fue saber si se necesita una teoría económica distinta para los países con renta per cápita inferior a 2.000 dólares (de 1980). Lo cual lleva a preguntar si por su comportamiento o por su estructura estos países difieren de los países más ricos lo suficiente como para que sean necesarios conceptos o instrumentos diferentes para comprender su funcionamiento. A estos efectos, Lewis dividió su análisis en dos partes: las cuestiones relativas a la asignación de los recursos a corto plazo, y las referentes al crecimiento a largo plazo.

En el primer caso (corto plazo), las diferencias son de grado más que de naturaleza; o dicho de otra forma: los países en vías de desarrollo y los países desarrollados se encuentran igualmente afectados, si bien los primeros más que los segundos. A largo plazo, los problemas son de dos clases: la búsqueda del motor del crecimiento, y los modelos del crecimiento.

El sueño del economista sería disponer de una sola y única teoría del crecimiento, tomando una economía a su más bajo nivel —por ejemplo, 100 dólares per cápita— para hacerla franquear la línea de partida de los 2.000 dólares y elevarla al nivel de la Europa Occidental, e incluso superarla. O tener, ya que los procesos pueden diferir en las distintas etapas, un conjunto de teorías derivadas unas de otras, en una especie de cadena. O hacer abstracción de lo que ocurre una vez franqueado el límite de los 2.000 dólares, de forma que se disponga al menos de una buena teoría del desarrollo desde los 100 dólares hasta los 2.000.

Pero tal situación ideal no se da; y las cuestiones se hacen complejas a la hora de explicar la razón por la que Estados Unidos experimentó una depresión del calibre de la que atravesó en los años treinta; o cómo se comportaban los británicos hacia 1900; o por qué Japón dio un salto adelante desde la década de 1950. Las mismas cuestiones se plantean frente al amplio abanico de resultados que alcanzaron los países en vías de desarrollo en los años 70 y primeros 80, cuando una tercera parte de ellos registraron tasas de crecimiento de más del 5 por 100 anual (un resultado sin precedentes). Todas esas cuestiones dependen tanto de la historia como del análisis económico; y es a esas dos disciplinas a las que los economistas del desarrollo deben dedicar sus esfuerzos, sin plantearse problemas insolubles sobre si hay dos varas de medir en los PI y los PMD.

3. Las fronteras del desarrollo

Resulta imposible trazar una frontera que claramente separe a los países desarrollados de los subdesarrollados. Esto no puede hacerse más que sobre la base de una convención, con todas las limitaciones que ello supone. En este sentido, el ejemplo que más frecuentemente se hace valer se basa en la valoración de la renta *per capita* por las Naciones Unidas en 1947. De esa valoración resultó un promedio mundial de 230 dólares por cabeza; ese nivel se tomó como criterio de demarcación entre los países desarrollados y subdesarrolados [7].

En resumen, la mayoría de los habitantes del planeta están muy lejos del «mínimo de los mínimos». Hasta el punto de que puede afirmarse, sobre una base estadística, que el subdesarrollo es el problema número uno de la Humanidad.

De este problema ya hay una clara conciencia; incluso podríamos ser más concretos: la conciencia de que es una cuestión a resolver

[7] ¿Qué resultaría hoy de aplicar ese mismo criterio? Si recordamos que el Producto Mundial Bruto Global en 1989 se situó en torno a 20 billones de dólares, que la renta mundial sería un 10% menor (18 billones) y que la población del mundo se estimaba al 31 de diciembre de 1989 en unos 5.100 millones, resultaría que la renta *per capita* mundial en 1989 fue de 3.529 dólares. Con esta divisoria resultarían desarrollados los países con promedio de renta mayor de 3.529 dólares, y PMD los de menos de esa cifra. Entre los primeros se situarían todos los de la OCDE (23), del COMECON (8), de la OPEP (13) más Argentina, Sudáfrica e Israel; en total, 44 países (sobre 160 del mundo) con algo más del 40% de la población mundial.

no a lo largo de los siglos, sino a lo sumo en dos o tres generaciones; y no simplemente en base a los recursos propios y a los esfuerzos aislados, sino contando con el apoyo de los países más desarrollados en favor de los menos desarrollados.

Teóricamente, esa conciencia existe, e incluso los que en realidad son más contrarios a ella se guardan mucho de manifestar lo contrario. La frase de «siempre habrá ricos y pobres», aplicable por igual a los individuos dentro de una sociedad nacional y a los países que integran la comunidad internacional, se oye cada vez menos..., aunque sean muchos —individuos y naciones— los que en su «práctica de cada día» sigan adictos a ese aforismo pseudofilosófico y mezquino.

En definitiva, el escenario y los actores están cambiando, y a escala internacional el cambio se materializa en una serie de organismos en donde los desprovistos ya no hacen las viejas llamadas a la filantropía, o a la petición de protectorados políticos. En esos foros internacionales, lo normal hoy son las requisitorias por parte de quienes tienen menos a los que tienen más. En síntesis, sus reivindicaciones son: la estabilización y defensa de los precios de los productos básicos, el acceso preferencial a los mercados de los países industrializados, y la transferencia internacional de renta —a través de la financiación complementaria y compensatoria— para forzar el crecimiento con la asistencia de recursos externos por cauces diferentes de los tradicionales sistemas bilaterales, que tienden a perpetuar la dependencia de unos países (PMD) respecto de otros (PI).

Claro es que dentro de esa nueva tendencia, los gobiernos de los países desarrollados no dejan de resistirse a hacer concesiones. De hecho, van otorgando las concesiones paulatinamente, dosificándolas cuidadosamente, ciñéndose en cada momento al mínimo que es indispensable para hacer soportable o tolerable la actual estructura económica internacional. De nuevo encontramos, a escala internacional, el mismo comportamiento que a nivel nacional [8].

---

[8] Con el resultado, siguiendo ese símil, de que por no ceder gradualmente puede llegar a ocurrir que haya de entregarse de forma súbita mucho más de lo que inicialmente solicitaban los PMD como su máximo desiderátum. La crisis del petróleo en octubre de 1973 fue un buen ejemplo de ello. Sobre el problema que todas estas cuestiones entrañan —y no sin bastantes limitaciones— pueden verse los dos informes de la Comisión presidida por Willy Brandt; el primero de ellos «North-South: A Programme for Survival» (Pan, Londres, 1980); y el segundo, «Global Challenge», (Pan, Londres, 1985).

De ahí que también en el plano internacional se plantee la postura no de evolucionismo paulatino, sino de mutación revolucionaria. «La vía más rápida para salir del subdesarrollo es la Revolución» [9]; en esta frase se sintetiza la referida actitud, cuya instrumentación no es otra que la conquista del poder, para proceder a la socialización de todos los recursos nacionales y para instaurar la planificación económica que los potencia al máximo y con la mayor celeridad posible.

Por supuesto, la «vía revolucionaria al desarrollo» tampoco está desprovista de dificultades. Antes al contrario, la liquidación del sistema capitalista y la consolidación del socialismo significan una serie de inevitables convulsiones internas, de aciertos y errores, de avances y estancamientos. El burocratismo, las secuelas del monopartidismo, el relajamiento paulatino de los entusiasmos iniciales, la difícil asimilación de los estímulos no económicos para la producción, etc., son tantos otros obstáculos a la vía revolucionaria al desarrollo; «no hay un camino real», (una *voie royale*) fácil y cómodo al desarrollo.

Aparte, claro está, de las dificultades previas para alcanzar el poder político que permita experimentar esa secuencia de dificultades y éxitos, de avances y frustraciones, inevitable en el cambio de sistema. «El cambio de sistema hacia el socialismo es un pecado capital»; ésta podría ser la «máxima» definitoria de la actitud de los países industriales capitalistas frente a los PMD donde se intenta la mutación; y esencialmente, ésa es la postura de EE. UU. La sensación del pretendido «pecado capital» no se hace esperar, y la historia está llena de ejemplos (Cuba, Santo Domingo, Guatemala, Vietnam, un gran número de Estados africanos). La «sanción» se materializa en el cerco económico, el boicot comercial; la financiación de revueltas y rebeliones por la CIA; en definitiva, el acoso permanente al nuevo régimen socialista, que a la postre puede traducirse en la intervención armada «para poner de nuevo las cosas —la propiedad privada, las inversiones, la dependencia económica y la satelización política— en su sitio».

Pero, en fin de cuentas, habría que hacerse la pregunta convencional y conservadora: ¿una revolución, un cambio de sistema es algo rentable? ¿No es una experiencia demasiado dolorosa que en ningún caso puede llegar a compensar a nadie? Esa pregunta no la

[9] La frase es del ministro cubano Carlos Rafael Rodríguez. La pronunció en una reunión de la CEPAL en Lima, en 1970.

vamos a contestar directamente, porque es simplemente necia. Aparte de que es muestra de una ignorancia histórica supina, pues la propia expansión del capitalismo se hizo a base de explotación sistemática del proletariado interno (jornadas de trabajo de doce a catorce horas, represión del movimiento sindical durante decenios, esclavismo despiadado que dejó esquilmada a buena parte de Africa, guerras coloniales, etc.). Y sin esa fase previa del capitalismo —que produjo más víctimas internas de las que hayan podido producir todas las revoluciones socialistas juntas— no se contaría hoy con el deseable sistema «para siempre» que se preconiza al hacer la pregunta que registrábamos varias líneas arriba.

La respuesta correcta sería muy distinta de un sí o un no: las revoluciones se hacen cuando las condiciones objetivas y la organización de las clases oprimidas alcanzan el nivel suficiente; ésa es la única contestación posible. En los PMD, la revolución es una meta para muchos de sus habitantes, y esa aspiración difícilmente puede discutirse, porque en su última expresión es un juicio de valor: es una cuestión de dignidad, de búsqueda de una nueva condición humana, de emancipación de los resortes de poder oprimentes del interior y del exterior, y de planteamiento de soluciones que han de favorecer a la mayoría. Y lo que está igualmente claro es que si a nivel internacional no se hace un pacto, una transacción, para permitir a los PMD un movimiento ascensional, habrá igualmente una proliferación de tensiones conducentes a una mutación de las relaciones internacionales.

Queda pendiente —lo decíamos en el epígrafe de esta sección, la cuestión de los *países de industrialización reciente*, los PRI, o los que en general se denominan NIC por su sigla anglosajona (New Industrialized Countries). Se trata de países que en un breve período de tiempo (en 20/30 años) pasaron de ser PMD a convertirse, al menos parcialmente, en PI, por lo menos parcialmente y con características muy fuertes de dualismo en muchos aspectos. Como paradigmáticos de esta situación hay que referirse a los *cuatro dragones asiáticos* (Corea del Sur, Taiwan, Hong Kong y Singapur) y más adelante algunos países iberoamericanos como México y Brasil.

4. Las etapas del crecimiento económico

Hemos analizado el tema de los niveles de desarrollo. Asimismo hemos hecho una síntesis de las vías posibles para salir del subdesarrollo. Debemos ocuparnos ahora del proceso de desarrollo desde un enfoque de evolución en el tiempo.

Cuando se intenta ver en perspectiva el proceso de creación de la realidad económica actual, o en otras palabras, cuando se trata de explicar el proceso de crecimiento que ha promovido un determinado nivel de desarrollo, se hace imprescindible un esfuerzo de abstracción para esquematizar el cúmulo de hechos y de datos que a primera vista se presentan como algo caótico, sin orden. El tema es del mayor interés, pues el paso de una a otra etapa en el proceso de crecimiento es la resultante de un cambio cualitativo, provocado por una verdadera transformación estructural con todas las consecuencias sociológicas y políticas que éste comporta.

Claro es que a la hora de intentar delimitar las etapas del crecimiento económico caben muy distintas clasificaciones e interpretaciones, según el ángulo desde el que se perciba la cuestión [10].

Las primeras elaboraciones sobre las etapas del crecimiento económico se realizaron en Alemania al calor del ambiente creado por la Escuela Histórica. De esos intentos de periodificación, vamos a referirnos solamente a los de List, Hildebrand, Bücher, Schmoller, y siempre de forma muy esquemática, a excepción del primer caso (que no puede ser considerado propiamente como historicista). Más adelante aludiremos a las fases o etapas del desarrollo social según Marx, y estudiaremos los «límites de estructura» de Johan Akerman. Por último, nos detendremos algo más en las etapas del crecimiento según W. W. Rostow, fundamentalmente por la difusión que en los últimos años ha alcanzado este esquema.

Entre los historicistas alemanes, la primera formulación sobre etapas del desarrollo económico aparece en «El Sistema Nacional», la obra básica de F. List [11], que distingue cinco fases de la economía:

---

[10] Después de recordar que fue Friedrich List, en su «Das Nationale System der Politischen Oekonomie», uno de los primeros en dividir en etapas el proceso de crecimiento económico, Samuelson, con su habitual ironía, nos dice: «El primer paso de un científico consiste, desde luego, en el mantenimiento de un cierto respeto hacia los hechos. Pero esto no es todo. Los hechos nunca cuentan su propia historia. La verdad, como la belleza, está a menudo dentro del ojo de quien la escruta». «Economics. An Introductory Analysis», ob. cit., pág. 722.

[11] Friedrich List, «Das Nationale System der Politischen Oekonomie», publicada por primera vez en Berlín en 1830. Existe traducción inglesa en S. Colwell, Filadelfia, 1856, y A. M. Kelly, Nueva York, 1960. El mismo List reelaboró su doctrina de las etapas del crecimiento en el discurso que pronunció en 1837 en París al recibir el

a) salvaje; b) pastoril; c) agrícola, d) agrícola y manufacturera, y e) agrícola, manufacturera y comercial. Lo más interesante en esta clasificación, que ya a primera vista no oculta su carácter fundamentalmente taxonómico y toscamente descriptivo, estriba en la pretendida determinación del clima y otros factores del marco natural sobre el desarrollo. Con las propias palabras de List puede resumirse su propia idea a este respecto: «Los países situados en la zona tórrida harían muy mal intentando convertirse en países manufactureros. Al no haber recibido las condiciones naturales para ello, progresarán más rápidamente en riquezas y civilización si continúan expandiendo sus producciones agrícolas, para intercambiarlas por los productos manufacturados de la zona templada» [12], en tanto que en esta última el progreso no es posible más que a través de la expansión de las industrias manufactureras, las únicas con verdadero carácter dinámico. De aquí nacen, al menos en cierta medida, dos ideas que después alcanzaron una gran difusión: el determinismo del medio natural sobre el desarrollo económico y la superioridad de los países industrializados sobre los agrícolas. Dos temas en los que a menudo se mezclan multitud de falacias con algunas —pocas— verdades parciales.

Otro punto de interés en el planteamiento de List, visto retrospectivamente, es su paralelismo entre las tres últimas etapas de su clasificación y los sectores económicos —primario, secundario y terciario— propuestos de manera implícita por el economista inglés William Petty (siglo XVII), después por A. G. Fisher y más adelante difundidos por Colin Clark [13].

Las clasificaciones de las etapas del crecimiento debidas a los otros autores alemanes de la Escuela Histórica tienen un menor interés, Hildebrand distinguió tres etapas, o más bien tres distintas formas de organización económica: economía natural o de trueque, economía de dinero, y economía de crédito. Hildebrand no explicó el paso de una a otra forma de organización, ni delimitó claramente sus tres tipos. Por otra parte, lo cierto es que en la fase histórica de la sociedad humana no parece haber existido ninguna economía ba-

---

Premio de la Academia de Ciencias Morales. Vid. B. F. Hoselitz, «Theories of Economic Growth», The Free Press, Nueva York, 1960, pág. 195.

12 Ibídem, pág. 75.

13 A. G. B. Fisher, «The Clash of Progress and Security», Londres, 1935, págs. 25 a 43, y C. Clark, «The Conditions of Economic Progress», Macmillan, 3.ª edición, Londres, 1960.

sada enteramente en el trueque. Tarde o temprano, una de las mercancías más frecuentes en el cambio termina por adquirir un papel predominante. Y también parece comprobado que no ha existido ninguna economía de dinero donde no se haya producido alguna forma de crédito; la existencia de cualquier forma de dinero acaba por promover la aparición del crédito [14].

Otra clasificación de las etapas del crecimiento, la de Bücher, el gran especialista germano en el estudio de la Economía del Medievo, tiene sólo un interés relativo; su esquema es bien simple: Economía doméstica (apenas sin intercambio, y cuando éste se produce en forma de trueque), Economía nacional [15]. Esta clasificación, incontrovertible desde un punto de vista histórico, y minuciosamente estudiada por Bücher en sus diferentes pasos, no plantea, sin embargo, los puntos fundamentales del cambio de las estructuras a través del tiempo, lo más interesante hoy para el que se preocupa por el desarrollo económico. Algo parecido sucede con la clasificación de Schmoller, que no hace sino agregar varias fases intermedias y poco significativas a la de Bücher.

Examinando el proceso de desarrollo desde un punto de vista histórico-político y sociológico, Marx y Engels formularon las siguientes etapas del desarrollo social: esclavismo, feudalismo, triunfo de la burguesía, capitalismo industrial, y lucha del proletariado por la instauración del socialismo [16].

El motor básico de todo el proceso en ese esquema no es otro que la lucha de clases. Al final del proceso quedaría resuelta esa lucha, cesaría la explotación del hombre por el hombre, y empezaría la verdadera historia de la Humanidad. El hombre no alienado en-

[14] Bruno Hildebrand, «Die National-ökonomie del Gegenwart und Zukunft», Berlín, 1848, págs. 328 y sigs.

[15] Karl Bücher, «Die Entstehung des Volkswirtschaft». La primera edición de esta obra apareció en 1893. Existen traducciones inglesa y francesa. La cita procede de Hoselitz.

[16] Vid. «The Manifiesto of the Communist Party», en *The Essential Left*, Unwin Books, págs. 14-27. Aunque no estoy de acuerdo con la frase de W. W. Rostow de «nada de lo realmente importante en Marx es posterior a 1848» (*Las etapas del crecimiento económico*, versión española, FCE, México, 1965, pág. 185), creo que la postura de Marx sí quedó perfilada en el *Manifiesto*, si bien la parte analítica del proceso de acumulación y de la aparición de la plusvalía, que son la explicación del final de la última etapa de su esquema, son el objeto, precisamente, en su obra inacabada «El Capital».

contraría en el trabajo por él escogido la razón de su existencia. El planteamiento marxista del progreso de la Humanidad es, como lo subrayó Schumpeter, la primera teoría dinámica del desarrollo: una teoría dialéctica, de fases sucesivas que se explican no ya por razones mecanicistas basadas en un cúmulo farragoso de hechos, sino por una continua oposición de fuerzas contrarias, en cuya oposición radica precisamente la propia dinámica de la sociedad, de la vida social misma.

En la URSS, en China, la lucha contra el viejo sistema estuvo a cargo del proletariado, entendiendo éste en un sentido amplio e incluyendo en el caso de China amplias masas campesinas. Una lucha que, por supuesto, estuvo coordinada y dirigida por la organización disciplinada del Partido Comunista y que a la postre hizo posible el paso del capitalismo a un proyecto de socialismo.

Por otra parte, el cambio de sistema se produjo en diferentes niveles de desarrollo de las fuerzas de producción. En la Rusia zarista había un mayor desarrollo que en la China de Chiang; en la Cuba de Batista el nivel —«destemporalizando» el proceso— era menor que en la Rusia de 1917, pero mayor que en la China de 1945.

También es cierto que en los niveles más altos no se produjeron hasta ahora revoluciones triunfantes, aunque sí hubo serios intentos; recuérdese si no la Francia de 1871 (la Comuna), la Alemania de 1918, la propia Francia, de nuevo, en mayo de 1968. Si esos intentos no prosperaron ello cabe imputarlo, aparte de a cuestiones circunstanciales también importantes, a que el capitalismo en todos esos casos ya había pactado, aceptando por lo menos una parte de las pretensiones de las clases trabajadoras.

Entrando ya en los estudios más recientes —lo cual no quiere decir más convincentes— sobre etapas de crecimiento, es obligada la referencia de Johan Akerman, a quien ya aludimos en el capítulo 1 sobre el concepto de estructura. Con la obligada aclaración de que no se refiere estrictamente a etapas de crecimiento; sino que alude sobre todo a «límites de estructura» que, en definitiva, no son más que hitos que separan a distintas fases del proceso de desarrollo histórico moderno. Siendo difícil determinar la fecha exacta del comienzo de un ciclo de coyuntura, Akerman subraya lo delicado de la tarea de precisar los límites de la estructura. En este sentido, pueden ser tomadas las grandes guerras como auténticas fronteras estructurales.

Así, el primer límite de estructura lo sitúa Akerman inmediatamente después de las guerras napoleónicas; el segundo, tras la guerra franco-prusiana (1870), y el tercero, después de la primera guerra mundial. «...No es efecto del azar —concluye Akerman— que los tres mayores tratados de paz de los tiempos modernos señalen tres límites estructurales... Los tratados de Viena, de Francfort y de Versalles dan una nueva forma, llamada *definitiva*, a la carta política y económica, pero desencadenan al mismo tiempo fuerzas que en algunos decenios están destinadas a aniquilarla» [17].

El cuadro 1 resume las tres etapas del crecimiento económico en Europa en la Era Contemporánea, estableciendo la relación entre los límites de estructura y el esquema de fuerzas motrices del profesor Akerman.

El análisis de las etapas de crecimiento hoy más difundido, y en cierto modo el que ha contribuido a acuñar definitivamente la propia expresión «etapas del crecimiento» en el lenguaje de los profanos, es el esquema propuesto por W. W. Rostow. En mi opinión, la gran cualidad del trabajo de Rostow consiste en que formuló su modelo no para un determinado país o grupo de países, sino con una gran generalidad, de forma que en principio pretende ser aplicable para cualquier área geográfica y a cualquier sistema económico. Y no sólo frente al pasado —como, por ejemplo, sucede en el caso de Akerman—, sino también frente al futuro.

Rostow propone identificar las distintas sociedades según su situación en el proceso de crecimiento económico en una de las siguientes etapas: sociedad tradicional, condiciones previas para el despegue, despegue (*take-off*), camino hacia la madurez, y era del alto consumo en masa [18]. Teóricamente, cada país, en un momento dado, se encuentra en una de estas etapas, y todos los países que aspiran a crecer han de pasar por cada una de ellas.

Si adoptásemos, sin más, el esquema de Rostow (decíamos en

---

[17] Johan Akerman, «Estructura y ciclos económicos» , Aguilar, Madrid, 1965, págs. 533 y 534.

[18] El esquema de Rostow ya estaba perfectamente configurado en el capítulo XIII de su obra «The Process of Economic Growth», publicada por primera vez en 1952. Vid. la segunda edición de este libro en W. W. Norton & Company, Nueva York, 1962, págs. 306-331. El referido capítulo fue desarrollado ulteriormente en el ya citado libro «Las etapas del crecimiento económico», págs. 16 a 92, fundamentalmente. La primera edición inglesa data de 1960. Es interesante subrayar la enorme difusión que este libro alcanzó en los Estados Unidos y la fuerte influencia que tuvo en el pensamiento del Presidente Kennedy.

Cuadro 1
FUERZAS MOTRICES Y LIMITES ESTRUCTURALES (SEGUN AKERMAN)

Fuerzas motrices	Límites de estructura		
	1820-1830	1870-1880	1920-1930
1. Desarrollo de la técnica.	Comienzo de la construcción de los ferrocarriles.	Nuevos métodos de fabricación del acero. Electrificación.	Motorización.
2. Aumento de la población.	Máximo de natalidad.	Apogeo del desarrollo demográfico.	Estancamiento.
3. Formación de los móviles.	Comienzo del liberalismo.	Apogeo del liberalismo.	Comienzo de la economía planificada.
4. Cambios políticos.	Congreso de Viena.	Tratado de Francfort.	Tratado de Versalles.
5. Sistema de crédito.	Bancos de negocios.	Bancos industriales. Patrón oro.	Patrón dólar.
6. Agrupamientos.	Comienzo de la tendencia asociacionista.	Sindicatos y trusts.	Trusts y sindicatos (obreros) controlados por el Estado.
7. Relación agricultura-industria.	Aumento del poder adquisitivo agrícola.	Máximo del poder adquisitivo agrícola.	Mínimo del poder adquisitivo agrícola.
8. Nivelación de las rentas.	?	Mínimo.	Aumento rápido.

1974) Nepal se encuentra hoy en la fase de sociedad tradicional, México se halla en las condiciones previas para el despegue, Italia en despegue ya avanzado, Francia camino de la madurez, en tanto que en Estados Unidos se vive ya en plena era del alto consumo en masa.

Veamos ahora la tipología que surge del esquema de Rostow. Por *sociedad tradicional* se entiende la que se desarrolla dentro de una serie limitada de funciones de producción, basadas en una ciencia y una técnica prenewtonianas en relación al mundo físico. Lo cual, naturalmente, implica un tope a la productividad y, en definitiva, al crecimiento en términos *per capita*. En ese contexto tecnológico, la mayor parte de los recursos de fuerza de trabajo se dedica a la agricultura, y de este predominio de la actividad rural se deriva una estructura jerárquica social caracterizada fundamentalmente por su escasa movilidad vertical.

En la segunda etapa del crecimiento se encuentran las sociedades en las que están desarrollándose las condiciones previas para el *despegue* o, en otras palabras, para el impulso inicial del desarrollo. Esto requiere todo un período de transición, «hasta llegar a estar en condiciones de explotar la ciencia y la técnica modernas, para disfrutar de una productividad creciente y convertir el crecimiento económico en un proceso de acumulación que se reproduce al interés compuesto».

El *despegue* es, según Rostow, la etapa durante la cual un país supera la línea divisoria entre la sociedad tradicional y la moderna, al poner en marcha todas sus fuerzas de progreso para incorporarse la técnica actual a todos los niveles. El crecimiento permanente y autosostenido —al interés compuesto— acaba por convertirse en un nuevo rasgo estructural de la sociedad en cuestión. En términos concretos, este paso se configura cuando la tasa de ahorro o inversión pasa del nivel del 5 al 10%, lo cual, con una relación capital/producto de 3, supone un incremento del PNB del orden del 3,3% anual, compatible ya prácticamente con cualquier crecimiento demográfico.

La etapa siguiente es la de *madurez económica,* que se alcanza después de un difícil camino hacia ella más o menos largo, y que en las sociedades occidentales puede decirse que ha tenido una duración en general en torno a los sesenta años. En ese lapso, la estructura económica se diversifica, se hace más compleja. Las primeras industrias establecidas (textiles, carbón, siderurgia, etc.) se ven desplazadas en orden de importancia por otras nuevas (productos químicos, petróleo, automóvil, etc.). Las exportaciones se diversifican al igual que las importaciones. El proceso de acumulación se intensifica decisivamente al situarse la tasa de inversión próxima al 20% del PNB.

En la fase final del proceso —*consumo en masa*— la sociedad se urbaniza hasta límites hasta entonces inconcebibles. Las industrias más prósperas son las que atienden al consumo masivo de toda clase de bienes duraderos. El sector terciario se amplía hasta superar en porcentaje a la población activa a los otros dos grandes sectores. La sociedad se motoriza fuera y dentro de sus casas ampliamente mejoradas, y respecto a la semana de trabajo, ya reducida a cinco días, empieza a plantearse una nueva reducción que proporcione tres días de descanso.

En esta sociedad de alto consumo en masa empieza a meditarse sobre qué hacer en el futuro: ¿aumentar más aún el consumo?, ¿aumentar la dimensión de la familia como sólo transitoriamente sucedió en Estados Unidos después de la Segunda Guerra Mundial? ¿O simplemente dedicar más tiempo al ocio y al cultivo personal? Como dice Rostow, en cierto modo se plantea la misma alternativa que en la tercera generación se les planteó a los «Buddenbrook» después de haber paladeado el sabor de la riqueza y el poder [19].

Claro es que paralelamente a la aparición de esa sociedad de consumo en masa en algunos países (la «sociedad opulenta» a que se refirieron Galbraith y Myrdal), en otros se aprecia más claramente que nunca las dificultades para el desarrollo. Tal vez cuando el hombre llegue a estar ahíto de guerra, poder y riqueza, cansado de la sociedad opulenta, tal vez entonces se decida a ayudar de forma decisiva a su hermano postrado en la ignorancia, la enfermedad y la pobreza. Esa sociedad humanista —que pondría verdadero fin a la prehistoria inhumana de la Humanidad— sería tal vez la última y deseable etapa del crecimiento económico, no prevista en el esquema rostowiano, en donde, por otra parte, no se analizan los pasos de una a otra fase con la visión dialéctica que sería precisa.

El modelo de Rostow puede parecer sugestivo, pero los hombres de los PMD no pueden esperar a que la cadencia desde la sociedad tradicional hasta el consumo en masa se cumpla parsimoniosamente según una especie de esquema de inspiración semidivina. De ahí que en nuestra época de aceleración, los pueblos de los PMD y las clases sociales menos favorecidas —o los simplemente ahítos de la sociedad de consumo y de su hipócrita falta de solidaridad humana— no pueden «sentarse en la puerta de su casa a ver pasar el cadáver de su enemigo».

---

[19] Vid. Thomas Mann, «Los Buddenbrook», versión española, Janés, Barcelona, 1955. Rostow alude a las tres aspiraciones de la familia hanseática de los Buddenbrook, que en el amplio espectro cronológico de su vida introduce Mann en su célebre novela: la primera generación de comerciantes persigue y alcanza la riqueza y el bienestar económico; la segunda ocupa cargos importantes en el gobierno de la ciudad hanseática; la tercera, considerando la riqueza y el poder como metas sin interés, se dedica a las artes, y especialmente a la música. De interés sobre el tema es también el artículo de Peter Drucker, «Las paradojas del desarrollo económico», en *Perspectivas Económicas*, 1990, I, págs. 74 a 79.

5. Los límites al crecimiento como problema de desarrollo

Ultimamente, el tema de las etapas al crecimiento que hemos analizado en la sección anterior, está siendo relegado a un segundo término, al tiempo que gana en relevancia la discusión de si existen o no unos límites al crecimiento [20].

En un tema que hemos tratado ampliamente en el capítulo 4 de este mismo libro, en donde vimos *in extenso* el proceso de la polémica desde Smith hasta 1972 con el primer informe al Club de Roma [21]. Nos referimos pues a la secuencia del tema, y sobre todo al segundo informe al Club de Roma, como desglose y matización del primero.

El segundo Informe vio la luz a finales de 1974 y fue obra de dos autores: el primero, Mihahjlo Mesarovic, estudioso de origen yugoslavo, graduado del MIT y profesor y director del Systems Research Center de la Case Western Reserve University de Cleveland, Ohio; el segundo, Eduard Pestel, profesor de ingeniería de la Universidad de Hannover y miembro del Consejo de Administración de la Fundación Volkswagen.

Este largo trabajo prospectivo, titulado «Mankind at the turning point» —traducido al español como «La humanidad ante la encrucijada»[22]—, constituyó un paso más en el proceso de modelización del sistema mundial, si bien mucho menos novedoso —y también diríamos que menos convincente— que el primer trabajo del MIT.

En el segundo informe, se tomó conciencia de la multitud de crisis que afectan a la humanidad en temas como población, medio

---

[20] Vid. Mí libro «Ecología y Desarrollo», Alianza Editorial», 5.ª ed., Madrid 1985.

[21] «The Limits to Growth», Potomac, Londres, 1972. Existe versión española del FCE, México, 1972.

[22] Versión de Guillermo Piera Jiménez. La traducción del título nos parece correcta, pues «turning point» significa punto de inflexión, es decir, da idea de que se ha llegado a un nivel a partir del cual puede crecerse más lentamente o no crecer nada en el largo plazo; o desde el que pueden encontrarse serios problemas. Análogamente, «encrucijada» es el punto donde se cruzan por lo menos dos caminos; de los cuales inevitablemente no puede escogerse más que uno, que en el caso de Mesarovic y Pestel es el del *crecimiento orgánico*, equivalente al crecimiento más lento y cero en el límite. La versión francesa («Strategie pour demain») hace más énfasis a la solución que al problema en sí, que es realmente en lo que el título original del libro se centra. Aquí haremos uso de la versión española ya citada, que publicó en enero de 1975 el Instituto de Estudios de Planificación, de Madrid, con carácter no venal.

ambiente, alimentos, energía y materias primas. Y lo importante de todas esas crisis a juicio de los autores es que ponen en tela de juicio la racionalidad misma del crecimiento *indiferenciado* seguido hasta ahora, tesis en la que estamos de acuerdo por completo.

Por el contrario, el crecimiento *orgánico* que preconizan los autores del Informe se caracteriza por el hecho de que al crecer las diferentes partes del sistema, éstas van diferenciándose unas de otras, de forma que cada una de ellas contribuye con su especialidad al funcionamiento del todo, esto es, del sistema mundial integrado, cuyas partes son cada vez más interdependientes.

En definitiva, para Mesarovic y Pestel, la solución de las crisis que genera el crecimiento indiferenciado, no puede ser otra que el *crecimiento orgánico*. Cómo ha de llevarse a cabo para el conjunto mundial, no puede concebirse más que con arreglo a un *plan maestro*, en el que se den soluciones integradas a todos los problemas presentes y de forma sincrónica. Ante la encrucijada que implican los dos caminos posibles (crecimiento indiferenciado que conduciría al desastre, y crecimiento orgánico que resolvería las crisis), no hay más elección posible que el segundo: «las opciones que se abren a la humanidad contienen la génesis de un crecimiento orgánico» [23]. Así, a la postre, las crisis, en cuanto instrumentos de detección de errores y como catalizadores del cambio, acaban por convertirse en «bendiciones disfrazadas» [24].

Pero no sólo se trata de que carezca de sentido el enfrentarse con las crisis una a una, como si fueran independientes. Lo que además resulta evidente es que en cualquier caso, por la propia dinámica del sistema, las soluciones que hoy se propusieran tardarían no menos de veinticinco años en empezar a dejar sentir sus efectos. Por ello, concluyen los autores del Informe, «si en el transcurso de este medio siglo venidero ve la luz un sistema mundial viable, habrá quedado establecida una pauta de crecimiento orgánico que la humanidad, desde ese momento, podrá seguir. Si tal sistema no se desarrolla, las proyecciones efectuadas para las décadas ulteriores no serán, quizá, sino divertimentos de índole académica» [25].

A diferencia de lo que sucedía en el primer Informe para el Club

---

[23] M. Mesarovic y E. Pestel, «La humanidad...», ob. cit., pág. 9.
[24] Ibídem, pág. 11.
[25] Ibídem, pág. 21.

de Roma, en el trabajo de Mesarovic y Pestel no se hace referencia simplemente al sistema mundial como conjunto en peligro. En un intento de desglosar las facetas del problema general, los autores tienen en cuenta los subsistemas interdependientes del mundo, que a su juicio se manifiestan en una serie de *regiones* que expresan claramente la «diversidad de modos políticos, económicos y culturales existentes dentro del sistema mundial» [26].

Concretamente, las regiones diferenciadas por Mesarovic y Pestel son diez: 1. América del Norte.—2. Europa Occidental.—3. Japón.—4. Sudáfrica/Australia/Nueva Zelanda.—5. Países del COMECON.—6. América Latina.—7. Norte de Africa/Oriente Medio.—8. Africa Tropical.—9. Asia Meridional.—10. China.

Para poder hacer predicciones a largo plazo, y a fin de apreciar la reacción frente a estímulos simulados, se construyó un modelo computarizado para cada una de esas diez regiones, todas las cuales se relacionaron entre sí en el modelo global del sistema Mundo. Cada uno de estos modelos constaba de cinco variables o estratos básicos: *individual*, o modo de ser del hombre; el de *grupo*, o elementos institucionales y asociativos; el *demoeconómico*, o sistemas de cuantificación de individuos y bienes; el *tecnológico*, o conjunto de actividades que implican un trasvase de masa y energía; y el *medioambiental*, que viene constituido por el entorno físico del hombre.

Con base en esta modelización (que, como diría un castizo, casi hay que creer «bajo palabra de honor», puesto que Mesarovic y Pestel simplemente nos remiten a una serie de estudios monográficos [27]), se llega a una serie de *tesis* que, a pesar de lo pretendido por ambos autores, no son tan diferentes de las alcanzadas a través de los modelos de Forrester [28] y Meadows:

1. El enfoque homogéneo del sistema mundial resulta engañoso. Es necesario tener en cuenta su diversidad regional.
2. No habrá colapso mundial, pero sí catástrofes o colapsos a nivel regional, que tendrán su incidencia en todo el mundo.

---

[26] Ibídem, pág. 44.

[27] Un total de 27 modelos parciales que pueden ser obtenidos del International Institute for Applyed Systems Analysis, Luxemburg, Austria.

[28] Recordemos que en el capítulo 7, al ocuparnos de la corriente econométrica en Estructura Económica, hicimos un comentario del modelo de Forrester, que es el precedente del de Meadows.

3. Sólo con carácter global pueden encontrarse soluciones.
4. La única solución en tal sentido es el *crecimiento orgánico*.
5. Los retrasos de conformar una estrategia global (plan maestro) no sólo son perjudiciales y extremadamente costosos, sino que además pueden calificarse de mortíferos.

Desde el punto de vista operativo, uno de los aspectos más importantes de la *estrategia global* consiste en reducir la distancia entre los países industrializados y los menos avanzados. De los diferentes escenarios imaginables a este respecto, la conclusión que se infiere es que cuanto más se retrase la ayuda de los PI a los PMD, más costoso habrá de ser el esfuerzo. Para esto, Mesarovic y Pestel se apoyan en una serie de reflexiones sobre la exponencial demográfica y las luchas que cabe esperar a causa de la escasez cada vez más acentuada de recursos básicos.

En última instancia, y precisamente por la creciente interdependencia de los subsistemas regionales, está claro que la *cooperación global* ofrece las mejores condiciones para todos cuantos entran en el juego. De hecho, esta particularidad afecta hoy —y del modo más intenso— incluso a las grandes potencias como EE. UU. [29]

En resumen, en el segundo Informe para el Club de Roma se llega a las siguientes *conclusiones:*

1. Las crisis actuales no son pasajeras.
2. La solución de las crisis sólo podrá producirse en el contexto global de un sistema mundial y con propósitos a largo plazo.
3. Nada podrá solucionarse utilizando medios tradicionales que se limiten a un aspecto aislado del sistema mundial.
4. La secuencia de crisis puede resolverse mejor por medio de la cooperación que por el enfrentamiento.

En síntesis, la solución no puede ser otra que el *crecimiento orgánico*, lo cual implica toda una *estrategia de cambio* en cuyo marco habrá de tomarse conciencia de que:

a) Cualquier acción que se limite al corto plazo será contraproducente.
b) El nacionalismo estrecho es inútil para resolver problemas que necesitan soluciones globales.
c) Es necesario un marco internacional de cooperación.

---

[29] Ibídem, pág. 134.

d) En el futuro, la atención no se centrará en personalidades o en clases sociales, sino en la utilización de los recursos y en la supervivencia de la especie humana.

Para todo ello es necesario apoyarse en un conjunto coherente de *juicios de valor*, que pueden resumirse como sigue:

— Desarrollo de una auténtica conciencia mundial, para que cada individuo se dé cuenta del papel que desempeña como miembro de la comunidad.

— Nueva ética de la utilización de los recursos naturales, adecuada a la era de escasez que se avecina.

— Actitud hacia la Naturaleza enraizada en la idea de armonía y no en la dominación.

— Identificación con las generaciones futuras.

Por lo tanto, en el segundo Informe para el Club de Roma se alcanzan unas *conclusiones* que se traducían en una *estrategia*, y que implicaban unos *juicios de valor* sobre la conciencia mundial, acerca de una nueva ética y en relación con la Naturaleza. Si bien lo cierto es que, no obstante lo inicialmente previsto, Mesarovic y Pestel no acabaron de exponer con claridad cuál debía ser la estrategia y de qué forma había de regionalizarse.

En el capítulo 4, al ocuparnos de las relaciones Economía/Ecología, ya hicimos referencia (pág. 78) a los siguientes *diagnósticos* del estado del planeta (*Informes* Carter de 1980, y Brundtland de 1987). Igualmente vimos allí (págs. 87 y 88) los avances de la *segunda* Conferencia de las Naciones Unidas sobre Medio Ambien te y Desarrollo (*Cumbre de la Tierra* de Río-92) en relación con el futuro del gobierno de la biosfera. No insistiremos, pues, aquí, en las valoraciones hechas. Pero sí debemos subrayar, en definitiva, el tema de los *límites al crecimiento* seguirá siendo durante mucho tiempo uno de los problemas fundamentales de la Estructura Económica, pues afecta al propio devenir de la humanidad. Si agobiados por las urgentes dificultades cotidianas no se toma conciencia definitivamente de las muy serias limitaciones a largo plazo, los equilibrios en que hasta ahora se basaba la existencia humana sobre el planeta están en grave trance de verse dramática e irreversiblemente alterados.

Capítulo 11

ALGUNAS OBSERVACIONES METODOLOGICAS

1. Introducción [1]

Según el «Diccionario» de la Real Academia Española, *método* es el «procedimiento que se sigue en las ciencias para hallar la verdad y enseñarla; es de dos maneras: analítico y sintético». Transcribimos también el concepto de análisis y síntesis que nos ofrece el «Diccionario». *Análisis* es «la distinción y separación de las partes de un todo hasta llegar a conocer sus principios o elementos». *Síntesis* es la «composición de un todo por la reunión de sus partes».

Aunque en muchos casos la Real Academia recoge en su «Diccionario» acepciones poco actualizadas de los vocablos, no puede decirse que éste sea el caso para la voz método, cuyo significado queda claramente expuesto tanto por lo que se refiere a las finalidades que conlleva de investigación y de docencia («para hallar la ver-

[1] Recordará el lector que a los aspectos más generales del método en la investigación científica, nos hemos referido con una cierta extensión en el capítulo 1 de este mismo libro. Entramos aquí, pues, casi directamente —tras esta breve introducción— en lo referente al método en Economía y más en concreto en relación con la Estructura Económica.

dad y enseñarla») como por lo que respecta a sus dos aspectos instrumentales básicos (análisis y síntesis).

Como afirmó José Castañeda, el método de cada disciplina científica «es consecuencia, en primer término, del estado de la teoría del conocimiento y de las teorías metodológicas, cuyos trazos fundamentales son los mismos para todo el saber humano. Así, por ejemplo, el empleo de la observación empírica preconizada por Bacon, ejerció una influencia considerable en todas las ciencias, como la dialéctica de Hegel la ha ejercido principalmente sobre las ciencias sociales y la Economía» [2]. La ciencia económica no es una excepción a este planteamiento del estado metodológico. Como podremos comprobar a lo largo del presente capítulo, su progreso ha sido el fruto no sólo de los esfuerzos de los economistas, sino del progreso general de los métodos de investigación.

La preocupación metodológica siempre ha existido en el proceso de la ampliación del saber humano. Pero esa preocupación se ha manifestado con especial intensidad en los momentos históricos en que se crea el ambiente del cambio de los sistemas de ideas y creencias. Así pudimos comprobarlo en el Capítulo 1 al ocuparnos del conocimiento científico.

El comienzo de la Edad Moderna puede considearse como uno de tales momentos, cuando empezó a tambalearse claramente la concepción escolástica del mundo, cuyos fundamentos se remontaban a Aristóteles (384-322 a.C.) y a Tomás de Aquino (1225-1274). Dentro de esa concepción escolástica, el único método considerado como admisible era el que brindaba la lógica aristotélica, básicamente a través del silogismo.

Como es sabido, el silogismo es una forma de razonar, que puede ser empleada cuando se dispone de una verdad o principio general (premisa mayor) y de un caso particular (premisa menor) que se considera incluido dentro de la verdad general. De las dos premisas, se extrae una conclusión que es la nueva verdad que se busca. La escolástica utilizó durante varios siglos esta clase de razonamiento,

---

[2] José Castañeda, *Lecciones de Teoría Económica*,Lección 5.ª («El método en la teoría económica»), ob. cit., pág. 45. Es interesante en relación con la dialéctica el libro de Gustavo Bueno «Ensayo sobre las categorías de la Economía Política» (La Gaya Ciencia, Barcelona, 1972), en el que llega a la conclusión de entender la racionalidad económica como una racionalidad dialéctica.

empleando como principios generales los alcanzados por medio de la fe, a través de la llamada revelación, o simplemente basados en la autoridad de Aristóteles y de la Iglesia.

Con el referido planteamiento, la búsqueda de «nuevas verdades» no iba más allá de subsumir un caso particular en una verdad más general. De esta forma, lo particular no podía rebelarse nunca en contra de las supuestas verdades generales. No es de extrañar que con esta forma de razonar, la Edad Media se caracterizara por el estancamiento científico y tecnológico. Podrá objetarse que durante esas centurias se produjeron hallazgos notables, pero es preciso subrayar que todos ellos fueron de carácter parcial y ocasional, sin estar dentro de un contexto de una investigación generalizada y deliberada que precisamente no llegó a surgir en este período por el absoluto predominio del método aristotélico-escolástico-tomístico.

Lo que de hecho se planteó, por tanto, en el comienzo de la Edad Moderna fue la búsqueda de un nuevo criterio de verdad, que abriese nuevas vías al conocimiento. Esta fue la gran aportación que desde diferentes ángulos hicieron Francis Bacon y René Descartes en la segunda mitad del siglo XVI y la primera del XVII. Fueron ellos, más una pléyade de otros investigadores, los que sentaron las bases de la filosofía moderna y de la verdadera investigación científica. En el Capítulo 1 hicimos ya amplia referencia a lo que representaron tales avances.

Razonando con precipitación, para emplear el término cartesiano, tal vez podría pensarse que los interesados en la Estructura Económica se encuentran en una posición poco cómoda al enfrentarse con el tema del método en Economía, que aparentemente está reservado a la Teoría Económica, que constituye el arsenal de toda la ciencia económica. Sin embargo, no es éste el caso. El estudio del método es tan imprescindible en nuestra materia como pueda serlo en cualquiera otra. Con la particularidad de que una vez analizadas en el capítulo 1 de este libro las cuestiones metodológicas en general, en este capítulo nos ocuparemos precisamente de aquel conjunto de instrumentos que constituyen el método propio de la Estructura Económica, en cuanto que permiten el análisis de la realidad económica. Sin embargo, también es preciso hacer aquí una referencia —siquiera sea breve— al aspecto metodológico de la ciencia económica en general.

Aquí, lógicamente, no vamos a entrar ni siquiera en la reseña de las continuas batallas que en el campo de la metodología económica se han librado en los últimos 150 años [3]. Por el contrario, sí será de interés reunir aquí algunos argumentos en contra de una excesiva preocupación metodológica, que a nuestro juicio tienen aplicación específica en el campo de la Estructura Económica.

Pareto decía que las discusiones sobre el método de la Economía Política carecen de toda utilidad. «El objeto de la ciencia —precisaba— es conocer las uniformidades de los fenómenos y, por consiguiente, es preciso emplear todos los procedimientos, utilizar todos los conocimientos que nos conduzcan a ese fin. Los buenos y los malos métodos sólo se distinguen al ponerlos a prueba: el bueno es el que nos conduce a la meta, al menos en tanto no se encuentre otro mejor» [4].

Por su parte, Harrod al comenzar un conocido trabajo sobre metodología, indicaba que las especulaciones de esa clase son famosas por su monotonía y su prolijidad. «Ofrecen una gran oportunidad para las luchas sin cuartel; las demandas de las facciones contendientes no están sujetas a un arbitraje determinado, y la victoria, aun en el caso de que pudiera establecerse, se supone que no beneficiará a la ciencia. La esterilidad de las conclusiones metodológicas es a menudo un complemento de la pesadez que significa alcanzarlas».

Más aún, como el propio Harrod subrayaba, el papel del metodólogo resulta en muchas ocasiones verdaderamente airado, por las impertinencias a que se ve sometido por no pocos investigadores. «Deje las palabras —se le puede decir— y haga el trabajo; aplique su método y, si resulta eficaz, podrá usted ofrecer sus resultados» [5]. Frases como ésta son oídas con frecuencia, con una dureza que convierte necesariamente al estudioso de metodología en una especie de ser resistente a la corrosión del medio y no poco admirable por su tenacidad y fortaleza frente al desánimo.

---

[3] Un esquema muy completo de esa ininterrumpida serie de polémicas, desde Torrens en 1821 a Hutchinson y Koopmans en la década de 1950, figura en la «Memoria» del profesor Fuentes Quintana para la Cátedra de Economía Política y Hacienda Pública, texto monográfico, págs. 1 a 4.

[4] Vilfredo Pareto, «Manuel d'Economie Politique». Esta actitud de escepticismo del Pareto del «Manual» contrasta con la adoptada al final de sus días. Muestra de ello es su Discurso de Jubilación pronunciado en 1917. Vid. «L'Ecole de Lausanne, Textes Choisis de L. Walras et V. Pareto», Dalloz, París, 1950, pág. 293.

[5] Roy Harrod. «Objeto y método de la economía», versión española aparecida en la *Revista de Economía Política,* vol. VIII, núm. 3, septiembre-diciembre, 1957, págs. 1385 y 1387, respectivamente; este trabajo data de agosto de 1938.

Pero lo ciertamente grave es que la preocupación metodológica —se ha pensado en ocasiones— supone además un síntoma de impotencia o de enfermedad de una ciencia. «Los libritos de metodología que proliferan en sociología, en economía política y en psicología —ha dicho Merton— no tienen equivalente alguno en las ciencias que han alcanzado la madurez hace tiempo» [6].

Eucken ha llegado aún más allá en sus lamentaciones: «La proliferación de reflexiones metodológicas —ha afirmado— es para toda ciencia un síntoma de enfermedad; y ninguna ciencia enferma se ha curado aún sólo con metodología» [7].

Tal vez la síntesis de todas esas visiones más o menos críticas y negativas del método nos la pueda proporcionar un interesante artículo editorial de la *Revista de Economía Política* en el que tampoco faltaba la justificación formal —y habitual— por abordar el tema. «...Hay algo —se decía allí— que requiere una pequeña explicación y es el tema elegido: Metodología Económica. Con gran acierto ha afirmado en una obra reciente Tjarling Koopmans que si alguna vez se llegara a aplicar métodos de medición para apreciar el prestigio relativo de las diversas partes que integran el análisis económico, la discusión metodológica indudablemente se encontraría cerca del extremo inferior de la escala. Estas plabras no son más que una nueva expresión de una idea ya antigua entre los economistas: que la Metodología Económica es, en gran medida, una rama en la que se pierden esfuerzos importantes de los que a ella se dedican y se gana muy poco para el progreso de la investigación científica» [8].

Es cierto que hoy las cuestiones metodológicas ya no ocupan el lugar que en los años álgidos de la Methodentreit («deductivistas» contra «inductivistas») les fue asignado. Tal vez el punto de vista más preciso sobre la verdadera situación actual es el que nos proporciona Lionel Robbins, autor de una de las obras más célebres sobre metodología económica, a la que más adelante hemos de referirnos reiteradamente.

Con bastante optimismo, Robbins afirmaba que «hoy (1959) todo eso pertenece al pasado. Sin embargo —apostilla inmediatamente—

[6] R. Merton,«Elements de méthode sociologique», París, 1953.

[7] W. Eucken, «Cuestiones fundamentales de Economía Política», versión española.

[8] «Introducción», en la *Revista de Economía Política,* vol. IX, núm. 2-3, mayo-diciembre, 1958, pág. 333. Aunque no se dice expresamente, esta Introducción es obra del profesor Fuentes Quintana, cuya tesis doctoral —inédita— versó sobre Metodología Económica.

no quiero decir con ello que nos encontremos en un estado de quietud absoluta, y que todos estemos de acuerdo sobre todas las cuestiones... En realidad, nosotros disentimos con mucha frecuencia, y de vez en cuando, los que piensan de la misma manera pueden ser agrupados y, si se quiere, calificados como una escuela. Empero —y éste es el punto esencial— nuestro desacuerdo tiende, de día en día, a referirse más bien a proposiciones y construcciones concretas que a los sistemas generales. Hoy puede decirse que el principiante de nuestra disciplina, tanto en Roma como en Tokio o en California, por no citar Londres y Cambridge, aprenderá, en términos generales, la misma técnica general del análisis y usará términos y fórmulas comunes; y si una vez que haya llegado a niveles de estudio más elevados, tiene que discutir con sus contrincantes, les hablará en un lenguaje común, tratará de defender su propio punto de vista, apelando a criterios de comprobación inteligibles para todos. Que esto representa un enorme progreso no puede ser negado por nadie, sobre todo por los que son ya bastante viejos para recordar la pérdida de tiempo, las egolatrías y las devociones fuera de lugar, así como las polémicas de tiempos pasados» [9]. Se trata, en definitiva, de la gran síntesis neoclásica-keynesiana, a la que se hacen todavía serias críticas, como hemos visto en el capítulo 8 al ocuparnos del institucionalismo.

Con todo, la «homogeneización» del método económico es algo que por evidente no necesita demostración. Ello es especialmente apreciable en la región de los métodos de la Estructura Económica donde ya es posible, y cada vez con mayor rigor, establecer comparaciones internacionales, aun entre países que estén englobados en distintos sistemas económicos. Esto significa que existen unos instrumentos comunes, elaborados conforme a orientaciones metodológicas generalmente aceptadas, e incluso establecidas mediante verdaderas convenciones de carácter internacional. De ello son buena muestra los esfuerzos de normalización de organismos como la Ofi-

[9] Lionel Robbins, «La situación actual de la Ciencia Económica», versión española de una conferencia pronunciada en abril de 1959 en la Universidad de Roma, *Revista de Economía Política*, vol. XI, núm. 1, enero-junio, 1960, págs. 116 y 117. En el mismo sentido que Robbins se pronunció Paul Samuelson. Gunnar Myrdal fue, en cambio, más cauto en su artículo «Crises and Cycles in the Development of Economics», en *Against the Stream*, Vintage, Nueva York, 1973.

cina de Estadística de las Naciones Unidas, la FAO, la OCDE, el *Eurostat* de la Comunidad Europea, etc.

Actualmente, está claro la enorme utilidad del método inductivo e inductivo-estadístico en el análisis económico en general, y más concretamente en el análisis estructural. Como está claro también que el método deductivo-matemático sigue conservando su interés en lo fundamental.

En resumen, puede afirmarse que durante mucho tiempo, en el campo de la Economía ha existido un antagonismo entre los partidarios del método deductivo y del inductivo, cuyos ejemplos extremados son los clásicos y marginalistas de un lado, y los historicistas alemanes e institucionalistas norteamericanos del otro. Sin embargo, en nuestro tiempo, se está poniendo de relieve hasta qué punto resultaba falaz ese antagonismo metodológico. Lo que hoy parece claro es que la deducción se apoya en la inducción, puesto que un mínimo de observación de los hechos es siempre necesario para conseguir cualquier teoría; y por otra parte, la inducción es prácticamente imposible sin una previa hipótesis ordenadora de los hechos, pues el que no sabe lo que busca se arriesga a no encontrar nada o a no saber lo que ha encontrado [10].

La falacia del antagonismo entre los dos métodos —que como ya indicamos ha pretendido superarse considerando que toda inducción es una forma de deducción [11]— se vio progresivamente realzada a partir de la generalización de los métodos matemático y estadístico en Economía y sobre todo con el nacimiento de la Sociedad Econométrica (1930).

Pero en el análisis de la realidad económica no puede perderse de vista el carácter dialéctico de los procesos de todo tipo. Con el método dialéctico se pretende, sencillamente, poner en claro el panorama a primera vista confuso que presenta la naturaleza o la sociedad. Se trata de buscar una interpretación lógica de los fenómenos ordenándolos en procesos objetivos que se ven impulsados por determinados autodinamismos.

El método dialéctico tiene una base hegeliana —tesis, antítesis, síntesis— pero en su versión marxista experimentó una inversión

[10] R. Barre, «Economie Politique», T. I., Presses Universitaires de France, París, 1961, pág. 206.

[11] Pueden verse a este respecto los argumentos expuestos por R. B. Braithwaite, «Scientific Explanation», Harper, Nueva York, 1960, pág. 258.

total. Las palabras de Engels explican mejor que cualquier resumen sus propósitos y posibilidades. «Cuando sometemos al examen del pensamiento la naturaleza o la historia humana —dice— o nuestra propia actividad mental, lo primero que se nos ofrece es el cuadro de una confusión infinita de relaciones y de acciones recíprocas, donde nada es lo que era, donde nada está donde estaba, donde todo se mueve, cambia, se transforma y perece... Pero esta manera de observar, aunque aprehenda correctamente el carácter general del cuadro que presenta el conjunto de los fenómenos, no basta sin embargo para explicar los detalles de que se compone ese cuadro de conjunto... Para reconocer esos detalles, nos vemos obligados a separarlos de su encadenamiento natural o histórico, y a estudiarlos individualmente en sus calidades, en sus causas y en sus efectos particulares, etc.» [12].

Pero este método (que Engels califica de metafísico), nos habitúa a aprehender los objetos y los procesos naturales en su aislamiento, aparte de la gran conexión del conjunto, y por consiguiente no en su movimiento, sino en su reposo; en definitiva, «como elementos no esencialmente variables sino fijos; no en su vida, sino en su muerte... Esta visión metafísica tarde o temprano se encuentra con una barrera, más allá de la cual se hace estrecha, limitada, abstracta, y se pierde en contradicciones insolubles: la razón de ello estriba en que ante los objetos singulares, olvida su encadenamiento; ante su ser, olvida su devenir y su perecer; ante su reposo olvida su movimiento; los árboles le impiden ver el bosque... Por tanto, una representación exacta del Universo, de su evolución y de la evolución de la humanidad, así como el reflejo de esta evolución en el cerebro de los hombres no puede hacerse más que por vía dialéctica, teniendo en cuenta constantemente las acciones recíprocas universales del devenir, los cambios progresivos y regresivos... De esta forma, la historia de la humanidad ya no aparece como una confusión caótica» [13], sino como un conjunto de procesos, de cambio continuo, que se influyen recíprocamente, que llevan dentro de sí un conjunto de contradicciones que suponen su autodinamismo, y en donde las transformaciones de carácter cuantitativo por acumulación progresiva dan lugar a transformaciones cualitativas.

Según la concepción marxista, el método dialéctico permite ex-

[12] Friedrich Engels, «Anti-Dübring», ob. cit., págs. 52 y 53.

[13] Ibídem, págs. 54 y 55.

plicar el devenir histórico de la estructura en general, y de las instituciones de una economía. Permite interpretar esa evolución. De ahí su interés para el análisis estructural, siempre que se aplique correctamente, sin pretender introducir moldes prefabricados para conformar esa interpretación a ideas apriorísticas [14].

2. La Contabilidad Social y la dimensión material

En la sección 11 del Capítulo 7 de este mismo libro, veíamos que un conjunto, sea éste el que sea (la economía mundial, una nación, una región, una aglomeración urbana, un sector, etc.), presenta en lo que se refiere a su descripción e interpretación cinco diferentes dimensiones, que abreviadamente denominábamos allí dimensiones material, espacial, temporal, social. A ellas agregábamos una «quinta dimensión», la tecnología, de tan formidable importancia en la realidad económica de hoy.

De esas cinco dimensiones, la primera es la más estrictamente estructural, y por consiguiente será a ella a la que dedicaremos aquí mayor espacio.

La dimensión material es evidente a través de la existencia de unos bienes materiales y de unos servicios personales. Esos bienes y servicios constituyen en principio el producto, el resultado de la actividad económica humana. El hombre, a través del mecanismo del mercado o del plan, asigna a cada uno de tales bienes y servicios un cierto valor, y conforme a él los bienes son objeto de intercambio y consumo. Por tanto, el primer problema que se presenta en Estructura Económica es la medida del valor de los bienes y servicios, así como el registro contable de su intercambio entre los distintos agentes de la actividad económica.

El intento de medir los valores económicos es lo que originó —según vimos con anterioridad— el nacimiento de lo que hoy llamamos Estadística, que tuvo sus primeras manifestaciones en los censos de Población. Pero fue la necesidad de medir ingresos y gastos, y de llevar unos ciertos registros de las transacciones comerciales, lo que hizo surgir, ya desde la Edad Media, toda una técnica de

[14] Es interesante la aportación de Maurice Godelier, en su obra «Rationalité et irrationalité en Economie» (Maspero, París, 1966, versión española en siglo XXI, México, 1967) sobre la aplicación del método dialéctico en Economía.

medición económica que hoy llamamos Contabilidad [15]. Habrían de pasar casi siete siglos para que tales técnicas contables llegaran a aplicarse a las grandes unidades macroeconómicas a través de toda una serie de instrumentos que hoy se agrupan bajo el nombre de Contabilidad Social. Esta denominación fue empleada por primera vez en 1942 por J. R. Hicks [16] en su libro «Estructura de la Economía» [17].

La Contabilidad Social consta de tres ramas básicas: la estimación de la Riqueza Nacional, las Cuentas Nacionales, y la Tabla Input-Output. La finalidad de la Contabilidad Social no es otra que ofrecer una representación lo más sintética posible —pero conservando unas posibilidades operativas— de las corrientes económicas más importantes que se producen dentro de una unidad macroeconómica (región, nación, economía internacional), por medio de cuentas que reflejen las relaciones de carácter cuantitativo existentes entre los distintos sectores de la unidad macroeconómica en cuestión.

Pero el que la Contabilidad Social se conciba hoy como un conjunto de instrumentos analíticos próximos entre sí, no quiere decir que surgiese como tal conjunto. En realidad, el concepto de base para toda la Contabilidad Social es el de Producto o Ingreso Nacional. Su formulación rigurosa se debe fundamentalmente a Irving Fisher [18], cuyos esfuerzos por esbozar los conceptos valorativos de los hechos económicos en forma de agregados son difíciles de exagerar. Muy gráficamente decía Schumpeter que «...lo esencial es que Fisher rompió el hielo» [19].

---

[15] La contabilidad ha sido definida como el «conjunto de anotaciones hechas por un comerciante en sus libros para registrar sus operaciones». Vid. «Comptabilité», en el «Dictionnaire des Sciences Economiques», PUF, París, 1956.

[16] Así lo recuerda Richard Stone en «Definition et Mesure du Revenu National et des Totaux Connexes» en *Etudes et Raports sur les Methodes Statistiques*, núm. 7, Naciones Unidas, Ginebra, 1947.

[17] «...Si deseáramos darle un nombre la llamaríamos Contabilidad Social, ya que no es sino la Contabilidad de la nación o comunidad como un todo, lo mismo que la contabilidad privada constituye la contabilidad de una empresa determinada». Del «Prefacio» a «Estructura de la Economía», fechado en Manchester en mayo de 1942 (Vid. primera reimpresión española, Fondo de Cultura Económica, México, 1958, pág. 8).

[18] «Nature of Capital and Income», publicado en 1906. La primera (y que yo conozca la única) versión española vio la luz (s/f) en «La España Moderna», con el título de *Economía Política Geométrica o Naturaleza del Capital y de la Renta.*

[19] Joseph A. Schumpeter, «Irving Fisher», en «Diez Grandes Economistas», versión española, José María Bosch, Editor, Barcelona, 1955, págs. 288 y 289.

Después, la labor de perfeccionamiento no ha cesado. Así, en los trabajos de Alfred Marshall, el análisis del dividendo nacional y de las causas que influyen en él supuso ya la verdadera médula del análisis. Por su parte. A. C. Pigou, en su obra «Economics of Welfare», aparecida en 1920, centró el examen de las políticas económicas particulares en relación con sus efectos sobre la distribución y la cuantía del dividendo nacional [20]. Y el papel de J. M. Keynes en ese avance hacia lo macroeconómico difícilmente puede ser hipervalorado [21].

En nuestro somero estudio de la Contabilidad Social, empezaremos por el análisis de la Riqueza y el Producto Nacional. Ulteriormente, nos ocuparemos de la significación y aplicaciones de las Cuentas Nacionales y del análisis Input-Output.

3. El análisis de la riqueza nacional

A pesar del precendente de Smith y de otros, la verdadera distinción entre riqueza y renta se debe a Irving Fisher [22]. «Cuando hablamos de cierta cantidad de riqueza —afirma— podemos referirnos ya a una cantidad existente en un momento preciso; ya a una cantidad producida, consumida, cambiada o transportada durante cierto período de tiempo. La primera es un «stock» o fondo *(fund)* de riqueza; la segunda es un flujo *(flow)* o corriente *(stream)* de riqueza» [23].

La riqueza, o fondo, la definió Fisher como el conjunto de los «objetos materiales poseídos en propiedad por seres humanos», y la

[20] Ello es manifiesto a la vista de las cuatro partes en que Pigou divide su obra: I. Bienestar y Dividendo Nacional; II. El tamaño del Dividendo Nacional y la distribución de recursos entre distintos casos; III. El Dividendo Nacional y el Trabajo; IV. La distribución del Dividendo Nacional (A. C. Pigou, «The Economics of Welfare», reimpresión de 1960 de la 4.ª edición, Macmillan, Londres, 1960).

[21] «Todo el modelo keynesiano —afirma el Prof. E. Fuentes Quintana— se halla expresado en macromagnitudes. Un éxito teórico y político ha venido ocultando el problema fundamental que su relación con el análisis neoclásico sugería: el paso del sistema microeconómico al macroeconómico» («Memoria acerca del concepto, método y fuentes de la Economía Política y Hacienda Pública», ob. cit., pág. 374).

[22] Vid. Irving Fisher, «Economía Política Geométrica o Naturaleza del Capital y de la Renta», ob. cit., pág. 68 a 73, donde analiza el concepto de riqueza o capital en Böhm-Bawerk, Knies, Walras, Jevons, Mill, Marx, Senior y otros autores, para exponer finalmente el suyo.

[23] Irving Fisher, «Economía Política Geométrica»..., ob. cit., pág. 66.

desglosó en propiedad inmueble y mercancías. La propiedad inmueble la desagregó a su vez en «tierra» (productiva, vías de transporte, y terrenos de construcción) y «mejoras en la tierra» (edificios privados o públicos, e infraestructuras técnicas públicas). En cuanto a las mercancías (como stocks) distinguió Fisher entre materias primas y productos terminados. La tercera partida integrante de la riqueza nacional no serían otros que los propios «seres humanos» (esclavos y hombres libres).

Fisher no fue mucho más allá en lo relativo a la determinación de la riqueza o capital nacional. El siguiente paso importante en la investigación sistemática de tal magnitud se debe a otros autores, fundamentalmente a J. R. Hicks [24], quien le dio la denominación de capital nacional. «Si la Nación fuera una entidad totalmente aislada —decía Hicks— encontraríamos que, una vez hechas las consolidaciones de forma correcta, la suma de los activos netos de todas las personas e instituciones del país nos dará el mismo valor total que el de los bienes de capital poseídos por la Nación y sus ciudadanos...» [25]. A este resultado habrá que agregar, naturalmente, el saldo, positivo o negativo, de la diferencia entre obligaciones *a cargo* y *a favor* de extranjeros, entre los cuales debe incluirse el monto de la deuda pública en manos de extranjeros.

Así definido el capital nacional, Hicks realizó un intento de medición para el Reino Unido, con una serie de datos referentes a varios años de la década de 1930. El método seguido en su medición consistió en la confección de un balance consolidado nacional, en donde los saldos entre activo y pasivo correspondientes a los diversos sectores se llevaron a una partida que reflejaba precisamente el «capital nacional». Para la construcción del balance, Hicks distinguió tres sectores: privado, empresas y gobierno.

En la estimación del capital nacional por el método del balance propuesto por Hicks, surgen múltiples y difíciles problemas, fundamentalmente de valoración en lo que se refiere al capital fijo empleado por las empresas, y en muchos casos de falta de información

[24] Entre tales autores es preciso citar también a Simon Kuznets por su evaluación de la Fortuna Nacional (aparecido en «Studies in Income and Wealth», volumen II, 1938) y a G. Findlay Shiras por su trabajo «La mesure de la fortune nationale» (Conferences Statistiques Internacionales, Institut Internationale de Statistique, 25.ª session, 1947, reproducido por el Ministerio de Finanzas de Francia).

[25] Vid, el capítulo X, «El capital Nacional» de *Estructura de la Economía* ob. cit., págs. 110-121.

estadística sobre subsectores concretos. Para resolver estas dificultades se ha recurrido normalmente a otros dos métodos: de estimación de la Riqueza Nacional a partir de la Renta Nacional, y sobre la base de los patrimonios transmitidos.

El primer método consiste en capitalizar la renta percibida por los particulares a un tipo de interés que se estima realista.

Con el segundo método indirecto se aspira a valorar las transmisiones hereditarias producidas en un año concreto, para después multiplicar al resultado por un número equivalente a lo que se considera el intervalo de tiempo correspondiente a una generación (en torno a 33 años). El valor así obtenido hay que completarlo además con una estimación directa de la riqueza de entidades tales como el Estado, Iglesias, etc., que tienen escasa o nula actividad de transmisión. Ambos métodos indirectos tienen numerosos defectos, y por ello el del balance —a pesar de sus dificultades— se presenta como el único realmente de interés.

La estimación del capital nacional presenta algunas aplicaciones de interés:

— Conocimiento de la estructura de los activos físicos de la economía nacional en lo referente a su afectación, rentabilidad, edad, etc., lo cual puede ser del mayor interés en el momento de planear una cierta prioridad de inversiones.

— Conocimiento de la distribución de la riqueza entre sectores económicos, grupos sociales, e incluso individuos, lo que permite a la autoridad fiscal planificar los impuestos sobre el capital, e incluso detectar rentas y beneficios imponibles.

— Elementos de contraste para las estimaciones del Producto Nacional Bruto y, en general, para mejorar las Cuentas Nacionales y el sistema estadístico en su conjunto.

— Base de comparación entre la estructura económica de dos o más países.

— Las estimaciones del capital nacional tienen otras muchas aplicaciones: cálculo del patrimonio del Estado, de los activos en manos de extranjeros, construcción de balances sectoriales o de industrias, etc.

Hoy, la mayoría de los países con un cierto nivel de información estadística, disponen ya de estimaciones sobre su Riqueza Nacional.

Por tanto, las aplicaciones antes reseñadas resultan plenamente realizables en estudios específicos [26].

En el cuadro número 1, para apreciar el desglose básico en la evaluación de la Riqueza Nacional, hemos incluido el correspondiente al caso de España en las estimaciones para 1965, 1967 y 1969.

4. El análisis del producto nacional

El Producto Nacional es una magnitud que se obtiene por agregación, según distintos métodos; y que se expresa en términos monetarios, para que los valores agregados den un total homogéneo. Fue la corriente o escuela económica conocida con el nombre «Economía del Bienestar», y más concretamente Pigou, quien puso de relieve la importancia del conocimiento del Producto Nacional.

Para Pigou, el bienestar era un concepto extremadamente amplio, cuyos elementos —estados de conciencia— constituían un vasto conjunto de satisfacciones e insatisfacciones. Por ello, «el bienestar no puede definirse ni medirse con toda precisión; a lo sumo puede colocarse en la categoría del más o menos». Pero como la Economía es esencialmente cuantitativa y, por tanto, todo lo que en ella se trata tiene que ser en alguna manera susceptible de medida, Pigou se concretó a estudiar solamente aquel grupo de satisfacciones e insatisfacciones que afectan al bienestar y que pueden medirse en dinero, es decir, lo que podría denominarse «bienestar económico», cuya contrapartida objetiva es el dividendo o renta nacional [27].

Sobre la base indicada, podría afirmarse, pues, que el bienestar

---

[26] El trabajo más completo (con abundante bibliografía) sobre los censos de riqueza elaborados en los EE. UU. es el de S. Hoenack «Historical Census and Estimates of Wealth in the United States», en *Studies in Income and Wealth*, NBER, vol. 29, 1964, págs. 117 a 197. En este mismo volumen de NBER hay abundante información sobre estudios de Riqueza Nacional en un gran número de países. Recordemos como de mayor interés las estimaciones llevadas a cabo en Canadá (Thomas K. Rymes, «National Wealth Measurement in Canada», en los *Studies on Income and Wealth*, págs. 219 a 228); respecto de la URSS, puede verse Adam Kaufman, «The Soviet Capital Stock Inventory and Revaluation» (págs. 270 a 276); en relación con la Economía nipona, Yataka Shimizu, «Wealth Surveys in Japan» (págs. 227 a 290). En España fue la Universidad Comercial de Deusto (Bilbao) la que en 1968 publicó la obra «Riqueza nacional de España».

[27] A. C. Pigou, «The Economics of Welfare», ob. cit., págs. 10 a 12.

Cuadro 1
ESTIMACION DE LA RIQUEZA NACIONAL AL 31 DE DICIEMBRE DE 1965, 1967 Y 1969, EN MILES DE MILLONES DE PESETAS CORRIENTES

Sectores	1965	1967	1969
Riqueza agraria	1.502	1.556	1.622
Flota pesquera	32	35	42
Viviendas	1.817	2.038	2.325
Carreteras	137	154	180
Vehículos	116	181	288
Transportes urbanos colectivos	10	14	18
Ferrocarriles	69	91	104
Puertos	26	35	42
Flota mercante	25	31	40
Aeropuertos	15	14	16
Flota aérea	6	10	22
Comunicaciones	56	82	114
Riqueza industrial	1.193	1.459	1.922
Administración Pública, etc.	396	434	506
Hostelería	95	137	172
Esparcimientos	55	67	72
Servicios comerciales	359	401	456
Banca y Seguros	23	24	28
Riqueza urbanística	222	243	278
Riqueza en poder de particulares	656	748	869
Valor total de la riqueza interior de España	6.802	7.753	9.119
Valor de los activos extranjeros	98	76	62
Riqueza Nacional de España	6.900	7.829	9.181

Fuente: Universidad Comercial de Deusto, «Riqueza Nacional de España. Apéndice», Bilbao, 1971, págs. 228 y 229.

de la comunidad será tanto mayor cuanto mayor sea el Producto Nacional, cuanto más equitativamente esté distribuido (después de haber deducido de él las amortizaciones e impuestos indirectos), cuanto más rápidamente se incremente, y cuanto con mayor productividad (es decir, con menor esfuerzo) se obtenga.

El concepto de ingreso nacional, dividendo nacional, o *producto nacional*, como hoy más generalizadamente se le denomina, no es una novedad en la historia del pensamiento económico. Como ha puesto de relieve Eric Roll [28], desde los propios comienzos de la ciencia económica moderna, el Producto Nacional ha estado, más o menos implícitamente, pero de forma continua, dentro del área central de la investigación económica: en el proceso de circulación de los fisiócratas (Turgot, Quesnay, etc.), en el fondo anual de Adam Smith, en las participaciones relativas del factor de producción de Ricardo, etc. En un largo proceso [29] han venido depurándose los conceptos, hasta llegar a formulaciones convencionales hoy generalmente aceptadas.

Los conceptos que pueden considerarse básicos en relación con el Producto y la Renta Nacional son los siguientes: Producto Nacional Bruto, Producto Nacional Neto, Renta Nacional, Renta Personal, y Renta Disponible.

El *Producto Nacional Bruto* (PNB) a los precios de mercado, es la medida fundamental de la actividad productiva de una economía nacional. Puede definirse como la suma del valor de todos los bienes y servicios finales producidos en la Nación en un año (Producto Interior Bruto), deduciendo de ese total la parte que se debe a los servicios prestados por factores productivos extranjeros, y adicionándole el producto que corresponde —de los obtenidos en otros países— a los servicios de los factores nacionales. Dos observaciones deben hacerse para que el concepto quede totalmente claro. El PNB es *Bruto* porque incluye la inversión para la reposición (amortización). Hablamos de bienes y servicios *finales* porque se excluyen los de carácter intermedio para evitar el doble cómputo de un mismo valor [30].

La principal ventaja del PNB como medida de la total actividad económica de un país consiste en su carácter global, que no plantea problemas, siempre difíciles de resolver, como el de la valoración de las amortizaciones. No es extraño, por tanto, que para las comparaciones internacionales e intertemporales el PNB sea generalmente la magnitud más adecuada.

Una vez obtenido el concepto de PNB resulta fácil de alcanzar

---

[28] Eric Roll, «Historia de las Doctrinas Económicas», tercera edición española, FCE, México, 1958, págs. 469 y sigs.

[29] En el que es preciso destacar a Gregory King (1648-1712), William Petty, ya mencionado, Arthur Young (1741-1820), Patrick Colguhoum (1745-1820); y ya en el siglo XX, Bowley, Stamp, Clark, Stone, etc.

[30] Kenneth K. Kurihara, «National Income and Economic Growth», George Allen & Unwing, Londres, 1961, págs. 13 y sigs.

el de sus magnitudes derivadas. El *Producto Nacional Neto* (PNN) a los precios de mercado, tal como lo indica el calificativo de *neto*, se obtiene a partir del PNB, deduciendo de él el capital consumido o depreciado a lo largo del año. En otras palabras, en el PNN solamente se incluye la inversión neta del capital, y no la destinada a reposición, esto es, a mantener constante el capital anteriormente disponible. La utilidad básica del PNN en el análisis económico ha sido muy discutida. Sin embargo, no cabe duda de que en su evolución mide mejor que ninguna otra magnitud el incremento neto de la producción, al no incluir la inversión destinada a reposición. Por otra parte, al incluir la inversión neta, con la evolución del PNN se puede seguir mejor el verdadero esfuerzo realizado para forzar el crecimiento económico.

El PNN, tal como se ha definido en las líneas anteriores, es el que se obtiene, al igual que el PNB a los precios de mercado, valorando la producción a los precios de venta que, naturalmente, incluyen los impuestos indirectos y las subvenciones. Por esta razón, al PNN se le denomina frecuentemente «PNN a los precios de mercado», para diferenciarlo del «PNN al coste de los factores», estimación en la cual se deducen los impuestos indirectos y se suman las subvenciones.

Este «PNN al coste de los factores» es lo que precisamente recibe el nombre de *Renta Nacional* (RN) que en rigor habría de calificarse de «RN en sentido estricto», por el empleo a veces muy vago que se hace de la expresión RN asimilándola indebidamente al PNB o al PNN a los precios de mercado. Inicialmente, podemos definir la RN como la corriente de bienes y servicios *recibidos* por la comunidad económica nacional durante un año.

La RN es generalmente considerada como la magnitud macroeconómica más significativa; además de las ventajas ya señaladas para el PNN, muestra asimismo cuál es la retribución de los factores de producción. Por otra parte, las dos magnitudes de la renta per cápita y *renta por individuo activo*, derivadas ambas de la RN sin más que tomar como divisor la población total y la población activa, respectivamente, son los dos conceptos básicos en el estudio de la distribución personal de la renta, cuestión a la que nos referimos más adelante.

Otro concepto derivado del de RN es la «*Renta Nacional Real*», que no consiste en otra cosa que en la RN deflactada según el índice general de precios. Con ello se reduce la Renta estimada en moneda corriente a RN a precios constantes o moneda de valor adquisitivo constante. Esta magnitud se emplea en general para medir la evolución de la actividad económica, dentro de un mismo país a través del tiempo, a fin de suprimir los efectos inflacionistas o deflacionistas que si no son eliminados pueden engendrar imágenes engañosas.

Pero dentro de los partidarios de la Economía del Bienestar la magnitud derivada de la RN que ha alcanzado una mayor relevancia es la *Renta Personal* (RP). Se obtiene la RP deduciendo de la RN los beneficios no distribuidos por las sociedades, los impuestos sobre los beneficios de las sociedades y los impuestos pagados para la financiación de los seguros sociales; al propio tiempo, se agregan las transferencias (prestaciones de la Seguridad Social e intereses de la Deuda Pública). En definitiva, el conocimiento de la Renta Personal proporciona una idea bastante aproximada del poder adquisitivo potencial del sector de las economías familiares. Pero aún es preciso hacer nuevas deducciones para llegar a la magnitud más depurada en este sentido.

Nos referimos, naturalmente, a la *Renta Disponible* (RD) que nos proporciona un conocimiento exacto de la suma de que dispone el sector doméstico para fines de consumo y ahorro. La RD es igual a la RP *menos* los impuestos directos, que naturalmente constituyen una parte de la RP que el individuo no puede emplear sino en el pago de sus obligaciones con la Hacienda. Así pues, la RD es una magnitud que difiere a veces considerablemente de un país a otro en relación con la RP, según sea mayor o menor la progresividad del sistema tributario.

Los *métodos de estimación* del producto social pueden referirse al momento de la producción (producto nacional), al del ingreso (ingreso social), y al del gasto (gasto social). Por tanto, podemos concluir: Producto social = Ingreso social = Gasto social. La medición en términos monetarios de cada uno de estos conceptos nos dará una cifra teóricamente idéntica, que constituye el flujo de la renta en sus tres diferentes momentos, según tres formas distintas de agregación. En términos más estrictos, el método del «*Censo de Producción*» es el que permite un conocimiento más completo de la estructura del sistema productivo, y por ello es el más utilizado para el conocimiento del Producto Interior Bruto (PIB). Se realiza por medio de la suma de los valores añadidos de los siguientes grandes sectores, todos los cuales están subdivididos en un gran número de subsectores. En los «Métodos» de las Naciones Unidas se distinguen los sectores siguientes [31]:

1. Agricultura, Silvicultura, Caza y Pesca.
2. Minería y Canteras.
3. Industrias manufactureras.
4. Construcción.
5. Electricidad, Gas, Agua y Servicios Sanitarios.
6. Transporte, Almacenamiento y Comunicaciones.
7. Comercio al por mayor y al por menor.
8. Bancos, Seguros y Propiedad Inmobiliaria.
9. Alquileres.
10. Administración Pública y Defensa.

PIB al coste de los factores.

5. La economía sumergida

En el cálculo oficial del producto social, no entran numerosas actividades que por una serie de razones quedan al margen de los circuitos estadísticos, fiscales, laborales, etc. Se trata de lo que, según los países, se llama economía informal, sumergida, oculta o encubierta. En un análisis sobre el caso español, José B. Terceiro sistematizaba los diversos elementos de este sector marginal de la economía:

1. Producción de bienes en domicilio o talleres clandestinos.
2. Producción de servicios a domicilio.
3. Pluriempleo no declarado.
4. Trabajo realizado por perceptores del seguro de desempleo.
5. Actividad no declarada de pequeños empresarios, comisionistas y trabajadores autónomos.

---

[31] NBER, «Studies in Methods» (Series F, núm. 8), Nueva York, enero 1955, págs. 9 y sigs. Esta publicación se ha convertido en un auténtico manual para las estimaciones de Renta Nacional de un gran número de países. Los métodos de estimación del Producto y la Renta Nacional recomendados por las Naciones Unidas forman un todo coherente con el sistema de Cuentas Nacionales normalizadas que preconiza dicho organismo. En el caso del Método del Censo de Producción, el resumen que hemos transcrito más arriba corresponde al Cuadro número 2 del sistema de cuentas («Origen Industrial del Producto Nacional Bruto al coste de los Factores»), Vid. Naciones Unidas, «Methods of Nacional Income Estimation», ob. cit., págs. 6 y 43.

6. Empleo extranjero ilegal.
7. Propinas y gratificaciones.
8. Evasiones impositivas.
9. Robos de empleados en sus empresas (considerados como gastos por éstas, y no como renta por aquéllos).
10. Juego clandestino.
11. Prostitución.
12. Tráfico de drogas.

Entre las causas del crecimiento de la economía sumergida, cabe señalar las siguientes:

1. La intensidad de la regulación económica. El incremento de las reglamentaciones gubernamentales en materia de amortizaciones y controles, incentiva a las empresas a eludir los mayores costes de la regulación, desplazando una parte de sus actividades a la economía encubierta. De igual forma, el incremento de la presión fiscal es técnicamente irresistible para algunas empresas, que dejan de ser competitivas, en igualdad de costes, respecto a las de otros países, por su baja productividad derivada del retraso en la adopción de nuevas tecnologías.
2. El coste del factor trabajo (salarios y Seguridad Social).
3. La rigidez del mercado de trabajo, tanto por las regulaciones oficiales como por el sindicalismo.
4. La desconfianza en el Gobierno y la falta de una política económica estable, lo que lleva a las empresas a reducir sus costes fijos, optando por la subcontratación, lo cual a su vez conduce a la proliferación de las *fábricas difusas.*
5. Otras causas de menor importancia, como la atribuida por R. Klatzmann al pluriempleo masculino: «huir de la familia por las tardes, los sábados y los domingos.»

Es difícil el cálculo de lo que en términos de PIB puede representar la economía encubierta en España. A. Lafuente la estimó en 1978 en el 23 por 100, y J. B. Terceiro la cifró, para 1981, en un 33 por 100, uno de los porcentajes más altos (Japón, 10 por 100; Reino Unido, 20; EE. UU., 25; Italia, 40) [32].

---

[32] José B. Terceiro, «La economía encubierta» *Anuario El País, 1982.* La bibliografía sobre economía sumergida es ya verdaderamente amplia. Con carácter general, citemos a Alfred Sauvy por su libro «El trabajo negro y la economía de mañana», versión española, Planeta, Barcelona, 1985. Y en cuanto a España, la obra de Santos

6. Las Cuentas Nacionales

Decía el profesor Schneider que la contabilidad es el nombre genérico de todas las anotaciones que se llevan a cabo en una empresa con objeto de proporcionar: a) una imagen numérica de lo que en la realidad sucede en la vida y en la actividad de la empresa; b) una base de cifras para las actuaciones de la gerencia. Tomando como base esta definición, podemos afirmar que el objeto de la Contabilidad Nacional es «proporcionar una imagen numérica de lo que en realidad sucede en la vida y en la actividad de una economía nacional, siendo, por tanto, una base de cifras para la actuación de los organismos estatales que en mayor o menor grado la dirigen y controlan» [33]. La contabilidad nacional es, pues, un medio fundamental para conocer la estructura de la economía nacional y un instrumento básico de la política económica. Más adelante nos referimos a algunas de las aplicaciones específicas de la contabilidad nacional.

Puede afirmarse que el padre de la contabilidad nacional es Irving Fisher. Como ya vimos antes, Fisher supo exponer de forma clara la diferencia existente entre el estático concepto de *fondo de riqueza*, y el de *corriente* o *flujo* de créditos y débitos que tiene un carácter claramente dinámico. Con esos flujos es precisamente como se financian las corrientes *reales* de bienes y servicios que se producen dentro de cualquier economía nacional por sus distintos sectores [34].

Ulteriormente, la contribución más importante al progreso de la contabilidad nacional considerada en un sentido amplio fueron los

---

M. Ruesga «Al otro lado de la economía», Pirámide, Madrid, 1988. A nivel Europeo es de indudable interés el trabajo de la revista *Newsweek*, «The Black Economy» (30 de junio de 1986). Como encuesta sobre economía sumergida, Ministerio de Economía y Hacienda, «Análisis de las condiciones de vida y trabajo en España», Madrid 1988 (trabajo de J. Muro, J. L. Raymond, L. Toharia y E. Uriel; asimismo, Joaquín Trigo Portela, «Barreras a la creación de empresas y economía irregular», Instituto de Estudios Económicos, Madrid, 1988.

[33] Facultad de Ciencias Políticas, Económicas y Comerciales, Instituto de Economía Sancho de Moncada, «La Contabilidad Nacional de España». *(Cuentas y Cuadros de 1954)*, Fábrica Nacional de Moneda y Timbre *(FNMT)*, Madrid, 1958, pág. 49. Este trabajo fue elaborado, bajo la dirección de Manuel de Torres Martínez, por V. Andrés Alvarez, J. L. Sampedro Sáez, E. Fuentes Quintana, A. Alcaide Inchausti, J. Fernández Castañeda y A. Santos Blanco.

[34] Un buen resumen de la aportación de I. Fisher es el que figura en el libro de Ingvar Ohlson, «Contabilidad Nacional», versión española, Editorial Aguilar, 2.ª edición, Madrid, 1960, págs. 56-60.

estudios realizados sobre Renta Nacional, en los cuales el impulso decisivo procedió de la llamada Escuela del Bienestar, y sobre todo de los trabajos del profesor Pigou sobre esta materia, a los que también hemos hecho alusión anteriormente.

Pero la cuestión de la contabilidad nacional fue abordada por primera vez de manera sistemática por J. R. Hicks en sus obras «The Valuation of Social Income» (1940) y «The Social Framework» (1942). Al hacer sus reseñas críticas sobre esta obra, el profesor Robinson hacía el siguiente comentario, bien ilustrativo del significado del trabajo de Hicks: «Un distinguido físico me dijo una vez que la física moderna empezó cuando se abandonaron los conceptos inmedibles y cuando sus estudiosos se confinaron solamente a los medibles. Me preguntó cuándo seguiría la Economía su ejemplo. El libro del profesor Hicks le deleitaría. Rara vez se emplea un concepto que no sea inmediatamente capaz de ser medido estadísticamente» [35].

Finalmente, en esta sucesión de hitos que esquemáticamente exponemos, se puede decir que el planteamiento científicamente esquematizado por primera vez por Hicks en 1942, adquirió su plena operatividad con los trabajos de varios equipos de economistas dedicados a elaborar sistemas que sirvieran de modelo para la preparación de contabilidades nacionales. Entre tales equipos destaca por su gran alcance el encabezado por J. R. Stone, quien en 1984 fue galardonado con el Premio Nobel de Economía por tales trabajos.

La Sociedad de las Naciones encargó a J. R. Stone la preparación de un modelo de contabilidad nacional que sirviera de base a los países miembros de esta organización internacional; su informe sólo quedó ultimado en 1945, cuando dicho organismo prácticamente ya había dejado de existir. Las Naciones Unidas, continuadoras de la SDN, mantuvieron su encargo a Stone, y en 1947 se publicó un primer informe sobre Contabilidad Nacional [36].

Ulteriormente —en 1950—, y esta vez al frente del Departamento de la OECE «National Accounts Research Unit», Stone elaboró un sistema simplificado de contabilidad nacional para su eventual adopción por los países miembros de la citada organización regional.

---

[35] Citado por el profesor Velarde en «Consideraciones sobre la Contabilidad Nacional de España», *Anales de Economía*, vol. XVII, diciembre, 1957, núm. 65, pág. 483.

[36] United Nations, «Measurement of National Income and the Construction of Social Accounts. Studies and Reports on Statistical Methods», Ginebra, 1947. Este estudio se publicó con un apéndice firmado por J. R. Stone titulado «Definition and Measurement of the National Income and Related Totals».

Sin embargo, el sistema simplificado resultó ser «excesivamente simplificado». Por ello, en 1952 Stone presentó un segundo informe a la OECE acompañado de un modelo más completo de cuentas nacionales, que llevó por título «Sistema Normalizado de la OECE» [37]. Este sistema de contabilidad nacional se adoptó en la mayor parte de los países. Por esta razón, nuestro estudio de la contabilidad nacional lo centramos primeramente en este sistema normalizado, en este mismo Capítulo, para después, en el Capítulo 12 ocuparnos del nuevo sistema SEC que es el actualmente en vigencia en España que actualmente está en curso de profunda revisión.

6.1. *La base teórica de la contabilidad nacional*

La contabilidad nacional constituye un sistema contable aplicado a la economía nacional, de partida doble y con todas las cuentas necesarias para que el sistema sea cerrado. Lógicamente, por muy perfecto que sea el sistema, nunca puede aspirar a configurarse en un número excesivo de cuentas y partidas, pues aunque ello representaría un mayor volumen de información sistematizada, significaría al propio tiempo la pérdida de la visión global del funcionamiento de la economía. Por otra parte, la necesidad de detallar la composición de determinadas partidas contenidas en las cuentas, sin oscurecer el sentido de éstas, se ve perfectamente instrumentada mediante la construcción de los cuadros complementarios, en donde se explica el proceso de agregación seguido para obtener como resultado final las cifras incluidas en aquellas partidas.

En la contabilidad nacional se consolidan (eliminando, por tanto, las transacciones realizadas dentro de un mismo sector) y se integran los flujos económicos de entrada y salida de todos los agentes de cada sector económico; esa integración y consolidación se traduce en la apertura de una cuenta para cada sector. En cada una de estas cuentas quedan registrados, pues, los movimientos de créditos y débitos del sector en cuestión con todos los demás sectores de la economía nacional. Las salidas del sector se registran en el *debe* y las entradas en el mismo en el *haber*.

Los sectores que básicamente se consideran en cualquier conta-

---

[37] National Accounts Research Unit of the OEEC, «A standardised System of National Accounts», OEEC, París, 1952.

bilidad nacional, y así sucede también con el sistema normalizado de la OECE, según veremos más adelante, son los siguientes: las empresas o unidades de producción; las unidades de consumo: economías familiares (o domésticas) e instituciones sin fines de lucro; el Sector Público. Estos tres sectores resultan de considerar los dos sectores básicos, el privado —que se desglosa a su vez en sus dos vertientes: producción (empresas) y consumo (familias)— y el público.

Sin embargo, no todo es producir y consumir dentro de una economía nacional. Aunque en definitiva todo lo que se produce se destina al consumo en una u otra forma, lo cierto es que gran parte del consumo es aplazado o, en otras palabras, se destina a la inversión. Este consumo aplazado o inversión requiere, pues, la apertura de una nueva cuenta, que en el sistema de la OECE se titula «Formación de Capital» y que constituye, a los efectos contables, un cuarto «sector». Aunque no debe entenderse la palabra sector en el sentido tradicional de agregación de agentes productores o consumidores, sino como el fondo del capital generado por esos sectores productores y consumidores.

Por razones análogas a las vistas para el caso de la Formación Bruta de Capital, es necesaria la apertura de otra cuenta para las relaciones entre los tres sectores básicos y la «Formación del Capital» con el extranjero, ya que prácticamente no existen economías nacionales cerradas. Esta cuenta, que lleva el nombre de «Operaciones con el Extranjero», ha de registrar, por tanto, las transacciones económicas de todo tipo entre los cuatro sectores nacionales y los agentes extranjeros (que, a estos efectos, se integran y consolidan como un solo sector). La Cuenta de Operaciones con el Extranjero equivale, pues, a la Balanza de Pagos.

Los datos de base cuyos valores se registran en la contabilidad nacional son enormemente heterogéneos, ya que se refieren a transacciones muy diversas. Por ello, para obtener esa visión de conjunto a que se aspira, es necesario agrupar tales magnitudes en grandes conjuntos o magnitudes *macroeconómicas* verdaderamente significativas (Renta Nacional, Producto Nacional Bruto, Gasto Nacional Bruto, Formación Bruta de Capital, etc.). Esto es lo que da a las Cuentas Nacionales su carácter de contabilidad de agregados y, en definitiva, su pleno sentido macroeconómico, en contraste con el microeconómico de la contabilidad empresarial.

6.2. *Las aplicaciones de la contabilidad nacional*

Si los estudiantes sobre contabilidad nacional y la elaboración práctica de las cuentas nacionales experimentaron en la postguerra un auge realmente extraordinario [38], ello se debió a sus múltiples aplicaciones para el conocimiento de la estructura económica y como base de la política económica. Aparte de las que apreciaremos ulteriormente, al ocuparnos con detalle de las cuentas del sistema normalizado de la OECE, a continuación tratamos de sintetizar algunas de las principales aplicaciones que nos ofrece la contabilidad nacional.

1. En primer lugar, y como señala Johan Akerman, la contabilidad nacional facilita el análisis estructural, en cuanto que permite caracterizar el tipo de comunidad ante el cual nos encontramos mediante la aplicación de «indicadores de estructura», como por ejemplo «la distribución de la renta nacional entre los intereses públicos y privados» [39].

2. Asismismo, la contabilidad nacional proporciona información sobre ciertas «propiedades estructurales» [40] de la economía, de útil conocimiento para formular políticas económicas. Por ejemplo, es interesante saber qué proporción del producto se dedica al consumo y cuál a la formación de capital, ya que la aceleración de la tasa de inversión

$$\frac{\text{Inversión}}{\text{PNB}} \times 100$$

es la palanca fundamental del crecimiento. El papel que desempeña el sector exterior en el suministro de bienes y servicios a la economía nacional es también de conocimiento indispensable, pues los «cuellos de botella» (*bottle-necks*) o estrangulamientos del comercio exterior

---

[38] En 1964, los países que elaboraban regularmente sus Cuentas Nacionales ascendía, según las Naciones Unidas, a sesenta. Véase Naciones Unidas: «National Accounting Practices in Sixty Countries», *Studies in Methods*, Series F, núm. 11, Nueva York, 1964. Esta publicación es suplemento del *Yearbook of National Accounts Statistics,* que como su nombre expresa, se publica anualmente.

[39] Vid. Johan Akerman, «Ekonomisk Teori», vol. I, págs. 269 y sigs., citado por Ingvar Ohlsson en «Contabilidad Nacional», 2.ª edición española, Aguilar, Madrid, 1960, pág. 40.

[40] Esta expresión, tan similar a la de Akerman se emplea en la publicación de las Naciones Unidas, «Un sistema de cuentas nacionales...», ob. cit., pág. 2.

pueden frenar todo el desarrollo nacional. El peso de los impuestos directos dentro de los ingresos totales del sector público es otro dato de la realidad que nos proporciona la contabilidad nacional sobre el sistema fiscal.

3. Al propio tiempo, si la contabilidad nacional se elabora no sólo año a año, sino también mensualmente, de hecho se convierte en el mejor conjunto de indicadores de coyuntura, pues a través de ella puede seguirse perfectamente la evolución de las principales magnitudes macroeconómicas. Una observación casi «cinematográfica» de la coyuntura permitiría a la política económica el óptimo manejo de los recursos.

4. La contabilidad nacional es asimismo indispensable para la formación de «un presupuesto económico nacional», en donde se prevea con razonable seguridad el equilibrio de la oferta y la demanda de recursos productivos y su financiación. Esta clase de estimación presupuestaria nacional ha venido aplicándose en los últimos años en muchos países del mundo occidental [41]. Naturalmente, para la planificación económica, la contabilidad nacional es aún más necesaria, pues en definitiva su base en buena medida consiste en la proyección de las magnitudes macroeconómicas básicas, normalmente a partir de una serie histórica que sólo la contabilidad nacional puede proporcionar.

5. Una aplicación que está adquiriendo cada vez más importancia es el empleo de la contabilidad nacional en las discusiones parlamentarias y en el control del gobierno por el Parlamento. El lenguaje de la contabilidad nacional ha llegado a hacerse indispensable en la discusión política [42].

---

[41] Ibídem, pág. 2. Por primera vez se aplicó un presupuesto económico nacional en el Reino Unido en 1941. Ese año, el Presupuesto del Estado dejó de ser mirado como una mera previsión de las finanzas del Estado, y se convirtió en un instrumento para preservar la estabilidad de la economía. Vid. H. C. Edey y A. T. Peacock, «National Income and Social Accounting», Huntchinson's University Library, Londres, 1954, pág. 120. Ulteriormente, el país donde más se desarrollaron estos presupuestos económicos fue Francia, en la que se elaboran normalmente por el Ministerio de Finanzas desde 1953, habiéndose convertido en obligatorios a partir de 1956. Sobre este punto Vid. Henri Culmann, «Les comptabilités nationales», Presses Universitaires, París, 1965, págs. 11 y sigs.

[42] Vid. C. A. Oomens, «La Experiencia de las Cuentas Nacionales de los Países Bajos», en *El Ingreso y la Riqueza. Trabajos presentados en la Conferencia de la Asociación Internacional para la Investigación del Ingreso y la Riqueza celebrada en Río de Janeiro en junio de 1959*, versión española, FCE, México, 1963, págs. 125 y

6. La contabilidad nacional, cuando se realiza conforme a un sistema normalizado, hace posible disponer de un mejor cuerpo de comparaciones económicas internacionales. No es preciso subrayar la importancia de tales comparaciones en una época en que la integración y/o interpenetración de las economías es cada vez mayor. La situación de una economía nacional ya no sólo puede ser calificada de buena o mala *per se*, sino que esos calificativos se aplican cada vez más en comparación con lo que sucede con las economías más próximas. Los sistemas de contabilidad nacional normalizados de las Naciones Unidas, la OCDE y la CE, han suministrado en este sentido un instrumento de muy alto valor.

7. Históricamente, la contabilidad del sector público es mucho más antigua que cualquier clase de contabilidad nacional. Pero lo cierto es que la inserción del sector público dentro de la contabilidad nacional ha impulsado todo un proceso de mejoramiento de la contabilidad pública, que de un simple conjunto de cuentas de caja se han convertido en todo un sistema contable. Con ello, además del tradicional objetivo de vigilar los gastos públicos, la Administración pasa a contar con una guía fundamental en la adopción de decisiones gubernamentales, que lógicamente tienen una incidencia previsible en la economía nacional [43].

8. La elaboración de un sistema de cuentas nacionales es el mejor método para apreciar el verdadero alcance de las lagunas estadísticas existentes en un país y, sin duda, constituye un paso indispensable para cubrirlas debidamente. Al propio tiempo, contando con un sistema de contabilidad nacional, es posible organizar todo el procedimiento de recogida y elaboración de datos estadísticos de la nación de una forma coherente, ordenada y económica en torno a las necesidades de la contabilidad nacional.

Aún podrían citarse otras aplicaciones interesantes de la contabilidad nacional, pero insistir más en el tema es innecesario, habida cuenta de la importancia de las que quedan señaladas, que llevan a la plena convicción de que ya no es posible el gobierno racional de un país sin un buen sistema de cuentas nacionales. Si este sistema

---

sigs. Asimismo, Bertram M. Gross, «The State of Nation. Social Systems Accounting», Tavistock, Londres, 1955.

[43] Vid. a este propósito Richard y Nancy Ruggels, «Contabilidad Económica Nacional y Contabilidad del Sector Público», en *El Ingreso y la Riqueza*, ob. cit. (nota 42), págs. 133 y sigs.

nacional se completa con las cuentas de las diversas regiones (según veremos en el Capítulo 13), la visión de la realidad se hace aún más transparente y —valga la reiteración— más real.

6.3. *El sistema normalizado de la OCDE*

De los dos primeros sistemas normalizados (Naciones Unidas y OCDE), el de la OCDE, fue el más aplicado, según subrayamos antes [45]. Este sistema se compone de seis cuentas y diez cuadros, cuyos epígrafes figuran en la tabla de la página siguiente.

En cada una de las cuentas, las partidas aparecen numeradas conforme al sistema decimal, de modo que el primer dígito indica el número de la cuenta, y el segundo, el número de la partida. Así, por ejemplo, la partida impuestos indirectos tiene la notación 1.3, lo cual significa que está en la cuenta número 1 y que dentro de ella aparece como partida número 3. Al final de cada partida existe un paréntesis donde por medio de otros dos dígitos se indica su correspondencia con su segundo asiento en otra cuenta. Así, en el ejemplo tomado anteriormente —impuestos indirectos— el paréntesis (3.8) indica que esta partida también aparece con el número 8 dentro de la cuenta número 3. La partida en cuestión aparece, por tanto, en el *debe* de la cuenta 1 y en el *haber* de la cuenta 3; por consiguiente, es simultáneamente una *salida* de la cuenta 1 (Producto Nacional) y una *entrada* de la cuenta 3 (Ingresos de las Administraciones Públicas).

En el cuadro número 3 incluimos el detalle de las seis cuentas nacionales referidas a España para 1971 y 1972. Ya en los años 70 —y retrospectivamente desde el propio año 1970— en toda Europa se generalizó el nuevo sistema conocido como SEC, al que como ya se ha indicado más de una vez nos referimos in extenso en el capítulo 12 en términos generales, y en el 13 en términos regionales.

---

[44] Hay que destacar que el sistema de la OCDE se diseñó en 1948 (en la entonces OECE), y el primero de las Naciones Unidas en 1953; ambos con la activa participación de Richard Stone.

[45] El nuevo sistema de contabilidad nacional preparado por la ONU data de 1970 y su detallada explicación figura en la publicación de la Oficina de Estadística de las Naciones Unidas que lleva por título «Un sistema de cuentas nacionales» (Serie F, núm. 2, rev. 3, Nueva York, 1970, 248 páginas). En su versión europea aplicada a España, lo estudiamos en el Capítulo 12.

SISTEMA NORMALIZADO DE LA OCDE

Cuentas	Cuadros
1. Producto Nacional y Gasto Nacional.	1. Distribución del PNB evaluado al coste de los factores entre las distintas ramas de la actividad productiva.
	2. Financiación de los Gastos Brutos de la Economía Nacional.
2. Renta Nacional.	3. Composición de la Renta Nacional y su relación con los demás agregados de renta y producción.
3. Cuenta Consolidada del Sector Público.	4. Ingresos y Gastos del Sector Público.
	5. Gastos corrientes del Sector Público en bienes y servicios.
4. Economía Doméstica e Instituciones Privadas sin Fines de Lucro.	6. Ingresos y Gastos de las Economías Domésticas y de las Instituciones sin Fines de Lucro.
	7. Composición de los Gastos de los Consumidores en bienes y servicios.
5. Formación Bruta de Capital.	8. Financiación de la Formación Interior Bruta de Capital.
	9. Detalle de la Formación Interior Bruta de Capital.
6. Operaciones con el Extranjero.	10. Balanza de Pagos.

Cuadro 3
CUENTAS NACIONALES DE ESPAÑA PARA 1971 Y 1972, EN MILES DE MILLONES DE PESETAS CORRIENTES

Cuentas		Partidas	1971	1972
CUENTA 1: PRODUCTO Y GASTOS NACIONALES	1.1.	Renta Nacional (2.8)	2.160	2.521
	1.2.	Amortizaciones y otras provisiones de explotación (5.3)	190	214
	1.3.	Impuestos indirectos (3.8)	230	273
	1.4.	Menos: Subvenciones (3.2)	43	48
		PNB a los precios de mercado	2.537	2.960
	1.5.	Gastos de los cosumidores en «bys» (4.1)	1.702	1.968
	1.6.	Gastos corrientes de las «AP» en «bys» (3.1)	288	343
	1.7.	FIBC (5.1)	541	662
	1.8.	Ventas de «bys» al RM y renta de factores pagados por RM (6.1)	417	489
	1.9.	Menos: Compras de «bys» al RM y ventas de los factores pagados al RM (6.5)	410	502
		GNB a los precios de mercado	2.538	2.960

Cuentas		Partidas	1971	1972
CUENTA 2: RENTA NACIONAL	2.1.	Remuneración asalariados (4.5)	1.291	1.510
	2.2.	Rentas de la propiedad y de la empresa de las «ED» (4.6)	680	779
	2.3.	Ahorro de las sociedades (5.5)	98	128
	2.4.	Impuestos directos sobre las sociedades (3.10)	72	84
	2.5.	Rentas de la Propiedad y de la empresa de las «AP» (3.6)	36	38
	2.6.	Menos: Intereses de la «DP» (3.7)	17	19
	2.7.	Menos: Intereses Deuda consumidores (4.7)	—	—
		Renta Nacional	2.160	2.520
	2.8.	Renta Nacional (1.1)	2.160	2.520
		Renta Nacional	2.160	2.520
CUENTA 3: INGRESOS Y GASTOS DE LAS ADMINISTRACIONES PUBLICAS	3.1.	Gastos corrientes en «bys» (1.6)	288	243
	3.2.	Subvenciones (1.4)	43	48
	3.3.	Transferencias corrientes netas a las «ED» (4.8)	163	187
	3.4.	Transferencias corrientes al «RM» (6.6)	0	1
	3.5.	Ahorro de las «AP» (5.4)	82	95
		Gastos corrientes y ahorros de las «AP»	577	675
	3.6.	Rentas de la propiedad y de la empresa de las «AP» (2.5)	36	38
	3.7.	Menos: Intereses de la «DP» (2.6)	16	19
	3.8.	Impuestos indirectos (1.3)	230	273
	3.9.	Impuestos directos sobre las «ED» (4.2)	255	297
	3.10.	Impuestos sobre las sociedades (2.4)	72	84
	3.11.	Transferencias corrientes del «RM» (6.2)	0	1
		Renta corriente de las «AP»	577	675
CUENTA 4: INGRESOS Y GASTOS DE LAS «ED»	4.1.	Gastos de las «ED» en «bys» (1.5)	1.702	1.968
	4.2.	Impuestos directos sobre las «ED» (3.9)	255	297
	4.3.	Transferencias corrientes del «RM» (6.7)	0	0
	4.4.	Ahorro de las «ED» (5.6)	215	249
		Gastos y ahorro de las «ED»	2.172	2.515
	4.5.	Remuneración de los asalariados (2.1)	1.291	1.510
	4.6.	Rentas de la propiedad y de la empresa de las «ED» (2.2)	680	779
	4.7.	Menos: Intereses de la Deuda de los Consumidores (2.7)	—	—
	4.8.	Transferencias corrientes netas de las «AD» (3.3)	162	187
	4.9.	Transferencias corrientes del «RM» (6.3)	39	39
		Renta de las «ED»	2.172	2.515

Cuentas		Partidas	1971	1972
CUENTA 5: FORMACION BRUTA DEL CAPITAL	5.1.	Formación Interior Bruta de Capital (1.7)	541	662
	5.2.	Préstamo Neto al «RM» (6.8)	60	43
		Formación Bruta de Capital	601	705
	5.3.	Amortizaciones (1.2)	190	214
	5.4.	Ahorro de las «AP» (3.5)	82	96
	5.5.	Ahorro de las sociedades (2.3)	98	128
	5.6.	Ahorro de las «ED» (4.4)	215	249
	5.7.	Transferencias netas de capital del «RM» (6.4)	16	18
		Formación Bruta de Capital	601	705
CUENTA 6: OPERACIONES CON EL RESTO DEL MUNDO	6.1.	Compras de «bys» a la nación y renta de factores pagada a la nación (1.8)	417	489
	6.2.	Transferencias corrientes a las «AP» (3.11)	0	1
	6.3.	Transferencias corrientes a las «ED» (4.9)	38	39
	6.4.	Transferencias netas de capital a la nación (5.7)	16	18
		Total operaciones	471	548
	6.5.	Venta de «bys» a la nación y renta de los factores pagada por la nación (1.9)	410	502
	6.6.	Transferencias corrientes de las «AP» (3.4)	1	1
	6.7.	Transferencias corrientes de las «ED» (4.3)	0	0
	6.8.	Préstamo neto de la nación (5.2)	60	43
		Total operaciones	471	548

Significado de las abreviaturas:

«bys»: bienes y servicios; AP: Administraciones Públicas; FIBC: Formación Interior Bruta de Capital; RM: Resto del Mundo; GNB: Gasto Nacional Bruto; ED: Economías Domésticas; DP: Deuda Pública. Cifras redondeadas.

7. El análisis input-output

«Este modesto volumen contiene un intento de explicación de la teoría del equilibrio general —o mejor dicho, de la interdependencia general—, un estudio empírico de las interrelaciones entre las diferentes partes de una economía nacional según se revelan a través de las covariaciones de precios, productos, inversiones y rentas... La necesidad última de semejante estudio no requiere una justificación especial. Tanto el hombre de la calle como el economista profesional, tanto el planificador práctico como los sujetos de sus actividades reguladoras, se dan igualmente cuenta de la existencia de una especie de interconexión, incluso entre las partes más remotas de una economía nacional. La presencia de estos lazos invisibles, pero muy reales, puede ser observada cuando la expansión de la venta de automóviles en la ciudad de Nueva York da lugar a un incremento de la demanda de comestibles en Detroit; se demuestra dramáticamente cuando el paro repentino de las minas de carbón de Pennsilvania paraliza las fábricas de tejidos de Nueva Inglaterra, y se reafirma con implacable regularidad en las alzas y bajas alternativas de los ciclos económicos» [46].

A pesar de su extensión, nos ha parecido oportuno incluir la anterior cita de Wasily Leontief. Su oportunidad reside, a nuestro juicio, en cómo se subraya en ella el principio de la interdependencia intersectorial e interregional de la economía de una nación, y cómo tales interdependencias pueden ser analizadas con rigor cuantitativo a través de un desarrollo práctico y operativo del principio del equilibrio general.

Efectivamente, el equilibrio general de Walras y Pareto proporcionaba ya desde finales del siglo XIX un fundamento teórico para el análisis estructural. Pero la teoría del equilibrio general, enormemente comprensiva, requería una restricción en su alcance y, al propio tiempo, una simplificación en su forma, al objeto de hacer posible determinar estadísticamente sus relaciones funcionales.

Por ello, aunque Leontief cita también entre los antecedentes de su investigación el «Tableau Economique» de Quesnay [47], lo cierto es que toda su obra consiste en principio en un esfuerzo para simplificar el esquema del equilibrio general de Walras, a fin de hacerlo operativo. Básicamente, la simplificación consistió en eliminar todos los efectos de los precios en la composición de la demanda del consumidor, en la compra de productos intermedios, y en la oferta de

---

[46] W. Leontief, «La Estructura de la Economía Americana, 1919-1939», ob, cit., pág. 13.

[47] Sobre las relaciones entre el modelo de Leontief y el «Tableau Economique» de Quesnay, un trabajo de gran interés el de A. Philips; «The Tableau Economique as a Simple Leontief Model», en *The Quarterly Journal of Economics*, vol. LXIX, número 1, febrero, 1955, págs. 137-144. Puede verse también la obra de Henry Woog, «The Tableau Economique of François Quesnay». A. Francke, Berna, 1950.

mano de obra y de otros factores. Con ello, el modelo de Leontief suprime muchos de los ajustes que caracterizan el concepto walrasiano del equilibrio general [48]. De esta forma, el sistema, aunque pierde en riqueza de contenido, gana en operatividad por lo que se refiere a representación de la realidad y a aplicaciones prácticas en el campo de la política económica.

Como ya se ha indicado antes, el análisis input-output [49] tiene su base incontestable en los trabajos del economista ruso W. Leontief, que en 1930 se trasladó desde su país de origen a Estados Unidos a fin de proseguir sus estudios en el National Bureau of Economic Research, que tanto contribuyó a la aplicación de los métodos de medición a la Economía Cuantitativa.

Los primeros trabajos de Leontief vieron la luz en 1936 y 1941, y después de la guerra, la construcción y la aplicación de tablas input-output (de entradas y salidas o de insumo-producto) alcanzaron rápidamente una gran difusión. En 1959 existían ya estudios de esta clase de 21 países, e incluso algunos de carácter multinacional, como el realizado para los países europeos de la OECE [50]. En 1965, el número de países con tablas era de 32 y además del estudio multinacional de la OECE podía señalarse uno de carácter ya claramente supranacional, llevado a cabo por la CEE para sus seis países miembros [51]. En nuestro tiempo, el método input-output se ha convertido

[48] H. B. Chenery y P. G. Clark, «Economía Interindustrial...», ob. cit., pág. 15.

[49] Se observará que decimos análisis y no simplemente *tablas,* pues de hecho la recolección y expresión de datos estadísticos interindustriales sobre verdaderas tablas input-output es algo que se hizo con anterioridad a o con independencia de los estudios de Leontief en la propia URSS y en Holanda, respectivamente.

En la URSS, como puede apreciarse en la publicación de las Naciones Unidas *Problems on Input-Ouput. Tables and Analysis* (Series F. núm. 14, Nueva York, 1966, pág. 133), los estudios de esta clase se iniciaron en 1924 (probablemente Leontief participó en ellos o por lo menos tuvo noticia de ellos), refiriéndose los datos a los años 1923 y 1924.

En el caso de Holanda, fue durante la Segunda Guerra Mundial cuando la Oficina Estadística del Gobierno, por entonces en el exilio en Londres, preparó su primera Tabla input-output de 27 × 27 con datos referentes a 1938. Vid. H. B. Chenery y P. G. Clark, *Economía Interindustrial...*, ob. cit., págs. 218 y 219.

[50] Una bibliografía detallada de los estudios nacionales y europeos de «input-output» a la altura de 1959 puede verse en Chenery y Clark, «Economía Interindustrial...», ob. cit., págs. 228 a 231. También José B. Terceiro, «Estructura Económica...», ob. cit. en nota 63 del capítulo 7, págs. 281 a 305, con extensa bibliografía.

[51] Una bibliografía sobre las principales características de sus tablas y el futuro

en una técnica de análisis a cuyo perfeccionamiento se dedican conferencias internacionales de gran amplitud. La primera de ellas fue la celebrada en Driebergen (Holanda), en septiembre de 1950.

Pasamos a continuación a examinar la base teórica del análisis input-output y las aplicaciones del mismo que han impulsado el progreso de esta técnica.

7.1. *La base teórica del análisis input-output*

Ante todo, hay que distinguir las tablas, del sistema analítico al cual sirven de base aquéllas. Las tablas no son más que una descripción estadística de las entradas (inputs) y salidas (outputs) [52] de los diferentes sectores de una unidad macroeconómica (región, nación, agrupación multinacional o reginal) durante un determinado período de tiempo. El sistema input-output es un esquema teórico, de ecuaciones lineales, en las cuales las incógnitas son los niveles de producción de los distintos sectores, y en las que los parámetros deben ser estimados empíricamente a partir de la información contenida en la tabla.

La tabla input-output constituye un cuadro de doble entrada donde los n sectores aparecen como cabezas de columnas (sectores adquirentes) y como cabezas de líneas (sectores productores). Del cruce de las columnas y líneas surgen n^2 casillas, en cada una de las cuales se anota (generalmente en términos monetarios) la cantidad del producto del sector i que se dirige al sector j (output ij, que al propio tiempo es el imput ij). Así pues, las columnas expresan cuáles son los inputs de cada sector, en tanto que las filas detallan el destino de sus outputs.

Claro está que para rellenar las casillas de la tabla no basta con tomar unos datos brutos de las estadísticas utilizables. Estos datos deben ser depurados convenientemente conforme a unos criterios de valoración.

El número de sectores de cada tabla varía normalmente entre

---

de tales trabajos pueden verse en *Problems of Input-Output. Tables and Analysis* (loc. cit. en la nota 49), págs. 132 y sigs.

[52] En lo sucesivo, y como de hecho ya hemos venido haciendo hasta aquí, emplearemos los vocablos input y output por ser los más generalizados entre los economistas españoles. En Hispanoamérica, en un intento de rechazar el uso de palabras no españolas, se han adoptado los términos insumo (input) y producto (output).

algo menos de veinte y más de doscientos, según los países. En Estados Unidos se llegó a construir una tabla de 450 × 450.

Existe una diferencia fundamental entre los sectores intermedios y los finales. Los intermedios registran las transacciones interindustriales, esto es, entre los sectores productivos, en tanto que los sectores finales registran las demandas (outputs) o los aportes o insumos provenientes de los elementos no directamente productivos: familias, gobierno, comercio exterior, y variaciones de los stocks. La cantidad de sectores tiene una influencia decisiva en la calidad y aplicaciones de la tabla, como veremos más adelante al referirnos a los coeficientes técnicos.

El sistema input-ouput en lo relativo a los sectores productivos se basa en tres presunciones:

a) En cada sector se origina un solo output con una única estructura de input, y no puede darse una sustitución automática entre los outputs de diferentes sectores. Esto es lo que constituye el llamado «principio de homogeneidad» de los sectores, y es en definitiva la máxima restricción al sistema walrasiano, pues significa que los bienes de los distintos sectores no son sustitutivos entre sí; esto es, que la demanda final o intermedia de los mismos es independiente de sus precios. Esta es, lógicamente, una de las máximas limitaciones del sistema input-output en contraste con la realidad.

b) Los inputs de cada sector son función lineal de su nivel de output, o formulado de otra manera, la suma total de cada clase de input absorbido por cualquier sector aumenta o disminuye en proporción al incremento o decremento en el output total del referido sector. Este es el que se conoce con el nombre de «principio de proporcionalidad» y significa también una importante limitación para el sistema input-output, pues de hecho viene a significar la negación de la posibilidad de que se presenten «economías de escala».

c) El efecto total del desarrollo de la producción de los sectores es la suma de una serie de efectos separados. Este es el «principio de aditividad» y es el que regula la interdependencia de los sectores no recogida expresamente en el Sistema input-output.

Después de haber descrito la tabla de transacciones, debemos entrar ahora en el examen del esquema teórico. Para ello definimos de antemano las distintas magnitudes que vamos a emplear en el análisis.

xij = cantidad de output del sector i absorbida por el sector j (minúsculas).
Xi = output total del sector i (mayúsculas).
Di = cantidad de output del sector i absorbida por la demanda final.
aij = cantidad de output del sector i absorbida directamente por el sector j por unidad de output del sector j (coeficientes técnicos de producción).
rij = cantidad de output del sector i requerida directamente e indirectamente para satisfacer una unidad de la demanda final del sector j (coeficientes de la matriz inversa).

Para una síntesis del modelo Leontief puede partirse de la hipótesis simplificada de una economía nacional con sólo tres sectores productivos (Agropecuario, Industrial y de Servicios) y con sólo un sector final y una demanda final. Entre esos cuatros sectores se producen la transacciones —entregas del sector 1 al 2 (x_{12}), del 3 al 1 (x_{31}), etc.— que se reflejan de manera teóricamente exhaustiva en la siguiente tabla de doble entrada:

Sectores adquirentes \ Sectores productores	1	2	3	Demanda final	Outputs totales
1 Agropecuario	x_{11}	x_{12}	x_{13}	D_1	X_1
2 Industrial	x_{21}	x_{22}	x_{23}	D_2	X_2
3 Servicios	x_{31}	x_{32}	x_{33}	D_3	X_3
4 Sector final	S_1	S_2	S_3		
Imputs totales	X_1	X_2	X_3		

En el cuadro número 4, para ilustrar el tema, hemos incluido la primera tabla española, de 1954, agregada en sólo tres sectores, con su matriz de coeficientes técnicos y la matriz inversa.

Las expresiones X_1, X_2, X_3, resultantes de la suma de los elementos de cada fila:

$$\left.\begin{aligned} X_1 &= x_{11} + x_{12} + x_{13} + D_1 \\ X_2 &= x_{21} + x_{22} + x_{23} + D_2 \\ X_3 &= x_{31} + x_{32} + x_{33} + D_3 \end{aligned}\right\} \qquad [1]$$

representan los outputs totales de los sectores 1, 2 y 3 y su valor es idéntico al de sus respectivos inputs totales.

Adoptamos ahora la hipótesis de que la cantidad empleada de cada factor en cada proceso productivo es proporcional a la cantidad de producto obtenido. En otras palabras, suponemos que las funciones de producción son lineales y con término independiente igual a cero, lo cual se expresa matemáticamente

$$\left.\begin{aligned} x_{11} &= a_{11} X_1, & x_{12} &= a_{12} X_2, & x_{13} &= a_{13} X_3 \\ x_{21} &= a_{21} X_1, & x_{22} &= a_{22} X_2, & x_{23} &= a_{23} X_3 \\ x_{31} &= a_{31} X_1, & x_{32} &= a_{32} X_2, & x_{33} &= a_{33} X_3 \end{aligned}\right\} \qquad [2]$$

donde los a_{11}, a_{12} ... a_{13} son los llamados coeficientes técnicos de producción.

Poniendo ahora las expresiones de [1] en términos de [2], tendremos:

$$\left.\begin{aligned} X_1 &= a_{11} X_1 + a_{12} X_2 + a_{13} X_3 + D_1 \\ X_2 &= a_{21} X_1 + a_{22} X_2 + a_{23} X_3 + D_2 \\ X_3 &= a_{31} X_1 + a_{32} X_2 + a_{33} X_3 + D_3 \end{aligned}\right\} \qquad [3]$$

sistema de tres ecuaciones con tres incógnitas (X_1, X_2 y X_3).

A partir de [3], y realizando algunas transformaciones, obtenemos:

$$\begin{aligned} (1 - a_{11}) X_1 - a_{12} X_2 - a_{13} &= D_1 \\ - a_{21} X_1 + (1 - a_{22}) X_2 - a_{23} X_3 &= D_2 \\ - a_{31} X_1 - a_{32} X_2 + (1 - a_{33}) X_3 &= D_3 \end{aligned} \qquad [4]$$

sistema que constituye la expresión del llamado «modelo abierto» de Leontief en el caso simplificado de que sólo existan tres sectores productivos.

Operando a partir de [4] en términos matriciales (al objeto de superar más adelante la hipótesis simplificada de sólo tres sectores, para suponer que éstos son mucho más numerosos, tal como suecede en la realidad), tendremos

$$\begin{bmatrix} 1 - a_{11} & - a_{12} & - a_{13} \\ - a_{21} & 1 - a_{22} & - a_{23} \\ - a_{31} & - a_{32} & 1 - a_{33} \end{bmatrix} \begin{bmatrix} X_1 \\ X_2 \\ X_3 \end{bmatrix} = \begin{bmatrix} D_1 \\ D_2 \\ D_3 \end{bmatrix} \qquad [5]$$

donde el primer término del primer miembro de la ecuación es la matriz de coeficientes técnicos; el segundo término es el vector columna que simboliza los outputs totales; el segundo miembro de la ecuación es el vector columna que expresa las demandas finales. La ecuación [5] puede exponerse en forma abreviada como sigue:

$$A \cdot X = D \qquad [6]$$

ecuación aplicable a n sectores, donde X es la matriz de los n outputs totales y D la matriz de las n demandas finales.

Multiplicando ambos términos en la expresión [6] por la matriz inversa $[A^{-1}]$, obtenemos [53]

$$A^{-1} A \cdot X = A^{-1} D \qquad [7]$$

y teniendo en cuenta la igualdad

$$A^{-1} A = 1 \qquad [8]$$

resulta

$$\boxed{X = A^{-1} D} \qquad [9]$$

[53] La inversión de la matriz de coeficientes técnicos, tal como aparece formulada en el primer término de la ecuación [5] es uno de los temas de mayor interés en el cálculo matricial. Sobre su técnica y alguna bibliografía puede verse el Apéndice «Soluciones de Insumo-Producto» que figura en H. B. Chenery y P. G. Clark «Economía Interindustrial» (ob. cit., págs. 57 y sigs.). Para obviar las dificultades que puede plantear la inversión de la matriz, y también para apreciar más claramente el estudio de los estrangulamientos de los sectores productivos (teniendo en cuenta al propio tiempo las posibles variaciones de los coeficientes técnicos), puede seguirse el llamado «procedimiento iterativo». Sobre este método puede verse la posición del profesor J. L. Sampedro en su «Realidad Económica y Análisis Estructural», ob. cit., págs. 116 y sigs.

que en forma desarrollada quedaría:

$$\left.\begin{array}{l} X_1 = r_{11} D_1 + r_{12} D_2 + ... + r_{1n} D_n \\ X_2 = r_{21} D_1 + r_{22} D_2 + ... + r_{2n} D_n \\ \dotfill \\ X_n = r_{n1} D_1 + r_{n2} D_2 + ... + r_{nn} D_n \end{array}\right\} \quad [10]$$

donde cada coeficiente representa la suma total de output del sector i requerida directa o indirectamente para satisfacer una unidad de la demanda final del sector j.

Así pues, conocidos los componentes de matriz inversa (a través de una tabla input-output de un momento dado) y de D (a partir de las oportunas investigaciones y estudios de mercados) es posible determinar los valores de X. En otras palabras, con una matriz inversa construida a partir de una tabla input-output referida a un momento dado, y fijadas unas demandas finales consideradas como metas (D_1, D_2 ... D_n), es posible averiguar los outputs totales (X_1, X_2 ... X_n), necesarios para cubrir esas necesidades conservando el equilibrio del sistema, sin que se produzcan estrangulamientos o cuellos de botellas en la Economía.

Los a_{ij} cumplen todos ellos la igualdad

$$a_{ij} = \frac{x_{ij}}{X_j} \quad [11]$$

y suponen la cantidad de output del sector i absorbida por el sector j por unidad de output del sector j. Esta es una relación técnica. De ahí su carácter estructural y su nombre de coeficiente técnico que viene expresado en tanto por uno del output total del sector j. La matriz de coeficientes técnicos es, pues, una matriz que viene dada por la tecnología. De ello se deriva otra limitación más del análisis input-output, pues al cambiar la tecnología la matriz de coeficientes técnicos se queda obsoleta y las observaciones y cálculos hechos conforme a ella pierden su realismo.

Otra cuestión que afecta de forma decisiva a la calidad de los coeficientes técnicos es el grado de agregación en la formación de sectores. Teóricamente, cada coeficiente debería medir la relación entre el input de i en relación con el output de un sector j. Sin embargo, por razones obvias de recolección y elaboración de datos, no es posible construir una matriz técnica con varias decenas de miles de coeficientes, pues ello requeriría una tabla de enorme complicación estadística. Lo que se hace, por tanto, es agregar una serie de producciones en cada sector.

Si en el proceso de agregación se lleva a un grado muy elevado, por ejemplo, si se construye una tabla de sólo 10 × 10, entonces los coeficientes resultantes y el análisis que a partir de ellos pueda realizarse será de muy escasa utilidad, habida cuenta de la tosquedad de los coeficientes. Por el contrario, si el número de sectores es desmesuradamente amplio, no cabe duda de que las posibilidades de sustitución de unos productos por otros serán mayores, y el principio de estabilidad de los coeficientes se verá gravemente en peligro en la realidad. Se trata pues de encontrar una transacción, para que n no sea ni demasiado grande ni demasiado pequeño, de forma que los a_{ij} sean verdaderamente representativos.

Otra observación interesante consiste en destacar que los coeficientes técnicos carecen por completo de significación para los sectores finales, ya que las variaciones en estos últimos (aumento de la demanda de las economías familiares, incremento en la formación de capital, expansión o retracción de las exportaciones, etc.) no se ajustan a un proceso técnico preciso como en principio sucede (aunque también con ciertas limitaciones) en los sectores productivos. Los coeficientes de los sectores finales están sometidos a condicionamientos de otro tipo (coyuntura económica internacional, política económica interior, expectativas, etc.).

Cuando se incluyen todos los coeficientes de input, es decir, no sólo los de la matriz técnica, sino además los provenientes de los sectores finales, la suma de todos ellos, por columnas, es igual a la unidad y la proporción de cada uno de ellos respecto al total (en tantos por uno) supone su participación en el coste. Así, cada columna de coeficientes de inputs de la tabla nos da la estructura del inputs o *estructura de costes* del sector, lo cual tiene interés muy considerable para el análisis estructural.

Por el contrario, la suma de las filas de la matriz de coeficientes técnicos (y de la matriz más los sectores finales) carece de todo significado en el análisis. Realmente, para conocer la estructura de la distribución del output de un sector i entre los demás sectores (para estudios de mercado) bastaría simplemente averiguar la proporción en que el output total se reparte entre todos ellos.

Es interesante fijarse también en el significado de los coeficientes de la matriz inversa.

$$\begin{matrix} r_{11} \; r_{12} \ldots r_{1i} \ldots r_{1n} \\ r_{21} \; r_{22} \ldots r_{2i} \ldots r_{2n} \\ r_{n1} \; r_{n2} \ldots r_{ni} \ldots r_{nn} \end{matrix} \qquad [12]$$

Cada elemento de la matriz designado por r_{ij} representa la cantidad de output del sector i requerido, directa e indirectamente para satisfacer una unidad de la demanda final del sector j. Por tanto, la columna j de la matriz muestra el input total requerido de cada uno de los sectores i para producir una unidad de output del sector j. Por otra parte, cada elemento de una fila i muestra las requeridas de ese sector i por cada uno de los sectores j para producir cada una de las unidades de output de tales sectores j [54].

Así, pues, en los coeficientes de la matriz inversa es donde reside la esencia del análisis input-output, puesto que cada uno de los elementos r_{ij} registra las *necesidades totales*, directas e indirectas, de los distintos bienes para producir un bien concreto. Esta es la ventaja del sistema de n ecuaciones y de su solución matricial. Por un procedimiento ordinario sería prácticamente imposible llegar a conocer la estructura de inputs r_{ij} de cada sector concreto.

7.2. *Aplicaciones del análisis input-output*

Brevemente expuestas, las aplicaciones del análisis input-output se pueden clasificar en dos grupos:

1) *Análisis estructural.* En él se incluyen:

a) Estudios particularizados de la estructura de costes de las industrias o grupos de industrias incluidos en un sector concreto, así como de la distribución de los bienes y servicios producidos por el mismo entre los restantes sectores productivos y finales [55].

---

[54] Naciones Unidas, «Problems of Input-Output Analysis», ob. cit., págs. 16 y sisgs. En mi opinión, éste es el más claro y sistemático de los manuales sobre análisis input-output.

[55] Por ejemplo, la estructura de costes a través de la tabla input-output se ha revelado de gran interés en los estudios de la Hacienda Pública para calcular el peso acumulado de todos los impuestos indirectos en un sector concreto.

b) Determinación de la posición funcional de un sector respecto a la economía nacional en su conjunto y en relación con cada uno de los otros sectores [56].

c) Comparaciones intertemporales de los rasgos estructurales de una misma Economía nacional, empleando para ello las tablas confeccionadas en distintos momentos cronológicos.

d) Comparaciones internacionales de la estructura de dos o más países. Generalmente, cuando las tablas no están confeccionadas conforme a un mismo sistema, en este caso es preciso realizar agregaciones y desagregaciones de sectores para tratar de hacerlas análogas [57].

e) Análisis regionales, mediante la elaboración de tablas a escala regional que permiten el estudio de las características estructurales de cada región, en particular en relación con la tabla nacional [58].

2) *Previsión.* Entre las aplicaciones de este tipo podemos enumerar las siguientes:

a) Análisis de las modificaciones intersectoriales precisas para alcanzar ciertas metas previstas para la demanda de los sectores finales. La base de esta clase de estudios la hemos expuesto al estudiar la teoría del modelo del Leontief. Esta es la aplicación más importante en materia de planificación, si bien es preciso contar con tablas muy recientes para evitar los inconvenientes de la obsolescencia tecnológica de la matriz inversa.

---

[56] Esta posibilidad que ofrece la tabla input-output se aprovecha para la determinación aproximada de la base imponible de todo un sector concreto.

[57] Entre los primeros trabajos relativos a comparaciones internacionales es preciso citar los siguientes:

— Vera Cao-Pinna, «Principali Caratteristiche Structurale di Due Economie Mediterranee: Spagna e Italia», publicado por primera vez en *Economía Internazionale* (vol. XI, núm. 2, mayo 1958, págs. 3-55) y vertido al español ulteriormente en la *Revista de Economía Política.*

— H. B. Chenery y T. Watanabe, «International Comparisons of the Structure of Production», *Econometrica*, vol. XXVI, núm. 4, octubre de 1958, págs. 487-521.

— M. Balboa, «Comparación de la estructura intersectorial de la producción de Argentina y Perú», en *El Ingreso y la Riqueza,* ob. cit., págs. 47-77.

[58] En la «Input-Output Bibliography», 1960-1963 de las Naciones Unidas (ob. cit., págs. 27-40) se citaba un total de 95 trabajos de análisis regional e interregional producidos en el señalado lapso de tres años; de esos trabajos, 42 se referían a EE. UU. y el resto del mundo. Entre esa bibliografía se cita un «Discussion Paper» presentado a la Conferencia de Bellagio de 1960 por los Profesores M. de Torres y J. R. Lasuén.

Cuadro 4

TABLA INPUT-OUTPUT DE LA ECONOMIA ESPAÑOLA DE 1954, CONSOLIDADA POR GRANDES SECTORES (VALORES EN MILLONES DE PESETAS)

SECTORES	(I) Producción primaria	(II) Producción secundaria	(III) Producción terciaria	Transacciones inter-industriales	(29) Exportaciones	(30) Gobierno	(31) Formación bruta de capital privado	(32) Economías familiares	Demanda final	OUTPUT TOTAL
I) Producción primaria	30.658,36	57.543,92	3.690,67	91.892,95	6.498,86	6.498,86	6.121,59	23.804,21	38.040,93	129.933,88
II) Produción secundaria...	13.241,36	78.059,02	20.864,96	112.165,34	3.226,14	17.143,30	34.341,61	84.171,06	143.884,11	256.049,45
III) Producción terciaria...	6.967,88	24.484,60	24.341,60	55.794,08	1.082,00	2.877,43	—	93.289,22	97.249,35	153.043,43
Transacciones industriales...	50.867,60	160.087,54	48.897,23	259.852,37	15.807,00	21.639,00	40.463,20	201.265,19	279.174,39	539.026,76
29) Importaciones	1.262,14	12.914,27	858,26	15.034,67	—	131,84	5.441,80	988,82	6.562,46	21.597,13
30) Gobierno	3.251,41	8.620,57	10.733,46	22.605,44	—	417,09	—	15.368,29	15.785,38	38.390,82
31) Economías familiares	74.552,73	74.427,07	92.554,48	241.534,28	—	14.881,00	—	4.967,28	19.848,28	261.382,56
32) Sectores finales	79.066,28	95.961,91	104.146,20	279.174,39	—	15.429,93	5.441,80	21.324,39	42.196,12	321.370,51
Imput total	129.933,88	256.049,45	153.043,43	539.026,76	15.807,00	37.068,93	45.905,00	222.589,58	321.370,51	860.397,27

Matriz de los coeficientes técnicos

$$\| A \| = \left\| \begin{matrix} 0{,}235.954 & 0{,}224.738 & 0{,}024.115 \\ 0{,}101.998 & 0{,}304.859 & 0{,}136.334 \\ 0{,}053.626 & 0{,}095.624 & 0{,}159.050 \end{matrix} \right\|$$

Matriz inversa

$$\| 1\text{-}A \|^{-1} = \left\| \begin{matrix} 1{,}378.385 & 0{,}461.35 & 4{,}114.319 \\ 0{,}224.314 & 1{,}546.454 & 0{,}257.142 \\ 0{,}113.405 & 0{,}205.266 & 1{,}225.664 \end{matrix} \right\|$$

NOTAS.—(I) Consolidación de los sectores 1 a 9 de la Tabla: 1) Cereales y leguminosas. 2) Olivo. 3) Vid. 4) Frutos. 5) Montes. 6) Pesca. 7) Productos animales. 8) Carbones minerales. 9) Minas y canteras. (II) Sectores 10 a 24 de la Tabla: 10) Conservas. 11) Industrias alimentarias. 12) Bebidas y alcoholes. 13) Textil. 14) Piel y calzado. 15) Madera, corcho y papel. 16) Industrias de madera, corcho, editorial, caucho, etc. 17) Químicas. 18) Siderurgia. 19) Industrias mecánicas. 20) Metalurgia. 21) Construcción y Obras Públicas. 22) Gas y derivados del carbón y petróleo. 23) Energía eléctrica. 24) Distribución de agua. (III) Sectores 25 a 28 de la Tabla: 25) Servicios industriales y personales. 26) Transportes. 27) Comercio. 28) Hostelería y similares.

b) Análisis de precios, para llegar a determinar el efecto que la variación de los precios, salarios, exportaciones, etc., en uno o más sectores puede originar en el resto del sistema [59].

8. La dimensión espacial [60]

Si lo material constituye, por decirlo así, la dimensión más tangible y desde luego la más ostensible de la realidad económica —y que medimos y analizamos con la contabilidad social— lo cierto es que se apoya en un espacio físico, en una dimensión espacial de la actividad económica. Para el análisis de ésta, tanto en cuanto a localización de los puntos o áreas de actividad como a las relaciones entre ellos, existe una serie de procedimientos que en los últimos tiempos han adquirido una gran importancia.

Ello se debe a tres fenómenos paralelos. El primero, el «efecto transporte» o mejoramiento de los medios de comunicación, que está contribuyendo a integrar espacialmente la economía del planeta a partir de una serie de unidades económicas anteriormente relacionadas de forma muy limitada. El «efecto escasez» o necesidad de aprovechar cada vez mejor el espacio físico —tierra— en relación con sus usos alternativos, sobre todo en las áreas densamente pobladas (metrópolis), configura ya claramente al espacio como recurso valioso. La desigualdad en el crecimiento económico de las distintas regiones de una economía nacional y la naturaleza del intercambio entre las mismas obliga, en fin, a un análisis causal. En definitiva, los métodos de análisis espacial que hasta ahora han alcanzado mayor aplicabilidad pueden agruparse en tres grandes grupos: contabilidad social regional, ciclos regionales y análisis de localización.

1. La contabilidad social regional, integra varios métodos: análisis del producto regional, balanza de pagos, flujos de fondos, tabla

[59] En un notable trabajo, C. B. Tilanus ha expuesto, referido a Holanda, una serie de interesantes aplicaciones experimentales de las tablas input-output Vid. «Input-Output Experiments: The Netherlands», 1948-1961, Rotterdam University Press, Rotterdam, 1966.

[60] Sobre los temas espaciales existe una abundantísima bibliografía. A ella me he referido, al menos en parte, en mi libro «Los centros de gravedad de la economía española», Guadiana, Madrid, 1969. Sobre temas muy concretos, L. B. M. Mennes, J. Tinbergen y J. George Waardenburg, «El factor espacial en la planificación del desarrollo», versión española, FCE, México, 1980.

intersectorial o input-output, y cuentas de movimientos migratorios. Puede decirse que a nivel regional el proceso de construcción de la contabilidad social se ha realizado —o está realizándose— a imagen y semejanza de la contabilidad social nacional que hemos estudiado en la sección 6 de este Capítulo. Claro es que en este caso el ámbito del análisis no es la nación, sino la región o un área espacial distinta (comarca, municipio, etc.), pero concreta. La diferencia entre ambas clases de unidades espaciales de la Economía es importante a los efectos de análisis. Al ser la nación una unidad económica y política de mayor entidad que la región (claramente delimitada e incomparablemente más cerrada, con un gobierno central y plenipotenciario) dispone de estadísticas más completas y depuradas. Por el contrario, las regiones y las otras áreas espaciales (incluso en el supuesto de que coincidan con demarcaciones administrativas) son más difíciles de especificar en materia estadística. Por esta razón, casi siempre hay que recurrir a la elaboración estadística propia con base en informaciones fragmentarias y encuestas.

2. Estudio de los ciclos regionales, análisis del multiplicador regional y examen de la «base económica regional», aspectos todos ellos de la realidad que integran el lado dinámico del análisis.

3. Métodos de isolíneas (isodapanas, isócronas, etc.); análisis de localización industrial; análisis de complejos industriales; programación lineal interregional; modelos de gravedad potencial e interacción especial, y análisis de áreas comerciales. Todos estos métodos constituyen el análisis de localización propiamente dicho, que tiene un marcado interés microeconómico por sus posibilidades orientativas de la inversión óptima de las empresas desde el punto de vista espacial.

9. La dimensión temporal

La visión de una economía por el simple análisis de sus dimensiones material y espacial en un momento dado nos daría, por así decirlo, una versión instantánea, estática, de la realidad; o a lo sumo, referida a un período de tiempo determinado. Esto no sería realista, pues en Economía, como en los demás campos de la realidad, todo se encuentra sometido a un cambio continuo. De ahí la necesidad de que en el estudio de cualquier conjunto económico se tenga en cuenta su dimensión temporal.

En este sentido, la economía de un conjunto se ve afectada por una coyuntura, unas fluctuaciones cíclicas. En el curso del tiempo, y por la actuación de lo que se ha dado en llamar «fuerzas motrices», se producen en ella unas transformaciones que al objeto de su análisis se han concebido como etapas del desarrollo económico (recuérdese lo visto en la sección 4 del Capítulo 10). Por otra parte, las fluctuaciones y las transformaciones económicas que se producen a lo largo del tiempo en una unidad económica cualquiera, tienen repercusiones en otras unidades. En otras palabras, existe una cierta interconexión, con desfases mayores o menores en la evolución de la economía internacional y sus fluctuaciones.

La importancia que el tiempo tiene en la ciencia económica no necesita ser subrayada. Baste con recordar la tradicional división de la teoría económica en estática y dinámica, así como la tendencia cada vez más acusada a dinamizar el análisis económico. Pero la importancia que al tiempo pueda asignarse en la ciencia económica no le confiere ninguna particularidad, pues el tiempo es algo que informa a todas las ciencias. Las distintas teorías físicas desde Newton se han visto en la necesidad de contar con un concepto del tiempo, al igual que les ha sucedido a las diferentes concepciones filosóficas desde Heráclito, introductor de la idea básica del cambio a través del tiempo [61], hasta Heidegger, para quien la existencia es la expresión misma del tiempo [62].

En el análisis de la realidad económica, el tiempo puede enfocarse desde tres diferentes puntos de vista, que sin embargo, no son en modo alguno antagónicos entre sí.

El primero de ellos conceptúa el tiempo como un medio del cual el hombre sólo puede disponer de forma limitada. Este punto de vista, de carácter más bien microeconómico, está claramente expuesto en «el tiempo como factor de la metodología económica» de las «Lecciones de Teoría Económica» del profesor J. Castañeda. «Al

---

[61] Pueden verse las consideraciones que sobre este tema hace Karl Popper en el pasaje que dedica a Heráclito en «La sociedad abierta y sus enemigos», versión española, Paidós, Buenos Aires, s/f, págs. 42 a 48.

[62] Vid. Martín Heidegger, «Ser y tiempo», versión española de José Gaos. El fin previo de esta obra filosófica de Heidegger es «la interpretación del *tiempo* como el *horizonte posible de cualquier intelección del ser en general*». Vid. Julián Marías, «Historia de la Filosofía», quinta edición, Ed. Revista de Occidente, Madrid, 1950, pág. 382.

dedicar una lección al tiempo como elemento que interviene en la vida económica —decía allí— *subrayamos ya la importancia que alcanza en nuestra ciencia la dimensión temporal.* Mientras que en otras ramas de conocimiento el tiempo y el espacio no nos interesan por sí mismos, sino que son el escenario en que hemos de situar los fenómenos para que tengan algún sentido ante nosotros, en cambio en la Economía supera ese papel pasivo de puro soporte conceptual y, al no estar a la libre disposición del hombre, *puede considerárselos asimilados a los bienes limitados que constituyen el objeto de la actividad económica*»[63].

El segundo enfoque de la dimensión temporal, que podríamos calificar de macroeconómico —aunque naturalmente también tenga sus correspondientes implicaciones microeconómicas— puede sintetizarse por medio de la fórmula del interés compuesto aplicada en la Renta Nacional:

$$Y_t = Y_o (1 + r)^t,$$

donde

Y_t = Renta Nacional en el momento t.
Y_o = Renta Nacional en el año tomado como base.
r = Ritmo de crecimiento anual acumulativo.
t = Número de años desde el momento 0.

Planteada la cuestión desde este punto de vista, el crecimiento económico resulta ser función del tiempo, que si en la esfera microeconómica puede conceptuarse como un medio limitado, en la macroeconómica aparece como uno de los requisitos en el proceso de acumulación, como un elemento indispensable —que ha de transcurrir— para que los inputs de capital y de trabajo tengan un resultado productivo de bienes o servicios. En otras palabras, el crecimiento no puede concebirse de ninguna forma como algo instantáneo, ni siquiera como una sucesión de momentos, sino que es un verdadero proceso temporal.

Finalmente, y tal vez éste, es el aspecto de la cuestión que más puede interesarnos aquí, la dimensión temporal no puede ser sosla-

[63] José Castañeda, «Lecciones de Teoría Económica», ob. cit., Lección 7.ª, pág. 68. Los subrayados son míos.

yada en ningún momento en la descripción de la realidad económica. El profesor Schneider delimitó claramente esta tercera de las acepciones del tiempo en Economía. «La actividad económica dentro de un sistema económico dado —afirmaba— se realiza en el tiempo. Podemos registrar su desarrollo por la observación y la medición constantes, ya sea en pequeña o gran escala, de igual forma que un físico, un biólogo o un astrónomo registran el desarrollo de un proceso natural. En la economía moderna podemos trazar la curva temporal de los precios de los bienes, de las cantidades de bienes compradas, de las cantidades producidas de los diversos bienes, de las rentas, de la cantidad de dinero, del volumen de las inversiones, del número de parados, del nivel de los diversos impuestos, del volumen de los ingresos arancelarios, etc., y seguir el desarrollo en el tiempo de cada variable económica. *De esta manera, se obtiene una descripción, tan detallada como se quiera del desarrollo temporal de las variables económicas*» [64].

Resumiendo y relacionando los tres enfoques señalados, puede afirmarse que en una visión estructural debe considerarse el tiempo como un medio del que el hombre dispone de forma limitada, como un requisito del proceso de crecimiento y como el soporte para una serie de mediciones conducentes a la descripción de la realidad económica.

Estos puntos de vista estructurales del tiempo están en plena correspondencia con la teoría económica dinámica, que no hace abstracción del tiempo (Estática) ni lo considera como *concentrado* en períodos (Estática Comparativa), sino que precisamente estudia la marcha, el movimiento de las actividades económicas en el fluir continuo temporal.

Para apreciar el fondo de cada una de esas posiciones puede establecerse un cierto paralelismo entre el análisis económico general en sus tres enfoques —estático, comparativo y dinámico— con un caso concreto de análisis estructural. Por ejemplo, el realizable utilizando las cifras del Producto Nacional. Si tomamos el PNB de un país en un momento dado y sin más antecedentes realizamos un análisis de sus distintos componentes, habremos hecho un simple análisis estático. Ciertamente, a través de él se pondrán de relieve una serie de relaciones interesantes que nos permiten apreciar cuál

---

[64] Erich Schneider, «Teoría Económica», tomo I, versión española, Aguilar, Madrid, 1958, pág. 320. El subrayado es mío.

es la situación económica del país. Pero con esos únicos elementos nos resultará imposible obtener una idea exacta de la situación económica; una renta per cápita de 6.000 dólares (de 1980) puede considerarse *in abstracto* como aceptable, pero no sucede lo propio si ese nivel de renta es en términos reales el mismo que el país había obtenido cinco años atrás.

Así pues, la comparación entre dos momentos (el primero de los cuales nos sirve de referencia) es indispensable, ya que en Economía todo es relativo. Pero si tomamos dos años, digamos el 1 y el 5 de un determinado período, nos encontraríamos en una situación análoga a la de la estática comparativa, insatisfactoria en el análisis estructural, porque los cambios experimentados entre los momentos 1 y 5 se deben a una sucesión de circunstancias que el análisis comparativo, al tomar sólo los extremos de la serie, no puede desvelarnos. De ahí la necesidad de un examen dinámico, que aclare las transformaciones que se operan en el tiempo, que investigue la interrelación de las fuerzas actuantes y que, en definitiva, nos proporcione una visión viva de la realidad y no una visión rígida, o a lo sumo a grandes saltos, como las que nos suministrarían el método estático y el comparativo.

Para hacer dinámica esa visión de la realidad, puede operarse de dos distintas maneras. La primera, examinando minuciosamente las transformaciones de la realidad por medio de apreciaciones cualitativas según un método de investigación que, básicamente es el histórico. La segunda, examinando e interpretando las fluctuaciones cronológicas experimentadas por las distintas series de magnitudes y de variables macroeconómicas.

Esta diferenciación es interesante, sobre todo como criterio de ordenación; y conforme a ella, se distinguen dos corrientes básicas de análisis en relación con el tiempo: el método histórico y el de las fluctuaciones.

Al método histórico, en el sentido que a nosotros nos interesa, ya hemos hecho referencia en la sección 4 del Capítulo 10, al estudiar las etapas del crecimiento económico. En cuanto a las fluctuaciones, habríamos de ocuparnos del tema de los ciclos a largo plazo y del análisis de la coyuntura. Para ambos propósitos se utilizan medidores (PNB, RN, GNB, FBC, etc.), indicadores (precios, salarios, exportaciones e importaciones, volumen de ventas, etc.) y encuestas de expectativas con base en las opiniones de los empresarios (niveles de stocks, de cartera de pedidos, de capacidad industrial utilizada, etc.). Para estas tres clases de elementos del análisis se construyen series cronológicas que muestran la evolución de una determinada variable en el tiempo. En caso necesario y posible se elaboran números índices, que facilitan las comparaciones, al sintetizar la evolución; especialmente en el caso de los índices compuestos, que reflejan la evolución de diversidad de variables que previamente se han ponderado debidamente. A esta clase de indicadores nos referiremos *in extenso* en el Capítulo 15.

Por otro lado, la dimensión temporal cabe estudiarla también desde la óptica del análisis de los *ciclos económicos.* Sin ánimo de entrar ni siquiera mínimamente en la cuestión, sí vamos a recoger por lo menos la taxonomía de los cuatro tipos de ciclos detectados en los estudios de historia económica: Kitchin, Juglar, Kuznets, y Kondratief.

Ciclo Kitchin. Es el más corto de los tres ciclos económicos clásicos. Se sitúa normalmente entre los dieciocho y los cuarenta meses, y se explica fundamentalmente por las variaciones en los stocks.

Ciclo Juglar. En torno a ocho años, inferido por cambios en las inversiones a causa de nuevas invenciones, etc.

Ciclo Kuznets. Con toda una serie de oscilaciones a lo largo del mismo, su duración se cifra entre quince y veinticinco años. Su formulación se debe a Simon Kuznets, quien en 1930 destacó que esta onda relativamente larga puede asociarse a procesos del tipo de migraciones, crecimiento de la población, evolución de la oferta monetaria.

Ciclo Kondratief. De los indentificados, es el de más amplia duración, entre cuarenta y sesenta años. Estudiado primeramente por el economista ruso del mismo nombre (y por el economista norteamericano Garvy casi de forma simultánea), históricamente, y a través de la evolución de las series de precios, comercio exterior, etc., es posible detectar cuatro ondas Kondratief: la primera, de 1790 a 1844, de cincuenta y cuatro años de duración total, con veinticinco de expansión y veintinueve de depresión; la segunda, de 1844 a 1895, de cincuenta y un años, con treinta y cuatro de expansión y veintiuno de depresión; la tercera, de 1895 a 1939, con veinte años de expansión y veinticuatro de depresión; la cuarta, la que arrancó de 1939, con treinta y cuatro años de expansión, hasta 1973, y un período aún no determinado de depresión. La base explicativa de estas «ondas largas de la economía» —como él las llamó— la vio Kondratief en la creación de sobrecapacidades de producción que se enfrentan a demandas frenadas por la falta de redistribución de la renta [65].

10. La dimensión social

Esta cuarta dimensión de lo estructural, para muchos es la más importante, por cuanto constituye el propio tejido humano, y para apreciarla es preciso tener en cuenta las relaciones de producción y de cambio entre clases y grupos sociales y entre naciones.

Esta dimensión de la realidad estructural es la de más complejo análisis. Así como los bienes pueden medirse y contarse y el «tiempo económico» puede ser reconstruido mediante series cronológicas, en el análisis de las tensiones y los conflictos entre clases y grupos sociales por el poder económico y político, y en el estudio de las relaciones económicas internacionales, surgen problemas de apreciación muchas veces imposibles de reducir a cuantificación.

En esta dimensión nos movemos, pues, sobre algo especialmente sujeto a controversia. Lo cual en manera alguna podría excusarnos de su examen, pues si la actividad económica se desarrolla por los hombres y para los hombres, es forzoso examinarla desde este ángulo. De otra forma, lo económico no podría tener cabida en lo que no en vano se denominan Ciencias Sociales.

Sin intentar, por supuesto, agotar la materia, nos parece que lo mejor sería examinar la dimensión social en dos planos distintos: el de las relaciones entre las distintas clases y grupos sociales, tema que corresponde de lleno a la Sociología, y una cuestión en la que in-

---

[65] Como muestra de la preocupación durante los años 80 por los ciclos de larga duración tipo Kondratief pueden verse la revista *Challenge*, 1983 (traducción en *Perspectivas Económicas*, núm. 1, 1984, págs. 58 y ss.; Nathan Rosenberg y Claudio R. Firschtak, («Evaluación crítica de los ciclos largos», *American Economic, Review*, 1986, traducción en *Perspectivas Económicas*, núm. 1, 1984, págs. 64 y sigs.); José Pérez Blanco («La crisis permanente y el futuro económico», *Boletín Semanal de ICE* (BICE) núm. 2.059, 17 de noviembre de 1986, pág. 3.827); A. V. Lorca, J. V. Masía, M. K. Cabañes y J. Vera, «Ondas Largas: aproximaciones teóricas», en BICE, núm. 2.007, 28 de octubre de 1985, págs. 3585 y sigs.; Alfredo Péres Sánchez, «Crisis de la economía: planteamientos críticos de la teoría de la crisis. Innovaciones Tecnológicas y ondas largas», BICE, núm. 2.061, 1 de diciembre de 1986, pág. 4023. Sin olvidar, con todo lo que de pintoresco tiene el libro de Raví Batra, «The Great Depression of 1990», con un prólogo de Lester Thurow, Simon and Schuster, Nueva York, 1987.

cluso neomarxistas muy destacados como Adam Schaff [66] reconocen los grandes cambios que se derivan de la desaparición de las dos clases principales (burguesía y proletariado), en tanto que André Glucksmann [67] se refiere a la pulverización de la clase media en subclases y grupos sociales muy diversos.

Por otra parte, están las relaciones entre diferentes Naciones, cuestión que sí nos afecta de lleno.

Aunque no seamos entusiastas de los paralelismos, es correcto afirmar que el hombre es un animal social que tiene necesidad de relacionarse con sus semejantes, y que análogamente, las naciones no pueden vivir completamente aisladas las unas de las otras, y mantienen entre sí relaciones de una significación muchas veces análogas a las que existen entre individuos y entre grupos y clases.

Las relaciones económicas entre las naciones pueden analizarse desde dos puntos de vista. El institucional, para examinar sistemáticamente los cauces que permiten esas relaciones. El estructural, para investigar cuáles son las fuerzas actuantes en las relaciones económicas internacionales, tema que tiene especial interés por lo que se refiere al intercambio de todo tipo entre naciones desarrolladas y subdesarrolladas.

Hoy, con la existencia de una Organización de las Naciones Unidades, de ámbito universal, el fenómeno de la expansión de las relaciones económicas internacionales se configura ya como irreversible. Esta es una de las grandes conquistas de la ONU; el que los hombres se hayan habituado a pensar en las Naciones Unidas como algo que no puede desaparecer y que, a pesar de sus indudables insuficiencias, representa la institucionalización a escala universal de las relaciones de unos países con otros.

En el mundo real coexiste un gran número de naciones con distintos sistemas económicos y niveles de desarrollo. Las hay socialistas, capitalistas y precapitalistas, que el propio tiempo pueden tener un mayor o menor grado de desarrollo, medido éste por la renta per cápita y por otros medios.

---

[66] «¿Qué futuro nos aguarda?», versión española, Crítica, Barcelona, 1985, pág. 54 y 55.

[67] «Hacia la subversión del trabajo intelectual», versión española, Era, México, 1976, págs. 110 y sigs. También sobre la importancia, cada vez más reconocida, de la Sociología para la Economía, es de gran interés el trabajo de Ricardo Montoro, «Escasez, necesidad y bienestar: apuntes para una sociología de la economía», en *Revista Española de Investigaciones Sociológicas*, n.º 30, abril-junio de 1985, págs. 69 a 92.

Sin embargo, el que las relaciones económicas internacionales sean un hecho universalmente aceptado no significa que se desenvuelvan todas ellas conforme a un modelo institucional único. Las posibilidades son muy diversas. En un intento de esquematizarlas, las cuatro formas básicas de relación económica entre las naciones serían: libre cambio, bilateralismo, cooperación, e integración.

En cuanto al enfoque estructural de las relaciones económicas internacionales, *prima facie* éstas se producen entre países desarrollados por un lado, y entre países desarrollados y subdesarrollados del otro; de hecho, las relaciones económicas de los países subdesarrollados entre sí son de importancia menor dentro del intercambio mundial globalmente considerado.

Tratando de generalizar, podría afirmarse que las relaciones económicas internacionales se rigen por el propósito de expansión de los países más desarrollados, que tratan de mantener o de avanzar en sus posiciones hegemónicas. Como afirmó Schumpeter, «verdaderamente, la historia nos muestra naciones y clases; y la mayoría de las naciones ofrecen ejemplos en uno u otro momento, de cómo se busca la expansión por el deseo de la expansión...; el dominio, por el deseo de dominar... Puede intentarse, siguiendo la idea básica de la interpretación económica de la historia, buscar el origen de las tendencias imperialistas en las influencias económico-estructurales que dan forma a la vida en general y en las relaciones de producción. Me gustaría subrayar que no dudo en absoluto que este poderoso instrumento de análisis servirá para este fin... Puede, pues, hacerse el intento de reducir los fenómenos imperialistas a intereses económicos de clase en un momento dado. Esto es lo que hace precisamente la teoría neo-marxista. En suma, ve el imperialismo simplemente como un reflejo de los intereses capitalistas del estrato superior en una fase concreta del desarrollo capitalista. Sin duda, ésta es, con mucho, la más seria contribución a una solución de nuestro problema. Ciertamente, hay mucha verdad en él» [68].

La teoría del imperialismo, aplicada a las relaciones económicas internacionales a que Schumpeter hace referencia en el pasaje ante-

---

[68] Joseph Schumpeter, «Social Classes. Imperialism», versión inglesa (del original alemán), The World Publishing Company, Cleveland y Nueva York, sexta impresión, octubre, 1961, págs. 5 a 7. Para una síntesis sobre el imperialismo, puede verse la obra de Gustavo Lagos, «El desarrollo de las teorías sobre el imperialismo», Editorial Universitaria, Santiago de Chile, 1980.

rior, está jalonada por una serie de elaboraciones teóricas desde la segunda mitad del siglo XIX hasta hoy.

La palabra «imperialismo» (*imperialism*) fue empleada por primera vez en Inglaterra hacia fines de la década de 1870 por un grupo de autores británicos partidarios de la expansión y fortalecimiento del imperio colonial británico [69]. Por tanto, imperialismo en esta primera acepción equivalía prácticamente a colonialismo, a la extensión de la soberanía de un país a otros pueblos y territorios.

A principios del siglo XX cuando la supremacía británica empezaba a ser discutida, los autores que escribieron sobre imperialismo pusieron el énfasis no ya en la cuestión de la soberanía política en sentido estricto, sino en la penetración económica y en el dominio de los mercados, de las fuentes de primeras materias y de la inversión exterior de capitales. John. A. Hobson, en un trabajo que llevaba por título «Imperialism» y que apareció en 1902, incluso llegó a analizar los efectos del imperialismo en las sociedades afectadas por el mismo, subrayando la explotación de los pueblos atrasados por los más avanzados.

El paso siguiente lo dio Rudolf Hilferding en su obra «El Capitalismo Financiero», subtitulada «Un estudio de la última fase del desarrollo capitalista». Hilferding vio en el imperialismo un aspecto inseparable del capitalismo, la consecuencia inevitable de la lucha mundial de los grandes monopolios industriales y financieros por el máximo beneficio.

Finalmente, Lenin estudió los rasgos básicos del imperialismo en su período clásico (1870-1914) en su obra «El imperialismo, último estadio del Capitalismo». En ella empleó el primer término refiriéndose al sistema político y económico internacional configurado a lo largo de los indicados decenios.

Tras esta presentación del tema, debemos preguntarnos cuáles eran —y cuáles siguen siendo— los rasgos básicos del imperialismo. Sweezy los sintetiza de la manera siguiente: «Los países avanzados estaban interesados en los países atrasados por tres razones principales. Buscaban en ellos: a) fuentes de primeras materias que pudieran ser provechosamente vendidas en los mercados mundiales; b) salidas para sus inversiones de capital, y c) mercados para sus mercan-

---

[69] Así lo pone de relieve G. W. F. Hallgarten en su obra «Imperialismus von 1914», Munich, 1951, citada por P. Sweezy en «The Present as History», Monthly Review-Press, Nueva York, segunda impresión, 1962, pág. 80.

cías manufacturadas. Estas tres exigencias se condicionaban y limitaban unas a otras, de tal forma que el capital que afluía a los países atrasados no creaba réplicas del sistema socioeconómico existente en las naciones de origen. Más bien convertía a los países subdesarrollados en apéndices económicos de los avanzados, favoreciendo el crecimiento de aquellas clases de actividad económica que complementaban a sus propias economías avanzadas, bloqueando así el crecimiento de aquellas clases de actividad que pudieran competir con ellas. El resultado, desde el punto de vista de los países atrasados, no podía ser sino un desarrollo desequilibrado, que continuamente originaba sucesivos desajustes económicos y tensiones sociales, para las cuales el sistema no contaba con mecanismos autocorrectores» [70].

El imperialismo, con fórmulas más sutiles y menos brutales, sigue siendo la fórmula hoy predominante de las relaciones económicas entre los países más avanzados y los menos desarrollados. El hecho de que el colonialismo político se haya retraído a círculos ya muy limitados, no quiere decir que los países emancipados políticamente tengan el control de sus propias economías; ni de sus decisiones políticas, inevitablemente ligadas a factores económicos y tan susceptibles de «influenciamiento». No hace falta sino conocer algunos países subdesarrollados para saber quién manda allí verdaderamente, quién detenta en ellos el poder económico, político y potencialmente militar, y de quién depende su suerte merced al manejo de las corrientes de asistencia económica.

En el comercio exterior, el imperialismo se advierte en varios hechos: en el sentido desfavorable para los subdesarrollados de la evolución de la relación real de intercambio [71]; en el control directo de sus exportaciones e importanciones por parte de compañías de los grandes países más desarrollados [72]; en la ligazón de sus burguesías nacionales a los intereses extranjeros, y en la imitación de sus formas de vida, así como en la canalización hacia el exterior de buena parte de sus rentas.

---

[70] P. Sweezy, «The Present as History», ob. cit., págs. 82 y 83.

[71] En este sentido, los estudios más difundidos han sido los del doctor H. W. Singer para las Naciones Unidas y los preparados con vistas a la celebración de la Conferencia de las Naciones Unidas sobre Comercio y Desarrollo.

[72] Sólo para mencionar algunos casos del pasado y del presente todavía en parte: la «United Fruit Co.» en toda Centroamérica, la «Anaconda» para el cobre chileno, la «Union Minière du Haut Katanga» para los minerales del Congo, y la «Shell» y la «Creole» para el petróleo de Venezuela, etc.

Por lo que se refiere a las inversiones, el panorama es aún más claro. Los países subdesarrollados, con niveles bajos de renta, tienen tasas reducidas de formación bruta de capital, totalmente insuficientes para promover su desarrollo [73]. En estas circunstancias, no es extraño que sean las inversiones extranjeras las que tiendan a explotar los recursos naturales, con vistas a complementar sus propias economías. Esta es la que H. W. Singer denominó «forma tradicional de la inversión extranjera» [74], que se centra casi exclusivamente en la obtención de productos básicos destinados a la exportación; aparte de un cierto volumen de pagos en salarios, en nada o casi nada contribuye al desarrollo del país que recibe la inversión; en muchos casos incluso llega a obstaculizarlo.

11. La dimensión tecnológica

La historia de la tecnología «es la de los largos y penosos esfuerzos de la humanidad para controlar su entorno ambiental en su propio beneficio» [75]. Tales esfuerzos, que sólo el hombre en virtud de su razón es capaz de realizar, se llevan a cabo aplicando los conocimientos acumulados para conseguir el dominio de la materia y la energía.

Durante milenios y siglos, el progreso tecnológico fue el resultado empírico de la secuencia de pruebas, con aciertos y errores, desarrolladas de modo esporádico, pero continuado. Sólo desde fines del siglo XVIII, con la Revolución Industrial, puede hablarse de una tecnología como aplicación directa y sistemática de la Ciencia, que fue precisamente el elemento diferencial que permitió el espectacular avance durante los siglos XIX y XX.

Siempre ha habido una estrecha interacción de formas sociales de producción y tecnología. Y por ello mismo, en el pasado (y hasta el

[73] Sobre esta cuestión, una de las obras más completas es la de Ragnar Nurkse, «Problems of Capital Formation in Underdeveloped Countries», Oxford University Press, Oxford, 1953.

[74] W. H. Singer, «The distribution of gains between investign and borrowing countries», en *AER,* mayo, 1950.

[75] «Technology, History of», artículo de la *Encyclopaedia Britannica,* vol. 21, pág. 750, edición de 1969. También Krishan Kumar, «Prophecy and Progress», Penguin, Londres, 1978; y Maurice Daumas, «Les grandes étapes du progrès technique, PUF, París, 1981.

presente) se han manifestado grandes diferencias en el desarrollo tecnológico, en función de las diversas formas de organización social, así como del entorno en que éstas se generaban (disponibilidad de recursos, situación geográfica, etc.). Pero lo cierto es que con la creciente interpenetración de los distintos pueblos de la humanidad, la tecnología tiende a uniformarse cada vez más [76].

Hoy, en prácticamente todas las áreas avanzadas del mundo se recurre a las mismas técnicas, siempre en busca de un máximo de productividad, que es justamente lo que ha hecho factible la formidable aceleración del crecimiento económico apreciable desde la terminación de la Segunda Guerra Mundial. Ese proceso de homogeneización se debe, en gran parte, a que las diferencias de tiempo entre la aparición de un invento o una innovación importante en un punto concreto y su aplicación en lugares alejados del mismo, han ido acortándose sin cesar; ello es imputable al progreso de la tecnología en materia de transportes y comunicaciones. Así, la transferencia tecnológica se produce hoy a una velocidad mucho mayor que en el pasado.

Esto no significa que pueda hablarse todavía de una disponibilidad mundial indiscriminada de tecnología. La mayor parte de los avances tecnológicos siguen produciéndose —por la inercia de los hechos— en los países industriales más desarrollados; de hecho, su predominio tecnológico es en la actualidad el mejor indicador de su alto nivel de desarrollo y de su capacidad de dominio [77]. En buena medida, ese dominio se ejerce en el mundo capitalista por medio del sistema de patentes, que las grandes empresas multinacionales saben cómo administrar para explotar la tecnología que ellas mismas generan en su propio y máximo beneficio, creando así en los países

---

[76] Como bibliografía complementaria muy somera sobre la dimensión tecnológica de la realidad económica, recomendamos primeramente la obra de R. J. Forbes y E. J. Dijksterhuis «A History of Science and Technology» (Pelican Book, Londres, 1963), que se refiere a los siglos XVIII y XIX. De gran interés son las lecturas compiladas por Natham Rosenberg y publicadas bajo el título «The Economics of Technological Change» (Penguin, Londres, 1971), con artículos, entre otros, de Schumpeter, Arrow, Abramovitz y Vernon. El libro «Science and Technology in Economic Growth» (compilado por B. R. Williams, Macmillan, Londres, 1973) contiene las ponencias y los coloquios de la Conferencia que celebró la Economía Internacional en St. Aton, Austria en 1972.

[77] Sobre este tema, Harry G. Johnson, «Tecnología e interdependencia económica», versión española, El Manual Moderno, México 1978; y René-François Bizec, «Les transferts de Technologie», PUF, París, 1981.

menos desarrollados (PMD) una dependencia más que evidente, incluso en aquellos casos de PMD que por una u otra razón han alcanzado ya unos niveles elevados en su renta per cápita.

Por otro lado, aunque actualmente la transferencia tecnológica es más veloz que en el pasado —como puntualizábamos más arriba—, lo cierto es que en función de las mencionadas cortapisas de las patentes, y sobre todo por las formas de organización social de los PMD, la transferencia tecnológica dista mucho de ser —por así decirlo— automática e instantánea. De ahí la persistencia de amplias bolsas de pobreza por doquier en el mundo, ligadas por lo general a formas sociales de producción que se ven frenadas en su capacidad de asimilación tecnológica por multitud de razones; desequilibrios en la distribución de la riqueza y de la renta, ignorancia e incultura, atavismos sociológicos que a veces se basan en determinadas creencias religiosas, explosión demográfica, etc.

En fin de cuentas, en el análisis de cualquier realidad económica y social, es necesario considerar la situación concreta o el estado actual de la tecnología, que efectivamente es una de las dimensiones importantes de esa misma realidad [78]. Por ello no es extraño que esté siendo objeto de atención cada vez mayor en las discusiones a nivel de empresa [79], y sobre todo en el pleno de la internacional en la UNCTAD, etc. E incluso, con el propósito de centralizar de alguna forma los estudios internacionales encaminados a facilitar la transferencia de tecnología a los PMD, nació en 1969, dentro del sistema de las Naciones Unidas, una nueva agencia especializada: la ONUDI (Organización de las Naciones Unidas para el Desarrollo Industrial.

---

[78] Así se puso de realidad, una vez más, en el «Seminario sobre contribución de la ciencia y la tecnología al crecimiento económico y desarrollo social», celebrado en Madrid (UAM), el 9 de marzo de 1989, con la coordinación de Paloma Sánchez Muñoz (hay un resumen mimeografiado de la UAM). De la misma autora, «La exportación de tecnología» ICEX, Madrid, 1988.

[79] Por ejemplo, el libro de Patricio Morcillo, «La gestión de la I+D. Una estrategia para ganar», Pirámide, Madrid, 1989.

Capítulo 12
CONTABILIDAD NACIONAL (*)

1. Antecedentes históricos

A mediados de la década de los setenta, el Instituto Nacional de Estadística (INE) realizó una primera aproximación de la Contabilidad Nacional de España (CNE) a los nuevos métodos normaliza-

* Para la elaboración del presente capítulo hemos tenido en cuenta, fundamentalmente, la siguiente bibliografa:

— INE, «Metodología de las tablas input-output de la Oficina Estadistica de las Comunidades Europeas, traducción». INE, 2.ª ed., Madrid, 1976.

— INE/EUROSTAT, «Sistema europeo de cuentas económicas integradas, SEC», Subdirección de Cuentas Nacionales del INE, 2.ª ed., Madrid, 1983.

— INE, «Contabilidad Nacional de España. Base: 1980. Cuentas nacionales y tablas input-output», INE, Madrid, 1986.

— INE, «La tabla input-output de España, Año 1980. Agregación según modelo de la CE (R 44)», INE, Madrid, 1986.

— INE, «Contabilidad Nacional de España. Base: 1980. Serie 1980-1984 definitivos, 1985 provisional, y 1986 avance», INE, Madrid, 1987.

— INE, «Resumen de metodologías teórico-prácticas de la contabilidad nacional de España. Base: 1980», INE, Madrid, noviembre de 1988.

— Como complemento de lo expuesto en el presente capítulo, pueden verse, también, las «Cuentas de las Administraciones Públicas» y las «Cuentas de las Empresas Públicas», que anualmente (con un retraso de más de dos años, 1988) publica el Ministerio de Economía y Hacienda.

dos de cuentas nacionales a nivel CEE. Fue así como se conformó la Contabilidad Nacional de España base 1970 (CNE-70), basada en el Sistema Europeo de Cuentas Integradas (SEC), elaborado en la Oficina de Estadística de las Comunidades Europeas (OSCE, o Eurostat), versión comunitaria, a su vez, del Sistema de las Naciones Unidas.

La elección del SEC por parte del INE se debió a su mayor desagregación, y a la posibilidad de atender a la demanda de los organismos a los que ya por entonces pertenecía España (OCDE, ONU) y a los que previsiblemente accedería en el futuro (fundamentalmente CEE, en la que finalmente se ingresó en 1986).

Posteriormente la CNE-1980 representó un importante avance para el conocimiento de la actividad económica de España. Primero de todo, porque al introducir la tabla input-output supuso la ampliación del ámbito abarcado por la anterior CNE-70. Asimismo, se produjo una mayor desagregación de los sectores institucionales y de las operaciones económicas en el área de las cuentas nacionales.

Además, la CNE-80 significó, lógicamente, el cambio de base del conjunto de agregados y variables que expresan el proceso económico español. Lo cual permitió una actualización importante para seguir de cerca la realidad estructural, por cuanto ese cambio de base no significó un mero traslado aritmético de la referencia temporal de las operaciones económicas, ya que supuso, para el año elegido, un nuevo estudio en profundidad de todas y cada una de las operaciones económicas. Por ello mismo, los organismos internacionales (ONU, OCDE, CEE, etc.) recomiendan a sus países miembros realizar cambios de base de sus sistemas de cuentas nacionales sistemáticamente en los años finalizados en cero o en cinco.

En España, el cambio de 1970 a 1980 era necesario por diversidad de razones. Para empezar, la profunda crisis económica iniciada en 1974 y agudizada en 1979, y las mutaciones tanto institucionales como políticas ocurridas en la década de los 70, ya habrían sido motivos más que suficientes para haber realizado con anterioridad el cambio de base. Pero este cambio no pudo producirse hasta bien entrados los 80, pues la mejora en la información estadística capaz de ayudar a la cuantificación de las variaciones de agregados y operaciones se hizo esperar largamente.

El caso es que la CNE-80 representó, en definitiva, una mayor aproximación del Sistema de Cuentas Nacionales de España al SEC, de tal modo que para completar el esquema SEC actual solo restan las *cuentas financieras*, que según el INE (1988) podrán introducirse en breve plazo como imagen monetaria de los flujos reales contemplados en las cuentas de los sectores institucionales. Con esa mejora, para la que será imprescindible la colaboración del Banco de España, podrá disponerse de un sistema de cuentas que asuma en su totalidad las líneas metodológicas del SEC; y se estará, a la postre, al nivel de información de los países más desarrollados de la Comunidad Europea.

Destaquemos, además, que de cara al futuro, la CNE-80 permitirá avanzar en las nuevas líneas de investigación de los sistemas de cuentas nacionales. En este sentido, la cuarta revisión del Sistema de Contabilidad Nacional de las Naciones Unidas (SCN), en el que participa la OSCE, se encamina hacia una reforma en profundidad, en pos de un nuevo sistema que, respetando fundamentalmente el actual, incluya como subsistema integrado las denominadas *cuentas patrimoniales*.

2. Metodología de la CNE-80: sectores, ramas y centros de interés

La CNE-80, al igual que el método SEC en el que se apoya, se caracteriza por el empleo de dos tipos de unidades y dos formas de enfocar la economía. Para la descripción de los flujos y operaciones de renta, se utilizan las denominadas *unidades institucionales*, cuya agregación constituyen los *sectores institucionales* (sociedades y cuasi-sociedades no financieras, instituciones de crédito, empresas de seguros, administraciones públicas, hogares, y resto del mundo).

Por otra parte, para la representación de los procesos de producción y de equilibrio entre recursos y empleos, se utilizan las agrupaciones de *unidades de producción* homogénea en las denominadas *ramas* (agricultura, silvicultura y pesca; energía; industria; construcción e ingeniería civil; servicios destinados a la venta; y servicios no destinados a la venta).

La CNE-80 en su enfoque institucional y de ramas adoptó cabalmente el SEC. Sin embargo, en el *enfoque funcional*, a través de la tabla input-output de España para 1980 (TIOE-80), no siempre fue así; en ella, algunas ramas no son totalmente homogéneas con el SEC, por dificultades de adaptación.

Las unidades tanto institucionales como de ramas de la CNE-80, se consideran residentes en España si tiene un *centro de interés* en el territorio económico español. Por centro de interés, se entiende el mero hecho de realizar actividades propias en el país durante un período de tiempo superior a un año. Valga el ejemplo de una *unidad institucional hogar.* Se considerará que tiene un centro de interés en España (aun siendo de nacionalidad extranjera) si realiza su actividad característica de consumir en el territorio económico español por un año o más. A *sensu contrario*, los emigrantes españoles fuera de España por más de un año, son residentes del país en que viven y trabajan, y no de España.

2.1. *La clasificación de las operaciones y su definición*

La CNE-80, al igual que el SEC, recoge un conjunto de operaciones que se clasifican en dos grupos: *operaciones de bienes y servicios*, que se registran con el código P; y *operaciones de distribución*, codificadas con la letra R. Faltan por introducir las *operaciones financieras* —que llevarán el código F— como se mencionó anteriormente.

Las *operaciones de bienes y servicios* se refieren a la producción, el intercambio, y la utilización de bienes y servicios por las ramas y por los sectores. Las *operaciones de distribución* son aquellas por las que se reparte el valor añadido, la renta, y el patrimonio. Las diferentes operaciones sobre bienes y servicios y de distribución retenidas en la CNE-80 aparecen en el cuadro 1. El significado de cada una de las rúbricas es lo suficientemente claro como para que no hayamos de entrar en su especificación.

2.2. *El sistema de cuentas y cuadros*

La CNE-80 se configura primeramente por un conjunto de cuentas y saldos contables referentes a la *economía nacional*, que de forma esquemática aparecen en el cuadro 2. Como se ve, hay seis cuentas interiores y dos del resto del mundo.

Ulteriormente, están las cuentas de los *sectores institucionales;* el detalle de tales sectores —y sus subsectores— figura en el cuadro 3.

Están, además, las cuentas de las *ramas*, que, como veremos después registran las operaciones de bienes y servicios en términos de producción y explotación.

Cuadro 1
OPERACIONES SOBRE BIENES Y SERVICIOS Y DE DISTRIBUCION

Operaciones	Código	
PRODUCCION DE BIENES Y SERVICIOS	P.10	
Producción de bienes		P.11
Producción de servicios destinados a la venta excepto la producción imputada de servicios bancarios		P.12
Producción imputada de servicios bancarios		P.13
Producción de servicios no destinados a la venta		P.14
CONSUMO INTERMEDIO	P.20	
CONSUMO FINAL	P.30	
Consumo final en el territorio económico de unidades residentes		P.31
CONSUMO FINAL NACIONAL (P.31 + P.63)	P.3A	
CONSUMO FINAL EN EL TERRITORIO ECONOMICO (P.31 + P.53)	P.3B	
FORMACION BRUTA DE CAPITAL	P.40	
Formación bruta de capital fijo		P.41
Variación de existencias		P.42
EXPORTACION DE BIENES Y SERVICIOS	P.50	
Exportación de bienes		P.51
Exportación de servicios		P.52
Consumo final en el territorio económico de unidades residentes		P.53
IMPORTACION DE BIENES Y SERVICIOS	P.60	
Importación de bienes		P.61
Importación de servicios		P.62
Consumo final en el resto del mundo de hogares residentes		P.63
ADQUISICION NETA DE TERRENOS Y ACTIVOS INMATERIALES	P.70	
Adquisición neta de terrenos		P.71
Adquisición neta de activos inmateriales		P.72
OPERACIONES DE DISTRIBUCION LIGADAS AL PROCESO DE PRODUCCION		
RENUMERACION DE ASALARIADOS	R.10	
IMPUESTOS LIGADOS A LA PRODUCCION Y A LA IMPORTACION	R.20	
Impuestos ligados a la producción		R.21
Impuestos ligados a la importación		R.29
SUBVENCIONES DE EXPLOTACION	R.30	
OTRAS OPERACIONES DE DISTRIBUCION DE RENTAS		
RENTA DE LA PROPIEDAD Y DE LA EMPRESA	R.40	
Intereses efectivos		R.41
Intereses imputados derivados de contratos de seguro		R.42
Rentas de la tierra y de activos inmateriales		R.43
Dividendos y otras rentas distribuidas por las sociedades		R.44
Rentas retiradas por los empresarios de cuasisociedades		R.45

Operaciones	Código	
OPERACIONES DE SEGURO DE ACCIDENTES	R.50	
Primas netas de seguro de accidentes		R.51
Indemnizaciones de seguro de accidentes		R.52
TRANSFERENCIAS CORRIENTES SIN CONTRAPARTIDA N.C.O.P.	R.60	
Impuestos corrientes sobre la renta y el patrimonio		R.61
Cotizaciones sociales reales		R.62
Cotizaciones sociales ficticias		R.63
Prestaciones sociales		R.64
Transferencias corrientes entre administraciones públicas		R.65
Transferencias corrientes a instituciones privadas sin fines de lucro		R.66
Cooperación internacional corriente		R.67
Transferencias privadas internacionales		R.68
Transferencias corrientes diversas		R.69
OPERACIONES DE DISTRIBUCION DE CAPITAL		
TRANSFERENCIAS DE CAPITAL	R.70	
Ayudas a la inversión		R.71
Impuestos sobre el capital		R.72
Otras transferencias de capital		R.79
Variación de las reservas matemáticas de jubilación (flujo de ajuste)	F.911	

2.2.1. Cuentas

El *cuadro 2* sintetiza un total de ocho cuentas: las interiores, C.0 a C.5 para la *Economía Nacional*, y dos del *resto del mundo* (C.7 y C.5). Las ocho cuentas aludidas, que se elaboran en la CNE-80 —*cuentas simplificadas de la nación*— figuran como *sección 1* del *anexo estadístico* al presente capítulo, con la evolución de sus distintas partidas para los años 1980 y 1986. Subrayemos aquí el hecho —ya destacado antes— de que en la CNE-80 no aparecen las *cuentas financieras* (C.6), tanto para la Economía Nacional como para el resto del mundo; por falta, todavía, de suficiente sofisticación. Sin embargo, se les reserva el número C.6, lo cual explica el salto del C.5 al C.7.

Más adelante, bajo el epígrafe 2.3 de este mismo Capítulo, se describen las cuestiones fundamentales relativas a las cuentas del Cuadro II, de las cuales surgen los sucesivos saldos con el código N, cuya identificación se hace en la última columna del mismo Cuadro 2.

Cuadro 2
ESQUEMA DEL SISTEMA DE CUENTAS Y SUS SALDOS CONTABLES

Código	Cuenta	Saldo	Código
		1. Cuentas Interiores	
C.0	Cuenta de bienes y servicios	—Cuenta equilibrada por definición	
C.1	Cuenta de producción	Valor añadido precios de mercado	
		—bruto	N.1
		—neto	N.11
C.2	Cuenta de explotación	Excedente de explotación	
		—bruto	N.2
		—neto	N.12
C.3	Cuenta de renta	Renta disponible	
		—bruto	N.3
		—neto	N.13
C.4	Cuenta de utilización de renta	Ahorro	
		—bruto	N.4
		—neto	N.5
C.5	Cuenta de capital	Necesidad o capacidad de financiación	N.5
		II.Cuentas del Resto del Mundo	
C.7	Cuenta de operaciones corrientes	Saldo de operaciones corrientes con el resto del mundo	N.7
C.5	Cuenta de capital	Necesidad o capacidad de financiación de la nación	N.5

2.2.2. Sectores

En lo que respecta al *Cuadro 3,* es representación del desglose de los distintos sectores institucionales, también con desglose en la sección 1 del *Anexo estadístico* al presente Capítulo, para la *Economía Nacional* (cuatro cuadros) y el *Resto del mundo* (dos). Se abren las mismas cuentas mencionadas en el cuadro 2, bajo el epígrafe general de *cuentas de los sectores institucionales*; sin que tampoco en este caso, hasta ahora, se hayan elaborado las *cuentas financieras (C.6)* ni para el *interior*, ni el *resto del mundo*. Debe señalarse, además, que la cuenta *C.0* no cabe elaborarla en este caso porque se refiere a la nación en su conjunto.

Cuadro 3
ESQUEMA DE LA DELIMITACION INSTITUCIONAL

Sectores y subsecciones	Código	
Sociedades y cuasisociedades no financieras	S.10	
Instituciones de crédito	S.40	
Autoridades bancarias centrales		S.41
Otras instituciones monetarias		S.42
Otras instituciones de crédito		S.43
Empresas de seguro	S.50	
Organismos de seguros y capitalización		S.51
Entidades de previsión social		S.52
Administraciones públicas	S.60	
Administración central		S.61
Administración territorial		S.62
Administraciones de seguridad social		S.63
Instituciones privadas sin fines de lucro	S.70	
Hogares	S.80	
Resto del mundo	S.90	

En el cuadro 3, los *sectores* figuran con el código S, con desglose en siete sectores (S.10, S.40, S.50, S.60, S.70, S.80 y S.90), y en ocho subsectores que también allí se relacionan.

2.2.3. Cruce de cuentas y sectores

En el cuadro 4 se presenta el cruce del conjunto de *unidades* con las *cuentas* del sistema. Como unidades figuran la economía nacional (o interior), el resto del mundo (o exterior), los sectores, y las ramas de actividad. Según lo que ya hemos indicado, es fácil apreciar por el cuadro 4, que en la CNE-80 *al conjunto de la economía nacional se le abren seis cuentas* en su vertiente *interior* (las seis x de su fila), y dos en su relación con el *resto del mundo*. Como ya se indicó antes, esas ocho cuentas se incluyen en la *sección 1* del *anexo contable* de este capítulo como *cuentas simplificadas de la nación* para los años 1980-1986.

Para los *sectores institucionales* hay dos formas de presentación de las cuentas:

a) *Presentación global.* En este caso se abre una serie de cuentas (de la C.1. a C.5., puesto que se excluye la C.0. por la razón ya indicada de que es exclusiva de la Nación), con sistemática análoga a las cuentas de la economía nacional, es decir, con partidas básicamente equiparables. La presentación que hacemos en este capítulo siguiendo la CNE-80, se refiere solo a 1985, con el desglose en *cinco sectores interiores:* sociedades y cuasi-sociedades no financieras, instituciones de crédito, empresas de seguros, administraciones públicas, hogares, y el sector exterior o *resto del mundo*. Como ya quedó indicado antes, las *cuentas de presentación global* de los sectores figuran en la *sección 2 del anexo contable* a este capítulo.

Cuadro 4

ESQUEMA GENERAL DE LAS CUENTAS ANUALES DE LA CONTABILIDAD NACIONAL DE ESPAÑA. BASE 1980

Cuentas	C 0 Bienes y Servicios	C 1 Producción	C 2 Explotación	C 3 Renta	C 4 Utilización de Renta	C 5 Capital
Conjunto de unidades	C 7 Operaciones corrientes (resto del mundo)					
ECONOMIA NACIONAL	X	X	X	X	X	X
RESTO DEL MUNDO	←		X			→ X
SECTORES Y SUBSECTORES						
S. 10 Sociedades y cuasisociedades no financieras	—	X	X	X	X	X
S. 80 Hogares	—	X	X	X	X	X
S. 40 Instituciones de crédito y Subsectores	—	X	X	X	X	X
S. 50 Empresas de seguro y Subsectores	—	X	X	X	X	X
S. 60 Administraciones públicas y Subsectores	—	X	X	X	X	X
S. 90 Resto del mundo	—	←	X			→ X
RAMAS	X	X	X			

b) *Presentación sector a sector.* Para todos los sectores mencionados, la CNE-80 abre una cuenta, en la cual cada partida tiene el desglose correspondiente de sus diversos subsectores, originándose una matriz de filas y columnas. Así, por ejemplo, el sector *instituciones de crédito* se desagrega en tres susbsectores: autoridades bancarias centrales, otras instituciones monetarias, y otras instituciones de crédito. Por la enorme prolijidad que significaría incluir en el anexo contable a este capítulo las cinco cuentas de los siete sectores ya señalados (S.10, S.40, S.50, S.60, S.70, S.80 y S.90 del cuadro 4, con la particularidad de que en la CNE-80 no se elaboran aún las cuentas del S.70, que se refiere a las instituciones privadas sin fines de lucro), lo que da lugar a más de una treintena de amplias cuentas, nos remitimos para ese detalle al documento oficial de la propia CNE-80 en la edición del INE (en el que los estados contables aludidos ocupan nada menos que las páginas 122 a 243, para los años 1980-1986 en la edición de 1988).

2.2.4. Ramas de actividad

En cuanto a las *ramas*, como puede verse por el *cuadro 4,* en principio se articulan en tres cuentas: C0, C1 y C2; es decir, la cuenta global de opraciones y servicios (C0), y las de producción y renta (C1 y C2). En la CNE-80, estas dos últimas se presentan en realidad —gracias al juego de las columnas— en el *cuadro I.A* (que figura como el primero de la sección 3 del anexo contable a este capítulo) para 1980 y 1986, y tanto en pesetas corrientes como en pesetas constantes.

Las cuentas de producción y renta de las ramas de actividad que se formalizan en el cuadro I.A, abarcan a los epígrafes de las 7 grandes ramas, que a su vez se subdividen en subramas, con sus respectivos códigos R. Puede verse el detalle en las tres primeras columnas del cuadro I.A. El cuadro I.A se complementa con los cuadros que se enumeran a continuación, cada uno con su epígrafe:

OPERACIONES DE BIENES Y SERVICIOS: DETALLE

I.A	Cuentas de producción y explotación por ramas de actividad
II.A	Valor añadido bruto a precios de mercado. por ramas de actividad. Precios corrientes

II.B.I	Valor bruto a precios de mercado. Por ramas de actividad. Precios constantes
II.B.2	Valor añadido bruto a precios de mercado. Por ramas de actividad. Indices de volumen
III.A	Valor añadido bruto a coste de factores. Por ramas de actividades. Precios corrientes
IV.A	Remuneración de asalariados. Precios corrientes
V.A y B	Clasificación del consumo público por operaciones y subsectores. Precios corrientes. Precios constantes. Indices de volumen
VI.A	Clasificación del consumo privado por funciones. Precios corrientes
VI.B.I	Clasificiación del consumo privado por funciones. Precios constantes
VI.B.2	Clasificación del consumo privado por funciones. Indices de volumen
VII.A	Clasificación de la formación bruta de capital por productos. Precios corrientes
VII.B.I	Clasificación de la formación bruta de capital por productos. Precios constantes
VII.B.2	Clasificación de la formación bruta de capital por productos. Indices de volumen
VIII.A	Operaciones de bienes y servicios con el resto del mundo. Precios corrientes
VIII.B.I	Operaciones de bienes y servicios con el resto del mundo. Precios constantes
VIII.B.2	Operaciones de bienes y servicios con el resto del mundo. Indices de volumen

De la anterior relación de cuadros, clasificados desde el I.A al VIII.B.2, en la sección 3 del anexo contable al presente capítulo sólo incluimos los más significativos: I.A, V.A y B, VI.A, VII.A y VIII.A.

2.2.5. Cuadros, anexos

Por último, debemos referirnos a los *cuadros anexos*, que facilitan información detallada sobre una serie de partidas que en la Contabilidad Nacional se presentan como grandes agregados. Los cuadros suponen una información indispensable sobre como se agregan tales magnitudes. Concretamente, se trata de un total de 17 cuadros anexos, que se relacionan seguidamente:

De los referidos *cuadros anexos* en la *sección 4* del *anexo contable* a este capítulo incluimos como más relevantes los números 1, 4, 5, 6, 7, 8, 9.1 y A.11.

CUADROS ANEXOS

1.	Remuneración de los asalariados y sus componentes.
2.	Cotizaciones sociales reales por tipo y sector de destino
3.	Prestaciones sociales por tipo y sector de procedencia
4.	Impuestos percibidos por las Administraciones Públicas
4.1	Impuestos percibidos por el Estado
4.2	Impuestos percibidos por los Organismos Autónomos Administrativos
4.3	Impuestos percibidos por las Comunidades Autónomas
4.4	Impuestos percibidos por las Corporaciones Locales
4.5	Impuestos percibidos por la Seguridad Social
5.	Subvenciones de explotación concedidas por las Administraciones Públicas
6.	Transferencias corrientes diversas de las Administraciones Públicas
7.	Transferencias corrientes entre Administraciones Públicas
8.	Transferencias de capital de las Administraciones Públicas
9.1	Clasificación de los empleos de la Administración Central y sus Subsectores por funciones
10.A	Importación y exportación real de servicios
11.	Empleo total por ramas de actividad
12.	Empleo asalariado por ramas de actividad

2.2.6. Grandes agregados macroeconómicos

Por último, pero no lo menos importante, debemos mencionar los *grandes agregados macroeconómicos* —a los cuales ya nos hemos referido in extenso en el apartado 2.1.2 del Capítulo 11 de este libro— que figuran en la *sección 5* del anexo contable al presente capítulo y que para 1970, 1975, 1980 y 1986, recogen el siguiente detalle:

1. PIB, precios constantes.
2. PIB, estructura porcentual, precios constantes.
3. Renta Nacional Neta Disponible, precios corrientes.

Seguidamente, se hacen unos breves comentarios sobre la composición de las diferentes cuentas que aparecen en el CNE-1980 (2.3), acerca de los agregados que se derivan de las cuentas (2.4), y sobre las características de los sectores institucionales (2.5).

2.3. *Descripción de las cuentas*

Haremos primero (2.3.1) una reseña de las cuentas de la *economía nacional* y de los *sectores* desde el enfoque interior. Después (2.3.2) veremos las cuentas relacionadas con el *resto del mundo*, tanto para la economía nacional como para los sectores. Por último (2.3.3), nos ocuparemos del sentido de las anotaciones contables por *partida doble*.

2.3.1. Cuentas de la economía nacional y de los sectores (interior)

Son las mencionadas como C.0. a C.5. en el cuadro 2.

C.0. *Cuenta de bienes y servicios*

Como ya se dijo antes, esta cuenta sólo se elabora para el conjunto de la economía nacional y las ramas de actividad; pero no para los sectores. En ella se pone de relieve el equilibrio global de recursos y empleos de bienes y servicios. Por definición —al igual que todas las demás cuentas— debe estar equilibrada siempre.

Como *recursos* aparecen: valor total de la producción de bienes y servicios, importaciones de los mismos, e impuestos ligados a la importación; es decir, el total de lo disponible por la economía nacional en el período considerado.

En *empleos* aparecen el conjunto de bienes y servicios en sus destinos o aplicaciones: consumo intermedio, consumo final (público y privado), formación bruta de capital fijo, variación de existencias, y exportaciones.

C.1. *Cuenta de producción*

La cuenta de producción —que se establece para la economía nacional, sectores institucionales y ramas de actividad— es expresiva del proceso de producción en su sentido más estricto. En el lado de los *recursos* figura el valor de la producción, y en *empleos* los consumos intermedios. El saldo es, para los sectores y las ramas, el *valor añadido bruto a precios de mercado;* y para la economía nacional el

Producto Interior Bruto a precios de mercado (PIB pm). En la cuenta de producción de la economía nacional es preciso anotar entre los recursos el montante de los impuestos a la importación.

C.2. *Cuenta de explotación*

Registra las operaciones de distribución derivadas del proceso de producción, tanto para la economía nacional como los sectores institucionales y las ramas de actividad.

En los *recursos* figuran el valor añadido bruto a precios de mercado (Producto Interior Bruto en la cuenta de la economía nacional) y las subvenciones de explotación. En los empleos se registran los impuestos ligados a la producción y la remuneración de los asalariados. El saldo es el *excedente bruto de explotación* (que incluirá beneficios, amortizaciones, etc.; véase N.2 en 2.4). En la cuenta para la economía nacional, en empleos deben figurar también los impuestos ligados a la importación, ya que esta operación está incluida en el PIB p.m. según vimos al comentar la C.1.

C.3. *Cuenta de renta*

Tanto esta cuenta como las sucesivas, sólo se elaboran para la economía nacional y para los sectores institucionales, pero no para las ramas de actividad. La cuenta número 3 recoge las operaciones que surgen de las relaciones entre las diferentes unidades institucionales (asalariados y empresas); e incorpora, además, las operaciones corrientes con el resto del mundo y relativas a la formación de capital.

Más en concreto, en esta cuenta, *cuando se trata de los sectores,* se registran las diversas operaciones de distribución de rentas (intereses, dividendos, beneficios distribuidos, transferencias corrientes, etc.) que se efectúan entre los diferentes agentes de la economía. Las operaciones citadas aparecen tanto en los *recursos* como en los *empleos*, según se trate de un ingreso o pago *del* o *al* sector.

El saldo de la cuenta es la *Renta Bruta Disponible* de cada sector, y para la economía nacional la *Renta Bruta Disponible a precios de mercado*,dos agregados a los que nos referimos después en 2.4 (N.3).

C.4. *Cuenta de utilización de renta*

Esta cuenta pone en evidencia, para la economía nacional y sólo para los sectores que tienen consumo final (Administraciones Públicas y Hogares), cómo se reparte la correspondiente renta bruta entre consumo y ahorro. El saldo de la cuenta es el *Ahorro Bruto* de cada sector, y para la economía nacional el *Ahorro Nacional Bruto* (véase también N.4 en 2.4).

C.5. *Cuenta de Capital*

La cuenta de capital contempla para la economía nacional y para cada sector las operaciones ligadas a las inversiones en activos no financieros; y las transferencias de capital, que se consideran como operaciones de distribución patrimonial. Ambos tipos de operaciones constituyen los *empleos* de la cuenta. Como *recursos* aparecen el ahorro bruto y las transferencias de capital recibidas. El saldo de la cuenta, es, según sea su signo la *capacidad (+) o necesidad (−) de financiación* de cada sector, o de la economía nacional en su conjunto (véase N.5 en 2.4).

C.6. *Cuenta Financiera*

En ella se registrarán (recordemos una vez más que en la CNE-80 aún no se elabora) los activos y pasivos financieros. Los activos y los pasivos lo son, a la vez, en las cuentas que *pro memoria* incluimos a continuación, las partidas F10, F20, F30, F40, F50, F60 y F70, F80, y F90, tanto para la nación, como para el sector de que se trate; como *recursos* se registran las variaciones en los pasivos financieros, y como *empleos* las variaciones de los activos. El cierre de la cuenta es el *saldo de activos y pasivos financieros frente al resto del mundo*.

2.3.2. Cuentas del Resto del Mundo

Para el sector denominado resto del mundo, que debe contemplarse como el que agrupa a las unidades no residentes que realizan operaciones con unidades residentes en el territorio nacional, se pre-

Variación de activos financieros	Código		Variación de pasivos financieros
		CUENTA FINANCIERA (C 6)	
	F 20	Numerario y depósitos a la vista transferibles	
	F 30	Otros depósitos	
	F 90	Reservas técnicas de seguro	
	F 40	Títulos a corto plazo	
	F 50	Obligaciones	
	F 60	Acciones y otras participaciones	
	F 00	Oro financiero	
	F 10	Derechos especiales de giro	
	F 70	Créditos a corto plazo	
	F 80	Créditos a medio y largo plazo	
		TOTAL	
	N 6	Saldo de activos y pasivos financieros frente al resto del mundo	

vén en la CNE-80 dos tipos de cuentas: la de operaciones corrientes y la de capital (C.7 y C.5 respectivamente, y tanto para la Economía Nacional como para los sectores). Recordemos, una vez más, que en la CNE-80 aún no se elabora la cuenta financiera (C.6).

La *cuenta de operaciones corrientes* (C.7) recoge en *recursos* el conjunto de operaciones de importación (excepto las de capital que se registran en C.5), y en *empleos* las exportaciones. Al resultado de esta Cuenta se le denomina *saldo de operaciones corrientes con el resto del mundo* (N.7 en 2.4).

La *cuenta de capital (C.5)* refleja las operaciones de capital con el resto del mundo. Su saldo final es la *capacidad (+) o necesidad (−) de financiación* (el ya mencionado saldo N.5 de 2.4).

2.3.3. Anotación por partida doble

Como cualquier sistema contable moderno, el SEC es de partida doble, es decir, en el conjunto de las cuentas, cada una de las partidas o epígrafes que refleja una operación concreta debe figurar en principio siempre como un recurso, y por la misma cantidad como un empleo. Precisamente la codificación a que ya nos hemos referido antes, además de para sistematizar las partidas con los códigos mencionados,

P como operaciones de bienes y servicios,
R de distribución,
F de financiación, y
N de saldos,

sirve también para identificar cómo un epígrafe aparece doblemente registrado.

Los *flujos de bienes y servicios* (P) reciben un tratamiento especial, puesto que como recursos figuran como producción de bienes y servicios (P10), y en los *empleos* figuran como consumo intermedio (P20) y final (P30), o como formación bruta de capital (P40) o como exportaciones (P50) o importaciones (P60); o bien como adquisición neta de terrenos y activos inmateriales (P70).

En cambio, en las *operaciones de distribución* (R), la doble anotación se hace con los mismos epígrafes, pudiendo expresarse sinópticamente como sigue:

Partida u operación	Cuenta	
	Recurso	Empleo
R10	C3	C2
R20	C3	C2
R40	C3	C2
R50	C3	C2
R60	C3	C2
R70	C3	C2

Otro tanto sucede con los flujos u *operaciones financieras*, todas las cuales aparecen en la cuenta 6 —que, recordémoslo por última vez, la CNE-80 aún no elabora— que aparecen como variación de pasivos financieros (recursos) y como variación de pasivos (empleos).

Por último, en el caso de los *saldos* (las macromagnitudes con código N), también sinópticamente, como hicimos para los flujos R, puede establecerse la siguiente correspondencia en la doble anotación:

Partida u operación	Cuenta	
	Recurso	Empleo
N1	C2	C1
N2	C3	C2
N3	C4	C3
N4	C5	C4
N5	C5	C5
(N6)	C6	C6
N7	C7	C5

2.4. *Los agregados (código N de las cuentas)*

Aunque al describir el conjunto de cuentas que contempla la CNE-80 ya se ha hecho alguna alusión a ciertos agregados (que figuran como sección 5, del anexo estadístico a este capítulo) conviene insistir en el tema.

Los agregados son magnitudes de síntesis, que miden el resultado global de una Economía Nacional o de un sector, y como tales vienen a ser medidores fundamentales en los análisis de tipo macroeconómico.

Hay agregados que se corresponden directamente con operaciones del sistema, como la producción de bienes y servicios, el consumo final, la formación bruta de capital, la remuneración de los asalariados, etc. En cambio, hay otros que representan saldos contables como el Producto Interior Bruto, el Excedente Bruto de Explotación, etc.

Entre los agregados más relevantes de la CNE-80 cabe destacar:

N.1. *Producto Interior Bruto a precios de mercado (PIB p.m)*

El *PIB p.m.* (en la cuenta C.1 de la economía nacional) representa el resultado final de la actividad de producción de las unidades residentes. Se corresponde con la producción total de bienes y servicios, *menos* el total de consumos intermedios utilizados en el conjunto de los procesos productivos, *más* los impuestos ligados a la importación. Equivale pues, a la oferta final de bienes y servicios producida en el interior del territorio nacional. Recuérdese también lo ya visto sobre el PIB y el PNB en la sección 4 del Capítulo 11.

El *PIB p.m* es igual a la suma de los valores añadidos brutos a precios de mercado generados por cada una de las ramas de actividad, *más* los impuestos ligados a la importación. Además, el PIB p.m es igual a la suma de los valores añadidos brutos a precios de mercado de los diferentes sectores, *menos* la producción imputada a los servicios bancarios.

La CNE-80 no facilita el *Producto Nacional Bruto* a precios de mercado como magnitud explícita. Sin embargo, su obtención es relativamente sencilla si se adiciona al PIB p.m los saldos de las rentas netas del trabajo (R10) y de capital procedentes del resto del mundo (R70) con su correspondiente signo algebraico.

N.2. *Excedente Bruto de Explotación de la Economía*

El *Excedente Bruto de Explotación* (en la cuenta C.2 de la Economía nacional) comprende la parte de renta generada en el proceso productivo distinta de la percibida por los asalariados (beneficios, amortizaciones, y otras previsiones). Por su parte, el *Excedente de Explotación* (en la Cuenta C.2. de los sectores) es igual a la suma de los excedentes brutos de explotación institucionales, y constituye el agregado de las rentas bruta de la propiedad y de la empresa derivadas de la actividad productiva.

N.3. *Renta Nacional Bruta Disponible*

La *Renta Nacional Bruta Disponible* (en la cuenta C.3 de la economía nacional y en la C.3/C.7 de los sectores) expresa el valor de todo lo que se dispone a nivel nacional para efectuar operaciones de consumo y ahorro. Si se ajusta el PIB p.m con las rentas netas del trabajo y del capital del resto del mundo, y con las transferencias corrientes netas del resto del mundo, se obtiene la *Renta Nacional Bruta Disponible*, que mide —desde esta óptica— la capacidad de gasto que tiene el conjunto de la economía nacional.

N.4. *Ahorro Nacional Bruto*

El *Ahorro Nacional Bruto* (cuenta C.4 de la economía nacional y de los sectores) es la parte de la Renta Nacional Disponible que no se destina al consumo final.

N.5. *Capacidad o Necesidad de Financiación de la Nación*

Este agregado (cuenta C.5 de la economía nacional y de los sectores) representa el valor neto de los recursos que se ponen a disposición del resto del mundo, o los que el resto del mundo pone a disposición de España. Se corresponde con el exceso o defecto que el ahorro nacional bruto supone con respecto a la inversión.

N.7. *Saldo de las Operaciones Corrientes con el Resto del Mundo*

Este agregado (cuenta C.7 de la economía nacional y cuenta C.7 del sector resto del mundo) representa, a nivel de la economía nacional y de sectores, el superávit o el déficit (en función del signo) de las operaciones corrientes de bienes y servicios y de las operaciones de distribución con el resto del mundo.

2.5. *Características de los sectores institucionales*

En los apartados anteriores se han señalado los aspectos más significativos, en el orden metodológico, del sistema integrado CNE-80. Haremos seguidamente una breve referencia a las características y peculiaridades de los sectores y subsectores institucionales.

En el Cuadro 5 se presenta una relación de los sectores, indicándose sus *elementos representativos del comportamiento económico*. Evidentemente, tales comportamientos están relacionados con la función principal de cada sector, y ésta, a su vez, con los recursos principales de que disponen.

Los sectores Institucionales se dividen en los subsectores que figuran en el Cuadro 3, y en cuyo tratamiento contable por separado —como ya se dijo antes— no vamos a entrar, pues supondría la necesidad de un espacio muy amplio. Nos remitimos, pues, al manual del INE para la CNE-80.

3. **Características de la tabla input-output en la CNE-80**

Una tabla input-output (TIO), como ya hemos visto en la sección 7 del Capítulo 11, es uno de los marcos de referencias para

Cuadro 5

ESQUEMA DE CLASIFICACION SECTORIAL SEGUN EL COMPORTAMIENTO ECONOMICO

Sector	Elementos representativos del comportamiento económico	
	Función principal	Recursos principales
SOCIEDADES NO FINANCIERAS Y CUASISOCIEDADES NO FINANCIERAS (S.10)	Producir bienes y servicios no financieros destinados a la venta	Ingresos procedentes de la venta de producción
INSTITUCIONES DE CREDITO (S.40)	Financiar, es decir, reunir, transformar y distribuir disponibilidades financieras	Fondos procedentes de pasivos financieros contraidos: intereses
EMPRESAS DE SEGURO (S.50)	Asegurar, es decir transformar riesgos individuales en colectivos	Primas contractuales
ADMINISTRACIONES PUBLICAS (S.60)	Producir servicios no destinados a la venta para la colectividad, y efectuar operaciones de redistribución de la renta y riqueza nacionales	Pagos obligatorios efectuados por las unidades pertenecientes a otros sectores y recibidos directa o indirectamente
HOGARES (S.80)	Consumir	Remuneración de asalariados, rentas de la propiedad, transferencias efectuadas por otros sectores, ingresos procedentes de la venta de la producción.
RESTO DEL MUNDO (S.90)	Este sector no se caracteriza por una función principal ni por tener recursos principales, reagrupa las unidades no residentes en la medida en que realizan operaciones con las unidades institucionales residentes.	

mejorar las estadísticas básicas de un país, de modo que sirvan para orientar el uso de la información en el análisis económico y en la toma de decisiones. Claro es que la posibilidad de construir una TIO se circunscribe a los años para los que cabe contar con información suficiente, al disponerse de censos (de población, agrarios, industriales, etc.).

La mayor innovación de la CNE-80 en materia de tabla input-output radica en su integración en el conjunto del sistema contable. Ello configura a la CNE-80 como un *sistema integrado de contabilidad nacional* homologado con el SEC, tal como poníamos de relive al comienzo del presente Capítulo.

Entre los diferentes métodos existentes para la elaboración de tablas input-output, para la CNE-80 se eligió, lógicamente, el del SEC. Y de las tres valoraciones posibles según el SEC (precios de productor, salida de fábrica, y precios mixtos) se escogió la segunda, por ajustarse aceptablemente a la información existente, y por ser la utilizada por todos los países miembros de la CEE, lo cual hace factibles las comparaciones internacionales.

La TIOE-80 consta de 85 sectores de actividad (véase *Tabla I*); y de 10 operaciones constitutivas de los denominados inputs primarios, y 5 operaciones de los empleos finales, que pueden verse en la *Tabla II*.

La desagregación en ramas de actividad de la TIOE-80 se realiza de manera que sea factible su posterior agrupación en 44 ramas (nomenclatura R-44) que es la normalizada de la CEE.

En definitiva, la TIO de la CNE-80 está constituida por tres subtablas o matrices: de consumos intermedios o de inputs, la de empleos finales, y la de inputs primarios y recursos, tal como gráficamente se resume en la *Tabla II.1*.

La matriz o subtabla de *consumos intermedios* contiene todos los bienes y servicios utilizados en el proceso productivo. Analizada por filas aparecen los outputs de la producción; y analizada por columas, el conjunto de productos de consumo intermedio absorbidos por cada rama. Véase *Tabla II.2*.

La matriz de *empleos finales* contiene el conjunto de bienes y servicios cuyo destino es la demanda final, distinguiéndose diferentes categorías u operaciones de empleo final, y el total de empleos. Véase *Tabla II.3*.

La matriz de *inputs primarios* contiene, a nivel de cada rama, los principales componentes del valor añadido según el detalle que figura. Véase *Tabla II.4*.

Tabla I
SÉCTORES

Código filas	Conceptos
1	Productos agrícolas.
2	Productos ganaderos.
3	Productos de la silvicultura.
4	Productos de la pesca.
5	Carbones y minerales radioactivos.
6	Productos de la coquefacción.
7	Petróleo crudo, gas natural y productos petrolíferos.
8	Energía eléctrica.
9	Gas, vapor y agua.
10	Minerales metálicos.
11	Productos de la primera transformación del hierro y el acero.
12	Productos de la primera transformación de metales no férreos.
13	Minerales no metálicos.
14	Productos de tierras cocidas para la construcción.
15	Cementos, cales y yesos.
16	Materiales para la construcción de hormigón, cemento, yeso, escayola y otros.
17	Piedra natural, abrasivos y otros productos minerales no metálicos.
18	Productos de vidrio.
19	Productos cerámicos.
20	Productos químicos básicos.
21	Productos químicos destinados principalmente a la agricultura y a la industria.
22	Productos farmacéuticos.
23	Productos químicos destinados principalmente al consumo final.
24	Herramientas y otros artículos metálicos.
25	Estructuras metálicas y calderería.
26	Máquinas y tractores agrícolas.
27	Máquinas industriales.
28	Máquinas de oficina y ordenadores. Instrumentos de precisión, óptica y similares.
29	Maquinaria y material eléctrico y electrónico.
30	Automóviles y sus piezas.
31	Buques y embarcaciones.
32	Material ferroviario.
33	Aeronaves.
34	Otro material de transporte.
35	Carne y productos cárnicos.
36	Leche y productos lácteos.
37	Aceites y grasas vegetales y animales.
38	Jugos y conservas vegetales.
39	Conservas de pescado y otros productos marinos.

Código filas	Conceptos
40	Productos de molinería.
41	Productos de panadería y pastelería.
42	Azúcar.
43	Pastas alimenticias, cacao, productos de confitería, chocolate y otros.
44	Productos para la alimentación animal.
45	Alcoholes etílicos de fermentación.
46	Productos vínicos y sidra.
47	Cerveza y malta cervecera.
48	Bebidas analcohólicas.
49	Productos a base de tabaco.
50	Hilados y tejidos de algodón, lana, seda natural, fibras y sus mezclas.
51	Géneros de punto.
52	Alfombras y otros productos textiles.
53	Prendas confeccionadas en fibras textiles y piel.
54	Pieles curtidas, artículos de cuero y similares.
55	Calzados.
56	Productos de la madera y del corcho.
57	Muebles de madera.
58	Pasta papelera; papel, cartón y sus elaborados.
59	Productos de la impresión gráfica y edición.
60	Productos de caucho.
61	Productos de materiales plásticos.
62	Otros productos industriales.
63	Construcción.
64	Recuperación y reparación.
65	Comercio.
66	Restaurantes, hoteles y cafés.
67	Transporte por ferrocarril.
68	Otros transportes terrestres de pasajeros.
69	Otros transportes terrestres de mercancías.
70	Transporte marítimo.
71	Transporte aéreo.
72	Servicios anexos al transporte.
73	Comunicaciones.
74	Instituciones de crédito.
75	Producción imputada de servicios bancarios.
76	Instituciones de seguro.
77	Servicios prestados a las empresas.
78	Alquiler de bienes inmuebles.
79	Enseñanza e investigación destinadas a la venta.
80	Sanidad destinada a la venta.
81	Otros servicios destinados a la venta n.c.o.p.
82	Servicios generales de las Administraciones Públicas.
83	Enseñanza e investigación no destinadas a la venta.
84	Sanidad no destinada a la venta.
85	Servicio doméstico y otros no destinados a la venta.

Código filas	Conceptos
86	Total de consumos intermedios.
87	Sueldos y salarios brutos.
88	Cotizaciones sociales.
89	Excedente bruto de explotación.
90	Valor añadido bruto al coste de factores.
91	Impuestos ligados a la producción.
92	Subvenciones de explotación.
93	Desgravación fiscal a la exportación.
94	Impuestos netos.
95	Valor añadido bruto a precios de mercado.
96	Producción efectiva salida de fábrica.
97	Transferencias de producción y producciones secundarias.
98	Ventas residuales de las Administraciones Públicas.
99	Total de transferencias.
100	Producción distribuida.
101	Importaciones CIF.
102	Impuestos ligados a la importación.
103	Importaciones salida de aduana.
104	Total recursos

Tabla II
1. ARTICULACION DE LAS TABLAS

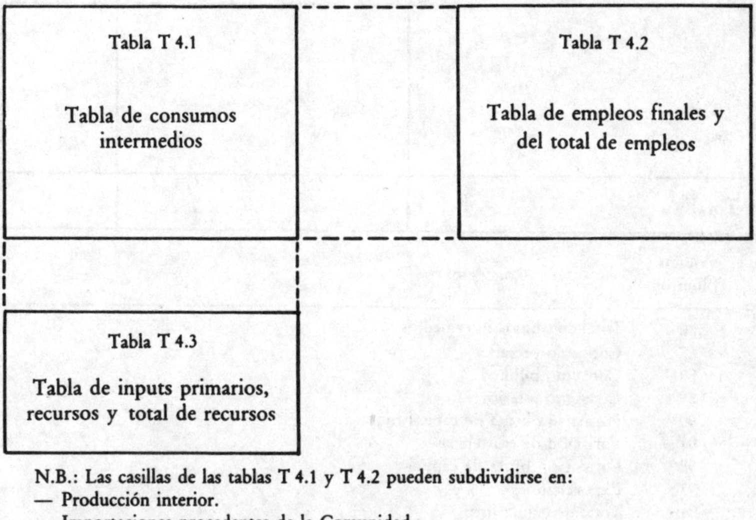

N.B.: Las casillas de las tablas T 4.1 y T 4.2 pueden subdividirse en:
— Producción interior.
— Importaciones procedentes de la Comunidad.
— Importaciones procedentes de terceros países.

2. TABLA DE CONSUMOS INTERMEDIOS. T 4.1

Ramas NACE/CLIO (R 44) / Ramas NACE/CLIO (R 44)	1	... ...	85	Total de empleos intermedios
1 85				
Total de inputs intermedios				

La tabla de consumos intermedios consta de 85 × 85 sectores, que se desglosan en la Tabla I (págs. 369 y 370).

3. TABLA DE EMPLEOS FINALES Y DEL TOTAL DE EMPLEOS T 4.2

Columnas / Ramas NACE/CLIO (R 44)	86	87	88	89	90	91	92	93	94	Total empleos
1 . . . 85										
Total										

Código columnas	Conceptos
86	Total consumos intermedios
87	Consumo privado
88	Consumo público
89	Consumo interior
90	Formación bruta de capital fijo
91	Variación de existencias
92	Formación bruta de capital
93	Exportaciones
94	Total demanda final
	Total empleos

4. TABLA DE INPUTS PRIMARIOS, RECURSOS Y TOTAL DE RECURSOS T 4.3

Filas \ Ramas NACE/CLIO (R 44)	1	... ...	85	Total
86 104				
Total de recursos				

Código filas	Conceptos
86	Total de consumos intermedios
87	Sueldos y salarios brutos
88	Cotizaciones sociales
89	Excedente bruto de explotación
90	Valor añadido bruto al coste de factores
91	Impuestos ligados a la producción
92	Subvenciones de explotación
93	Desgravación fiscal a la exportación
94	Impuestos netos
95	Valor añadido bruto a precios de mercado
96	Producción efectiva salida de fábrica
97	Transferencias de producción finales, vecinos y producciones secundarias
98	Ventas residuales de las Administraciones Públicas
99	Total de transferencias
100	Producción distribuida
101	Importaciones CIF
102	Impuestos ligados a la importación
103	Importaciones salida de aduana
104	Total recursos

Capítulo 13

CONTABILIDAD REGIONAL (*)

1. Introducción

Al comenzar la década de 1980, el INE inició sus trabajos en el área de la contabilidad regional, con unas primeras estimaciones relativas a 1977. Posteriormente, como consecuencia de la Ley Orgánica de Financiación de las Comunidades Autónomas (LOFCA) y de la Ley del Fondo de Compensación Interterritorial (FCI), se encomendó al Instituto la investigación de un conjunto de variables de la realidad demográfica y socioeconómica a nivel de las regiones españolas, en el contexto de la aspiración de corregir paulatinamente los desequilibrios estructurales interregionales.

En el aspecto práctico, las dos leyes mencionadas, condujeron a la creación de una unidad del INE especializada en contabilidad regional; más concretamente, dedicada a la elaboración del «Plan

* Para la elaboración del presente capítulo se ha tenido en cuenta, fundamentalmente, la siguiente bibliografía:

— INE, «Contabilidad Regional de España (Base: 1980; Serie 1980-1984)», INE, Madrid, 1988.

— INE, «Contabilidad Regional de España. Base 1980; años 1983 y 1984 definitivos, y 1985 provisional», INE, Madrid, 1988.

Estadístico para el cumplimiento de la LOFCA». Para esos trabajos, se siguió la metodología general del Sistema Europeo de Cuentas Regionales (*SEC-Reg*) de la Oficina de Estadística de la Comunidad Económica Europea (OSCE-Eurostat), adaptándolo, lógicamente, a la información disponible y a las peculiaridades españolas. En las notas metodológicas que siguen, el lector encontrará las bases de la metodología SEC-Reg, así como las variantes de su aplicación a España.

El punto de partida de la elaboración de la serie contable regional 1980-85, lo constituye la *Contabilidad Nacional 1980-85 (base CNE-1980)*, que se publicó en enero de 1987, y a la que nos hemos referido *in extenso* en el anterior capítulo de este mismo libro.

2. Modelo regional aplicado por la Comunidad Económica Europea

La Eurostat emprendió en 1972 la elaboración de un modelo de cuentas regionales dentro del Sistema Europeo de Cuentas Económicas Integradas (SEC), formándose así el ya aludido *SEC-Reg*.

El *SEC-Reg* es un esquema simplificado del modelo nacional SEC, y sirve de base al *programa mínimo común* para todas las regiones de la Comunidad, factible de cumplimentar no obstante el desigual desarrollo alcanzado por las estadísticas básicas en los países miembros; y no obstante los muchos problemas que surgen al descender al plano regional.

Las características generales del *SEC-Reg* pueden resumirse en cuatro proposiciones:

1. *Se integra en el SEC nacional*, asumiendo sus definiciones y normas para el nivel regional.

2. *Constituye un esquema abierto* de contabilidad, es decir, renuncia al principio de una contabilización por duplicado de la actividad económica desde las ópticas funcional e institucional, limitándose a la cuantificación de la actividad productiva por ramas. El doble tratamiento institucional-funcional implicaría la creación de múltiples unidades institucionales ficticias en cada región, al estar los centros de decisión en una sola región y fuera de las demás (por ejemplo servicios telefónicos, empresas eléctricas, bancos, etc.). Todo ello no obsta para que haya un tratamiento regionalizado de sectores como las familias o las administraciones públicas.

3. En conexión con lo anterior, la *SEC-Reg* sólo incluye agentes y *operaciones de significado regional*, pero no internacionales o interregionales.

4. El *SEC-Reg* se centra, fundamentalmente, en la clasificación por *ramas de actividad*, lo cual permite poner de manifiesto las relaciones de orden técnico-económico existentes en el proceso productivo; al margen, pues, del contexto institucional.

Por tanto, puede definirse el *SEC-Reg* como un modelo para desagregar las macromagnitudes o agregados nacionales entre las diferentes regiones del país. En definitiva, se trata de averiguar cómo se comporta el conjunto nacional en su dimensión espacial según sus demarcaciones.

2.1. *Delimitación regional de la Comunidad Económica Europea*

La CEE ha establecido una nomenclatura de unidades estadísticas territoriales (Nomenclature of Units of Territorial Statistics, NUTS), distiguiéndose tres tipos o niveles de clasificación de las mismas: regiones de nivel I, II y III.

Las *unidades de nivel I*, se denominan «regiones comunitarias europeas» (RCE). Son descendientes, por así decirlo, de las «grandes regiones socioeconómicas» de la Comunidad definidas en 1960; en la actualidad, son 64.

Las regiones de nivel II reciben el nombre de «unidades administrativas de base» (UAB), y se corresponden con las «regiones de base» definidas por la CEE; hoy son 167.

Las *regiones de nivel III* están constituidas por las unidades de dimensión más pequeña. Se denominan «subdivisiones de las unidades administrativas de base» (SUAB), y según la terminología al uso en cada país, corresponden a las provincias o departamentos; su número es de 823 (ver Tabla 1).

2.2. *Delimitación de la economía regional: unidades y conjuntos de unidades*

La economía de una región, por analogía con la economía nacional, está constituida por sus correspondientes unidades residentes. El tratamiento de las unidades residentes y no residentes en el terri-

Tabla 1

UNIDADES TERRITORIALES ESTADISTICAS DE LA COMUNIDAD EUROPEA

PAISES	NUTS I (RCE)		NUTS II (UAB)		NUTS III (SUAB)	
República Federal de Alemania	Lánder	11	Regierungsbezirke	31	Kreise	328
Francia	Z.E.A.T.	8	Regiones	22	Departamentos	96
Italia	Agrupación	11	Regiones	20	Provincias	95
Holanda	Landsdelen	4	Provincias	11	Corop Ragio's	40
Bélgica	Regiones	3	Provincias	9	Distritos	43
Luxemburgo		1		1		1
Reino Unido	Standard Regiones	11	Standard Regiones	35	Counties/Local	65
Irlanda		1		1	Planning Region	9
Dinamarca		1	Agrupación de Regiones	3	Amter	15
Grecia	Agrupación Regiones	3	SDR	9	Nomo	51
España	Agrupación Comunidades	7	CC.AA. y Ceuta y Melilla	18	Provincias	52
Portugal	Grupos de C.C.R.	3	C.C.R.	7	Grupos Concejos	28
Comunidad	R.C.E.	64	U.A.B.	167	S.U.A.B.	823

torio de la región puede hacerse en términos de *economía regional* (con residentes y no residentes) o *interior de la región* (solo residentes).

El SEC utiliza el criterio interior de la región para la elaboración de las cuentas de producción y explotación; mientras que para las restantes cuentas, a partir de la de renta, utiliza el criterio *economía regional*.

El *SEC-Reg*, aunque no establece un esquema cerrado de cuentas, determina los agregados correspondientes a las distintas cuentas con los *mismos criterios que el SEC*: criterio *interior* para los agregados pertenecientes a las cuentas de producción y explotación; y criterio *regional* para aquellas partidas que aparecen a partir de la cuenta de renta.

Al hablar de *territorio económico*, conviene aclarar que la suma de las regiones no coincide con el territorio económico nacional, puesto que este último abarca a espacios exteriores a las regiones: aguas territoriales, espacio aéreo nacional, plataforma continental, enclaves territoriales, etc. Esta es la razón por la que es preciso crear una región adicional y «sui generis», denominada «extra-regio», a fin de recoger en ella, como área conjunta para todas las regiones, flujos de difícil imputación regional individualizada.

Por otra parte, el *SEC-Reg* aplica los dos tipos de clasificación de la economía del SEC: por ramas de actividad —a las que como hemos señalado da el mayor protagonismo—, y por sectores.

Las ramas agrupan las denominadas «unidades de producción homogénea», caracterizadas por una actividad única con relación a un grupo o grupos de productos (actividades agraria, energética, industrial, construcción e ingeniería civil, servicios destinados o no a la venta, y servicios bancarios), y forman parte esencial del *SEC-Reg*.

Por su parte y como ya hemos comentado con anterioridad, *los sectores*, que agrupan a las «unidades institucionales» que disponen de contabilidad completa y gozan de autonomía de decisión, desempeñan un papel más reducido en el *SEC-Reg*; por la obvia dificultad práctica de reflejar el comportamiento regional de las unidades institucionales cuyas actividades se extienden a varias regiones. Por ello mismo, el *SEC-Reg* se circunscribe a los sectores cuya actividad puede ser adscrita sin ambigüedad a un territorio económico regional: familias, y administraciones públicas locales; contemplándose también algunas operaciones —formación bruta de capital fijo y ayudas a la inversión— de las administraciones públicas centrales.

2.3. *Los agregados y las cuentas*

El *SEC-Reg* responde, ante todo, a la necesidad de medir la actividad productiva y el desarrollo del capital productivo en las regiones. Para ello, se construyen los principales agregados de las cuentas de bienes y servicios, de producción, y de explotación. Lógicamente, se admite que los métodos de cálculo sean distintos de los de nivel nacional, dada la dificultad, o incluso, imposibilidad, de registrar a nivel regional algunos flujos que son esenciales para la presentación de las cuentas completas. Así sucede con la producción, las importaciones y exportaciones de bienes y servicios, y con el consumo intermedio.

El PIB pm, que a escala general representa «el resultado final de la actividad de producción de la economía nacional», en el SEC-Reg equivale a la integración de los valores añadidos brutos de los distintos sectores a precios de mercado (VAB pm), por el hecho de que los impuestos ligados a la importanción difícilmente pueden ser asignados a las economías regionales. Lo cual origina ciertas diferencias entre el PIB nacional y la suma total de los valores añadidos regionales.

Contrariamente a la opinión de algunos expertos, que sugirieron regionalizar solamente aquellas actividades «fácilmente localizables» (transporte, comunicaciones, crédito, seguros, servicios de administración general, y enseñanza y salud de la administración central), el *SEC-Reg* abordó la necesidad de localizar en las regiones, lo más completamente posible, los resultados de la actividad productiva de todas las ramas, a fín de reducir al mínimo la imputación a la «extra-regio».

Para el *sector familias*, el SEC-Reg se limitó inicialmente al establecimiento de dos agregados básicos, en las cuentas de renta y de utilización de renta: renta disponible (bruta y neta) y consumo final. El conocimiento del consumo final debería proporcionar, implícitamente por diferencia, una medida del ahorro. Posteriormente, la EUROSTAT propuso la elaboración de una *cuenta de renta simplificada* para las familias que recogiera las principales rúbricas de empleos y recursos, tal como se expresa a continuación:

EMPLEOS	RECURSOS
A. Impuestos corrientes sobre la renta y el patrimonio.	H. Excedente bruto de explotación.
B. Cotizaciones sociales ficticias y efectivas.	I. Remuneración de los asalariados.
C. Rentas de la propiedad y de la empresa.	J. Rentas de la propiedad y de la empresa.
D. Otros empleos.	K. Prestaciones sociales.
E. Renta bruta disponible (A+B+C+D).	L. Cotizaciones sociales ficticias
F. Consumo de capital fijo.	M. Otros recursos
G. Renta neta disponible (E+ G)	Total recursos (H+I+J+K+L+M)

En cuanto a las *administraciones públicas*, inicialmente sólo se tomaron en consideración las operaciones que contribuyen de forma directa (formación bruta de capital fijo), o indirectamente (ayudas a la inversión), al desarrollo del capital productivo en las regiones. Posteriormente, las tablas relativas a la formación bruta de capital fijo y a las ayudas a la inversión se desagregaron por funciones, para ser elaboradas separadamente para las administraciones central y local. En definitiva, se diseñó una nueva tabla, presentando la cuenta de ingresos y gastos simplificada de las administraciones locales a nivel regional con la siguiente estructura:

GASTOS	INGRESOS
A. Total gastos corrientes efectivos.	A. Total ingresos corrientes efectivos.
A especificar:	A especificar:
— Remuneración de los asalariados.	— Impuestos corrientes
— Subvenciones de explotación.	
— Prestaciones sociales.	
— Transferencias corrientes entre administracioness públicas.	— Transferencias corrientes entre administraciones públicas.
B. Total gastos de capital.	B. Total ingresos de capital.
A especificar:	A especificar:
— Formación bruta de capital fijo.	— Ayudas a la inversión.
— Ayudas a la inversión.	
C. Gastos finales (A+B)	C. Ingresos finales (A+B)

2.4. *Nomenclaturas*

En cuanto a las *ramas de actividad*,el *SEC-Reg* utiliza la clasificación de actividades económicas de las Comunidades Europeas, correspondiente a las ya comentadas —en el capítulo 12— tablas input-output del SEC (NACE-CLIO RR.44) (*), reagrupadas en diecisiete ramas (NACE-CLIO RR. 17, véase *tabla 2* del presente capítulo). La mayor agregación de las ramas a nivel regional viene condicionada fundamentalmente por dos hechos: obligación de guardar el secreto estadístico, y menor disponibilidad de información que a nivel nacional.

Tabla 2

NACE-CLIO RR 17

NACE-CLIO (RR 17)	NACE-CLIO (R 44)	BIENES Y SERVICIOS
01	01	Productos de la agricultura, de la silvicultura y de la pesca
06		Productos energéticos
	03	Hulla, lignito, aglomerados y brinquetas
	05	Productos de coquerías.
	07	Petróleo bruto, gas natural y productos petrolíferos
	09	Energía eléctrica, gas, vapor y agua
	11	Minerales y productos, de la transformación de materiales radiactivos.
13	13	Minerales y metales férreos y no férreos.
15	15	Minerales y productos a base de minerales no metálicos.
17	17	Productos químicos.
24		Productos metálicos: máquinas; material y accesorios eléctricos.
	19	Productos metálicos (excepto maquinaria y material de transporte).
	21	Maquinaria agrícola e industrial.
	23	Máquinas de oficina, máquinas para el tratamiento de la información, instrumentos de precisión, óptica y similares.
	25	Material y accesorios eléctricos.

(*) NACE = Nomenclatura de las Actividades Económicas en las Comunidades Europeas.
CLIO = Clasificación para la Elaboración de las tablas imput-output.

NACE-CLIO (RR 17)	NACE-CLIO (R 44)	BIENES Y SERVICIOS
28		Material de transporte.
	22	Vehículos y motores automóviles.
	29	Material de transporte, excepto automóviles.
36		Productos alimenticios, bebidas y tabacos.
	31	Carnes, preparación y conservas de carne, otros productos del sacrificio de ganado.
	33	Leche y productos lácteos.
	35	Otros productos alimenticios.
	37	Bebidas.
	39	Productos del tabaco
42		Productos textiles, cuero y calzados, vestido.
	41	Productos textiles, vestido.
	43	Cueros, artículos de cuero y piel, calzados.
47	47	Papel, artículos de papel, impresión.
50		Productos de industrias diversas.
	49	Productos de caucho y plástico.
	45	Madera y muebles de madera.
	51	Productos de otras industrias manufactureras.
53	53	Construcción y obras de ingenieria civil.
		SERVICIOS DESTINADOS A LA VENTA
58		Recuperación y reparación: Servicios de comercio, hostelería y restaurantes.
	55	Recuperación y reparación.
	57	Servicios de comercio
	59	Servicios de hostelería y restaurantes.
60		Servicios de transporte y comunicaciones.
	61	Servicios de transporte interior.
	63	Servicios de transporte marítimo y aéreo.
	65	Servicios anexos al transporte.
	67	Servicios de comunicación.
69	69	Servicios de las instituciones de crédito y seguro.
74		Otros servicios destinados a la venta.
	71	Servicios prestados a las empresas.
	73	Servicios de alquiler de bienes inmuebles.
	75	Servicios de enseñanza e investigación destinados a la venta.
	77	Servicios de sanidad destinados a la venta.
	79	Servicios recreativos y culturales, servicios personales, otros servicios destinados a la venta no incluídos en otra parte.
		SERVICIOS NO DESTINADOS A LA VENTA
86		Servicios de Administración general, servicios de enseñanza e investigación, servicios de sanidad, servicios domésticos y otros servicios no destinados a la venta.

NACE-CLIO (RR 17)	NACE-CLIO (R 44)	BIENES Y SERVICIOS
	81	Servicios de administración general de las administraciones públicas.
	85	Servicios de enseñanza e investigación no destinados a la venta, de las administraciones públicas e instituciones privadas sin fines de lucro.
	93	Servicio doméstico y otros servicios no destinados a la venta no incluidos en otra parte.

La NACE-CLIO RR.17 se utiliza para la clasificación, por ramas, de los agregados y operaciones siguientes:

— Valor añadido bruto a precios de mercado.
— Valor añadido bruto al coste de los factores.
— Remuneración de los asalariados.
— Excedente bruto de explotación.
— Impuestos ligados a la producción.
— Subvenciones de explotación.
— Formación bruta de capital fijo (por ramas adquirentes).
— Empleo (concepto interior).

El SEC-Reg distingue para la *formación bruta de capital* fijo dos tipos de clasificadores: por ramas propietarias o adquirientes, y por ramas productoras.

Por *ramas propietarias* se prevé la utilización de la NACE-CLIO RR.17 como máxima desagregación. No obstante, debido a las limitaciones estadísticas actuales, se ha previsto la nomenclatura RR.6 (véase *tabla 3*) que constituye una agregación de aquella.

En cuanto a la clasificación por *ramas productoras*, en un principio la EUROSTAT propuso la NACE-CLIO R.I.5; posteriormente, se ha propuesto la NACE-CLIO R.I.7 (véase *tabla 4*).

Finalmente, el *SEC-Reg* establece la nomenclatura que reagrupa las catorce funciones de las *administraciones públicas* a nivel nacional en seis funciones (tan sólo para la estimación de las operaciones formación bruta de capital fijo, y ayudas a la inversión):

— Servicios generales de las administraciones públicas y defensa nacional.
— Enseñanza.
— Sanidad, seguridad social y asistencia social.

Tabla 3
REAGRUPACION DE LA NACE-CLIO (R-44) EN 6 Y 17 RAMAS PRODUCTIVAS

Códigos (R 6)	Códigos (RR 17)	BIENES Y SERVICIOS
01	01	Productos de la agricultura de la silvicultura y de la pesca.
06	06	Productos energéticos.
30		Productos industriales.
	13	Minerales y metales férreos y no férreos.
	15	Minerales y productos a base de minerales no metálicos.
	17	Productos químicos.
	24	Productos de metal, máquinas y material eléctrico.
	28	Material de transporte.
	36	Productos alimenticios, bebidas y tabacos.
	42	Productos textiles, cuero y calzados, vestido.
	47	Papel, artículos de papel, impresión.
	50	Productos de industrias diversas.
53	53	Construcción y obras de ingeniería civil.
68		Servicios destinados a la venta.
	58	Recuperación y reparación. Servicios de comercio, hostelería y restaurante.
	60	Servicios de transporte y comunicaciones.
	69	Servicios de las instituciones de créditos y seguro.
	74	Otros servicios destinados a la venta.
86	86	Servicios de Administración general, servicios de enseñanza e investigación, servicios de sanidad, servicio doméstico y otros servicios no destinados a la venta.
69 B	69 B	Producción imputada de servicios bancarios.

Tabla 4
AGRUPACION DE LA NACE-CLIO EN 7 RAMAS PRODUCTIVAS DE BIENES DE INVERSION

Código	BIENES Y SERVICIOS
01	Productos de la agricultura, de la silvicultura y de la pesca.
20	Productos metálicos y maquinaria.
28	Material de transporte.
53.1	Vivienda.
53.3	Edificios no residenciales.
53.5	Obras públicas
84	Otros productos.

— Vivienda y servicios colectivos.
— Servicios económicos.
— Otros gastos.

2.5. *Presentación formal del esquema contable*

El SEC-Reg establece dos tipos de tablas:

a) *Tablas de síntesis*, que representan datos globales que resumen los principales agregados económicos, clasificándolos:

a.1) Datos globales (*cuadro I.1.*)
— Población total.
— Empleo total.
— Empleo asalariado.
— Valor añadido bruto a precios de mercado.
— Renta disponible de las familias *.
— Consumo final de las familias.

a.2) Datos referentes a la población y al empleo (*cuadro I.2*)
— Valor añadido bruto a precios de mercado, por habitante.
— Valor añadido bruto a precios de mercado, por persona ocupada.
— Consumo final de las familias, residentes.

b) *Tablas detalladas* que se refieren a los siguientes agregados, clasificados por ramas de actividad (NACE-CLIO R6) que aparecen en el anexo estadístico a este capítulo *:
— Valor añadido bruto a precios de mercado (*cuadro II. 1*).
— Valor añadido bruto al coste de los factores (cuadro II.2)
— Remuneración de asalariados (cuadro II.3).
— Empleo asalariado (cuadro II.4).
— Empleo total (*cuadro II.5*)
— Indice de especialización sectorial. Cociente de localización (*cuadro II.6*).

* No figura en su aplicación a España.

(*) Se subrayan los cuadros que se incluyen en el anexo estadístico a este capítulo 12 (que figura al final del libro), por entender que son los de mayor interés.

c) Agregados económicos a diecisiete ramas de actividad (NACE-CLIO RR.17) que por su gran complejidad no se recogen en el anexo estadístico a este capítulo (al final del libro).

1. Valor añadido bruto a precios de mercado (cuadro III.1)
2. Valor añadido bruto al coste de los factores (cuadro III.2).
3. Remuneración de Asalariados (cuadro III.3).
4. Empleo Asalariado (cuadro III.4).
5. Empleo Total (Ocupados) (cuadro III.5).

d) Valor añadido bruto a tres grandes ramas de actividad, que sí se recogen en el anexo estadístico de este capítulo.

1. Valor añadido bruto a precios de mercado (cuadro III.1.bis).
2. Valor añadido bruto al coste de los factores (cuadro III.2.bis).

e) Agregados económicos de la demanda (no se recogen en el anexo estadístico).

1. Consumo final de las familias residentes (cuadro IV.1)
2. Consumo final de las familias sobre el territorio económico (cuadro IV.2).

Por otra parte, la Eurostat ha establecido los siguientes indicadores para el nivel III de la NUTS:

I.	Indicadores demográficos:
I.1.	*Población*
I.2.	*Densidad (habitantes/km^2)*
I.3.	Natalidad (nacimientos).
II.4.	Mortalidad (defunciones).
I.5.	Saldo migratorio.
II.	Empleo
II.1.	Empleo total (II.1)
II.1.1.	Agricultura.
II.1.2.	Industria.
II.1.3.	Servicios.
II.2.	Empleo asalariado (II.2)
II.2.1.	Agricultura.
II.2.2.	Industria.
II.2.3.	Servicios.

III. *Valor añadido bruto*
III.1. *Valor añadido bruto a precios de mercado* (III.1)
III.1.1. Agricultura.
III.1.2. Industria.
III.1.3. Servicios.
III.1.4. Servicios bancarios.
III.2. *Valor añadido bruto al coste de los factores* (III.2.).
III.2.1. Agricultura.
III.2.2. Industria.
III.2.3. Servicios.
III.2.4. Servicios bancarios.

Capítulo 14
MEDIDORES Y RATIOS ESTRUCTURALES *

1. Medidores, ratios e indicadores *

Tal como indicábamos en la nota preliminar al comienzo del libro, en este capítulo examinamos algunos *medidores y ratios estructurales* que conectan entre sí dos o más variables y que, por tanto, permiten apreciar la mayor o menor intensidad de una relación bastante permanente, duradera; es decir, de carácter claramente estructural. En cambio, cuando esa relación resulta más o menos rápidamente cambiante, o incluso cuando la estudiamos para tratar de averiguar la dirección posible del cambio más o menos inmediato, entonces nos referiremos a los *indicadores coyunturales y previsionales;* a su estudio dedicamos el siguiente capítulo 15.

A partir de aquí, entramos, pues, en el estudio de los *ratios y*

* Como referencia para ejercicios en relación con los temas tratados en los capítulos 11 a 14, puede verse: T. Domingo, I. Fernández, L. García, A. Pedreño, M. Sanchís, y C. Suárez, «Métodos y ejercicios de Economía Aplicada», Pirámide, Madrid, 1987; asimismo, Joaquín Fernández y Fernando L. Delgado, «Prácticas de Estructura Económica», PPU, Barcelona, 1988. Citemos, por último a Julián Rodríguez y Carmen Arenales, «Problemas de estadísticas económicas», Pirámide, Madrid, 1988.

medidores estructurales. Sucesivamente nos referiremos a población, agricultura, sector exterior, y sector público.

2. Población

Empezando con los ratios y medidores demográficos, podemos observar que, en los términos más estrictamente económicos (casi podríamos decir *economicistas*), la población realiza dos funciones básicas: satisfacer una serie de necesidades de bienes y servicios (consumo), y contribuir a la producción de los mismos.

2.1. *La población como divisor de la Renta Nacional. Su investigación*

Desde el punto de vista de la primera de las dos funciones señaladas más arriba, la población viene a ser el divisor de la Renta Nacional, y de ahí el nombre de «dividendo» que se dio a esta última magnitud en los primeros tiempos de la ciencia económica, y que aún hoy es frecuentemente empleado. Desde otro ángulo, la población constituye la base misma de la producción, y en este sentido puede ser considerada como el primer activo de la economía [1].

La fuente fundamental para el conocimiento de la población en sus distintos aspectos son los censos, que resultan imprescindibles para el desenvolvimiento racional de las actividades de la sociedad y del Estado. Prueba de ello es que los recuentos de población tienen una antigüedad que se remonta a los orígenes de la historia, si bien no fue hasta el siglo XIX cuando empezaron a realizarse de forma rigurosa y con una periodicidad adecuada [2].

De los boletines individuales rellenados con ocasión del Censo General de Población, se obtienen una serie de datos, tales como punto de nacimiento, profesión, estado civil, edad, grado de instrucción, situación de vivienda, etc.; todos ellos referidos a la totalidad

---

[1] De ahí, los numerosos intentos que se han llevado a cabo para valorar ese activo «población» y lógicamente para calcular el coste de un hombre». Para un estudio de este tema, nos remitimos a Alfred Sauvy, *Teoría General de la Población*, versión española, Aguilar, Madrid, 1957, págs. 260 y sigs.

[2] E. Fuentes Quintana y J. Velarde Fuertes, «Política Económica», Doncel, Madrid, 1960, pág. 69.

de los miembros de la unidad económica de consumo que es la familia. Como veremos, con esos datos, relacionándolos unos con otros y ordenándolos de forma adecuada, es posible un conocimiento bastante preciso de la estructura de la población. Claro es que para ello será preciso emplear además de los censos generales, una serie de averiguaciones específicas como, por ejemplo, los muestreos de población activa y los registros de movimientos migratorios.

El inconveniente principal de los censos generales consiste en que debido a la carestía de la recogida y elaboración de datos no pueden llevarse a cabo más que en momentos muy distanciados entre sí, generalmente de diez en diez años, lo que nos proporciona una visión «fotográfica», muy discontinua, de la población. Modernamente, esta insuficiencia tiende a superarse con el acortamiento del período censal (a escala general, o local mediante los padrones) o, mejor aún, con el montaje de los llamados registros de población, donde a cada persona corresponde una ficha que se mantiene al día.

La *población absoluta* es la magnitud básica que se deriva inmediatamente del censo, e incluye a todas las personas que residen en una unidad geográfica y política determinada. Veamos ahora algunas relaciones demográficas de interés a partir de ella.

2.2. *Relaciones entre población y espacio*

Entre el espacio que sirve de soporte físico en la actividad económica, y la población, existe una serie de relaciones estructurales que estudiamos a continuación. Son ellas la densidad en sus distintas acepciones, el concepto de centro demográfico y la distribución de la población entre rural y urbana. Relaciones todas ellas de indudable relevancia económica, según veremos.

2.2.1. Densidad de población

Relaciona la población absoluta con la superficie geográfica (habitantes por km^2). Wagemann afirmaba que la estructura económica de un país está en función de la densidad de su población; si es menor de 10 habitantes por km^2 —decía— la economía es no capitalista (ganadería y agricultura, primordialmente); con población de 10 a 100 habitantes, la estructura es semicapitalista (agricultura intensiva, industria medianamente desarrollada); y sólo en los países que tienen una población de más de 100 habitantes por km^2 puede darse una estructura capitalista (gran industria, y comercio exterior muy desarrollado) [3]. Sin conceder un valor decisivo a esta clasificación, no cabe duda de que su realismo puede corroborarse con la observación estadística en innumerables casos.

El concepto de densidad a que hemos venido refiriéndonos hasta aquí es el considerado tradicionalmente. Sin embargo, no pasa de expresar de manera tosca la relación población absoluta/espacio total. Esta clase de densidad es la que hoy se conoce en general con el nombre de «densidad aritmética». Normalmente, para conseguir una buena descripción estructural debe ser completada con otros medidores de la densidad de población, que suponen un refinamiento de la relación bruta antes expuesta. Debemos ocuparnos de por lo menos otros tres tipos de densidad: densidad de aglomeraciones, densidad fisiológica, y densidad urbana y rural [4].

2.2.2. Densidad de aglomeraciones urbanas

Se mide la superficie (en km^2) que como promedio corresponde a cada ciudad de un número de habitantes superior a X en una unidad espacial concreta (nación, región, provincia). Así, en una región como Castilla la Vieja, existía una aglomeración de 50.000 o más habitantes por cada 16.526 km^2 (Burgos, Logroño, Valladolid, Santander— según el Censo de 1970— para una región de 66.107 km^2), en tanto que en la provincia de Barcelona la densidad de aglomeraciones arrojaba una cifra de una ciudad de 50.000 o más habitantes por cada 1.288 km^2 (Badalona, Barcelona, Hospitalet, Manresa, Sabadell y Tarrasa, para una extensión provincial de 7.733 km^2). En otras palabras, la densidad de aglomeraciones en la provincia de Barcelona era 12,6 veces la de Castilla la Vieja.

Así, pues, la densidad de aglomeraciones puede traducir de forma bastante correcta el grado de urbanización (y normalmente de industrialización) de un territorio determinado. Lo cual a veces es

---

[3] Ernst Wagemann, «Estructura y Ritmo de la Economía Mundial», ob. cit., págs. 24 y sigs.

[4] Vid. Howard F. Gregor, «Environment and Economic Life», D. Van Nostrand Company Princeton, 1963, págs. 252-254.

imposible de percibir a través de una simple densidad aritmética que puede ser el reflejo de una población muy diseminada, o bien muy concentrada en áreas industriales y con grandes espacios vacíos (como, por ejemplo, sucede en buena medida en Siberia).

2.2.3. Densidad fisiológica

Relaciona la población con el área de tierra aprovechada desde el punto de vista agrario (agricultura + pastos + bosques). En general, se estima que, como denominador, este dato es mucho más significativo que la superficie bruta, puesto que delimita el potencial de tierra realmente disponible para sostener una población dada. Aplicando la medida de la densidad fisiológica, los resultados se separan enormemente. Por ejemplo, de la comparación de dos provincias españolas de estructuras demográficas y agrarias muy diversas, resulta (censo de 1970 en el ejemplo):

Provincias	A Población (habs.)	B Superficie total km^2	C Densidad aritmética (A/B)	D Superficie productiva (km^2)	E Densidad fisiológica (A/D)
Las Palmas	626.804	4.065	154	1.694	372
Palencia	186.872	8.029	23	7.209	26

Vemos, pues, que la relación inicial de 6,7 a 1 para Las Palmas-Palencia, se transforma en una relación de 14,3 a 1 al pasar de la densidad aritmética a la fisiológica. Lo cual proporciona una idea del peso de la población canaria sobre su recurso espacial aprovechable con la tecnología actual.

2.2.4. Densidad urbana y rural por separado

Suponen un refinamiento del medidor de la densidad fisiológica que, por así decirlo, ignora el hecho de que los residentes en las zonas urbanas se ocupan normalmente en actividades industriales o comerciales.

La *densidad urbana* se expresa en habitantes por Ha de superficie urbana o área con una densidad de edificación superior a X; de esta forma, obtenemos una idea de la congestión social urbana, uno de los índices tal vez más significativos con que puede contarse para medir el bienestar de una sociedad.

La *densidad rural*, se expresa por el número de personas (residentes en zonas rurales) por km^2 de la superficie cultivada de la zona. Por razones obvias, la densidad rural y la mecanización agrícola son fenómenos entre los cuales hay una fuerte correlación inversa.

2.2.5. Centro de gravedad de la población

O simplemente «centro demográfico» de una unidad espacial macroeconómica. Su cálculo se realiza determinando la media aritmética ponderada de las longitudes y latitudes de la posición en que están ubicados cada uno de los habitantes de la unidad geográfica en cuestión. Como este procedimiento resultaría de una complejidad extrema superado un cierto volumen de población, en vez de personas se toman grupos de población, generalmente aglomeraciones (ciudades, pueblos, etc.), que se ponderan con su latitud y longitud respectiva.

Concretamente, el centro de gravedad puede formularse como sigue:

$$\text{Latitud} = \frac{\sum_{i=1}^{n} l_i P_j}{\sum_{i=1}^{n} P_j} \quad [1] \qquad\qquad \text{Longitud} = \frac{\sum_{i=1}^{n} \lambda_i P_j}{\sum_{i=1}^{n} P_j} \quad [2]$$

donde [1] nos da la latitud y [2] la longitud, siendo l_i los valores de latitud de los grupos de población P_j y λ_i los valores de longitud. En el cruce de la latitud y la longitud así determinadas, se sitúa el centro de gravedad, cuya traslación en el tiempo nos determina la síntesis de hacia dónde camina globalmente la población.

Existen países en los que el centro de gravedad de la población permanece prácticamente invariable durante decenios [5], mientras que en otros experimenta variaciones muy sensibles. Tal ha sucedido en EE. UU., hacia el Oeste, y en la URSS, hacia el Este.

2.2.6. Población rural y urbana

Finalmente, en cuanto a la ubicación espacial de la población es interesante el conocimiento de su *distribución entre población urbana y rural.* Aquí el problema reside en cuál convención —de las muchas imaginables [6]— se adopta en cuanto a la línea que separa a ambas (generalmente, entre 2.000 y 10.000 habitantes). Claro está que siempre se nos presentará el problema del «salto» de que un habitante más o un pequeño número de ellos puede suponer que toda una larga serie de aglomeraciones se califiquen de urbanas y no de rurales o viceversa. Por otra parte, puede suceder que mientras en determinadas zonas las aglomeraciones urbanas sean todas marcadamente industriales (caso del País Vasco en España), en otras (caso andaluz) por razones ecológicas e históricas sean predominantemente agrarias en su actividad hasta cifras muy importantes de población.

Con todo, el coeficiente de urbanización nos da una cierta idea del tipo de los problemas con que se enfrentan las distintas sociedades en el campo de la educación primaria, servicios municipales, administración local, etc.

2.3. *Edad de la población*

En su aspecto productivo, la población debe analizarse sobre todo en la doble faceta de la edad y del coeficiente de población

[5] Según Sauvy, este es el caso de Francia, cuyo centro de gravedad poblacional se sitúa en las proximidades de la ciudad de Bourges, algo más de 200 kilómetros al Sur de París, por cuyo peso está decisivamente influido tal centro. Vid. Alfred Sauvy, «La Population», Presses Universitaires de France, 7.ª edición, París, 1963, pág. 24. Sobre el centro de gravedad demográfico en España y sus trasuntos económicos y del ahorro, puede verse mi libro «Los centros de gravedad de la Economía Española», Guadiana, Madrid, 1968.

[6] Sobre este tema hay que mencionar el trabajo de A. Santillana «Criterios de clasificación de la población en rural y urbana», *Revista de Economía Política,* núm. 36, enero-abril, 1964, 71 a 82, con interesante bibliografía.

activa, estando este último decisivamente influido por la primera. Hay que tener en cuenta, además, un tercer elemento como es el grado de instrucción.

La edad de una población, puede medirse simplemente averiguando su distribución porcentual entre tres grandes intervalos de clase (0-20, 20-65, 65 y más años) o determinando la «edad promedio» que resulta de aplicar la fórmula

$$E_p = \frac{\sum_{i=1}^{n} P_i \, e_j}{N}$$

donde P_i son los habitantes, e_j sus respectivas edades y N el volumen total de la población.

Sin embargo, la mejor manera de describir —y desde luego, la más gráfica— la estructura de edad de una población nos la ofrece la llamada *pirámide de edades* de la población o simplemente, «pirámides de población». Su técnica es bien conocida. En ordenadas y de 0 a 100, se representan los años, reservando un lado para cada uno de los dos sexos. En abscisa, se detallan los efectivos correspondientes a cada año. La pirámide se construye entonces como una serie de histogramas horizontalmente estratificados [7]. Con una división en intervalos de clase mucho más desglosada (por ejemplo, de un mes), el perfil escalonado de la pirámide se convertiría prácticamente en curvilíneo.

Las pirámides correspondientes a poblaciones jóvenes son anchas en su base, y afiladas en su vértice. Por el contrario, una población «vieja» se configura con una base más estrecha y una cúspide más ensanchada. Finalmente, una población en curso de «rejuvenecimiento», presentaría una forma acampanada con una base ancha, un estrechamiento intermedio y un nuevo ensanchamiento en sus secciones superiores.

La técnica de las pirámides constituye un instrumento muy adecuado para realizar comparaciones internacionales y para registrar lo que podríamos llamar el efecto de las sangrías demográficas por gue-

---

[7] Vid. el caso de España en Instituto Nacional de Estadística, en el Anuario Estadístico de España correspondiente a cada año.

rras y emigración, que normalmente se reflejan de forma más acusada, por razones obvias, en el lado correspondiente a los varones.

2.4. *Población activa*

Asimismo, es la estructura de edades que reflejan las pirámides de Población, lo que en buena medida determina el potencial de la *población activa,* que generalmente se supone comprendida entre los 14-18 años y los 65-70. A este aspecto del análisis de la población pasamos a referirnos.

El coeficiente de población activa relaciona porcentualmente a la población empleada y que busca trabajo, con el total de la población. Este coeficiente varía normalmente entre el 30 y el 50 %, estando decisivamente influido, tanto por los caracteres sociológicos de cada país, como por la distribución de edades. Para obviar esta última influencia, y a fin de conseguir una visión más real, es preciso relacionar la población activa con la comprendida entre determinados topes de edad (15-70). De otra forma puede resultar una apreciación de escaso aprovechamiento del potencial demográfico, cuando lo que sucede es que la proporción de niños que aún se están educando o de mayores que ya no se encuentran en edad de trabajar es muy considerable. En general, la experiencia demuestra que cuando se comparan poblaciones con pirámides de contorno parecido, las diferencias más notables en el coeficiente de población activa se deben normalmente al mayor o menor grado en que la mujer participa en las actividades económicas registradas en las estadísticas oficiales.

Tan interesante por lo menos como el coeficiente de población activa, lo es la forma de distribución porcentual de ésta entre los sectores de la Economía Nacional, y más simplificadamente conforme a la ya clásica división en sectores primario, secundario y terciario o con el desglose, para el *primario* de agricultura, ganadería, silvicultura, y actividades extractivas; y para el *secundario,* de industria y construcción.

La distribución de la población activa por sectores es uno de los medios más empleados para medir el grado de desarrollo de un país. Mientras en los más atrasados está empleado en el sector agrario más del 80 % de la población activa, en los países industrializados el coeficiente puede caer incluso por debajo de 5 %. Así pues, puede medirse el progreso de un país por la forma en que gradualmente su población activa se transfiere del sector primario al secundario y al terciario. Este proceso es el que precisamente se conoce con el nombre de Ley de Petty, por haber sido Sir William Petty —como puso de relieve C. Clark— quien primero advirtió la ventajosa evolución que reflejaban las mencionadas transferencias [8].

Recordemos en este apartado 2.4 sobre población activa que los temas referentes a *población ocupada* y *paro*, como cuestiones más a corto plazo, se tratan debidamente en el siguiente capítulo 15 (apartado 1.2) al analizar los indicadores coyunturales y previsionales, y más concretamente, al estudiar el mercado laboral (apartado 1.2).

2.5. *Crecimiento demográfico y movimientos migratorios*

Si el coeficiente de población activa y su distribución tiene una influencia decisiva en el nivel de producción y en la productividad del sistema, el crecimiento de la población es uno de los elementos decisivos del desarrollo económico, si se identifica éste con el crecimiento continuo. Incluso en épocas como la actual de grandes avances tecnológicos, y en consecuencia de aumentos muy rápidos en la productividad por individuo activo, en las sociedades industriales se plantea la exigencia de un incremento continuado de la fuerza de trabajo. Hasta el punto de que resultando insuficiente su crecimiento natural propio, son varios los países de Europa Occidental que desde principios de la década de 1950 están absorbiendo importantes efectivos de trabajadores extranjeros.

Para medir el crecimiento de la población contamos con tres clases de métodos, cada uno de ellos, referidos a un momento: crecimiento natural actual o pasado, expectativas actuales sobre el crecimiento futuro, y proyecciones de población a plazo largo. A continuación nos ocupamos de cada uno de esos tres métodos.

El *crecimiento natural* —o crecimiento vegetativo— viene dado por la diferencia entre nacimientos y defunciones. Su coeficiente es la diferencia de los coeficientes de *natalidad* (nacidos vivos por 1.000 habitantes a lo largo del año, y de *mortalidad* (*ídem* para defunciones). Para determinar el *crecimiento total* es preciso sumar algebrai-

---

[8] Colin Clark, «The Conditions of Economic Progress», Macmillan, Londres, 1940, págs. 176 y 177.

camente al crecimiento natural el saldo migratorio (diferencia entre emigración e inmigración).

Para tratar de prever el futuro, un índice más penetrante que la simple aplicación de la tasa de crecimiento natural de la población actual es el llamado *índice de Kuczinsky*, o «tasa neta de reproductividad». El índice de Kuczinsky viene expresado por el número de «hijas —futuras madres— habidas por cada mujer entre los 15 y los 40 años, que se considera la edad de procrear». Cuando el índice es igual a 1, con un promedio de 2,5 hijos por madre y en las hipótesis de 0,8 de nupcialidad y de 0,5 de sexo ratio la población tiende a crecer. Si el índice cae por debajo de 1, es de esperar un estancamiento y ulteriormente, de persistir ese bajo nivel, un descenso de la población. Claro que todo depende también de los otros elementos del índice: la fecundidad (número medio de hijos por madre) y la nupcialidad (casados por 1.000); o cuando el matrimonio no es general, el grado de emparejamiento efectivo.

Finalmente, debemos hacer una referencia, aunque sea breve, a los métodos existentes para la proyección de poblaciones futuras, a partir del conocimiento de su evolución reciente [9]. A corto plazo, estas proyecciones resultan bastante precisas, bastando una simple extrapolación de la población actual, aplicándole acumulativamente el tipo de crecimiento natural del período de los últimos cuatro o cinco años.

Según esto, si llamamos P_t a la población en un año t, P_o a la población actual y r al coeficiente (en tantos por uno) de crecimiento natural, y en el supuesto de movimientos migratorios nulos, tendríamos dada la población futura en el año t por:

$$P_t = P_o (1 + r)^t,$$

que es —como resulta evidente— la misma fórmula del interés compuesto.

Sin embargo, a largo plazo el problema se complica, pues es una evidencia histórica que la población de cualquier país experimenta una serie de ciclos debidos a cambios en la mortalidad y natalidad,

[9] Una buena síntesis de estos métodos es la que figura en el libro de W. Isard «Methods of Regional Analysis», ob. cit. Hay que mencionar asimismo las obras de Conrado Gini, «Teorías de la población» (versión española, Aguilar, Madrid, 1952), y el manual de «Demografía» de Joaquín Leguina (Siglo XXI, Madrid, 1974).

y ello sin tener en cuenta el fenómeno migratorio, que mientras no se encuentre planificado resulta de predicción imposible.

2.6. *Indicadores de bienestar social* [10]

En este caso, más que entrar en una valoración de las muchas variantes sobre el tema, nos limitamos al indicador de Philippe Saint Marc que se expresa:

$$B = \alpha N + \beta C + M\gamma$$

donde:

B = bienestar,
N = nivel de vida,
C = condiciones de vida,
M = medio de vida,

con la condición de que los parámetros cumplan la condición $\alpha + \beta + \gamma = 1$, lo que la caracteriza a la ecuación como psicológica. En otras palabras, los valores de α, β y γ podrían variar según se tratase de países desarrollados (donde N y C son temas más o menos resueltos, pero donde M es un problema acuciante); o subdesarrollados, donde N está sin resolver (paro, malnutrición, etc.), C es mediocre y M no presenta aún dificultades graves por la ausencia de contaminación debido a la escasez de industria. Es decir, en el caso B_1 correspondería a un país desarrollado, en tanto que el B_2 sería el supuesto de uno todavía en el subdesarrollo.

$$B_1 = 0{,}1N + 0{,}2C + 0{,}7M$$
$$B_2 = 0{,}8 + 0{,}15C + 0{,}05M$$

Esta de Saint-Marc nos parece una aportación fundamental en el proceso de progresiva erosión del PNB como medidor del crecimiento, y de la renta per cápita y del índice del coste de la vida como indicadores del bienestar individual tipo dentro del colectivo.

---

[10] Sobre este tema, puede verse INE, «Medida del bienestar social», Madrid, 1981.

Sobre todo, si se tiene en cuenta que Saint Marc no se conforma con presentar su ecuación a modo de fórmula mágica, sino que además se ocupa de plantear cómo podrían determinarse los valores de *N*, *C* y *M*:

N = *nivel de vida* se mediría por la renta per cápita —o mejor por el consumo— ajustándolo para tener en cuenta la dispersión en torno a la media.

C = *condiciones de vida.* En este caso, que Saint-Marc analiza menos detenidamente, entrarían en el índice final toda una serie de elementos: jornada de trabajo, forma del mismo, tiempo empleado cotidianamente del hogar al trabajo, lugar y clase de vivienda, etc.

M = *medio de vida.* Es el término que más preocupa a Saint-Marc, y a su medición dedica todo un amplio capítulo de su libro, en el cual arranca enumerando los siete perjuicios o daños que sufre el medio ambiente: contaminación del aire, del agua, ruido, acumulación de desechos sólidos, desaparición de espacios verdes, hacinamiento y alejamiento de naturaleza [11].

3. Sector agrario

El análisis económico del sector agrario tiene una serie de peculiaridades frente a los demás de la actividad económica, por la influencia que en el mismo tienen una serie de elementos naturales e institucionales. Por ello, nuestra exposición sistemática de algunos instrumentos de análisis para este sector, la dividimos en tres apartados: marco natural, marco institucional, y análisis de productividad.

3.1. *El marco natural*

En el proceso de la producción agrícola, por lo menos hasta ahora, existe un factor de producción fijo y con unas características físicas determinadas que es la tierra. La tierra es uno de los tres factores de la producción tradicionalmente diferenciados desde Ri-

[11] Philippe Saint-Marc, «La socialización de la naturaleza», versión española, Guadiana de Publicaciones, Madrid, 1970. Sobre la medición de los impactos negativos del crecimiento, E. J. Mishan, «Los costes del desarrollo económico», versión española, Oikos-Tau, Barcelona, 1971.

cardo. Pero es un factor de producción que como el capital es el resultado del trabajo del hombre, puesto que al poner en cultivo la tierra desde su estado originario, aporta a ella una acumulación de trabajo más o menos importante.

La tierra está decisivamente influida en su rendimiento por una serie de circunstancias naturales. Por ello, cuando se estudia o se intenta describir el sector agrario de una Economía es preciso tener en cuenta tales circunstancias, de cuyos medidores reseñamos algunos a continuación, siquiera sea brevemente.

3.1.1. Altitud

Es una circunstancia que influye decisivamente en las condiciones climáticas. Muchas tierras situadas en el áera que geográficamente corresponde a la zona templada, sufren climas locales (microclimas) de mucha más dureza debido a su elevada altitud. A estos efectos, en la zona templada se toman las cotas de 200, 500 y 1.000 metros como primera diferencia de las posibilidades agrícolas de la superficie de un país [12].

3.1.2. Topografía

La topografía, y más concretamente la pendiente o hipsometría de las tierras inicialmente consideradas como cultivables, tiene una gran importancia. Y no sólo por la mayor o menor dificultad que una determinada pendiente pueda representar para la mecanización de las labores agrícolas, sino fundamentalmente por los efectos que tiene en la erosión de las tierras desprovistas de cultivo [13]. Para pendientes superiores al 5 por 100 y de un régimen torrencial de precipitaciones, son normalmente necesarias medidas de conservación, e incluso de abandono del cultivo para proceder a su repoblación forestal [14].

---

12 Eran interesantes las referencias concretas que sobre este extremo se hacían en el «Proyecto de Desarrollo de la Región Mediterránea. España», Ministerio de Agricultura, edición multicopiada, Madrid, 1959, pág. 21.

13 Richard M. Highsmith, Jr. y J. Granville Janson, «Geography of Commodity Production», Lippincott, Nueva York, 1963, pág. 14.

14 «En cuanto a la susceptibilidad a la erosión hidráulica en el futuro, puede

3.1.3. Clima

Puede definirse éste como el conjunto de condiciones atmosféricas que caracterizan una región.

De esas características vistas por separado, las principales son:

— Insolación, que se mide por el número de horas de sol al año, considerándose como un grado suficiente por encima de las 2.000 horas/año.

— Temperatura. En su medición hay que tener en cuenta no sólo las temperaturas medias, sino también otros dos datos de gran interés: las oscilaciones térmicas (diferencia entre las temperaturas máxima y mínima) y los días de heladas al año. Ambas circunstancias, superados ciertos topes, son limitativas de los diferentes cultivos. Las curvas que definen las temperaturas medias se denominan *isotermas*.

— Pluviosidad, medible en litros o en milímetros por metro cuadrado al año (con mapas de isolíneas que se denominan *isoyetas*), si bien tiene una gran importancia su regularidad, y su distribución a lo largo del año, y fundamentalmente su relación con la temperatura en los meses de máxima precipitación. En otras palabras, lo realmente interesante es la relación de las dos integrales anuales de temperatura y precipitaciones; o de forma aún más sofisticada la relación entre precipitaciones y evapotranspiración, que nos proporciona el índice de *aridez*.

3.2. *El marco institucional*

Si el marco natural representa lo que viene *dado* por la naturaleza en cuanto a posibilidades del sector agrario, bajo el nombre de mar-

determinarse teniendo en cuenta la naturaleza del suelo, la vegetación existente y, *sobre todo la pendiente del terreno y la pluviometría.* Relacionando esta susceptibilidad a la erosión con las medidas que deban adoptarse para evitarla, resulta que el 25 % de la superficie nacional requiere medidas de conservación muy enérgicas, que llegan incluso al abandono del cultivo, para establecer praderas permanentes o proceder a repoblaciones forestales. El 39 % requiere medidas enérgicas, tales como la construcción de terrazas. En el resto basta con adoptar medidas sencillas, tales como el laboreo por curvas a nivel y el cultivo en fajas; o no es de temer la erosión *por ser la pendiente muy reducida.*» Del «Proyecto de Desarrollo de la Región Mediterránea», ob. cit., pág. 26. (Los subrayados son míos. Se ha corregido la puntuación del original para facilitar su lectura).

co institucional agrupamos los instrumentos de análisis de una serie de aspectos de la estructura agraria. Tales aspectos han sido configurados por el hombre en el curso de la historia a través de una serie de instituciones cuya transformación se produce, salvo excepciones —revoluciones o grandes reformas— lentamente, y sólo a medida que las exigencias sociales y tecnológicas la hacen ineludible.

3.2.1. Concentración de la propiedad

Para conocer el grado de concentración de la *propiedad* de la tierra, se establecen unos intervalos de clase en Ha y para cada uno de ellos se cifra el número de propietarios, la superficie que poseen y los porcentajes que en número y superficies representan respecto a los totales.

Los datos para estos fines se obtienen de las estadísticas oficiales, normalmente del Catastro de Rústica, de los Censos Agrarios, o mediante estudios especiales, entre los cuales destacan los realizados por agencias como las encargadas de la concentración parcelaria [15].

3.2.2. Regímenes de tenencia

La *distribución de la tierra según regímenes de tenencia* también es de un interés considerable. Los regímenes que generalmente se consideran son: tierras en cultivo directo por el propietario, tierras en arrendamiento, tierras en aparcería y otros regímenes de tenencia [15].

La distribución de la tierra agrícola entre estos cuatro apartados revela el grado de absentismo de los propietarios, y según predomine una u otra forma de tenencia puede considerarse que la situación es más favorable para la introducción de mejoras —para la capitalización— de las fincas. En general, los arrendamientos no protegidos y las aparcerías a plazo fijo, además de ser regímenes socialmente regresivos, tienen el inconveniente de que el explotador puede no interesarse en mejorar las fincas.

---

[15] En este último apartado, el I Censo Agrario de España, incluía las tierras explotadas en precario, en fideicomiso y en litigio, y los censos y los foros.

3.2.3. Estructura de las explotaciones agrarias y precios

Dentro del marco institucional puede estudiarse asimismo la estructura de las explotaciones agrarias, que es una resultante del cruce de los dos temas examinados antes: distribución de la propiedad y regímenes de tenencia, más un tercer factor marcadamente institucional como es el de la parcelación [16]. Por *explotación agraria* se entiende «cualquiera extensión de terreno, en una o varias parcelas aunque no sean contiguas, pero que en conjunto forman parte de la misma unidad técnico-económica, de la que se obtienen producciones agrarias de cualquier tipo, y a cuyo frente hay un empresario que asume el riesgo, dirigiéndola por sí o mediante otra persona» [17].

Para conocer la estructura de las explotaciones agrarias se emplean los siguientes instrumentos:

1. Medición del tamaño medio de las explotaciones a escala nacional y por regiones. Comparando este último dato con la dimensión óptima estimada para cada región, se tendrá una idea inmediata de si la situación institucional es o no suficientemente racional.
2. Distribución de la tierra entre los explotadores agrícolas, para cuya representación gráfica pueden emplearse *curvas de Lorenz*.
3. Parcelación de las explotaciones, dato de extraordinario interés para conocer la racionalidad interna de la explotación, que tanto depende de que se alcance o no una dimensión mínima de superficie sin solución de continuidad.
4. Aprovechamiento (regadío y secano) y tipos y variedad de cultivo (intensidad del monocultivo, policultivo, etc.). Las situaciones de las explotaciones en este aspecto, diferenciándolas por regiones, nos dan una idea de su integración en el mercado nacional o su grado de producción para el autoconsumo.

En el sector agrario los precios son una cuestión de definitiva importancia, y, prácticamente en todos los países existen *precios regulados*, de carácter oficial, que tienden a constituir un sistema de apoyo, ligado al comercio exterior y al consumo. El paradigma actual de

[16] Por parcela se entiende «toda extensión de tierra que está bajo una sola linde». Vid. «Primer Censo Agrario de España», ob. cit., pág. VIII. Parcelación la división de una explotación en dos o más parcelas.

[17] Ibídem, pág. 8.

una regulación pretendidamente omnicomprensiva de los precios agrícolas es la Comunidad Europea [18].

3.3. *Análisis de productividad*

Normalmente, la productividad en el sector agrario se mide de la forma más tosca haciendo referencia a los tres *inputs* de la producción: tierra, capital y trabajo. Así, continuamente se hace referencia a los rendimientos por hectárea; al efecto de la fertilización de la tierra; o al rendimiento del trabajo. Pero a los efectos de comparaciones interregionales o incluso intertemporales, estas mediciones presentan, todas ellas, importantes limitaciones. Por ejemplo, casi carece de sentido comparar el rendimiento en trigo de una hectárea en Medina del Campo con la de una extensión idéntica en el departamento francés de Aisne, cuando los índices de fertilización, capitalización y horas de trabajo pueden ser tan dispares. A lo sumo, lo que se consigue es una medida de la productividad en términos técnicos, pero no económicos.

3.3.1. Indicador global

Para resolver las limitaciones indicadoras, la OCDE, ideó un «ratio» global de la productividad que tiene en cuenta los *inputs* y *outputs* del proceso de la producción agraria, y que permite una comparación integral entre dos países o regiones, o entre dos momentos dados en un mismo espacio [19].

Esa relación se forma como sigue:

$$P_t = \frac{\dfrac{O_{t_2}}{F_{A_2} + M_2}}{\dfrac{O_{t_1}}{F_{A_1} + M_1}}$$

[18] Al respecto puede verse una primera apreciación del problema en R. Tamames, «Sistemas de apoyo a la agricultura», IDE, Madrid, 1970 (en colaboración con D. Fernández Navarrete), y R. Tamames, «La Comunidad Europea», Alianza, 2.ª edición, Madrid, 1988.

[19] OCDE, «Concepte de la mesure de la productivité dans l'agriculture à l'échelon national», París, 1961, pág. 31. Además del «ratio» de productividad que aquí consideramos, en el estudio de la OCDE se incluyen otros dos «ratios»: productividad neta de los factores y productividad total integrada.

donde

P_t = Productividad total.
O_t = Output total, a los precios percibidos por el agricultor (constante).
F_A = Input neto total de los factores, formado por el trabajo, el capital y la tierra, valorado en horas de trabajo y amortización, a los precios pagados por el agricultor (constantes).
M = Productos intermedios provenientes de fuera del sector (precios constantes).

Los subíndices 1 y 2 hacen referencia, como es usual, a los distintos espacios o momentos objeto de la comparación.

3.3.2. Rendimiento por hectárea

Permite, para cada cultivo, y expresado en Qm., Tm/ha. (o en Hl/Ha. para el caso del vino), apreciar el rendimiento por hectárea. Claro es que este indicador, por las fuertes diferencias de un año para otro (por razones meteorológicas, de plagas y pestes, etc.) exige periodificar a tres o cinco años, para hallar un promedio más representativo.

Globalizando, puede calcularse el rendimiento global por hectárea, calculando el valor de la producción obtenida por superficie agraria útil (SAU) en hectáreas, y con precios en origen.

3.3.3. Rendimiento por unidad de trabajo humano

Se calcula en términos de una producción cualquiera por unidad de trabajo humano (UTH), que en el sector agrario equivale al concepto más general de *individuo activo*; si bien en el ámbito rural hay que agregar horas —por el mucho trabajo eventual y temporero o a tiempo parcial que hay— a fin de obtener UTH homogéneas (normalmente conforme a la jornada legal, por ejemplo, en España de mil ochocientas horas de trabajo al año).

3.3.4. Capitalización rural

En este caso, lo que se trata de medir es valor de todo el capital invertido en equipo fijo (casas de labranza, instalaciones ganaderas, salas de ordeño, plantas de incubación, etc.) y móvil (maquinaria y aperos), midiendo su valor en unidades monetarias por hectárea.

Casos particulares de determinación del grado de capitalización es el de los *caballos de vapor (C.V.) por hectárea* de la maquinaria autopropulsada (tractores, cosechadoras, etc.); *y el índice de fertilización,* con los kilogramos de unidades nutrientes (N., Ph., K_2O) por hectárea.

Otro caso especial de capital es el *peso vivo por hectárea* que nos mide la densidad ganadera de una zona, en términos de vacuno, ovino, porcino, etc. El peso se toma en vivo (a diferencia de los kilos en canal para las reses sacrificadas). Globalizando, puede hacerse una valoración, a precios de mercado en origen, para expresar el peso vivo por hectárea en unidades monetarias, a fin de abarcar a todas las especies.

4. Sector industrial

Con algunas modificaciones, la definición dada hace tiempo por Colin Clark para la industria (sector secundario) sigue siendo válida [20]. En este sentido, bajo el nombre de industria puede incluirse la transformación *continua y en gran escala* de las materias primas en productos transportables. La continuidad y la gran escala excluyen la actividad artesana manual, que se realiza generalmente pieza a pieza. A su vez, el carácter transportable de los productos excluye todos los procesos de construcción e instalación. Ambos rasgos son los que precisamente obligan a las empresas industriales a concentrar en un punto (planta industrial, fábrica) la producción de mercancías que ulteriormente serán enviadas para su consumo o empleo a otros puntos más o menos apartados del centro fabril.

En esa configuración del concepto de industria, han aparecido dos palabras diferentes y que a veces, equivocadamente, se emplean

---

[20] Colin Clark, «The Conditions of Economic Progress», 3.ª edición, ob. cit., pág. 326.

como sinónimos. Nos referimos a los términos empresa y planta industrial.

La empresa, que puede adoptar muy diversas formas jurídicas, es la unidad técnico-económica; al frente de la cual hay un empresario o unos responsables (denominables de distintas formas) que asumen el riesgo de su gestión. En cambio, planta industrial es la unidad técnica de producción o, aún más concretamente, el local donde se realizan físicamente *la* o una de *las* actividades productivas de la empresa que, naturalmente, puede contar con más de una planta industrial.

4.1. *Análisis de las empresas*

La *tipología empresarial* es de imprescindible conocimiento para la comprensión de una realidad económica. En este sentido, el economista debe conocer a fondo sus formas de constitución: empresas individuales, sociedades en comandita, regular colectiva, de responsabilidad limitada, y sociedad anónima. Y a partir de esta última las posibilidades de fusiones, compañías holdings, conglomerados, etc. La diferenciación tiene consecuencias económicas a efectos de tributación, reglamentación laboral, etc., aunque actualmente el papel preponderante corresponde a la sociedad anónima. Cuando la empresa alcanza una cierta dimensión, y ello exige limitar su responsabilidad, la forma casi siempre adoptada es la de sociedad anónima, bajo la cual se presentan además las máximas facilidades para recurrir al mercado de valores en busca de recursos de capital.

Precisamente esta concentración de la gran empresa bajo la forma de sociedad anónima exige un estudio para examinar dos de sus aspectos más interesantes y sobre los cuales ha surgido una extensa bibliografía en las últimas décadas. Nos referimos al doble tema de la distribución del capital social entre un accionariado más o menos amplio [21] y la separación entre la propiedad de la empresa (de la

---

[21] La falta de estudios serios sobre este tema creó en la década de 1920 la ilusión del llamado capitalismo popular, promovida concretamente por el libro de T. N. Carver «The Present Economic Revolution in the United States» (Boston, 1926). Uno de los estudios críticos de mayor interés sobre esta cuestión es «People's Capitalism and stock ownership», de Víctor Perlo (aparecido en la *American Economic Review*, volumen XLVIII, núm. 3, 1958, págs. 333 y sigs.).

cual son titulares en mayor o menor medida todos los accionistas) y su dirección efectiva [22].

Aparte de la tipología empresarial y de los problemas que en la época actual plantea la sociedad anónima, la estructura industrial tiene uno de sus más interesantes aspectos en la actitud de las empresas ante el tema de la competencia en el mercado. En este sentido, la Teoría Económica nos ilustra sobre las posibles formas de mercado, que se gradúan en una variada gama cuyos extremos se sitúan en la libre competencia y en el monopolio absoluto [23], si bien este último raramente se presenta. Lo cierto es que en el sistema capitalista, el sector industrial, salvo en algunas ramas muy concretas (como son, por ejemplo, textil, cuero y calzado), la mayoría de los mercados subsectoriales presentan formas oligopolísticas o de monopolio colectivo (cárteles, pools, etc.).

4.2. *La dimensión óptima de la empresa y las PYMES*

El planteamiento moderno del tema [24] puede atribuirse al profesor E. A. G. Robinson. «Por empresa óptima —afirma Robinson— debemos entender la que, dentro de las condiciones existentes de la técnica y de la capacidad organizadora, tiene el coste unitario medio de producción más bajo, incluidos en el cálculo todos aquellos costes que deben cubrirse a largo plazo... Aceptando que el mercado baste para absorber la producción total de por lo menos una empresa de dimensión óptima, las fuerzas que determinan la óptima dimensión de la unidad económica pueden dividirse en cinco categorías principales: factores técnicos, de dirección, financieros, las influencias de la colocación del producto en el mercado..., y los factores de riesgo

---

[22] Los trabajos que dieron origen a una larga y animada controversia sobre este tema que revive de tiempo en tiempo, fueron el de A. Berle y A. G. Means, «Modern Corporation and Private Property» (Nueva York, 1932) y el de James Burnham, «The Managerial Revolution» (Nueva York, 1941). Una crítica muy precisa de estos libros puede verse en la recensión de P. Sweezy al libro de Burnham, incluida en su recopilación «The Present as History», The Monthly Review Press, Nueva York, 1956.

[23] Sobre este tema puede verse mi libro, «La lucha contra los monopolios», editorial Tecnos, 2.ª edición, Madrid, 1966, y especialmente las páginas 25 a 52.

[24] Lo que resta en este apartado es casi en su totalidad transcripción de mi libro *La lucha contra los monopolios*, ob. cit., 2.ª edición, págs. 47 a 57 y 62 a 66. La bibliografía citada se ha tomado asimismo de ese texto.

y de las fluctuaciones de la actividad económica» [25]. Naturalmente, aceptando esta concepción de Robinson sobre la empresa óptima, la medida de su dimensión en cada industria plantea de inmediato grandes problemas por la necesidad de determinar con exactitud los cinco referidos óptimos parciales, para después integrarlos en uno global y coherente. Todo ello da una idea de la dificultad del problema, y de su práctica insolubilidad.

Pero aparte del obstáculo señalado, las investigaciones empíricas han demostrado la poca exactitud del concepto. P. Sargant Florence, en su obra «The Logic of Industrial Organization» [26] sostiene abiertamente la tesis de que no existe una dimensión óptima, habida cuenta de que los costes medios tienden a disminuir indefinidamente con la ampliación del tamaño de la empresa. Por su parte, P. J. C. Wiles es mucho más terminante cuando afirma que la «doctrina de la dimensión óptima de la empresa debe ser abandonada por ser totalmente falsa. Tan sólo puede hablarse de una deseable dimensión mínima de la empresa y, a partir de ella, de una línea larga y estable de bajos costes, con costes marginales aproximadamente iguales a los costes medios» [27].

En suma, puede afirmarse que proseguirá la polémica sobre el concepto de dimensión óptima. Pero está fuera de duda la dificultad de cuantificarlo para industrias concretas.

Un caso particular del debate sobre el tamaño de la empresa se refiere a la denominada pequeña y mediana empresa (o en sigla PYME, con plural en PYMEs), unidad de producción de dimensión reducida, la más abundante en el sistema económico de libre empresa, y especialmente en la agricultura y el comercio. En sentido más estricto, en la Comunidad Europea la Comisión considera pequeñas y medianas empresas (PYMEs) a las que cuentan con una plantilla menor de 500 asalariados y un inmovilizado material inferior a 75 millones de ECUs; siempre que su capital no pertenezca en más de un tercio a otra sociedad. En la CEE, las PYMES reciben tratamiento preferencial en la aplicación de las reglas de la competencia, del derecho de sociedades, y en el acceso a las ayudas y préstamos del

---

[25] E. A. G. Robinson, «La dimensión óptima de la empresa», versión española, El Ateneo, Buenos Aires, 1952, pág. 12.

[26] Routledge and Kegan Paul, Londres, 1933.

[27] P. J. C. Wiles, «Price, Cost and Output», Basil Blackwell, Oxford, 1956, pág. 208.

Banco Europeo de Inversiones (BEI), del *nuevo instrumento comunitario (NIC)* y de los *fondos estructurales.*

4.3. *La medida de la dimensión de la planta industrial*

Han sido muchos los autores que han puesto de relieve los problemas que plantea la medición de la planta industrial [28]. Cuando se trata de plantas industriales con instalaciones de producción del mismo tipo o de características análogas, resulta relativamente fácil el encontrar un módulo para medir y comparar sus dimensiones respectivas. «En ese caso —dice Erich Gutenberg— pueden usarse unidades técnicas...; comparación, por ejemplo, del número de hornos, número de husos, etc. Por el contrario, en el caso de que las empresas posean instalaciones técnicas muy diferentes, pueden originarse dificultades en la medición. Entonces, no queda más remedio que recurrir —por ejemplo— a unidades como días de trabajo disponibles, horas de trabajo, horas-máquina, o recurrir a otros tipos de medición tales como los caballos instalados, importe del capital invertido, etc.» [29].

Enlazando con las anteriores palabras de Gutenberg, es interesante la opinión de tres economistas españoles. Concretamente, Santos, Cerrolaza y Velarde afirman que «debido a su falta de homogeniedad, el índice basado en la producción física es de imposible empleo; además, éste no siempre puede ser determinado por plantas, y aun puede tener poco que ver con el tamaño de las mismas. La potencia de la maquinaria empleada o el índice de consumo de energía, sólo en algunos casos puede utilizarse como criterio dimensional, lo mismo que el dato financiero del capital de la entidad, que resulta más útil para conocer la importancia de la empresa, que la de la planta industrial» [30].

En definitiva, como han subrayado los ya mencionados autores y otros que también se han ocupado del tema, no existe ningún

---

[28] T. R. Saving, «Estimation of Optimum Size of Plant by the Survivor Technique», en *The Cuarterly Journal of Economics,* vol. LXXV, núm. 4, págs. 569-607.

[29] Erich Gutenberg, «La dimensión óptima de la empresa», en el *Boletín de Estudios Económicos*, vol. XV, núm. 49, enero-abril, 1960, pág. 19.

[30] Alfredo Santos Blanco, Alfredo Cerrolaza Asenjo, Juan Velarde Fuertes, «La dimensión de la explotación industrial en España», Ministerio de Trabajo I. N. P., Madrid s/f (¿1960?), pág. 18.

índice ideal que pueda ser utilizado con carácter general para medir la dimensión de la planta [31].

En cierto modo, ha sido esa carencia de un índice ideal lo que ha hecho polarizar la atención de los estudiosos de la dimensión de la planta industrial en el criterio de la mano de obra empleada. Este es, por ejemplo, el punto de vista sostenido por P. Sargant Florence en la primera de sus obras donde aborda el tema [32] y mantenido en los dos trabajos subsiguientes [33]. Y en el mismo sentido se pronuncia J. Jewkes [34], quien, no obstante, advierte sobre los peligros de la aplicación indiscriminada del referido criterio, tanto por la relación inversa que de hecho existe entre mecanización y mano de obra empleada, como por la discontinuidad en el volumen de empleo que por las razones técnicas o coyunturales es normal en muchos subsectores de la industria. Por ello, no cabe duda de que un índice mucho más refinado sería el construido a base del valor añadido en la planta.

4.4. *La determinación de la antigüedad del equipo capital*

La eficiencia de una planta industrial no depende solamente de su dimensión, sino también de otros factores como la modernidad de su equipo capital; esto mismo puede afirmarse en términos macroeconómicos para todo un sector industrial. El conocimiento del

[31] A este respecto también son de interés las consideraciones de Marvin Frankel en «Comparaison Internationale entre les diferences de productivité et de dimension des usines» (*Revue de la Mesure de la Productivites* , febrero 1957), y de L. Rostas, en «Comparative Productivity in British and American Industry» (National Institute for Economic and Social Research, Cambridge University Press, 1948). De gran interés, por su espíritu crítico frente a toda una serie de convencionalismos, es el trabajo de Fernando Maravall Herrero y Ramón Pérez Simarro, «La relevancia o irrelevancia de la escala y del tamaño óptimo de la producción», en *Información Comercial Española,* julio, 1984, pág. 109 y sigs.

[32] P. Sargant Florence, «The logic of British and American Industry. A Realistic Analysis of Economic Structure», Routledge & Kegan Paul, Londres, 1933.

[33] P. Sargant Florence, «Investment, Location and Size of the Plant: A Realistic Inquiry into the Structure of British and American Industries» (en colaboración con W. Baldamus), NIESR, Cambridge University Press, 1948; del mismo autor, «Post-War Investment, Location and Size of Plant», NIESR, Cambridge University Press, 1962.

[34] John Jewkes, «The size of the factory», en *The Economic Journal*, vol. LXII, núm. 246, junio 1952, págs. 246 y sigs.

grado de antigüedad del equipo capital de una industria permite analizar la significación que debe atribuirse a este factor en relación con su productividad o la calidad de sus productos, circunstancias que pueden estar limitando sus posibilidades de competencia [35]. Averiguada esa significación, tal vez pueda establecerse un orden de prioridad en la modernización del equipo, habida cuenta de que los recursos para la inversión siempre son escasos, o para tomar en consideración la necesidad de plantear el esfuerzo que a tal efecto haya de realizar la industria de bienes de equipo; o simplemente para prever la financiación o importaciones concretas.

En la determinación de la antigüedad del equipo capital es necesario analizar dos aspectos: la vida técnica del equipo al que se refiera la investigación y el grado de obsolescencia del mismo.

Al ocuparnos del primero de esos dos aspectos, ha de comprobarse si el equipo en cuestión está todavía dentro del tiempo razonable que puede concederse de vida a una máquina, para que siga funcionando sin que el coste de reparaciones llegue a suponer una partida superior a la que podría representar la amortización de una completa sustitución de los medios de producción. Naturalmente, a cada bien de equipo puede calculársele una vida económica. Así, puede decirse, por ejemplo, que un buque de tal clase tiene una vida técnica de diez años, una locomotora eléctrica una vida de 1,5 millones de kilómetros, etc.

El segundo de los aspectos antes aludidos no es menos importante. Una proporción considerable del equipo capital en cualquier industria puede mantenerse aún dentro de su vida técnica; a pesar de lo cual su sustitución resulta de inmediata exigencia por la aparición en el mercado de nuevos modelos, con mecanismos diferentes o con innovaciones importantes que originen una productividad superior y que dejan tecnológicamente anticuadas (obsoletas) a las referidas instalaciones. Para determinar el grado de obsolescencia será preciso tener en cuenta, pues, el modelo o el procedimiento del equipo capital empleado. Así, por ejemplo, podrá considerarse obsoleta cualquier planta industrial que obtenga materias primas para plásticos por vía carboquímica y no por procedimientos petroquímicos. Podrá considerarse obsoleto todo un parque de locomotoras

---

[35] José Gil Peláez, «La antigüedad del equipo capital en la industria española», en el *Boletín de Estudios Económicos,* vol. XXI, núm. 67, enero-abril 1966, pág. 38.

que esté constituido exclusivamente por elementos de arrastre a vapor, y no por unidades eléctricas, diésel o diésel-eléctricas, etc.

Generalmente, esta clase de estudios sobre antigüedad del equipo capital se encuentran en los análisis monográficos, de donde pueden obtenerse interesantes datos para una visión global de la cuestión.

4.5. *El cálculo de la productividad industrial*

El método más adecuado para medir la productividad industrial se basa en la relación producto obtenido/número de unidades de trabajo empleadas. Claro es que este método «incorpora tanto el crecimiento de la productividad originada por una mayor efectividad en la utilización del factor humano, como el proveniente de un mayor empleo de factor capital como resultado de las inversiones realizadas para mejorar el proceso productivo y del progreso técnico» [36].

Por tanto, puede decirse que la cuantificación del incremento de la productividad se encuentra condicionada a la disponibilidad de una información estadística suficiente. En lo referente a la producción, serán precisos datos sobre la renta bruta originada por los sectores económicos, o bien las cifras de las producciones físicas. En cuanto a los factores, será necesario disponer de información sobre personas ocupadas o, mejor aún, horas-hombre trabajadas, capital invertido, etc.

Cuando la información estadística a que hemos aludido se presenta de manera muy fraccionaria, con grandes lagunas y con amplias dudas sobre su fiabilidad, entonces puede intentarse la medición de la productividad a nivel macroeconómico con una relación más simple: por un lado, el empleo, y por el otro, los datos desglosados del valor añadido bruto, tal como se preparan normalmente para la Contabilidad Nacional. Sin embargo, con este método de utilización de estimaciones macro, no se resuelve la cuestión de fondo. Tan sólo se transfiere el problema de la escasez y poca fiabilidad de los datos de base a la información macroeconómica. Por todo ello, los estudios de productividad industrial sólo alcanzan verdadero interés cuando se elaboran para sectores muy concretos, con datos primarios que ofrezcan garantías, y cuando por tanto existen

[36] Julio Alcaide Inchausti, «La Productividad en España», en *Boletín de Estudios Económicos*, vol. XXI, núm. 67, pág. 7.

amplias posibilidades de realizar correctamente comparaciones internacionales significativas. Casos típicos en este sentido son las productividades por obrero en las minas de carbón, en las fábricas de cemento, en la industria del automóvil, etc.

5. El sector exterior

Como hemos visto a lo largo de los distintos elementos integrantes de la Contabilidad Social (Producto Nacional, Cuentas Nacionales, Input-Output, etc.), el conocimiento del sector exterior, concebido como *resto del mundo,* es básico para una visión real. Desde luego, las economías nacionales se encuentran muy alejadas del supuesto de economía cerrada, que tan frecuentemente se emplea como hipótesis de trabajo en la elaboración de la teoría económica destinada a poner de relieve las relaciones internas de la estructura económica.

Las transacciones de la economía nacional como un todo (Empresas, Economías domésticas, Estado, y Formación Bruta de Capital) con el exterior se estudian específicamente por medio de la balanza de pagos. Por una parte, las relaciones sectorizadas entre el exterior y la economía nacional están claramente definidas a través de las Cuentas Nacionales. Por tanto, sólo nos ocuparemos del estudio de algunos conceptos básicos institucionales y de varios *ratios* estructurales que pueden ser de utilidad en el análisis del sector exterior: régimen de comercio y de cambios, arancel de importación, propensiones a importar, relación real de intercambio, y nivel de las reservas monetarias internacionales [38].

5.1. *Régimen de comercio*

Al analizar el sector exterior de un país determinado debemos preguntarnos ante todo cuál es su marco institucional, que viene

---

[37] Para un moderno concepto de productividad, en el que se incluye el liderazgo carismático, Thomas J. Peters y Robert H. W. Watermans Jr., «En busca de la excelencia», versión española, Plaza y Janés, Barcelona, 1983.

[38] Para una visión analítica del tema, puede verse Paloma Sánchez Muñoz, «El sector exterior de la economía español», 2 vols., ICEX, Madrid, 1988 (con un prólogo de R. Tamames).

dado por tres elementos: régimen de comercio, régimen de cambios y nivel de protección de arancel de aduanas.

Estos tres elementos deciden en buena medida la significación de los *ratios* estructurales que examinamos más adelante, pues, por ejemplo, ¿qué valor puede atribuirse a una propensión media a importar muy baja en un país con aranceles elevados, con toda su importación contingentada y con un severo control de cambios o con cambios múltiples que «castigan» la importación? ¿Cuál sería el valor de esos mismos *ratios* en el supuesto de un arancel razonable y de un régimen de comercio liberalizado? Está claro, pues, que antes de aplicar mediciones estructurales es necesario tomar en cuenta los aspectos institucionales que puedan influir en ellos decisivamente.

Para describir y cuantificar la situación en cuanto al régimen de comercio, puede ser adoptada la clasificación de la OCDE. El significado de sus clases es tan expresivo, que no resultan precisas explicaciones adicionales (si bien es cierto que en las áreas de integración, esta tipología se ha visto sustancialmente modificada, al transformarse una gran proporción del comercio antes nacional en interregional):

I. Comercio de Estado.
II. Comercio Privado:
   a) Liberalizado.
   b) Globalizado.
   c) Bilateral.
   d) Especial.

Normalmente, para conocer la conformación institucional de las importaciones se averigua su distribución (en porcentaje sobre el total) entre las cinco categorías señaladas. Claro que de esta forma puede suceder que si las restricciones que comportan las categorías I y II, b), c) y d) son muy fuertes, resultaría que apenas se realizarían importaciones de las mercancías afectadas, con lo cual la inmensa mayor parte de las importaciones aparecerían como realizadas en régimen liberalizado; lo cual no dejaría de ser una paradoja en el contexto de nuestros propósitos de esclarecimiento. Por ello, puede seguirse otro método de medición: calcular el número de posiciones que, dentro del total de las que incluye la nomenclatura del arancel de importación, se hallan en cada régimen de comercio. Con ambas mediciones puede tenerse una idea muy aproximada de las restricciones cuantitativas existentes y de su incidencia.

5.2. *Tipo de cambio*

Respecto al régimen de cambios, se trata de averiguar, en el supuesto de la existencia de cambios múltiples, cómo influyen éstos en el volumen de importación y exportación. A veces incluso puede hacerse necesario el cálculo del tipo de cambio medio ponderado para la importación y la exportación. Esto puede resolverse aplicando la fórmula:

$$T = \frac{\sum_{i=1}^{n} r_i V_j}{\sum_{i=1}^{n} V_j}$$

donde

T = tipo de cambio ponderado (en unidades de moneda nacional por dólar).
r_i = tipos de cambio para cada grupo de mercancías del sistema de cambios múltiples (en unidades de moneda nacional por dólar).
V_j = valores de importación (en moneda nacional) correspondientes a los diferentes grupos de mercancías del sistema de cambios múltiples (a lo largo del último año, trimestre o mes, según la variabilidad de los cambios y el deseo de un mayor rigor).

Este fue, en definitiva, el sistema que, por ejemplo, se siguió en España en 1959, cuando, con ocasión de prepararse el Plan de Estabilización, hubo que calcular el tipo de cambio realmente practicado, tanto para importaciones como para exportaciones, ya que por entonces estaba completamente velado por la aplicación de «retornos» y de primas, respectivamente [39].

---

[39] Este cálculo referido a España me fue encomendado a mí personalmente en

5.3. *Arancel de importación*

El arancel de aduanas a la importación, con su tarifa de tipos impositivos variables según las distintas posiciones de su nomenclatura, es elemento decisivo del marco institucional de la economía, y ello por su papel restrictivo en las importaciones para proteger la producción interior.

Son tres los métodos básicos que pueden seguirse para averiguar cuál es la protección media arancelaria: calculando la media aritmética de todas las posiciones del arancel; sistema de la media ponderada; cálculo de la protección sobre la base de la recaudación aduanera real.

Seguidamente examinaremos de manera sucinta cada uno de estos tres métodos [40].

5.3.1. Método de la media aritmética

Para aplicarlo se hace uso de la fórmula:

$$M_a = \frac{\sum_{i=1}^{n} X_i}{N}$$

donde

M_a = Media aritmética.
X_i = Gravámenes *ad valorem* de las i posiciones arancelarias.
N = Número total de posiciones en que está desglosada la nomenclatura del arancel.
n = Número de posiciones arancelarias.

1959, estando destinado en la Secretaría General Técnica del Ministerio de Comercio. Puede verse una referencia de los resultados concretos de esa investigación en el editorial del número de *Información Comercial Española* correspondiente a agosto de 1959.

[40] League of Nations, international Economic Conference (Ginebra, mayo, 1927), «Tariff Level Indixes», Ginebra, 1927. También, W. S. y E. S. Woytinsky, «World Commerece and Governments. Trends and Outlook» The Twentieh Century Fund, Nueva York, 1955, pág, 274; Raymond Bertrand, «Comparaison du niveau des tarifs douaniers des Pays du marché Commun», en *Cahiers de l'Institut de Science Economique Apliquée*, Serie R, núm. 2, 1958. Para un refinamiento ulterior de estos métodos debe recurrirse a los numerosos trabajos de Bela Balassa, verdadero especialista en la materia.

A pesar de ser por su simplicidad el método de más fácil aplicación (y por ello el más utilizado), la media aritmética tiene el inconveniente de que en virtud del mayor o menor desglose de las nomenclaturas de los aranceles comparados (ya sea internacionalmente o para un mismo arancel en dos momentos cronológicamente distantes), puede suceder que el arancel más desglosado resulta aparentemente el menos proteccionista, cuando el mayor desglose corresponde a las secciones más protegidas. Por esta razón, también se toma como medida del grado de proteccionismo el método de la media ponderada, que pasamos a describir.

5.3.2. Método de la media ponderada

Puede formularse como sigue:

$$M_p = \frac{\sum_{j=1}^{n} X_i q_j}{\sum_{j=1} q_j}$$

donde

M_p = Media ponderada.
X_i = Tipos impositivos de los derechos de importación (en % *ad valorem*).
q_j = Valor de las importaciones realizadas a través de las distintas posiciones arancelarias en el año considerado.
n = Número de posiciones arancelarias.

La principal ventaja del método de la media ponderada consiste en que toma plenamente en cuenta la estructura o composición de las importaciones. En otras palabras, se da más peso a los gravámenes que se aplican a los valores de comercio más importantes; por el contrario, se ve muy disminuida la incidencia de los gravámenes que se aplican a valores reducidos, y se anula cuando tales valores se hacen cero. Aquí radica precisamente el máximo inconveniente del método; cuando se aplica a países con derechos muy elevados que resultan prácticamente prohibitivos, puede suceder que en las posiciones con derechos, por ejemplo, del 100 %, las importaciones sean nulas y por consiguiente, se infravalora el cáracter obstructivo del arancel. Esta es la razón de que el método sólo sea realmente indicativo cuando los derechos arancelarios no presentan «crestas» importantes que supongan barreras de obstrucción total de importaciones potencialmente importantes.

5.3.3. Método de la recaudación aduanera efectiva

Si hubiéramos de clasificar éste y los dos métodos anteriores por su grado de realismo, nos atreveríamos a afirmar que el de la media aritmética es el más abstracto, que el de la media ponderada tiene en cuenta la estructura de la importación, y que el de la recaudación aduanera efectiva toma en consideración la forma en que efectivamente se aplica el arancel de aduanas en la práctica. Los gravámenes que figuran en la tarifa de cualquier arancel, por lo general no se aplican a todas las importaciones. Normalmente, existen una serie de excepciones, fijadas por disposición legal, que se benefician de reducción, exención o exoneración de los impuestos arancelarios legalmente exigibles. Naturalmente, si esas excepciones son muy numerosas, puede resultar que un arancel teóricamente muy gravoso en las mediciones hechas a través de los métodos de las medias aritmética y ponderada, resulte en la realidad de un proteccionismo mucho menor, precisamente por las exenciones o exoneraciones dispensadas a determinadas importaciones [41].

En cualquier comparación internacional de incidencia arancelaria se hace, por tanto, indispensable tomar en cuenta el extremo señalado. Para ello puede aplicarse la fórmula siguiente:

$$P = \frac{I}{Q} 100,$$

[41] F. Lutz, «Methoden des internationalen Vergleich», en *Magazin der Wirtschaf*, núm. 31, 1928, citado por H. C. Binswanger en «La protection douanière dans les pays de la Communauté Economique Européenne et en Suisse», 1960 (Serie R, núm. 4), pág. 17.

donde

P = Protección.
I = Suma total de impuestos de importación recaudada en el país en el año de referencia.
Q = Valor de las importaciones en el año de referencia.

Así pues, P traduce, en términos de %, la protección dispensada realmente por un arancel según la forma de su aplicación [42].

6. Renta Nacional y comercio exterior

Las relaciones entre Renta Nacional y comercio exterior ponen de relieve la importancia del sector exterior para cualquier economía nacional en concreto. O si se quiere expresarlo de otra forma, nos desvelan el engarce real de un país en la economía internacional.

6.1. *Coeficiente de comercio exterior*

La primera de esas relaciones, tal vez la más significativa, es la que podemos llamar coeficiente de comercio exterior que representa la suma del valor de importaciones y exportaciones respecto a la Renta Nacional:

$$C_a = \frac{M + X}{Y} 100,$$

donde

C_a = Coeficiente de comercio exterior.
M= Importaciones.
X= Exportaciones.
Y= Renta Nacional.

[42] Este y los métodos de la media aritmética y ponderada, los apliqué en mi trabajo «Aspectos económicos de la vinculación de Panamá al Mercado Común Centroamericano», Ministerio de Relaciones Exteriores, Panamá, junio, 1966, páginas 24 a 26 de la edición multicopiada. El análisis de los resultados obtenidos por medio de los tres métodos se hace en las págs. 27 y sigs.

Ese coeficiente presenta una importancia muy distinta según los países, pudiendo ir de un 90 % en Holanda (un país en la encrucijada del más denso tráfico mundial), hasta sólo un 8 % en el caso de EE. UU., que a pesar de ser el primer exportador e importador en términos absolutos tiene una tasa de autoabastecimiento muy elevada por las posibilidades que ofrece su gigantesco mercado en cuanto a diversificación de la producción.

6.2. *Propensión a importar*

La relación entre importaciones y Renta Nacional puede medirse a través de la «propensión media a importar», que es simplemente la relación (en %) entre el valor de las importaciones y la Renta Nacional:

$$\text{PMI} = \frac{\text{M}}{\text{Y}} 100,$$

cuyo valor descriptivo es análogo al del coeficiente de comercio exterior, si bien limitado a las importaciones.

Más interesante por su valor dinámico es la «propensión marginal a importar», que nos expresa cómo varía la importación al variar la Renta Nacional:

$$\text{P Marg I} = \frac{\Delta \text{M}}{\Delta \text{Y}}$$

6.3. *Elasticidad de importación*

Finalmente, puede determinarse igualmente la «elasticidad de importación con respecto a la Renta»: que expresa la variación porcentual de las importaciones, asociadas a un determinado porcentaje de variación de la Renta Nacional [43]. Formulada en términos algebrai-

[43] Charles P. Kindleberger, «Economía Internacional», versión española, Aguilar, Madrid, 1965, págs. 180 y sigs.

cos, la elasticidad con respecto a la Renta viene dada por el cociente de la propensión marginal a importar por la propensión media:

$$E = \frac{P\,M\,I}{P\,Marg\,I} = \frac{\frac{M}{Y}}{\frac{\Delta M}{\Delta Y}}$$

6.4. *Coeficiente de cobertura*

Se trata en este caso de determinar la capacidad de importar sobre la base de las importaciones realizadas. Se mide, pues, en valores monetarios para un mismo año:

$$C.\ de\ C. = \frac{\text{Valor exportaciones}}{\text{Valor importaciones}} \times 100$$

7. **Precios y comercio exterior: la relación real de intercambio**

La relación real de intercambio establece la comparación entre los precios que un país percibe por sus exportaciones y los que debe pagar por sus importaciones. Este concepto, introducido en la literatura económica por Alfred Marshall, sirve asimismo para medir la relación entre dos sectores distintos de la economía nacional; por ejemplo, entre los precios percibidos por los agricultures y los que estos pagan por sus compras de productos de la industria.

La relación real de intercambio puede medirse de diferentes maneras. La más sencilla y expresiva es la «relación real de intercambio neta», que supone la comparación entre los precios de importación y exportación de un período determinado con los de un período anterior.

Puede formularse así:

$$RRI_n = \frac{\frac{Px_1}{Pm_1}}{\frac{Px_o}{Pm_o}}$$

donde

RRI_n = Relación real de intercambio neto.
Px_1 = Precio medio de las exportaciones en el momento 1.
Px_o = Idem en el momento *o*.
Pm_1 = Precio medio de las importaciones en el momento 1.
Pm_o = Idem en el momento *o*.

El mayor interés de la RRI consiste en obtener series largas de la misma por ver cómo evoluciona con el tiempo. En general, se ha comprobado estadísticamente que la RRI tiende a empeorar en los países exportadores de alimentos y primeras materias [44].

Por contraposición con la relación real de intercambio neta, W. Taussig ideó la RRI bruta, en donde en vez de emplearse índices de precios se hace uso de los índices de cantidades, a fin de seguir la relación real y al propio tiempo intentar apreciar la marcha de la balanza de pagos, aspecto este último del cual se hace abstracción en la relación neta. La relación bruta —cuyas imperfecciones por demás son obvias— se formula como sigue:

$$RRI_B = \frac{\dfrac{Qx_1}{Qm_1}}{\dfrac{Qx_o}{Qm_o}}$$

donde los símbolos tienen análogo significado que en la anterior, con la salvedad natural de que Q significa cantidad (Tm.).

8. El nivel de las reservas monetarias internacionales

Las reservas monetarias internacionales o reservas de oro y divisas convertibles ya no tienen como finalidad, tal como sucedía en la época del Patrón Oro, el garantizar la convertibilidad en oro de la

[44] Es interesante en este sentido comparar la serie de la RRI, investigada por el profesor Torres en 1945, para 1920 y 1935 («Una nota sobre los *terms of trade* del comercio exterior de España», en *Anales de Economía*, vol. V, enero-marzo de 1945, núm. 17, págs. 79 y sigs.), con la averiguada por mí para el período 1950-1959 («Estructura Económica de España», 1.ª edición, ob. cit., pág. 513).

valuta. En general, la finalidad de las reservas consiste hoy en permitir el financiamiento de los déficit a corto plazo en las transacciones externas del país [45]. Las reservas internacionales tienen, por consiguiente, una importante finalidad, y de ahí la necesidad de mantener para ellas un nivel razonable que asegure la ausencia de problemas de liquidez internacional, y que al propio tiempo no signifique un atesoramiento o la tenencia de un volumen excesivo de recursos inactivos. Esa necesidad exige un medidor uniforme, que permita las comparaciones internacionales, que en este caso pueden constituir el criterio básico para estimar el volumen óptimo de las reservas.

El medidor más generalizado, por ser el adoptado por el Fondo Monetario Internacional [46], es el coeficiente que relaciona las reservas brutas con las importaciones anuales:

$$N_R = \frac{R_B}{M} 100,$$

donde

N_R = Nivel de reservas.
R_B = Reservas brutas, medidas en dólares de los EE. UU.
M = Volumen de importaciones anuales, cifradas en dólares de los EE. UU.

El coeficiente N_R nos proporciona una idea del tiempo que con las reservas existentes podrían cubrirse las importaciones «normales» en el supuesto de que desaparecieran los ingresos de la balanza de pagos; un mes, dos meses, seis meses, un año, para coeficientes del 8,3; 16,6; 49,8, y 100 % respectivamente.

9. Sector público (fiscalidad)

Como supo poner de relieve G. Myrdal, «La Hacienda, lo mismo que toda actividad estatal, constituye una parte del marco insti-

[45] Robert Triffin, «El oro y la crisis del dólar», versión española, FCE, México, 1962, págs. 50 y 51.

[46] Fondo Monetario Internacional, «Reservas y Liquidez Mundial», D. C., 1958. En este trabajo del FMI figura el cálculo del nivel de las reservas internacionales para once años y más de sesenta países.

tucional de la formación de los precios en el mercado, y, por tanto, una de sus condiciones esenciales. La actividad financiera influye en los costes de producción de todas las ramas de la economía nacional; los impuestos influyen en el abastecimiento del mercado de capital y en la dirección de la oferta de capital hacia las distintas clases de inversión. La Hacienda Pública decide de un modo completo la forma de todas las funciones de oferta y demanda, y con ello, toda la evolución de la vida económica, su dirección hacia distintas producciones, su progreso, el carácter del desarrollo de la coyuntura, etc. Todas estas funciones tomarían una forma distinta si a la Hacienda del Estado le diéramos otra dirección» [47]. De ahí, la importancia que en el análisis de la realidad económica reviste el estudio de la fiscalidad.

9.1. *Presión Fiscal*

Es la relación entre los ingresos fiscales y el Producto Nacional Bruto. En porcentaje, vendría dada por la fórmula:

$$F = \frac{\text{Ingresos Presupuestarios}}{\text{PNB}} \; 100$$

Aunque el concepto en sí es claro, su medición presenta el clásico problema de la adopción de convenciones, fundamentalmente respecto a dos extremos concretos:

— ¿En la presión fiscal debe incluirse sólo la realmente imputable al Estado (y que viene dada por la liquidación del presupuesto) o deben tenerse en cuenta asimismo los impuestos percibidos por las autoridades locales?

— Puesto que el PNB incluye ya los impuestos indirectos, ¿debe tomarse como denominador de la fracción el PNB, o tal vez mejor el PNN?

---

[47] Gunnar Myrdal, «Los efectos económicos de la Política Fiscal», versión española, Aguilar, Madrid, 1946, págs. 9 y sigs. Como cuestión previa al cálculo de los coeficientes que siguen sobre fiscalidad, podemos hacer referencia, aunque sea tan breve como ésta, a la medición del *tamaño del sector público*. Sobre este tema recomendamos el artículo del mismo título, de D. J. Beeton, en *Applied Economics*, 1987, núm. 19, págs. 927-936, traducido por el *Boletín Semanal de ICE*, núm. 2, pág. 117, 18 de enero de 1986, págs. 217 y sigs.

La presión fiscal sirve para llevar a cabo comparaciones internacionales e intertemporales que tengan por objeto medir el grado de intervención del sector público en la economía nacional. Esta es tanto mayor cuanto más fuerte sea de presión fiscal.

También es de interés el conocimiento de la presión fiscal en las distintas regiones económicas de un país, relacionando el monto total de los impuestos en cada una de ellas con su respectivo Producto Bruto Regional. Con ello es posible obtener una idea de la forma en que cada región contribuye al mantenimiento de las instituciones comunes del Estado.

Y no cabe duda de que el conocimiento de esa presión fiscal regional, es un método mucho más depurado para conocer el grado de justicia en el reparto de la carga tributaria, que no el simple dato del volumen bruto de cada una de las aportaciones. Y esto es absolutamente riguroso cuando en el contexto de la fiscalidad interregional se adopta el principio «de cada uno según sus posibilidades, a cada uno según sus necesidades».

9.2. *Esfuerzo fiscal*

En este caso, en vez de ingresos tributarios relacionados con el PIB para el conjunto de un país, lo que se toma es, a efectos de comparaciones internacionales el denominado *índice de Frank,* que sitúa en el numerador los pagos tributarios hechos por una colectividad y en el denominador su PIB per cápita.

9.3. *El reparto de la carga tributaria*

Es un concepto íntimamente ligado con el de presión fiscal, hasta el punto de que su diferenciación es puramente convencional. En este sentido, el reparto de la carga tributaria podemos configurarlo como la visión conjunta de la presión fiscal que soportan los distintos sectores de la actividad económica nacional: agricultura, industrias extractivas, manufacturas, construcción, servicios... Puede formularse la presión fiscal sectorial (P_{FS}), como sigue:

$$P_{FS} = \frac{\text{Impuestos pagados por el sector}}{\text{Producto Neto del sector}} \, 100$$

9.4. *Progresividad y regresividad del sistema fiscal*

Generalmente, se entiende que un sistema fiscal es regresivo si grava con mayor intensidad a los contribuyentes perceptores de rentas bajas que a los de rentas altas. Normalmente, esto se produce cuando el sistema está vencido del lado de la imposición indirecta, si bien no todos los impuestos indirectos tienen un carácter regresivo. Por ello, para conocer con rigor, por así decirlo, el grado de regresividad, no basta con exponer el porcentaje que en el total de los ingresos presupuestarios suponen los impuestos indirectos, destacando simultáneamente la baja participación de los impuestos directos y fundamentalmente del impuesto sobre la renta. Para atribuir a esos porcentajes su pleno significado, es preciso un análisis, caso por caso, de los diferentes impuestos y de su forma de exacción, para intentar ponderar su regresividad o progresividad. La operación es compleja, pero también esclarecedora, pues puede suceder que un impuesto que a primera vista es proporcional, como la Contribución Rústica, con elementos progresivos (mínimos exentos y cuotas variables con escala progresiva), se convierte en regresivo si el Catastro de Rústica está confeccionado de tal forma que infravalora la gran propiedad e hipervalora la pequeña y la mediana propiedad.

No obstante lo expuesto en las líneas anteriores, la forma más efectiva de medir globalmente la progresividad de un sistema fiscal es el examen comparativo de la distribución de la renta antes y después del pago de los impuestos. Gráficamente esto es perceptible mediante una representación por el método de las curvas de Lorenz. El sistema fiscal será tanto más progresivo cuanto más se acerque la línea de distribución a la recta de equidistribución [48].

El problema básico para el empleo de este método de cálculo global del efecto progresivo o regresivo es el de la insuficiencia estadística. Cuando se desconoce la «situación inicial», y cuando los propios efectos del sistema tributario están mal calculados, difícilmente puede apreciarse el efecto definitivo del sistema fiscal.

También es interesante destacar el hecho de que un sistema fiscal inicialmente considerado como progresivo, puede convertirse en regresivo en un lapso relativamente breve en el supuesto de que esté

---

[48] Para una exposición del método de las *curvas de Lorenz* y del *coeficiente de Gini,* puede verse mi «Diccionario de Economía», Alianza Editorial, primera reimpresión de la segunda edición, Madrid, 1988.

carente de flexibilidad. Este es otro aspecto interesante de la fiscalidad, igualmente susceptible de medición. De él pasamos a ocuparnos a continuación.

9.5. *La flexibilidad del sistema tributario*

En principio, se dice que un sistema fiscal es flexible cuando a un aumento de un X % en la Renta Nacional corresponde un aumento del X % en los ingresos tributarios. El sistema sólo puede ser flexible si todos y cada uno de los impuestos tienen suficiente elasticidad, es decir, si se da en ellos la posibilidad de aumentar la recaudación a medida que se desarrolla la base imponible.

Esto, como es lógico, solamente es posible cuando el conocimiento de la base imponible es fácil de seguir a través de las estadísticas de producción; o a través de los instrumentos de valoración, tales como el Catastro de Rústica, el Registro de Rentas y Patrimonios, la estadística de producción industrial desglosada por empresas, etc.

Si las bases se conocen día a día y se revisan periódicamente, el sistema será flexible; pero si las bases se petrifican por la imperfección de los sistemas administrativos, entonces el sistema se hace rígido y, en consecuencia, la recaudación crece a un ritmo mucho menor que la Renta Nacional o, en otras palabras, la presión fiscal efectiva, disminuye. Por tanto, la flexibilidad del sistema fiscal en su conjunto se mide a través de las variaciones en la presión fiscal en tanto que no se modifiquen los tipos de sus impuestos.

9.6. *La medida de la deuda pública*

La trascendencia de la deuda pública se mide normalmente de dos formas. En primer lugar a través de la relación entre deuda pública y Renta Nacional, calculándose la primera en términos de años de la segunda. Así, por ejemplo, si la Renta Nacional es igual a 100 y la deuda pública es igual a 120, se dice que la deuda pública es igual a 1,2 años de Renta Nacional.

Generalmente, el máximo de crecimiento de la deuda pública en términos de Renta Nacional se da como consecuencia de la financiación de guerras prolongadas y de gran intensidad. Esta fue precisamente la razón de que, por ejemplo, en 1945 la deuda pública de EE. UU. fuese 1,4 veces su Renta Nacional y de que en 1945 dicha relación en el Reino Unido resultara aún mayor: tres veces.

La trascendencia de la deuda pública también puede medirse a través de la relación entre la carga de sus intereses y la Renta Nacional. Así, para los dos ejemplos antes expuestos, este «ratio» fue del 2,7 y del 6 por 100, respectivamente.

Claro es, y éste es un factor también fácilmente cuantificable, que la carga de la deuda pública es cualitativamente muy distinta según que sea deuda interior o deuda exterior; por la sencilla razón de que la segunda, a diferencia de la primera, cuando sobrepasa un cierto nivel no sólo pone en peligro el cumplimiento por parte del Estado de una serie de obligaciones ordinarias, sino que además puede ocasionar graves problemas de balanza de pagos.

Este último es el factor decisivo en cuanto a la limitación de la deuda pública. Cuando ésta llega a ser tan grande que su servicio perturba peligrosamente la balanza de pagos, se puede afirmar que casi automáticamente le queda impuesto un límite, por la sencilla razón de que los países eventualmente nuevos acreedores, ante el temor de una posible suspensión de la convertibilidad —y consecuentemente de una suspensión de determinados pagos internacionales— difícilmente concederán o ampliarán sus facilidades a los países deudores que han llegado a tan difícil situación. Esta se puede decir que es, en términos internacionales, la situación que marca el verdadero tope del endeudamiento público con el exterior [49].

En términos interiores, el tope de endeudamiento viene dado en cierto modo por causas análogas, esto es, por la pérdida de confianza de los acreedores no forzosos (a diferencia de la situación de asistencia obligada en que se encuentran determinadas instituciones financieras, tales como las Cajas de Ahorro y las Compañías de Seguros). Cuando esta confianza se pierde, entonces la única forma de encajar la deuda pública en el mercado es a través de mecanismos (como lo es la deuda pública pignorable) claramente inflacionistas. La monetización de la deuda pública es, por tanto, un claro índice de que se ha superado el tope máximo de colocación de deuda en el interior. Entonces, más que ante un sistema de Hacienda extraor-

---

[49] Sobre el grave problema de la deuda externa de los países menos desarrollados a partir de 1982, puede verse el capítulo 6 de mi libro «Estructura Económica Internacional», Alianza Editorial, 13.ª edición Madrid 1989.

dinario nos encontramos ante el empleo de una forma de financiación del sector público, que puede denominarse «financiación del déficit fiscal mediante monetización de la deuda pública». Así lo que tal vez se planteó como una necesidad transitoria —coyuntural— se convierte en una situación estructural que puede persistir —como sucedió en España entre 1936 y 1959— en verdadera caracterización institucional del sector público, con las lógicas repercusiones en toda la estructura económica nacional.

Capítulo 15
INDICADORES DE COYUNTURA Y PREVISIONALES

1. Introducción

Indudablemente, en los últimos tiempos los medidores de la economía española han mejorado de forma notable, y no tanto por el perfeccionamiento del Instituto Nacional de Estadística como por la mayor preocupación, del Ministerio de Economía y Hacienda y del Banco de España por resolver sus necesidades de información con sus propios medios. Por ello, será interesante reseñar los principales instrumentos de análisis de ambas entidades.

Empezando por el Ministerio de Economía y Hacienda, examinaremos dos tipos de indicadores, los de carácter *ex-post*, y los *previsionales*.

Los *indicadores ex-post*, son los que se refieren a la coyuntura económica, al presente, o para ser más preciso (porque no hay estadísticas en tiempo real) al pasado más inmediato; en tanto que con los previsionales se trata de prever el futuro a corto y medio plazo *.

* Los indicadores que figuran a continuación, son los mismos que aparecían en la 10.ª edición de estos *Fundamentos* (1989). Subrayemos, pues, que las series de los cuadros y los gráficos llegan en general hasta 1988. Pero como el propósito de este capí-

Los indicadores y gráficos que vamos a examinar, se agrupan en las siguientes secciones:

I. *Balance de la Economía Española*
  1. Actividad y producción
  2. Mercado laboral
  3. Precios y costes
  4. Demanda interna
  5. Sector exterior
     5.1. Demanda externa
     5.2. Balanza de pagos, deuda exterior y tipo de cambio
  6. Sector monetario
  7. Sector público

II. *Perspectivas*
  1. Contexto internacional
  2. Objetivos y orientaciones de política económica
  3. Perspectivas macroeconómicas 1988/1989

Seguidamente, entramos en la reseña de los indicadores de cada una de las secciones mencionadas, que acompañamos de expresiones estadísticas (cuadros) y de diagramas (gráficos).

1.1. *Actividad y producción*

En esta sección, el indicador principal es la *evolución del producto interior bruto industrial (PBI) y del empleo en la industria* (*cuadro 1*). De la comparación de ambas magnitudes surge una tercera de gran importancia: la medida de la *productividad*. Puede comprobarse en la serie 1980/87 el extraordinario aumento de ésta última, que se debió, hasta 1985, a la caída del empleo industrial. Después, en 1986/87 al recuperarse la ocupación, los aumentos de productividad se hicieron menores. La expresión contable del *cuadro 1*, se complementa con el *gráfico 1*, que muestra la evolución de la producción y el empleo en la industria. Es apreciable la secuencia de la crisis, con caídas muy importantes en los años 80, 81, 82 y 83,

tulo es *metodológico, y no informativo,* la utilidad de lo que aquí se presenta sigue siendo la misma; por mucho que los comentarios se refieran a una fase del ciclo (1985-86 en general) que ya quedó atrás.

Cuadro 1
EVOLUCION DEL PIB INDUSTRIAL
Y EMPLEO EN LA INDUSTRIA

	1980	1981	1982	1983	1984	1985	1986	1987
PIB	0,3	−0,2	−1,2	1,6	1,1	2,1	5,0	4,5
Empleo industria	−3,6	−4,3	−5,5	−2,3	−2,5	−3,4	1,7	2,5
Productividad	4,1	4,2	4,5	4,0	3,7	5,7	3,3	2,0

Fuente: INE.

Gráfico 1
EVOLUCION DE LA PRODUCCION Y DEL EMPLEO EN LA INDUSTRIA

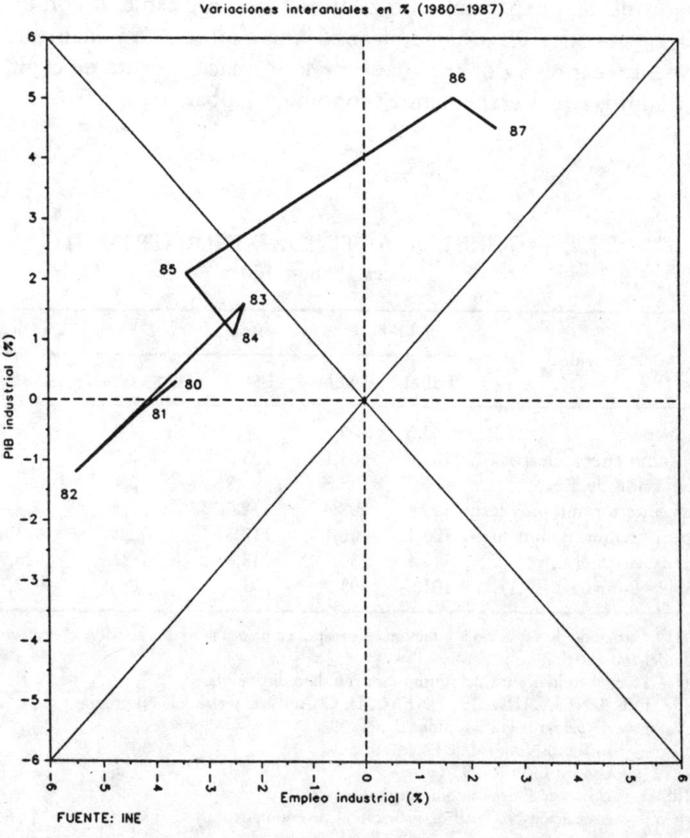

con una recuperación todavía no consolidada en el 84 y 85, y con una fase ya claramente expansiva durante 1986 y 1987.

Como detalles del medidor inicial de la evolución del PIB y del empleo en la industria, contamos con una serie de *indicadores básicos de actividad industrial* (*cuadro 2*): el índice de producción industrial general, y los índices referidos a las principales actividades del sector, por semestres (electricidad, acero, automóviles, exportación de manufacturas, importaciones no energéticas, y empleo industrial).

El *Cuadro 3* es expresivo de la variación anual, de cada año con respecto al anterior, en %, del *indice general de producción industrial* y de diversos subagregados del mismo, por ramas de actividad o por destino económico. De ellos interesa destacar el de producción de bienes de equipo, que tiene carácter premonitorio de la consolidación de una expansión. Lo cual es bien apreciable al comprobar que en los años 85 a 88 se alcanzó una evolución rápidamente ascendente, expresiva del progreso de la formación bruta de capital y, en definitiva, del crecimiento económico global.

Cuadro 2
INDICADORES DE ACTIVIDAD INDUSTRIAL (1)
Indices 1986 = 100

Conceptos	1987		1988	Δ en % - Tasa anual	
	I-SEM	II-SEM	I-SEM	IS-88/II S-87	IS-88/IS-87
IPI General	103,3	105,8	108,2	4,5	4,7
Consumo energ. eléctrica	101,4	105,1	105,0	−0,2	3,4
Producción de acero	96,7	95,8	95,8	−0,1	−1,1
Prod. interior automóviles	109,4	108,4	118,0(*)	27,3	8,6
Export. manuf., volumen	103,1	106,1	117,3	22,2	13,6
Import. no energ., vol.	118,1	136,3	148,8	19,2	25,9
Empleo industria (EPA)	101,6	103,3	103,7	0,7	2,1

(1) Corregido de variaciones estacionales excepto empleo y tasas de variación s/ el mismo período del año anterior.

(*) La cifra es indicativa del último mes con dato disponible.

Fuente: INE, UNESA, UNESID, ANFAC, D. G. Aduanas y elaboración propia.

Notas sobre fuentes (significado de las siglas):

INE = Instituto Nacional de Estadística.
UNESA = Unidad Eléctrica, S. A.
UNESID = Unión de Empresas Siderúrgicas.
ANFAC = Asociación Nacional de Fabricantes de Automóviles y Camiones.

Cuadro 3
EVOLUCION DE LA PRODUCCION INDUSTRIAL
1980-1988

Conceptos	Variación anual en %										
	1980	1981	1982	1983	1984	1985	80-85	1986	1987	86-87	88 *
Indice general	1,2	−1,0	−1,1	2,7	0,8	2,0	0,8	3,1	4,6	3,8	4,7
Evolución por ramas de actividad:											
Energía	7,3	3,1	4,0	3,5	1,7	4,1	3,9	0,7	0,2	0,4	−0,4
Extrac. y transf. de minerales no energét. y prod. deriv. indst. química	1,5	0,7	−3,2	1,3	3,3	0,2	0,6	−1,2	−3,9	−2,5	1,8
Industria transf. de los metales	3,3	−3,2	−4,1	2,7	−2,7	3,8	0,0	9,4	11,8	10,6	14,1
Otras indust. manufactureras	−1,6	−1,9	0,0	3,2	1,1	1,4	0,4	3,0	4,8	3,9	1,4
Evolución por destino económico de los bienes:											
Bienes de consumo	1,1	−3,4	0,0	6,3	0,1	1,1	0,9	3,3	5,6	4,4	4,5
Bienes de equipo	2,9	7,8	−7,9	−5,1	−2,9	7,3	0,3	10,6	16,1	13,3	17,5
Bienes intermedios	1,0	−1,0	−0,5	1,7	2,1	1,7	0,8	1,5	1,5	1,5	1,4

* Se refiere al período enero-junio 88.
NOTA: Evolución de la Producción Industrial, IPI: Clasificación por ramas de actividad (CNAE 74) y por destino económico de bienes.
Fuente: INE.

También dentro de los indicadores del PIB y del empleo industrial, ocupa un espacio primordial todo lo referente a la *industria de la construcción*, a la que se dedica el *Cuadro 4* con indicadores semestrales. Hay un aforismo económico francés, traducible a todas las economías, según el cual «cuando la construcción marcha, todo lo demás también va». Y a este respecto la medición más interesante para valorar lo que está sucediendo —en números índices— nos la da el consumo aparente de cemento, y de la concesión de licencias de edificación. Se incluye también como indicador el coste total de la construcción, que evoluciona de forma distinta al índice de licencias oficiales, debiendo tomarse éste último como *lead* (premonitorio), ya que expresa con cierta sensibilidad qué pasa en un momento concreto, en tanto que el *coste total de construcción* es el resultado de un plazo más largo. Contamos, además, con los indicadores de *viviendas iniciadas y terminadas*, siendo más premonitorio el primero que el segundo. Por último, figuran el *volumen de empleo*, conforme a la encuesta de población activa; y un *índice compuesto* que intenta sintetizar toda la evolución del sector.

Como complemento de la apreciación que se hace sobre la ya comentada evolución de actividad y producción, disponemos de los *indicadores de servicios* que se reflejan en el *Cuadro 5*, semestral,

Cuadro 4
INDICADORES DE ACTIVIDAD EN LA CONSTRUCCION (1)
Indices 1986 = 100

Conceptos	1987		1988	△ en % - Tasa anual	
	I-SEM	II-SEM	I-SEM	IS-88/II S-87	IS-88/IS-87
Consumo aparen. cemento	109,5	111,8	122,2	19,5	11,2
Licitaciones ofic. (pts. ctes.)	130,9	108,9	197,2	228,1	41,0
Coste total construcción	102,8	105,4	105,8(*)	0,0	3,4
Viviendas iniciadas	116,8	117,9	127,1(*)	25,6	8,4
Viviendas terminadas	104,0	103,8	133,6(*)	91,2	28,7
Empleo construcción (EPA)	107,6	114,0	120,9	12,4	7,0
Indice comp. construcción	106,9	112,7	114,4	3,2	12,4

(1) Corregido de variaciones estacionales excepto empleo y tasas de variación s/ el mismo período del año anterior.

(*) La cifra es indicativa del último mes con dato disponible.

IS = Primer semestre.

Cuadro 5
INDICADORES DE SERVICIOS (1)
Indices 1986 = 100

Conceptos	1987		1988	Δ en % - Tasa anual	
	I-SEM	II-SEM	I-SEM	IS-88/II S-87	IS-88/IS-87
Consumo gas-oil automoción	105,6	110,6	130,8	39,8	23,8
Viajeros-km (RENFE)	97,3	99,5	101,1	3,3	3,6
Toneladas-km (RENFE)	92,9	105,8	100,9	−9,1	8,5
Tráfico aéreo (2)................	108,9	121,3	122,0	1,2	11,1
Pasos telefón. registrados (3)	105,3	111,9	115,6	8,7	9,9
Entradas viajeros exterior...	106,0	108,1	115,3	13,8	6,7
Empleo servicios (EPA)	102,6	106,0	107,1	2,2	4,4

(1) Corregido de variaciones estacionales excepto empleo y tasas de variación s/ el mismo período del año anterior.
(2) Total viajeros.
(3) Indice de pasos registrados por línea facturable.
Fuente: INH, Ministerio de Transportes, Turismo y Comunicaciones, CTNE e INE.

como en el caso del 4. Estos indicadores nos dan una idea de qué pasa en el transporte, a través de las tendencias en el consumo de gasóleo de automoción —por la gran importancia que el transporte camionero tiene en España—, y por el tráfico ferroviario, mucho menos significativo pero no por ello desdeñable y que, lógicamente, tiene menos elasticidad en las fases de expansión que el consumo de gasóleo de automoción.

El tráfico aéreo, los pasos telefónicos registrados, las entradas de viajeros del exterior, y el empleo —medido a través de la encuesta de población activa— son los demás indicadores que contribuyen a darnos una idea de cómo evoluciona la actividad en el sector servicios, que ya representa, en casi todas las economías desarrolladas, más de un 50% del total del PIB.

1.2. *Mercado laboral*

En el caso de las mediciones laborales, nos encontramos con indicadores cuya representación gráfica por medio de diagramas nos proporciona una rápida idea visual de cómo evoluciona la coyuntura.

Empezamos por el *Cuadro 6*, con el *balance del mercado de trabajo*, que establece las cifras absolutas y los porcentajes de las variaciones medias anuales para las distintas categorías laborales de ocupados, asalariados, parados, y activos totales (ocupados más parados). Se incluye también la evolución del paro registrado.

Del *Cuadro 6*, se extraen apreciaciones de gran interés, como, por ejemplo, el hecho de que el crecimiento de la población activa es mucho más rápido entre las mujeres que entre los hombres —en una senda de igualación entre los dos sexos—, debido al creciente interés femenino por participar en actividades laborales que en otro tiempo les estuvieron vedadas.

Lógicamente, en la evolución de los ocupados, la agricultura presenta una constante reducción, como consecuencia de los procesos de mecanización y motorización; por lo cual más que un indicador coyuntural, su carácter es estructural.

Es interesante comparar, además, la evolución de los ocupados con la de los asalariados. En la fase de depresión, la caída del empleo comporta una disminución mayor de los asalariados. Mientras que con la recuperación (años 86 a 88), el ritmo de crecimiento de los asalariados resulta superior al del total de ocupados; en otras palabras, al mejorar la situación ya no es casi ineludible buscarse el propio trabajo como autopatrono, porque se encuentra más fácilmente la colocación asalariada en las empresas existentes.

Los gráficos 2, 3 y 4 resumen, para las principales categorías laborales, diagramáticamente, la evolución que ya teníamos contablemente en el *Cuadro 6*.

El *Cuadro 7* se refiere a la *evolución de los contratos registrados en el Instituto Nacional de Empleo (INEM)*. Como consecuencia de la crisis industrial 1975-1985, surgió una gran diversidad de formas de contratación, por lo cual se desglosa entre *contratos acogidos a medidas de fomento* y *los demás*. Puede comprobarse cómo la cifra de la primera categoría evolucionó rápidamente al alza; lo cual significa que la recuperación se hizo con fórmulas de contratación altamente vulnerables en caso de recesión (lo que sindicalmente se denomina *precarización del empleo*).

Entre los *contratos no acogidos a medidas de fomento*, ocupan un puesto destacado los contratos temporales introducidos a raíz de los Pactos de La Moncloa (1977) para incentivar la ocupación,

El resultado final de todo ello es que los contratos indefinidos ordinarios apenas supusieron en los años 85-88 un 2% del total de

(Variación en media anual)

Categorías laborales	1985		1986		1987		1988 (1)	
	Miles de personas	%	Miles de personas	%	Miles de personas	%	Miles de personas	%
Activos	105,7	0,8	231,3	1,7	336,6	2,4	307,7	2,2
—Varones	45,6	0,5	62,7	0,7	65,7	0,7	19,3	0,2
—Mujeres	60,1	1,4	168,6	3,9	270,9	6,0	288,4	6,1
Ocupados	−96,5	−0,9	241,3	2,2	341,0	3,1	360,8	3,2
—Agricultura	−40,6	−2,0	−191,4	−9,7	−55,4	−3,1	− 23,6	−1,4
—Industria	−93,2	−3,4	44,3	1,7	66,2	2,5	57,4	2,1
—Construcción	−40,2	−4,8	58,8	7,4	83,1	9,8	63,8	7,0
—Servicios	77,5	1,4	329,6	6,0	247,1	4,3	263,2	4,4
—Varones	−48,8	−0,6	128,8	1,7	174,8	2,2	146,9	1,8
—Mujeres	−47,7	−1,5	112,5	3,6	166,2	5,1	213,9	6,3
—Menores de 25 años	−67,4	−4,0	95,1	5,9	143,3	8,3	76,9	4,2
Asalariados	− 0,7	0,0	345,4	4,7	320,4	4,2	377,2	4,8
Parados	202,2	7,3	− 10,0	−0,3	− 4,4	−0,1	− 53,1	−1,8
—Varones	94,4	5,6	− 66,1	−3,7	−109,1	−6,3	−127,6	−7,7
—Mujeres	107,8	10,0	56,1	4,7	104,7	8,5	74,5	5,6
—Menores de 25 años	21,1	1,5	− 11,6	−0,8	− 4,6	−0,3	− 79,4	−5,5
PRO MEMORIA:								
Paro registrado	166,6	6,7	116,6	4,4	165,5	6,0	3,8	0,1

(1) Primer semestre sobre igual período del año anterior. En el caso del paro registrado en los ocho primeros meses.
Fuente: INE (EPA series homogeneizadas por la D. G. de Previsión y Coyuntura) e INEM.

Gráfico 2
EVOLUCION DE LAS MAGNITUDES LABORALES
(Millones de personas)

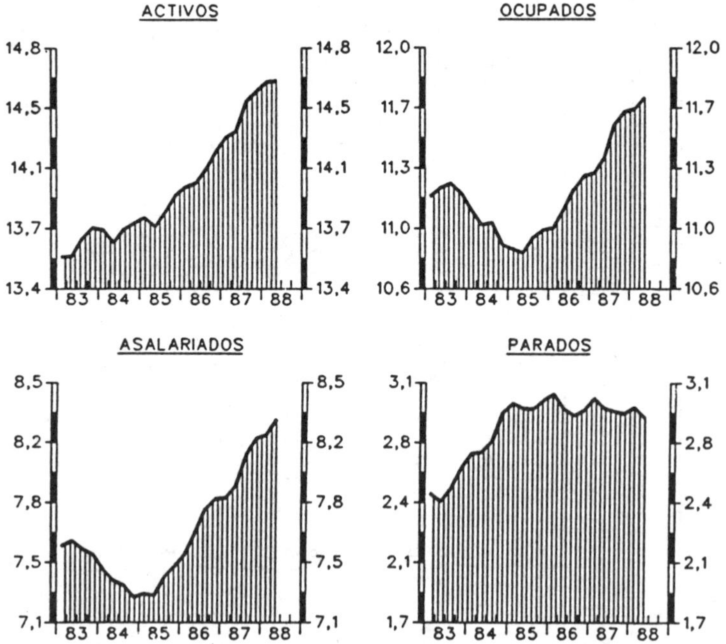

Fuente: INE-EPA

Gráfico 3
EVOLUCION DE LAS PRINCIPALES TASAS DE ACTIVIDAD

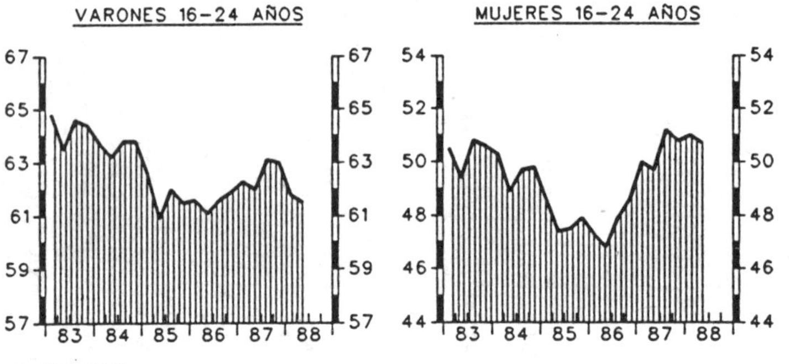

Fuente:INE-EPA

Gráfico 4
EVOLUCION DE ALGUNOS COLECTIVOS DE DESEMPLEADOS
(En % sobre el desempleo total)

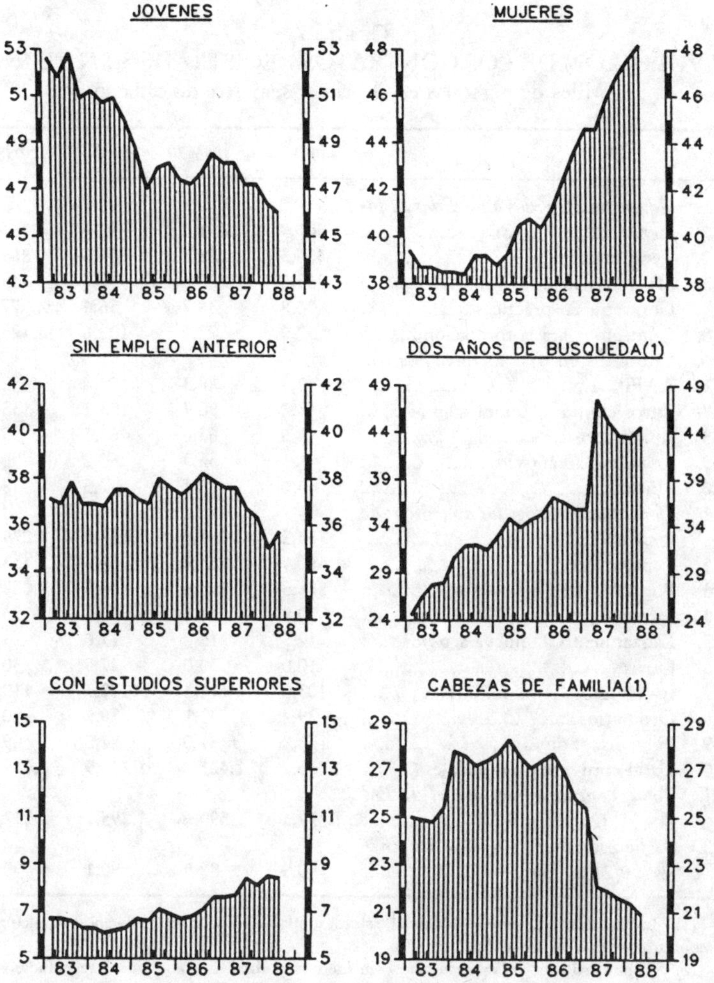

Fuente: INE-EPA.

(1) El cambio metodológico del 2-7-87 produce una ruptura en las series.

la contratación laboral. Situación que origina la crítica permanente por parte de los sindicatos, que estiman el empleo fijo como el único deseable a medio y largo plazo.

Cuadro 7
EVOLUCION DE LOS CONTRATOS REGISTRADOS EN EL INEM
(Miles de personas en el primer semestre de cada año)

		1985	1986	1987	1988
1.	***Contratos acogidos a medidas de fomento***	**407,9**	**631,7**	772,0	**964,5**
2.	**Temporales**	**404,3**	**568,1**	704,5	**865,5**
3.	Strictu sensu	225,8	275,4	339,4	433,4
4.	Contratos en prácticas	20,8	36,7	56,4	77,7
5.	Contratos para la formación	52,0	77,0	101,6	125,9
6.	Contratos en base a convenios con AAPP	42,5	88,3	102,0	92,6
7.	Otros contratos temporales (1)	63,2	90,7	105,1	135,9
8.	**Indefinidos**	3,6	63,6	67,5	99,0
9.	Jóvenes <25 años	—	56,5	60,2	90,7
10.	Otros	3,6	7,1	7,3	8,3
11.	***Contratos no acogidos a medidas de fomento***	**764,2**	**967,9**	**1.123,1**	**1.273,0**
12.	**Temporales**	**660,9**	**853,8**	**1.002,4**	**1.153,8**
13.	Por naturaleza del puesto de trabajo	588,5	753,8	894,5	1.028,5
14.	Interinos	49,9	54,0	63,1	73,5
15.	Lanzamiento de nueva actividad	12,5	16,0	17,0	21,2
16.	Otros	10,0	30,0	27,8	30,6
17.	**Indefinidos**	**103,3**	**114,1**	**120,7**	**119,2**
18.	Ordinarios	29,4	33,1	39,7	50,1
19.	Fijos discontinuos	73,9	81,0	81,0	69,1
20.	**Total contratos temporales (2+)**	**1.065,2**	**1.421,9**	**1.706,9**	**2.019,3**
21.	***Total contratos reg. en el INEM*** (1+11) (2)	**1.172,1**	**1.599,6**	**1.895,1**	**2.237,5**
22.	Participación de contratos temporales (20/21 en %)	90,9	88,9	90,1	90,2

(1) Incluye contratos a tiempo parcial, relevo, jubilación especial a los 64 años, empleo rural y contratos de colaboración social.

(2) El número total de contratos no coincide con el total de colocaciones registradas en el INEM debido a la inclusión en el cuadro de los contratos de colaboración social y a que en algunos casos los empresarios pueden contratar directamente (art. 16, Estatuto de los Trabajadores) y esos contratos pueden corresponder a personas que no figuren previamente como demandantes.

Fuente: INEM.

1.3. *Precios y costes*

En materia de coyuntura de precios y costes, el medidor fundamental es el *Indice de Precios de Consumo* (IPC), cuyos principales subíndices se expresan en el *Cuadro 8* como tasas de variación porcentual sobre el mismo período del año anterior.

Como puede apreciarse, se desglosan los dos grandes agregados de alimentación y no alimentación, por el peso todavía muy elevado que el primero tiene dentro del consumo español (un 38% en la media nacional). Y se diferencia, además, entre alimentación elaborada y sin elaborar; al igual que dentro del agregado de *no alimentación* se desglosa la energía. Esos dos índices específicos (alimentos sin elaborar y energía), al restarse al IPC total nos permiten medir el concepto de *inflación subyacente*, que viene a indicarnos cuál es la situación magmática o en profundidad, podríamos decir, en cuanto a previsión de impulsos inflacionistas en el conjunto de la economía, porque se refiere a todos los productos excepto los que tienen máxima incidencia exógena: agricultura (factores climáticos y meteorológicos) y energía (OPEP, etc.).

Gráfico 5
REPERCUSION RELATIVA DE LOS PRINCIPALES COMPONENTES DEL IPC (1)
(Contribución porcentual a su tasa de variación)

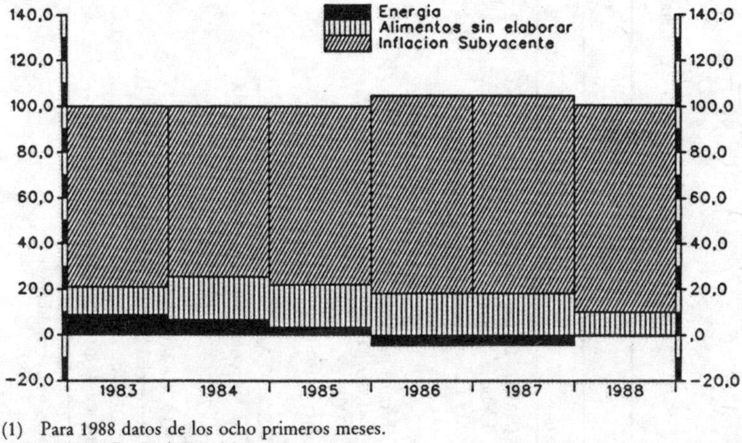

(1) Para 1988 datos de los ocho primeros meses.
Fuente: INE, D. G. de Previsión y Coyuntura.

Cuadro 8
PRECIOS DE CONSUMO
(Tasas de variación sobre el mismo período del año anterior)

	1987		1988							
	Ago.	Dic.	Ene.	Feb.	Mar.	Abr.	May.	Jun.	Jul.	Ago.
ALIMENTACION	3,2	2,7	2,1	2,2	2,3	1,1	1,6	2,1	3,0	2,5
Elaborada	4,2	2,6	2,2	2,4	2,4	2,7	2,6	2,8	2,9	2,5
Sin elaborar	2,2	2,9	2,0	2,0	2,0	−0,6	0,4	1,2	3,1	10,0
NO ALIMENTACION	5,2	5,6	5,7	5,4	5,7	5,3	5,2	5,4	5,4	5,4
Bienes industriales	4,5	4,9	4,7	4,8	4,8	4,4	3,7	3,8	3,6	3,6
—Energía	−3,7	1,8	1,4	1,3	1,3	1,4	−2,3	−2,1	−2,2	−2,1
—Otros	6,1	5,6	5,4	5,5	5,5	5,0	4,9	6,6	6,4	6,6
Servicios (a)	6,0	6,3	6,6	5,9	6,4	6,2	6,6	6,9	7,1	7,3
IPC TOTAL	4,6	4,6	4,5	4,3	4,5	3,9	3,9	4,3	4,6	5,6
IPC sin energía y sin alimentos sin elaborar	5,7	5,2	5,2	5,0	5,1	5,0	5,1	5,3	5,3	5,2
PRO MEMORIA:										
Diferencial de inflación con respecto a la OCDE	1,0	0,9	1,0	0,8	0,9	0,4	0,3	0,7	0,8	—
Indice de precios industriales	1,8	2,4	2,5	2,8	2,8	3,0	2,5	2,8	3,0	—

(a) Incluye alquileres.
Fuente: INE.

La evolución de los principales componentes del IPC, con la expresión de la inflación subyacente, puede seguirse en el *gráfico 5* (1983-1988).

Señalemos por último que en el *Cuadro 8* figura también la evolución del *diferencial de inflación* con respecto a la media de los países de la OCDE; pero no así el diferencial de inflación por comparación con los países de la Comunidad Europea, que últimamente se considera mucho más significativo, ya que más del 60% del intercambio comercial hispano se realiza con la CE.

Especialmente interesante es el *gráfico N.º 6* , en el que puede apreciarse la fuerte caída de los precios de la energía, junto con el aumento de los alimentos sin elaborar, y la correspondiente evolución de la inflación subyacente, que como ya indicamos antes es el reflejo de cómo se mantienen vivas las tensiones inflacionistas de fondo que permiten prever cómo puede evolucionar la tasa de inflación en general.

1.4. *Demanda interna*

La demanda interna se mide con cuatro indicadores básicos que aparecen en los cuadros 9 a 12.

El *Cuadro 9* contiene el desglose de los *indicadores de consumo privado*, comenzando con el Indice de Producción Industrial (IPI) de bienes de consumo, y continuando con los agregados menores (pero muy significativos) de las ventas en grandes almacenes, ventas internas de automóviles (se excluyen, pues, las exportaciones), consumo de gasolina, ganancia (G) media por trabajador, empleo total según la encuesta de población activa (EPA), y evolución de la encuesta permanente de consumo y del índice compuesto de consumo privado. Es fácil observar la evolución ascendente de todos estos indicadores en 1987 y 88, expresiva de la recuperación de la demanda interna como motor del crecimiento; a diferencia de lo que sucedió en los años 83 y 84, en que el factor expansivo fue la exportación.

El *Cuadro 10* expresa la evolución de la *inversión en bienes de equipo*, con seis indicadores específicos, comenzando con el más general del Indice de Producción Industrial (IPI) de bienes de equipo, y continuando con otros conceptos: importación de biepo, crédito al sector privado, ventas internas de vehículos pesados, matriculación de transporte agrícola, e índice compuesto de inversiones

Gráfico 6
DIFERENCIA ACUMULADA ENTRE DISTINTOS COMPONENTES DEL IPC Y EL IPC GENERAL
(Expresada en puntos porcentuales)

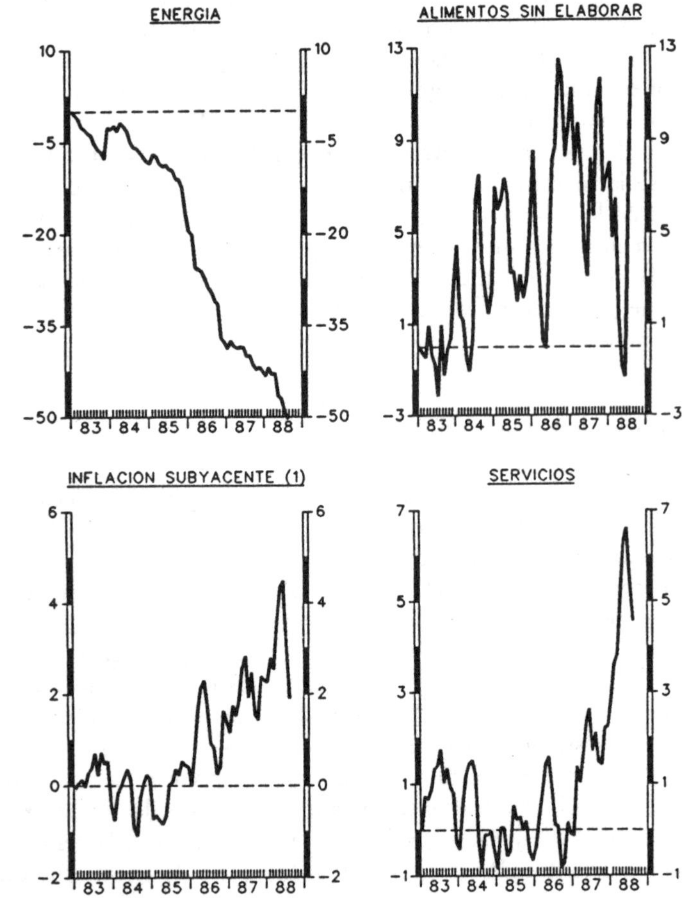

(1) IPC sin energía y sin alimentos sin elaborar.
Fuente: INE.

en equipo. Es apreciable el rápido crecimiento experimentado por las tasas anuales de los conceptos reseñados, signo indiscutible de la recuperación de los años 85-88.

Cuadro 9
INDICADORES DE CONSUMO PRIVADO (1)
Indices 1986 = 100

Conceptos	1987		1988	Δ en % - Tasa anual	
	I-SEM	II-SEM	I-SEM	IS-88/II S-87	IS-88/IS-87
IPI bienes de consumo	104,3	106,8	108,9	3,9	4,4
Ventas en grandes almac. (3)	107,4	110,9	116,1	9,5	8,1
Ventas inter. automóviles	129,8	137,2	154,4	26,6	18,9
Consumo de gasolina	105,6	108,2	114,1	11,2	8,1
G. media por trabajador (2)	105,3	110,6	114,1	6,4	8,4
Empleo total (EPA)	101,8	104,3	105,1	1,5	3,2
Encuest. perm. consumo (4)	96,3	103,6	101,0	—	4,9
Indic. comp. consumo priv.	105,6	107,7	110,6	5,5	4,8

(1) Corregido de variaciones estacionales excepto empleo y tasas de variación s/ el mismo período del año anterior.
(2) Pagos ordinarios en jornada completa.
(3) Serie deflactada por el IPC no alimentación.
(4) 1987 =. Datos originales en pesetas corrientes.
Fuente: INE, ANFAC, INH y elaboración propia.

Cuadro 10
INDICADORES DE INVERSION EN BIENES DE EQUIPO (1)
Indices 1986 = 100

Conceptos	1987		1988	Δ en % - Tasa anual	
	I-SEM	II-SEM	I-SEM	IS-88/II S-87	IS-88/IS-87
IPI bienes de equipo	112,2	122,1	131,9	16,6	17,5
Import. bienes equipo	129,3	149,8	172,5	32,5	33,8
Crédito sector privado (2)	104,1	108,2	113,0	9,0	8,5
Ventas inter. vehíc. pesados	135,6	141,9	139,2(5)*	12,2	3,0
Matric. trac. agrícolas	105,1	108,8	120,7(5)*	34,6	17,2
Ind. compuesto inv. equipo	117,9	129,0	147,9	31,3	25,4

(1) Corregido de variaciones estacionales y tasas de variación s/ el mismo período del año anterior.
(2) Serie deflactada por el IPC no alimentación.
(*) La cifra es indicativa del último mes con dato disponible.
Fuente: INE, D. G. de Aduanas, B. de España, ANFAC, Ministerio de Agricultura, Pesca y Alimentación y elaboración propia.

El *gráfico 7* expresa, diagramáticamente, la *evolución del consumo privado, la inversión en equipo y la construcción* entre 1980 y 88. Es fácil apreciar cómo la inversión en equipo se dispara a partir de 1984, siguiéndole más lentamente el consumo privado y la construcción.

Gráfico 7
INDICADORES COMPUESTOS DE DEMANDA
(Indice 1980 = 100)

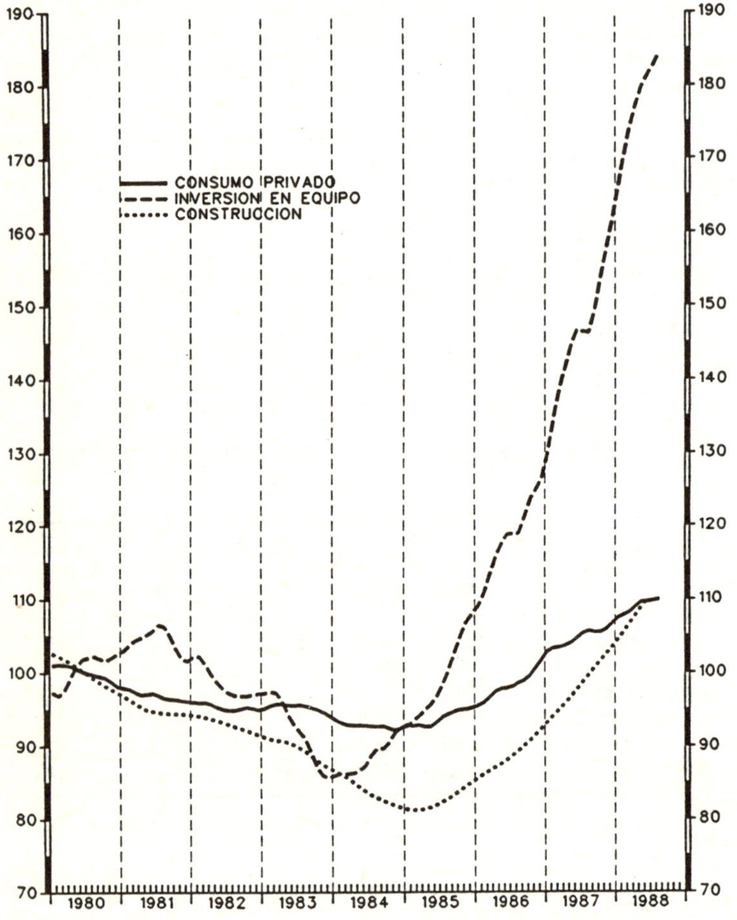

Fuente: Elaboración propia.

El *Cuadro 11* mide la importancia de la *inversión extranjera en empresas españolas* a través de la información que periódicamente facilita la revista *Información Comercial Española* (ICE), de la Secretaría de Estado de Comercio, del Ministerio de Economía y Hacienda, en cuya Dirección General de Transacciones Exteriores se elaboran las estadísticas de base. También en este caso es posible comprobar la rápida evolución al alza, que contribuyó de forma importante a la recuperación económica.

Por último, en el *Cuadro 12* figura la evolución del *crédito al sector privado*, desglosado en ocho subsectores, y tanto en cifras absolutas como en tasa de variación porcentual sobre el mismo período del año anterior. La serie es muy breve en cuanto a años, pero el desglose por trimestres es bien expresivo.

1.5. *Sector exterior*

Dentro de los circuitos de una contabilidad nacional, el conjunto de relaciones con el resto del mundo constituye lo que denominamos *sector exterior*; ya lo vimos en los capítulos 11 y 12. Para medir esas relaciones y apreciar su evolución coyuntural, vamos a referirnos seguidamente a los indicadores que aparecen en los cuadros 13 a 17, que se complementan con una serie de gráficos.

El *Cuadro 13* expresa la *evolución semestral del comercio exterior* con datos desestacionalizados para cada semestre, y con el desglose del saldo comercial total, energético y no energético. Fue precisamente la crisis energética que se originó en octubre de 1973, la que introdujo en todos los análisis de coyuntura una consideración específica del tema.

El *gráfico 8* refleja diagramáticamente la *evolución de importaciones y exportaciones* con información desestacionalizada. Es fácil comprobar la casi nivelación de ambas magnitudes —en sus ritmos de crecimiento— en los años 1983 a 85, y el distanciamiento que se produjo a partir del 86 con una rápida progresión de las importaciones y una tendencia de débil evolución de las exportaciones, fundamentalmente como consecuencia del desarme arancelario del Tratado de Adhesión de España a la Comunidad Europea, que inicialmente fue muy favorable a la penetración comercial de los otros once países de la CE en el mercado español.

Cuadro 11
EXPEDIENTES DE INVERSIONES EXTRANJERAS EN EMPRESAS ESPAÑOLAS
(Distribución de la inversión con base en la CNAE. Miles de millones de pesetas)

Sectores	1986	1987		Enero-junio 1988	
	Importe	Importe	% s/ per. anterior	Importe	% s/ per. anterior
0. Agricultura, ganadería, caza, silvicultura y pesca	6,9	10,7	54,0	6,3	− 7,2
1. Energía y agua	1,8	2,3	54,0	6,3	1.975,9
2. Extracción y transf. de minerales no energéticos. Productos derivados. Industria química	56,1	206,5	268,4	30,2	−66,2
3. Industrias transf. de los metales. Mecánica de precisión	119,9	82,2	−31,5	24,9	−24,6
4. Otras industrias manufactureras	70,3	93,8	33,5	71,0	302,2
5. Construcción	0,3	1,7	425,7	2,7	650,4
6. Comercio, restaurantes y hostelería, reparaciones	61,3	137,6	124,3	33,0	−42,6
7. Transportes y comunicaciones	2,5	4,7	86,5	6,3	413,8
8. Instituciones financieras, seguros y servicios a las empresas y alquileres	77,5	177,4	128,9	172,2	205,9
9. Otros servicios	4,3	10,5	144,3	6,7	166,7
Total	400,9	727,3	81,4	369,4	39,5

Fuente: ICE.

Cuadro 12

CREDITO AL SECTOR PRIVADO

(Financiación por actividades productivas)

Períodos	Total	Energía excepto electr. agua y gas	Electricidad agua y gas	Extrac. y trans. formac. miner. no energ.	Indust. química	Metalurg. trans-formac.	Construc. material transp. Reparaciones	Indust. produc. aliment. bebidas y tab.	Otras indust. manuf. Mecá. preci.	Otras
Miles de millones de pesetas										
1987	13.347,7	237,8	1.536,7	519,8	408,0	1.023,2	711,5	612,2	1.369,4	6.929,1
1987 I	11.957,8	245,0	1.458,3	501,4	399,3	957,8	816,1	583,2	1.256,7	5.740,0
II	12.301,8	241,0	1.514,8	516,9	393,4	979,3	771,3	566,2	1.260,6	6.058,4
III	12.693,2	240,6	1.486,8	529,0	409,0	987,5	737,9	571,4	1.314,6	6.416,5
IV	13.347,7	237,8	1.536,7	519,8	408,0	1.023,2	711,5	612,2	1.369,4	6.929,1
1988 I	13.417,2	216,5	1.547,2	501,3	398,5	973,1	621,5	605,2	1.381,8	7.172,1
Tasa de variación sobre el mismo período del año anterior										
1987	12,4	− 9,7	12,0	−2,6	− 2,8	1,4	−9,9	−0,4	10,6	22,9
1987 I	8,6	−23,2	23,1	−2,1	−14,5	−2,8	− 2,6	4,6	7,6	15,3
II	7,8	−15,3	10,3	−1,1	−13,8	−2,3	− 5,9	2,0	7,5	16,0
III	11,0	− 9,2	8,3	3,9	− 2,3	1,3	− 7,9	0,5	7,8	20,9
IV	12,4	− 9,7	12,0	−2,6	− 2,8	1,4	− 9,9	−0,4	10,6	22,9
1988 I	12,2	−11,6	6,1	0,0	− 0,2	1,6	−23,8	3,8	10,0	24,9

Nota: Otras incluye: producción agrícola ganadera, etc., construcción, comercio, transportes y comunicaciones, promoción inmobiliaria y resto.
Fuente: Banco de España.

Cuadro 13
EVOLUCION SEMESTRAL DEL COMERCIO EXTERIOR
(En términos de aduanas. Datos desestacionalizados)

Conceptos	1985	1986		1987		1988
	II	I	II	I	II	I
Miles de millones de pesetas (media mensual):						
Saldo comercial total	− 68,6	−71,2	−108,7	−133,5	−172,3	−171,8
Saldo comercial no energético	39,9	− 5,4	− 59,2	− 71,3	−113,6	−121,4
Saldo comercial energético	−108,5	−65,8	− 49,5	− 62,2	− 58,7	− 50,4
Tasa de variación en volumen (1):						
Export. no energéticas	6,8	−18,0	− 1,4	14,2	4,8	15,4
Import. no energéticas	10,3	19,2	42,5	17,7	33,2	19,1
Contribución al crecimiento del PIB (2):						
Export. no energéticas	0,9	− 2,5	− 0,2	1,6	0,6	1,8
Import. no energéticas	− 1,0	− 1,9	− 4,3	− 2,2	− 4,2	− 2,7
Total comercio no energético	− 0,1	− 4,4	− 4,5	− 0,6	− 3,6	− 0,9

(1) Variación intersemestral, elevada a tasa anual.
(2) Contribución al crecimiento intersemestral del PIB, elevado a tasa anual.

Gráfico 8
EVOLUCION DEL COMERCIO EXTERIOR
(Datos desestacionalizados en volumen)

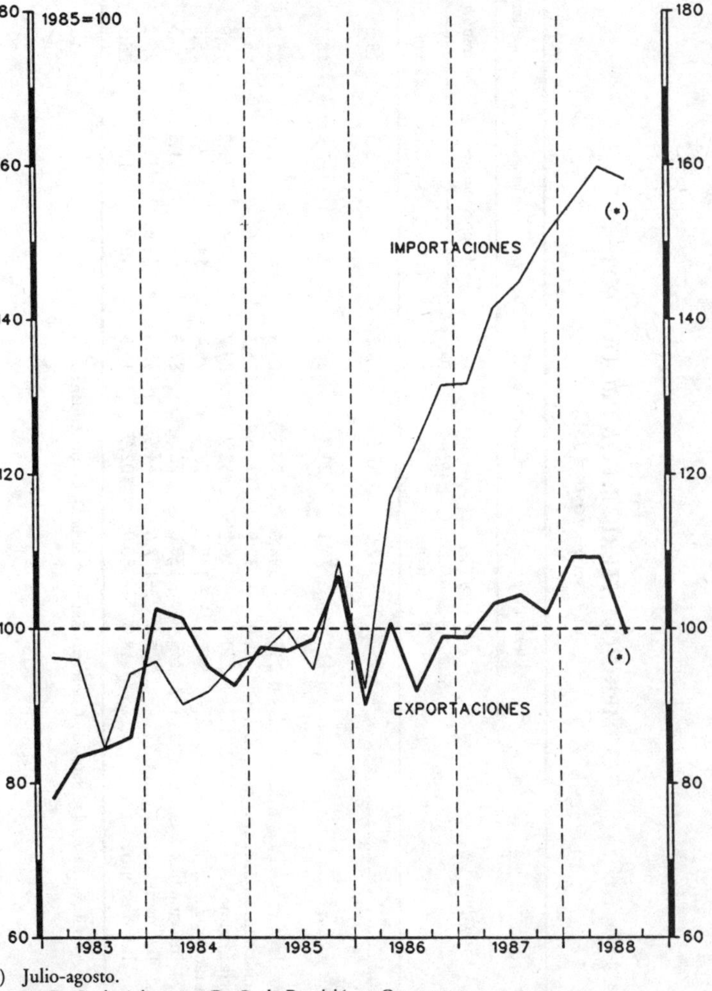

(*) Julio-agosto.
Fuente: D. G. de Aduanas y D. G. de Previsión y Coyuntura.

El *Cuadro 14* se refiere al *comercio exterior por productos*, diferenciándose otra vez la categoría energética de la no energética, y con un desglose adicional que permite apreciar la variación en %

Cuadro 14
COMERCIO EXTERIOR POR PRODUCTOS
(Enero-agosto 1988)

Conceptos	Miles mill. ptas.		Cobertura %		% variación sobre año anterior			
					Exportaciones		Importaciones	
	Saldo	Variac. s/año anterior	1988	1987	Valor	Volumen	Valor	Volumen
0. TOTAL	−1.454,2	−312,0	67,1	70,2	10,5	5,3	15,5	14,0
1. ENERGIA	− 419,0	− 76,1	23,7	26,3	−26,4	−7,5	−18,3	−3,8
2. NO ENERGIA	−1.035,2	−388,0	73,3	79,5	13,1	7,1	22,7	22,0
2.1. Alimentos	56,9	− 32,9	112,8	123,3	5,6	−6,8	15,4	29,2
2.2. Materias primas	− 250,1	− 16,0	32,2	29,7	20,4	21,2	10,9	−0,6
2.3. Manufacturas	− 842,1	−339,2	72,5	79,4	14,6	9,9	25,5	24,9
2.3.1. Intermedios	− 235,4	−130,6	76,7	87,3	7,7	−1,5	22,5	18,5
2.3.2. B. equipo	− 624,6	−127,6	44,6	43,5	31,6	32,1	28,2	30,4
2.3.3. B. consumo	18,0	− 80,9	102,0	113,5	12,8	10,8	25,5	26,0

Fuente: Elaboración propia en base a los datos de Comercio Exterior de la D. G. de Aduanas.

sobre el mismo período del año anterior; y la cobertura de las importaciones por las exportaciones (en %). El *coeficiente de cobertura* es un primer indicador de la capacidad de importar, que no puede considerarse de forma aislada, sino teniendo en cuenta que además de por exportación, se generan medios de pago frente al exterior a través del turismo y de otras partidas de la balanza de pagos.

El *Cuadro 15* refleja el *comercio exterior por áreas geográficas*, distinguiéndose entre la Comunidad Europea, los países desarrollados de la Organización de Cooperación y Desarrollo Económico (OCDE) —los 23 países más ricos de economía de mercado— y cuatro categorías distintas de países en vías de desarrollo (PVD): los miembros de la Organización de Países Exportadores de Petróleo (OPEP), por razones obvias de preocupación por las cuestiones energéticas; los países latinoamericanos, por razones no menos obvias de entronque cultural común; los nuevos países industrializados (NPIs), por su creciente interés en el comercio mundial; y el resto de los PVD, por seguir de alguna manera el comercio con el Tercer Mundo en sentido más estricto. Otros dos agregados son la URSS y los países del Este de Europa, incluidos en el COMECON (más estrictamente denominado Consejo de Asistencia Mutua Económica, CAME), y el resto del mundo.

En el *Cuadro 15* se aprecia, por áreas geográficas, tanto el coeficiente de cobertura como la variación porcentual sobre el año anterior del saldo comercial; dos indicadores interesantes para saber cómo evolucionan las transacciones con las distintas áreas geográficas.

La *variación del saldo comercial* produce gran inquietud en los análisis económicos de coyuntura; en cierto modo porque supone un indicador de alerta sobre la evolución de la competitividad de los productos nacionales. Por ello mismo, la evolución del saldo es objeto de análisis desglosado y por separado en el *Cuadro 16*, en el que se van examinando paso a paso la variación de las exportaciones e importaciones con una estimación de la imputación que a los precios debe hacerse en cuanto a su incidencia en la marcha de exportaciones e importaciones.

El *Cuadro 17* es una síntesis de la *balanza de pagos* anual con ingresos, pagos, y saldo para las distintas subbalanzas: comercial (con el desglose de servicios y rentas y de transferencias), balanza corriente, balanza de capital a largo plazo, y balanza básica.

El *Cuadro 17* sobre la balanza de pagos, se complementa con el

Cuadro 15
COMERCIO EXTERIOR POR AREAS GEOGRAFICAS
(Enero-agosto 1988)

Conceptos	Miles mill. ptas.		Cobertura %		% variación sobre año anterior	
	Saldo	Variac. s/año anterior	1988	1987	Export.	Import.
0. TOTAL (1+2=3+4+5+6)	−1.454,2	−312,0	67,1	70,2	10,5	15,5
1. CEE	− 558,3	−157,5	77,7	80,8	15,3	19,9
2. NO CEE	− 895,9	−154,5	53,2	57,3	2,4	10,3
3. PAISES DESARROLLADOS (OCDE)	− 997,5	−298,4	70,6	75,1	13,3	20,6
—EE.UU	− 155,0	− 69,4	59,1	72,4	− 0,4	22,0
—Japón	− 180,4	− 49,4	16,3	18,9	15,2	33,5
4. PAISES EN VIAS DE DESARROLLO	− 395,5	30,9	53,8	51,1	3,2	− 1,9
—OPEP	− 166,5	98,8	46,1	31,8	15,5	−20,5
—América Latina	− 157,8	− 16,9	36,4	41,7	−10,4	2,6
—Nuevos países industrializados	− 67,5	− 16,3	37,3	34,5	48,6	37,6
—Resto P.V.D.	− 3,6	− 34,5	98,1	111,8	− 3,7	16,6
5. COMECON EUROPA	− 83,4	− 28,4	29,1	44,1	−21,1	19,7
6. RESTO MUNDO	− 22,3	− 16,0	139,8	188,9	− 3,8	30,0

Fuente: D. G. Aduanas.

Cuadro 16
VARIACION DEL SALDO COMERCIAL
(En términos de aduanas)

Conceptos	1986		1987		1988 (Previsión)	
	M. mill. pesetas	% PIB año ant.	M. mill. pesetas	% PIB año ant.	M. mill. pesetas	% PIB año ant.
1. Variación exportaciones bienes a pesetas constantes año anterior	− 172,8	−0,6	264,0	0,8	293,7	0,8
2. Variación importaciones bienes a pesetas constantes año anterior	842,1	3,0	1.085,8	3,4	898,4	2,5
3. Variación saldo comercial a pesetas constantes (1-2)	−1.014,9	−3,6	− 821,8	−2,6	−604,7	−1,7
4. Variación exportaciones bienes debida a variación de precios	− 131,1	−0,5	121,4	0,4	180,4	0,5
5. Variación importaciones bienes debida a variación de precios	−1.024,5	−3,7	53,2	0,2	84,4	0,2
—De ella por variación precios energ.	− 953,5	−3,4	− 59,9	−0,2	−141,0	−0,4
6. Variación saldo comercial debido a precios (4-5)	893,4	3,2	78,2	0,2	96,0	0,3
7. Variación total saldo comercial (3+6)	− 121,5	−0,4	−743,6	−2,3	−508,7	−1,4

Fuente: D. G. de Aduanas y D. G. de Previsión y Coyuntura.

gráfico 9, expresión diagramática e histogramática de la balanza por cuenta corriente; y diagramática sólo para la balanza de capital.

Por último, dentro del sector exterior, y sin expresión separada por cuentas, figuran dos representaciones de interés sobre la *deuda exterior y reservas* (internacionales de oro y divisas), *gráfico 10*, y sobre la evolución del *tipo de cambio nominal y real de la peseta* (*gráfico 11*), que por su claridad no necesitan de comentarios.

1.6. *Sector monetario*

Aunque no se sea especialmente monetarista, es inevitable reconocer la importante influencia que los aspectos monetarios tienen en la evolución de una economía. Y está claro que ya no cabe aceptar la hipótesis, por excesivamente simplificadora, de que la moneda simplemente proporciona el velo con que se reviste la economía real (el célebre «velo monetario»). Bien al contrario, la evolución de las magnitudes monetarias incide de una u otra forma, pero siempre de manera significativa, en la economía real; y a su vez, constituye la base de toda una serie de instrumentos de política económica para introducir ajustes en la marcha de la coyuntura, ya sea con tendencia reactivadora, o estabilizadora, frente a situaciones de recesión o de amenaza de ella, o de recalentamiento de la economía, respectivamente.

Los aspectos monetarios se examinan en los indicadores de coyuntura que se reflejan en los Cuadros 18 a 21.

El *Cuadro 18* registra la evolución anual (en crecimiento porcentual acumulado en el año, y como crecimiento intermensual elevado a anual) de los grandes *agregados monetarios*: activos líquidos en manos del público (ALPs o M4), con su desglose de disponibilidades líquidas según la M3 y los otros activos líquidos (OALPs).

La evolución de los ALPs (o ALPEs) es un indicador básico para apreciar si la expansión monetaria es adecuada, o si por el contrario está yendo por debajo o por encima de lo conveniente, con sus consecuencias potenciales a efectos depresivos, o de excesiva permisividad que dé paso a un proceso inflacionista. La autoridad monetaria puede intervenir en la evolución de los ALPs fundamentalmente a través de los coeficientes bancarios y el tipo de interés; y también vía operaciones de *open market*, con la puesta en el mercado (o con la retirada) de distintos tipos de bonos, obligaciones y letras

Cuadro 17
BALANZA DE PAGOS
(Miles de millones de pesetas)

Conceptos	1986			1987			Previsión 1988
	Ingresos	Pagos	Saldo	Ingresos	Pagos	Saldo	Saldo
1. **BALANZA COMERCIAL**	**3.739,0**	**4.641,9**	**– 902,9**	**4.111,3**	**5.697,0**	**– 1.585,7**	**–2.050**
2. SERVICIOS Y RENTAS	2.730,7	1.434,2	1.296,5	2.890,7	1.626,0	1.264,7	1.280
Turismo y viajes	1.671,9	210,4	1.461,5	1.825,8	241,4	1.584,4	1.730
Rentas de inversión	208,8	488,1	– 279,3	199,6	542,3	– 342,7	– 450
Otros servicios y rentas	850,0	735,7	114,3	865,3	842,3	23,0	0
3. TRANSFERENCIAS	397,1	239,2	157,9	574,2	251,2	323,0	370
Privadas	273,9	64,8	209,1	372,5	94,4	278,1	—
Públicas	123,1	174,3	– 51,2	201,7	156,8	44,9	—
4. **BAL. CORRIENTE (1+2+3)**	**6.866,7**	**6.315,3**	**551,5**	**7.576,2**	**7.574,2**	**2,0**	**– 400**
Idem en % PIB	—	—	**1,7**	—	—	**0,0**	**– 1,0**

5. CAPITAL A LARGO PLAZO........	1.853,6	2.319,2	– 465,6	3.465,1	2.415,7	1.049,4	—
5.1. Sector privado no bancario	1.509,5	1.429,4	80,0	2.992,8	1.845,3	1.147,5	—
Invers. del ext. en España	1.024,3	307,5	716,8	2.173,2	1.176,6	996,6	—
Directa................................	321,2	37,1	284,2	443,6	122,1	321,5	—
Cartera	501,0	266,0	235,0	1.482,9	1.048,1	434,8	—
Inmuebles y otros................	202,0	4,4	197,6	246,7	6,5	240,3	—
Créditos del ext. a España........	309,0	862,2	– 553,2	579,9	359,0	220,9	—
Invers. de España al ext.	67,5	184,8	– 117,2	155,2	241,0	– 85,8	—
Créditos de España al ext.........	108,6	74,9	33,7	84,5	68,7	15,8	—
5.2. Sector público	245,0	541,3	– 296,3	307,8	328,9	– 21,1	—
5.3. Sector bancario........................	99,1	348,4	– 249,3	164,5	241,5	– 77,0	—
6. BALANZA BASICA (4+5)	**8.720,3**	**8.634,4**	**85,9**	**11.041,3**	**9.989,9**	**1.051,4**	—
7. Capital a corto plazo........................	375,1	294,0	81,1	1.006,8	554,5	452,3	—
8. Variación saldo pesetas de no resid. ..	162,0	—	162,0	58,0	—	58,0	—
9. Variación posición contado divisas	—						
entidades delegadas (1)	7,3	—	—	195,1	—	195,1	—
10. Errores y omisiones		—	7,3	—	163,5	– 163,5	—
	—						
11. VARIAC. RESER. CENTRALES (1)	—	**336,3**	**– 336,3**	—	**1.593,3**	**– 1.593,3**	—
Idem. en millones de dólares...........		**2.700,5**	**–2.700,5**	—	**14.170,6**	**–14.170,6**	—

(1) Saldo positivo, disminución; saldo negativo, aumento.
Fuente para 1986 y 1987: Ministerio de Economía y Hacienda, «Balanza de Pagos de España 1987».

Gráfico 9

BALANZA POR CUENTA CORRIENTE (CAJA)

(Medias mensuales. Datos desestacionalizados)

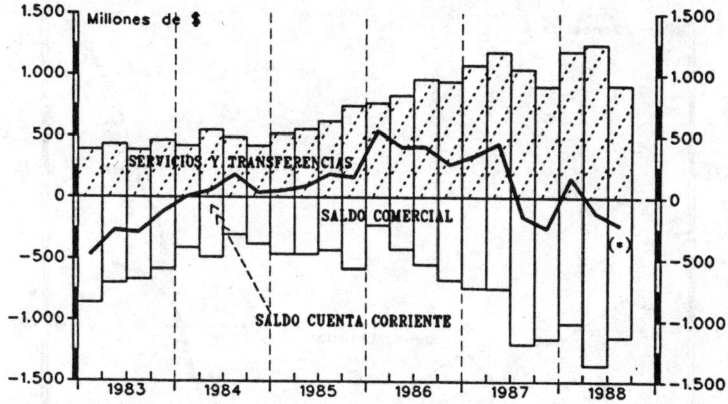

(*) Julio-agosto.
Fuente: Banco de España.

BALANZA DE CAPITAL (CAJA)

(Medias mensuales)

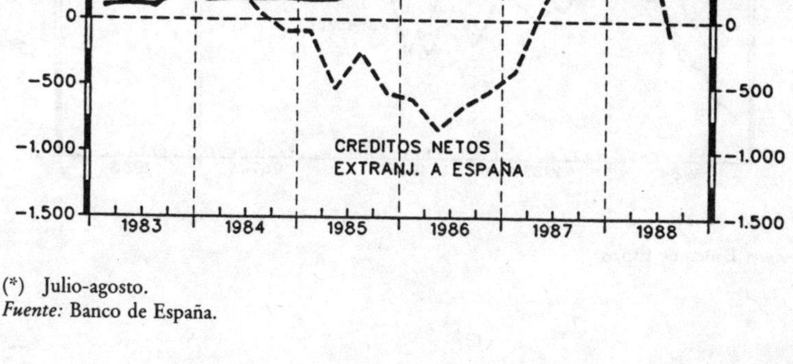

(*) Julio-agosto.
Fuente: Banco de España.

Gráfico 10
DEUDA EXTERIOR Y RESERVAS

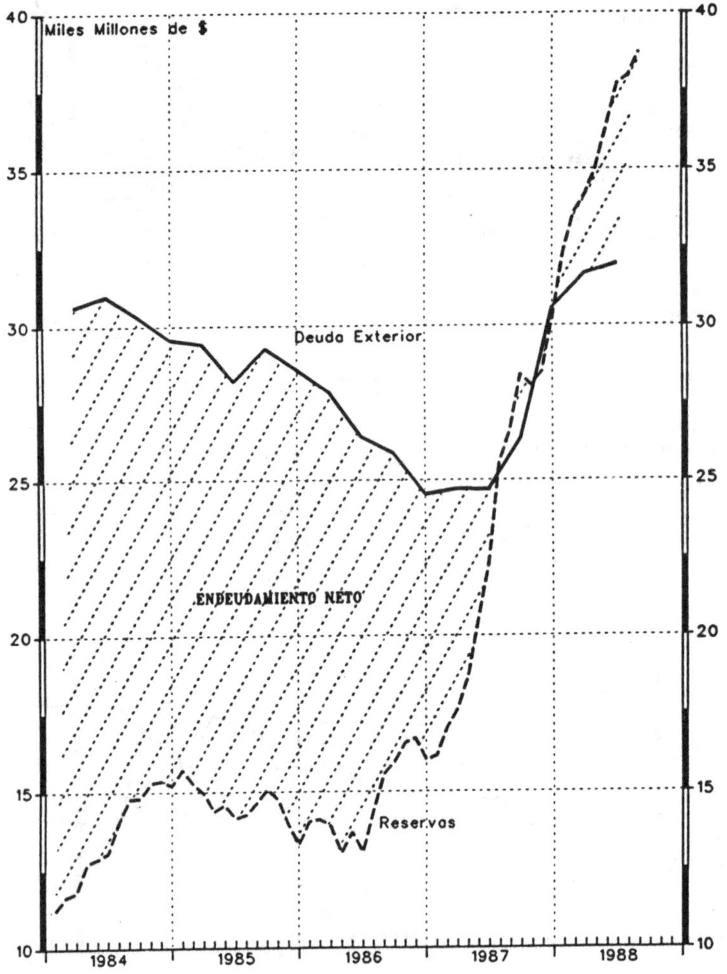

Fuente: Banco de España.

Gráfico 11

TIPO DE CAMBIO NOMINAL Y REAL DE LA PESETA

ESPAÑA/CEE
1980=100

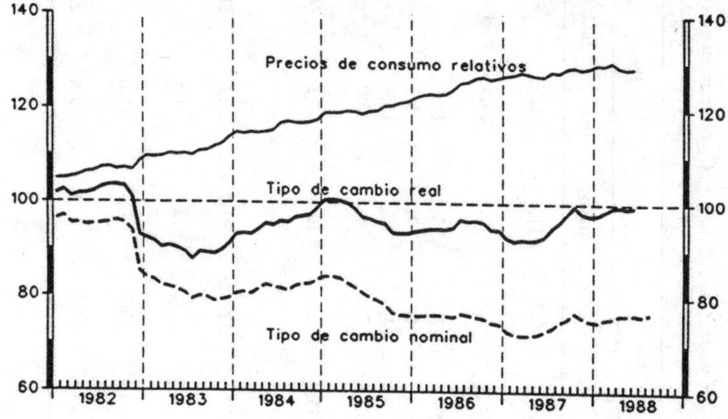

ESPAÑA/OCDE
1980=100

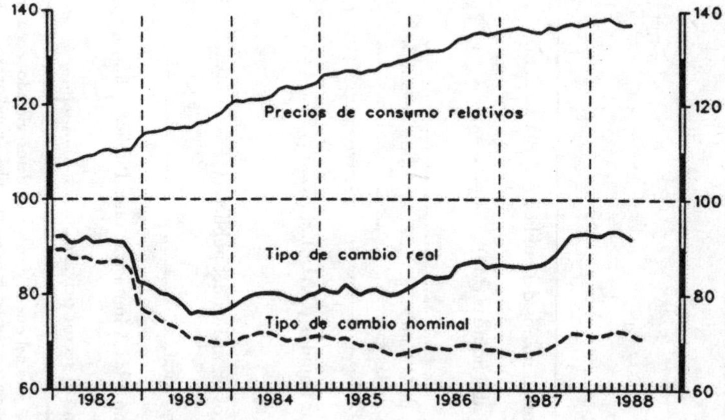

Fuente: OCDE, INE, B. de España y D. G. de Previsión y Coyuntura.

Cuadro 18
AGREGADOS MONETARIOS

	Crecimiento acumulado en el año (en %)			Crecimiento intermensual elevado a anual			
				1988			
	1986	1987	1988 (a)	Mayo	Junio	Julio (p)	Agosto (p)
Activos líquidos en manos del público (ALP)	11,9	14,2	10,3	11,4	8,3	6,8	8,3
Disponibilidades líquidas (M3)	4,0	6,4	13,2	10,9	10,5	13,0	7,9
Efectivo	15,8	13,6	17,7	13,2	27,6	—	—
Depósitos de la banca	−3,7	2,5	14,6	11,3	5,3	—	—
Depósitos de las cajas	11,8	8,6	13,4	10,1	15,7	—	—
Otros depósitos	5,7	10,8	7,6	9,8	−13,0	—	—
Otros activos líquidos (OALP)	56,1	43,7	2,4	12,7	2,1	− 9,7	9,4
Pro memoria:							
Títulos públicos en manos del público (1)	108,1	171,5	32,3	91,2	−12,6	−81,7	19,9
Crédito interno total	14,4	14,5	10,6	14,3	11,3	—	—
Crédito interno a las Administraciones Públicas	23,6	14,4	5,1	0,7	15,0	—	—
Crédito interno al sector privado	10,8	14,5	14,2	20,6	9,8	22,0	—

(1) Hasta el mes del que se dispone de datos, elevado a tasa anual.
(1) Variaciones mensuales medias, en miles de millones de pesetas.
(p) Provisional.

del Tesoro, sin olvidar los pagarés del Tesoro, que actualmente tienen en España la función de ser un área de tolerancia del dinero B.

El *gráfico 12* expresa la evolución (en tasas porcentuales de variación sobre el año anterior) de los ALPs en relación con la oferta monetaria medida por la M1, es decir según la magnitud que integra el dinero en manos del público más depósitos a la vista en cuentas corrientes.

Gráfico 12
AGREGADOS MONETARIOS
(Tasas de variación sobre un año antes)

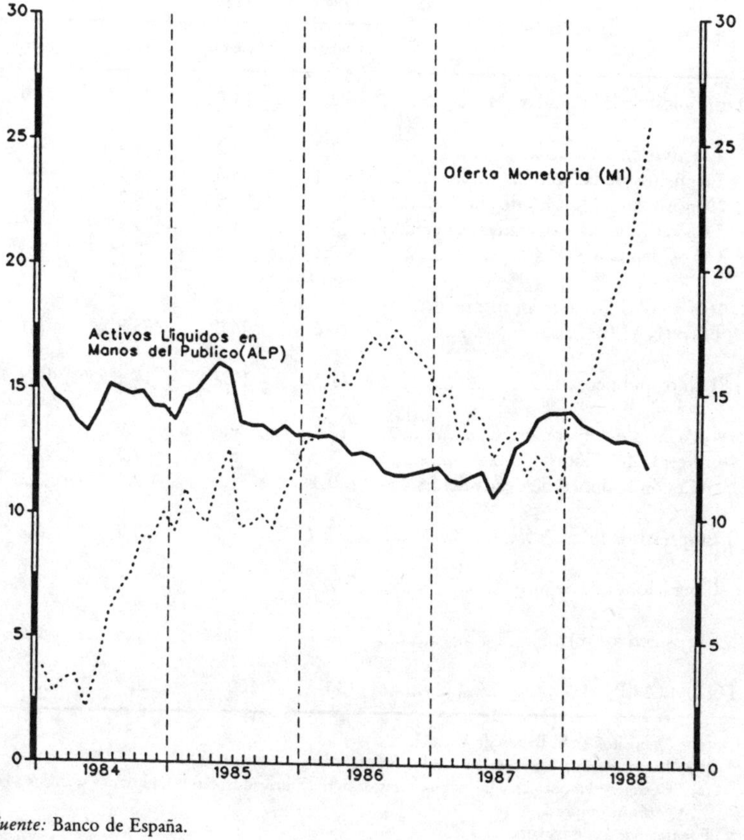

Fuente: Banco de España.

Por su parte, el *Cuadro 19* es un desglose de la *estructura de los activos líquidos en manos del público*, tanto en términos de M3, como en lo que se refiere a los otros activos líquidos (OALP), que en el cuadro 18 aparecían en un solo agregado. Se trata de los títulos públicos (pagarés, letras y deuda del Tesoro), los empréstitos (bonos

Cuadro 19
ESTRUCTURA DE LOS ACTIVOS LIQUIDOS EN MANOS DEL PUBLICO (ALP)
(en porcentaje)

Conceptos	1986	1987	1988	
	Diciembre	Diciembre	Junio	Julio
Disponibilidades líquidas (M3)	79,4	74,0	74,1	74,9
Efectivo	8,2	8,2	8,3	—
Depósitos de la banca	37,4	33,6	33,5	—
Depósitos de las cajas de ahorro	30,0	28,6	28,7	—
Depósitos de las cooperativas de crédito	3,5	3,4	3,5	—
Otros depósitos (a)	0,2	0,2	0,1	—
Otros activos líquidos en manos del público (OALP)	20,6	26,0	25,9	25,1
Títulos públicos	12,4	17,2	17,4	16,8
Pagarés del Tesoro	12,1	9,8	7,9	7,5
Letras del Tesoro	—	5,9	7,2	7,1
Cesión temporal de deuda del Estado	0,3	1,5	2,3	2,2
Empréstitos (b)	5,4	4,5	3,9	3,7
Operaciones de Seguro	2,3	3,5	4,0	3,9
Otros activos (c)	0,5	0,8	0,6	0,6
TOTAL ALP	100	100	100	100

(a) Depósitos en el Banco de España.
(b) Bonos de caja y tesorería y títulos hipotecarios.
(c) Cesiones temporales y participaciones de activos privados, letras endosadas y avales a pagarés de empresa.
Fuente: Banco de España.

de caja, títulos hipotecarios, etc., de carácter privado), y las operaciones de seguros, etc.

En cuanto al *Cuadro 20*, refleja la evolución de los *activos de caja del sistema bancario y sus contrapartidas*. En este caso lo que se intenta apreciar es cómo se presiona sobre la oferta monetaria desde los distintos sectores (público, exterior, expansión fiduciaria y créditos).

En cuanto a los *créditos*, el *gráfico 13* representa de forma muy interesante la evolución de los préstamos a la Administración Públi-

Cuadro 20
ACTIVOS DE CAJA DEL SISTEMA BANCARIO Y SUS CONTRAPARTIDAS
(Variaciones de los saldos mensuales medios de cifras diarias, en miles de millones de pesetas)

Conceptos	Enero-julio	
	1987	1988
DEPOSITOS Y DISPONIBLES EN EL BANCO DE ESPAÑA (1+2+3+4+5)	668,1	79,3
1. SECTOR PUBLICO	735,2	− 389,0
1.1. Activos netos (excepto fondos públicos)	84,2	780,6
1.2. Fondos públicos	651,0	−1.169,6
2. SECTOR EXTERIOR	921,8	844,7
3. CIRCULACION FIDUCIARIA (a)	−236,2	− 364,0
4. OTRAS CONTRAPARTIDAS (a)	−132,5	197,8
5. OPERACIONES CON EL SISTEMA BANCARIO	−620,2	− 210,3
5.1. Créditos	−279,4	− 483,9
5.1.1. De regulación monetaria	−422,5	− 431,1
5.1.2. Otros	143,1	− 52,8
5.2. Pasivos	340,9	− 273,7
5.2.1. Ventas temporales de deuda pública	338,3	− 273,3
5.2.2. Otros	2,6	− 0,3

(a) Aumento (−). Disminución (+).
Fuente: Banco de España.

Gráfico 13
CREDITO INTERNO
(Tasas de variación sobre un año antes)

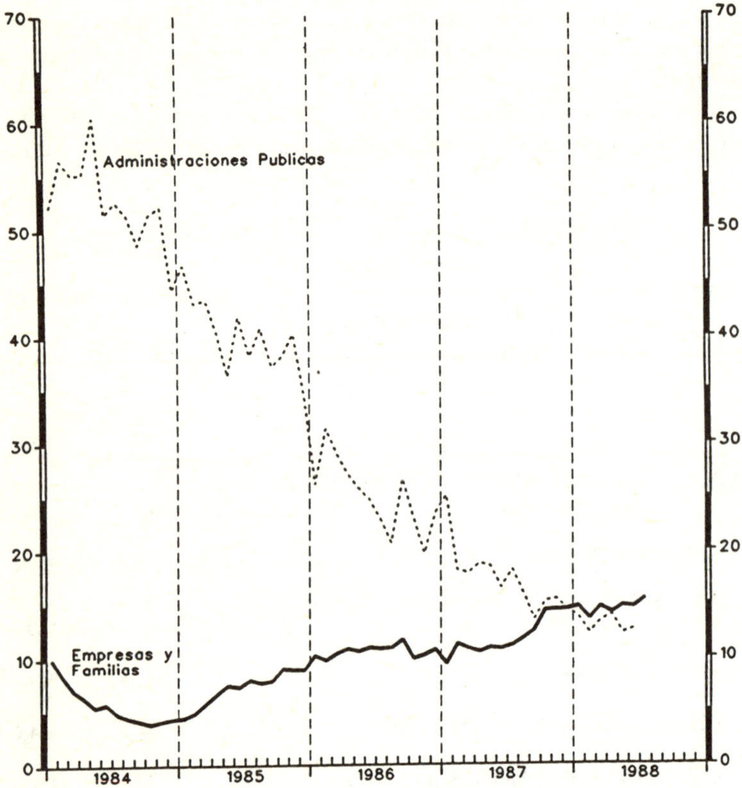

Fuente: Banco de España.

ca (sector público), y a las empresas y familias (sector privado), en términos de tasas de variación, que son bien expresivas en cuanto a la disminución del esfuerzo para financiar los déficit públicos, con la consiguiente mejora en el aprovisionamiento de crédito al sector privado tras el largo período de crisis (1975-85).

El último cuadro sobre el sector monetario —el *Cuadro 21*— se refiere a los *tipos de interés*, con un desglose que merece la pena reseñar previamente.

Cuadro 21
TIPOS DE INTERES
(Medias anuales y mensuales)

Conceptos	1985	1986	1987	1987	1988			
				Dic.	May.	Jun.	Jul.	Ago.
Banco de España:								
Préstamos de regulación monetaria	12,4	11,6	16,0	13,9	10,9	10,5	10,5	10,5
Banco de España:								
Cesiones de deuda pública a 3 meses	12,2	11,7	15,8	13,6	11,1	10,4	10,8	10,7
Interbancario:								
Depósitos a 3 meses	11,5	9,3	15,9	13,1	10,6	10,3	10,2	10,3
Letras del Tesoro:								
Emisión a 1 año	—	—	14,3	12,3	9,8	10,0	10,0	10,0
Deuda pública del Estado:								
Rendimiento interno (mercado bursátil)	13,4	11,4	12,8	13,1	11,6	11,3	11,1	10,9
Banca:								
Créditos 1 a 3 años	16,7	15,4	15,9	16,1	15,4	15,2	14,6	—
Banca:								
Depósitos 1 a 2 años	10,8	9,3	9,1	9,7	9,1	9,0	9,0	—

Fuente: Banco de España.

El tipo de interés de los *préstamos de regulación monetaria* son del máximo interés —valga la redundancia aparente— para el sistema bancario, que a través de ellos obtiene del Banco de España —como banco de bancos que es— cantidades importantes de recursos, fundamentalmente vía las subastas de dinero que diariamente realiza el instituto emisor. Puede apreciarse cómo en 1987 se llegó a una punta del 16%, como consecuencia del intenso esfuerzo de recuperación económica tras largos años de crisis. En 1988 —por lo menos hasta agosto— las aguas volvieron a su cauce.

Las *cesiones de deuda pública a tres meses* siguen, es cierto que con menos intensidad en sus variaciones, a los tipos de interés de regulación monetaria. Es fundamentalmente un mecanismo para drenar liquidez del sistema cuando éste presenta peligro de recalentamiento.

El tipo de *interés interbancario* expresa el precio del dinero en los préstamos que se conceden entre sí las entidades de crédito. El nivel del interbancario marca también de forma muy precisa, y prácticamente día a día, las tensiones monetarias.

Las *Letras del Tesoro* constituyen, desde 1987, una forma de financiación del déficit público que tiende a ir sustituyendo —por lo que se denominó su «carácter pecaminoso»— a los pagarés del Tesoro que, como indicamos anteriormente, son una verdadera bolsa de dinero B.

Los tipos de interés de la deuda pública se miden por su *rendimiento interno en el mercado bursátil*, recogiéndose su cotización con los debidos promedios.

En el *Cuadro 21* figuran los *tipos de interés de la banca*, tanto en sus operaciones activas (créditos) como pasivas (depósitos). El diferencial entre ambos es una primera medida del margen con que cuentan los bancos para generar recursos, siendo esa distancia más amplia en España que en otros países de la Comunidad Europea.

Por último, el *gráfico 14* en su parte superior es la expresión de los tipos de interés reales obtenidos de la forma que se explica en la NOTA. Y en la parte inferior del Cuadro figura el diferencial descubierto de la peseta frente al marco y al dólar.

1.7. *Sector público*

Los Cuadros 22 y 23 y sus correspondientes gráficos, son reflejo de los principales indicadores de coyuntura para el sector público.

Gráfico 14

TIPOS DE INTERESES REALES A CORTO PLAZO

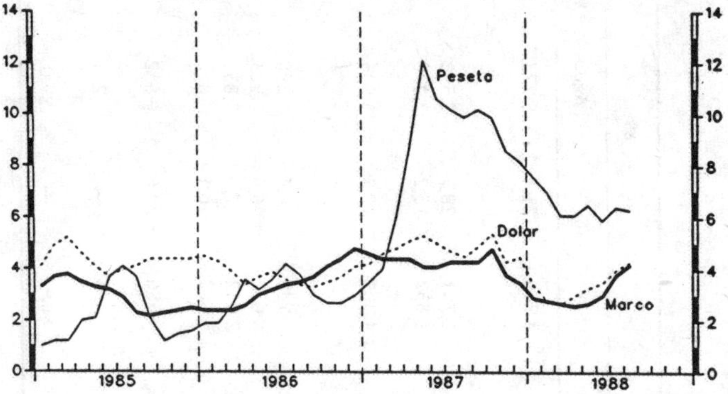

Nota: Tipos nominales menos la tasa de crecimiento del IPC de 12 meses sobre 12 meses antes.
Fuente: Banco de España y elaboración propia.

DIFERENCIAL DESCUBIERTO DE LA PESETA

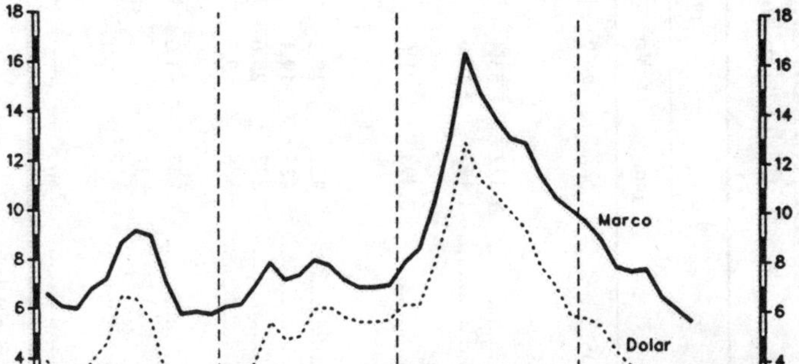

Nota: Diferencia entre el interbancario a 3 meses de la peseta y los correspondientes al mismo plazo del dólar y marco en el interbancario de Londres.
Fuente: Banco de España y elaboración propia.

En el *Cuadro 22* podemos ver la evolución del *déficit de caja del Estado*, que se complementa con la apreciación de la evolución de las magnitudes anteriormente aludidas. Así se hace en el *gráfico 15*

Cuadro 22
DEFICIT DE CAJA DEL ESTADO
(Miles de millones de pesetas)

Conceptos	1987				1988			
	Jun.	% Var.	Dic.	% Var.	Jun.	% Var.	Ago.	% Var.
INGRESOS NO FINANCIEROS	3.066	29,7	7.039	23,7	3.714	21,1	5.273	13,8
De los cuales:								
—Impuestos directos	1.322	53,4	3.138	44,8	1.701	28,7	2.540	13,7
—Impuestos indirectos	1.442	13,0	3.142	13,0	1.632	13,2	2.276	13,3
PAGOS NO FINANCIEROS	3.898	21,6	8.373	17,3	4.300	10,3	5.925	10,8
De los cuales:								
—Consumo público	921	18,2	1.767	11,5	980	6,4	1.298	5,5
—Intereses	425	19,4	900	−8,0	622	46,6	923	46,4
—Transferencias corrientes	1.892	25,6	3.720	27,7	2.042	7,9	2.833	7,6
—Operaciones de capital	586	9,3	829	10,7	622	6,1	847	11,8
DEFICIT DE CAJA	−832	−1,0	−1.334	−7,8	−586	−29,6	−652	−9,2
Déficit de caja sin intereses	−407	—	−434	—	36	—	271	—
% Ingresos/Pagos no financieros	78,7	—	84,1	—	86,4	—	89,0	—

Fuente: Ministerio de Economía y Hacienda.

Gráfico 15

DEFICIT DE CAJA NO FINANCIERO DEL ESTADO

(Datos acumulados 12 últimos meses)

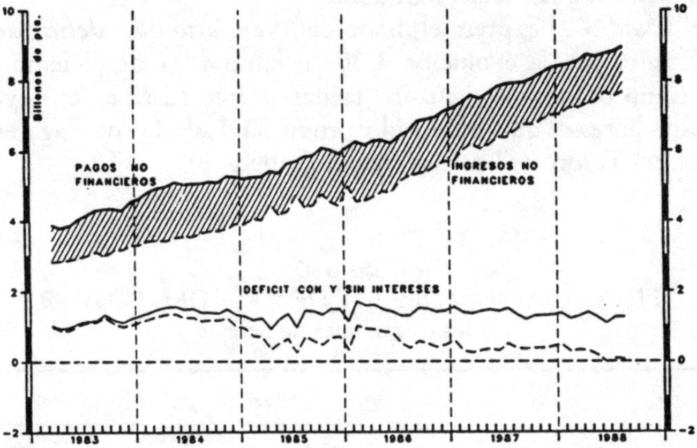

Fuente: Ministerio Economía y Hacienda.

% INGRESOS/PAGOS

(Datos acumulados 12 últimos meses)

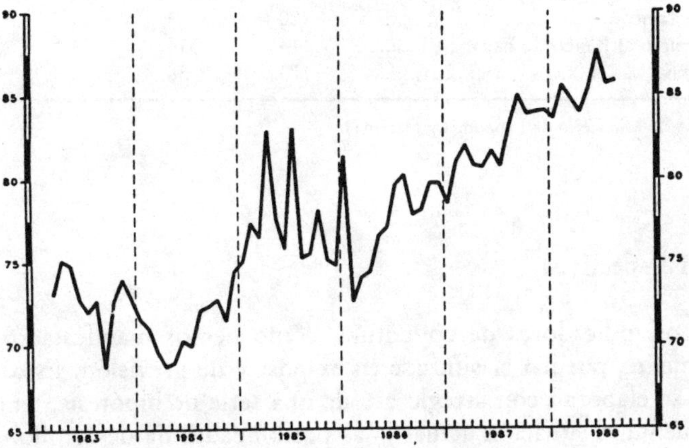

Fuente: Ministerio de Economía y Hacienda.

para el *déficit de caja no financiero* y para el *% de ingresos sobre pagos*. En ambos casos se observa, especialmente en lo que se refiere al porcentaje de ingresos sobre pagos, una evolución que refleja el saneamiento de la Hacienda Pública.

El *Cuadro 23* expresa el modo de *financiación del déficit de caja del Estado*, con la evolución a 30 de junio y 31 de diciembre. Es fácil comprobar en ese cuadro la importante sustitución —ya comentada antes— que ha venido produciéndose de los Pagarés por Letras del Tesoro (véase también el gráfico 16).

Cuadro 23
FINANCIACION DEFICIT DE CAJA DEL ESTADO
(Miles de millones de pesetas)

	1987		1988	
	Junio	Diciembre	Junio	Agosto
DEFICIT DE CAJA	−832	−1.334	−586	−652
Deuda del Estado	670	668	795	752
Pagarés	209	− 496	−418	−462
Letras	432	2.211	568	466
Préstamos	−420	− 773	− 29	− 61
Recurso al Banco de España	114	− 314	− 34	221
Otras	−173	38	−296	−264

Fuente: Ministerio de Economía y Hacienda.

2. Perspectivas

Los indicadores de coyuntura, como hemos manifestado anteriormente, pueden clasificarse en ex-post y de previsión. Estos últimos se elaboran con arreglo a toda una serie de hipótesis, teniendo en cuenta la situación actual y las posibilidades de desarrollo.

En el *Cuadro 24* figuran las *previsiones económicas internacional* (para 1988-89), según las estimaciones del Fondo Monetario Internacional, que se revisan periódicamente. El Cuadro se completa con los diagramas del *gráfico 17*.

Gráfico 16
FINANCIACION DEL DEFICIT DE CAJA DEL ESTADO
(% participación con datos acumulados 12 últimos meses)

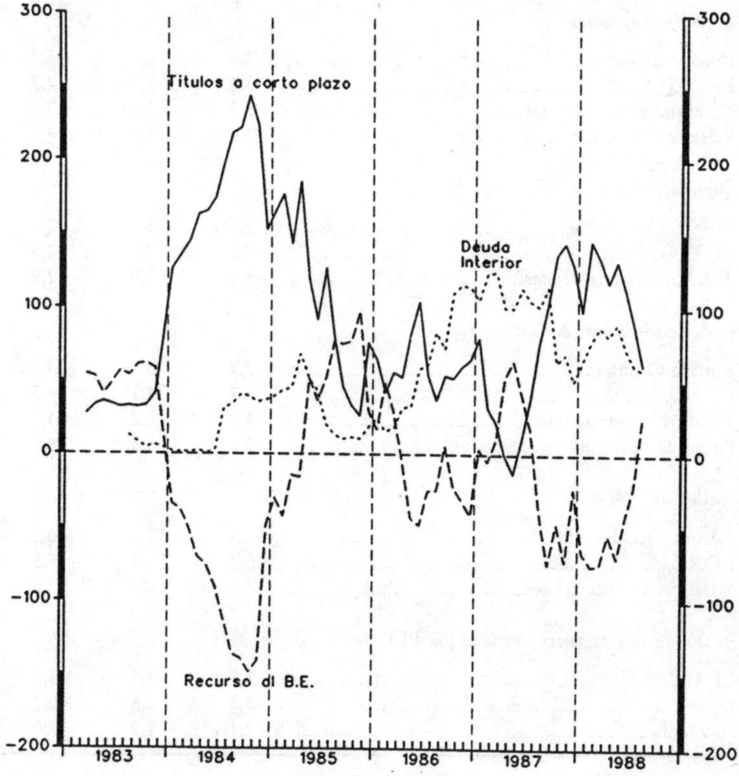

Fuente: Ministerio de Economía y Hacienda.

En el *Cuadro 25* aparecen las *proyecciones macroeconómicas* para la economía nacional con el desglose de una serie de magnitudes básicas (cuadro macro), y con la mención, *pro memoria*, de toda una serie de coeficientes, índices, etc. El cuadro macro es básicamente un análisis desde la óptica de la contabilidad nacional, en tanto que los coeficientes que figuran como *pro memoria* son expresivos de toda una serie de tensiones de la propia economía.

Cuadro 24
PREVISIONES ECONOMICAS INTERNACIONALES 1988-89

Conceptos	1987	1988	1989
PIB (Δ % volumen):			
Europa Occidental	2,7	2,7	2,2
EE.UU.	3,4	3,9	2,7
Total países industriales	3,3	3,8	2,8
Países en desarrollo	3,4	3,6	4,0
Demanda interna (Δ %):			
Europa Occidental	3,6	3,3	2,3
EE.UU.	3,0	2,8	2,5
Total países industriales	3,6	3,9	2,9
Precios de consumo (Δ %):			
Europa Occidental	2,9	3,1	3,3
EE.UU.	3,7	4,1	4,5
Total países industriales	3,0	3,2	3,5
Países en desarrollo	40,0	55,5	26,7
Tasa de paro (%):			
Europa Occidental	10,5	10,2	10,2
EE. UU.	6,2	5,4	5,3
Total países industriales	7,6	7,1	7,0
Déficit Administraciones Públicas (% PIB):			
EE.UU.	−3,3	−3,1	−3,7
Japón	−3,3	−2,5	−2,2
Alemania	−1,4	−1,9	−1,5

Fuente: FMI.

3. **Boletines del Banco de España**

Una de las funciones características de un banco central —además de ser agente del Tesoro, instituto emisor, y banco de bancos— es la de elaborar las estadísticas monetarias y del sistema crediticio. Esa función la lleva a cabo con indudable rigor el Banco de España, cuyo servicio de estudios se vio modernizado a partir de 1958 cuando se hizo cargo del mismo el prof. Juan Sardá Dexeus.

Gráfico 17
INDICADORES DE LA ECONOMIA INTERNACIONAL

PRODUCCION INDUSTRIAL
1980 = 100.MM3

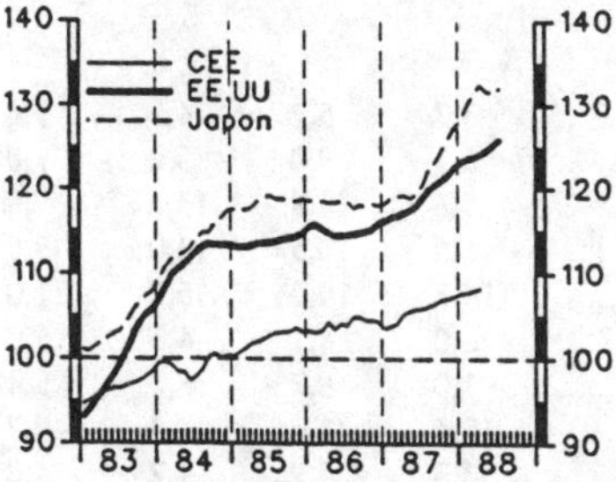

BALANZA COMERCIAL
Mil. mill. $.MM3

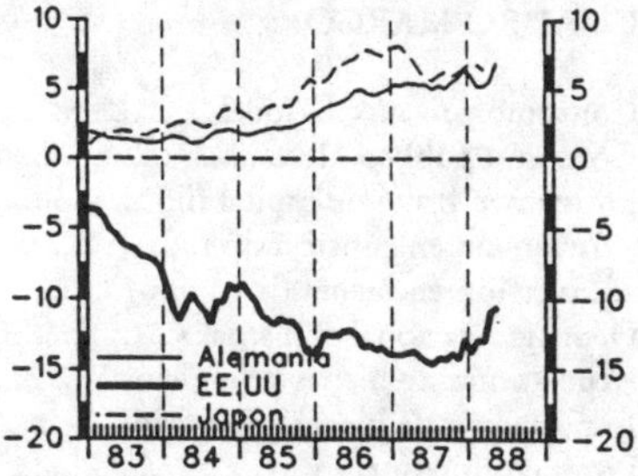

PRECIOS DE CONSUMO
Variación anual en %

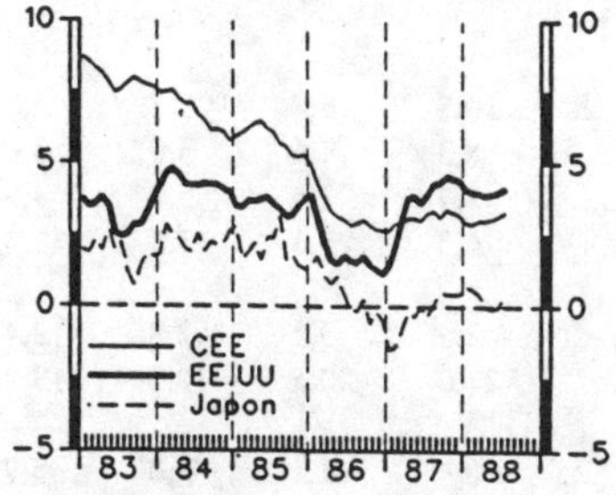

PRECIOS MATERIAS PRIMAS
Variación anual en %

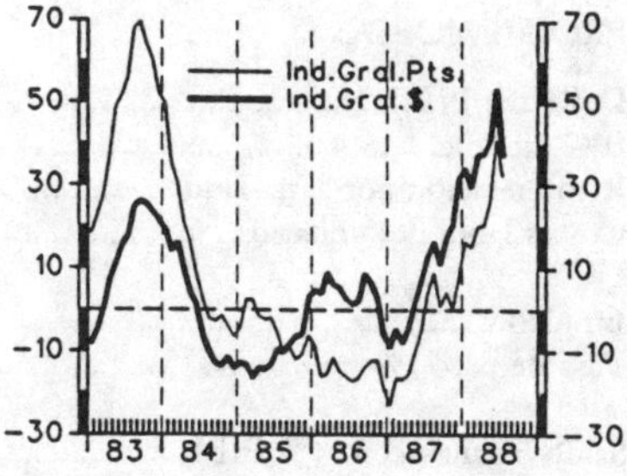

TIPO DE CAMBIO DEL DOLAR
Indices 1980 = 100

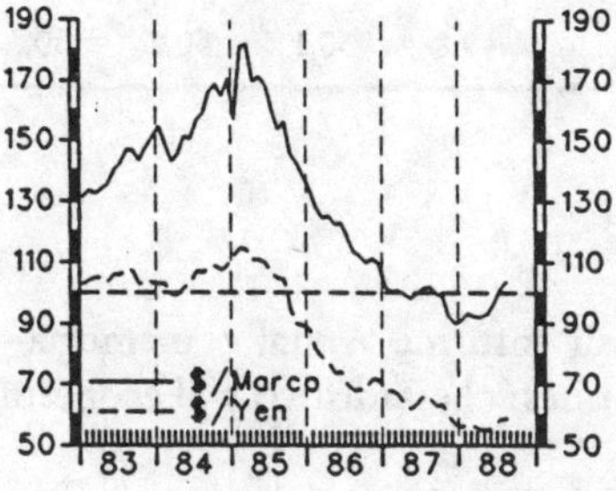

TIPOS DE INTERES A CORTO
Datos fin de período

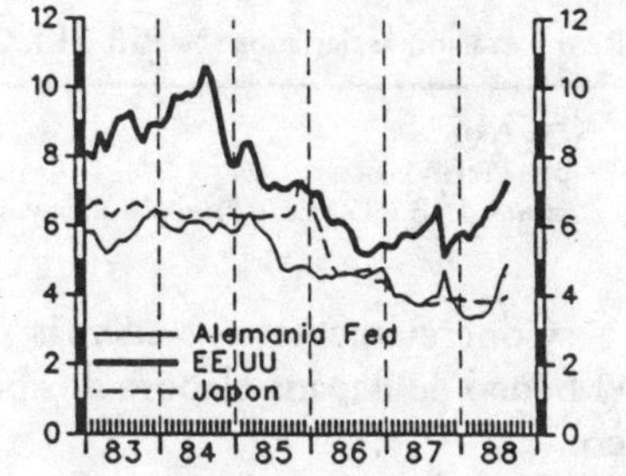

Nota: MM3, medias móviles de tres meses.

Cuadro 25
PROYECCIONES MACROECONOMICAS
(Tasas de variación anual)

	1986	1987 (a)	1988 (p)	1989 (p)
CUADRO MARCO:				
Consumo privado nacional	3,7	5,2	4,5	3,6
Consumo público	5,1	9,0	5,0	4,0
Formación bruta de capital fijo	9,6	13,8	13,8	9,8
—Inversión en construcción	6,5	10,5	13,0	9,0
—Inversión en bienes de equipo	14,7	19,0	15,0	11,0
Demanda nacional con stocks	6,0	8,1	6,5	5,0
Exportación de bienes y servicios	1,0	6,7	6,2	5,4
Importación de bienes y servicios	15,4	21,4	14,4	9,7
Producto interior bruto	3,3	5,2	4,7	4,0
PIB (m.m. pts corrientes)	31.980	35.574	39.142	42.317
PIB (m.m. pts 1980)	16.815	17.694	18.519	19.256
PRO MEMORIA:				
Deflactor PIB	10,9	5,7	5,1	4,0
IPC dic./dic.	8,3	4,6	5,0	3,0
Remuneración por asalariado	7,3	7,4	5,8	4,9
Costes laborales unitarios	6,3	5,3	3,8	3,3
Empleo	2,2	3,1	2,8	2,4
Tasa de paro (% pob. activa)	21,0	20,5	19,8	19,2
Saldo balanza com. (% PIB)	−2,4	−4,2	−5,0	−5,9
Saldo balanza cuenta corriente (% PIB)	1,7	0,1	−1,0	−2,0
Déficit Caja Estado (% PIB)	−4,5	−3,8	−3,0	−2,7
Remuneración asalariados (% PIB c.f.)	49,8	50,1	50,2	50,3

(a) Avance.
(p) Previsión.
Fuente: INE y D. G. de Previsión y Coyuntura.

Concretamente —y además de su Informe Anual o memoria— el Banco de España elabora dos boletines: el estadístico y el económico.

El *Boletín Estadístico del Banco de España* constituye un acervo de información cuya importancia para el análisis de la economía nacional y de sus relaciones con el exterior resulta difícilmente exagerable.

Esa información es especialmente detallada en todo lo que concierne a los sistemas crediticio y monetario, como puede apreciarse por las doce primeras secciones del Boletín Estadístico que se refieren a esa área de cuestiones:

I. Banco de España
II. Banca privada
III. Cajas de ahorros
IV. Cooperativas de créditos
V. Sistemas bancario
VI. Crédito oficial
VII. Sistema crediticio
VIII. Otras instituciones financieras
IX. Agregados monetarios y crediticios
X. Coeficientes legales
XI. Tipos de interés del sistema crediticio
XII. Mercados monetarios

A partir de la sección XIII, el Banco de España ofrece información sistematizada y de gran interés sobre otros aspectos de la economía nacional e internacional:

XIII. Mercado de valores
XIV. Sector público
XV. Sector público. Seguridad Social
XVI. Opiniones empresariales
XVII. Empleo y salarios
XVIII. Producción y demanda
XIX. Precios
XX. Sector exterior

Sería absurdo intentar resumir de alguna manera el análisis monetario que se hace en los boletines mensuales del banco central. Los interesados en su estudio minucioso, pueden hacerlo directamente sobre los propios boletines, con la ayuda de las observaciones que figuran en cada uno de ellos, y con las notas de carácter más a largo plazo que aparecen en una serie de publicaciones (*color marrón*) del propio Banco de España *.

* Con carácter general para el tema del análisis coyuntural, es de indudable interés el artículo de Arturo Estrella y Gikas A. Hardouvelis, «The Term Structure as a Predictor of Real Economic Activity», publicado en *The Journal of Finance*, vol. XLVI, n.º 2, junio de 1991, págs. 555 a 575 (con extensa bibliografía).

Capítulo 16
LAS FUENTES DEL ANALISIS ESTRUCTURAL

1. Introducción

El método seguido en el estudio de la realidad económica es en muchos aspectos análogo al generalmente adoptado en otras ramas de la investigación. Se trata de conocer los hechos y disponerlos de forma tal que sea posible obtener conclusiones a partir de ellos. Como ha afirmado Hicks, «los hechos agrupados en forma correcta hablan por sí mismos; desordenados tienen tan poca vida como un trozo de madera» [1].

Para ordenar los hechos de forma que adquieran toda su significación es preciso contar, pues, con conocimientos de muy diferente clase. De ahí nuestra primera afirmación: las fuentes para el conocimiento de la realidad económica son múltiples. Y sólo puede llegarse a describir e interpretar la realidad si se hace uso de todas las fuentes disponibles en la medida de lo posible, valorándolas conforme a una serie de criterios que en buena parte nos suministra la Teoría Económica.

No cabe duda de que una realidad concreta siempre puede ser

[1] J. R. Hicks y A. G. Hart, «Estructura de la Economía», ob. cit., pág. 13.

conocida y analizada en cierto grado. No existe realidad inaprensible; sólo existen malos o buenos investigadores.

En un intento de ordenar el estudio de las fuentes de nuestra disciplina, he preparado el esquema adjunto para desarrollarlo en las páginas siguientes.

En principio, puede afirmarse que las fuentes para el conocimiento de la realidad económica son de dos clases: directas y elaboradas. Las fuentes directas se nos presentan en las más distintas formas: hechos observados directamente y cuantificables tras su recuento o medida; acontecimientos fácilmente narrables por haberlos presenciado, o incluso por haber sido en alguna manera protagonista de ellos; transformaciones experimentadas por magnitudes o variables económicas, reconstruibles a partir de datos estadísticos más o menos dispersos, etc.

- DIRECTAS (Investigación)
  - Institucionales...
    - *Historia*: Génesis y evolución de las instituciones.
    - *Fuentes jurídicas*: Leyes y otras normas sobre la ordenación económica.
    - *Sociológicas:* Tensiones sociales reales modificativas de la normativa.
  - Propiamente estructurales...
    - Estadística.
    - Observación directa (entrevistas y encuestas).
    - Experimentación.
- ELABORADAS (Información)
  - Tratados.
  - Manuales.
  - Monografías.
  - Informes.
  - Revistas.
  - Prensa Económica.

Lo cierto es que al emplear las aludidas fuentes directas que aparecen en la anterior sinopsis, el estudioso de la realidad económica está actuando como investigador, con la intención implícita o explícita de construir su propia versión de la realidad. Sin embargo, puede suceder que por razones de limitación en el tiempo, o simplemente por no intentar duplicar un trabajo ya realizado —por otros investigadores u observadores directos— tengamos que recurrir a las fuentes ya elaboradas, a una serie de descripciones o análisis de los diversos aspectos de la realidad económica, que ya han sido expuestos de una manera más o menos inteligente y ordenada en tratados, manuales, monografías, informes, revistas, etc.

Al recurrir a las fuentes elaboradas ya no estamos investigando directamente la realidad, sino que lo estamos haciendo a partir de una visión de la realidad que no es la nuestra, que procede de un estudioso distinto. Lo cual no quiere decir, naturalmente, que a partir de esa visión elaborada, nuestra interpretación y conclusiones tengan que ser idénticas a las extraídas por el investigador directo [2].

En general, en cualquier descripción o análisis de la realidad hacemos uso de las dos clases de fuentes, directas y elaboradas, que no son antagónicas entre sí, sino perfectamente complementarias, habida cuenta de lo complejo de esa realidad a analizar.

2. Las fuentes directas

Dentro de las que hemos llamado fuentes directas distinguimos dos clases: las institucionales y las propiamente estructurales. La distinción tiene su raíz en nuestro concepto de estructura económica como «realidad que tiene su base en una serie de relaciones e interdependencias formadas por la actuación espontánea e institucionalizada del hombre en el espacio y en el tiempo».

Según el concepto arriba formulado, la estructura económica es una creación del hombre, y el aspecto más consciente y explícito de esa creación es el institucional: las instituciones nacen y se desarrollan dentro de unos ciertos esquemas. Por ello llamamos fuentes institucionales a los registros de todo tipo que explican formalmente la conformación actual o inmediata del marco institucional de la realidad económica. Entre tales fuentes figuran las leyes —entendi-

[2] La cuestión de la interpretación es fundamental. Así como un niño a quien se le muestra un dibujo complicado no lo entiende, ni lo interpreta, así sucede que muchos autores manejan gran cantidad de material bibliográfico y de estadísticas aceptablemente correctas, para a la postre construir un esquema deformado de la realidad, sencillamente porque no han sabido interpretar ésta. Y es que para llegar a una representación aceptable —y pretendidamente objetiva— de la realidad, es preciso contar no sólo con fuentes adecuadas, sino ante todo con una formación teórica sólida y consistente, con intuición para resaltar los rasgos más interesantes de esa realidad.

das como normas sociales— y las demás disposiciones creadoras de instituciones; las referencias históricas, que nos explican la evolución de estas últimas, y las investigaciones y observaciones de carácter sociológico, que nos permiten profundizar más en el marco institucional para apreciar las tensiones sociales modificativas de la normativa formalmente establecida.

Entre las fuentes directas de carácter propiamente estructural, el papel predominante corresponde a las estadísticas y a las observaciones cualitativas complementarias de las mismas. También en cierto sentido puede aceptarse como fuente de conocimiento de la realidad la experimentación, en la medida que ésta es posible en las ciencias sociales (sobre todo vía simulación).

A continuación examinamos los aspectos más interesantes de las fuentes directas, distinguiendo entre las de carácter institucional y estructural.

2.1. *Las fuentes institucionales*

Dentro de las fuentes que hemos llamado institucionales podemos distinguir tres grupos: normas legales, estudios históricos e investigaciones sociológicas, y observaciones directas.

La consideración de las normas legales como fuente institucional de la realidad nos remite a la teoría de las fuentes de las disciplinas jurídicas, en la cual se consideran como tales las leyes, las costumbres y los principios generales del Derecho. Por analogía, puede decirse que son fuentes institucionales para el conocimiento de la realidad económica las leyes y usos que regulan el comportamiento económico dentro de la sociedad.

Por ejemplo, resulta imposible un análisis de la realidad económica de un país sin saber cómo funciona el sistema monetario, y esto requiere el conocimiento de las leyes y las normas que regulan el banco emisor y el sistema bancario en su conjunto. Asimismo, parece difícil hacer cualquier clase de apreciación sobre el comercio exterior de un país sin conocer una norma legal de tanta importancia en ese campo como es el arancel de aduanas, en donde está determinado cómo y en qué medida se protege la producción nacional frente a la competencia extranjera.

En un intento de esquematizar lo que podríamos llamar normas legales básicas, que ineludiblemente deben tenerse en cuenta si se quiere tener un conocimiento riguroso de cualquier economía nacional, habría que mencionar, por lo menos, las referentes a los puntos siguientes [3]:

A) *Sector agrario*:

1. Regímenes de propiedad y de tenencia de la tierra.
2. Instituciones oficiales en el sector agrario para colonización, repoblación forestal, concentración parcelaria, ordenación rural, etc.
3. Sistemas de precios oficiales en la agricultura (precios de compra, de sostenimiento, de intervención, etc.).
4. Otros aspectos.

B) *Sector industrial*:

1. Leyes de fomento de la industria: acción concertada, polos de desarrollo, zonas de urgente reindustrialización (ZUR), zonas industriales en declive (ZID), y otras medidas de localización industrial, declaraciones de industrias de preferente interés nacional, etc.
2. Sistema de precios industriales, y tarifas oficiales para determinados sectores en donde existen monopolios naturales o situaciones de oligopolio.
3. Actividad industrial directa del sector público y normativa de las empresas públicas y de las compañías concesionarias de monopolios públicos.
4. Otros aspectos.

C) *Sector comercio y servicios*:

1. Estructura del arancel de aduanas.
2. Regímenes de comercio exterior (importaciones y exportaciones).
3. Normas de defensa de la competencia.

---

[3] La enumeración que figura en las líneas siguientes no es en manera alguna el fruto de la improvisación, sino que es una síntesis de los aspectos institucionales a que te hace referencia más o menos extensa en mi «Estructura Económica de España», Alianza Editorial, 22.ª edición, Madrid, 1992.

4. Fomento de la exportación (desgravación fiscal, admisiones temporales, tráfico de perfecionamiento activo y pasivo, crédito a la exportación, seguro de crédito, etc.).
5. Ordenación del transporte.
6. Ordenación del Turismo.
7. Otros aspectos.

D) *Elementos básicos del marco institucional*:

1. Sistema Fiscal.
2. Sistema Monetario.
3. Sistema Bancario y Crediticio.
4. Ordenación del mercado de capitales y de las inversiones *del* y *en el* exterior.
5. Regíemenes de salario mínimo y negociación colectiva.
6. Sistema de Seguridad Social.
7. Controles de precios y salarios.
8. Otros aspectos.

La anterior enumeración puede suscitar tal vez la duda de si nos encontramos ante un intento de abarcar en el análisis de la realidad estructural toda la política económica aplicada. Esta cuestión ya nos la planteamos en la sección 11 del capítulo 7, con detenimiento al exponer nuestro concepto de estructura económica, y por ello no vamos a insistir en esta ocasión. Solamente queremos subrayar —una vez más— que en el estudio de la realidad económica las instituciones son una parte fundamental. Y para conocer bien las instituciones —sean en su aspecto de organismos, de usos o de grupos— es preciso saber cuáles son sus normas de funcionamiento y cómo funcionan en la práctica, puesto que a veces existen diferencias decisivas entre la legalidad y la realidad funcional. Un caso típico es el del sistema monetario internacional, que entre 1944 y 1971 estuvo oficialmente basado en un patrón de cambios oro. Pero en esos veintiséis años hubo transformaciones importantes, que de hecho cambiaron el patrón de cambios oro en un sistema de moneda fiduciaria o, si se quiere, en un patrón dólar papel. En otras palabras, la crisis monetaria que se desató desde 1970 no fue otra cosa que la quiebra ya expresa, formalmente reconocida por todos, de los principios que articulaban el Convenio Constitutivo del FMI desde su creación en Bretton Woods en 1944.

En definitiva, se trata de averiguar el verdadero papel de las instituciones, superando ese margen de incógnitas que puede haber —y que casi siempre hay— entre legalidad y realidad. Claro es que ese margen, que puede ser conocido mediante la observación directa de las instituciones en funcionamiento, no es casi nunca el resultado de una decisión arbitraria o de un capricho administrativo. Tiene su origen histórico en tensiones sociales o económicas, que fuerzan a los elementos dirigentes o preponderantes, de quienes depende la institución, a buscar una salida de la situación, naturalmente en la dirección que a ellos les resulta más favorable. Muchas veces estas salidas, que podríamos llamar «espontáneas», no tardan en ser oficialmente homologadas mediante la oportuna disposición legal, o a través del correspondiente convenio internacional, más o menos forzado por los más fuertes.

Resulta, pues, que en materia de fuentes, tanta importancia como las normas legales la tienen los estudios históricos, destinados a apreciar la evolución de las instituciones y la racionalidad de su configuración actual. El enfoque legal e histórico debe completarse, por tanto, con la atenta observación del funcionamiento real de las instituciones. Para ello son de gran utilidad las entrevistas personales con los administradores de organismos nacionales e internacionales (y con los administrados), con los líderes oficiales o naturales de los grupos (y con sus elementos antagónicos), y en general con una selección de quienes practican determinados usos cuyo conocimiento pueda ser de interés.

2.2. *Las fuentes estadísticas*

Que las estadísticas son absolutamente necesarias para conocer la realidad económica es algo que no necesita demostración, puesto que en esa necesidad radicó la razón de las primeras operaciones serias de recuento estadístico. En la Europa de los siglos XVI y XVII, la potencia de los Estados se manifestaba por sus posibilidades de armar ejércitos, lo cual exigía hombres y dinero. No es extraño, pues, que desde los primeros Estados nacionales (Francia, Inglaterra, España, Portugal, Holanda y Rusia) hasta los pequeños principados alemanes y las repúblicas italianas, las primeras estadísticas disponibles en la Europa moderna fuesen los censos demográficos y los estados de recaudaciones [4]; ambos tipos de información se vieron reforzados, además, por las ideas mercantilistas que en esos siglos empezaron a imperar y que originaron los primeros registros serios del intercambio comercial con el exterior. Fue por entonces cuando asimismo aparecieron las primeras obras descriptivas de la realidad económica, haciendo uso para ello de todos los datos disponibles. Esta tendencia adquirió una cierta aglutinación en el movimiento de la Aritmética Política, al cual ya hemos hecho referencia en la sección 2 del capítulo 7.

Pero el empleo intensivo de las estadísticas en los trabajos económicos no adquirió de inmediato el impulso que los «econometristas» del XVII habían intuido [5]. Adam Smith, aunque solamente de pasada, y tal vez sin dar demasiada carga a su frase, mostró su desconfianza por la Aritmética Política [6]. Lo cierto es que entre los clásicos y sus seguidores, dado su método deductivo y su recelo ante las intervenciones del Estado en los negocios privados, la preocupación por encontrar base para sus argumentos en las estadísticas fue casi siempre muy escasa, y su afición a describir la realidad económica —que daban por conocida en sus esquemas teóricos— fue asimismo prácticamente nula. Claro que hubo excepciones muy brillantes, como la de Stanley Jevons, quien depositó en las estadísticas una gran esperanza como futura base para la elaboración de una ciencia económica realista.

Las estadísticas no recibieron el impulso de que podrían haber

---

[4] Henri Guitton, «Statistique et Econometrie», PUF, París, 1959, pág. 23.

[5] Joseph A. Schumpeter, «History of Economic Analysis», ob. cit., págs. 210 y 211.

[6] Adam Smith, «La Riqueza de las Naciones», ob. cit., pág. 445. La frase de Adam Smith, en el contexto de ciertas cifras sobre el comercio de cereales no es, ni mucho menos, definidora de una verdadera posición sobre el tema: «No tengo gran fe en la Aritmética Política —dijo— y no intento garantizar la exactitud de sus cálculos». Tal vez lo que simplemente dio a entender con estas palabras es que no se fiaba de determinados datos que quizá con alguna osadía manejaban los Aritméticos Políticos. En este sentido recogemos aquí unas palabras de A. C. Pigou: «La limitación del material estadístico a disposición de los primeros economistas era extraordinaria. Se les ha acusado muchas veces de teorizar excesivamente, en lugar de atender a los hechos. Pero estas críticas no tienen en cuenta las contadas cifras de que podían disponer». De «Essays in Economics», Macmillan, Londres, 1952, pág. 30, citado por E. Fuentes en «Ciencia Económica y realidad (El problema de las fuentes del conocimiento económico)», publicado en *Estadística Española,* núm. 3, abril-junio, 1959, pág. 7.

sido objeto mucho antes hasta fines del siglo XIX. Ello es especialmente perceptible en el caso de Inglaterra [7]. Y si de él nos ocupamos *in extenso* se debe sencillamente a que ese país puede ser considerado justamente como la cuna de la ciencia económica moderna.

Concretamente, fue sólo entre 1870 y 1890 cuando empezaron a producirse acontecimientos interesantes en ese sentido: la aparición del *Board of Trade Journal* y del índice Sauerbeck de precios en Inglaterra, y los primeros trabajos estadísticos del «U. S. Bureau of Labor» en los Estados Unidos. De esta época son también algunos trabajos de investigación privada —y por tanto, de ámbito forzosamente limitado— como los de Booth y Rowntree sobre las condiciones de vida en las ciudades inglesas, seguidos de otros de Porter, Tooke, Newarch, Baxter, etc., todos los cuales no dudaron en iniciar la lucha individual por cifrar de alguna suerte los principales resultados del proceso económico colectivo [8].

La preocupación oficial por las estadísticas —aparte de las estrictamente demográficas, financieras y de comercio exterior— se hizo mayor con el comienzo del siglo XX. Un hito en ese proceso fue el censo de producción del Reino Unido para 1907, que abrió grandes perspectivas para el conocimiento de una vasta serie de aspectos de la realidad económica que hasta entonces habían permanecido velados.

Ulteriormente, el progreso en la elaboración de estadísticas económicas, de todas clases y en todas partes, ha sido continuo. Así la reconocía Colin Clark tras el impresionante impulso que la Segunda Guerra Mundial significó a este respecto. Concretamente, en el prólogo de la segunda edición de sus «Conditions», y refiriéndose a las estadísticas del empleo, Renta Nacional, etc., Clark afirmaba (en 1947) que el análisis en la década de 1930 fue casi totalmente teórico, «hasta que en la década de 1940 las cajas vacías de los datos económicos comenzaron a ser llenadas, al tiempo que los problemas de

[7] Todavía antes de la guerra de 1939-1945, «la respuesta favorita de un Ministro británico a las preguntas de naturaleza estadística era: no hay información disponible; y si se le hubiera presionado para obtenerla, hubiera respondido: no tengo facultades para exigir una respuesta sobre estas cuestiones». De «El Memorándum de la Royal Statistic Society sobre la estadística oficial» (británica), versión española aparecida en *Documentación Económica,* vol. I, número 2, marzo, 1945, pág. 101.

[8] R. Stone, «The role of measurement in Economics», Cambridge University Press, Londres, 1951, págs. 1 y sigs.

empleo y renta nacional empezaron a ser analizados en términos concretos» [9].

Refiriéndonos ahora en concreto a la estadística española como organización estatal sistematizada, puede decirse que también es relativamente reciente. Aunque tenga antecedentes ya lejanos en el tiempo, lo cierto es que fue en 1847 cuando se hicieron los primeros preparativos para crear un cuerpo organizado de estadísticas nacionales. Como era lógico, se empezó prestando atención preferente a la que era primera fuente de riqueza por entonces. Esta es la justificación del texto legal publicado en 1847 con el pomposo título de «Reglamento general para el establecimiento y conservación de la estadística de la riqueza territorial del Reino y sus agregados».

En los años siguientes se laboró ya en la preparación de un mecanismo más amplio de recogida y publicación de datos estadísticos nacionales. Y fue en 1855 cuando se publicó una recopilación de todas las disposiciones legales aparecidas en este campo: el «Extracto de las leyes, reales decretos y órdenes, instrucciones y reglamentos vigentes sobre contribuciones, amillaramientos, repartos y estadística, el cual comprende todas las disposiciones dictadas desde los años 1845 hasta el de 1855». Reunidos estos materiales, se formó ya un proyecto de ley general de estadística. A él se refería Antonio Ramírez Arcas en su obra «Proyecto de ley para la formación de la estadística general», aparecida en Madrid en 1856.

La primera ley general de la estadística española fue publicada en 1857, año que se toma generalmente como el hito fundacional de nuestra estadística, y como tal fue celebrado en 1957 por el Instituto Nacional de Estadística (INE), al cumplirse el centenario de la aparición del referido texto legal. En la obra de Eduardo Rico Valdemoros, publicada en Madrid en 1857, aparece un extenso análisis de los propósitos y medios de esta nueva ley («Memoria sobre la estadística general de España, o sea, Discurso preliminar en el Plan estadístico que subsigue»).

De esta suerte, se inició la estadística oficial de España, cuyos primeros frutos no se hicieron esperar: el Censo de población de 1857 y el «Anuario Estadístico de España» de 1859 y 1860, publicado este último año por la propia Comisión de Estadística General

---

[9] Colin Clark «Preface to the Second Edition» (1947) en *The Conditions of Economic Progress,* 3.ª edición (reimpresión), Londres, 1960, págs. 7 y 8.

del Reino, órgano central del nuevo servicio oficial, que en 1862 se había transformado en *Junta General de Estadísticas* y que en 1867 se llamaba *Dirección General de Estadística.* Más adelante la Dirección se transformó en *Instituto Geográfico y Estadístico*, para recuperar efímeramente su denominación de *Dirección General de Estadística* en 1923. Con los cambios políticos, en 1924 pasó a llamarse *Jefatura Superior de Estadística,* para cambiar nuevamente su nombre al año siguiente por el de *Servicio General de Estadística,* y en 1931 por el de *Instituto Geográfico, Catastral y de Estadística.* En 1940 reapareció la denominación de *Dirección General de Estadística*, hasta que, por último, en 1945 se creó el *Instituto Nacional de Estadística,* que es el órgano hoy existente.

Para terminar esta exposición forzosamente discontinua del progreso experimentado en la disponibilidad de información estadística, podemos afirmar que hoy día son muy pocos los aspectos de la realidad económica todavía enteramente vírgenes. La labor del recuento estadístico ha logrado entrar en las más recónditas regiones de la realidad económica, bien de forma exhaustiva o por medio del muestreo científicamente operativo a partir de los estudios de Neyman y otros. Este último aspecto del prodigioso avance estadístico es importante, pues gracias al muestreo los servicios estadísticos se encuentran hoy en disposición de ofrecer a los gobiernos (y a sus servicios económicos) con rapidez, y a un coste incomparablemente más reducido que por medio de los censos, la información numérica necesaria para llevar a cabo análisis estructurales y coyunturales de gran envergadura, que puedan servir de base para la adopción de decisiones de política económica.

Así, pues, nos encontramos hoy ante un panorama completamente distinto del que afrontaban los economistas hace cien años, e incluso distintos del que era usual en la década de 1930.

El problema ha cambiado de cariz. Ahora, de lo que se trata es de aprovechar a fondo todas las posibilidades que el gran cúmulo de datos nos ofrece, y de rellenar las lagunas aún subsistentes de la manera más racional. Esto plantea dos cuestiones distintas, que por lo mismo requieren un tratamiento diferenciado. En primer lugar, la valoración de los datos existentes; en segundo, la óptima organización del sistema estadístico nacional, al objeto de cubrir en cantidad y calidad las necesidades de estadísticas de la investigación económica. Brevemente, abordamos ambos temas.

2.2.1. *La valoración de los datos existentes*

Al proponerse utilizar un conjunto de datos estadísticos, el economista debe plantearse el problema de la exactitud o «acuracidad» [10]. Como ha subrayado el profesor Fuentes, es este un problema fundamental «que no ha merecido de los economistas, salvo en contados trabajos, toda la atención que su interés exigía. Sus manifestaciones externas y sus consecuencias prácticas revisten una importancia excepcional, que al no dedicárseles el estudio y el análisis debidos se paga, en muchos casos, con el desconocimiento de fenómenos vitales de la vida económica, que tuercen el rumbo de muchas investigaciones» [11].

El problema de la exactitud de los datos disponibles fue sistemáticamente tratado por Morgenstern y Stone [12], quienes clasificaron en ocho grupos las causas posibles de los errores de que adolecen las estadísticas que normalmente emplea el investigador económico. Esos ocho grupos de causas, sucintamente expuestos, son los siguientes:

1. La preparación de los observadores, que normalmente no están identificados con los objetivos del investigador, y por tanto, realizan su labor de manera rutinaria y casi siempre sin penetrar en todos los detalles de interés.

2. Ocultación de las informaciones. La posibilidad de que el observado pueda falsear los verdaderos datos en su declaración estadística. Esta es la más importante fuente de error en la descripción de la realidad económica. Mientras no exista un método riguroso de cálculo del error probable, el empleo de los datos siempre tendrá este inconveniente, a menos que se proceda a un minucioso, difícil y costoso proceso de revisión.

3. Observaciones en masa. Los errores derivados de la preparación de los observadores y de la ocultación de informaciones, adquieren una especial gravedad cuando el fenómeno estudiado es de carácter masivo, siendo prácticamente imposible expurgar los errores.

4. Errores provenientes de los instrumentos utilizados en la recogida y en el cómputo de datos.

---

[10] Véase la nota 4 de la «Nota preliminar del autor» a este libro.

[11] E. Fuentes Quintana, «Ciencia Económica y Realidad», art. cit., pág. 12

[12] Richard Stone, «The role of measurement in Economics», ob. cit.; Oskar Morgenstern, «On the Accuracy of Economic Observations», Princeton University Press, Princeton, 1951.

5. Errores debidos a intervalos de tiempo, por imputación incorrecta de las cifras a un período, por alteración de las calidades de los productos que equivocadamente (o por rutina) se toman como de igual clase, por cambio en las estructuras del consumo, etc.

6. Observación de un mismo fenómeno desde posiciones diferentes. El caso típico de esta clase de error se presenta en las estadísticas de comercio exterior. Las discrepancias entre la cifra de exportación de una mercancía X del país A al país B y la cifra de importación de la misma mercancía X en el país B con procedencia de A son casi siempre muy considerables.

7. Errores de los cuestionarios, procedentes fundamentalmente del desconocimiento de la reacción de las empresas y de los demás sujetos ante el cuestionario que se les presenta.

8. Carencia de un diseño económico previo a la confección de las estadísticas. Cuando ello es posible, antes de llevar a cabo una investigación estadística destinada a aclarar un cierto aspecto de la realidad económica, es absolutamente preciso preparar un diseño económico, a partir del cual puede obtenerse fácilmente un diseño estadístico, como esquema coherente de toda la información precisa, delimitando claramente cada uno de los temas que se pretende investigar. La falta de ambos diseños hace muchas veces casi inservibles investigaciones muy costosas.

Por tanto, estos ocho grupos de posibles causas de error deben ser tenidos en cuenta por el economista en el empleo de los datos estadísticos. Sólo así podrá valorar suficientemente los resultados de su investigación, que siempre es problemática en función de la calidad del material estadístico utilizado.

2.2.2. La organización del sistema estadístico nacional

Si para cualquier investigación estadística de la realidad económica son precisos un diseño económico y un diseño estadístico que adapte la investigación a los fines concretos que persigue el investigador, en términos generales puede decirse que un sistema estadístico económico, considerado en su conjunto, también requiere un diseño básico y global que haga coherentes entre sí todas las diferentes investigaciones.

La Oficina de Estadística de las Naciones Unidas es muy clara a este respecto: «La función primera y permanente de un sistema estadístico nacional consiste en coleccionar, compilar y publicar con regularidad un conjunto de estadísticas integradas que suministren la información cuantitativa necesaria para un *entendimiento inteligente de la estructura económica y social de la nación, de las fuerzas que actúan dentro de ella y de su interrelación.* Por tanto, la primera misión de la Agencia Estadística consiste en determinar cuáles son los datos estadísticos que facilitan esa información. Naturalmente, la información variará en cuanto al campo que pretende cubrir, y en el detalle, según las necesidades del país... En el desarrollo de un conjunto de series estadísticas integradas, es de la mayor importancia que el sistema nacional contenga un programa de trabajo, un plan de las metas finales. Entre otras cosas, ese programa debería incluir una relación de las principales lagunas en el sistema vigente de estadísticas oficiales, con la apreciación de la utilidad relativa de los diversos datos a obtener. Sin embargo, el Plan no debería preocuparse solamente por las estadísticas de las que todavía se carece, sino que además debería contener una apreciación de la utilidad relativa de los datos ya utilizables» [13].

Si hemos transcrito el largo pasaje anterior del citado informe de las Naciones Unidas, es por entender que la labor del estudioso de la estructura económica no consiste simplemente en buscar las fuentes estadísticas disponibles para aprovecharlas en su trabajo, sino que simultáneamente debe hacer la crítica de los distintos aspectos del sistema estadístico para contribuir a su mejora. Hoy en día algo parece perfectamente claro en la cuestión que aquí nos preocupa: la necesidad de coordinar todas las estadísticas económicas en torno a la contabilidad social.

2.3. *La observación directa y la información cualitativa*

El reciente y formidable desarrollo de las estadísticas —que en gran parte se debe a la revolución microelectrónica a que nos referimos en el capítulo 2 del presente libro— sitúa al investigador o al simple observador de la realidad económica ante el peligro de hipervalorar las posibilidades de la información cuantitativa y de menos-

[13] Statistical Office of the United States, «Handbook of Statistical Organization» (*Studies in Methods,* Serie F, núm. 6), Nueva York, 1954, pág. 6. El subrayado de la cita es mío.

preciar la información cualitativa, que sigue siendo fundamental. Como ha afirmado el profesor Fuentes Quintana, hay zonas de la investigación económica (por ejemplo, el estudio de las instituciones económicas o la estructura económica legal de una sociedad) difícilmente analizables bajo el prisma cuantitativo. «Por desgracia, resulta difícil sujetar todo el campo que ha de investigar el economista al cumplimiento de las condiciones exigidas a una información de naturaleza cuantitativa» [14].

En la realidad económica se presenta con frecuencia el caso de magnitudes que no pueden medirse en intensidad, en contra de lo que sucede —por lo menos en gran medida— en las Ciencias Físicas. Asimismo, en la realidad se dan estados de ánimo muy generalizados, imposibles de cuantificar a pesar de los progresos de la Psicología Social. Son los *animal spirits* (el estado de animo) a los que se refirió J. M. Keynes, y a los que ya hicimos referencia en la sección 7 del capítulo 2 del presente libro.

¿Cómo vamos a cuantificar las expectativas de los empresarios frente al futuro? Lo más que podremos decir es que son buenas, medianas o malas, lo cual es una apreciación cualitativa, obtenida no solamente con base en algunos indicadores —carteras de pedidos, volumen de existencias en almacén, etc.—, sino sobre todo por medio de entrevistas y sondeos en el estrato empresarial.

Por otra parte, y como ha subrayado G. Stigler [15], muchas afirmaciones basadas exclusivamente en los datos estadísticos pueden estar en abierto contraste con la realidad, por el menosprecio de la observación cualitativa basada en la información histórica. Dos son para Stigler las ventajas del método histórico. La primera, el aprovechamiento de una experiencia que no puede ser registrada en las estadísticas, y que suministra una información adicional sobre los hechos económicos que en las series cronológicas aparecen esquematizados al máximo. La segunda ventaja: ser la única fuente de conocimiento de la realidad de que disponemos cuando no existe información estadística; lo cual es muy frecuente incluso para el pasado inmediato.

---

[14] E. Fuentes Quintana, «Ciencia Económica y Realidad», art. cit., pág. 9.

[15] En su crítica a la obra compilada por Smithies bajo el título «A Survey of Contemporary Economics». La crítica apareció en *The Journal of Political Economy*, 1949.

3. Las fuentes elaboradas

Al lado de las fuentes directas para representar la realidad económica están las fuentes elaboradas, a cuyas características generales como acumulación de conocimientos depurados y debidamente ordenados ya nos hemos referido al comenzar el presente capítulo.

Las fuentes elaboradas son de una gran utilidad para el estudioso de la realidad económica, pues le permiten adquirir con rapidez unos conocimientos cuya aprehensión y tratamiento pueden haber significado muchos años de trabajo a sus autores. Por otra parte, el intento de investigar sistemáticamente y *ex novo* un aspecto concreto ya estudiado previamente, al menos en parte, sería una labor rayana en la necedad. De hecho, negaría uno de los principios básicos de la elaboración científica: la acumulación y perfeccionamiento progresivo del conocimiento. Por otro lado, se trata de que además de evitar el «descubrir Mediterráneos» realicemos oportunamente la crítica de las aportaciones anteriores. En definitiva, al emplear las fuentes elaboradas, incorporamos determinados conocimientos y apreciamos con espíritu crítico sus deficiencias y lagunas, de forma que sea posible trazar el camino por el cual llenar omisiones, rectificar puntos de vista previos que resulten erróneos y profundizar en el análisis.

¿Cuáles son las fuentes elaboradas que deben tenerse en cuenta en el conocimiento de la realidad económica? En el cuadro sinóptico que nos ha servido de hilo conductor para este capítulo hemos incluido entre ellas las siguientes: tratados, manuales, monografías, informes, revistas, y prensa económica. Además de esa quíntuple distinción, asimismo será conveniente distinguir otras fuentes de la Estructura Económica y de la estructura económica. O en otras palabras, entre fuentes que nos proporcionen los datos de la realidad (estructura) y las elaboraciones que nos ilustren sobre los métodos a seguir y los instrumentos a emplear (Estructura) en el conocimiento de lo real.

Intentar una relación bibliográfica exhaustiva sería tarea prácticamente estéril por lo desmesurado de la lista que resultaría. Cada año que pasa se acumulan en este campo centenares de obras, artículos de revistas, monografías, etc. [16].

---

[16] Para el caso español, mi «Estructura Económica de España», Alianza Editorial, 22.ª ed., Madrid, 1992, incluye más de un millar de referencias sobre economía española. En cuanto a revistas, la referencia de un total de 105. A estos efectos son de interés las «Memorias» de oposiciones a cátedra de Elvira Martínez Chacón (Oviedo, mimeografiada, 1987, págs. 164 a 191), y de Juan Antonio Vázquez García (Oviedo, mimeografiada, 1987, págs. 559 a 659).

ANEXOS ESTADISTICOS

Anexo estadístico 1 (al capítulo 12)
CONTABILIDAD NACIONAL

1. CUENTAS SIMPLIFICADAS DE LA NACION (en millones de pesetas)

A. Economía Nacional

Operaciones	Código	1989 (P)	1990 (A)
CUENTAS DE BIENES Y SERVICIOS (C.O)			
RECURSOS			
Producción de bienes y servicios	P.10	77.778.302	86.824.632
Importación de bienes (cif)	P.61	8.523.098	9.024.645
Importación de servicios	P.62	697.706	760.513
IVA que grava los productos	R.21	2.592.252	2.753.517
Impuestos ligados a la importación, netos de subvenciones	R.29-R.39	416.804	376.053
TOTAL		90.008.162	99.739.360
EMPLEOS			
Consumo intermedio	P.20	35.762.463	39.880.083
Consumo final en el territorio económico	P.3B	36.685.140	40.304.854
— De hogares e instituciones privadas sin fines de lucro	—	29.853.872	32.694.654
— De las Administraciones públicas	—	6.831.268	7.610.200
Formación bruta de capital fijo	P.41	10.876.627	12.338.874
Variación de existencias	P.42	485.568	566.697
Exportación de bienes (fob)	P.51	5.260.578	5.681.010
Exportación de servicios	P.52	937.886	967.842
TOTAL		90.008.162	99.739.360

(A) Avance. (P) Provisional.

1. CUENTAS SIMPLIFICADAS DE LA NACION (en millones de pesetas, *continuación*)
A. Economía Nacional

Operaciones	Código	1989 (P)	1990 (A)
CUENTA DE PRODUCCION (C.1)			
RECURSOS			
Producción de bienes y servicios	P.10	77.778.302	86.824.632
IVA que grava los productos	R.21	2.592.252	2.753.517
Impuestos ligados a la importación, netos de subvenciones	R.29-R.39	416.804	376.053
TOTAL		80.787.358	89.954.202
EMPLEOS			
Consumo intermedio	P.20	35.762.463	39.880.083
Producto interior bruto a precios de mercado	**N.1**	**45.024.895**	**50.074.119**
— Consumo de capital fijo	A.1	4.993.165	5.480.815
— Producto interior neto a precios de mercado	N.11	40.031.730	44.593.304
TOTAL		80.878.358	89.954.202

CUENTA DE EXPLOTACION (C.2)

RECURSOS			
Producto interior bruto a precios de mercado	N.1	45.024.895	50.074.119
	R.30	1.136.229	1.236.755
Subvenciones de explotación y a la importación	—	888.954	932.800
— De las Administraciones públicas	—	247.275	303.955
— Del resto del mundo			
TOTAL		46.161.124	51.310.874
EMPLEOS			
Remuneración de asalariados (interior)	R.10	20.378.165	22.884.679
— De asalariados residentes	—	20.376.325	22.882.962
— De asalariados no residentes	—	1.840	1.717
Impuestos ligados a la producción y a la importación	R.20	4.897.645	5.327.204
— A las Administraciones públicas	—	4.657.242	4.956.800
— Al resto del mundo	—	240.403	370.404
Excedente bruto de explotación de la economía	**N.2**	**29,.885.314**	**23.098.991**
Consumo de capital fijo	A.1	4.993.165	5.480.815
Excedente neto de explotación de la economía	N.12	15.892.149	17.618.176
TOTAL		46.161.124	51.310.874

1. CUENTAS SIMPLIFICADAS DE LA NACION (en millones de pesetas, *continuación*)

A. Economía Nacional

Operaciones	Código	1989 (P)	1990 (A)
CUENTA DE RENTA (C.3)			
RECURSOS			
Excedente bruto de explotación de la economía	N.2	20.885.314	23.098.991
Remuneración de asalariados	R.10	20.414.423	22.918.410
— Por empleadores residentes	—	20.376.325	22.882.962
— Por empleadores no residentes	—	38.098	35.448
Impuestos ligados a la producción y a la importación	R.20	4.657.242	4.956.800
Rentas de la propiedad y de la empresa procedentes del resto del mundo	R.40	685.611	816.992
Operaciones de seguro de accidentes con el resto del mundo	R.50	14.307	16.745
Transferencias corrientes sin contrapartida procedentes del resto del mundo	R.60	591.878	513.757
TOTAL		47.248.775	52.321.695
EMPLEOS			
Subvenciones de explotación y a la importación	R.30	888.954	932.800
Rentas de la propiedad y de la empresa pagadas al resto del mundo	R.40	1.105.608	1.297.951
Operaciones de seguro de accidentes con el resto del mundo	R.50	8.009	6.751
Transferencias corrientes sin contrapartida pagadas al resto del mundo	R.60	204.755	165.983
Renta nacional bruta disponible	**N.3**	**45.041.449**	**49.918.210**
— Consumo de capital fijo	A.1	4.993.165	5.480.815
— Renta nacional neta disponible	N.13	40.048.284	44.437.395
TOTAL		47.248.775	52.321.695

RECURSOS			
Renta nacional bruta disponible	N.3	45.041.449	49.918.210
TOTAL		45.041.449	49.918.210
EMPLEOS			
Consumo final nacional	P.3A	35.133.000	38.864.008
Ahorro nacional bruto	**N.4**	**9.908.449**	**11.054.202**
— Consumo de capital fijo	A.1	4.993.165	5.480.815
— Ahorro nacional neto	N.14	4.915.284	5.573.387
TOTAL		45.041.449	49.918.210
CUENTA DE CAPITAL (C.5)			
RECURSOS			
Ahorro nacional bruto	N.4	9.908.449	11.054.202
Transferencias de capital procedentes del resto del mundo	R.70	142.972	157.690
TOTAL		10.051.421	11.211.892
EMPLEOS			
Formación bruta de capital fijo	P.41	10.876.627	12.338.874
Variación de existencias	P.42	485.468	566.697
Transferencias de capital al resto del mundo	R.70	8.848	10.757
Capacidad (+) o necesidad (−) de financiación de la nación	**N.5**	**−1.319.522**	**−1.704.436**
TOTAL		10.051.421	11.211.892

(P) Estimación provisional.
(A) Estimación avance.

1. CUENTAS SIMPLIFICADAS DE LA NACION (en millones de pesetas, *continuación*)
B. Resto del mundo

Operaciones	Código	1989 (P)	1990 (A)
CUENTA DE OPERACIONES CORRIENTES (C.7)			
RECURSOS			
Importación de bienes (cif)	P.61	8.523.098	9.024.645
Importación de servicios	P.62	697.706	760.513
Consumo final en el resto del mundo de hogares residentes	P.63	399.746	465.502
Remuneración de asalariados	R.10	1.840	1.717
Impuestos ligados a la producción y a la importación pagados al R. M.	R.20	240.403	370.404
Rentas de la propiedad y de la empresa	R.40	1.105.608	1.297.951
Operaciones de seguro de accidentes	R.50	8.009	6.751
Transferencias corrientes sin contrapartida n.c.o.p	R.60	204.755	165.983
Saldo de las operaciones corrientes con el R. M.	**N.7**	**−1.453.646**	**−1.851.369**
TOTAL		9.727.519	10.242.097
EMPLEOS			
Exportación de bienes (fob)	P.51	5.260.578	5.681.010
Exportación de servicios	P.52	937.886	967.842
Consumo final en el territorio económico de hogares no residentes	P.53	1.951.886	1.906.348
Remuneración de asalariados	R.10	38.098	35.448
Subvenciones de explotación y a la importación procedentes del R. M.	R.30	247.275	303.955
Rentas de la propiedad y de la empresa	R.40	685.611	816.992
Operaciones de seguro de accidentes	R.50	14.307	16.745
Transferencias corrientes sin contrapartida n.c.o.p	R.60	591.878	513.757
TOTAL		9.727.519	10.242.097

CUENTA DE CAPITAL (C.5)

RECURSOS			
Transferencias de capital	R.70	8.848	10.757
Capacidad (+) o necesidad (−) de financiación de la nación	**N.5**	**−1.319.522**	**−1.704.436**
TOTAL		−1.310.674	−1.693.679
EMPLEOS			
Saldo de las operaciones corrientes con el R. M.	N.7	−1.453.646	−1.851.369
Transferencias de capital	R.70	142.972	157.690
TOTAL		−1.310.674	−1.693.679

(P) Estimación provisional.
(A) Estimación avance.
R. M. = resto del mundo.
n.c.o.p. = no contabilizado en otra parte.

2. CUENTAS DE LOS SECTORES (en millones de pesetas, 1989)

A. Economía Nacional

S. 10 Sociedades y cuasi-sociedades no financieras
S. 40 Instituciones de crédito
S. 50 Empresas de seguro
S. 60 Administraciones Públicas
S. 80 Hogares
S. 90 Resto del mundo

	Código	S. 10	S. 80	S. 40	S. 50	S. 60	Total (1)	S. 90	Total
CUENTA DE PRODUCCION (C.1)									
RECURSOS									
Producción de bienes y servicios .	P.10	66.437.461		3.644.579	380.288	7.315.974	77.778.302	—	—
IVA que grava los productos.......	R.21	—		—	—	—	2.592.252	—	—
Impuestos ligados a la importación..........	R.29 R.39	—		—	—	—	416.804	—	—
TOTAL		66.437.461		3.644.579	380.288	7.315.974	80.787.358	—	—
EMPLEOS									
Consumo intermedio	P.20	29.602.887		646.601	259.251	2.065.279	32.574.018	—	—
Valor añadido bruto a precios de mercado	**N.1**	**36.834.574**		**2.997.978**	**121.037**	**5.250.695**	**48.213.340**	—	—
— Consumo de capital fijo.......	A.1	4.401.405		126.181	20.381	445.198	4.993.165	—	—
— Valor añadido neto a precios de mercado	N.11	32.433.169		2.871.797	100.656	4.805.497	43.220.175	—	—
TOTAL		66.437.461		3.644.579	380.288	7.315.974	80.787.358	—	—

CUENTA DE EXPLOTACION (C.2)

RECURSOS								
Valor añadido bruto a precios de mercado	N.1	36.834.574	2.997.978	121.037	5.250.695	48.213.340	—	—
Subvenciones de explotación	R.31	1.124.113	8.389	2.130	—	1.134.632	—	—
Subvenciones a la importación	R.39	—	—	—	—	1.597	—	—
TOTAL		37.958.687	3.006.367	123.167	5.250.695	49.349.569	—	—
EMPLEOS								
Remuneración de asalariados	R.10	14.111.403	1.319.439	141.82?	4.805.497	20.378.165	—	—
IVA que gravamos los productos.	R.21	—	—	—	—	2.592.252	—	—
Impuestos ligados a la producción	R.22	1.880.801	5.074	1.117	—	1.886.992	—	—
Impuestos ligados a la importación	R.29	—	—	—	—	418.401	—	—
Producción imputada de servicios bancarios (ajuste)	P.13	—	3.188.445	—	—	3.188.445	—	—
Excedente bruto de explotación	**N.2**	**21.966.483**	**−1.605.591**	**−19.776**	**445.198**	**20.885.314**	—	—
— Consumo de capital fijo	A.1	4.401.405	126.181	20.881	445.198	4.993.165	—	—
— Excedente neto de explotación	N.12	17.565.078	−1.632.772	−40.157	—	15.892.149	—	—
TOTAL		37.958.687	3.006.367	123.167	5.250.695	49.349.569	—	—

2. CUENTAS DE LOS SECTORES (en millones de pesetas, 1989, *continuación*)
A. Economía Nacional

S. 10 Sociedades y cuasi-sociedades no financieras
S. 40 Instituciones de crédito
S. 50 Empresas de seguro
S. 60 Administraciones Públicas
S. 80 Hogares
S. 90 Resto del mundo

	Código	S. 10	S. 80	S. 40	S. 50	S. 60	Total (1)	S. 90	Total
CUENTA DE RENTA (C.3) Y DE OPERACIONES CORRIENTES DEL RESTO DEL MUNDO (C.7)									
RECURSOS									
Excedente bruto de explotación	N.2	10.193.559	11.772.924	−1.506.591	−19.776	445.198	20.885.314	—	20.885.314
Remuneración de asalariados	R.10	—	20.414.423	—	—	—	20.414.423	1.840	20.416.263
Intereses efectivos	R.41	570.313	2.408.909	8.171.163	273.390	164.754	11.588.529	728.327	12.316.856
Intereses imputados	R.42	—	267.724	—	—	—	267.724	—	267.724
Renta de la tierra y de activos inmateriales	R.43	11.878	2.826	—	—	—	14.704	104.947	119.651
Dividendos y otras rentas distribuidas por las sociedades Rentas retiradas por los empresarios de las cuasi-sociedades	R.44 R.45	196.392	672.565	107.962	17.797	231.392	1.226.108	272.334	1.498.442
Primas netas de seguro de accidentes	R.51	—	—	—	703.207	—	703.207	3.022	706.229
Indemnizaciones de seguro de accidentes	R.52	244.376	461.421	1.484	—	—	707.281	4.987	712.268
Impuestos ligados a la producción y a la importación	R.20	—	—	—	—	4.657.242	4.657.242	240.403	4.897.645
Impuestos corrientes sobre la renta y el patrimonio	R.61	—	—	—	—	5.430.645	5.430.645	—	5.430.645
Cotizaciones sociales reales	R.62	—	—	—	128.939	5.396.743	5.525.682	944	5.526.626

Cotizaciones sociales ficticias	R.63	194.308	—	243.690	—	364.297	802.295	—	802.295
Prestaciones sociales	R.64	—	6.614.206	—	—	—	6.614.206	20.549	6.634.755
Transferencias corrientes entre Administraciones Públicas	R.65	—	—	—	—	4.263.207	4.263.207	—	4.263.207
Cooperación internacional corriente	R.67	7	—	—	—	81.939	81.946	60.821	142.767
Transferencias privadas internacionales	R.68	—	195.101	—	—	—	195.101	27.953	223.054
Transferencias corrientes diversas	R.69	2.841	1.045.926	62.333	1.670	830.706	1.943.476	94.488	2.037.964
Importación de bienes y servicios	P.60	—	—	—	—	—	—	9.620.550	9.620.550
Saldo de operaciones corrientes con el resto del mundo	**N.7**	—	—	—	—	—	—	**–1.453.646**	**–1.453.646**
TOTAL		11.413.674	43.856.025	7.080.041	1.105.227	21.866.123	85.321.090	9.727.519	95.048.609
EMPLEOS									
Subvenciones de explotación y a la importación	R.30	—	—	—	—	888.954	888.954	247.275	1.136.229
Intereses efectivos	R.41	3.385.425	1.757.711	4.868.745	114.213	1.560.477	11.686.571	630.285	12.316.856
Intereses imputados sobre los compromisos derivados de los contratos de seguro	R.42	—	—	136.735	130.989	—	267.724	—	267.724
Rentas de la tierra y de activos inmateriales	R.43	104.947	—	—	—	—	104.947	14.704	119.651
Dividendos y otras rentas distribuidas por las sociedades	R.44	1.151.603	—	285.521	20.696	—	1.457.820	40.622	1.498.442
Rentas retiradas por los empresarios de las cuasi-sociedades	R.45								
Primas netas de seguro de accidentes	R.51	263.257	433.854	3.872	—	—	700.983	5.246	706.229
Indemnizaciones de seguro de accidentes	R.52	—	—	—	703.207	—	703.207	9.061	712.268
Impuestos corrientes sobre la renta y el patrimonio	R.61	1.240.273	3.859.418	310.189	20.765	—	5.430.645	—	5.430.645

2. CUENTAS DE LOS SECTORES (en millones de pesetas, 1985, *continuación*)
A. Economía Nacional

S. 10 Sociedades y cuasi-sociedades no financieras
S. 40 Instituciones de crédito
S. 50 Empresas de seguro
S. 60 Administraciones Públicas
S. 80 Hogares
S. 90 Resto del mundo

	Código	S. 10	S. 80	S. 40	S. 50	S. 60	Total (1)	S. 90	Total
Cotizaciones sociales reales	R.62	—	5.526.293	—	—	—	5.526.293	333	5.526.626
Cotizaciones sociales ficticias	R.63	—	802.295	—	—	—	802.295	—	802.295
Prestaciones sociales	R.64	194.308	—	84.936	77.336	6.276.633	6.633.213	1.542	6.634.755
Transferencias corrientes entre Administraciones Públicas	R.65	—	—	—	—	4.263.207	4.263.207	—	4.263.207
Cooperación internacional corriente	R.67	—	—	—	—	60.821	60.821	81.946	142.767
Transferencias privadas internacionales	R.68	—	27.953	—	—	—	27.953	195.101	223.054
Transferencias corrientes y diversas	R.69	76.340	876.275	90.938	2.350	679.105	1.725.008	312.956	2.037.964
Exportaciones de bienes y servicios	P.50	—	—	—	—	—	—	8.150.350	8.150.350
Remuneración de los asalariados por empleadores no residentes	R.10	—	—	—	—	—	—	38.098	38.098
Renta bruta disponible	**N.3**	**4.997.521**	**30.572.226**	**1.299.105**	**35.671**	**8.1367.926**	**45.041.449**	—	**45.041.449**
Consumo de capital fijo	A.1	3.006.375	1.395.030	126.181	20.381	445.198	4.993.165	—	4.993.165
Renta neta disponible	N.13	1.991.146	29.177.196	1.172.924	15.290	7.691.728	40.048.284	—	40.048.284
TOTAL		11.413.674	43.856.025	7.080.041	1.105.227	21.866.123	85.321.090	9.727.519	95.048.609

CUENTAS DE UTILIZACION DE RENTA (C.4)

RECURSOS									
Renta bruta disponible	N.3	4.997.521	30.572.226	1.299.105	35.671	8.136.926	45.041.449	—	45.041.449
Variación de reservas matemáticas de jubilación	F.911	—	184.071	—	—	—	184.071	—	184.071
TOTAL		4.997.521	30.756.297	1.299.105	35.671	8.136.926	45.225.520	—	45.225.520
EMPLEOS									
Consumo final	P.3A	—	28.301.732	—	—	6.831.268	35.133.000	—	35.133.000
Variación de reservas matemáticas de jubilación	F.911	—	—	158.754	25.317	—	184.071	—	184.071
Ahorro bruto	**N.4**	**4.997.521**	**2.454.565**	**1.140.351**	**10.354**	**1.305.658**	**9.908.449**	—	**9.908.449**
— Consumo de capital fijo	A.1	3.006.375	1.395.030	126.181	20.381	445.198	4.993.165	—	4.993.165
— Ahorro neto	N.14	1.991.146	1.059.535	1.014.170	−10.027	860.460	4.915.284	—	4.915.284
TOTAL		4.997.521	30.756.297	1.299.105	35.671	8.136.926	45.225.520	—	45.225.520

CUENTA DE CAPITAL (C.5)

RECURSOS									
Ahorro bruto	N.4	4.997.521	2.454.565	1.140.351	10.354	1.305.658	9.908.449	—	9.908.449
Ayudas a la inversión y otras transferencias de capital	R.71/79	764.495	112.613	52.800	—	630.165	1.560.073	8.848	1.568.921
Impuestos sobre capital	R.72	—	—	—	—	104.778	104.778	—	104.778
Capacidad (+) o necesidad (−) de financiación frente al resto del mundo	**N.5**	—	—	—	—	—	—	**−1.319.522**	**−1.319.522**
TOTAL		5.762.016	2.567.178	1.193.151	10.354	2.040.601	11.573.300	−1.310.674	10.262.626

2. CUENTAS DE LOS SECTORES (en millones de pesetas, 1985, *continuación*)

A. Economía Nacional

S. 10 Sociedades y cuasi-sociedades no financieras S. 40 Instituciones de crédito S. 50 Empresas de seguro S. 60 Administraciones Públicas S. 80 Hogares S. 90 Resto del mundo	Código	S. 10	S. 80	S. 40	S. 50	S. 60	Total (1)	S. 90	Total
EMPLEOS									
Saldo de operaciones corrientes con el resto del mundo	N.7	—	—	—	—	—	—	−1.453.646	−1.453.646
Formación bruta de capital	P.40	6.693.440	2.394.408	231.355	67.679	1.975.213	11.362.095	—	11.362.095
Adquisiciones netas de terrenos	P.71	18.711	−41.739	—	—	23.028	—	—	—
Ayudas a la inversión y a otras transferencias de capital	R.71/79	58.408	8.373	57.591	—	1.301.577	1.425.949	142.972	1.568.921
Impuestos sobre capital	R.72	—	104.778	—	—	—	104.778	—	104.778
Capacidad (+) **o necesidad (−) de financiación frente al resto del mundo**	**N.5**	**−1.008.543**	**101.358**	**904.205**	**−57.325**	**−1.259.217**	**−1.319.522**	**—**	**−1.319.522**
TOTAL		5.762.016	2.567.178	1.193.151	10.354	2.040.601	11.573.300	−1.310.674	10.262.626

2. CUENTAS DE LOS SECTORES (en millones de pesetas, 1985, *continuación*)
B. Resto del mundo

S. 90 **Resto del mundo** S. 91 Países miembros de las Comunidades Europeas S. 92 Instituciones comunitarias europeas S. 93 Terceros países y organizaciones internacionales	Código	S. 90	S. 91	S. 92	S. 93
OPERACIONES CORRIENTES (C.7)					
RECURSOS					
Importación de bienes (cif)	P.61	9.024.645	5.336.596	—	3.688.049
Importación de servicios	P.62	760.513	414.689	—	345.824
Consumo final en el resto del mundo de hogares residentes	P.63	465.502	232.797	—	232.705
Remuneración de los asalariados	R.10	1.717	527	—	1.190
Impuestos ligados a la producción y a la importación	R.20	370.404	—	370.404	—
Intereses efectivos	R.41	848.275	306.494	—	541.781
Rentas de activos inmateriales	R.43	124.562	68.817	—	55.745
Dividendos y otras rentas distribuidas por las sociedades	R.44	325.114	218.154	—	106.960
Rentas retiradas por los empresarios de las cuasi-sociedades	R.45				
Primas netas de seguro de accidentes	R.51	1.205	73	—	1.132
Indemnizaciones de seguro de accidentes	R.52	5.546	4.221	—	1.325
Cotizaciones sociales reales	R.62	952	588	—	364
Prestaciones sociales	R.64	24.639	11.779	—	12.860
Cooperación internacional corriente	R.67	12.633	—	8.246	4.387

2. CUENTAS DE LOS SECTORES (en millones de pesetas, 1985, *continuación*)

B. Resto del mundo

S. 90 Resto del mundo S. 91 Países miembros de las Comunidades Europeas S. 92 Instituciones comunitarias europeas S. 93 Terceros países y organizaciones internacionales	Código	S. 90	S. 91	S. 92	S. 93
Transferencias privadas internacionales	R.68	21.627	7.923	—	13.704
Transferencias corrientes diversas n.c.o.p.	R.69	106.132	43.954	—	62.178
Saldo de operaciones corrientes de la nación con el resto del mundo	**N.7**	**−1.851.369**	**−321.765**	**6.073**	**−1.535.677**
TOTAL		10.242.097	6.324.847	384.723	3.532.527
EMPLEOS					
Exportación de bienes (fob)	P.51	5.681.010	3.974.625	—	1.706.385
Exportación de servicios	P.52	967.842	485.846	9.101	472.895
Consumo final en el territorio económico de hogares o residentes	P.53	1.906.348	1.237.479	—	668.869
Remuneración de los asalariados	R.10	35.448	14.888	—	20.560
Subvenciones de explotación y a la importación	R.30	303.955	—	303.955	—
Intereses efectivos	R.41	762.197	309.360	2.926	449.911
Rentas de activos inmateriales	R.43	16.784	6.190	—	10.594
Dividendos y otras rentas distribuidas por las sociedades Rentas retiradas por los empresarios de las cuasi-sociedades	R.44 R.45	38.011	17.589	—	20.422

Primas netas de seguro de accidentes	R.51	4.789	1.641	—	3.148
Indemnizaciones de seguro de accidentes	R.52	11.956	8.235	—	4.721
Cotizaciones sociales reales	R.62	441	239	—	202
Prestaciones sociales	R.64	4.451	3.872	—	579
Cooperación internacional corriente	R.67	68.940	—	68.741	199
Transferencias privadas internacionales	R.68	197.093	89.521	—	107.572
Transferencias corrientes diversas n.c.o.p.	R.69	262.577	184.200	—	78.377
Discrepancia estadística	—	−19.745	−7.838	—	−11.907
TOTAL		10.242.097	6.324.847	384.723	3.532.527
CUENTA DE CAPITAL (C.5)					
RECURSOS					
Ayudas a la inversión/otras transferencias de capital	R.71/79	10.757	—	10.757	—
Capacidad (+) o necesidad (−) de financiación de la nación	**N.5**	**−1.704.436**	**−321.765**	**153.006**	**−1.535.677**
TOTAL		−1.693.679	−321.765	163.763	−1.535.677
EMPLEOS					
Saldo de operaciones de la nación con el resto del mundo	N.7	−1.851.369	−321.765	6.073	−1.535.677
Ayudas a la inversión/otras transferencias de capital	R.71/79	157.690	—	157.690	—
TOTAL		−1.693.679	−321.765	163.763	−1.535.677

3. OPERACIONES DE BIENES Y SERVICIOS

Cuadro I.A. Cuentas de producción y explotación por ramas de actividad. Año 1987. Precios corrientes. Unidad: millones de pesetas

Ramas de actividad	R.56	R.6	Valor de la producción	Consumos intermedios	Valor añadido bruto a precios de mercado	Remuneración de asalariados	Impuestos netos	Excedente bruto de explotación
1. PRODUCTOS DE LA AGRICULTURA, SILVICULTURA Y PESCA		01	**3.873.714**	**1.904.094**	**1.969.620**	**533.953**	**−73.965**	**1.509.632**
Productos de la agricultura, silvicultura y pesca	010		3.873.714	1.904.094	1.969.620	533.953	−73.965	1.509.632
2. PRODUCTOS ENERGETICOS		06	**3.613.810**	**1.558.815**	**2.054.995**	**482.527**	**478.962**	**1.093.506**
Hulla y aglomerados de hulla	031		161.739	49.192	112.547	121.590	−29.996	20.953
Lignito y briquetas de lignito	033		61.715	18.288	43.427	22.435	3	20.989
Productos de la coquefacción	050		84.473	41.484	42.989	4.603	210	38.176
Petróleo bruto	071		36.007	7.528	28.479	2.389	141	25.949
Productos petrolíferos refinados	073		1.637.448	856.885	780.563	57.932	508.433	214.198
Gas natural	075		46.956	7.625	39.331	6.308	142	32.881
Agua: captación, depuración, distribución, vapor, agua caliente	096		133.501	36.675	96.826	36.382	−13.365	73.809
Energía eléctrica	097		1.417.357	525.124	892.233	219.725	13.218	659.290
Gas manufacturado	098		31.550	15.026	16.524	10.344	176	6.004
Combustibles nucleares	110		3.064	988	2.076	819	—	1.257
3. PRODUCTOS INDUSTRIALES		30	**20.453.981**	**12.249.946**	**8.204.035**	**4.279.136**	**212.979**	**3.711.920**
Minerales de hierro y productos siderúrgicos	134		1.332.720	1.020.597	312.123	181.746	−1.580	131.957
Cemento, cal y yeso	151		233.140	92.948	140.192	32.727	980	106.485

Vidrio	153		194.156	70.560	123.596	48.874	544	74.178
Tierra cocida, productos cerámicos	155		241.220	101.016	140.204	85.034	944	54.226
Otros minerales y derivados no metálicos	157		468.537	246.972	221.565	128.147	2.331	91.087
Productos químicos	170		1.828.034	1.043.965	784.069	346.510	6.138	431.421
Productos metálicos	190		1.318.227	694.624	623.603	421.680	3.264	198.659
Máquinas agrícolas e industriales	210		840.449	491.872	348.557	196.424	1.428	150.725
Máquinas de oficina, y de tratamiento de la información	230		379.357	225.693	153.664	52.753	1.296	99.615
Material electrico	250		1.065.770	500.358	565.412	326.990	5.010	233.412
Vehículos automóviles y motores	270		1.815.364	1.341.459	473.905	364.374	7.820	101.711
Otros medios de transporte	290		539.190	268.401	270.789	215.566	863	54.360
Carnes y conservas	310		1.285.887	987.574	298.313	107.917	−64	190.460
Leche y productos lácteos	330		472.756	335.973	136.783	53.030	−1.264	85.017
Otros alimentos	350		2.253.709	1.498.077	755.632	288.120	−13.882	481.394
Bebidas	370		784.769	389.426	395.343	113.748	52.811	228.784
Tabacos	390		290.183	109.185	180.998	46.111	127.636	7.251
Productos textiles: vestidos	410		1.330.397	681.831	648.566	376.922	5.554	266.090
Cuero, artículos en piel y cuero, calzado	430		572.151	331.093	241.058	142.093	1.879	97.086
Madera y muebles de madera	450		643.063	351.639	291.424	178.006	3.067	110.351
Pastas de papel, papel y cartón	473		295.668	170.591	125.077	43.727	398	80.952
Artículos de papel, impresión	473		781.639	403.489	378.150	218.255	2.808	157.087
Productos de caucho y plástico	490		772.143	422.161	349.982	183.874	2.706	163.402
Productos de otras industrias manufactureras	510		278.991	160.549	118.442	71.934	788	45.720
4. CONSTRUCCION E INGENIERIA CIVIL		53	**4.597.325**	**2.110.614**	**2.486.711**	**1.388.794**	**45.318**	**1.052.599**
Construcción e ingeniería civil	530		4.597.325	2.110.614	2.486.711	1.388.794	45.318	1.052.599
5. SERVICIOS DESTINADOS A LA VENTA		68	**23.994.102**	**9.298.137**	**14.695.965**	**5.563.692**	**154.531**	**8.977.742**
Recuperación y reparación	550		1.159.969	525.894	634.075	204.649	733	428.693
Comercio	570		5.333.492	956.504	4.376.988	1.307.351	153.043	2.916.594

3. OPERACIONES DE BIENES Y SERVICIOS *(continuación)*

Cuadro I.A. *(conclusión)*

Ramas de actividad	R.56	R.6	Valor de la producción	Consumos intermedios	Valor añadido bruto a precios de mercado	Remuneración de asalariados	Impuestos netos	Excedente bruto de explotación
Restaurantes y alojamientos	590		4.388.605	2.121.348	2.267.257	604.778	39.258	1.623.221
Ferrocarriles	611		133.361	123.999	9.362	119.757	−160.789	50.394
Transporte por carretera, oleoductos y gaseoductos	613		1.494.986	654.228	840.758	347.693	−22.364	515.429
Transporte marítimo y de cabotaje, navegación interior	531		200.840	124.783	76.057	60.702	−8.507	23.862
Transporte aéreo	633		385.085	226.837	158.248	78.221	−3.093	83.120
Servicios anexos a los transportes	650		436.742	104.038	332.704	123.039	−6.052	215.717
Comunicaciones	670		630.414	73.806	556.608	262.571	4.138	289.899
Créditos y seguros	690		2.965.940	696.851	2.269.089	1.171.869	−8.944	1.106.164
Producción imputada de servicios bancarios			—	2.321.527	−2.321.527	—	—	−2.321.527
Servicios prestados a las empresas	710		2.012.224	455.522	1.556.702	449.664	241.940	865.098
Alquiler inmobiliario	730		2.668.883	457.271	2.211.612	24.176	−29.066	2.216.502
Investigación y enseñanza destinada a la venta	750		341.677	83.722	257.955	252.785	−172.494	177.664
Sanidad destinada a la venta	770		488.017	112.389	375.628	169.688	499	205.441
Servicios destinados a la venta n.c.o.p.	790		1.353.867	259.418	1.094.449	386.749	126.229	581.471

6. SERVICIOS NO DESTINADOS A LA VENTA		86	**6.175.260**	**1.755.483**	**4.419.777**	**4.059.030**	—	**360.747**
Servicios generales de las Administraciones públicas	810		3.580.797	1.235.609	2.345.188	2.125.334	—	219.854
Investigación y enseñanza no destinada a la venta	850		989.200	113.817	875.383	795.468	—	79.915
Sanidad no destinada a la venta	890		1.241.011	354.824	886.187	830.780	—	55.407
Servicios no destinados a la venta n.c.o.p.	930		364.252	51.233	313.019	307.448	—	5.571
TOTAL			**62.708.192**	**28.877.089**	**33.831.103**	**16.307.132**	**817.825**	**16.706.146**

n.c.o.p. = no contabilizado en otra parte.

3. OPERACIONES DE BIENES Y SERVICIOS *(continuación)*

Cuadro V.A y B
CLASIFICACION DEL CONSUMO PUBLICO POR OPERACIONES Y SUBSECTORES.
UNIDAD: MILLONES DE PESETAS

Operaciones-Sectores	Código	1988(P)	1989(P)	1990(A)
A) PRECIOS CORRIENTES				
a) Por operaciones				
1. Compras netas de bienes y servicios	(1)	1.331.948	1.580.573	1.630.500
2. Remuneración de los asalariados	R.10	4.197.112	4.805.497	5.466.500
3. Consumo de capital fijo	A.1	395.371	445.198	513.200
Consumo final nacional (público)	**P.3A**	**5.924.431**	**6.831.268**	**7.610.200**
b) Por sectores				
Administración Central (S.61)	—	2.559.766	2.845.115	3.061.400
— Estado (S.611)		2.257.073	2.486.167	2.671.000
— Organismos Autónomos Administrativos (S.612)		302.693	358.948	390.400
Administración Territorial (S.62)	—	2.010.162	2.352.107	2.623.100
— Comunidades Autónomas (S.621)		992.956	1.190.466	1.336.300
— Corporaciones Locales (S.622)		1.017.206	1.161.641	1.286.800
Seguridad Social (S.63)	—	1.354.503	1.634.046	1.925.700
— Sistema de Seguridad (S.631)		1.347.625	1.626.615	1.917.800
— Otras Administraciones de S.S. (S.632)		6.878	7.431	7.900
Consumo final nacional (público)	**P.3A**	**5.924.431**	**6.831.268**	**7.610.200**

B) PRECIOS CONSTANTES				
a) Valores a precios de 1980				
1. Compras netas de bienes y servicios	(1)	1.256.356	1.411.482	1.397.100
2. Remuneración de los asalariados	R.10	3.753.450	4.016.378	4.242.200
3. Consumo de capital fijo	A.1	358.331	385.010	419.100
Consumo final nacional (público)	**P.3A**	**5.368.137**	**5.812.870**	**6.058.400**
b) Indices de volumen				
1. Compras netas de bienes y servicios		116,8	131,2	129,9
2. Remuneración de asalariados	R.10	112,3	120,2	126,9
3. Consumo de capital fijo	A.1	111,3	119,6	130,2
Consumo final nacional (público)	**P.3A**	**113,2**	**122,6**	**127,8**

(P) Provisional.
(A) Avance.
(1) Se obtiene como diferencia entre los consumos intermedios y las ventas y pagos parciales.

3. OPERACIONES DE BIENES Y SERVICIOS *(continuación)*

Cuadro VI.A
CLASIFICACION DEL CONSUMO PRIVADO POR FUNCIONES. UNIDAD: MILLONES DE PESETAS. PRECIOS CORRIENTES.

	1988(P)	1989(P)	1990(A)
1. Alimentos, bebidas y tabaco	**102,1**	**103,5**	**105,5**
1.1. Alimentos	101,8		
1.1.1. Pan y cereales	100,2		
1.1.2. Carne	106,5		
1.1.3. Pescado	100,9		
1.1.4. Leche, queso y huevos	98,7		
1.1.5. Aceites y grasas	97,3		
1.1.6. Frutas y verduras excepto patatas y otros tubérculos	99,2		
1.1.7. Patatas y otros tubérculos	99,5		
1.1.8. Azúcar	94,9		
1.1.9. Café, té y cacao	100,9		
1.1.10. Otros productos alimenticios, incluidas confituras	103,3		
1.2. Bebidas no alcohólicas	117,2		
1.3. Bebidas alcohólicas	102,6		
1.4. Tabacos	102,6		
2. Vestido y calzado	**106,6**	**112,0**	**115,6**
2.1. Vestido incluidas las reparaciones	105,4		
2.2. Calzado incluidas las reparaciones	109,5		
3. Alquileres, calefaccion y alumbrado	**105,4**	**108,1**	**110,7**
3.1. Alquileres y gasto de consumo de agua	102,8		
3.2. Calefacción y alumbrado	116,8		
4. Muebles, accesorios, artículos de menaje para el hogar y gastos corrientes de mantenimiento de la vivienda	**109,8**	**116,1**	**121,0**

4.1. Muebles y accesorios fijos, alfombras y otros revestimientos de suelos y reparaciones	109,7		
4.2. Artículos textiles para el hogar, otros accesorios y reparaciones	109,3		
4.3. Aparatos de calefacción, de cocina y grandes electrodomésticos incluidos accesorios, instalación y reparaciones	115,1		
4.4. Cristalería, vajilla, y utensilios de uso doméstico incluidas las reparaciones	105,9		
4.5. Bienes y servicios para mantenimiento corriente de la vivienda excepto servicio doméstico	105,8		
4.6. Servicio doméstico	114,5		
5. Servicios médicos y gastos sanitarios	**112,9**	**126,5**	**141,2**
5.1. Medicamentos y otros productos farmacéuticos	117,8		
5.2. Aparatos y equipos terapéuticos	105,4		
5.3. Servicios de médicos, enfermeras y otros profesionales de la medicina	112,0		
5.4. Atención hospitalaria y conexa	104,5		
5.5. Cuota familiar del seguro médico privado	104,0		
6. Transporte y comunicaciones	**124,3**	**132,6**	**133,4**
6.1. Compra de vehículos	154,5		
6.2. Gastos de utilización de vehículos	114,4		
6.3. Pagos de servicios de transporte	106,3		
6.4. Comunicaciones	120,9		
7. Esparcimiento, espectáculos, enseñanza y cultura	**108,2**	**114,7**	**120,9**
7.1. Artículos de esparcimiento incluidos accesorios y reparaciones	116,3		
7.2. Servicios de esparcimiento, espectáculos y cultura excepto hoteles, restaurante y cafés	105,5		
7.3. Libros, periódicos y revistas	103,5		
7.4. Enseñanzas	102,2		
8. Otros bienes y servicios	**114,8**	**120,1**	**123,3**
8.1. Cuidados y efectos personales	107,1		

3. OPERACIONES DE BIENES Y SERVICIOS *(continuación)*

Cuadro VI.A *(continuación)*

CLASIFICACION DEL CONSUMO PRIVADO POR FUNCIONES.
UNIDAD: MILLONES DE PESETAS. PRECIOS CORRIENTES.

	1988(P)	1989(P)	1990(A)
8.2. Otros artículos n.c.o.p.	112,8		
8.3. Restaurantes, cafés y hoteles	114,8		
8.4. Viajes turísticos todo incluido	113,3		
8.5. Servicios financieros n.c.o.p.	104,9		
8.6. Otros servicios financieros n.c.o.p	119,8		
9. Otros gastos n.c.o.p.			
CONSUMO PRIVADO INTERIOR	**110,1**	**115,0**	**118,2**
P.53 Consumo final en el territorio económico de hogares no residentes	103,9	9,60	87,9
P.63 Consumo final en el resto del mundo de hogares residentes	127,7	160,5	181,7
CONSUMO PRIVADO NACIONAL	**110,8**	**117,0**	**121,4**

Cuadro VII.A

CLASIFICACION DE LA FORMACION BRUTA DE CAPITAL POR PRODUCTOS. UNIDAD: MILLONES DE PESETAS. PRECIOS CORRIENTES.

	1988(P)	1989(P)	1990(A)
1. Formación bruta de capital fijo	**9.096.164**	**10.876.627**	**12.338.874**
1.1. Productos de agricultura, silvicultura y pesca	27.609	24.480	25.565
1.2. Productos metálicos y maquinaria	2.349.498	2.717.862	2.852.312
Productos metálicos	335.068	—	—
1.2.2. Máquinas y tractores agrícolas	90.537	—	—
1.2.3. Máquinas industriales	839.554	—	—
1.2.4. Máquinas de oficina y ordenadores, instrumentos de precisión, óptica y similares	479.596	—	—
1.2.5. Máquinas y material eléctrico y electrónico	604.743	—	—
1.3. Medios de transporte	961.261	1.169.141	1.187.059
1.3.1. Vehículos automóviles	723.491	—	—
1.3.2. Buques y embarcaciones	100.885	—	—
1.3.3. Material ferroviario	67.074	—	—
1.3.4. Aeronaves	58.145	—	—
1.3.5. Otro material de transporte	11.666	—	—
1.4. Inmuebles residenciales	2.000.477	2.209.326	2.525.087
1.5. Otras construcciones	3.389.613	4.361.024	5.319.745
1.6. Otros productos	367.706	394.794	429.106
2. Variación de existencias	**449.708**	**485.468**	**566.697**
3. Formación bruta de capital (1 + 2)	9.545.872	11.362.095	12.905.571

(P) Provisional.
(A) Avance.

3. OPERACIONES DE BIENES Y SERVICIOS (conclusión)

Cuadro VIII.A

OPERACIONES DE BIENES Y SERVICIOS CON EL RESTO DEL MUNDO. UNIDAD: MILLONES DE PESETAS. PRECIOS CORRIENTES

Operaciones	Código	1988(P)	1989(P)	1990(A)
1. IMPORTACION DE BIENES Y SERVICIOS	P.60	8.022.471	9.620.550	10.250.660
1.1. Importación de bienes (cif)	P.61	7.101.344	8.523.098	9.024.645
1.2. Importación de servicios	P.62	607.645	697.706	760.513
1.2.1. Transporte	—	182.310	206.025	232.516
1.2.1.1. Transporte de bienes	—	800	1.048	1.112
1.2.1.2. Transporte de viajeros	—	58.318	71.510	79.831
1.2.1.3. Otros elementos de los servicios de transporte	—	123.192	133.467	151.573
1.2.2. Seguro	—	22.562	17.019	10.031
1.2.3. Otros servicios	—	402.773	474.662	517.966
1.3. Consumo final en el resto del mundo de hogares residentes	P.63	313.482	399.746	465.502
2. EXPORTACIONES DE BIENES Y SERVICIOS	P.50	7.574.811	8.150.350	8.555.200
2.1. Exportación de bienes (fob)	P.51	4.738.811	5.260.578	5.681.010
2.2. Exportación de servicios	P.52	863.035	937.886	967.842
2.2.1. Transportes	—	596.740	615.109	583.628
2.2.1.1. Transporte de bienes	—	257.112	265.478	243.524
2.2.1.2. Transporte de viajeros	—	202.669	203.849	188.101
2.2.1.3. Otros elementos de los servicios de transporte	—	136.959	145.782	152.003
2.2.2. Seguro	—	10.895	12.523	12.763
2.2.3. Otros servicios	—	255.400	310.254	371.451
2.3. Consumo final en el territorio económico de hogares no residentes	P.53	1.972.965	1.951.886	1.906.348
3. SALDO DE OPERACIONES DE BIENES Y SERVICIOS CON EL RESTO DEL MUNDO (2−1)	—	−447.660	−1.470.200	−1.695.460

4. CUADROS ANEXOS

Cuadro A.1
REMUNERACION DE LOS ASALARIADOS Y SUS COMPONENTES.
UNIDAD: MILLONES DE PESETAS

	1989(P)	1990(A)
1. Sueldos y salarios brutos	15.696.259	—
A) Sueldos y salarios netos de cotizaciones sociales	14.732.280	—
B) Cotizaciones sociales a cargo de los asalariados	963.979	—
2. Cotizaciones sociales reales a cargo de los empleadores	3.915.869	—
3. Cotizaciones sociales ficticias	802.295	—
4. Remuneración de los asalariados residentes por empleadores residentes y no residentes (1 a 3)	20.414.423	22.918.410
5. Remuneración de los asalariados residentes por empleadores no residentes	38.098	35.448
6. Remuneración de los asalariados no residentes por empleadores residentes	1.840	1.717
7. Remuneración de los asalariados residentes y no residentes por empleadores residentes (4 – 5 + 6)	20.378.165	22.884.679

(P) Estimación provisional.
(A) Estimación avance.

4. CUADROS ANEXOS *(continuación)*

Cuadro A.4
IMPUESTOS PERCIBIDOS POR LAS ADMINISTRACIONES PUBLICAS.
UNIDAD: MILLONES DE PESETAS

	1989(P)	1990(A)
LIGADOS A LA PRODUCCION E IMPORTACION	4.657.242	4.956.800
Impuesto sobre el Valor Añadido	2.437.989	2.470.800
— Total recaudado	2.592.252	2.753.517
— Ajuste por recursos propios de la CEE	−154.263	−282.717
Ligados a la producción (excepto IVA)	1.877.946	2.188.712
Tráfico de las empresas	46.119	
Transmisiones patrimoniales y actos jurídicos documentados	398.472	
Sobre el consumo:	834.163	
— Impuestos especiales	814.488	
— Impuesto sobre el lujo	19.675	
Combinaciones aleatorias	185.070	
Monopolios fiscales	99.194	
Licencia fiscal	115.340	
Impuesto radicación	36.607	
Arbitrios canarios sobre bienes nacionales	24.929	
Arbitrios sobre mercancías nacionales en Ceuta y Melilla	3.150	
Tasas parafiscales	95.918	
Cánones teléfono e hidrocarburos	11.783	
Percepción sobre productos del campo nacionales	—	
Indirectos en general	21.254	
Varios y apremios	16.400	
Ajuste por desgravación fiscal a la exportación	−1.407	
Ajuste por recursos propios de la CEE	−9.046	

Ligados a la importación (excepto IVA)	341.307	297.288
Tarifa exterior común	59.803	
Derechos arancelarios	302.093	
Compensación gravámenes interiores	16.874	
Extinguidos de aduanas	627	
Arbitrios canarios sobre bienes importados	55.583	
Arbitrios sobre mercancías importados en Ceuta y Melilla	2.578	
Percepción sobre productos del campo importados	—	
Apremios y otros impuestos sobre bienes importados	30.843	
Ajuste por recursos propios de la CEE	B77.094	
SOBRE RENTA Y PATRIMONIO	5.430.645	5.940.100
Impuesto sobre la renta de las personas físicas	3.593.344	
—Retenciones trabajo personal	2.210.092	
— Retenciones sobre el capital	518.505	
— Cuota diferencial y resto	864.747	
Impuesto general sobre sociedades	1.376.245	
— Retenciones sobre el capital	213.530	
— Cuota diferencial y resto	1.162.715	
Impuesto sobre el patrimonio	36.057	
Sobre terrenos y solares	107.291	
Varios y apremios	317.708	
SOBRE EL CAPITAL	104.778	103.800
General sobre sucesiones, incluidos apremios	77.346	
Contribuciones especiales	27.432	
TOTAL	10.192.665	11.000.700

(P) Estimación provisional.
(A) Estimación avance.

4. CUADROS ANEXOS *(continuación)*

Cuadro A.5
SUBVENCIONES DE EXPLOTACION CONCEDIDAS POR LAS ADMINISTRACIONES PUBLICAS. UNIDAD: MILLONES DE PESETAS

	1989(P)	1990(A)
A) ESTADO	**512.955**	**526.700**
1. A empresas no financieras	**442.450**	
1.1. Públicas	*345.485*	
FORPPA	561	
RENFE	187.433	
HUNOSA	44.249	
FEVE	4.900	
IBERIA Y AVIACO	9.118	
SENPA	11.121	
Patrimonio Nacional	4.488	
Correos y Telégrafos	32.658	
Confederaciones Hidrográficas	6.300	
Parque Móvil Ministerios	4.805	
Minas de Figaredo	3.897	
Instituto de la Juventud	2.105	
Compañía Transmediterránea	2.321	
Metropolitano de Barcelona	—	
Instituto Nacional de Artes Escénicas y de la Música	6.872	
Servicio Nacional Cultivo y Fermentación del Tabaco	2.568	
Sociedad Estatal Centro Desarrollo Tecnológico e Industrial	14.521	
Empresa Nacional de Fertilizantes, S. A. (ENFERSA)	—	
Varios	7.568	
1.2. Privadas	*96.965*	
Centros privados de enseñanza	76.000	
Transportes marítimo y aéreo	1.522	
Minería de la hulla y el carbón	1.269	
Protección a la cinematografía y teatro	—	

Difusión de publicaciones y consumo de papel prensa	650	
Empresas de autopista	8.092	
Sector pesquero	940	
Gas y productos petrolíferos	1.837	
Empresas agrícolas, diferencia precio del petróleo	2.227	
Planta potabilizadora de aguas de Canarias	1.649	
Varios	2.779	
2. A empresas financieras	**8.639**	
3. A empresas del seguro	**1.998**	
— Entidades de Previsión Social	78	
— Consorcio de Compensación de Seguros	1.920	
4. A compradores de viviendas	**59.868**	
B) ORGANISMOS AUTONOMOS ADMINISTRATIVOS	**14.775**	**6.200**
1. A empresas no financieras	**14.643**	
— Empresas públicas y Organismos Autónomos Comerciales	3.873	
— Centros privados de enseñanza	—	
— Varios	10.770	
2. A empresas financieras	—	
3. A empresas del seguro	**132**	
C) COMUNIDADES AUTONOMAS	**242.453**	**289.500**
1. A empresas no financieras	**242.453**	
— Empresas públicas y Organismos Autónomos Comerciales	86.384	
— Centros privados de enseñanza	131.823	
— Varios	24.246	
D) CORPORACIONES LOCALES	**54.368**	**63.600**
1. A empresas no financieras	**54.368**	
E) SISTEMA DE SEGURIDAD SOCIAL	**64.403**	**46.800**
1. A empresas no financieras	**64.403**	
TOTAL	**888.954**	**932.800**

(P) Estimación provisional.
(A) Estimación avance.

4. CUADROS ANEXOS *(continuación)*

Cuadro A.6
TRANSFERENCIAS CORRIENTES DIVERSAS EN LAS ADMINISTRACIONES PUBLICAS. UNIDAD: MILLONES DE PESETAS

	1988(P)	1989(P)
A. RECURSOS		
1. Ingresos brutos Lotería Nacional	349.008	389.163
2. Ingresos brutos Quinielas	20.521	23.861
3. Ingresos brutos Lotería Primitiva	197.561	175.175
4. Multas (1)	15.729	16.086
5. Tasas	25.078	25.651
6. Varios	211.427	200.700
TOTAL	**819.324**	**830.706**
B) EMPLEOS		
1. Premios Lotería Nacional	238.949	272.216
2. Premios Quinielas	10.747	13.073
3. Premios Lotería Primitiva	108.658	96.907
4. Varios	212.291	296.909
TOTAL	**570.645**	**679.105**

(1) No se incluyen cifras de CC.LL. por no disponer.
(P) Estimación provisional.

Cuadro A.7
TRANSFERENCIAS CORRIENTES ENTRE ADMINISTRACIONES PUBLICAS.
UNIDAD: MILLONES DE PESETAS

	1988(P)	1989(P)
1. Del Estado (S.611)	**3.530.129**	**4.108.750**
A Organismos Autónomos Administrativos (S.612)	160.623	183.159
A Comunidades Autónomas (S.621)	1.013.091	1.171.479
— Transferencias sobre ingresos fiscales	781.572	894.735
— Otras	231.519	276.744
A Corporaciones Locales (S.622)	557.107	666.650
— Transferencias sobre ingresos fiscales	532.674	640.328
— Otras	24.433	26.322
A las Administraciones de Seguridad Social (S.63)	1.799.308	2.087.462
2. De Organismos Autónomos Administrativos (S.612)	**165.698**	**183.095**
Al Estado (S.611)	161.399	179.096
A Comunidades Autónomas (S.621)	1.101	1.236
A Corporaciones Locales (S.622)	2.716	2.761
A las Administraciones de Seguridad Social (S.63)	482	2
3. De Comunidades Autónomas (S.621)	**74.023**	**117.372**
Al Estado (S.611)	230	230
A Organismos Autónomos Administrativos (S.612)	420	399
A Corporaciones Locales (S.622)	29.484	47.156
A las Administraciones de Seguridad Social (S.63)	43.889	69.587
4. De Corporaciones Locales (S.622)	**333.832**	**380.604**
Al Estado (S.611)	119.486	149.477
A Organismos Autónomos Administrativos (S.612)	10.135	174
A Comunidades Autónomas (S.621)	204.211	228.897
A las Administraciones de Seguridad Social (S.63)	—	2.056
5. De las Administraciones de Seguridad Social (S.63)	**93.819**	**111.694**
Al Estado (S.611)	5.390	7.406
A Organismos Autónomos Administrativos (S.612)	474	2.272
A Comunidades Autónomas (S.621)	44.624	52.640
A Corporaciones Locales (S.622)	43.331	49.376
TOTAL	**4.197.501**	**4.901.515**

(P) Estimación provisional.

4. CUADROS ANEXOS *(continuación)*

Cuadro A.8

TRANSFERENCIAS DE CAPITAL DE LAS ADMINISTRACIONES PUBLICAS.
UNIDAD: MILLONES DE PESETAS

	1988(P)	1989(P)
A) ESTADO	**877.887**	**1.138.853**
1. A empresas no financieras	**479.556**	**559.331**
1.1. Públicas	*275.261*	*440.425*
ICONA	13.463	16.914
RENFE	63.352	73.168
SENPA	917	412
INI	92.220	234.910
Tabacalera	—	86
Instituto de Promoción Pública de la Vivienda (IPPV)	—	—
Primas a la construcción naval	90	18
Sociedad Estatal Desarrollo Tecnológico e Industrial (CDTI)	7.122	4.153
Altos Hornos del Mediterráneo	5.077	6.433
Instituto Nacional de Fomento a la Exportación	18.988	15.816
Presupuestos casas, personal defensa, orden público	5.593	5.543
Juntas de Puertos	4.656	2.889
Correos y Telégrafos	5.935	5.158
Confederaciones Hidrográficas	2.482	1.457
Varios	55.366	73.468
1.2. Privadas	*204.295*	*118.906*
Medidas adicionales en la siderurgia acordadas en la CEE	92.910	31.369
Primas a la construcción naval	14.122	41.154
Polos de desarrollo y política económica	13.834	13.750
Directrices del Plan Electrónico e Informático Nacional (PEIN)	2.383	4.196
Reconversión industrial	68.188	13.214
Varios	12.858	15.223

2. A Organismos Autónomos Administrativos	**120.723**	**164.735**
Junta de Construcciones Escolares	51.720	59.512
Universidades	6.153	7.568
Consejo Superior de Investigaciones Científicas	4.405	7.231
Servicio de Extensión Agraria	3.767	5.248
Instituto de Reforma y Desarrollo Agrario (IRYDA)	34.546	38.078
Varios	20.132	47.098
3. A otros agentes de las Administraciones Públicas	**262.016**	**374.452**
A Comunidades Autónomas	200.971	300.534
A Corporaciones Locales	58.36	64.516
A Seguridad Social	2.699	9.402
4. A otros sectores institucionales	**15.592**	**40.335**
A Instituciones financieras	866	—
A familiares e instituciones privadas sin fines de lucro	12.819	31.713
Al exterior	1.907	8.622
B) DE ORGANISMOS AUTONOMOS ADMINISTRATIVOS	**24.017**	**24.951**
1. A otros agentes de las Administraciones Públicas	**5.122**	**5.637**
2. A otros sectores institucionales	**18.895**	**19.314**
C) DE COMUNIDADES AUTONOMAS	**247.088**	**350.991**
1. A otros agentes de las Administraciones Públicas	**82.944**	**136.993**
D) DE CORPORACIONES LOCALES	**20.740**	**44.182**
1. A otros agentes de las Administraciones Públicas	**3.320**	**5.010**
2. A otros sectores institucionales	**17.420**	**39.172**
E) DEL SISTEMA DE SEGURIDAD SOCIAL	**52.576**	4.987
1. A otros agentes de las Administraciones Públicas	**50.565**	**2.401**
2. A otros sectores institucionales	**2.011**	**2.586**
TOTAL	**1.222.308**	**1.563.964**

(P) Estimación provisional.

4. CUADROS ANEXOS *(continuación)*

Cuadro A.9.1
CLASIFICACION DE LOS EMPLEOS DE LA ADMINISTRACION CENTRAL Y SUS SUBSECTORES POR FUNCIONES.
AÑO 1987 (P). UNIDAD: MILLONES DE PESETAS. ADMINISTRACION CENTRAL (S.61)

Funciones / Operaciones	Total	Compras netas	Valor añadido bruto	Intereses efectivos (R.41)	Subvenciones de explotación (R.30)	Transferencias corrientes sin contrapartida n.c.o.p. (R.60)	Formación bruta de capital (P.40)	Adquisiciones netas de terrenos (P.70)	Transferencias de capital (R.70)
1. Servicios Generales Administración Pública (1)	360.649	−144.895	419.837	5.886	34.024	30.700	68.826	15.828	30.443
2. Defensa Nacional	797.350	467.258	321.628	—	672	1.038	—	—	6.754
3. Orden Público y Seguridad	468.329	56.689	350.274	—	346	5.641	54.674	67	638
4. Enseñanza	1.435.470	111.244	890.087	73	168.091	128.916	118.692	1.241	17.126
5. Sanidad	1.654.846	353.172	895.988	520	2.177	325.275	75.787	392	1.535
6. Seguridad Social y Asistencia Social	5.006.323	45.535	477.189	1.682	786	4.458.073	22.081	248	729
7. Vivienda y Ordenamiento Público y Urbanismo	663.305	198.081	107.976	291	35.785	4.082	276.363	12.766	27.961
8. Servicios Recreativos, Culturales y Religiosos	330.637	83.799	64.242	—	20.574	66.899	82.090	4.577	8.456
9. Combustibles y Energía	62.897	456	1.114	—	42.784	15	2.866	—	15.662
10. Agricultura, Sivilcultura, Pesca y Caza	232.893	10.443	59.180	4.850	29.261	1.646	69.270	675	57.568
11. Minería y Recursos Minerales excepto Combustibles	193.361	4.329	13.628	7	4.952	415	21.558	48	148.424
12. Transportes y Comunicaciones	755.156	47.460	83.620	313	234.492	7.907	278.150	18.836	84.378
13. Otros Servicios Económicos	633.717	23.984	71.015	6	66.009	162.178	78.889	71	231.565
14. Gastos no clasificados	2.107.600	87.471	350.980	1.242.240	14.207	368.646	39.846	1.513	2.697
Total	14.802.533	1.345.026	4.106.758	1.255.868	654.160	5.561.431	1.189.092	56.262	633.936

n.c.o.p. = no computado en otra parte.

Cuadro A.11
EMPLEO TOTAL POR RAMAS DE ACTIVIDAD.
UNIDAD: MILES DE EMPLEADOS

Ramas de actividad	R.56	R.6	1988(P)	1989(P)	1990(A)
1. PRODUCTOS DE LA AGRICULTURA, SILVICULTURA Y PESCA		01	**1.591,1**	**1.499,3**	**1.395,5**
Productos de la agricultura, silvicultura y pesca	010		1.591,1		
2. PRODUCTOS ENERGETICOS		06	**151,6**	**161,8**	**164,6**
Hulla y aglomerado de hulla	031		43,3		
Lignito y briquetas de lignito	033		7,2		
Productos de la coquefacción	050		1,6		
Petróleo bruto	071		0,5		
Productos petrolíferos refinados	073		14,9		
Gas natural	075		1,6		
Agua (captación, depuración, distribución), vapor, agua caliente	096		22,9		
Energía eléctrica	097		56,2		
Gas manufacturado	098		3,1		
Combustibles nucleares	110		0,3		
3. PRODUCTOS INDUSTRIALES		30	**2.633,0**	**2.720,3**	**2.799,7**
Minerales de hierro y productos siderúrgicos	134		59,6		
Minerales no férreos; metales no férreos	137		23,2		
Cemento, cal y yeso	151		13,0		
Vidrio	153		23,4		
Tierra cocida; productos cerámicos	155		51,4		
Otros minerales y derivados no metálicos	157		87,3		
Productos químicos	170		136,4		

4. CUADROS ANEXOS *(continuación)*

Cuadro A.11
EMPLEO TOTAL POR RAMAS DE ACTIVIDAD. UNIDAD: MILES DE EMPLEADOS

Ramas de actividad	R.56	R.6	1988(P)	1989(P)	1990(A)
Productos metálicos	190		294,4		
Máquinas agrícolas e industriales	210		105,2		
Máquinas de oficina, y de tratamiento de la información	230		28,0		
Material eléctrico	250		162,8		
Vehículos automóviles y motores	270		160,2		
Otros medios de transporte	290		106,3		
Carnes y conservas	310		75,9		
Leche y productos lácteos	330		28,8		
Otros alimentos	350		233,4		
Bebidas	370		63,7		
Tabacos	390		12,0		
Productos textiles; vestidos	410		334,2		
Cuero, artículos en piel y cuero, calzado	430		107,5		
Madera y muebles de madera	450		226,5		
Pastas de papel, papel y cartón	471		17,7		
Artículos de papel, impresión	473		132,3		
Productos de caucho y plástico	490		94,3		
Productos de otras industrias manufactureras	510		55,5		
4. CONSTRUCCION E INGENIERIA CIVIL		53	**1.025,4**	**1.139,3**	**1.232,7**
Construcción e ingeniería civil	530		1.025,4		

5. SERVICIOS DESTINADOS A LA VENTA		68	**4.652,2**	**4.842,4**	**5.015,8**
Recuperación y reparación	550		233,8		
Comercio	570		1.706,5		
Restaurantes y alojamientos	590		769,7		
Ferrocarriles	611		44,1		
Transporte por carretera, oleoductos y gaseoductos	613		418,6		
Transporte marítimo y de cabotaje; navegación interior	631		18,3		
Transporte aéreo	633		18,9		
Servicios anexos a los transportes	650		67,2		
Comunicaciones	670		122,1		
Crédito y seguros	690		293,9		
Producción imputada de servicios bancarios			—		
Servicios prestados a las empresas	710		269,8		
Alquiler inmobiliario	730		11,8		
Investigación y enseñanza destinada a la venta	750		232,7		
Sanidad destinada a la venta	770		87,7		
Servicios destinados a la venta n.c.o.p.	790		357,1		
6. SERVICIOS NO DESTINADOS A LA VENTA		86	**2.151,7**	**2.274,9**	**2.384,2**
Servicios generales de las Administraciones públicas	810		986,4		
Investigación y enseñanza no destinada a la venta	850		407,7		
Sanidad no destinada a la venta	890		333,5		
Servicios no destinados a la venta n.c.o.p.	930		424,1		
TOTAL			**12.205,0**	**12.638,0**	**12.992,5**

(P) Estimación provisional.
(A) Estimación avance.

5. AGREGADOS MACROECONOMICOS

1. PRODUCTO INTERIOR BRUTO Y SUS COMPONENTES. PRECIOS CORRIENTES. UNIDAD: MILLONES DE PESETAS

Operaciones	Código	1987	1988(P)	1989(P)	1990(A)
Consumo privado nacional	P.3A	22.855.769	25.141.328	28.301.732	31.253
Consumo público	P.3A	5.451.784	5.924.431	6.831.268	7.610
Formación bruta de capital fijo	P.41	7.518.125	9.096.164	10.876.627	12.338
Variación de existencias	P.42	257.583	449.708	485.468	566
Exportación de bienes de servicios	P.50	6.995.822	7.574.811	8.150.350	8.555
Importación de bienes y servicios	P.60	6.935.111	8.022.471	9.620.550	10.250
A PRECIOS DE MERCADO (Demanda)		**36.143.972**	**40.163.971**	**45.024.895**	**50.074**
Ramas agraria y pesquera	010	1.969.620	2.137.025	2.168.348	2.261
Ramas industriales	031-530	12.745.741	14.055.642	15.824.105	17.274
— Industria excepto construcción	031-510	10.259.030	11.025.171	12.038.600	12.686
— Construcción	530	2.486.711	3.030.471	3.785.505	4.588
Ramas de los servicios	550-930	19.115.742	21.342.687	24.023.386	27.407
— Servicios destinados a la venta	550-790	14.695.965	16.418.666	18.408.082	21.012
— Servicios no destinados a la venta	810-930	4.419.777	4.924.021	5.615.304	6.394
Impuestos netos ligados a la importación	R.29-R.39	396.384	443.984	416.804	376
IVA que grava los productos	R.21	1.916.485	2.184.633	2.592.252	2.753
A PRECIOS DE MERCADO (Oferta)		**36.143.972**	**40.163.971**	**45.024.895**	**50.074**
Remuneración de asalariados	R.10	16.307.132	18.155.112	20.378.165	22.884
Excedente neto de explotación	N.12	12.528.472	14.145.070	15.892.149	17.618
Consumo de capital fijo	A.1	4.177.674	4.580.270	4.993.165	5.480
Impuestos ligados a la producción e importación	R.20	3.908.318	4.394.220	4.897.645	5.327
Subvenciones de explotación y a la importación	R.30	777.624	1.110.701	1.136.229	1.236
A PRECIOS DE MERCADO (Rentas)		**36.143.972**	**40.163.971**	**45.024.895**	**50.074**

(P) Estimación provisional.

2. PRODUCTO INTERIOR BRUTO Y SUS COMPONENTES. ESTRUCTURA PORCENTUAL (Y CRECIMIENTO INTERANUAL) PRECIOS CONSTANTES

Operaciones	Código	1988(P)		1989(P)		1990(A)	
Consumo privado nacional	P.3A	63,1	(4,8)	63,5	(5,6)	63,7	(3,7)
Consumo público	P.3.A	14,9	(4,0)	15,5	(8,3)	15,5	(4,2)
Formación bruta de capital fijo	P.41	22,8	(14,0)	24,8	(13,8)	25,5	(6,9)
Variación de existencias	P.42	1,1	(0,5)*	1,1	(0,0)*	1,2	(0,2)*
Exportación de bienes y servicios	P.50	20,0	(5,1)	19,6	(3,0)	19,6	(3,2)
Importación de bienes y servicios	P.60	−21,9	(14,4)	−24,5	(17,2)	−25,5	(7,8)
PRODUCTO INTERIOR BRUTO A PRECIOS DE MERCADO		100,0	(5,2)	100,0	(4,8)	100,0	(3,6)
Ramas agraria y pesquera	010	5,8	(3,6)	5,2	(−6,7)	5,1	(2,5)
Ramas industriales	031-530	35,6	(5,3)	35,9	(5,5)	35,8	(3,3)
— Industria excepto construcción	031-510	28,6	(4,1)	28,3	(3,5)	27,7	(1,4)
— Construcción	530	7,0	(10,5)	7,6	(13,8)	8,1	(10,3)
Ramas de los servicios	550-930	52,6	(4,9)	52,8	(5,3)	53,1	(4,2)
— Servicios destinados a la venta	550-790	40,3	(4,6)	40,3	(4,8)	40,3	(3,7)
— Servicios no destinados a la venta	810-930	12,3	(5,8)	12,5	(6,8)	12,8	(5,8)
Impuestos netos ligados a la importación	R.29-R.39	1,4	(20,4)	1,4	(6,5)	1,3	(−2,1)
IVA que grava los productos	R.21	4,6	(5,2)	4,7	(7,0)	4,7	(2,3)
PRODUCTO INTERIOR BRUTO A PRECIOS DE MERCADO		100,0	—	100,0	(4,8)	100,0	(3,6)

(P) Estimación provisional.
(A) Estimación avance.

5. GREGADOS MACROECONOMICOS (conclusión)

3. RENTA NACIONAL DISPONIBLE. PRECIOS CORRIENTES

Operaciones	1987	1988(P)	1989(P)	1990(A)
1. Producto interior bruto a precios de mercado	**36.143.972**	**40.163.971**	**45.024.895**	**50.074.119**
2. Remuneración neta de asalariados por el resto del mundo	40.527	36.999	36.258	33.731
3. Rentas netas de la propiedad y de la empresa procedentes del resto del mundo	−345.039	−447.580	−419.997	−480.959
4. Producto nacional bruto a precios de mercado (1−2−3)	35.839.460	39.753.390	44.641.156	49.626.891
5. Subvenciones de explotación y a la importación netas de impuestos ligados a la producción e importación recibidas del resto del mundo	−11.005	49.001	6.872	−66.449
6. Transferencias corrientes sin contrapartida n.c.o.p. y operaciones de seguro de accidentes netas, procedentes del resto del mundo	287.155	375.986	393.421	357.768
7. Renta nacional bruta disponible a precios de mercado (4+5−6)	**36.115.610**	**40.178.377**	**45.041.449**	**49.918.210**
8. Consumo de capital fijo	4.177.674	4.580.270	4.993.165	5.480.815
9. Renta nacional neta disponible a precios de mercado (7−8)	31.937.936	35.598.107	40.048.284	44.437.395
10. Población total (miles de habitantes *)	38.716,4	38.809,0	38.888,3	38.959,6
11. Renta nacional neta disponible a precios de mercado por habitante (pesetas) (9:10)	824.920	917.264	1.029.829	1.140.614

(A) Estimación avance.
(P) Estimación de previsión.
(*) Estimación de derecho.

Anexo estadístico 2 al Capítulo 13

CONTABILIDAD REGIONAL

Cuadro I.1

DATOS GLOBALES, 1984 (P)

Comunidades Autónomas	Población total (1)	Empleo total (Ocupados) (2)	Empleo asalariado (2)	Valor añadido bruto a precios de mercado (3)	Consumo final de las familias residentes (3)
Andalucía	6.667.490	1.525,5	1.113,0	3.258.041	2.350.583
Aragón	1.188.733	377,0	252,2	870.254	535.852
Asturias (Principado de)	1.118.235	362,1	231,3	278.452	489.525
Baleares (Islas)	672.272	214,1	149,1	619,383	338.825
Canarias	1.431.722	282,9	812.204	514.669	
Cantabria	519.404	167,2	109,4	362,793	239.433
Castilla y León	2.582.761	799,9	456,8	1.629.931	1.068.325
Castilla-La Mancha	1.666.450	451,3	280,2	873.244	605.857
Cataluña	5.971.388	1.791,1	1.387,0	4.497.713	2.852.767
Comunidad Valenciana	3.702.981	1.064,0	784,3	2.392.307	1.647.993
Extremadura	1.079.044	265,9	152,6	473.358	330.800
Galicia	2.833.452	1.040,9	482,8	1.587.043	1.102.351
Madrid (Comunidad de)	4.748.539	1.358,2	1.149,6	3.513.616	2.422.844
Murcia (Región de)	988.913	267,7	187,7	593.269	386.400
Navarra (Com. Foral de)	513.561	121,9	400.316	244.790	
País Vasco	2.138.201	680,9	555,6	1.723.539	1.011.167
Rioja (La)	258.079	84,0	56,7	250.125	112.950
Ceuta y Melilla	118.001	20,3	17,2	51.834	58.036
Extra-regio		5,2	5,2	10.408	
ESPAÑA	38.199.226	11.019,2	7.775,5	24.647.830	16.313.168

(1) Población de derecho calculada para el 1 de julio. (2) Unidad: miles de personas. (3) Unidad: millones de pesetas.

(P) Datos provisionales.

Cuadro I.2
DATOS ECONOMICOS REFERIDOS A LA POBLACION Y AL EMPLEO, 1984 (P).
UNIDAD: PESETAS

Comunidades Autónomas	V.A.B. pm por habitante	V.A.B. pm por persona ocupada	Consumo final de las familias residentes por habitante
Andalucía	488.646	2.135.720	352.544
Aragón	732.085	2.308.366	450.776
Asturias (Principado de)	651.430	2.011.743	437.766
Baleares (Islas)	921.328	2.892.961	504.001
Canarias	567.292	2.173.412	359.476
Cantabria	698.479	2.169.815	460.976
Castilla y León	631.081	2.037.668	413.637
Castilla-La Mancha	524.015	1.934.952	363.561
Cataluña	753.211	2.511.146	477.739
Comunidad Valenciana	646.049	2.248.409	445.045
Extremadura	438.683	1.780.211	306.568
Galicia	560.109	1.524.683	389.049
Madrid (Comunidad de)	739.936	2.586.965	510.229
Murcia (Región de)	599.920	2.216.171	390.732
Navarra (Com. Foral de)	779.491	2.352.033	476.652
País Vasco	806.070	2.531.266	472.905
Rioja (La)	969.180	2.977.679	437.657
Ceuta y Melilla	439.267	2.553.399	491.826
ESPAÑA	645.244	2.236.808	427.055

(P) Datos provisionales.

Cuadro II.1
VALOR AÑADIDO BRUTO A PRECIOS DE MERCADO, 1984 (P).
UNIDAD: MILLONES DE PESETAS

Comunidades Autónomas	Productos de la agricultura silvicultura y pesca	Productos energéticos	Productos industriales	Construcción y obras de ingeniería civil	Servicios destinados a la venta	Servicios no destinados a la venta	Producción imputada de servicios bancarios	Total
Andalucía	361.889	161.265	558.485	281.615	1.536.278	551.739	−193.230	3.258.041
Aragón	83.034	79.203	242.758	55.445	362.361	99.798	−52.344	870.254
Asturias (Principado de).	34.051	113.000	175.928	59.517	307.678	84.727	−46.449	728.452
Baleares (Islas)	14.773	15.513	54.112	44.716	486.851	40.412	−36.994	619.383
Canarias	57.149	24.560	76.929	74.913	515.834	111.636	−48.817	812.204
Cantabria	22.991	6.229	127.376	23.495	165.451	40.294	−22.043	362.793
Castilla y León	208.365	150.931	356.240	108.532	702.999	202.260	−99.395	1.629.931
Castilla-La Mancha	132.683	80.821	157.619	84.083	356.497	111.983	−50.442	873.244
Cataluña	126.357	231.698	1.569.853	256.861	2.212.543	365.568	−265.167	4.497.713
Comunidad Valenciana	142.455	64.726	671.436	171.059	1.227.124	156.753	−141.246	2.392.307
Extremadura	75.692	62.637	34.240	52.524	197.172	79.733	−28.640	473.358
Galicia	196.077	161.188	312.184	110.721	693.961	207.213	−94.301	1.587.043
Madrid (Comunidad de).	18.098	67.577	750.995	225.959	2.109.002	554.583	−212.598	3.513.616
Murcia (Región de)	54.879	62.622	120.551	45.208	271.178	72.299	−33.468	593.269
Navarra (Com. Foral de)	31.955	3.326	156.6365	19.692	173.442	39.501	−24.236	400.316
País Vasco	44.100	115.397	725.570	80.006	696.431	163.271	−101.236	1.723.539
Rioja (La)	26.637	2.827	120.711	11.690	80.529	20.377	−12.646	250.125
Ceuta y Melilla	671	1.893	2.339	3.957	30.928	15.208	−3.162	51.834
Extra-regio	—	—	—	—	—	10.408	−3.162	51.834
ESPAÑA	1.631.855	1.405.413	6.213.962	1.709.993	12.125.259	3.027.762	−1.466.414	24.647.830

(P) Datos provisionales.

Cuadro II.5
EMPLEO TOTAL (OCUPADOS), 1984 (P).
UNIDAD: MILES DE PERSONAS

Comunidades Autónomas	Productos de la agricultura silvicultura y pesca	Productos energéticos	Productos industriales	Construcción y obras de ingeniería civil	Servicios destinados a la venta	Servicios no destinados a la venta	Total
Andalucía	282,9	13,5	215,3	121,0	559,8	333,0	1.525,5
Aragón	73,7	7,3	88,9	25,1	121,6	60,4	377,0
Asturias (Principado de)	79,0	36,1	66,0	23,9	104,6	52,5	362,1
Baleares (Islas)	26,0	2,6	28,5	22,6	110,1	24,3	214,2
Canarias	65,2	4,3	28,1	34,1	171,1	70,9	373,7
Cantabria	37,6	1,3	43,0	11,2	49,0	25,1	167,2
Castilla y León	224,0	22,6	137,4	58,6	237,7	119,6	799,9
Castilla-La Mancha	129,0	5,8	79,1	42,1	129,6	65,7	451,3
Cataluña	112,2	20,9	585,3	123,6	716,9	232,2	1.791,1
Comunidad Valenciana	151,5	6,3	279,5	71,3	399,0	156,4	1.064,0
Extremadura	84,2	2,2	24,3	24,4	82,0	48,8	265,9
Galicia	458,1	10,9	126,8	69,6	256,5	119,0	1.040,9
Madrid (Comunidad de)	17,3	10,8	263,0	91,0	634,4	341,7	1.358,2
Murcia (Región de)	59,7	2,9	55,6	16,3	87,2	46,0	267,7
Navarra (Com. Foral de)	21,7	0,8	58,7	11,0	52,5	25,5	170,2
País Vasco	39,8	6,0	276,0	40,6	213,8	104,7	680,9
Rioja (La)	14,3	0,7	28,6	4,9	23,6	11,9	84,0
Ceuta y Melilla	0,5	0,4	1,3	1,9	7,5	8,7	20,3
Extra-regio	—	—	—	—	—	5,2	5,2
ESPAÑA	1.876,7	155,4	2.385,4	793,2	3.956,9	1.851,6	11.019,2

(P) Datos provisionales.

Cuadro II.6
INDICE DE ESPECIALIZACION SECTORIAL. COCIENTE DE LOCALIZACION, 1984

	Agricultura	Industria	Servicios
Andalucía	167,80	81,22	104,26
Aragón	144,03	114,50	86,33
Asturias (Principado de)	70,32	125,87	87,27
Baleares (Islas)	36,02	48,76	138,44
Canarias	106,22	57,35	125,59
Cantabria	95,60	114,27	91,69
Castilla y León	192,82	99,66	90,21
Castilla-La Mancha	229,87	97,74	87,41
Cataluña	42,45	120,97	93,28
Comunidad Valenciana	89,98	100,23	100,94
Extremadura	241,29	83,31	95,06
Galicia	186,62	97,24	92,37
Madrid (Comunidad de)	7,77	78,47	123,19
Murcia (Región de)	140,13	102,00	94,45
Navarra (Com. Foral de)	120,45	118,45	86,44
País Vasco	38,67	141,27	81,19
Rioja (La)	162,22	144,05	66,18
Ceuta y Melilla	19,52	41,68	144,57
ESPAÑA	100,00	100,00	100,00

El coeficiente de localización viene dado por la fórmula:

$$q_{ir} = 100 \times \frac{\frac{X_{ir}}{X_r}}{\frac{X_{iN}}{X_N}}$$

donde

X = valor añadido bruto a precios de mercado
i = rama
r = región
N = Nación

Interpretación:
Si $q_{ir} > 100$, la participación de la rama i en la región 4 es mayor que a nivel nacional.
Si $q_{ir} < 100$, la participación de la rama i en la región r es menor que a nivel nacional.
Si $q_{ir} = 100$, la participación de la rama i en la región r es misma que a nivel nacional.

Cuadro III.I bis

VALOR AÑADIDO BRUTO A PRECIOS DE MERCADO.
AÑO 1984 (P).
UNIDAD: MILLONES DE PESETAS

Comunidades Autónomas Provincias	Agricultura	Industria	Servicios	Producción imputada servicios bancarios	Total
ANDALUCIA	**361.889**	**1.001.365**	**2.088.017**	**−193.230**	**3.258.041**
Almería	61.642	40.872	137.349	−13.888	225.975
Cádiz	59.008	225.926	328.124	−31.395	581.663
Córdoba	33.902	98.185	206.046	−19.512	318.621
Granada	35.928	86.231	242.580	−21.023	343.716
Huelva	23.168	132.705	126.436	−15.119	267.190
Jaén	31.366	94.939	176.373	−17.443	285.235
Málaga	43.335	129.535	400.079	−32.596	540.353
Sevilla	73.540	192.972	471.030	−42.254	695.288
ARAGON	**83.034**	**377.406**	**462.158**	**−52.344**	**870.254**
Huesca	25.129	57.823	76.099	−9.098	149.962
Teruel	11.801	75.160	50.714	−7.751	129.924
Zaragoza	46.104	244.423	335.345	−35.504	590.368
ASTURIAS (Principado de)	**34.051**	**348.445**	**392.405**	**−46.449**	**728.452**
BALEARES (Islas)	**14.773**	**114.341**	**527.263**	**−36.994**	**619.383**
CANARIAS	**57.149**	**176.402**	**627.470**	**−48.817**	**812.204**
Las Palmas	36.444	83.271	316.637	−24.757	411.595
Tenerife	20.705	93.131	310.833	−24.060	400.609

CANTABRIA	**22.991**	**157.100**	**204.745**	**−22.043**	**362.793**
CASTILLA Y LEON	**208.364**	**615.703**	**905.259**	**−99.395**	**1.629.931**
Avila	17.503	15.824	64.514	−5.683	92.158
Burgos	26.569	120.126	135.202	−16.337	265.560
León	38.718	142.887	176.490	−20.642	337.453
Palencia	23.244	53.856	68.812	−8.316	137.596
Salamanca	21.021	65.580	122.117	−12.015	196.703
Segovia	16.927	24.473	55.146	−5.551	90.995
Soria	12.248	20.108	39.664	−4.197	67.823
Valladolid	29.061	144.888	173.561	−19.664	327.846
Zamora	23.073	27.961	69.753	−6.990	113.797
CASTILLA-LA MANCHA	**123.683**	**322.523**	**468.480**	**−50.442**	**873.244**
Albacte	25.847	38.033	99.883	−9.442	154.321
Ciudad Real	35.850	139.630	122.037	−14.737	282.780
Cuenca	21.522	21.072	60.783	−5.941	97.436
Guadalajara	10.553	42.897	51.139	−5.905	98.684
Toledo	38.911	80.891	134.638	−14.417	240.023
CATALUÑA	**126.357**	**2.058.412**	**2.578.111**	**−265.167**	**4.497.713**
Barcelona	31.947	1.462.704	1.938.657	−194.473	3.238.836
Gerona	20.594	150.170	248.023	−23.709	395.078
Lérida	48.118	100.634	161.823	−17.770	292.805
Tarragona	25.698	344.904	229.608	−29.215	570.995
COMUNIDAD VALENCIANA	**142.455**	**907.221**	**1.483.877**	**−141.246**	**2.392.307**
Alicante	35.082	264.497	483.741	−43.950	739.370
Castellón	28.310	144.587	173.535	−18.007	328.425
Valencia	79.063	498.137	826.601	−79.289	1.324.512

Cuadro III.I bis (Continuación)

VALOR AÑADIDO BRUTO A PRECIOS DE MERCADO.
AÑO 1984 (P).
UNIDAD: MILLONES DE PESETAS

Comunidades Autónomas Provincias	Agricultura	Industria	Servicios	Producción imputada servicios bancarios	Total
EXTREMADURA	**75.692**	**149.401**	**276.905**	**−28.640**	**473.358**
Badajoz	43.046	55.174	164.865	−15.202	247.883
Cáceres	32.646	94.227	112.040	−13.438	225.475
GALICIA	**196.077**	**584.093**	**901.174**	**−94.301**	**1.587.043**
La Coruña	70.693	276.813	376.725	−39.052	685.179
Lugo	40.330	85.763	127.510	−14.853	238.750
Orense	17.493	70.256	114.297	−11.604	190.442
Pontevedra	67.561	151.261	282.642	−28.792	472.672
MADRID (Comunidad de)	**18.098**	**1.044.531**	**2.663.585**	**−212.598**	**3.513.616**
MURCIA (Región de)	**54.879**	**228.381**	**343.477**	**−33.468**	**593.269**
NAVARRA (Com. Foral de)	**31.955**	**179.654**	**212.943**	**−24.236**	**400.316**

PAIS VASCO	**44.100**	**920.973**	**859.702**	**−101.236**	**1.723.539**
Alava	10.476	140.298	108.051	−14.998	243.827
Guipúzcoa	15.241	281.347	258.324	−31.900	523.013
Vizcaya	18.383	499.328	493.327	−54.338	956.700
RIOJA (LA)	**26.637**	**135.228**	**100.906**	**−12.646**	**250.125**
CEUTA-MELILLA	**671**	**8.189**	**46.136**	**−3.162**	**51.834**
EXTRA-REGIO	—	—	**10.408**	—	**10.408**
ESPAÑA	**1.631.855**	**9.329.368**	**15.153.021**	**−1.466.414**	**24.647.830**

(P) Datos provisionales.

INDICADORES (I.1 y 2) DEMOGRAFIA

Comunidades Autónomas Provincias	Superficie km²	1980	1984	Densidad 1984 Hab./km²
ANDALUCIA	**87.268**	**6.396.672**	**6.667.490**	**76,4**
Almería	8.774	406.847	431.258	49,2
Cádiz	7.385	981.200	1.024.919	138,8
Córdoba	13.718	717.353	738.276	53,8
Granada	12.531	755.400	774.760	61,8
Huelva	10.085	416.580	428.665	42,5
Jaén	13.498	638.868	644.479	42,5
Málaga	7.276	1.010.217	1.105.933	47,7
Sevilla	14.001	1.470.207	1.519.200	108,5
ARAGON	**47.650**	**1.198.558**	**1.188.733**	**24,9**
Huesca	15.613	215.533	211.757	13,6
Teruel	14.785	153.985	150.814	10,2
Zaragoza	17.252	829.040	826.162	47,9
ASTURIAS (Principado de)	**10.565**	**1.131.788**	**1.118.235**	**105,8**
BALEARES (Islas)	**5.014**	**652.658**	**672.272**	**134,1**
CANARIAS	**7.242**	**1.355.134**	**1.431.722**	**197,7**
Las Palmas	4.072	703.328	736.421	180,8
Tenerife	3.170	651.806	695.301	219,3
CANTABRIA	**5.289**	**511.846**	**519.404**	**98,2**

CASTILLA Y LEON	**94.193**	**2.583.142**	**2.582.761**	**27,4**
Avila	8.048	183.795	182.506	22,7
Burgos	14.309	364.067	360.742	25,2
León	15.468	522.616	528.479	34,2
Palencia	8.035	188.343	189.121	23,5
Salamanca	12.336	364.948	361.038	29,3
Segovia	6.049	149.186	150.208	21,6
Soria	10.287	101.111	98.760	9,6
Valladolid	8.202	480.551	487.913	59,5
Zamora	10.559	228.525	223.994	21,2
CASTILLA-LA MANCHA	**79.230**	**1.644.977**	**1.666.450**	**21,0**
Albacte	14.862	338.466	343.877	23,1
Ciudad Real	19.749	473.997	480.732	24,3
Cuenca	17.061	216.307	214.275	12,6
Guadalajara	12.190	143.097	145.341	11,9
Toledo	15.368	473.110	482.225	31,4
CATALUÑA	**31.930**	**5.953.239**	**5.971.388**	**187,0**
Barcelona	7.733	4.642.094	4.617.820	597,2
Gerona	5.886	464.244	480.930	81,7
Lérida	12.028	353.285	352.463	29,3
Tarragona	6.283	511.616	520.175	82,8
COMUNIDAD VALENCIANA	**23.305**	**3.635.596**	**3.702.981**	**158,9**
Alicante	5.863	1.140.470	1.193.498	203,6
Castellón	6.679	431.256	435.005	65,1
Valencia	10.763	2.063.870	2.074.478	192,7

INDICADORES (I.1 y 2) DEMOGRAFIA (Continuación)

Comunidades Autónomas Provincias	Superficie km^2	1980	1984	Densidad 1984 Hab./km^2
EXTREMADURA	**41.602**	**1.062.150**	**1.079.044**	**25,9**
Badajoz	21.657	640.584	658.267	30,4
Cáceres	19.945	421.566	420.777	21,1
GALICIA	**29.434**	**2.807.521**	**2.833.452**	**96,3**
La Coruña	7.876	1.090.890	1.104.121	140,2
Lugo	9.803	405.404	405.089	41,3
Orense	7.278	430.236	429.688	59,0
Pontevedra	4.477	880.991	894.554	199,8
MADRID (Comunidad de)	**7.995**	**4.674.472**	**4.748.539**	**593,9**
MURCIA (Región de)	**11.317**	**948.900**	**988.913**	**87,4**
NAVARRA (Com. Foral de)	**10.421**	**508.074**	**513.561**	**49,3**
PAIS VASCO	**7.261**	**2.142.469**	**2.138.201**	**294,5**
Alava	3.047	256.567	264.310	86,7
Guipúzcoa	1.997	695.359	691.158	346,1
Vizcaya	2.217	1.190.543	1.182.733	533,5
RIOJA (LA)	**5.034**	**253.599**	**258.079**	**51,3**
CEUTA-MELILLA	**31**	**119.025**	**118.001**	**3.687,5**
ESPAÑA	**504.782**	**37.579.820**	**38.199.226**	**75,7**

INDICE DE NOMBRES